WINNING IN THE DIGITAL AGE

SEVEN BUILDING BLOCKS OF SUCCESSFUL DIGITAL TRANSFORMATION

NITIN SETH

PENGUIN ENTERPRISE

An imprint of Penguin Random House

'성공하는 디지털 전환을 위한 7가지 빌딩 블록'

Seven Building Blocks of Successful Digital Transformation

디지털 시대 승리하기

★ ★ ★
AmazonIndia Bestseller
Penguinrandomhouse National Bestseller
★ ★ ★

지은이 **Nitin Seth** • 옮긴이 **손봉균**

WINNING in the DIGITAL AGE

한티미디어

디지털 시대 승리하기

| 성공하는 디지털 전환을 위한 7가지 빌딩 블록 |

발행일 2022년 05월 10일 초판 1쇄
지은이 Nitin Seth
옮긴이 손봉균
펴낸이 김준호
펴낸곳 한티미디어 | **주 소** 서울시 마포구 동교로 23길 67 Y빌딩 3층
등 록 제15-571호 2006년 5월 15일
전 화 02)332-7993~4 | **팩 스** 02)332-7995
ISBN 978-89-6421-436-7 (93500)
가 격 25,000원

마케팅 노호근 박재인 최상욱 김원국 김택성
편 집 김은수 유채원 | **내지** 이경은 **표지** 유채원
관 리 김지영 문지희

이 책에 대한 의견이나 잘못된 내용에 대한 수정 정보는 한티미디어 홈페이지나 이메일로 알려주십시오.
독자님의 의견을 충분히 반영하도록 늘 노력하겠습니다.
홈페이지 www.hanteemedia.co.kr | **이메일** hantee@hanteemedia.co.kr

---

옮긴이 서문

역자는 앞서 'R&D이노베이션과 지식재산전략'이라는 주제로 책을 쓴 적이 있다. R&D이노베이션을 위한 방법론은 4차 산업혁명으로 유발된 디지털 대전환의 시대에 어떻게 변화할 것이며, 사업화 성공을 위한 지식재산 전략은 어떠한 모습으로 진화할 것인가? 궁극적으로 디지털 시대를 살아가는 개인 또는 기업이 지식재산 전략의 관점에서 경쟁력을 가지기 위해 어떠한 준비를 해야 하는가? 등 이러한 질문에 집필과정에서 스스로 만족할 만한 혜안과 통찰력을 확보하지 못한 것이 늘 마음 한구석에 큰 숙제로 남아 있었다.

디지털 전환과 패러다임 변화의 실체와 본질을 이해하기 위한 역자의 'L&D(학습과 개발)' 여정에서 우연히 아마존 Kindle을 통해 이 책의 원서인 'Wining in the Digital Age'를 만나게 되었다. 디지털 전환에 대하여 그동안 역자가 만나 본 디지털 선각자와 미래 석학들의 다양한 저서 중에서 마치 다이아몬드와 같이 유난히 빛나는 보석을 발견한 느낌이랄까? 큰 기쁨과 함께 이 책의 원저자 니틴이 글로벌 IT 비즈니스 분야에서 자신의 다양한 실무 경험의 연결(Connecting the Dots)을 기반으로 풀어내고 있는 디지털 전환에 관한 심오한 혜안과 미래 통찰력에 깊은 감명을 받게 되었다.

머지않아 역자의 이러한 감동은 글로벌 경쟁 시대에서 승리하기 위해 디지털 전환을 준비하는 우리나라 기업의 리더는 물론 디지털 시대를 이끌어 가게 될 우리의 청년 세대에게 번역서를 통해 동서양을 넘나든 이 책의 원저자 니틴의 디지털 전환에 대한 탁월한 식견과 예지력에 관하여 이를 널리 전파해야겠다는 생각을 가지게 되었다.

왜냐하면 이 책에서 원저자 니틴이 글로벌 경쟁 시대에서 승리하는 디지털 전환을 위해 강조하고 있는 디지털 테크놀로지 빌딩 블록과 새로운 비즈니스 법칙은 물론, 특히 디지털 시대에 요구되는 개인과 조직의 경쟁력 그리고 청년 세대에게 강조하는 '기업가 정신'에 관한 조언은 불확실성과 변동성으로 대변되는 오늘날 뷰카(VUCA) 시대에서 확실한 성공의 길잡이가 될 수 있으리라 공감했기 때문이다.

아무쪼록, '디지털 전환을 위한 7가지의 빌딩 블록'에 관한 이 책을 정독한 독자들이 쓰나미처럼 밀려오는 디지털 경쟁에서 스스로의 통찰력과 지혜로서 자신의 분야에서 대비할 수 있고, 아울러 남다른 디지털 경쟁력을 확보하는 데 도움이 될 수 있기를 소망하며 글을 줄이고자 한다.

손봉균

차례

섹션 2 전 산업에 걸쳐 진행되는 디지털 전환

섹션 3 디지털 전환을 위한 테크놀로지 빌딩 블록

섹션 4 디지털 시대에 요구되는 글로벌 경쟁력

섹션 5 디지털 시대의 경쟁에서 승리하는 조직

섹션 6 디지털 시대에 필요한 리더십

섹션 7 디지털 시대를 이끌 청년 세대에 조언

지은이 소개

—

니틴 세스(Nitin Seth), 인세도(Incedo) CEO

디지털 전환에 관한 나의 첫 경험은 1990년대 후반에 맥킨지 컨설팅 회사에서 근무를 시작하면서였다. 당시 맥킨지 사는 인도에서 가장 큰 은행 중인 한 은행을 e-비즈니스 업무로 전환하는 컨설팅을 하였으며 나는 인터넷 뱅킹의 온라인 비즈니스 개발과 관련된 프로젝트를 수행했었다. 이러한 업무는 20년이 지난 오늘날에 와서는 대부분의 시중 은행이 디지털 은행으로 탈바꿈하는 데 핵심적인 금융 비즈니스로써 자리매김하고 있다.

당시 이 인터넷 뱅킹 프로젝트는 새로운 가치를 고객들에게 제공하기 위해 은행의 IT 기술적 인프라에 대한 과감한 구조조정을 감행하였다. 최초 시작 당시에는 기본적으로 IT 기술의 통합적 관점에서 새로운 도전으로 시도하였지만, 궁극적으로 연관된 은행 내부의 3개 부서들의 업무 구조조정에 관한 새로운 도전이라 할 수 있었다.

우리가 그 당시 취한 가장 중요한 조치로써 이 새로운 인터넷 뱅킹 업무의 도입이 기존 조직의 내부 문제들에 휘말리지 않도록 별도 조직으로써 구조 고도화하는 것이었다. 하지만 20년이 지난 오늘의 시점에서 디지털 전환을 추진하는 기존의 대기업들을 보면 여전히 디지털 전환을 위해 새로운 조직으로 출발하는 것이 바람직한지, 기존 조직의 일부로서 추진하는 것이 좋을 것인지, 기업 조직에서 서로 다른 부서들로 연결된 본질적인 상호 연관성은 무엇인지, 또는 기존의 자원을 어떻게 재활용할 것인지 등등 당시의 이슈들이 오늘날에도 여전히 디지털 전환을 시작하는 데 핵심적 사안이 되고 있다는 것은 실로 놀라운 사실이라 할 수 있겠다.

'닷컴 버블(dot-com bubble)' 시기의 '스타트업'과의 소중한 경험

3차 산업혁명이라고도 일컫는 인터넷 혁명은 아주 많은 국가에서 IT 연구원 또는 엔지니어들이 앞다투어 IT 창업의 길로 들어서게 했으며, 이는 1995~2000년에 걸쳐서 미국 등 글로벌 주식 시장이 급격히 상승하였다가 몰락하는 거품 경제의 하나의 현상으로써 'IT 버블' 또는 '인터넷 버블'이라고 불리우는 '닷컴 버블(거품)'로 이어졌다.

나는 당시 맥킨지에서 IT 산업 분야에서 1인 기업으로 창업한 닷컴 기업들과의 교류를 통해서 궁극적으로 'e-비즈니스'와 인터넷 기술 관련 프로젝트 컨설팅 업무를 수행하면서 1990년대 후반에 급속도로 인기를 끌기 시작한 인터넷 기술 기반의 '닷컴' 기업들이 보유한 비즈니스 모델의 잠재력과 파급 효과에 대해 많은 관심과 열정을 가지게 되었다.

2000년도 초반에 나는 맥킨지 회사를 떠나 맥킨지 회사의 동료 몇 명과 나의 모교인 인도 델리공과대학(IIT Delhi)의 동문들과 함께 '액티브 카르마'라는 스타트업을 설립하게 되었다. '액티브 카르마(ActiveKarma)'는 주로 기업 경영인들을 고객 대상으로 능동적이고 건강한 일상생활을 영위할 수 있도록 헬스케어와 관련된 다양한 인터넷 서비스를 제공하는 비즈니스에 초점을 맞추었다.

'액티브 카르마'의 사업화 과정은 여러 가지 측면에서 '닷컴 버블'에 의한 IT 기업들의 파산과정과도 아주 유사하다. '액티브 카르마' 역시 창업 초반에는 아주 큰 반향과 관심을 불러일으키며 훌륭한 팀 조직으로 출발하면서 아주 광범위하게 인터넷 기반의 다양한 서비스를 제공하게 되었다.

빠르게 많은 투자자의 관심을 끌었고 투자 유치에도 성공하였지만, 고객 시장의 창출 실패에 따른 몰락 또한 빠르게 진행되었다. 돌이켜 보면 당시 시점에서 인터넷 기반 헬스 서비스에 대한 시장의 수요는 충분하지 않은 상황이었다. 아마도 '엑티브 카르마'가 추진한 헬스케어 분야의 e-비즈니스에 관한 사업은 그 당시 시대가 요구하는 수준에 훨씬 앞서 있었을 것으로 생각된다. 우리는 고객 수요의 창출과 함께 실현 가능한 비즈니스 모델을 만들기 위해 많은 노력을 하였으나, 현실적으로 '닷컴 버블'이 붕괴되면서 자금 또한 빠르게 고갈되었다.

우리는 결국 2년 만에 '엑티브 카르마'와 함께한 스타트업의 꿈을 접었지만, 스타트업을 통해 기업가 정신에 관하여 처음으로 접한 아주 중요한 계기였고, 특히 고객의 확고한 제안과 시장 수요에 기반한 사업 추진의 중요성을 인지하게 되었다. 또한 스타트업의 성공을 위해서는 긴 여정을 준비해야 하며 이를 위한 의사결정은 더욱 천천히 신중해야 한다는 사실과 함께 스타트업의 경영에서 현금 흐름 관리의 중요성에 관해 아주 소중한 경험과 교훈을 얻을 수 있었다.

오늘날 현재를 살아가는 많은 이들이 앞서 언급한 '닷컴 버블'을 실제로 경험하였다. 이는 오늘날 우리가 마주하고 있는 4차 산업혁명에 의한 '디지털 대전환 시대'에도 과거 인터넷 IT 기술 혁신에 의한 '닷컴 버블' 현상과도 유사한 상황에 이를 수 있다는 것을 암시하고 있다. 그러므로 오늘날 기업의 리더들이 디지털 전환을 통한 새로운 비즈니스 모델과 신사업의 추진할 때 과거의 '닷컴 버블'은 우리에게 중요한 교훈을 주는 좋은 이정표라고 할 수 있겠다.

특히 '닷컴 버블'은 글로벌 인터넷 기반의 IT 기업들에게 '창조적 파괴'라는 관점에서 중요한 성장의 기회를 부여하였다. 아울러 비즈니스 모델과 기업의 가치평가가 현금 흐름에 기반을 두지 않고 다양한 추정에만 기반하고 있을 때는 얼마나 위험한 결과를 초래할 수 있는지를 잘 보여주었다. '닷컴 버블'이라는 글로벌 경제의 거품 폭탄은 몇 년 만에 결국 터졌고 미국 나스닥 주식 시장에서 닷컴 기업이 최고점을 다시 회복하는 데 무려 15년이라는 시간이 걸렸다.

'맥킨지 지식센터'를 '이노베이션 센터'로 이끈 환상적인 경험

닷컴 스타트업 '액티브 카르마'가 몰락한 이후, 나는 맥킨지 컨설팅 그룹에 다시 합류하여 인도 구르가온에 위치하고 있는 신생 '맥킨지 지식센터(McKC)'를 이끌게 되었다. McKC에서의 8년이라는 특별하고도 환상적인 근무 경험을 통해 디지털 시대에서 요구되는 비즈니스 모델과 성공 전략에 관해 다양한 지식과 혜안을 확보할 수 있었다. 인도 현지 지사로서의 맥킨지 지식센터인 McKC는 북미에 본사를 둔 맥킨지 컨설팅 팀에게 현지에서의 지속적이고 효율적인 연구 지원을 제공하기 위한 '백 오피스'라는 개념으로 시작하였다.

맥킨지 컨설팅 그룹에서 선보인 '백 오피스' 개념은 곧장 기대 이상의 성과를 창출하며 더욱 확장하게 되었으며 전 세계적으로 맥킨지 사무소에 근무하는 리서치 팀들에게 글로벌 경쟁력을 강화하는 계기가 되었다. 처음 인도에서 시작한 보잘것없는 시도가 눈덩이처럼 불어나서 환상적인 성과로 이어졌다. 우리는 맥킨지 컨설팅 사의 고객과 지식 능력을 의미 있게 변화시킨 강력한 혁신의 허브로서 아마도 세계에서 가장 큰 규모의 지식센터를 구축하게 되었다.

맥킨지는 전 산업 분야에 걸쳐 전문 영역에서 도메인 지식과 리서치 수행 능력을 보유하게 되었으며, 미래 유망 분야에 리서치 분석을 글로벌 관점에서 고객 서비스로서 제공하는 비즈니스 모델을 정립하였고 아울러 맥킨지가 그간 축적하고 보유하고 있는 지식 자산을 활용한 글로벌 지식 서비스 기반의 고객 수요를 창출할 수 있게 되었다.

인도 맥킨지 지식센터 McKC는 서로 다른 문화를 가진 다양한 주체들이 함께 모여 만든 조직으로서 현지에서 고도의 전문지식을 보유한 인재들이 영입되어 창의적으로 성장할 수 있는 기업가적인 사내 문화가 형성되었으며 그 영향력은 가히 폭발적이었다. 우리는 맥킨지 본사가 전통적으로 수행할 수 있는 리서치 기능보다 훨씬 더 강력한 기능 수행을 위해 현지의 다양한 인재와 지식들이 맥킨지 지식센터에 함께 하도록 하였다. 이러한 인도 현지의 인재들이 도메인 지식을 이해하고 축적하며 성장하는 데에는 시간이 좀 걸렸지만 그 일이 완성되어 일어났을 때 인도 McKC의 업무 영역은 극적으로 바뀌었다. 현지에서 혁신을 주도하는 이노베이션 지식센터로서 진화하게 되었으며, 맥킨지 본사가 어떤 방법으로서도 구현할 수 없었던 새로운 능력들을 현지의 인도 지사인 McKC에서 실증하였고, 이는 멕킨지 사의 새로운 글로벌 경쟁력으로 확보되었다. 이러한 관점에서 디지털 대전환 시대에서의 성공을 위해서는 '글로벌 딜리버리 모델'을 확산하고 촉진함으로써 기업 스스로가 글로벌 이노베이션 역량을 강화하는 것은 핵심적인 사안이라 할 수 있겠다.

'피델리티(Fidelity)'에서의 디지털 전환에 관한 실무 경험

나는 '맥킨지' 이후 글로벌 자산 관리회사 중의 하나인 '피델리티'로 이직하게 되었다. 피델리티에서 인도와 튀니지 사이에서 이루어지고 있는 글로벌 비즈니스에 참여하였으며 처음에는 회사의 IT 기술부서와 사업 운영부서에서의 업무가 상당 부분을 차지했으나 향후 글로벌 비즈니스 추진을 위한 전략기획 업무를 담당하게 되었다.

'피델리티'의 글로벌 비즈니스는 전통적인 유통 사업을 디지털 중심의 플랫폼 사업으로서 확보하기 위해 디지털 전환 업무를 추진하고자 하였다. '피델리티'에서 맡게 된 중요한 과업은 전통적인 투자 관리 중심의 기존 비즈니스를 디지털 플랫폼 기술이 중심이 되는 비즈니스 모델로 전환하도록 기획하고 이를 추진하는 것이었다.

기업에서 비즈니스 전략과 기술 전략이 어떻게 얽혀 있는지 그리고 타성과 관행이 많은 기존 대기업에서 새로운 변화와 혁신을 추진하는 데 어떠한 어려움이 있는지를 이해한 곳도 피델리티에서의 실무 경험이 기반이 되었다. 특히 종래에 사용하고 있는 레거시 IT 기술들과 '기술 부채'는 제대로 된 디지털 전환 프로그램을 추진할 때 방해요인으로 작용할 뿐만 아니라 젊고 민첩한 기업들과 경쟁할 수 있는 능력을 제한한다는 것을 체험할 수 있었다.

디지털 네이티브 기업인 '플립카트(Flipkart)'에서의 독특한 도전

'피델리티'에서의 혁신 전략에 기반한 디지털 전환과정은 디지털 기술이 어떻게 비즈니스를 변화시킬 수 있는지, 그리고 기존의 레거시 기업들이 새로운 환경에서 경쟁할 때 어떻게 구조적 도전에 직면하는지를 여실히 보여주었다. 기존의 기업들과 리더들 모두가 게임의 방식을 바꾸지 않으면 시장에서의 지속성을 유지하는 것이 어렵다는 사실이 나에게 분명해졌다. 나는 디지털 기술의 최첨단을 경험하기 위해서는 '디지털 네이티브' 기업에서 일해야 한다고 생각했다.

이러한 동기부여는 나를 인도 최대의 전자상거래 회사인 '플립카트'로 옮겨가게 했다. 4차 산업혁명에 의한 디지털 시대의 특징으로서 뷰카(VUCA) 세상의 도래를 현장에서 직접 체험하며 실감한 곳은 '플립카트'에서였다. 인도의 전자상거래 분야는 e-비즈니스 업종이라는 자체 특성 이외에도 다른 요인들이 복합되어 아주 빠르게 변화하며 고속으로 성장하는 시장이었다.

당시 회사는 '아마존' 같은 글로벌 경쟁사들과 치열한 생존 경쟁을 벌였고 현금 흐름도 마이너스였으며 그럼에도 불구하고 성장 곡선을 향해 나아가기 위해 고군분투하고 있었다. 이 모든 것이 독특한 도전으로 받아들여졌다. '플립카트'에서 나는 기존의 기업들이 일하는 전통적인 방식과 관행은 4차 산업혁명에 의한 디지털 시대의 특징인 급변하고 유동적인 글로벌 비즈니스 환경에 더 이상 부합하지 않으며, 생존을 위한 새로운 비즈니스 모델과 전략이 절실하다는 것을 실감하게 되었다.

'플립카트' 같이 IT 분야에서 창업하여 생존해온 '디지털 네이티브'들은 4차 산업혁명에 의한 디지털 비즈니스 관점에서 기존의 다른 산업 분야의 전통적인 회사보다 많은 일을 더 잘할 수 있다는 것도 알게 되었다. 그들은 무엇보다 디지털 테크놀로지 우선주의에 기반한 전략적 사고방식을 가지고 있으며 고도의 디지털 기술을 보유한 엔지니어 인재들을 영입하고 우대하였다. 아울러 그들은 디지털 시대에 요구되는 신속한 실험(Rapid Experimentation)을 위한 A/B 테스트 방식의 실무 적용과 데이터의 분석 중심의 의사결정에 익숙해 있었다.

'플립카트'는 놀라운 속도로 일을 추진할 수 있는 능력을 보유하고 있었으며 스스로 자신들의 일에 관한 철학을 이름하여 '담대함의 정신'(큰 생각을 바탕으로 두려워하지 않는 것)이라고 명명하고 도전 정신을 강조하였다. 하지만 이와 동시에 '플립카트'와 같은 신생의 IT 기업들은 새로운 고객 가치를 창출하는 데 시장과 내부 연계가 부족하고, 기업 문화도 아직 미성숙 단계에 있으며, 조직 경영에서 지배구조의 간극 등으로 인하여 고군분투하는 중이었다.

기업가 정신에 의한 창의적인 기업 문화는 '플립카트'의 성공의 근원이 되었지만, 또 다른 의미에서는 극복해야 할 도전이 되었다. '플립카트'와 같이 성공한 신생기업들이 해결해야 할 핵심 과제는 기업가 정신과 창의적 기업 문화를 어떻게 지속해서 유지하면서 시장에서 매출 규모를 꾸준히 높일 수 있도록 조직 구조와 내부 프로세스를 정립해가는가에 있다. 이는 오늘날 많은 기업이 디지털 대전환 시대에서 성공을 위해 해결해야 할 중요한 딜레마라고 할 수 있다.

'인세도(Incedo)'에서 산업 전반을 걸친 디지털 전환에 관한 컨설팅

위에서 상술한 다양한 실무 경험을 기반으로 나는 컨설팅 회사인 '인세도'를 설립하게 되었다. '인세도'는 데이터와 분석론에 기반한 컨설팅 회사로서 디지털 IT 분야 기업에서 전통적인 산업 분야에 이르는 다양한 업무 영역에서 엔드-투-엔드(End-to-End) 프로세스에 의한 전사적인 디지털 전환을 지원하며, 아울러 디지털 비즈니스 모델의 전략 수립에서 비즈니스 실행에 이르기까지 컨설팅을 통해 고객 사의 글로벌 비즈니스 역량을 강화하고 있다.

현재 저자는 '인세도'의 CEO로서 포춘지 선정 100대 기업들과 그들의 디지털 전환 전략에 관한 우선순위에 대해 긴밀히 논의해 왔다. 금융회사, 자산 관리, 정보통신 및 언론 미디어, 생명과학 및 의료 분야, 제조업 등 산업 전반에 걸쳐 디지털 전환에 관한 컨설팅 업무를 통해 도메인 산업 특성에 따른 전략적 관점과 미묘한 차이를 확인할 수 있는 아주 좋은 계기가 되었다.

디지털 전환이라는 저자의 긴 여정에서 체험한 많은 경험 중에 특히 '인세도'에서의 다양한 글로벌 기업들과 실무 컨설팅 경험에 기반하여 성공적인 디지털 대전환을 위해 요구되는 핵심적인 사항들을 다음 개요에서 제시하는 7개 빌딩 블록을 중심으로 정리하고자 한다.

개요

디지털 전환을 위한 7가지 빌딩 블록

어려운 일을 성취하려면 그 일을 먼저 쉽게 만들 수 있어야 한다.

마티 루빈, 작가

4차 산업혁명이라 일컫는 디지털 대전환은 우리 세대의 가장 중요한 메가 트렌드 중 하나로서 그 적용 범위와 작동 규모 면에서 급속도로 성장하고 있다.

디지털 대전환은 IT 기술 발전 선상에서 보면 주로 테크놀로지 기능 영역인 백-엔드 프로세스 분야에서 새로운 고객 참여 채널들을 확보하게 됨으로써 시작되었으며, 오늘날 지식 정보화 사회에서 디지털 혁신 기술은 어디에서나 만연해 있으며, 이젠 우리가 온전히 디지털 시대에 살고 있다고 해도 과언이 아니다.

오늘날 소비자로서의 우리 삶에 있어서 디지털 기술은 모든 측면에서 연관되어 있다. 전 산업 분야에 걸쳐서 지대한 영향을 미치고 있으며 제품 또는 서비스 제공 방식뿐만 아니라 종래의 비즈니스 모델을 완전히 변화시키고 있다. 이러한 변화는 단순히 기술적인 변화뿐만 아니라, 사회를 구성하는 조직과 이들의 비즈니스 전략에 큰 영향을 미치고 사회 전반에 새로운 변화와 혁신을 만들어가고 있다. 특히 기업은 스스로 어떠한 변화 상황에 있는지 지속해서 정의해야 하고 종래의 관성이 된 가치와 관행에 변화와 혁신을 강요받고 있으며, 조직의 리더는 물론 미래를 이끌어갈 젊은이들은 우리 사회에 대한 미래 기대치를 모두 바꾸고 있다.

기업과 조직의 리더들에게 4차 산업혁명에 의한 디지털 경쟁 시대의 도래는 짜릿한 전율과 함께 위험도 감수해야 하는 롤러코스터 놀이기구에 올라탔다고 비유하기도 하지만 조금 다를 수 있다는 느낌이 있다. 디지털 시대가 분명 치열한 상호 경쟁을 통해 기업이 비약적으로 도약하기에 아주 좋은 기회를 제공하고 있음은 분명하다. 하지만 오늘날 이러한 디지털 전환 시대의 특성은 매우 '변덕스럽고(Volatile)', '불확실하며(Uncertain)'그리고 '복잡하고(Complex)', '모호한(Ambiguous)'하다는 의미의 영문 두 문자로서 뷰카(VUCA) 시대라고 함을 명심해야 할 것이다.

디지털 4차 산업혁명에 의한 뷰카 시대의 주요 특성으로서 대변되는 복잡성과 불확실성은 새로운 경쟁 시대에서 우리가 성공을 위해서 무엇을 해야 하는지 그리고 어떻게 해야 하는지를 결정하고 이를 실행하는 것을 매우 어렵게 만들고 있다. 이는 특히 기업가들에게 새롭게 요구되는 리더십이라는 관점에서도 많은 혼란을 초래했고 기업들이 디지털 시대에서의 변화와 혁신을 위한 이니셔티브(주도권) 확보를 위해 상당한 투자를 하고 있음에도 불구하고 성공에 이르지 못하고 주목받지 못하는 근본 원인으로 볼 수 있다.

7가지의 빌딩 블록

기업에서의 디지털 전환은 다양한 차원에서 추진하되 복합적이면서도 체계적으로 이루어져야 하고 특히 조직 내부의 다양한 업무와 부서들이 상호 연결되어야 한다. 그러므로 디지털 전환을 위한 기업 전략과 실행 접근법을 확립하기가 쉽지는 않다. 특히 섣부른 디지털 전환에 의한 결과로써 발생하는 내부 혼란과 명확성의 결여는 디지털 전환 결과의 후유증으로 남아서 기업에 악영향을 줄 수 있다. 이러한 중요한 관점을 사전에 명확히 하기 위해, 저자는 기업의 성공적인 디지털 전환을 위해 경영진들이 그들의 열정과 행동뿐만 아니라 그들의 관심과 집중이 우선적으로 요구되는 7개의 빌딩 블록을 제시하고자 한다.

서두 부분에서 "어려운 일을 성취하려면 먼저 그 일을 쉽게 만들 수 있어야 한다."라고 인용한 격언처럼, 우리는 4차 산업혁명에 의한 디지털 전환에 성공하기 위하여 기업들이 디지털 전환이라는 복잡하고 어려운 주제에 대한 도전 과정에서 7가지 빌딩 블록의 관점에서 차별화할 수 있는 행동을 파악하고 여기에 더욱 명확성을 부여하며 확신을 통해 실행에 옮김으로써 그 일을 아주 쉽게 만들 수 있을 것이다.

이 책은 7개의 섹션으로 구성되어 있으며, 각 섹션별로 해당 빌딩 블록에 관한 내용을 설명하고 실무 사례를 중심으로 부연하고자 한다.

빌딩 블록 1: 비즈니스의 새로운 법칙

4차 산업혁명에 의한 디지털화는 기존의 모든 산업의 영역으로 스며들어 지대한 영향을 미치고 있다. 많은 기업이 일찍이 디지털 전환에 성공하기 위해 상당한 투자를 하고 있지만 대부분 기업이 기대에 미치지 못하는 결과를 도출하고 있다. 기업들은 디지털 전환을 추진하는 과정에서 거의 대부분 실행과정은 물론 기획과 전략에서도 모두 실패한 것으로 보인다. 여기에는 근본적인 원인이 내재하고 있다. 왜 그러한가? 무엇보다도 대부분 전통적 기업들이 디지털 전환에 필요한 기본적인 수준에 미달했기 때문이다. 즉, 그들이 앞서 언급한 디지털 시대의 주요 특성인 뷰카 세상의 시대에서는 기존의 비즈니스에 관한 패러다임이 바뀌었다는 것과 이를 디지털 전환에 필요한 핵심 요소로 인식하지 못했기 때문이다.

기업이 디지털 시대에서 대상으로 하는 고객들은 매우 까다롭고, 디지털 데이터들은 용량이나 다양성 그리고 소통 속도의 관점에서 매우 폭발적으로 증가하고 있으며, 비즈니스에서 차지하는 디지털 혁신 기술의 중요성은 더욱 강화되고 있다. 비즈니스 모델과 테크놀로지 변화는 매우 빠른 속도로 진화하고 있으며, 고객 서비스 및 혁신 제품의 사이클은 더욱 단축되어 가고 있다. 이러한 비즈니스 패러다임의 변화에도 불구하고 많은 기존의 기업들은 디지털 전환과정을 전통적인 비즈니스 방식을 기초로 디지털 영역으로 확장하는 과정으로 인식하고 있기 때문이다.

디지털 시대의 패러다임 변화에 부합하지 못하는 이러한 단순한 접근 방식은 실패할 수밖에 없다. 디지털 전환을 추진하고자 하는 기업은 반드시 뷰카 시대에서 비즈니스 패러다임의 변화에 의해 요구되는 비즈니스 모델에 관한 기본적인 변화를 이해하고 이를 바탕으로 성공적인 디지털 전환 전략과 실행을 위한 '새로운 비즈니스 법칙'을 먼저 정의해야 한다. 섹션 1에서 이와 관련하여 상세히 살펴보고 디지털 전환에서 요구되는 '새로운 법칙'을 다음 3가지 관점에서 살펴보고자 한다.

- 뷰카(VUCA) 시대의 비즈니스에 대한 의미
- 디지털 전환을 통해 성취하고자 하는 수준
- 디지털 전환에 요구되는 핵심 기술의 요건

빌딩 블록 2: 산업 성숙도 커브

디지털 전환은 산업 전반에 걸쳐 급진적인 변화를 초래하고 있다. 체험에 관한 고객의 기대치가 증대되고 중개과정이 없어지며 고객과의 직접 채널이 중요해지며 예상치 못한 새로운 경쟁자가 등장하고 산업 간의 경계가 모호해진다. 이러한 급진적인 변화는 우리 모두에게 위협이자 기회로 다가왔다. 디지털 시대에 기업이 치열한 경쟁에서 승자로서 부상하기 위해서 고객 시장의 변화에 대하여 미래 전망을 분석 예측하고 이에 부합하는 비즈니스 모델과 디지털 테크놀로지를 확보하는 것이 더욱 중요해졌다.

외부 요인의 환경 변화에 순응하도록 디지털 전환 프로그램을 정착하는 것은 디지털 시대의 모든 역량을 구현하는 데 매우 중요하다. 하지만 이는 쉬운 일은 아니다. 산업 전반에 걸쳐 일어나는 변화에는 많은 공통적인 특성이 있지만, 특정 산업 분야에 따라 구체적인 특성과 요구되는 수준이 크게 다를 수 있기 때문이다.

특정 산업 분야에서 디지털 전환 속성과 함께 변화의 속도와 방향을 예측하는 일은 쉽지 않은 일이다. 물론 해당 산업 분야에 관한 깊은 조예와 통찰력도 중요하지만, 디지털 전환의 과정에서 앞서간 다른 산업 분야들의 전환 패턴을 먼저 관찰하고 이를 해당 산업 분야의 비즈니스에 적용함으로써 어떠한 영향을 미칠지에 관한 예지력을 개발하고 이를 적극적으로 활용하는 것은 상당한 의미가 있다.

디지털 시대에서 가장 흥미롭고 중요한 사실은 '산업 성숙도 커브'는 단순히 주어지는 것이 아니라는 것이다. 이는 관련 분야의 기업들이 스스로 노력해서 새롭게 만들어가는 것이다. 이것은 디지털 시대를 구별하는 특징 중의 하나로서 우리는 뷰카 시대를 살아가면서 자신의 미래를 스스로 만들어가는 능력을 가져야 하기 때문이다.

본 저서의 섹션 2에서는 저자가 '인세도'에서 경험한 다양한 특정 산업 분야로서 은행 산업, 자산 관리, 대금 결제, 정보통신, 제조업종과 생명과학 분야들에게 디지털 전환이 무엇을 의미하는지 심층적으로 다루고자 한다. 또한 디지털 전환을 통한 해당 산업 분야들에 관한 미래 전망에 관해 저자의 통찰력과 예지력의 관점들을 독자와 함께 공유하고자 한다. 또한 코비드-19 대유행으로 장기화된 비대면 업무가 모든 산업 분야에 만연하면서 디지털 전환에 상당한 영향을 주고 있음을 인지하면서, 코비드-19 대유행이 이러한 산업의 디지털 우선순위에 어떤 영향을 미치고 있는지 등에 관해 공유하고자 한다.

빌딩 블록 3: 디지털 테크놀로지

앞서 언급한 바와 같이 디지털 전환에서 기술의 변화가 차지하는 비중이 전부는 아니겠지만 여전히 디지털 테크놀로지는 디지털 전환 프로그램의 핵심이라 할 수 있겠다. 저자의 관점에서 기업이 디지털 전환 프로그램을 실행할 때 중요한 역할을 하는 7가지 핵심 테크놀로지는 고객 경험(CX) 디자인, 분석론, 오퍼레이션의 전환, 인공지능(AI), 데이터, 블록체인 그리고 클라우드이다. 중요한 사실은 이러한 디지털 테크놀로지들이 서로 각각 독립적이지 않고 상호 연계되어 있다는 것이다.

무엇보다도 이러한 디지털 핵심 테크놀로지의 구성 블록들에 의해 전사적으로 엔드-투-엔드(End-to-End) 연결이 이루어질 때 디지털 전환을 통한 기업의 비즈니스 모델과 고객 가치가 비로소 실현된다. 앞서 살펴본 디지털 테크놀로지는 기술 스택들로 구성된 서로 다른 레이어(Layer)들로써 구현되며 이는 상호 결속을 통해 특정의 선순환 과정이 발생되기 때문이다. 예를 들어 고객 경험과 디자인 테크놀로지는 일반적으로 디지털 전환 프로그램을 가동할 때 디지털 이니셔티브(Initiative)로서 출발점이 되며, 고객 경험의 개인화는 종종 기업의 핵심 가치를 구현하는 데 동력원이 된다고 할 수 있다. 특히 개인화에 관한 이슈는 데이터 사이언스와 분석론에 의해 주도되고 AI와 머신러닝에 의한 학습은 그 다음의 단계로써 적용되며 더욱 큰 파급 효과를 가져올 수 있는 핵심 디지털 기술이라 할 수 있다.

데이터 사이언스와 인공지능(AI) 기술 모두는 디지털 시대에서 폭발적으로 증가하고 있는 데이터의 양과 품질에 밀접하게 연관되어 있다. 이러한 디지털 데이터는 오늘날 기업에게 엄청난 고객 경험의 제공과 함께 비즈니스 가치를 창출할 수 있다. 저자의 경험에 의하면 데이터는 디지털 시대에 경쟁력의 기반이 되는 지렛대 역할을 하며, 고객의 가치 실현을 위한 선순환을 유발시킬 수 있다. 하지만 이와 마찬가지로 데이터에 대한 도전은 악순환으로 확대될 수 있음에도 유념해야 한다. 오늘날 데이터가 증가하는 속도를 감안하여 본다면 대부분 기업은 데이터 인프라 구축을 통해 데이터 따라잡기 모드에만 머물 수 있기 때문이다.

이러한 위기 상황에서 클라우드가 나타났다. 인프라 솔루션으로 출발한 클라우드 기술은 그 범위가 계속 확장되어 기업의 디지털 스택에서의 전향적인 변화와 디지털 전환을 위한 핵심 조력자가 되었다. 특히 클라우드는 디지털 시대에 기업 CIO들에게 특별한 가시로만 여겨졌던 빅데이터 관리와 데이터 활용에 혁신적이며 효과적인 솔루션을 제공하게 되었다.

앞의 예시를 통해 다양한 디지털 테크놀로지가 어떻게 상호 연결되어 있는지 그리고 디지털 전환에서 전사적으로 이루어지는 엔드-투-엔드(End-to-End) 접근법이 얼마나 중요한지에 관해 인지할 필요성이 있다. 본 저서의 섹션 3에서는 엔드-투-엔드 프로세스에 의해 완결된 디지털 스택(Stack)에 관해 더욱 구체적으로 살펴보고, 비즈니스 모델의 구현과 디지털 테크놀로지의 역할 그리고 이를 활용하는 데에 도전적 과제들과 미래 활용 가능성을 심도있게 고찰하고자 한다.

빌딩 블록 4: 글로벌 딜리버리 모델

디지털 시대의 모든 기업은 글로벌 기업으로 거듭나야 한다. 특히 디지털 시대에 대부분 기업이 가지고 있는 야심찬 디지털 전환 시행과 오퍼레이션에 관한 이슈들을 효과적으로 글로벌 고객 시장에서 실현하기 위해서는 글로벌 아웃소싱 또는 현지 센터 설립을 통한 '글로벌 딜리버리 모델'이 필요하다. 기존 기업들은 IT 서비스 회사와 제휴하거나 신흥국에 자체적으로 전용 디지털 기술 및 운영 센터를 설립함으로써 글로벌 시장을 효과적으로 공략할 수 있을 것이다.

섹션 4에서는 '글로벌 딜리버리 센터(Global Delivery Center)' 또는 GDC라는 용어로서 앞서 언급한 '글로벌 딜리버리 모델'이라는 주제와 함께 다루고자 한다. GDC는 수년 동안 존재해 왔지만 디지털 시대의 새로운 기대를 충족시키려면 서비스 제안 사항과 오퍼레이션 모델을 크게 변경할 필요성이 있다.

디지털 시대의 기존 기업들은 미래의 성장을 위해 새로운 도전으로써 디지털 전환에 투자하면서도 기존 시장으로부터 수익 흐름을 유지하고 보호해야 하는 이중적인 도전에 직면해 있다. 이는 기업의 CIO와 COO가 디지털 전환에 소요되는 비용을 절감하는 동시에 기업의 혁신 속도를 높이며 최첨단의 기능 구축에 필요한 디지털 기술의 격차를 해결할 수 있음을 의미한다. 인도와 동유럽과 같은 신흥국들을 중심으로 구축된 디지털 전환을 위한 '글로벌 딜리버리 모델'은 고품질 서비스이지만 저가의 전문인력 풀을 활용하는 경쟁력 있는 아웃소싱 모델로서 이를 통해 앞서 언급한 기존 기업들이 디지털 시대에서 극복해야 할 모순된 목표를 효과적으로 달성할 수 있을 것이다.

과거의 역사를 돌이켜 보면, GDC는 단순히 비용 절감과 프로그램 작동을 위한 아웃소싱 센터로만 여겨졌다. 기존 기업의 디지털 전환을 위해 이러한 GDC의 역할 변화의 필요성이 절실하다. 이제 GDC는 단순히 비용 절감이 아닌 수익 실현을 위한 센터로서 거듭나야 하며, 단순히 프로그램 작동이 아닌 혁신 창출을 위한 허브가 되어야 한다. 기존 기업들의 글로벌 디지털 전환 프로그램을 구현할 때 GDC의 활용은 분명 기회 요인으로 부상되고 있다. 이러한 GDC의 변화를 이끌고 글로벌 딜리버리를 효과적으로 활용할 수 있는 기업은 반드시 글로벌 디지털 시대에 경쟁 우위를 점할 수 있을 것이다.

빌딩 블록 5: 조직의 변환

앞에서 디지털 전환이 성공하려면 엔드-투-엔드(End-to-End) 과정으로써 모든 영역에 걸쳐 완전히 이루어져야 한다는 것을 지적한 바 있다. 디지털 전환은 기존의 비즈니스 방식의 확장이 아니라 완전히 새로운 방식으로 일을 하는 것이기 때문이다. 디지털 시대에서 기업은 시장 고객이 요구하는 속도에 맞춰 움직이고, 순차적으로 일을 추진하기보다는 순환 반복적으로 일을 실행하며, 지속적 실험 수행을 통한 혁신 창출에 더 집중해야 하며, 가능한 '빠르게 실패'하고 훨씬 더 많은 위험을 감수해야 한다.

또한, 기업이 어떤 산업 부문에 종사하든 디지털 테크놀로지가 기업 DNA로서 자리잡고 핵심 부분이 되도록 지속해서 변화해야 한다. 이를 위해서는 기존의 레가시 기업에 내재화된 조직 문화를 완전히 바꾸지 않고는 이룰 수 없다. 기업의 조직 문화의 변화는 아마도 디지털 전환에 가장 중요한 촉진제일 것이며, 이는 기업이 추진하는 개별 프로그램을 넘어서 조직 DNA 변화와 혁신을 가져올 수 있게 하는 원동력이 된다.

기업 문화 외에도 디지털 시대에서 조직의 역량 강화와 관련하여 지속적 성공을 위한 열쇠가 되는 사안으로서 적어도 7개가 필요하다고 본다. 여기에는 독점 지식의 축적과 공유, 창의적 혁신, 민첩성, 지속적 학습, 다양성, 변화 관리 그리고 조력 역할로써 HR(인적자원) 및 금융과 같은 사안이 있다. 섹션 5에서 조직 문화와 상기 7가지 핵심 조직 역량에 관해 요구되는 구체적 내용과 함께 모범 사례에 대한 관점을 공유하고자 한다.

아울러 4차 산업혁명의 핵심 기술로서 화두가 된 AI 기술이 기업 문화와 조직 변화에 어떤 영향을 미칠지에 대해 많은 관심이 집중되고 있다. 인공지능 기술이 기업 조직에 미치는 영향은 아주 중요하지만, 이는 인간 또는 기계에 관한 별도의 문제가 아니라 인간과 함께 하는 기계(사물) 자동화에 관한 사안으로서, 기업 문화와 조직에 특별한 영향을 미칠 가능성이 높아져 있기 때문이다. 그러므로 기업과 조직의 리더들은 그들이 속하는 특정 산업 분야에서 AI 이노베이션이 우리에게 가져올 파급 효과와 영향력에 관해 예측할 수 있어야 할 것이다. 특히 조직의 일자리 재설계 및 업무 자동화 프로세스 등 AI 기반의 디지털 전환을 통해 조직의 경쟁력 강화를 위한 다양한 조치들을 사전에 준비해야 할 필요성이 있다.

빌딩 블록 6: 기업가 정신의 리더십

디지털 시대와 함께 도래한 뷰카 세상은 기업 리더들에게 새로운 시험과 도전이 요구되는 생존 경쟁을 위한 격전지가 되었다. 인류 역사상 전례 없는 불확실성과 변화의 시대에는 과거 산업화 시대에서의 기업 경영에서 활용된 주요 키워드로서 구조, 전략, 계획, 정책 등과 같은 전통적인 경영 수단들은 그 효능성을 잃는 것뿐만 아니라 오히려 장애가 될 수 있다. 그 대신 디지털 시대에서 필요한 키워드로서 비전, 영감, 직관, 협력 그리고 지속해서 적응할 수 있는 능력이 필요하다.

디지털 시대에서의 경영진들은 '효율적인 관리자'에서 '기업가적인 리더'로의 변환이 필요하다. 자주 반복되는 진부한 표현이지만 디지털 시대에서의 기업 경영은 '매니저에서 '리더'로의 변화가 매우 중요하며 절대적인 의무가 되었다. 또한 이중성 관리는 디지털 시대의 경영에서 또 다른 중요한 사안이다. 예를 들어 성장성 vs 수익성 그리고 단기관점 vs 장기관점 등과 같이 디지털 시대에는 기업 리더들이 관리하고 대응해야 할 다양한 모순들이 있다. 이러한 모순 해결을 위해서 보완적 가치에 대한 절충안을 찾는 것만으로는 충분하지 않으며 리더들은 윈-윈(Win-Win) 할 수 있는 솔루션을 찾아야 한다.

끝으로, 균형과 지속가능성 또한 리더들이 다루어야 할 중요한 주제이다. 숨 막히게 빠른 속도로 진행되는 혁신 활동은 디지털 시대의 결정적인 특징이지만 이는 우리가 극복해야 할 가장 큰 도전 중 하나이다. 이로 인하여 구성원 개인은 육체적으로나 정신적으로 소진되거나 불안 또는 우울증이 생길 위험이 더욱 커진다. 기업 생존과 성장에 대한 과도한 집착은 사회적 차원에서 볼 때 환경 파괴와 심각한 사회 경제적 문제를 유발하여 회복할 수 없는 피해를 초래할 수 있다. 디지털 시대의 리더들은 기업뿐만 아니라 사회 전반에 대한 책임이 있음을 유념하고 그들은 스스로 자신의 내부 균형을 찾아야 한다. 정신 수행과 명상은 리더로 하여금 스스로 자신에게 집중시키고

심적 평화를 찾는 데 강력한 도움이 될 수 있다. 또한 리더들은 조직과 구성원을 위한 윤리 경영 기반을 구축하고 사회에 보다 폭넓게 기여할 수 있는 다양한 방안을 모색해야 할 것이다.

빌딩 블록 7: 차세대 인재

디지털 시대의 도래와 함께 우리가 경험하고 있는 전례 없는 변동성은 조직의 구성원에게 상당한 수준의 혁신과 자아 개발을 독려하고 있다. 특히 이러한 변화는 젊은 청년 세대의 전문가들에게 놀라운 기회를 제공하고 있으며, 특히 디지털 기술에 기반한 변동성은 사회 전반에 걸쳐서 아주 공정한 기회를 제공하고 있다. 왜냐하면 디지털 시대에 요구되는 인재상은 과거의 스펙이나 성공 이력이 필요 없으며 또한 과거의 오래된 관성을 버리고 새로운 게임의 규칙을 배워야 하기 때문이다.

사실 젊은 전문직 종사자들이 기업에 제공하는 신선한 아이디어들은 큰 장점이 된다. 이들 MZ 세대의 젊은 청년들은 새로운 디지털 기술에 관해 성장과정에서부터 익숙한 '디지털 네이티브'이라고 할 수 있으며 디지털 기술을 이용하여 새로운 비즈니스를 어떻게 구축할 수 있는지 직관적으로 이해할 수 있다. 그렇다면 이러한 청년 전문가들은 디지털 시대에서 승자가 되기 위해서 어떠한 준비를 해야 하는가? 물론 앞서 언급한 기업과 조직의 리더에게 바람직한 디지털 역량과 사고방식은 청년 전문가들에게도 상당한 관련성이 있다.

특히 차세대 인재로서 MZ 세대에게 특별히 요구되는 역량은 '지속적 학습', '창의성과 혁신', '기술 DNA', '민첩성 함양', '이중성의 관리' 그리고 '심리적 균형'이라 할 수 있겠다. 이 여섯 가지의 디지털 역량과 사고방식 외에 추가로 청년 세대 전문가들이 디지털 시대에서 승자가 되기 위한 조언으로서 6가지가 더 있다. 자신의 삶에서 독특한 목적을 찾아서 살고, 기업가 정신으로 무장하고, 독불장군이 되는 것을 두려워하지 말고, 가는 길을 벗어나지 말고, 강력한 문제 해결 능력과 의사결정에 관한 스킬을 함양하고, 스스로 책임을 감수하며, 자기 주변의 변화를 이끌 수 있어야 할 것이다.

지난 20년간의 실무 경험을 통해 저자가 학습한 디지털 전환에 관한 핵심 내용을 이 책에 담아보고자 했다. 디지털 시대가 도래한 이후 이미 우리의 삶에 많은 변화가 일어났지만, 훨씬 더 많은 변화가 우리를 기다리고 있다. 디지털 전환에 기인한 전례 없는 변화들은 모든 산업 영역과 우리 삶의 방식에서 환상적인 새로운 기회를 만들어내고 있다. 이 책을 통해 디지털 전환 시대의 개인과 조직의 성공을 이끄는 7개의 빌딩 블록을 소개하고 이와 관련된 통찰력과 모범 사례들을 공유하고자 한다.

이 책을 통해 공유하고자 하는 디지털에 관한 통찰력은 이론적인 관점이 아니라 기업과 함께 성공적인 디지털 전환 프로젝트를 위해 일하며 학습하고, 시행착오를 거친 실무 경험에 기초하고 있다. 아무쪼록 이 책에서 제시하는 디지털에 관한 통찰과 혜안이 디지털 전환과 같이 복잡하고 방대한 주

■ 성공적인 디지털 전환을 위한 7가지 빌딩 블록

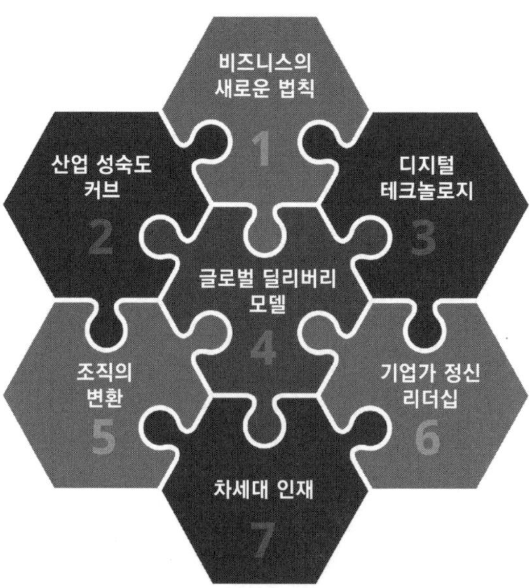

제를 명확하게 이해하고, 효과적으로 의사결정하며 이를 실행할 수 있도록 하며, 아울러 한 걸음 더 나아가 디지털 시대에서 무한한 잠재력을 스스로 확인하고, 디지털 경쟁에서 승자로서 지속적인 성공이 함께 할 수 있기를 기원한다.

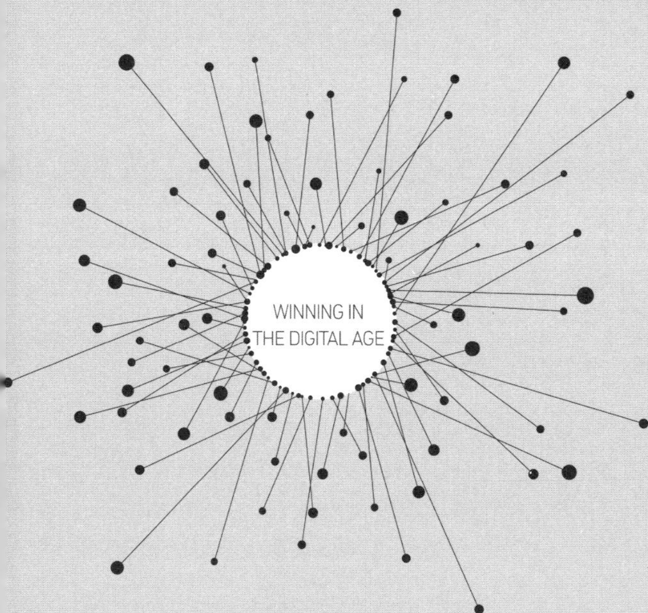

섹션 1

비즈니스의 새로운 법칙

서론

—

비즈니스의 새로운 법칙

제1차 산업혁명은 증기기관 혁명 또는 기계 혁명이라고도 하며 이는 물과 증기력을 사용하여 기계 작동을 통해 생산성의 혁신을 가져왔다. 2차 산업혁명은 전기 에너지를 사용하여 대량 생산을 이루었으며 전기 혁명이라고 한다. 3차 산업혁명은 자동화 생산이 이루어졌으며, 컴퓨터 발명과 함께 전자공학과 정보기술이 사용되었으며 이를 인터넷 혁명이라고도 한다. 제4차 산업혁명은 지난 세기의 중반부터 시작되었으며 우리는 이를 디지털 혁명이라고도 하며 이는 제3차 산업혁명을 기반으로 하고 있다. 오늘날 제4차 산업혁명은 물리학, 디지털, 생물학 등 기존의 도메인 지식 영역 경계를 모호하게 하는 융복합 분야의 기술 혁신이 특징이다. 특히 인공지능, 로봇공학, 사물인터넷, 자율주행차, 3D프린팅, 나노기술, 생명공학, 재료과학, 에너지 저장, 양자컴퓨팅, 정보통신 등이 4차 산업의 주요 혁신 기술로서 포함된다. 이러한 4차산업의 디지털 혁명은 근본적으로 우리가 살고, 일하고, 서로 관련되는 삶의 방식을 바꿀 것이다. 4차 산업으로의 변화는 규모와 범위, 복잡성 그리고 인류가 이전에 경험했던 그 어떤 것과도 다를 것이다.

클라우스 슈밥, 세계경제포럼

앞서 서두에서 언급한 '클라우스 슈밥'의 4차 산업혁명에 관한 예언적 발췌문은 오늘날 디지털 시대의 본질적 특성을 잘 간파하고 있으며 우리 주변에서 벌어지고 있는 상황들과의 연관성을 쉽게 인지할 수 있다. 디지털 시대에서 우리가 인식하는 변화의 속도와 규모는 우리 인류 역사상 전례가 없다는 것을 이해하는 것이 중요하다. 특히 우리 주변에서 급변하는 세상을 묘사하고 있는 뷰카(VUCA)라는 시대적 용어는 4차 산업혁명에 의한 오늘날 디지털 시대의 특성을 잘 보여주고 있다. 즉 뷰카 시대의 도래는 디지털 시대의 본질을 확실히 포착하고 있으며, 이 책에서는 디지털 시대의 핵심 특성을 대변하는 용어로서 뷰카 시대라는 용어를 함께 사용하고자 한다.

게임에서 승자가 되려면 우선 그 게임의 법칙을 이해하고 숙달하는 것이 중요하다. 이는 비즈니스 세상에서도 마찬가지이다. 오늘날 뷰카 세상으로 특정된 디지털 시대에서의 비즈니스 게임의 법칙은 우리가 지금까지 경험하고 익숙해 온 게임의 방식과는 아주 다른 새로운 법칙이 존재한다는 사실을 인식하는 것이 중요하다. 특히 본 섹션 1에서는 변덕스럽고 불확실하며 그리고 복잡하고 애매모호한 디지털 시대의 비즈니스 경쟁에서 기업이 새로운 도전을 통해 승자가 되기 위해 극복하고 적응해야 할 새로운 게임의 법칙과 접근법에 관해 강조하고자 한다.

이렇듯 뷰카 시대의 도래와 함께 글로벌 지구촌 사회가 유례없는 변화의 속도를 경험하고 있는 주요 요인들로서는 도메인 지식과 기술 혁신, 융복합 신기술의 출현, 인공지능 기술의 확산, 디지털 고객의 기대치 변화, 예상치 못한 분야에서 폭발적으로 증가하는 데이터, 지정학적인 불확실성의 증대, 비즈니스와 제품의 순환주기의 급단축 등을 열거할 수 있다.

이젠 더 이상 과거의 점진적 사고방식은 통하지 않는 세상이 되었다. 극단적으로 말하면 디지털 경쟁 시대에서는 다르게 생각하지 않으면 패배자가 되며 결국 다른 누군가가 당신을 지배하게 될 것이다. 따라서 우리는 새로운 비즈니스 패러다임으로 완전히 바뀐 이 세상에서 개인이나 조직이 경쟁에서 성공하기 위해 새로운 사고방식과 원칙을 가져야 한다.

특히 기존 기업들은 이러한 디지털 패러다임 변화에 적응하지 못하면 그 동안 자신들이 구축한 비즈니스 기반을 회복 불가능할 정도로 상실할 수 있는 리스크를 감수해야 하기 때문이다. 대부분 기업은 이러한 위기의식을 가지고 변화의 필요성에 실감하고 있으며 또한 디지털 전환을 위한 다양한 프로그램에도 착수하고도 있지만, 그 결과와 파급 효과는 종종 그들의 기대에 미치지 못하고 있는 것이 현실이다.

이러한 결과에는 다양한 원인이 있으며 이는 본 섹션을 통해 탐구하고자 하는 주요 이슈이다. 핵심 문제는 기업들이 디지털 시대에 비즈니스 패러다임의 변화를 제대로 인식하지 못하고 있다는 것이다. 실제로 그들은 기존의 비즈니스 모델, 인프라 그리고 접근 방식을 고수하면서 디지털 시대에 발생하는 문제들을 해결하고자 하거나 기회 요인들에 이를 활용하고자 한다. 새로운 시대적 상황에 과거 시대의 전략과 방식을 적용한다면 만족할 수 없는 결과가 도출될 수밖에 없다. 이 섹션에서는 디지털 패러다임이 어떻게 변화하고 있는지, 직면하고 있는 도전적 과제는 무엇인지 등 비즈니스의 새로운 원칙과 접근법을 다음의 세 가지 관점에서 살펴보고자 한다.

첫째, 뷰카 시대의 비즈니스
둘째, 디지털 전환으로의 입문
셋째, 디지털 핵심 기술의 탐색

상기 세 가지 관점에서 논의하고자 하는 이슈는 다음과 같다.

1. **디지털 전환은 반드시 엔드-투-엔드(End-to-End) 프로세서로서 추진되어야 한다.** 테크놀로지는 디지털 전환의 핵심 동력원이지만 완성 퍼즐의 한 조각에 불과하다. 성공과 실패를 가늠하는 것은 완결성에 있으며, 실패의

원인은 종종 퍼즐의 다른 요소들을 간과하기 때문이다. 디지털 전환을 추진할 때 조직의 구조조정, 업무 프로세스와 비즈니스 모델 그리고 전문인력 등은 디지털 기술 요소와 같이 대등한 수준으로 중요하며 오히려 더 중요한 역할을 하기도 한다. 디지털 전환은 이러한 조직의 다양한 요소들을 모두 아우를 수 있는 완결성 있는 엔드-투-엔드(End-to-End) 전환이 되어야 한다는 표현은 당연하고 진부하게 느낄 수 있으나 이는 매우 중요하고 의미있는 조언이다.

2. **'전략과 실행' 사이의 경계가 허물어지고 점점 모호하게 되어가고 있다.** 아울러 고객의 기대치, 경쟁 구도와 시장 수요, 그리고 신기술의 출현과 쇠퇴 등 디지털 시대에는 모든 측면에서 그 변화의 속도가 매우 빠르게 진행되고 있다. 즉 '무엇을 그리고 어떻게'라는 질문에 답을 찾을 수 있었던 '전략과 실행' 사이에서 전통적으로 존재했던 경계가 흐려지고 있다. 이러한 변화의 원인은 과거의 문제 해결을 위한 순차적인 피드백 과정이 디지털 시대에서는 반복 순환적 피드백 과정으로 근본적으로 변화하기 때문이다. 특히 디지털 전환의 모든 실행에 있어서 리더십, 사고방식, 인프라 등은 물론 조직의 내부구조부터 업무 프로세스에 이르기까지 모든 측면을 충실히 피드백 과정을 통해 반영할 필요가 있다.

3. **'2단 속도 실행'은 필수적이다.** 왜냐하면 디지털 시대의 특징으로서 '민첩성'과 관련된 '속도'와 순환적 피드백을 위한 '실험'은 디지털 시대의 또 다른 핵심적 특징이기 때문이다. 단시간 내에 실행을 통해 어떠한 효과가 있는지 큰 관심을 가지는 동시에 장기적 관점에서 올바른 방향으로 가는지를 관리해야 한다. 즉 크고 담대하게 생각해야 하며 소심함에서 탈피해야 한다. 즉 단기적인 관점의 '실행'과 장기적인 관점의 '배팅'이 모두 필요하다. 저자는 이를 2단계로 차별화된 '2단 속도 실행'이라고 명

칭하고 디지털 시대의 성공을 위해서 '이중성'의 관리는 필수적 사안이라 하겠다.

4. 기존의 레가시 기업들은 '디지털 네이티브' 기업으로부터 배울 수 있어야 한다. 디지털 시대에 태어나고 성장한 디지털 원주민이라 할 수 있는 구글, 아마존, 애플 등과 같은 회사들은 놀랄 만큼 성공을 거두고 있다. 이들의 성공은 단지 디지털 기술에만 기반한 것이 아니라 새로운 비즈니스 방식에 기초를 두고 있음을 인식해야 한다. 디지털 시대에서 태어나고 성장한 모든 스타트업이 성공하는 것이 아니듯, 기존의 산업군에 존재하는 모든 레거시 기업들이 디지털 시대에서 실패할 운명은 아니다. 하지만 기존의 레거시 기업들은 '디지털 네이티브'로부터 많은 교훈과 전략을 배울 수 있다고 믿는다.

본 섹션 1의 모든 장에서 상기에 언급한 공통의 주제들을 반영하여 디지털 시대의 새로운 비즈니스 법칙에 대해 논의하고자 한다.

1장. 뷰카 시대에서의 승리하기: 디지털 전환에 관한 주요 원칙과 우선순위

이 장에서는 전례 없는 변화 속도로서 기존의 많은 것을 붕괴시키며 뷰카(VUCA) 시대를 도래하게 한 근본 원인에 대해 심도있는 고찰을 통해 독자들에게 특별한 통찰력을 제공하고자 한다. 이러한 통찰력을 기반으로 디지털 경쟁 시대에서 새로운 법칙을 이해하고 스스로 변화할 수 있는 기업은 경쟁에서 승리할 수 있는 확실한 기회를 포착할 수 있을 것이다. 특히 이 장에서는 기업이 디지털 시대의 성공하는 조직이 되기 위해서 내부 규정화하고 이를 채택하는 데 필수적인 사안이라고 믿는 8가지의 새로운 경영 규칙을 제안하고자 한다.

2장. 비즈니스의 디지털 전환

이 장에서는 디지털 전환의 핵심적인 측면에 관하여 독자들의 심층적 이해와 공감을 위해 노력하였다. 비즈니스의 디지털 전환은 두 가지 관점으로 운영 가능하며 첫 번째 관점은 비즈니스가 디지털 테크놀로지를 사용하여 고객과 상호작용하는 방식으로 디지털 전환할 수 있을 것이며, 두 번째 관점으로는 디지털 테크놀로지를 사용하여 업무 프로세서를 자동화하거나 디지털화하여 업무의 효율성을 높이는 관점이 될 수 있을 것이다. 이 장의 결론부에서 디지털 전환이 이루어지는 핵심 단계와 함께 테크놀로지를 구성하는 핵심 요소들에 관해 소개하고자 한다.

3장. 디지털 전환을 위한 프레임워크(1부): 신규 비즈니스 패러다임이 필요한 6가지 이유

디지털 전환에 관한 논의를 다음 단계로 넘어가면서 우리는 '디지털 전환 이니셔티브'의 중요성에 관해 인식할 필요가 있다. 대다수 기업은 디지털 전환을 추진하는 과정에 있어서, 비즈니스 관점에서 디지털 전환의 중요성과 필요성에 관하여 지속해서 동기 부여되어 이를 주도적으로 이끌지 못한다. 2개 파트로 구성된 디지털 전환을 위한 프레임워크 시리즈 중 1부인 이 장에서는 디지털 비즈니스가 적어도 6가지 관점에서 전통적인 비즈니스와 근본적으로 다르다는 사실을 독자들과 함께 공유하고자 한다. 즉, 디지털 비즈니스에서는 첫째, 고객은 젊고 더 까다롭다는 것이며, 둘째, '데이터'가 폭발적으로 증가하고 있다는 것이고, 셋째, '변화의 속도'가 전례 없이 빠르다는 것이며, 넷째, '테크놀로지'는 지원 기능이 아니라 핵심 요소이고, 다섯째, '시작이 옳아야 한다'라는 접근법은 잘못된 것이며, 마지막 여섯째, 디지털 문제는 '다학제 간의 융복합' 관점의 문제로서 전통적인 비즈니스와는 근본적으로 상이하다는 것이다.

4장. 디지털 전환을 위한 프레임워크(2부): 디지털 전환의 성공을 위한 5가지 원칙

2개 파트로 구성된 디지털 전환을 위한 프레임워크 시리즈의 2부에서는 디지털을 구현하는 원동력이 완전히 다르다는 것과 기업은 디지털 전환의 성공을 위해 비즈니스에 관한 새로운 사고방식과 새로운 접근법이 필요하다는 것을 인식해야 할 것이며 아울러 이러한 인식을 바탕으로 다음 5가지 원칙을 숙지하고, 이를 실행에 옮길 수 있어야 할 것이다. 첫째로 디지털에 익숙한 고객 니즈에 부합되는 비즈니스 모델을 수립해야 하고, 둘째로는 비즈니스 KPI에 디지털 전환 프로그램을 집중하여야 할 것이며, 셋째로는 빅데이터의 힘을 잘 활용해야 하며, 넷째로는 조직의 모든 영역으로 완결성 있도록 통합하는 엔드-투-엔드(End-to-End) 접근법을 채택하고, 마지막 다섯 번째로는 '2단 속도 모델'로서 디지털 전환 프로그램을 실행하는 것이다.

5장. 디지털 기술 투자로부터 수익의 극대화(1부): 문제가 지속되는 이유

다음에서 언급할 2개의 장에서는 주제를 바꾸어 디지털 전환에서 기술적 측면을 보다 심도있게 살펴보고자 한다. 새로운 디지털 전환 기술에 관한 청사진과 비전에 매년 엄청난 자원들이 투자되고 있다. 하지만 이러한 디지털 이니셔티브에 의한 약속과 실제의 실행 결과물 사이에는 큰 차이가 계속 존재해 왔다. 이에 관한 주요 이유로서 빅데이터 또는 기타 디지털 시대의 기대치를 처리할 수 없거나 또는 민첩성이 결여된 기존의 레거시 프로세스와 IT 인프라 등에서 그 원인을 찾아볼 수 있다. 즉 현재의 IT 기술의 인프라와 프로세스가 업그레이드되지 않는다면 기업들은 따라잡기 위해서만 애쓰게 되고, 디지털 경쟁에서는 방어 수준에서만 일을 추진할 수 있을 것이다.

6장. 디지털 기술 투자로부터 수익의 극대화(2부): 방어가 아닌 공격적 플레이

이 장에서는 앞 장에서 확인한 문제들을 해결하기 위한 솔루션으로서 디지털 첨단 기술에 관한 원칙을 제시하고자 한다. 게임에서 승자가 되기 위해서는 방어전략에서 공격전략으로 대전환해야 한다. 디지털 전환을 통해 승자가 되고자 하는 기존의 '레거시 기업'들은 '디지털 네이티브'이라고 불리는 글로벌 IT 기업으로부터 많은 것을 배울 수 있을 것이다. 특히 '클라우드 기술'의 엄청난 발전을 활용하여 '클라우드 기반의 아키텍처'를 구축해야 한다. 신속하게 실험하고 측정하며 적용하게 하는 민첩성 있는 '애자일 프로세스'를 조직 문화로서 구축하고, 디지털 전환 프로그램 실행을 위한 '2단 속도' 접근법을 채택해야 할 것이다.

7장. 뷰카 시대의 디지털 전략과 도전 과제: CIO 관점

마지막 장에서는 기업 CIO들과 실무 경험으로부터 얻은 디지털 전략과 통찰력을 공유하고자 한다. 대부분 업종에서 리더들은 디지털 시대를 대변하는 뷰카 환경을 현실에서 체험하고 있으며, 더욱이 인력, 프로세스 그리고 기술이라는 3차원에 걸쳐 광범위하게 기업의 현실로 다가왔다는 것을 인지하고 있다. 이러한 환경에서 디지털 전환은 이젠 기업이 현실에서 생존하기 위한 불가피한 필수사항이므로 '기술 전략'은 이제 기업의 '생존 전략'이 되었다. 뷰카 시대에서 승리할 수 있는 유일한 방법은 기업 리더들이 최종 개별 고객에게 고품질의 실감 서비스를 제공하는 '애자일 디지털 아키텍처(Agile Digital Architecture)'를 구축하도록 지원하는 에이전트 역할을 기꺼이 수행함으로써, 기업 조직 문화의 변화를 선도하고 디지털 시대에 부응하는 고객 중심의 조직으로서 거듭나게 하는 것이다.

이 섹션에서 우리는 뷰카 세상으로 특징된 디지털 시대의 실체와 현실적인 변화를 더욱 명확히 이해하고 직시해야 한다. 또한 우리에게 아직도 익숙하고 오랜 세월이 지나 그 유효성이 증명된 비즈니스 전략과 가설에도 의문을 제기할 필요성이 있으며, 이와 함께 디지털 시대에서의 성공을 위해서 새로운 원칙과 접근법이 필요하다는 사실을 인지해야 할 것이다.

제1장

뷰카 시대에서 승리하기

: 디지털 전환에 관한 주요 원칙과 우선순위

먼저 게임의 규칙을 배워야 하고, 다음은 누구보다 잘해야 한다.

알버트 아인슈타인

바야흐로 디지털 시대 도래로 인해 많은 기업이 그들이 속한 산업 부문에서 일어나는 지각변동과 후폭풍에 대처하기 위해 고군분투하고 있다. 디지털 시대에서 기존 시스템의 붕괴 현상은 우리 시대의 메가 트렌드 중 하나이지만 이를 극복하고 이겨내는 것은 어려운 과제이자 도전으로 다가왔다. 특히 VUCA(변동성, 불확정성, 복잡성, 모호성)로 묘사되는 디지털 시대에는 서로 많은 사회적 요인들이 융복합되고 있다. 뷰카(VUCA)라는 새로운 세상에서는 누가 승자가 될 것인지는 예측하기 어렵다. 이러한 상황을 다른 관점에서 보자면 뷰카 시대가 오늘날 기업들에게 아주 크고 새로운 기회를 제공하고 있다는 것을 알 수 있다. 즉 게임의 새로운 법칙을 파악하고 스스로를 변화시킬 수 있는 자들은 새로운 경쟁과 시장에서 크게 승리할 수 있기 때문이다.

저자는 글로벌 자산 관리 회사인 '피델리티'와 인도의 최대 전자상거래 플랫폼 회사인 '플립카트'에서 뷰카 세상에서의 서로 다른 상황들을 실무 경험을 통해 학습했다. 이후, '인세도' 설립을 통해 디지털 시대의 변화에 직면해

■ VUCA 시대 – 전례 없는 변화의 속도와 크기

있는 많은 포춘지 선정 100대 기업들을 대상으로 그들의 디지털 전환을 돕기 위해 논의하며 컨설팅을 할 수 있는 많은 기회를 가졌다. 이러한 기업에서의 실무 경험을 바탕으로 뷰카 시대에서 디지털 전환을 통해 기업이 승리할 수 있는 몇 가지 핵심 원칙과 디지털 전환을 위한 우선순위를 제시하고자 한다.

1장의 주제에 관해서 다음 세 가지 관점에서 살펴보고자 한다.

- 전례 없는 변화 속도를 유발하는 5가지 요인
- 뷰카 시대에서 조직경영의 불확실성
- 뷰카 시대의 승리를 위한 8가지 경영 규칙

전례 없는 변화 속도를 유발하는 5가지 요인

1. 도메인 기술의 붕괴

오늘날 우리가 목격하고 있는 융복합 첨단 기술의 출현과 디지털 기술의 급성장과 함께 찾아온 기존의 도메인 기술과 비즈니스의 붕괴 속도는 전례가 없는 일이다. 모바일, 전자상거래, 클라우드, 빅데이터 등은 15년도 채 되지 않아 오늘날 소비자 행동 패턴과 비즈니스 모델 등을 극적으로 변화시켰다. 우리는 이제 인공지능, 로봇공학, 머신러닝, 블록체인 그리고 '마인드 셰어(Mind Share)'를 지배하는 '사물인터넷'을 통해 기술 혁신은 다음 단계로 접어들었다. 이렇듯 급속도로 변화하는 기술 혁신의 속도는 어떤 특정한 관점과 방향으로 미래를 예측하고자 하는 경우 더욱 우리를 어렵게 만들고 있다.

더욱이, 오늘날 빠르게 변화하는 기술 진화의 속도는 기존의 고객 시장을 확보하고는 있지만 새로운 기술 변화 적응에서 상대적으로 불리한 구조적 특성을 가진 대기업과, 기존의 고객 시장은 거의 없지만 새로운 기술 변화를 실험하고 활용하기 적합한 스타트업 모두에게 아주 공평한 성공의 기회를 부여하고 있다.

2. 고객 기대치의 변화

디지털 시대의 도메인 기술의 붕괴는 고객의 기대치도 크게 변화시키고 있다. 기업이 상대로 하는 소비자 고객들은 이젠 확실히 디지털에 더욱 능통해져 있으며, 아울러 고객 서비스에 기대치가 훨씬 높아져 있는 까다로운 고객을 상대하고 있다. '액센츄어' 컨설팅 사의 최근 연구조사에 의하면 91%의 소비자들은 그들이 개별적으로 선호하는 브랜드에 맞춤형 상품 또는 서비스로 쇼핑할 가능성이 높다고 한다.[2]

2가지의 구체적인 포인트:

- 동일한 서비스를 경험하더라도 고객들은 그들이 가지고 있는 브랜드 가치에 따라 매우 다른 기대치를 가질 수 있다. 예를 들어, 전자상거래 기업과의 디지털 경험에 대한 고객의 기대치는 편의성 가치에 우선하는 상위 계층의 고객들로부터 경제성의 가치를 추구하는 중간 계층의 고객에 이르기까지 고객층의 세그먼트마다 매우 다를 수 있다. 이를 이해하고 대상 고객 집단별로 맞춤형 오퍼링을 설계하는 것이 중요하다. 디지털 시대에는 고객의 세분화뿐만 아니라 더 나아가 고객의 개인화가 더욱 중요해지고 있다는 점을 기억하여야 할 것이다.
- 디지털 시대의 시장 고객들은 기업 제품 및 서비스 관련된 세부 정보에 접근성이 강화되어 기대치도 높아지고 있다. 예를 들어 디지털은 기업들로 하여금 식품의 제조 공정과 영양 정보는 물론 보험 가격의 산정 근거에 이르기까지 제품 및 서비스 정보에 관한 투명성을 이끌고 있다. 많은 경우 이러한 기업의 제품 및 서비스 투명성의 강화는 가격 하락의 압력으로 이어지고 있다.

3. 서양에서 동양으로의 이동

중국, 인도, 브라질 등과 같은 개발도상국의 구매력은 지속해서 증가하고 있다. BCG 컨설팅 사의 연구조사에 따르면 2023년까지 아시아는 글로벌 총자산 규모의 37%를 차지할 것이며, 이는 2018년도 기준으로 31% 증가한 수치라고 한다. 마찬가지로 전통적인 선진국 시장에서는 인구 피라미드가 계속 노령화됨에 따라 경제 성장에 큰 도전이 되고 있다.[3] 이러한 통계 수치는 신흥 아시아 개발 도상국 시장에 있는 자국 기업들에게 아주 좋은 성장 기회를 부여하고 있다. 하지만 서양의 선진국 시장에 초점을 맞춘 기존 기업들에게는 큰 도전이 되고 있다. 이러한 글로벌 시장 상황은 다국적 기업(MNC: Multi-National Company)들이 동양권 시장을 바라보도록 강요하고 있으며, 이들 아시아 시장에서는 엄청난 경쟁이 일어나고 있다.

4. 지정학적인 불확정성

지난 2, 3년 동안의 세계 정치는 예측할 수 없게 되었고, 사실 기이한 수준에 이르게 되었다. 몇 년 전만 해도 우리는 세상이 공평하고 함께하는 지구촌 가족이라고 선언했었다. 느닷없이 우리는 가장 가능성이 낮은 곳으로부터 민족주의와 자국 보호주의가 부활하는 것을 보았다. 글로벌 사회의 Covid-19 대유행은 경제와 기업들을 더욱 혼란스럽게 만들었고 오랜 세월이 지나 그 유효성이 증명된 사업 전략이나 사람들의 관행 그리고 다양한 가설들은 다시 시험대에 올라오고 있다. 이렇듯 갑작스러운 큰 변화는 많은 통제나 규제의 불확실성에 기인한 것이 아니라는 것이다. 이러한 불확실성은 기존의 사회 시스템에서 잘 확립된 비즈니스 모델들을 붕괴시켰고, 자영업자는 물론 중소기업과 일용직 임금 근로자들에게 특히 엄청난 영향을 끼쳤다.

5. 비즈니스와 제품 사이클의 단축

기술의 급격한 변화와 초경쟁 상황으로 인해 제품과 비즈니스 사이클은 급속도로 감축하고 있다. 사냥꾼이 사냥감이 되는 데는 그리 오래 걸리지 않는다. 인도 IT 산업의 예를 들어보자. 지난 20년 동안 많은 전통적인 운영 프로세스와 과거의 딜리버리 모델을 붕괴시키고, 세계적인 아웃소싱 산업으로 우뚝 성장하였다. 하지만 현재 지속적 성장을 저해하는 심각한 도전에 직면해 있으며, 기존 시스템의 붕괴로 인해 스스로가 새로운 비즈니스를 재

■ VUCA시대 – 전례 없는 변화의 속도를 유발하는 5가지 요인

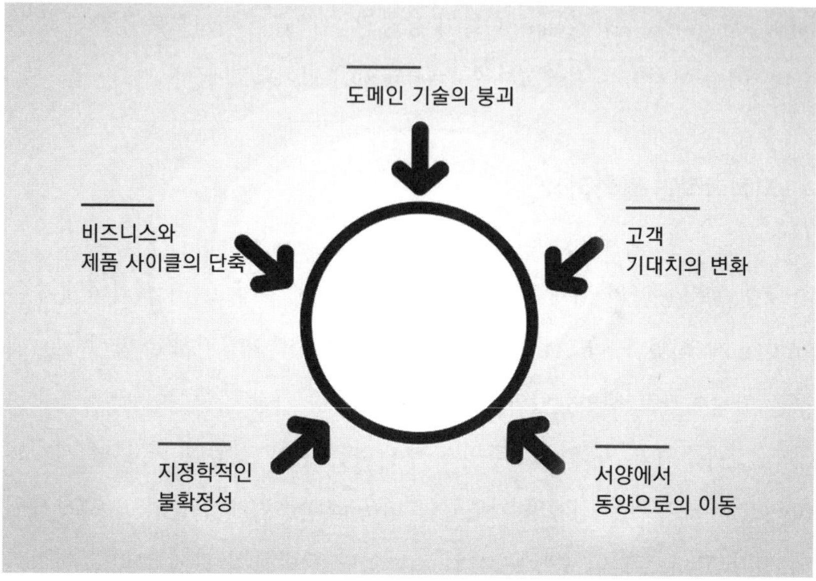

창출하거나 아니면 쫓겨날 위험을 감수해야 할 상황에 처해 있다.

뷰카(VUCA) 시대에서 조직경영의 불확실성

기술 혁신, 비즈니스 사이클의 단축, 초경쟁, 전통시장의 변화 등이 복합적으로 작용하면서 전례 없이 불확실성과 변화의 속도가 빨라지고 있다.

뷰카(VUCA)는 이러한 오늘날의 디지털 시대 상황을 잘 묘사하고 있다.

- V(Volatility): 변동성 – 높은 수준의 변화 속도와 현실 불안정
- U(Uncertainty): 불확정성 – 예측 가능성의 부족과 전망의 곤란성
- C(Complexity): 복잡성 – 다중 문제의 혼재성과 인과 관계의 부재
- A(Ambiguity): 모호성 – 오류의 내재성과 인과 관계의 혼동성

보다 체계적이고 안정적인 조직 환경을 위해 개발된 기존의 경영 규칙은 뷰카 세상에서는 더 이상 작동하지 않는 것이 확실해졌다. 특히 조직의 관리자(특히 40세 이상의 세대들)들에게는 지금까지 배워온 경영의 규칙들과 관성들을 버려야 하기 때문에 아주 큰 도전이 되고 있다.

조직들은 뷰카 시대에 준비가 되어 있지 않다.

기존의 전통적인 조직들은 예상대로 뷰카 시대에서 생존을 위해 고군분투하고 있으며 마찬가지로 신세대 기업들도 디지털 시대의 성공을 보장받고 창업의 길에 들어온 것이 아니며 실패와 새로운 도전으로 뷰카 시대를 헤쳐 가고 있으며 기존의 전통적인 조직들은 변화의 속도에 적응하기 위해 애쓰고 있다.

- 크레이튼 크리스텐슨은 그의 저서 『혁신가의 딜레마』에서 "새로운 파괴적 기술의 출현은 성공한 기업들을 결국 실패하게 만든다. 왜냐하면 현재 성공한 기업으로 이끌었던 관행들이 결국 그들을 파멸로 이끌 수 있기 때문이다."라고 했다. 이는 오늘날 기술 붕괴가 일어나는 디지털 시대에 현재 성공한 기업들이 기존의 관성과 종래의 경영 원칙에 머물러 있으면 실패할 수밖에 없다는 것을 강조하고 있다. 즉 '기존 관성'이나 '위험 회피' 문화는 조직이 그동안 이루어온 영광스러운 유산을 빠르게 파괴할 수 있다는 사실을 인식해야 할 것이다.
- 새로운 경쟁 비즈니스 환경에서 조직의 핵심적인 역량의 부족, 특히 디지털 시대의 기술 DNA 결핍은 기업을 파멸로 이끌 수 있다. 예를 들어 미국의 '시어즈'와 'JCPenney'와 같은 전통적인 유통 판매업 분야의 대기업들이 그 좋은 예이다. 그들은 본격적인 디지털 시대에서 기술기반의 전자상거래 업체들의 공격적인 마케팅에 대비할 수 있는 디지털 기

술 역량을 충분히 확보하지 못하고 과거의 비즈니스 관성에서 벗어나지 못한 것이 파산의 주요 원인이라고 볼 수 있겠다.

저자는 '피델리티'에서 금융투자 분야에서 전통적으로 성공한 기존 기업이 직면한 디지털 전환에 관한 현실적 도전을 경험했다. 당시 회사는 수익성이 매우 높고 우수한 기업이었지만 디지털로 인해 해당 업종에서 큰 변동이 일어나고 있었으며 새로운 도전에서 승자가 되기 위해 변화와 혁신이 필요했다. 저자가 경험한 중요한 변화 중 일부는 다음과 같다.

- 글로벌 금융 투자 시장의 구조 변화로서 미국 상위 500대 기업인 S&P 500에 투자하는 인덱스 펀드(Index Fund)는 소극적으로 진행되고 있는 반면에 펀드 매니저들이 개별적으로 투자 대상을 결정하고 운영하는 뮤추얼 펀드(Mutual Fund)가 적극적으로 활성화되었다. 아울러 금융 규제는 증가하고 인구의 고령화와 함께 글로벌 투자 금융 시장은 정체기에 접어들고 있었다.
- 과거의 방식에서 벗어나 시장에서 수익을 창출하기 위한 비즈니스 모델은 제품 중심에서 더욱 확실히 고객 중심으로 바뀌고, 기업이 스스로 시장 유통망 구축을 이루면서 그 결과로써 기업들은 기술적인 비중의 강화와 함께 효율성을 더욱 극대화하고 있다. 이러한 변화는 성장과정에서부터 인공지능(AI), 로봇 등 디지털 시대의 기술 진보에 익숙한 세대인 '알파 세대'라고 불리는 기술 DNA가 매우 다른 세대들에게 요구되는 중요한 관점이며 실무에서 이러한 변화에 기업이 적응하도록 하는 것은 아주 쉽지 않은 일이었다.

디지털 신세대 기업들도 높은 폐업율 가지고 있다. 많은 스타트업이 새로운 세계에서 앞으로 헤쳐나갈 때 궤도에 이르지 못하고 중도 탈락하며 아주 소수만이 지속적인 성장을 통해 성공에 이를 수 있다. 다음에 언급되는 상황이나 약점은 지속적 성공으로 가는 여정에서 장애물로 작용될 수 있다.

- **끊임없는 전투 모드에만 집중**: 시장에 빠르게 진출하게 하지만 장기적인 관점에서는 경쟁력을 확보할 수 없다.
- **경험 많은 내부 인재들의 부족**: 리더십만으로 경기 순환 기복이 심한 경우에 지속적 탄력성을 유지할 수 없다.
- **약한 기초적인 능력과 실무**: 인력 부문과 자금 분야 등 기업의 기초적인 실무운영 영역에서 문제가 없어야 한다.
- **구성원들의 강인한 가치문화 부족**: 조직 복원력과 지속력에 있어 핵심 요소로서 기업 문화가 내부에 형성되어야 한다.

하지만 기존 기업이든 신세대 기업이든 디지털 시대의 변혁은 모든 기업과 조직에 새로운 기회를 공평하게 제공하고 있다.

- 기업은 절망적인 상태라고 할 수 없다. 뷰카 시대에서 승리하기 위한 기술들을 수용하고 위기를 기회로 받아들이고 변화와 혁신을 주도해야 할 것이다.
- 예를 들어 페이스북, 우버, 에어비엔비, 그리고 아마존 등은 지난 10년 동안에 이러한 디지털 기술을 중심으로 괄목할 만한 성장을 거둔 기업들로서 우리는 잘 알고 있다. 이들은 새로운 고객 가치를 제공하고 새로운 시장과 산업들을 창출하였으며 이러한 기업의 성장과정을 통해 주주들에게 엄청난 부를 가져다 주었다.
- 인도에서는 '플립카트'와 '페이TM'과 같은 기업들이 그 좋은 예시로써 디지털 변혁의 시대에서 전자상거래 시장을 주도하고 있다.

뷰카 시대의 승리를 위한 8가지의 경영 규칙

현재 우리의 세상은 근본적으로 변화하고 있으며, 과거의 경영 규칙들이 더 이상 잘 작동되지 않는 시대를 살고 있다. 뷰카 시대에서 기업이 승리할 수 있는 새로운 경영 규칙들이 필요하다. 앞서 언급한 바와 같이 디지털 네이티브 기업으로서 '플립카트'와 디지털 전환을 준비하는 기존 기업으로서 '피델리티'에서의 경험 등 저자의 다양한 디지털 실무 경험을 기반으로 뷰카 시대에서 승리자가 되기 위한 8가지 경영 규칙을 제언하고자 한다.

규칙 1. 스스로 혁신하고 미래를 만들어가라.

통상적으로 기업들은 업무 추진과정과 실적 동향 분석 등으로부터 미래를 예측하고자 한다. 하지만 더 이상 우리에게 익숙한 이러한 전형적인 방식은 뷰카 시대에서는 통하지 않는다. 앞서 살펴본 전자상거래 산업 분야에서의 사례가 이를 잘 증명하고 있다. 과거의 실적 동향 분석은 더 이상은 새로운 시장의 변화와 방향을 예측하는 데 도움이 되지 않는다. 이제는 스스로가 고객 시장을 창출하고 만들어가야 하는 뷰카 시대가 왔다. 기업 리더들은 이제 담대해져야 하며 크게 생각하고 지속해서 혁신을 이어가야 한다. 이러한 과정에서 늘 자신의 조직이 경쟁사로부터 지배당할 것을 두려워하지 마라. 만일 스스로 치열한 경쟁에서 타 조직을 지배하지 못한다면 다른 경쟁자가 지배할 수밖에 없다는 사실을 명심해야 한다. 승자로서 지배자가 되는가 아니면 패자로서 피지배자가 되는가이다. 위대한 리더 '스티브 잡스'의 유명한 어록이 있다. "세상을 바꿀 수 있다는 믿음에 미쳐있다면 실제로 세상을 바꿀 수 있다." 먼저 스스로 혁신하고 그리고 미래를 만들어가라. 이는 뷰카 세상에서 승자가 되기 위해 첫 번째로 요구되는 경영 규칙이다.

규칙 2. 다양한 실행 경험과 연결을 통한 전략을 수립하라.

전략 수립은 모든 비즈니스의 출발점이다. 하지만 이를 바탕으로 아무리 잘 짜여진 전략 기획이라 하더라도 뷰카 시대에는 큰 도움이 되지 못한다. 그럼에도 불구하고 우리는 장기적 계획과 구체적인 목표들은 명확하게 가져야 하는데, 이러한 계획과 목표들을 굳이 외부로 표출하거나 홍보하면서 실행할 필요성은 없다. 왜냐하면 뷰카 시대에는 실행하는 도중에도 상황에 맞도록 계획이 신속히 수정될 수 있어야 하며 이를 위해 민첩성과 유연성이 있어야 하기 때문이다. '전략'보다는 '실행'이 더욱 중요하다고 할 수 있겠다.

한편 뷰카 시대의 실패란 필수적으로 경험해야 하는 과정이다. 가능한 실패를 빠른 시간 내에 경험하고 학습하는 것이 좋다. 성공 전략은 다양한 실행의 결과인 경험의 연결(Connecting the Dots)을 통한 통찰로서 확보할 수 있다. 그러므로 디지털 시대의 전략 수립에서 실행에 이르는 추진과정은 과거 전통적인 방식과는 다르다. 즉 뷰카 시대의 전략 수립은 미래를 예측하는 것이 아니라 과거의 실행 경험들을 연결을 통해 발견해 나아갈 수 있는 것이다.

규칙 3. 고객과 함께 가치를 창출하라.

대부분 기업들은 고객 우선주의에 관해 말하고 있다. 하지만 현실에서의 실제 상황은 이와는 많이 다르다. 특히 기업과 경영자는 종종 고객을 위해 옳다고 생각하는 것과 비즈니스를 위해 옳다고 생각하는 것 사이에서 많은 갈등을 보이고 있다. 하지만 더 이상 이러한 고민들은 뷰카 시대에서는 의미가 없어진다. 아울러 '고객우선' 또는 '고객 중심'이라는 용어도 더 이상 슬로건에만 머물러 있지 않고, 성공을 위해서 완전히 다른 차원에서 이해되고 활용된다.

디지털 시대에는 제품 또는 서비스 제공에 관해 고객 피드백을 받는 디지털 기술의 진화로 인해 시간이 엄청나게 단축되어 실시간 피드백에 이르게 되었으며, 이는 기업이 고객과 함께 다양한 가치를 창출할 수 있는 환경이 되었다. 그러므로 기업의 소비자는 이젠 고객이 아니라 가치 창출을 위한 '비즈니스 파트너'로서 인식된다. 즉 소비자 고객과의 업무 관계는 다양한 접점과 상호작용을 통한 순환적 과정으로 추진된다. 이러한 고객과 함께 가치를 창출하는 과정은 첨단 디지털 기술에 의해 반복적 실시간의 자동화 프로세스로 수행되며, 기업에서 고객으로의 B2C 비즈니스에서 특히 개별 맞춤형 고객 서비스에 관한 개인화 이슈는 무엇보다 중요시되고 있다.

아직까지는 통상적으로 고객 세분화(Segmentation) 수준에 있지만 머지않아 디지털 기술의 발전은 고객의 개별 특성에 초점을 둔 본격적인 개인화(Individualization) 단계로의 진입을 예고하고 있다. 디지털 전환 시대에는 엄청나고 폭발적인 고객 데이터를 관리하는 능력과 이러한 분석 데이터로부터 통찰력을 가질 수 있는 능력이 경쟁력을 좌우하는 핵심 능력이라 할 수 있겠다.

규칙 4. 테크놀로지가 중심이 되는 조직이 되어라.

전통적으로 기업은 그들이 속한 산업 분야에서 자사 기업의 역량과 경쟁력을 강화하는 데 테크놀로지는 중심이 되는 핵심 부분이 아니라 지원 기능을 하는 부수적인 역할로써 주로 활용되어 왔다. 하지만 기존 기술이 지속해서 요동치는 디지털 경쟁 시대에서 모든 산업 분야에서 기업의 경쟁력을 좌우하는 핵심 요소는 기술이다. 기술은 이제 기업의 핵심 역량을 강화시키는 조력자의 역할에서 벗어나 기업의 전략 수립과 경쟁력 강화는 물론 비즈니스 아이디어 창출에 중심이 되는 핵심 요소가 되었다. 테크놀로지는 비즈니스와 아주 밀접하게 결속되었지만 이를 구분하여 각각의 특성을 이해할 수 있는 차별성은 존재한다. 디지털 시대에서는 기업이 자사의 기술 DNA를 우선적으로 확보하는 것이 중요하며 이는 미래의 비즈니스를 선점하는 데 무엇보다도 중요한 절차이다.

디지털 전환을 성공적으로 완수하기 위한 기업의 여정은 결코 쉽지 않다는 것을 인식해야 한다. 단순히 기업의 새로운 역량을 강화하는 차원이 아니라 근원적으로 기업의 문화를 디지털 시대의 패러다임에 부합하도록 전환시킬 수 있어야 하기 때문이다. 기존 기업의 디지털 전환에 관한 여정은 수년이 넘는 시간이 필요할 수도 있다. 하지만 이 여정은 반드시 출발해야 할 숙명적인 여정이다.

규칙 4는 이 장에서 언급된 규칙 중에서 가장 우선적으로 고려해야 할 가장 중요한 규칙이라 할 수 있겠다.

규칙 5. 조직의 구조와 프로세스는 단순화하라.

뷰카 시대에서의 지속적인 변화와 불확실성을 극복하기 위해서는 조직의 구조와 프로세서를 재검토해야 한다. 전통적으로 기업의 조직 구조와 업무 프로세스는 리스크 관리에 초점이 맞추어져 왔다. 이는 기업이 잘못된 방향으로 가지 않도록 통제하는 것을 의미한다. 하지만 대다수 기업의 조직과 비즈니스는 성장을 거듭함에 따라 관련 세부 요소들이 점차 증가하게 되고 복잡해지면서 실행의 속도는 저하되는 국면에 있다. 이러한 측면들은 뷰카 시대에서 기업의 경쟁력을 현저히 떨어뜨리는 중요한 원인으로 주목되고 있다. 뷰카 시대에 요구되는 조직의 민첩성과 유연성 강화를 위해 조직의 구조와 프로세서를 단순화하는 데 요구되는 기본적인 변화 관점을 3가지로 제시하면 다음과 같다.

- '리스크 관리'보다는 '속도 관리'로
- '완벽함'보다는 '단순함'이 중요하다.
- '통제'보다는 '권한위임'이 중요하다.

상기 3가지 관점은 전통적 상명하복의 계층적 구조를 가진 수직적 조직체계(Traditional Hierarchical Model)와 이러한 계층적 조직체계 구조가 완전히 무너진 수평 조직체계(Flat Organization) 기업의 중간 형태 조직인 플랫터(Flatter Organization) 조직 기업에 적용함이 바람직하다.

통상적으로 전통적인 기업들은 수직과 수평의 조직이라는 2가지 형태 조직 구조에서 볼 때 중간 형태의 플랫터 조직 구조를 취하고 있으므로 조직 구조와 프로세서의 단순화를 위한 상기 3가지 관점을 적용함으로써, 경직된 수직적인 조직 문화를 보다 민첩성이 강화된 수평적인 조직 문화로서 변환하는 데 좋은 접근법이 될 수 있다.

특히 상기 관점의 적용을 통해 조직의 크로스 펑셔널(Cross-Funtional)을 위한 콜라보를 촉진할 수 있어야 할 것이며, 기업의 내부 프로세서를 보다 단순화시켜야 하며 아울러 통제를 최소화하고 직원들은 고객과 동등한 차원에서 중요도를 부여하고 그들의 문제에 접근할 수 있어야 할 것이다.

규칙 6. 학습하고 지식을 공유하는 조직으로 성장시켜라.

지속적인 학습(Continuous Learning)은 기업이나 개인 모두의 차원에서 뷰카 시대에서의 생존을 위한 핵심적 사안이라고 할 수 있다. 무엇보다 중요한 것은 기술에 관한 지식은 누구든지 자유롭게 접근하여 이를 배울 수 있도록 민주화되어 있다는 점이다. 예를 들어 대단위로 누구나 무료로 수강할 수 있는 온라인 강좌로서 무크(MOOC: Massive Open Online Courses)는 세계 수준의 교육 콘텐츠를 아주 용이하게 접근하도록 제공하고 있다. 하지만 그럼에도 불구하고 많은 부분에서 중요한 지식들은 외부로 드러나거나 명시화되지 않고 사람들의 체험이나 경험에 축적된 암묵적 지식 영역으로 남아있다. 이러한 무형자산으로 사유화된 암묵적 지식(Tacit Knowledge)은 지식 정보에 관한 접근성이 용이하게 이루어지는 글로벌 경쟁 시대에서 아주 중요한 핵심 자원이 된다.

그러므로 조직의 리더는 구성원의 암묵적 지식이 조직의 이노베이션 창출을 위한 자원으로 적극 활용될 수 있도록 인센티브로써 장려해야 할 것이다. 아울러 기업의 무형자산으로서 새로운 암묵적 지식들을 축적할 수 있도록, 구성원들로 하여금 지속적인 학습을 지원하고 조직 내에 지식 공유 문화를 만들어야 하며 리더는 스스로가 학습과 지식 공유에 본보기가 되어야 한다.

규칙 7. 파트너십을 만들고 개방형 조직이 되어라.

뷰카 시대에서는 외톨이로 싸워서 승리할 수 없다. 전략적 제휴를 위한 콜라보가 필수적인 핵심 역량이 된다. 디지털 시대에는 새로운 테크놀로지 거물들이 부상하고 있다. 이들을 기회 요인으로 받아들이고 오픈 이노베이션의 플랫폼으로 활용하기 위한 파트너십을 형성하는 것이 필요하다. 아울러 해당 비즈니스 산업 분야에서 형성되고 있는 가치사슬(Value Chain)을 지속적으로 파악하고 인수 합병의 대상은 물론 전략적 제휴의 대상과의 파트너십을 형성함으로써 조직의 글로벌 경쟁력을 강화할 수 있을 것이다.

일을 추진함에 있어서는 매우 역동적으로 추진해야 한다. 왜냐하면 뷰카 시대에서는 기업의 파트너와 경쟁자의 경계선은 매우 모호해지며 유동적으로 형성되기 때문이다. 더욱이 파트너도 아니고 경쟁자도 아닌 변이 형태로 나타나고 있으며 이는 매우 급속도로 진화하고 있다. 우리는 이를 '코페티션(Coopetition)'이라고 명명하며 협력자의 의미로서 코퍼레이션(Cooperation)

과 경쟁자의 의미인 컴페티션(Competition)의 머리글을 합성한 용어이며 이는 디지털 시대의 핵심적인 특징으로 부각되고 있다.

또 다른 관점에서 경쟁력있는 개방형 조직으로 거듭나기 위해 필요한 것은 다양한 지역에 있는 기업들과의 '웹 파트너십'을 적극적으로 구축하는 것이다. 뷰카 시대에서는 이미 지역적 경계는 허물어져 있으며, 기업의 글로벌 시장 확보와 딜리버리 모델(Delivery Model) 구축을 통한 글로벌 경쟁력은 매우 중요하게 요구된다.

규칙 8. 기업가 정신의 조직 문화와 리더를 양성하라.

뷰카 시대에는 경영 규칙이 변화하면서 기업의 인재상도 바뀌고 있다. "이곳으로 온 것이 무엇인가 하면 그곳으로는 갈 수 없다는 것이다."라고 하는 것은 명백히 어떤 측면에서 보면 옳은 표현이고 맞는 관점이지만 이제는 진부적이고 상투적인 표현이라 하겠다. 왜냐하면 뷰카 시대에서 성공하는 기업은 이제 더 이상 관리자로서 역할을 하는 매니저가 필요하지 않기 때문이다. 즉 기업의 매니저는 그동안 관리자로서 배운 것들을 버리고 리더로서 새로운 학습을 할 것을 요구받고 있다. 이는 지금까지 성공적인 매니저로서의 삶을 살아온 그들에게 큰 도전으로 다가왔다.

기업의 매니저를 기업의 도전적 리더로 육성하는 데 필요한 기업 문화와 그들에게 요구되는 중요한 능력에 관한 예시는 다음과 같다.

- 혼란을 인내하며 아울러 실패를 수용하는 능력
- 다양한 이중성(모순)을 경영할 수 있는 능력
- 복원력을 형성하고 이를 강화할 수 있는 능력
- 기업가적 문화로서는 '오만함보다는 겸손함' 그리고 '잔인할 정도로 솔직함'

우리는 오늘날 아주 역동적인 세상에서 살고 있다. 변화는 지속되고 있으며 이러한 변화에 접근하는 방법에 따라 엄청난 기회로 작용되거나 또는 아주 큰 도전으로 받아들여질 수 있다.

기업이 디지털 전환을 통해 뷰카 시대에서 승자가 되고자 하는 것은 병원에 입원하여 큰 수술을 진행하는 것과도 같다. 즉 기업 조직은 물론 구성원 모두에게 기존의 관성이나 기득권에 관해 광범위한 변화를 요구하게 된다. 어떻게 보면 이는 정말 어렵고 힘든 여정이라 할 수 있다. 하지만 그 보상의 대가는 매우 크게 돌아온다.

앞에서 뷰카 시대에서 승리자가 되기 위해 요구되는 8가지 새로운 경영 규칙에 관해 논의하였다. 이 중에서 가장 중요한 하나만을 우선해서 선택한다면 앞서 간략히 언급한 바 있지만, 이는 테크놀로지 DNA가 있는 기술 중심의 조직으로 거듭나야 한다는 것이다.

뷰카 시대에서의 변화의 근원은 기술의 급진적 발전과 함께 찾아온 종래 테크놀로지 체계의 붕괴라 할 수 있다. 기술의 변동성은 일시적인 현상이 아니라 오늘날 우리의 현실에서 나타나고 있는 기본적 특성이라 할 수 있

■ VUCA 시대의 승리를 위한 8가지의 경영 규칙

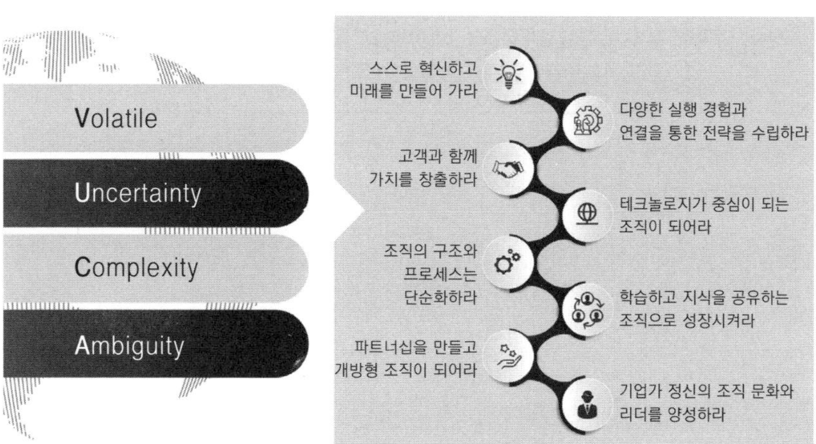

다. 그러므로 이제 기업은 선택의 여지가 없이 미래에 경쟁력을 갖춘 강력한 기술 DNA로 무장해야 한다. 기업이 디지털 전환을 완성하기는 쉽지 않을 수 있다. 하지만 디지털 시대에서 생존하기 위해 필수적으로 넘어야 하는 큰 산이다. 특히 기업이 지속 가능한 기술 DNA 구축하기 위해서는 조직의 문화를 바꾸고 진화해야 한다. 조급하지 말고 충분히 시간을 가져서 경영진부터 광범위하고 포괄적인 방식으로 조직 전반적인 분야에 걸쳐 변화를 이루어내야 할 것이다.

요약

- 뷰카 시대에서 붕괴의 힘은 테크놀로지의 변환과 고객의 기대치를 변화시켰으며 글로벌 경제의 중심을 서양에서 동양으로 이동시키고 있으며 아울러 지정학적인 불확실성의 증가와 함께 시장에서는 기술과 비즈니스 사이클이 급속도로 단축되고 있다.
- 뷰카 시대를 준비함에 있어 전통적인 기존 기업과 디지털 신세대 조직들 사이에서는 기본적으로 다른 관점과 간극이 존재한다.
- 많은 변화가 생겨나고 시대적인 패러다임이 변화함에 따라 뷰카 시대에서의 경쟁에서 승자가 되기 위한 새로운 법칙들을 제시하였다.
- 이노베이션 창출, 민첩성 전략(Agile Strategy), 테크-DNA의 확보, 파트너십 구축, 그리고 기업가적인 문화는 뷰카 시대에 승리할 수 있는 주요 요인이라 할 수 있다.

제2장

비즈니스의 디지털 전환

최소한 40%의 비즈니스는 향후 10년 이내 사라질 것이다. 만일 4차 산업혁명에 의한 새로운 기술들을 수용하지 못하고 디지털 시대에 부합되는 조직으로 변화시킬 방법을 모른다면 기업의 생존 가능성은 더욱 희박해진다.

John Chamber, 전 CISCO 회장

이 장에서는 기업 비즈니스의 디지털 전환에 대한 도전적 과제, 진화하는 디지털 기술 그리고 무엇보다도 어떻게 디지털 전환에 성공할 수 있는지 등 몇 가지 핵심 관점을 소개하고자 한다. 특히 전례 없는 작금의 코로나 대유행 상황에서 비즈니스의 디지털 전환은 아주 중요한 관점으로 대두되고 있다.

비즈니스의 디지털 전환이란 무엇을 의미하는가?

'디지털 전환'은 매우 광범위한 주제로서 서로 다른 분야에서 다양한 관점으로 다룰 수 있다. 하지만 이를 통상적인 관점에서 요약하자면 디지털 기술을 활용하여 어떻게 고객을 비즈니스와 연계하도록 하고 혁신시킬 것인지 그리고 어떻게 디지털 기술을 활용하여 기업의 내부 프로세스를 개선하고 혁신시킬 것인지에 있다.

그러므로 이를 요약하자면 '비즈니스의 디지털 전환'은 '고객의 대응(Customer Facing)' 측면과 기업의 '내부 프로세스(Internal Process)'라는 2가지 관점에서 이해할 수 있다.

먼저 고객의 대응 측면에 있어서는 판매, 서비스 등과 같은 다양한 고객 수요에 기반한 거래 행위에 관하여 디지털 기술 중심의 채널들을 광범위하게 구축하고, 이를 시장 고객들에게 고객 중심의 방식으로 제공하는 것이다.

또 다른 관점으로는 내부 프로세스에 관한 것이다. 디지털 기술을 활용하여 기업의 업무 프로세스를 디지털화(Digitalization) 또는 자동화(Automation)로 변환시키는 것으로써 이는 인력, 시간 및 투입 자원의 단축과 함께 업무 효율성을 근본적으로 변화시키고 경쟁력을 강화시킬 수 있다.

그러므로, 상기 2가지 관점에서 살펴본 비즈니스 디지털 전환의 본질은 고객의 관점에서는 비즈니스 접근성과 경험을 획기적으로 증대시키고 이와 동시에 기업의 관점에서는 비즈니스 비용과 시간을 획기적으로 감소시키는 것이다.

불필요한 블록의 제거

디지털 전환에 성공하기 위해서 그 출발점은 고객이 되어야 한다. 디지털 전환은 우선 고객이 누구인지 그리고 그들의 니즈 변화는 어떠한 것이지 그리고 고객에게 어떠한 가치를 제공할 것인지를 파악하는 데서 출발해야 한다.

디지털 전환 경제에 의해 변화된 하나의 좋은 예시로써 과거 전통적인 금융투자 관리회사는 투자상품을 주로 어드바이저를 통해 투자자에게 판매해 왔다. 하지만 디지털 경제 시대인 오늘날에는 어드바이저는 거래과정에서 배제되고 소비자 고객인 투자자들에게 직접 투자상품을 판매하고 있다.

디지털 전환으로 가는 5 단계

1단계: 해당 업종의 가치사슬(Value Chain) 변화 이해

자사의 시장의 고객이 누구이며 그리고 그들에게 어떠한 서비스를 제공해야 하는가? 이를 파악하기 위해서는 무엇보다도 우선 디지털 시대에 해당 업종에서 가치사슬이 어떻게 변화하고 있는지를 먼저 이해하는 것이 중요하다.

상기 금융투자 관리회사의 예를 들면, 해당 업계에서 고객이 변화하고 있으며 어드바이저라는 중개인 고객에서 직접 투자자 고객으로 바뀌고 있다는 것이다. 금융투자 관리회사는 이러한 상황에서 어떻게 직접적으로 투자자 고객과 접점을 형성할 것인가? 그들의 니즈는 무엇이며, 그들에게 어떠한 가치를 제공해 줄 수 있을 것인가 등에 답을 할 수 있어야 하며 이는 디지털 시대에서의 금융투자업계의 가치사슬에 관한 변화를 인식하고 이해하는 것이 중요한 관점이 된다.

2단계: 디지털 전환의 목표는 비즈니스 KPI로 설정

디지털화는 이젠 모든 업종과 산업 분야에 걸쳐 만연하게 확산되었으며, 이는 우리에게 큰 기회를 제공하고 있지만 반면에 극복해야 할 도전적 과제로 다가왔다. 특히 기업의 디지털 전환은 본질적으로 뷰카의 시대적 특성에 의해 복합적이며 다양한 기능들이 요구되기 때문에 진행과정에서 계획한 목표들은 방향을 잃거나 중도에 무산되기 쉽다. 그러므로 디지털 전환에 관한 목표를 조직의 비즈니스 KPI(Key Performance Indicator)로 명확하게 설정하고 가시적인 핵심 성과지표로써 더욱 확고하게 하는 것이 바람직하다.

매출 성장이 핵심 목표인가? 고객 확보가 핵심 목표인가? 고객 유지가 핵심 목표인가? 고부가 이윤 창출이 핵심 목표인가? 이처럼 비즈니스 성과물에 관한 핵심 목표의 설정이 필요하다. 핵심 목표들은 정량평가에 의한 비즈니스 성과 목표치로서 계량화하여(비즈니스 KPI로써 확고히 하여) 디지털 전환과정을 통해 집중적으로 관리해야 한다. 그렇지 않으면 전환을 위한 새로운 시작으로서의 디지털 이니셔티브는 쉽게 길을 잃거나 와해되기 쉽기 때문이다.

3단계: 최적화를 위한 데이터의 통찰력 도출

디지털 채널은 고객과 관련된 아주 다양한 데이터를 엄청난 양으로 제공하고 있다. 데이터는 개별 고객에 대한 맞춤형 제안은 물론 상호작용 서비스를 위한 디지털 개인화(Individualization) 프로세스를 구현하는 데 아주 훌륭한 기회를 제공하고 있다. '인세도'의 한 고객사인 미국의 통신 분야 대기업의 사례를 보면 디지털 전환을 통한 개인화 수준은 현재 약 1억 3천만 유형으로 세분화하여 고객 서비스를 제공하고 있다. 우리는 이제 디지털 기술을 기반으로 모든 고객을 대상으로 그들 각자의 니즈에 부합하는 고객 맞춤형 서비스를 제안할 수 있다. 디지털 전환의 위대한 가능성을 확인할 수 있으며 이는 데이터를 통해 가능하기 때문이다.

3번째 단계에서는 시장 고객과 관련하여 해결해야 할 문제들을 파악하고, 이러한 문제를 해결하기 위해서 어떠한 데이터가 필요한지 확인하고 동시에 궁극적으로 어떻게 데이터를 확보하고 활용할 것인지 명확하게 이해해야 할 것이다.

4단계: 조직 구조에 관한 심도있는 이해

디지털 전환은 조직 내부의 구조와 관련된 모든 기능을 파악하고 이러한 기능들이 조직 전반에 걸쳐서 전환되어야 한다. 단순히 조직의 IT 분야 또는 마케팅 분야 같이 특정 기능 분야에만 한정되어서는 안된다. 조직의 모든 기능을 통합적으로 연계하여 디지털 전환을 이루어야 한다. 성공적인 디지털 전환을 위해서는 조직 내부의 서로 다른 기능을 가진 전문가들이 공통의 목표 달성을 위해 구성된 팀에 의해 추진되어야 하며, 이러한 '크로스 펑셔널 프로젝트(Cross-functional Project)'의 원할한 수행을 위해 어떻게 기업의 비즈니스를 다시 체계화할 것인지도 준비해야 한다. 그러므로 4단계에서는 디지털 전환을 위해 조직 구조와 관련된 심도있는 이해가 필요하다.

5단계: 2단 속도 접근 전략(Two-speed Strategy)

디지털 전환 프로젝트를 수행할 때 투자와 노력이 실제로 엄청나게 많이 필요하지만 실패의 가능성도 크다. 디지털의 미래 전망은 아주 밝지만 반면에 성공 가능성은 그다지 높지 않은 것이 현실이다.

디지털 전환 프로젝트를 추진할 때 '2단 접근 전략'에 기초하는 것이 바람직하다. 디지털 전환이 필요한 조직 내에 특정 분야 또는 특정 목표에만 먼저 집중적으로 추진하여 작은 성공을 빠르게 확보하는 것이 중요하다. 최종 목표는 앞서 4단계에서 살펴본 바와 같이 조직의 모든 분야에서 이루어져야 하지만, 한꺼번에 복합적으로 추진하지 말고 가급적 단순한 과제 목표에 먼저 도전하고 이를 통해 작은 성공을 가져올 수 있어야 한다. 작은 성공을 디지털 전환의 시제품(Pilot)으로 활용하고 프로젝트 전반에 걸쳐 모든 분야로의 확산을 위한 플랫폼(Platform)으로 활용할 수 있어야 한다.

앞서 상술한 디지털 전환을 위한 5단계 과정을 요약하면 먼저 고객의 문

■ 디지털 전환 – 개요

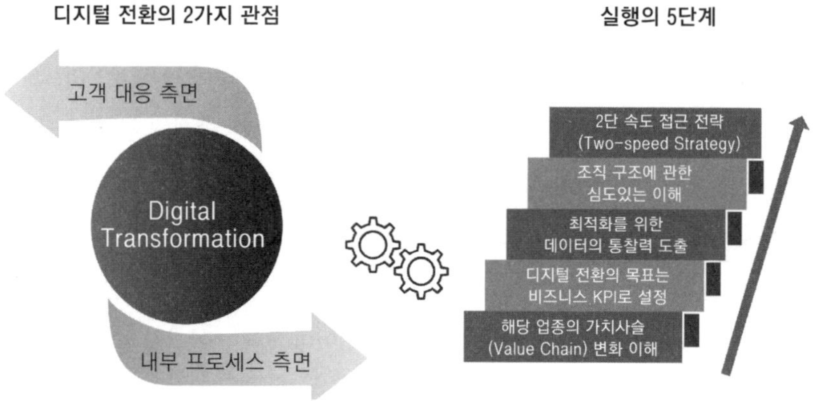

제 파악으로 시작하고, 비즈니스 KPI들을 설정해야 하며, 그 다음 어떠한 데이터가 요구되는지를 확인하고, 조직의 모든 기능을 연계 복합적으로 전환 대상에 포함해야 하며, 끝으로 실행 시에는 구체적인 특정 과업에 우선 집중하여 먼저 작은 성공을 확보하는 것이 바람직하다.

누가 디지털 전환 프로젝트를 이끌어가야 하는가?

디지털 전환을 어떻게 이루어야 하는가에 관한 주제를 논하기 이전에 먼저 디지털 전환을 누가 주도적으로 선도해야 하는지가 중요하다. 이는 많은 기업들이 고민하는 문제지만 실제로 이를 공론화하여 다루기가 거북한 측면이 있다. 기업 조직에는 다양한 업무를 중심으로 중요한 역할을 하는 CEO(Chief Executive Officer), CMO(Chief Marketing Officer), CTO(Chief Technology Officer), CIO(Chief Innovation Officer), CFO(Chief Financial Officer) 등과 같은 다양한 리더들이 있다. 이들 중에 누가 선도해야 하는가? 아니면 새로운 리더로서 직책을 부여하는 것이 바람직할 것인가?

이런 문제로 종종 갈등이 생기기도 한다. 하지만 전적으로 기업에서 디지털 전환 프로젝트를 이끌 수 있는 특정된 리더는 있을 수 없다. 왜냐하면 디지털화는 앞서 언급한 바와 같이 마케팅, 테크놀로지, 운영 파트, 회계 자금 등 기업의 모든 부서에서 업무 영역 전반에 걸쳐서 진행되어야 하기 때문이다. 특정 인물로 하여금 기업의 디지털 전환을 주도하고 이끌도록 하는 것은 실패로 가는 지름길이 될 수 있다. 예를 들어 디지털 전환 프로젝트를 추진하도록 CDO(Chief Digital Officer)라는 새로운 역할을 하는 리더에게 권한을 위임하는 것도 기존의 CIO이나 CTO 등의 역할이 있기 때문에 CDO의 역할은 거의 형식적인 수준에 지나지 않는다.

이러한 리더십 문제 해결을 위한 가장 좋은 접근법을 찾기 위해서 구글, 페이스북, 아마존 등과 같은 '디지털 네이티브(Digital Natives)'들의 사례를 살펴보는 것은 매우 의미 있는 일이다. 디지털 세상의 원주민 기업으로서 먼저 디지털 세상에 정착한 디지털 네이티브들은 디지털 전환을 위한 과업 수행을 통해서 그들이 이미 그 세상에 도달했다고 말하지 않으며, 또한 CIO, CTO 또는 CMO 등 어느 특정 리더가 이러한 과업을 추진했다고도 말하지 않는다.

기업 전체의 조직이 체계적으로 고객의 문제들을 파악하고 이를 해결하기 위해 전사적으로 대처해온 것이다. 디지털 네이티브 기업에는 자사의 제품 또는 서비스를 고객들에게 제공하고 문제를 해결하는 '프로덕트 매니저(Product Manager)'들이 있다. 이들은 디지털 네트워크를 통해 다양한 고객들의 문제를 해결하고, 구체화된 새로운 계획을 수립하며, 이들 각자가 주도적으로 디지털 비즈니스 모델을 이끌며 실행하고 있음을 알 수 있다.

구글의 예를 보면 수백 가지의 상품 또는 서비스들이 존재하며 이를 각각 담당하는 수백 명의 프로덕트(Product) 매니저들이 있음을 확인할 수 있으며 또한 기업의 구조가 고객의 문제 해결을 위해 조직으로 체계화되어 있음을 알 수 있다.

기존의 기업들이 디지털 전환을 통해 성공하기 위해서는 이러한 디지털 네이티브 기업들을 벤치마킹하고 그들로부터 교훈을 얻을 수 있어야 한다.

디지털화에서 가장 핵심적인 문제는 산업화 과정에서 성공한 기존 기업들이 디지털 전환을 통해 종래의 조직 구조를 어떻게 전환해야 하는가에 있다. 결론은 기존 기업들은 디지털 전환을 통해서 제품 서비스가 중심이 되는 크로스 펑셔널(Cross-Functional) 조직으로 변환하여야 하며, 또한 고객 문제 해결을 위한 조직으로서 리모델링되어야 한다. 이는 디지털 네이티브 기업들이 성공한 방식이며 디지털 전환을 추진하는 기존의 레가시(Legacy) 기업들이 주목해야 할 핵심적 사안이다.

어떻게 디지털 전환을 이끌 것인가?

디지털 전환을 이끄는 리더로서 프로덕트(Product) 매니저에게 특별히 요구되는 핵심 역량으로 두 가지가 있다. 첫 번째로서 그들은 시장 고객에 관한 심도 있는 통찰력을 갖고 있어야 한다. 어떠한 비즈니스에서도 고객은 왕이다. 디지털 경제에서도 기업의 이러한 경영철학은 더욱 강조되며 중요한 관점이 된다. 고객이 현재 시점에서 원하는 것이 무엇이며, 미래에 어떤 것이 고객에게 필요한지 이해하는 데서 기업의 디지털 전환이 시작된다.

두 번째로 필요한 능력은 '테크놀로지(Technology)와 비즈니스(Business)'에 관한 이해도이다. 과거 산업화시대에서 성공을 거둔 대기업 경우 IT 기술 분야의 리더들은 해당 산업 분야의 비즈니스를 잘 몰라도 별다른 문제가 없었으며, 또한 비즈니스 리더들은 실제로 IT 기술을 잘 몰라도 크게 문제되지 않았다. 하지만 오늘날 디지털 시대를 이끄는 리더들은 그들의 기본적 자질로 '테크놀로지와 비즈니스'가 모두 동등한 수준으로 요구된다.

디지털 시대의 리더들은 '테크놀로지 & 비즈니스'라는 두 용어를 종합적으로 연계하여 고객 문제를 해결할 수 있는 능력이 필수적으로 요구되며 특히 CIO, CTO 및 프로덕트 매니저들이 갖추어야 할 중요한 핵심 역량이 된다.

디지털 전환을 촉진하는 테크놀로지

디지털 시대로의 전환을 촉진하는 디지털 기술을 4가지 정도로 언급하면 다음과 같다. 데이터 분석론, AI와 머신러닝, 자동화 기술 그리고 클라우드 기술이라 할 수 있다. 디지털화를 이끄는 4가지 큰 축으로써 각 기술은 기업의 디지털 전환에서 특정 역할을 맡고 있다.

- **데이터 분석론**: 디지털화(Digitalization)의 중심으로 특정 고객의 요구와 내부 프로세스를 최적화하는 서비스에 할용될 수 있다.
- **AI와 머신러닝**: 개인화(Individualization)를 중심으로 고객 맞춤형 경험을 강화하여 통찰력을 위한 데이터 분석에 활용할 수 있다.
- **자동화 기술**: 내부 프로세스의 효용성을 강화시킬 수 있으며 내부 프로세스의 최적화는 RPA 또는 지능형 자동화 기술을 통해 완성될 수 있다.
- **클라우드 기술**: 인프라 구축 측면만이 아니라 모든 실행 프로그램들의 확장성(Scalability) 확보는 물론 '테크놀로지 스택(Technology Stack)' 전반에 걸쳐 핵심 요소로써 활용된다.

디지털 전환, 성공하는가? 아니면 패망하는가?

디지털 전환은 기업이 무엇보다 최우선으로 추진해야 할 핵심 사안이다. 왜냐하면 오늘날 글로벌 정보화 네트워크에 의한 디지털 경제 시대에는 기존 고객들에 의한 새로운 가치 요구와 함께 고객 기대치가 급속도로 변화하고 있기 때문이다. 만일 이러한 고객들의 가치 변화와 기대치에 부합하는 비즈니스 모델을 제안하지 못한다면 이는 기업의 지속적인 생존과도 직결될 수 있다. 특히 코로나-19 대유행에 의해 현실 세계에서 이루어진 기존의 많은 비즈니스가 새로운 대안으로써 비대면 디지털 비즈니스로 진화하고 있다.

특히 기존의 소매유통 산업 분야에서 K-마트 또는 월마트의 비즈니스는 아마존의 디지털 전자상거래 비즈니스에 의해 심각하게 도전받고 있다. 이는 영화의 한 예고편이라고 할 수 있겠다. 왜냐하면 다음에는 또 다른 업종이나 산업 분야가 디지털 비즈니스 모델들에 의해 새로운 도전을 받게 되기 때문이다.

디지털 시대에서는 기존 기업들과는 비교할 수 없을 정도의 경쟁력을 가진 디지털 네이티브 기업 또는 AI 스타트업들이 아주 저렴한 가격과 높은 편이성, 맞춤형 고객 서비스를 제공할 수 있는 디지털 비즈니스 모델을 새롭게 런칭한 후 마치 쓰나미처럼 몰려오기 때문이다.

만일 기존의 기업이 4차 산업혁명에 의한 디지털 패러다임을 성공적으로 포용하지 못하고 과거의 관행과 관성에 머물러 디지털 전환에 실패한다면 고객 시장과 기존 조직을 잃고 패망의 길로 들어설 수밖에 없는 현실을 직시해야 할 것이다.

디지털 전환에 성공할 수 있는 중요한 방법 중의 하나는 '전략과 실행'을 확고히 연결하는 것이며, 디지털 공간의 특성상 '전략과 실행'이 통합되거나 연결되지 않으면 실패의 가능성은 매우 높아진다.

오늘날 통상적으로 기존 기업들은 디지털 전환에 관한 서비스를 제공하는 전문 업체를 주로 활용하고 있다. 이러한 서비스 업체는 디지털 전환 '전략'에 관한 컨설팅과 디지털 IT 기술 '실행'에 적합한 전문가들로 구성되어 있다.

요약

- 디지털 전환은 '고객 대응(Customer Facing)' 측면과 '내부 프로세스(Internal Process)' 측면으로 2가지 관점으로 구분하여 추진한다.
- 디지털 전환을 위한 5단계의 출발점으로서 1. 해당 산업 분야의 '가치사슬(Value Chain)'이 어떻게 변화하는지를 먼저 이해해야 하며, 2. 이를 기반으로 비즈니스 KPI(Key Performance Indicator)들을 명확히 설정하고 3. 빅데이터의 힘을 활용할 수 있어야 하고, 4. 조직의 모든 기능이 통합적으로 전환 대상에 포함되어야 하며, 5.'2단 속도에 의한 접근 전략(Two Speed Strategy)'으로 시행한다.
- 디지털 전환에 활용되는 4가지 테크놀로지 축으로 크게 '데이터 분석론', 'AI와 머신러닝', '자동화 기술' 그리고 '클라우드 기술'로 분류할 수 있다.
- 디지털 전환에 관한 이니셔티브(Initiative)를 이끄는 조직 내 리더로는 '프로덕트 매니저(Product Manager)'가 바람직하며 조직 내부의 기능들을 총 망라한 '크로스 펑셔널 팀(Cross-Functional Team)'이 구성되고 추진되어야 할 것이다.

제3장

—

디지털 전환을 위한 프레임워크(1부)

: 신규 비즈니스 패러다임이 필요한 6가지 이유

만일 아직도 실수하지 않았고 실패하지 않고 있다면, 당신은 곧 새로운 게임에 직면하게 된다.

마스터 요다, 스타워즈

오늘날 4차 산업혁명에 의한 디지털 시대에서 기업의 생존과 번영을 위한 디지털 전환의 중요성과 긴급성은 기존의 대기업들을 중심으로 이에 관한 공감대가 잘 형성되어 있다. 지난 5년간 대부분의 대기업들은 아주 큰 규모로 디지털 전환에 관한 프로그램에 착수하였다. 하지만 새로운 프로젝트에 엄청난 자원과 인력을 투입하고도 실제로 기업의 비즈니스가 체감하는 효과는 예상보다 아주 미미한 수준에 그치고 있으며, 많은 경영진들은 이러한 결과에 관해 의문점을 가지고 있다.

이러한 배경에는 기존 기업들이 디지털 전환을 착수한 당시의 전통적인 비즈니스 방식에서 벗어나지 못하고 있으며, 새로운 디지털 시대의 비즈니스 업무는 이를 가동하는 조직의 구조 또는 비즈니스 추진 방식 등의 관점에서 매우 다르다는 것을 잘 인식하지 못하는 데 그 이유가 있다.

기존의 전통적인 조직 구조와 경영 방식, 조직 문화 등을 바꾸지 않고 디지털 비즈니스 모델을 가동한다는 것은 디지털 비즈니스의 잠재적 역량을

■ **새로운 비즈니스 패러다임이 필요한 6가지 이유**

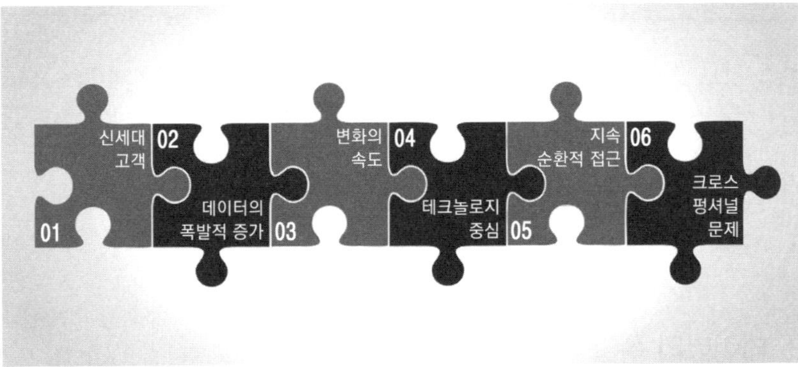

극히 제한하는 것일 뿐만 아니라 대부분 현실에서 실패와 좌절을 경험하게 될 뿐이다.

디지털 전환을 위한 프레임워크 1부에서는 우리에게 현실로 다가온 디지털 시대의 비즈니스가 기존의 전통적 비즈니스와 어떻게 다른지에 대하여 상세히 살펴보기로 한다. 그리고 다음 장의 2부에서는 이러한 비즈니스의 변화가 기존 기업에게 무엇을 의미하는지 그리고 이러한 도전에 어떻게 대응할지에 관해 살펴보기로 한다.

1. 신세대 고객

오늘날 디지털 고객들은 연령대는 주로 18세에서 35세까지며 MZ 세대 또는 밀레니얼 세대라고 한다. 이들은 기성세대와는 달리 실용적이고 맞춤형 소비를 지향하며 변동성이 강한 특징이 있다. 이들은 소셜 미디어에 매우 적극적이며 트위터, 페이스북, 인스타그램 그리고 스냅체 등과 같은 다양한 SNS 플랫폼에서 형성되는 문화, 예술, 정치, 사회 이슈 등은 물론 상품 또는 서비스의 유행 또는 브랜드 등 다양한 디지털 정보에 아주 민감하다.

밀레니얼 세대의 약 86%가 소셜 미디어를 사용하며 이는 기성세대와 비교하면 아주 현저히 높은 수치를 보이는 보이고 있으며 디지털 네트워크를 통한 정보 접근성이 아주 높다고 하겠다.[6] 이러한 이유로 기성세대와 달리 상품과 서비스를 구매할 때 브랜드 충성도가 아주 낮고 가격에 매우 민감하며 동시에 고품질의 상품 또는 서비스를 요구한다.

2. 데이터의 폭발적인 증가

오늘날 디지털 데이터의 유형은 매우 다양해지고 창출되는 데이터의 양은 엄청나며 아울러 증가하는 속도 또한 기하급수적으로 전례 없이 빠르게 증가하고 있다. '데이터리포탈(Datarepotal)'의 연구에 의하면 지구 인구의 절반 이상이 이제 디지털 네트워크의 일원이 되어 소셜 미디어를 사용하고 있으며 이젠 사용하지 않는 인구보다 사용하는 인구가 더 많아졌다고 한다.[7] 이렇게 디지털 네트워크에 창출되는 엄청난 빅데이터는 고객을 심층적으로 분석하여 고객에게 더욱 개인화된 맞춤형 서비스를 제안할 수 있는 놀라운 비즈니스 기회를 제공하고 있다.

이러한 소비자 개별 맞춤형 서비스가 이젠 시장의 규범이 되어가고 있으며, 대부분의 소비자들은 그들의 디지털 경험에 관한 상호 교류와 소통을 통해 서비스에 대한 기대치가 높아져가고 있다.

그러므로 또 다른 관점에서 이러한 빅데이터를 고찰해 보면 기존 기업들이 아주 위협적인 상황에 직면했다고 할 수 있다. 만일 기업이 디지털 시대의 필수 자원으로 창출되고 있는 이러한 빅데이터를 동력화하여 고객 확보와 기업 이윤 창출을 위한 비즈니스에 효과적으로 이용하지 못한다면 기업은 지속적인 매출 몰락의 늪에 빠져들게 되고 궁극적으로 파산에 이르게 될 수 있기 때문이다.

3. 변화의 속도

변화는 테크놀로지와 비즈니스 그리고 전산업 부문에서 발생하고 지속해서 급증하는 것으로 관측되고 있다. 불과 몇 년 전만 해도 디지털 기술 분야에서는 모바일(Mobile)과 클라우드(Cloud) 기술이 핵심 기술로서 자리하고 있었으나, 이제는 인공지능(AI), 사물인터넷(IOT) 그리고 블록체인(Block Chain) 기술이 변화의 중심이 되어 오늘날 디지털 시대의 주요 이슈들을 선도하고 있다.

앞으로 몇 년 후면 이러한 디지털 기술 또한 또 다른 혁신 기술에 의해 대체되어 자리가 바뀔 수도 있다. 비즈니스의 관점에서도 마찬가지로 변화의 속도는 아주 빠르게 진행되고 있다. 디지털 시대에서는 산업 구조도 급변하고 있으며 그 결과 새로운 경쟁자들이 출현하고 있다. 한 예시로서 만일 기존의 글로벌 은행이 디지털 전환을 추진한다면 종래의 금융 시장에서 타 글로벌 은행만이 시장에서 경쟁자가 아니라 '아마존'과 같은 디지털 네이티브 기업이 은행 비즈니스에 개입하여 새로운 경쟁자가 출현한 것으로 볼 수 있을 것이다. 또 다른 현실은 기존의 전통적 시장은 이젠 더 이상 과거와 같이 동일한 비즈니스 기회를 제공하지 않을 것이며, 새로운 비즈니스 모델에 의한 시장이 더욱 빠른 성장 속도로 증가하고 있다는 사실이다.

4. 테크놀로지 중심

IT 기술은 기업의 서브 또는 데이터 센터에서 단순히 비즈니스 지원 기능을 하는 것으로 출발하였으나, 20년이 지난 오늘날에는 비즈니스를 새로이 만들어 실현시키며 이를 관리하는 영역에 이르기까지 비즈니스 전반에 걸쳐 핵심적 역할을 하는 인에이블러가 되었다. 오늘날의 디지털 혁신 기술은 전면부로 그리고 핵심 부문으로 새로이 부각되고 있으며 디지털 비즈니스는 테크놀로지 비즈니스라고 해도 과언이 아닐 정도로 중요시되고 있다.

이러한 새로운 디지털 현실에서 성공하기 위해서 기업들은 스스로 혁신해야 하며 기술 DNA를 가진 기업으로 새롭게 탄생해야 한다. 만일 기업의 리더가 디지털 기술의 중요성을 간과하고, 기업을 위해 이를 활용하지 못하면 기업의 디지털 비즈니스는 결국 성공하지 못할 것이다. 그러므로 기업은 보유하고 있는 기술 기능들과 역량들을 지속해서 업그레이드해야 할 것이며, 아울러 디지털 전환을 이끄는 기업의 리더들에게 테크놀로지는 중요하게 요구되는 중요한 핵심 역량이라 할 수 있다.

5. 지속적이며 순환적인 접근

디지털 전환이란 지속해서 이동하는 목표를 대상으로 순환적인 접근을 통해 완성해가는 절차이다. 이러한 접근법은 3가지 단계적 절차로서 이해할 수 있다. 먼저 첫 번째로 고객은 항상 변화하는 니즈(수요)를 가지고 있음에 주목하고 이를 분석해야 한다. 두 번째로는 비즈니스와 고객과 관련된 빅데이터의 분석 역량을 통해 비교 우위의 통찰력을 확보해야 한다. 세 번째로는 급속도로 진화하는 디지털 기술로서 고객 니즈를 지속해서 포착하고 이를 보다 큰 고객 가치로서 실행에 착수해야 할 것이다.

결론적으로 말하면, 디지털 비즈니스의 시작 시점이 어디가 맞는가에 관해 정답은 없다. 왜냐하면 무엇보다도 전체적인 접근이 중요하기 때문이다. 특히 디지털 시대의 변화된 패러다임에 의해 지속적인 '실험과 학습'이 조직의 핵심 역량으로 부각되고, 비즈니스의 실행을 통해 새로운 경험과 통찰력을 피드백으로 확보하며, 이를 기반으로 비즈니스의 궤도를 피보팅(Pivoting)하거나 수정하고 개선하여 다시 실행에 옮기는 순환적인 과정이 중요하기 때문이다.

6. 크로스 펑셔널(Cross-Functional) 문제

디지털 비즈니스를 추진할 때는 단순히 IT 기술 분야, 회계 자금 분야 또는 마케팅 분야 등 특정 부서 또는 특정 기능 분야에 국한하여 추진해서는 안 된다. 디지털 비즈니스는 반드시 부서 간의 기능을 모두 함께 통합적으로 연계하여야 한다. 그러므로 조직 내 다양한 기능을 어떻게 통합하고 고객의 문제 해결을 위한 솔루션을 제시할 수 있는 '크로스 펑셔널' 팀을 어떻게 구축하고 운영할 수 있는가에 디지털 전환의 성공 여부가 달려 있다고 해도 과언은 아니다.

조직의 전사적인 차원에서 모든 부서 간에 걸쳐 긴밀한 협력이 이루어져야 하며, 조직 기능의 통합적 연계를 통한 디지털화가 빈틈없이 면밀하게 이루어져야 한다. 디지털 네이티브 기업들은 조직 내의 이러한 전사적 협력을 매우 성공적으로 이루었지만, 기존 기업들이 디지털 전환을 추진하는 과정에서 기존 조직 체계의 관성 또는 조직 문화 때문에 많은 어려움을 겪었다. 가장 근본적인 이유는 전통적인 비즈니스와 디지털 비즈니스는 본질적인 특성이 서로 매우 상이하기 때문이다. 디지털 전환을 추진하고 있는 기존의 기업들이 이를 근본적으로 이해하지 못한다면 상당한 시련에 지속해서 직면하게 될 것이다.

기존 기업이 조직의 근본적인 변화없이 단순히 디지털 전환 프로젝트를 통해 디지털 비즈니스를 성공적으로 추진하고자 한다면 거의 헛수고에 가까운 결과를 얻게 된다. 왜냐하면 기업의 디지털 전환은 단순히 '디지털 비즈니스'를 구축하는 것이 아니라 '엔드-투-엔드(End-to End)'로서 완결성이 있는 비즈니스 전환이 이루어져야 하기 때문이다.

요약

- 전통적 기업의 디지털 전환은 이를 구현하는 구동력에 관한 이해 부족으로 현실적으로 성공적으로 추진되지 못하고 있다.
- 디지털 비즈니스는 더욱 젊고 욕구가 많은 고객을 대상으로 하고 있으며 데이터의 폭증과 함께 디지털 기술의 전례 없는 변화의 속도를 경험하고 있다.
- 디지털 기술은 이제 비즈니스에서 핵심 부분으로 자리하게 되었다.
- 디지털 전환은 정확한 진입 시점보다는 피드백에 의한 순환적인 접근이 필요하며, 내부 조직의 기능을 통합적으로 연계하여 추진하여야 한다.

제4장

—

디지털 전환을 위한 프레임워크(2부)

: 디지털 전환의 성공을 위한 5가지 원칙

우리가 가진 능력보다 훨씬 잘할 수 있다는 것을 증명하는 것도 우리의 선택이다.

알버스 덤블도어, 해리 포터, 비밀의 방

오늘날 우리 사회에서 개인들이 디지털화하려는 시도들은 잘 이루어지고 있지만, 기업들은 아직도 디지털 전환 프로그램을 통해 획기적인 사업성과를 달성하기 위해 고군분투하고 있다. 앞 장에서 디지털 비즈니스는 전통적인 비즈니스와는 확연히 다른 차원이라는 것을 확인하였다. 특히 고객들은 보다 욕구가 강한 젊은 세대들이며, 고객과 관련된 데이터가 폭발적으로 증가하고 있고, 비즈니스와 테크놀로지의 다양한 관점에서 변화의 속도가 전례없이 증가하고 있으며, 기업에서 디지털 테크놀로지는 더 이상 지원 기능이 아니라 기업의 핵심 기능으로 부각되어 있으며, 디지털 전환 실행을 위한 정확한 진입 시점을 찾고자 하는 접근법은 더이상 바람직하지 않으며, 끝으로 디지털 전환에 관한 문제는 조직 내부의 다양한 기능들이 연계되어 있음을 살펴보았다.

기업이 디지털 전환을 추진하면서 이러한 차별성을 인식하지 못한다면 비전 실현은 물론 전환 프로그램의 실행에도 실패하게 될 것이다. 부연하지

■ **성공하는 디지털 전환을 위한 5가지 원칙**

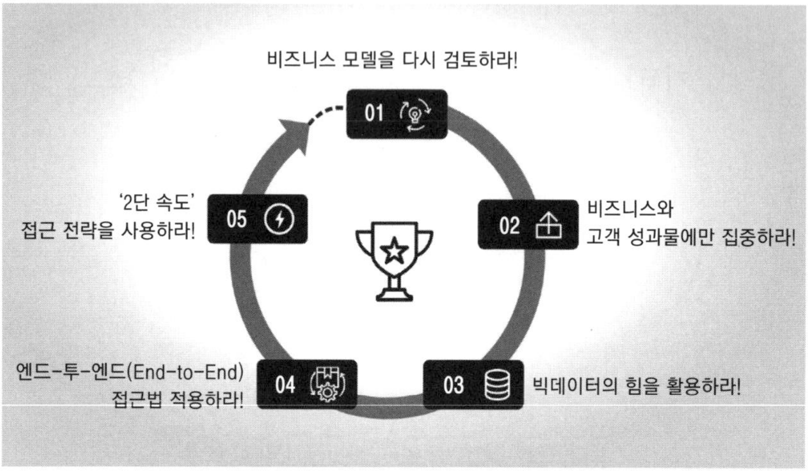

만 기업은 4차 산업혁명에 의한 디지털 시대에서 요구되는 새로운 사고방식과 접근법으로 무장해야 한다. 그렇지 않으면 디지털 네이티브 기업, 디지털 스타트업 또는 디지털 세계로 앞서 이주한 기존 기업들로부터 시장과 고객을 잃게 되는 리스크에 노출된다는 것을 명심해야 할 것이다.

기존 기업들이 디지털 전환에 성공하기 위해 유념해야 할 5가지 사항은 다음과 같다.

1. 비즈니스 모델을 다시 검토하라!

디지털 시대에는 각 산업의 가치사슬 선상에서 정보와 제품을 단지 연결만 해주는 중개역할을 하는 중개인들이 사라지고 있다. 디지털 기술과 네트워크를 통해 거래가 이루어지고, 소비자와 공급자 간의 직접적인 쌍방향 정보교환이 시간과 공간을 초월해서 이루어지고 있다.

중개인이 없어지고 소비자 고객과 기업이 직접 연결되는 디지털 비즈니스 시대에 부합되는 새로운 비즈니스 모델로 탈바꿈해야 한다. 특히 디지털에 익숙해져 있는 밀레니얼 세대의 젊은 고객들을 대상으로 더욱 적극적으로 소통할 수 있는 디지털 채널을 구축하는 것이 중요하다. 기업의 제품 유형과 가격은 물론 고객의 접점과 서비스 배송 모델 그리고 비즈니스 파트너 등을 전반적으로 재검토하여 디지털 비즈니스 모델로서 새로이 구축해야 할 것이다.

디지털 비즈니스 모델을 실행에 옮기는 경우 기존에 확보하고 있던 시장과 고객이 다른 경쟁자들에게 침탈당하는 것을 두려워하지 않아도 된다. 디지털 비즈니스 모델에 의해 기존 고객과의 가치 제공에 관련된 채널과 서비스 라인에 영향을 주고 매출에도 영향을 줄 수 있다는 우려는 기우에 지나지 않는다. 디지털 시대에는 이러한 점진적인 사고방식이 더 이상 맞지 않는다. 디지털 시대에서는 변화와 혁신을 통해 기존의 비즈니스 영토를 지키고 확장을 위한 새로운 경쟁에서 승자가 되지 못하면 곧 다른 경쟁자가 기존의 비즈니스 영토를 정복하기 때문이다.

2. 비즈니스와 고객 성과물에만 집중하라!

대부분 기업의 디지털 전환 프로그램은 최초 계획한 목표를 달성하기 어려우며 지속되는 실행과정에서 쉽게 방향을 잃게 되며 아울러 외형적으로 자금과 인력이 아주 많이 투입되지만 궁극적으로는 종착지가 없는 프로젝트로서 기업에 존속하게 된다. 그러므로 이렇게 실패한 프로젝트로 전락하지 않기 위해서 가장 이상적인 방법은 디지털 전환을 통해 비즈니스에 명확하게 체감적인 효과로 확실한 영향을 줄 수 있는 목표 사항들을 핵심성과지표(KPI)로써 설정하는 것이다.

비즈니스 KPI가 확정되면 디지털 전환 프로그램의 전반에 걸쳐서 이를 내재화시키고 달성해야 할 핵심 목표로써 추진해야 한다. 다양한 관점에서의 비즈니스 KPI들은 전략적 우선순위에 의해 순차적으로 디지털 전환 프로그램에 내재화하여야 할 것이다. 예를 들어 디지털 채널 믹스(Channel Mix) 개선, 크로스 셀링(Cross Selling) 또는 업셀링(Up Selling) 증가치, 고객 확보율 등 기업의 비즈니스의 성과를 확인할 수 있는 정량 목표들로써 설정됨이 바람직하다.

비즈니스 KPI가 설정되면 이를 달성하기 위해 고객들에게 어떠한 가치와 문제 해결 솔루션을 제공해야 해당 목표치에 이를 수 있는지를 확인해야 한다. 비즈니스를 통한 고객 성과물에 지속해서 관심을 가지면서 정말 필요한 문제 해결에 집중하는 것이 무엇보다도 중요하다.

3. 빅데이터의 힘을 활용하라 !

앞 장에서 데이터의 획기적인 기회에 관해 언급한 바 있다. 기업은 빅데이터를 활용함으로써 고객을 심도있게 이해하도록 하고 고객에게 보다 개인화된 최적의 경험을 제공할 수 있게 되었다. 고객 대응이든 내부 프로세서 측면이든 빅데비이터 분석론에 기반한 결정을 통해 성공적인 최적화를 이루어낼 수 있기 때문이다. '가트너'의 연구 결과에 의하면 모든 기업의 90%가 2022년에 이르면 '정보(Information)'가 기업에서 가장 중요한 핵심 자산이 될 것이며, 또한 기업의 핵심 경쟁력으로 '분석력(Analytics)'이 부상할 것이라고 한다.[9]

데이터 과학의 활용은 분명 디지털 최적화에서 비밀 병기와 같은 역할을 하게 될 것이다. 이제 데이터 분석 알고리즘에 의한 판단은 이미 인간의 분별력을 넘어섰다. 하지만 90%가 넘는 데이터 프로젝트는 주로 먼저 데이터를 마이닝하고 데이터베이스 또는 데이터 레이크(Data Lake)에 축적하는 프로세스에 집중되어 있으며 실제로 의사결정과 인사이트 확보를 위한 빅데이터 분석은 거의 부진한 상태이다. 그러므로 빅데이터 활용에 관한 이러한 접근법에는 역발상이 요구된다. 무엇보다 먼저 기업에서 데이터 분석을 통해 결정하고자 하는 사항들을 먼저 선정하고 이에 관련된 데이터를 마이닝하는 것이 중요하다. 비즈니스 KPI와 같이 해결하고자 하는 문제 또는 달성 목표를 먼저 확고히 고정할 때 빅데이터 관리 경영에 관한 노력들이 결실을 거둘 수 있기 때문이다.

4. 엔드-투-엔드(End-to-End) 접근법 적용하라!

기존의 대기업은 대부분 조직의 부서 간 이기주의로 인해 정보 소통이 차단되는 사일로(Silo) 구조를 가지고 있다. 이는 디지털 전환 프로그램을 추진하는 데 가장 큰 장애물이라 할 수 있다. 왜냐하면 디지털 비즈니스는 본질적으로 모든 부서의 연계 통합에 기반하고 있기 때문이다. 무엇보다도 신속한 의사결정과 통합된 접근을 통해 부서 간의 크로스 펑셔널(Cross-Functional) 팀의 콜라보를 이루어낼 수 있도록 단순하고 새로운 조직으로 전환시키는 것이 중요하다. 운영 모델은 모든 부서를 엔드-투-엔드(End-to-End) 간의 연결로서 함께하고 각 팀에는 '자율적 통제(Aligned Autonomy)'에 기반하여 사업 성과에 관한 오너십(Ownership)을 부여하여야 한다. 이와 동시에 사업 성과 달성을 위해 각 팀들의 미션은 명확하게 설정되어야 하며 조직의 공동 목표에 맞게 정렬되어야 할 것이다.

예를 들어, 전자상거래 비즈니스를 운영하는 많은 인터넷 기업들은 부서 간의 엔드-투-엔드 프로세스에 의한 연결을 통해 프로젝트를 성공으로 이끈 매니저 또는 프로덕트 매니저에게 오너십과 책임을 함께 부여하고, 아울러 고객 중심의 비즈니스 관점을 이끄는 통합자로서의 조직의 리더 역할을 수행하고 있다. 특히 이들은 테크놀로지와 비즈니스 즉 기술과 사업을 모두 이해하고 조직이 목표한 사업의 성과를 성취하기 위해 요구되는 또 다른 역량과 열정들을 이어주는 연결자로서의 역할도 수행하고 있다.

5. '2단 속도' 접근 전략을 사용하라!

디지털 전환을 통해 한꺼번에 '빅뱅'으로 간다는 전략은 실패의 지름길이라 할 수 있다. 디지털의 본질은 '실험과 측정' 그리고 '피드백'을 통한 순환성에 있다는 것을 명심해야 한다. 우선 파급 효과가 제한적이라 할지라도 기존 프로그램 운영에도 집중하면서 2단 속도 접근 전략을 적용하는 것이 바람직하다.

기업이 디지털 전환을 통해 괄목할 만한 큰 파급 효과를 가져올 수 있는 테크놀로지 플랫폼과 데이터 기반의 확장성 있는 디지털 플랫폼을 구축함과 동시에 고객과 디지털 비즈니스 문제 해결을 위한 민첩성 있는 실행 사이클

■ **성공적인 실행을 위한 '2단 속도' 접근법**

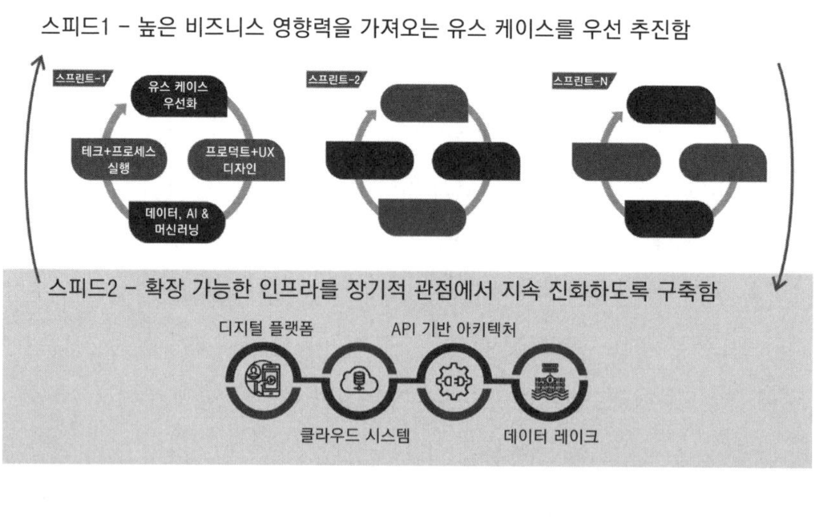

을 지속 가동하게 하는 2단 속도 접근에 의한 전략이 중요하다.

즉 2단 속도 접근 전략이란 테크놀로지 프로그램에 적용 시에 반드시 비즈니스 전략에도 동시에 적용해야 한다는 것이다. 디지털 시대에는 기술의 변화 속도가 엄청나게 빠르게 진화하고 있기 때문에 수년 동안 비즈니스 모델에만 적용한다면 디지털 세계와는 작별을 고할 수 있다. 그러므로 비즈니스 전략은 보다 유연하고 민첩해야 하며, 실행 사이클에 의해 피드백되어 지속적으로 테크놀로지에 의해 업그레이드되어야 할 것이다.

강조하지만 기업이 디지털 전환이라는 여정에 성공하기 위해서는 디지털 비즈니스는 근본적으로 전통적인 비즈니스와 다르다는 것을 인식하는 것에서 출발해야 한다.

요약

디지털 전환을 위한 5가지 실행 계획은 다음과 같다.

- 디지털에 아주 능숙한 젊은 신세대 고객들을 대상으로 하는 비즈니스 모델로서 재검토해야 한다.
- 고객과 비즈니스의 성과로서 실질적이고 확실한 효과를 가져올 수 있는 핵심성과지표(KPI)를 설정한다.
- 데이터 마이닝과 분석을 활용하여 의사결정을 추진하고 아울러 비즈니스에 관한 통찰력을 확보한다.
- 신속한 의사결정이 될 수 있도록 조직 내부의 크로스 펑셔널(Cross-Functional) 팀에 의한 엔드-투-엔드(End-to-End) 프로세스로써 전사적으로 추진해야 한다.
- 괄목할 만한 사업 성과와 파급 효과에 집중하면서 2단 속도 접근 전략으로 실행하도록 한다.

제5장

—

디지털 기술 투자로부터 수익의 극대화(1부)

: 문제가 지속되는 이유

하거나.. 또는 하지 않거나 둘 중 하나이다. 그냥 한번 찔러보는 것은 의미가 없다.

마스터 요다, 스타워즈

오늘날의 비즈니스는 이미 디지털이 중심 역할을 하고 있으며, 디지털 전환은 우리 세대의 가장 큰 트렌드로서 매년 엄청난 자원들이 투입되고 있다. 하지만 '하버드 비즈니스 리뷰'를 통해 실체를 자세히 살펴보면 디지털 전환의 프로젝트는 약 70%가 실패한다는 연구 결과가 있다.[11]

많은 기업들이 디지털 기술에 많은 예산을 투자하고 기대를 하고 있지만 현실적인 투자 효과를 체험하지 못하고 있으며 투자수익율 ROI(Return on Investment)은 그들의 기대에 미치지 못하고 있다. 무엇보다도 디지털 전환 성공률이 매우 저조하다.

전반적으로 기업에서의 완전한 디지털 전환 성공률은 상당히 낮다. 디지털 전환은 2020년에 걸쳐 코비드-19 대유행으로 인해 급격한 증가세를 보였지만 주요 산업 전반에 걸친 성공률은 5~10%에 불과하다. 예를 들어, 금융산업 분야의 전문 컨설팅 기관인 Celent 사의 조사 결과에 따르면, 은행의 약 11%만이 옴니 채널(Omni-Channel) 전략을 실행하고 있고,[12] 약 50%의 시중의 은행들은 여전히 옴니 채널 기능 도입을 검토 중인 단계에 있다.

많은 경우 아직까지도 본격적인 개인화(Personalization) 서비스 단계에 이르게 되는 경우는 매우 제한적이다. 'Redpoint Global' 컨설팅 사의 조사 결과에 의하면 오늘날 약 63%의 고객이 개인화 서비스를 기대하는 것으로 알려져 있으며[13] 아울러 보스톤 컨설팅 그룹(BCG) 사의 연구에 의하면 기업의 약 15%만이 디지털 개인화 서비스를 이끌고 있다고 한다.[14] 특히 기업에서 디지털 전환을 통한 실시간 데이터 활용을 위한 레버리지 비율은 매우 낮으며 지금까지 수집된 빅데이터의 약 1%만이 분석에 활용되며,[15] 브랜드 기업 중의 단지 16%만이 디지털 비즈니스를 위한 실시간 상호작용에 데이터를 활용하고 있다고 한다.[16]

디지털의 잠재력과 현실적인 결과물 사이에는 왜 이토록 큰 차이가 존재하고 기업들이 어떻게 이러한 차이를 좁힐 수 있을까? 가장 큰 원인은 오늘날 대부분 기존 기업들이 디지털 전환할 때 경쟁 대상인 디지털 네이티브 기업에게 배우고 이를 기반으로 더욱 공격적인 디지털 비즈니스를 추진해야 함에도 불구하고 단순히 디지털 환경에 따라잡기에만 몰두했기 때문이다. 하지만 디지털을 완전히 성공적으로 채택한 기업들은 생산성의 25% 증가, 고객 보유율의 2배 향상, 그리고 동종 기업들보다 2~3배 빠른 성장으로 투자 수익율에서 보다 의미있는 사업 성과를 얻은 것으로 나타났다.

디지털 이니셔티브에 관한 약속이 이행되지 못하는 4가지 주요 이유

디지털 전환에 관한 야심찬 시도들이 당초 기대에 못 미치거나 또는 실패로 끝난 것에 대해서 대부분 기업 임원들은 문제의 핵심과 그 이유를 찾지 못하고 있다. 이렇게 기존 기업 문제가 지속되는 이유는 근본적으로 디지털

■ **성공적인 실행을 위한 '2단 속도' 접근법**

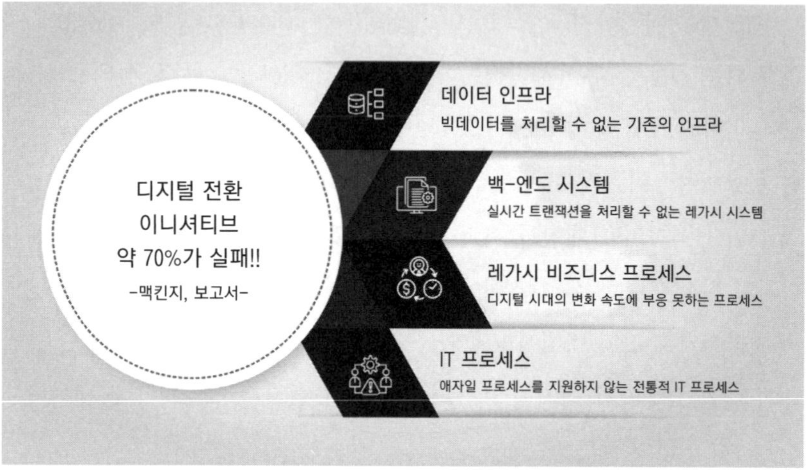

테크놀로지와 연관되어 있는데 디지털 전환에 관한 실무 경험을 기반으로 4가지 공통적인 근본 원인을 제시하고자 한다.

1. **빅데이터를 처리할 수 없는 기존의 데이터 인프라**: 기존 기업이 보유하고 있는 데이터 인프라는 비정형 데이터를 분석 활용하여 비즈니스 통찰력을 이끌어내는 데에는 한계가 있다. 당초 정형화된 데이터를 처리하기 위해 만들어진 기존의 데이터 인프라로는 폭발적으로 증가하는 디지털 시대의 빅데이터를 처리할 수 없기 때문이다. 기존의 레거시 데이터 인프라로는 빅데이터 활용을 통한 통찰력 확보가 어려우며 디지털 비즈니스 구현은 더욱 어렵다. 하지만 기존 기업의 입장에서 만일 새로운 차원의 데이터 인프라를 추가로 구축하려면 값비싼 설계와 인프라 구축 비용은 물론 프로세스 재가동을 위한 기업 전반의 상당한 노력과 투자가 필요하기 때문에 이 또한 쉽지 않은 실정이다.

2. **'실험과 학습 그리고 적응'에 관한 민첩성(Agility)을 지원하지 않는 IT 프로세스:** 기존의 전통적인 IT 프로세서 환경에서는 먼저 분석을 하고 처음 그것을 제대로 이해하는 데 아주 많은 시간을 보내야 한다. 왜냐하면 실패하면 치명적일 수 있기 때문이다. 현재 많은 기존의 레거시 기업에 설치되어 있는 전통적인 IT 프로세스는 오늘날 디지털 시대의 분석 패러다임인 '실험, 학습 그리고 적응'과정을 통해 애자일(Agile) 프로세스로 추진하도록 설계되지 않았다. 디지털 시대의 모든 과정은 실험에 기초해야 한다. 디지털의 기본 패러다임은 만약 어떤 것이 실패해야 한다면 가능한 빨리 실패해야 한다. 그리고 어떠한 것을 실험하고 그 결과를 측정하며, 실패하게 되면 그 상황을 바꾸고 다시 시도해야 하기 때문이다.

3. **실시간 트랜잭션(Transaction)을 처리할 수 없는 백엔드(Back-end) 시스템:** 대부분의 레거시 기업에서 이러한 백엔드 시스템은 병목(Bottle-neck) 현상으로 나타나고 있다. 이는 고객의 신호에 실시간 반응성을 부여하고 확률적 선택에 기반한 업무 플로우를 처리하도록 기존의 시스템이 설계되지 않았기 때문이다. 디지털 네이티브에 의한 은행과는 달리 기존 은행의 웹사이트에 접속하여 온라인으로 새롭게 은행 계좌를 개설하는 일은 거의 불가능하다. 왜냐하면 대부분의 기존의 레가시 은행에서는 백엔드 시스템에서 이러한 서비스를 지원하거나 온라인으로 실시간 고객 서비스를 제공할 수 없기 때문이다. 이에 따라 기존 기업들은 실시간 고객 서비스와 엔드-투-엔드(End-to-End) 간의 전환을 위한 긴밀한 연계 시스템과 자동화에 관한 진정한 디지털 잠재력을 실현하지 못하고 있다.

4. **디지털 시대의 변화 속도에 부응하지 못하는 레가시 비즈니스 프로세스:** 전통적인 기존 기업의 비즈니스 프로세스 운영에 관한 기본 관점은 통제성과 포용성에 기반한 리스크 관리(Risk Management)에 기반한다고 할 수

있다. 하지만 이러한 프로세스 과정은 실패없이 처음 시작부터 올바른 일로서 추진되도록 설계되었으며, 결과적으로 실패를 회피하기 위해 매우 복잡한 비즈니스 프로세스를 구축했다. 하지만 매우 복잡한 과정에는 다른 것들과 마찬가지로 실시간으로 빠르게 구현되기 어렵다. '시작이 옳아야 한다(Right-the-first-time)'는 기존 레가시 기업의 기본적인 비즈니스 관점은 디지털의 본질적인 특성으로 반복적인 실험에 기반한 개선 또는 방향 전환(Pivoting)을 추진하기 어렵게 만든다. 다시 말하면 빠르게 변화하는 디지털 기술이 설령 적용되더라도 기업의 비즈니스 프로세서에 관한 기존의 관점 변화 없이는 결국 일이 따라오지 못하기 때문이다.

게임하는 방식을 바꾸기

디지털 전환을 통해 지속적인 혁신을 이루기 위해서 기존의 레거시 기업들은 방어적인 전략에서 벗어나 보다 공격적인 관점에서 비즈니스에 도전해야 할 필요성이 있다. 이를 위해서 디지털 세계에서 급속도로 진화하는 테크놀로지를 기반으로 하는 새로운 비즈니스 모델들을 구현시키며 고객 시장을 만들고 새롭게 도약한 글로벌 디지털 네이티브 기업들로부터 교훈을 얻을 수 있어야 한다.

요점은 디지털 전환을 통해 기업 혁신을 이룬다는 '디지털 이니셔티브(Digital Intiative)' 그 자체가 기업의 다양한 전략들을 주도해야 하며, 그 반대의 관점으로 기업의 전략들에 의해 디지털 전환을 추진해서는 안 된다는 것이다. 디지털 전환을 통해 기업이 시장 확보에 더욱 속도를 내고 투자수익율(ROI: Return on Investment)의 열쇠를 열기 위해서 무엇보다 중요한 것은 디지털 비즈니스라는 게임에 임하는 방식을 소극적인 방어에서 적극적인 공격의 관점으로 바꾸는 것이다.

다음 장에서 기업이 어떻게 공격적으로 게임에 임할 수 있는지에 대해서 심도있게 고찰하고자 한다.

요약

- 디지털 전환은 우리 세대의 가장 큰 추세 중 하나이지만, 결과적으로 기존 기업의 디지털 전환 프로젝트의 약 70%가 원하는 목표에 미치지 못하고 있다.
- 많은 기업들이 여전히 방어적인 차원에서 디지털 기술에 투자하고 있다. 디지털 전환을 통한 기존 비즈니스의 전환 성공률은 산업 전반에 걸쳐 5~10%로서 아직 낮은 수치이며 이를 크게 증가시킬 방안은 명확하지 않다.
- 디지털 기술 투자에도 불구하고 디지털 전환에 실패하는 근본적인 원인으로는 기존의 데이터 인프라와 IT 프로세스 그리고 백엔드(Back-end) 시스템과 기존의 레가시 비즈니스 프로세스 등에 기인하고 있다.

6장

디지털 기술 투자로부터 수익의 극대화(2부)

: 방어가 아닌 공격적 플레이

먼저 걷기 전에 달리며 도망쳐야 할 때도 있다.

토니 스타크, 아이언맨

앞 장에서 우리는 디지털 전환에 투자하는 기존 기업들의 투자수익률(ROI)이 기대치에 이르지 못하는 현실적인 상황과 디지털 전환에 실패하는 근본적인 원인들에 관해 살펴보았다. 이러한 현실을 극복하기 위해 기존의 레가시 기업들은 디지털 네이티브 기업으로부터 배워야 할 점으로 디지털 비즈니스에서는 게임하는 방식을 '방어가 아닌 공격적 플레이'로 변화시켜야 한다고 제안하였다. 즉, 디지털 투자를 통해 수익을 극대화하기 위한 핵심적인 제안은 디지털 전환에 관한 한 레거시 기업들은 방어적인 자세가 아니라 선제적인 공격을 시도해야 한다는 것이다.

선제적 공격의 관점에서 디지털 전환을 추진하는 레가시 기업이 디지털 기술에 투자할 때 '투자수익율(ROI)'를 크게 증가시키는 데 도움이 될 수 있는 디지털 네이티브 기업의 구체적이고 실행 가능한 모범 사례를 살펴보기로 한다.

클라우드 기반의 아키텍처

클로우드 기반의 아키텍처는 디지털화를 완성하는 퍼즐의 필수적인 부분이며, 다행히도 이미 우리는 클라우드 세상에 와있다. 최근의 클라우드 전략은 컴퓨팅 자원을 지원하는 서비스에서 주로 비즈니스 통합 플랫폼을 제공하는 서비스인 PaaS(Platform as a Service)로 옮겨갔다. 글로벌 시장 조사업체인 가트너에 의하면 2022년까지 모든 데이터베이스의 75%가 배치되거나 클라우드 플랫폼으로 이동할 것이라고 한다.[18]

클라우드가 미래에 완전히 실현되면 디지털의 스킬(Skill) 요소들은 다양한 기술 세트(Set)로서 표준화(Standardization)가 이루어질 것이다. 기술 인재들의 확보 또한 보다 용이해지며 개발 프로세스도 개선되며 아울러 비즈니스 진입 시간은 더욱 신속해지며 가속화될 것이다.

기업들은 주요 클라우드 플랫폼 솔루션으로서 AWS(Amazon Web Service), 애저(Azure), GCP(Google Cloud Platform) 등을 활용함으로써 최적의 비즈니스 인프라를 고객들에게 제공할 수 있을 것이다. 한편 이러한 글로벌 클라우드 서비스 제공업체들은 더욱 빠른 속도로 기술적으로 진화하고 혁신함으로써 클라우드 서비스를 활용하는 기업들에게 추가적인 이점을 제공할 것이다. 클라우드 기반의 아키텍처는 무엇보다도 기업이 확장성(Scalability) 높은 엔드-투-엔드(End-to-End) 프로세스에 의한 솔루션을 신속하게 활용할 수 있음을 의미한다. 이러한 이유로서 클라우드 기반의 아키텍처는 기업의 디지털 전환에서 클라우드 기반의 응용 프로그램의 개발과 함께 데이터 마이그레이션 전략 수행의 중심이 된다.

클라우드 서비스 제공 업체들의 클라우드 기반 아키텍처에 관한 예시에는 다음 다섯 가지의 확장 요소들이 포함된다.

1. **진단용 파이프라인(Diagnostic pipelines)**: 비즈니스 인프라 구축은 처음부터 끝까지 고객 중심에서 이루어져야 하며, 데이터 모델링과 비즈니스 프로세스의 처리량, 다채널 유입경로(multi-channel funnel)의 연속성과 같은 다양한 요소들에 관하여 포괄적인 접근을 통해 추적 모니터링하고 실시간 예측과 함께 실험이 진행되어야 한다. 비즈니스의 영향력을 실현하도록 하는 데 실시간 데이터 캡처 파이프라인을 통해 캡처된 데이터를 '데이터 레이크(Data Lake)'로 통합하는 것과 확장성 있는 데이터 엔지니어링은 매우 중요하기 때문이다.

2. **통합된 실험 프레임워크(Integrated experimentation framework)**: 비즈니스 인프라와 애플리케이션은 이노베이션 사이클을 활성화하기 위한 실험을 지원해야 한다. 이를 위해서는 명확한 비즈니스 기준을 수립해야 하며 핵심성과지표(KPI) 변화를 통계적으로 분석하며, 변화를 관리하는 과정에서 통합된 실험을 통해 비즈니스 영향력(Business Impact)을 측정하고 검증할 수 있어야 한다. 오퍼레이션을 위한 데이터 분석론은 반복 지속적인 실험과 측정 그리고 피드백 없이는 사용할 수 없다. 그러므로 모든 비즈니스 인프라 계층에 연속적인 실험과정을 포함시켜야 하며, 다양한 실험의 중심에서 고객 서비스와 제품 경영 프로세스를 개발하는 것이 무엇보다 중요하다.

3. **자동화된 인사이트(Automated Insights)**: 전통적인 분석 접근 방식은 비 확장적인 수동 툴링과 데이터 분석 방법론 때문에 전반적으로 조직의 대시보드(Dash board)에 피로도를 증가시키고 있다. 이와 반면에 애드 혹(Ad hoc) 분석은 상당한 투자와 노력이 필요하며, 종종 새로운 개발 노력으로 이어지기도 한다. 총체적으로 볼 때 데이터 분석은 경직된 접근으로 말미암아 분석적 사고를 제한하는 경향이 있으며, 새로운 통찰법으로써

아웃-오브-박스 분석 기술은 구체화된 비즈니스 모델이 빈약하기 때문에 종종 약속에 부응하지 못하고 있는 것이 현실이다. 그러므로 이러한 도전을 극복하기 위해서 통찰력 프로세스가 자동화되어야 한다. 즉 기업의 비즈니스는 궁극적으로 빅데이터 분석을 통한 자동화된 인사이트를 요구하고 있다. 이러한 자동화 프로세스의 구현을 위해서 핵심성과지표(KPI) 트리 구성, 통찰력(Insight) 도구 및 비즈니스 모델 등을 활용하여 데이터 사이언스에 기반한 분석 접근법을 적용하는 것을 의미한다. 이를 통해 조직은 통찰력 프로세스의 주요 측면을 효과적으로 자동화할 수 있다.

4. **실시간 추천 엔진(Recommendation Engines)**: 기업의 비즈니스를 위해 시스템의 추천 엔진(RE)은 실시간으로 자율적인 의사결정을 추진하도록 해야 한다. 추천 엔진은 고객 개인화 서비스를 넘어서 인프라 전반에 걸쳐 자동화가 가능하도록 해야 하며, 비즈니스 실적과 고객 경험을 촉진하기 위해서 보다 광범위한 기능을 고려할 수 있을 것이다. 핵심성과지표(KPI) 캡처, 통합된 실험, 확장 가능한 데이터 파이프라인 및 비즈니스 중심의 데이터 사이언스 등에 의해 주도되는 포괄적인 데이터 엔지니어링 전략은 효과적인 비즈니스 모델 구현을 가능하게 한다.

5. **데이터 레이크(Data Lake) & 피처 스토어(Feature Store)**: 조화롭게 그리고 통합된 데이터 전략은 조직이 관련된 시스템을 보다 유연하고 의미론적인 통합 데이터 체계로 발전시키기 위한 데이터 사이언스 정책을 운영하는 데 필수 사항이다. 이러한 전략에는 구조화된 데이터 유형과 비정형화된 데이터 유형에 대한 통합된 리뷰와 함께 부서 간의 사일로 조직 문화를 넘어서 크로스 펑셔널 조직으로의 통합을 가능하게 하는 의미론적인 스키마(Schema)가 요구된다. 특히 데이터 분석론 개발을 위한 샌드박

스(Sandbox) 환경의 통찰력은 물론 의미론적으로 일관성 있는 데이터 카탈로그화 과정이 포함되며, 재사용을 촉진하는 기능적 특성이 저장되는 피처 스토어가 시스템 운영에 통합되고 아울러 자동화에 의해 주도되는 데이터 거버넌스 전략이 포함되어야 할 것이다.

민첩하고 수용성이 뛰어난 인프라(Agile Architecture)

오늘날 디지털 인프라는 수용성이 뛰어나야 하고, 민첩하고 측정 가능해야 하며, 지속적인 실험과 피드백이 데이터 거버넌스 전략에 내재되어야 한다. 좋은 소식은 클라우드 기반 아키텍처는 다양한 변화를 통합하며 연속성을 유지하기 위한 새로운 모델 개발을 허용한다는 것이다. 시스템의 아키텍처 구성에서 모노리스 시스템 구성을 회피해야 하고, 확장 가능하고 민첩하며 수용성이 뛰어난 포트폴리오 관리 프로세스로 가는 '애자일 아키텍처'는 성공을 위해 매우 중요하다. 즉 기업의 지속적인 이윤 창출을 위해 민첩한 사

■ **방어가 아닌 공격적 플레이를 위한 3가지 핵심적인 변화**

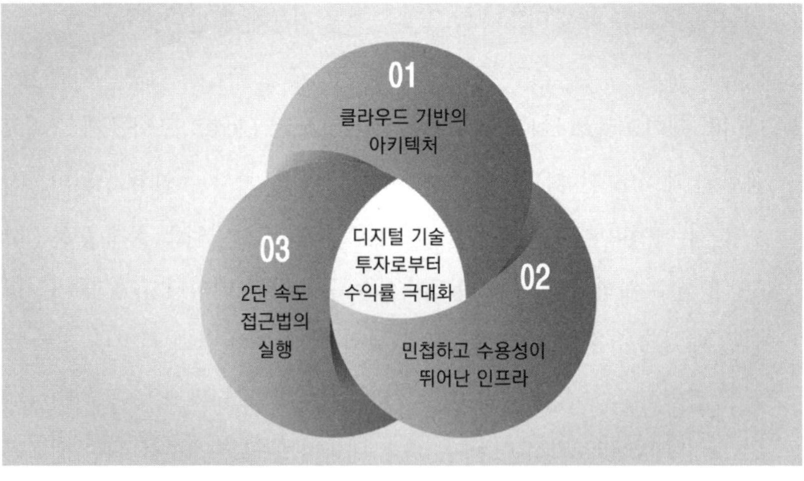

고와 함께 유연한 접근 방식을 충분히 수용해야 한다. 이를 위해서 실험과 측정을 통하여 비즈니스 영향력에 기반한 우선순위를 설정하도록 하며, 변화하는 비즈니스 상황을 신속하게 따라잡기 위해서 결과물을 지속적으로 측정하고 평가하며 이를 피드백으로 반영해야 한다.

2단 속도 접근법(Two-speed approach)의 실행

그렇다면 기존의 레거시 기업들이 디지털 이니셔티브를 실현하기 위해 가장 좋고 효과적이며 실용적인 방법은 무엇인가?

방어적이 아니라 공격적인 플레이를 하라는 조언에도 불구하고, 대부분의 경우 전면적으로 공세적 태도를 취하거나 또는 단번에 아주 큰 파급 효과를 노리는 '빅뱅' 접근법을 채택하는 것은 올바른 전략이 아닐 수도 있다. 왜냐하면 디지털은 기본적으로 반복적인 특성이 있기 때문이다. 디지털 시대에는 데이터 사이언스와 AI와 머신러닝 등 테크놀로지를 통해 실험하고 학습하며 이를 바탕으로 진로를 수정하거나 피보팅을 위한 시간을 허용해야 하기 때문이다.

반면에 협소한 유스 케이스에만 초점을 맞추는 것도 방어적 관점의 따라잡기 놀이에 불과하므로 비즈니스 성과에는 거의 영향을 미치지 않는다. 그러므로 공격적 플레이에 의한 접근법을 보다 사려 깊게 그리고 심도 있게 발전시키는 전략이 무엇보다 중요하다.

레거시 기업과 함께 일한 경험을 바탕으로 가장 효과적이고 실용적인 방법을 제안한다면 2단 속도 접근 방식을 채택할 것을 권고한다.

- 속도 1: 특정 비즈니스와 고객 문제를 해결하고 직접적인 영향력을 확보하는 것을 의미한다. 구체적인 프로젝트와 해결해야 할 문제는 구체

화된 사업 우선순위에 기반해야 하며, 중요한 것은 이러한 프로젝트들은 민첩성 있는 마인드-셋으로 관철되고 실행되어야 한다는 것이다.

- **속도 2:** 확장 가능한 플랫폼을 구축하고 장기적인 관점에서 역량을 보다 강화하는 것을 의미한다.
  여기서는 문제 정의로부터 솔루션 배포에 이르기까지 다양한 프로세스에 대한 공통적인 표준화 절차 채택은 물론 프로젝트 전반에 걸쳐서 창출된 프로젝트의 재사용, 기업의 부서 단위 사업을 넘어 통합된 '크로스-비즈니스-유니트(Cross-Business-Unit) 카탈로그'와 아티팩트(Artifacts)을 공유해야 할 것이다.

일회성 디지털 신기술에 관한 프로젝트로서 기존 기업이 디지털 전환에 접근하는 것은 시간과 자원의 낭비일 따름이며 기업이 원하는 비즈니스 영향력을 발생시키지 않는다. 이는 디지털 전환을 추진하고자 하는 기업이라면 반드시 깨달아야 할 사항이다.

기존 기업들이 디지털 전환이라는 여정에서 성공할 수 있는 유일한 방법은 근본적으로 다르게 구축된 디지털 네이티브 기업들의 앞선 디지털 비즈

■ **ROI를 실현하고 공격적 시장진입을 위한 클라우드 기반 아키텍처의 5가지 확장요소(예시)**

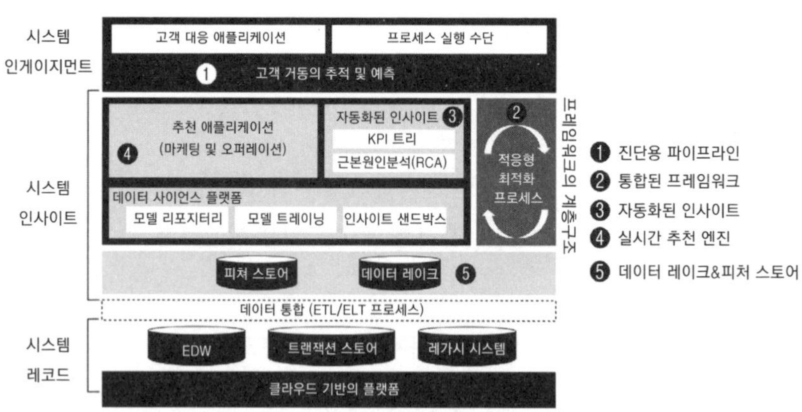

니스에 관한 선례를 따르고 배우는 것임을 명심해야 할 것이다.

디지털 전환은 엔드-투-엔드 프로세스에 의해 전사적으로 완결되어야 하고 이는 조직의 비전으로 시작하되 스마트한 테크놀로지의 집합적 선택으로 이어져야 하며, 궁극적으로 2단 속도 접근(Two-speed)에 의해 이러한 기술적 선택들이 신중하게 그리고 전략적으로 구현되어야 하기 때문이다.

요약

- 디지털 기술 투자로 '방어가 아닌 공격적 플레이', 이를 위해서는 세 가지의 중요한 변화가 필요하다.
- 클라우드 기술의 엄청난 발전을 주목하고 클라우드 기반의 아키텍처를 채택하고 이를 활용한다. 이러한 아키텍처에는 '진단 파이프라인', '통합 실험 아키텍처', '자동화된 통찰력', '추천 엔진', '데이터 레이크 및 피처 스토아' 등 적어도 다섯 가지의 모범 사례가 포함되어야 한다.
- 실험, 측정 및 적응의 순환적인 피드백 과정으로서 애자일 프로세스를 구축한다. 좋은 소식은 오늘날의 클라우드 기반의 인프라가 이러한 민첩성을 아주 용이하게 한다는 것이다.
- '2단 속도 접근' 전략으로서 속도 1에서는 높은 비즈니스 영향력을 가져오는 유스 케이스를 우선하고 속도 1을 통해 이미 전달된 유스 케이스를 모아서 속도 2에서는 확장 가능한 인프라를 장기적 관점에서 지속해서 구축하는 것이 디지털 전환에서 요구되는 실행의 핵심이다.

7장

—

뷰카 시대의 디지털 전략과 도전 과제

: CIO 관점

오늘날의 변동성 시대에서는 지속해서 재발명할 수밖에 없다. 당신이 다른 사람들보다 지속 가능한 장점은 유일하게 민첩성이 될 수밖에 없을 것이다. 왜냐하면 어떤 것도 지속 가능하지 않으며 당신이 발명하는 모든 것은 누군가가 복제할 것이기 때문이다.

제프 베이조스, 아마존 회장

이 장에서는 여러 산업 분야의 CIO(Chief Innovation Officer)들과의 토론과 실무 경험을 통해 얻은 뷰카 시대에서의 디지털 전략과 통찰력에 관해 공유하고자 한다. 대부분의 업계 리더들은 현실로서 도래한 뷰카 시대를 체감하고 있었으며 이는 기업에서 인력, 프로세스 및 기술이라는 3차원에 걸쳐 광범위한 의미가 있음을 알고 있었다.

특히 디지털 전환은 이러한 뷰카 시대의 환경에서는 더 이상 피할 수 없는 조직의 필수적인 사안으로 받아들여지고 있으며 디지털 기술 전략은 이젠 기업의 생존 전략이 되었다. 이를 뒷받침하는 최근의 한 설문조사에 의하면 응답자의 약 78%가 기업의 생존은 향후 디지털 전환 능력에 달려 있다고 응답했다고 한다.[20]

하지만 오늘날 현실에서는 디지털로의 변화가 예상외로 빨리 일어나지 않고 있다. 기업들은 디지털에 대한 다양한 노력에 비해서 미미한 효과 때문에 많은 우려와 함께 힘들어하고 있다. 대부분의 기업이 앞다투어 디지털 전환을 위한 신기술에 많이 투자했음에도 불구하고, 사업 성과와 비즈니스 돌파구는 통상적으로 기대에 부응하지 못하고 있다.

그러므로 디지털의 엄청난 잠재력에 비하여 기대에 못 미치는 현실적인 결과물 사이에서 격차가 발생하는 원인을 파악하고 이러한 차이를 해소하기 위한 방법을 찾는 것은 매우 중요하다.

다양한 산업 분야의 기업 CIO로부터 받은 디지털 전환에 관한 견해와 피드백을 3가지 관점으로 요약하면 다음과 같다.

1. 뷰카가 CIO에 의미하는 바는 무엇인가?
2. 뷰카 시대의 디지털 전략의 핵심 우선순위
3. 디지털 전략을 실행함에 있어서 도전 과제

뷰카가 CIO에게 의미하는 것

기업의 리더들은 산업 전반에 걸쳐 내부와 외부의 다양한 요인 때문에 붕괴가 일어나고 있음을 심각히 인식하고 있다. 기업들은 현실로 나타나고 있는 디지털 기술의 급속한 변화, 고객 기대치의 지속적인 증가, 산업 붕괴를 일으키는 새로운 디지털 경쟁사의 출현과 함께 빠르게 변화하는 기업의 인재상 등으로 인해 기업들도 가변적이며 일정한 유동적 상태에 머물고 있다고 할 수 있겠다.

이러한 전례 없는 산업의 붕괴와 변화는 기업의 수익 모델도 전체적인 비즈니스 모델과 함께 신속히 진화할 것을 강요하고 있다. 또한 기업들은 세계 각국의 정부가 도입하는 잦은 규제 변화에 대응하기 위해 고심하고 있으며 이로 인해 기업의 조직은 이제 유례없는 속도와 다양한 변화에 신속히 적응해야 하는 뷰카 시대를 살아가고 있다.

뷰카 시대의 신속한 적응을 위해서 거쳐야 하는 여러 단계가 있다. 예를 들자면 먼저 기업은 디지털에 익숙하고 능숙한 고객들에게 더욱 적합한 제품과 서비스로 혁신해야 할 것이다. 그리고 기업은 디지털 공간에서 자사 브랜드를 만들어야 한다. 뷰카라는 디지털 시대에서는 이러한 새로운 과업을 달성하는 데에는 특별한 유형의 재능을 필요로 한다. 뷰카 시대에서의 신속한 적응을 위한 기업의 역동적 전략과 함께 조직의 동적인 자원 할당은 이젠 기업의 표준으로 자리 잡고 있으며, 기업이 디지털 시대에서 지속적으로 성공하기 위한 초석이라 할 수 있겠다.

상기한 이유로써 '큰 것은 더 이상 아름답지 않다.'라는 말은 디지털 시대의 특성을 잘 대변할 수 있는 말이다. 기술과 비즈니스가 큰 변동성으로 빠르게 붕괴하고 새로이 진화하는 디지털 시대에서는 스스로 '빅뱅'과 같은 큰 변화보다는 미세한 접근을 통한 지속적인 변화의 중요성과 유연성을 강조하고 있다.

디지털 전략을 위한 3가지 핵심 사항

디지털은 그 자체 기술보다도 디지털 기술을 활용하여 일하는 방법이 훨씬 중요하다. 그러므로 실시간 지능을 기반으로 올바른 경험을 제공하는 프로세스를 기초로 디지털 전략이 수립되어야 한다.

뷰카 시대의 기업이 디지털 전략을 수립하고 결과를 이끌어낼 수 있는 3가지 핵심 사항은 다음과 같다.

1. 고객 경험
2. 가속도
3. 통찰력

1. 고객 경험

디지털 전환은 기업의 각 부서별 이기주의에 의해 소통이 차단된 사일로(Silo) 방식으로 다양하게 혼재된 고객 경험을 유발하는 것으로부터 고객 중심으로 일관성 있는 통합 접근 방식으로 이동할 수 있는 아주 좋은 기회를 제공한다.

이를 위한 수단으로 일부 디지털화에 혼선도 있을 수 있지만 사용할 수 있는 옵션의 수가 다양하게 증가함에 따라 기업은 직관적이며 거침없는 고객 경험을 제공할 필요가 있다. 그렇지 않으면, 기업은 고객의 변동에 관한 리스크를 감수해야 하기 때문이다. 기업이 집중해야 할 핵심 요인은 디지털로 구현된 즉각적이며 간단한 솔루션을 실시간 해상도를 확보하여 고객에게 제공하고, 아울러 고객 시장에서 일관성 있게 통합된 옴니 채널(omni-

■ 디지털 전략을 위한 3가지 빌딩 블록(예시)

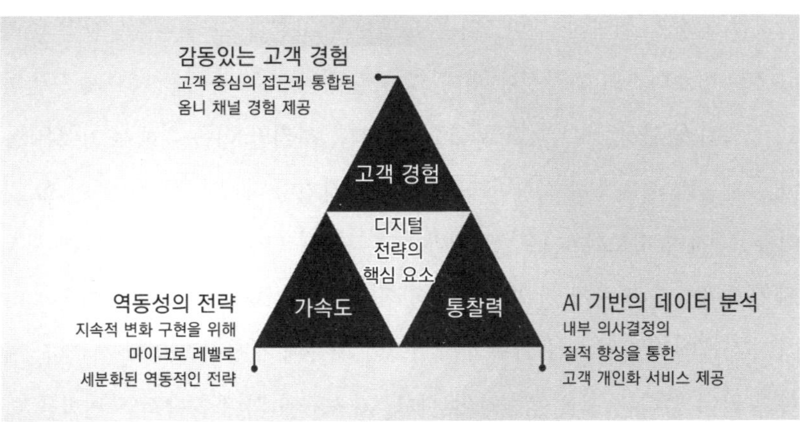

channel) 경험을 제공하고 지속적인 업그레이드를 보장하는 것이다. 이를 위해서 부서 간의 기능들이 통합 연계되는 크로스 펑셔널(Cross-Functional) 접근 방식이 요구되며, 이러한 접근법은 프로세스 실행에서 속도성, 효율성 및 민첩성을 보장할 수 있는 접근 방식이라 할 수 있다.

빈틈없이 원활하게 잘 통합된 옴니 채널 커뮤니케이션 전략은 기업이 고객 중심의 감동있는 고객 경험을 강화하고 향상시키는 데 중요한 관점이다. 종종 고객 경험은 기업의 브랜드가 고객과 어떻게 소통하는지에 따라 결정된다. 고객이 기업과 소통하기 위해 소셜 미디어를 사용하거나 e-메일로 보내거나 할 때, 기업의 고객 대응 시스템이 고객과의 관계를 더욱 긴밀하게 형성하거나, 또는 역으로 이를 깨뜨릴 수도 있다.

예를 들어 고객이 먼저 요청 사항을 회사에 e-메일로 보내고 그 이후에 회사에 전화를 걸게 되면, 회사 대표는 이미 모든 디지털 플랫폼에서 고객의 대화 이력을 파악할 수 있어야 하고, 이를 기반으로 회사가 응답하기를 고객은 기대한다는 것이다. 이는 기업의 다양한 제품군과 내부 비즈니스 커뮤니케이션이 통합되어야 한다는 것을 의미한다.

2. 가속도

디지털 기술과 함께하는 비즈니스 모델로서 구현할 수 있는 큰 장점 중의 하나는 비즈니스의 확장성에 있다. 디지털은 새로운 사업을 빠르게 구축하고 신속하게 확장할 수 있도록 해줄 수 있다. 하지만 이를 위해서 기업은 올바른 제품과 서비스에 적합한 고객 시장을 찾거나 새로이 만들어가야 할 것이다. 디지털 비즈니스 모델을 개발하고 지능형 기술을 선택하며 고객 시장의 생태계를 현명하게 활용해야 할 것이다. 무엇보다도 디지털 시대에는 마이크로 레벨로 세분화된 역동적인 전략이 성공에 결정적인 역할을 한다. 변화의 끝이 없다는 것을 명심해야 한다. 가속도에 의해 지속적인 변화를 하는 디지털 시대의 패러다임 변화에 주목해야 한다.

3. 통찰력

오늘날 디지털 네트워크에서 고객 데이터의 증가 속도와 함께 클라우드 기반의 빅데이터 처리 및 분석 기술의 발전은 고객을 위한 일대일 개인화 서비스와 같은 엄청난 비즈니스 기회를 제공하고 있다. 기업이 다양한 차원에서 비즈니스에 관한 의사결정을 할 때 인공지능과 머신러닝에 기반한 데이터 분석론을 활용하여 더욱 경쟁력 있는 통찰력을 확보할 수 있게 되었다. 빅데이터가 제공하는 비즈니스의 기회는 다양한 관점의 통찰력 제공과 함께 전례 없는 속도로 진화하고 있으며, 아마도 이제 '디지털 전략'이 '데이터 전략'이라고 말하는 것도 큰 무리가 없어 보인다.

디지털 전환은 '무엇(What)'이라는 질문에만 국한된 것이 아니라, 궁극적으로 '어떻게(How)'라는 질문에 보다 많은 답변을 할 수 있어야 한다. 즉 기존 기업의 '레가시' 조직에서 '디지털' 조직으로 옮겨가는 동안 디지털 전략은 기업의 마인드셋의 전환(Mindset Shift)을 요구하며 이는 '어떻게'에 관한 답을 하는 것이다. 특히 여기서 요구되는 디지털 전략은 조직 내의 특정 운영 파트나 부서와 관련된 전략이 아니라, 조직의 모든 기능과 부서를 아우를 수 있는 크로스 펑셔널(Cross-Functional) 전략이라 할 수 있으며, 이는 조직의 기존 현상(Status quo)을 완전히 대 개편하는 수준으로 추진되는 전략이 되어야 한다.

뷰카 시대의 전략도 특정 상황에 국한되지 않고 전체적으로 적용 가능해야 하며, 기존의 패러다임이 변화된 시대에 관한 새로운 전략이므로 접근 방식 또한 근본적으로 재고할 필요가 있다. 즉, 수립된 전략에서 실행에 이르는 종래의 전통적인 행동 방식은 뷰카 시대의 역동적인 환경 변화를 고려할 때 전혀 효과가 없으며 심지어 역효과를 낼 수도 있다. 실행하는 경우 아주 많은 변경사항을 만드는 뷰카 시대의 전략에 관해서는 실시간 적용 가능한 역동적인 접근 방식이 필요하다.

좋은 비유로서 항공기 날개의 보조 날개인 에일러론(Ailerons)이 매 분당 수천 번씩 움직이면서 미세하게 이탈하는 비행경로를 실시간으로 피드백 수정하며 전체적인 항공기의 비행경로를 제어하고 조정하는 것과 같이, 우리는 뷰카 시대에서 실시간으로 요구되는 역동적인 전략의 필요성을 이해할 수 있다.

뷰카 시대의 전략은 어떻게 보면 지저분해 보이며 아주 혼란스럽다. 심지어 뷰카 시대는 한마디로 전략의 종말이라고 말할 수 있다. 하지만 그럼에도 불구하고, 우리가 확실히 뷰카 시대의 전략으로서 말할 수 있는 것은 뷰카는 역동적인 자원의 할당과 함께 전략에 관해 더욱 역동적인 접근이 필요하다는 것이다. 이러한 관점에서 뷰카 시대에서는 기존의 전통적인 '전략 수립 이후 실행'이라는 근본적인 접근 방식이 더 이상 작동하지 않으며, 오히려 거꾸로 '실행 이후 전략 수립'이 된다는 것이다.

즉 뷰카 시대의 전략 수립은 미래를 예측하는 것이 아니라 과거의 많은 실행 경험들의 연결을 통해 발견해 나가야 한다는 사실이다. 다른 말로 하자면 뷰카 시대의 전략에 관한 명확한 그림은 과거를 돌아보고 경험으로 이루어진 많은 점들을 연결(Connecting the Dots)해야만 나타날 수 있는 것이다. 그리고 이는 마지막 논의의 주제로 이어진다.

디지털 전략 실행과 도전 과제

기업들은 뷰카 시대의 디지털화에 의해 사회 전반에 걸쳐 발생하고 있는 대변동과 도전 과제에 대처하기 위해 고군분투한다. 일반적으로 기업이 뷰카 시대를 극복하기 위한 디지털 전략을 실행할 때 직면하는 5가지의 도전 과제가 있는데, 이는 디지털 시대의 전략과 실행 사이에 큰 격차가 생기는 이유이다.

디지털 전략 실행에서 5가지 도전 과제들을 어떻게 극복하는가에 따라 기업의 미래가 결정될 것이다.

1. 아키텍처

뷰카는 기업으로 하여금 크고 한 덩어리로 단일화된 모노리식(monolithic) 구조에서 보다 작고 세분화된 마이크로 서비스 기반의 유연성 있고 민첩한(Agile) 구조로 옮겨갈 것을 요구하고 있다. 즉 오늘날에는 점점 더 '종료 상태의 아키텍처'를 정의하는 것보다 통합되고 확장 가능하며 창의적인 아키텍처로서 '이머전트 아키텍처(Emergent Architecture)'를 지속 실현하는 것으로 변화해 왔다. 아키텍처의 의미는 시스템이 완전하게 해결되었다는 종료 상태를 제시하는 것이 아니라 이제는 시스템의 지속적 발전과 진화하는 과정에 함께 존재함을 보여주는 것이다.

클라우드, 가상화, API(Application Programming Interface) 기반의 아키텍

■ 디지털 전략 실행을 위한 5가지의 도전 과제

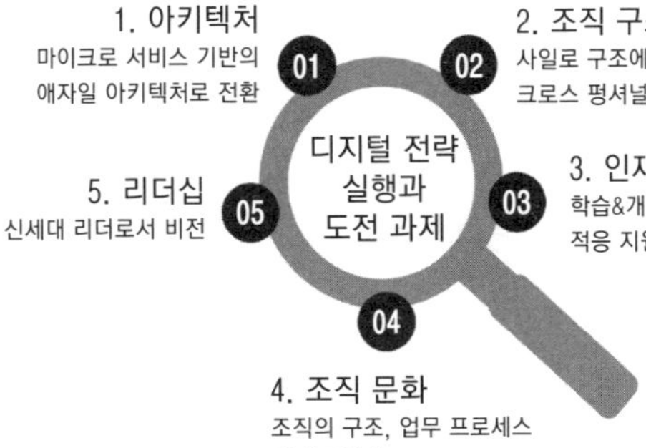

처는 이제 기업이 고객 가치로서 추구해야 할 역동적인 '이머전트 아키텍처'로 실현하기 위한 핵심적인 요소들이다. 고객의 라이프 사이클 관점은 IT 혁신 기술의 이니셔티브에 기초해야 하며, 아울러 IT 환경을 보다 유연하고 민첩성 있는 디지털 아키텍처로 만드는 것은 기업의 IT 환경은 물론 파트너의 IT 환경을 원활하게 통합할 수 있도록 돕는 또 다른 중요한 전략이다.

2. 조직 구조

전통적인 기업의 조직은 일반적으로 비즈니스 부서, 업무 기능, 지리적 입지 등에 의해 각각의 다양한 섹터별로 구분화된 형태인 사일로(Silos) 구조로 조직화되어 있다. 이러한 사일로 구조는 각 부서 간의 기능 교류와 정보 소통이 차단되어 크로스 펑셔널(Cross-Functional)이 본질적으로 요구되는 기업의 디지털 전환에서 중요한 장애 요인이 된다. 즉, 디지털은 기업 조직 내의 서로 다른 부서들이 하나로 통합되어 고객 문제를 신속하고 민첩하게 해결할 것을 요구하고 있다. 고객 중심에서 볼 때 부서 간의 경계가 없는 기업 조직(Borderless Organization)은 가장 최선의 고객 가치를 도출해낼 수 있으며, 이는 시간의 필요성과 중요성이 동시에 강조되는 디지털 시대에 고객 가치를 신속하게 전달할 수 있는 속도성과 민첩성을 함께 제공할 수 있기 때문이다.

3. 인재

오늘날 기업에서는 역동적으로 변화하는 디지털 시대 환경에 적응할 수 있는 인재를 찾는 것이 도전 과제이다. 기존 인력들을 재교육을 통해서 숙련된 인재로 양성할 것인가? 아니면 외부에서 새로운 인재를 스카우트하거나 신규 채용할 것인가? 조직 내에 작지만 확실한 업그레이드를 통해 인재 풀

(Talent Poll)을 형성하는 것은 엄청난 양의 승수 효과가 되어 나머지 인력들의 재능을 끌어당길 수 있을 것이다.

스카우트 경쟁이 치열한 인재 시장에서 우수한 인력을 확보하는 것은 시작에 불과하다. 기업은 여전히 지속적인 인재 양성교육과 함께 조직의 적응 지원 그리고 인력 풀의 유지 보수와 관리 등에 대해서 체계적인 실행 계획을 세울 필요가 있다. 이와 동시에 기업의 디지털화는 다양한 러닝 방식을 통한 학습과 고쳐 배우는 재교육 그리고 숙련도의 향상(Up-skill)과 새로운 기능의 습득(Re-skill) 등을 통해 미래의 숙련 기술을 확보하고 '학습 & 개발(L&D)'로써 조직의 변화와 혁신을 지속하도록 좋은 기회를 제공하고 있다. 기업의 인재경영에 디지털이 잘 활용된다면 조직 전반에 새로운 의미와 함께 기업 경쟁력을 확보할 수 있을 것이다.

4. 조직 문화

디지털은 기술에 관한 것으로 보이지만 디지털의 잠재력 실현을 위해서 기업에서 가장 근본적으로 해결해야 할 장애물로는 기술 또는 전략이 아니라 조직 문화에 그 뿌리를 둔 조직 구조, 업무 프로세스 및 사고방식 등이다.

조직 문화란 '구성원이 살아가는 방식'에 관한 것으로서 조직을 이루고 있는 구성원의 정신 세계에 깊이 뿌리내려 변화하기가 어려운 것이다. 디지털 조직 문화로의 전환을 위한 한 예시로써 기존의 레거시 기업에서 아주 큰 도전이 될 수 있는 '데일리 릴리스 사이클(Daily Release Cycles)'로 변화의 운동이 일어나고 있으며 이는 조직 구성원들의 민첩성을 구현하고자 하는 것뿐만 아니라 조직의 민첩성 문화를 구축하고자 하는 것이다. 이러한 운동은 IT 부서 또는 특정 업무의 변화가 아니라 기업 전반에 걸쳐 이루어져야 하는 대규모 변화 관리과정으로서 조직 전체가 반드시 함께 해야 할 것이다.

5. 리더십

그렇다면 조직 문화와 같이 복합적이며 구성원 마인드에 내재화되어 관성화된 이러한 가치를 어떻게 변화시킬 것인가? 대부분 기업의 CIO 패널들은 리더십이 이 변화의 출발점이라는 데 강한 믿음이 있다. 오늘날 사회의 디지털 전환에 의한 패러다임의 변화는 이제 기업의 역동성은 물론 기업 리더십의 기본 속성과 본질까지 완전히 변화시켰다.

기업에서는 이제 경영진으로서의 리더가 아닌 디지털 네이티브 기업과 같이 신세대의 프로덕트 리더들이 필요하며, 이러한 기업의 리더들은 선견지명이 있고 비전이 있어야 하며 급변하는 첨단 테크놀로지로부터 이윤을 창출할 수 있는 비즈니스 모델을 지속해서 개발해야 하며 디지털 전략에 능숙해야 한다. 하지만 무엇보다 중요한 것은 디지털 시대의 리더십이란 고객의 니즈에 사로잡힌 조직의 창업주로서 또한 고객의 대리인으로서의 역할을 충실히 수행해야 하며, 아울러 뷰카 시대에서 언제 어디서나 일어날 수 있는 많은 비즈니스 충격들을 흡수하고 실패로부터 배울 수 있는 복원력을 가져야 한다는 것이다.

요약하자면 뷰카는 현실이고, 우리는 이미 거대한 흐름으로서 디지털 전환과 함께 급변하는 세상의 한가운데에 와 있다. 많은 기업이 야심찬 디지털 전략을 채택함으로써 디지털 경쟁을 확대하고 도약할 기회를 갖고자 한다. 하지만 디지털의 잠재력과 현재의 실현 결과들 사이에 아주 큰 격차가 있기 때문에 디지털 전환의 성공을 위해서 넘어야 할 많은 도전적 과제들이 있다.

디지털 기술은 도전 과제 중 한 부분일 뿐이다. 보다 근본적인 문제는 기업의 조직 구조, 기업 문화, 새로운 리더십 등에 뿌리를 두고 있다. 기업과 리더들은 디지털 전환에 있어서 '전략의 기대치'와 '실행의 측정치'에서 발생하는 격차를 해소하기 위해 여러 가지 관점과 다양한 수준에서 조직의 전환을 추진해야 한다. 쉽지는 않지만 성공하는 이들은 글로벌 디지털 경쟁에서 대승을 거둘 수 있을 것이다.

요약

- '고객 경험', 비즈니스 전략의 '가속도' 및 데이터 '통찰력'은 기업이 디지털 전략을 정착시키고 결과물을 도출해낼 수 있는 3가지의 핵심 주제이다.
- 디지털 전략을 실행하는 데 5가지 도전 과제는 다음과 같다.
  - 마이크로 서비스 기반의 민첩한 아키텍처
  - 부서 간 경계 없는 고객 중심의 조직
  - 명확히 업그레이드된 인재 풀의 확보
  - 유연하고 민첩성 있는 조직 문화 구축
  - 혁신을 주도할 수 있는 고객 집착형 리더

섹션 2

전 산업에 걸쳐 진행되는 디지털 전환

서론

전 산업에 걸쳐 진행되는 디지털 전환

앞의 섹션에서 우리는 뷰카(VUCA) 시대에서 새롭게 정의되는 비즈니스에 관한 법칙들을 살펴보았으며, 성공적인 디지털 전환이 새로운 게임에서 승리하기 위한 열쇠라는 것도 알 수 있었다.

디지털 전환은 산업 전반에 걸쳐서 확인되고 있으며 급격한 디지털 기술의 변화는 글로벌 디지털 환경에서의 새로운 비즈니스 모델의 실현을 통해 기업이 이윤을 창출할 수 있도록 절호의 기회를 제공하고 있다. 디지털 기술들이 사회 전반에 큰 변혁을 일으킴에 따라 세부 산업 분야별로 이러한 변화에는 일부 미묘한 차이가 있겠지만 산업 전반에 걸쳐서 공통적인 변화에 관해 먼저 주목하고 살펴보기로 한다.

포춘지 선정 100대 고객 기업들과 산업 전반에 걸쳐 디지털 전환에 관한 컨설팅을 통해 저자가 공통적인 변화에 관해 직접 확인할 수 있었던 일반적인 특징을 6가지 변화로서 요약하면 다음과 같다.

1. **고객은 더 나은 디지털 경험을 요구하며 기대치는 상승하고 있다.** 디지털 고객에게 제공되는 기존의 서비스 제품과 프로세스를 신속하게 다시 살펴볼 필요가 있다. 디지털 네이티브 기업들인 FAANG은 고객의 기대치 변화를 반영하여 기존의 제품과 프로세스를 새로운 고객 경험으로 완전히

변화시켰으며, 그 결과 다른 산업 분야의 기업들도 이러한 고객 기대치 변화가 반영된 새로운 고객 경험을 제공하고 있다. 예를 들어, 맥킨지 조사에 의하면 넷플릭스 스타일의 고객 경험을 체험한 약 80%의 고객들은 모든 업종 분야에서도 이러한 고객 경험을 원한다고 한다.[1]

2. **전 산업에 걸쳐 중개 과정이 제거되며, 최종 고객과 직접 소통하는 D2C(Direct-to-Consumer) 비즈니스가 빠른 성장을 하고 있다.** 우리는 이미 미디어 산업 분야와 엔터테인먼트 업계 등에서 큰 변화가 있음을 보았고, 소매업종 분야에서는 넷플릭스와 아마존과 같은 기업에 이러한 큰 변화가 있음을 알 수 있었다. 많은 다른 산업 부문에서도 중개인 또는 유통업체가 사라지고 기업이 최종 고객과 직접 소통하는 비즈니스 모델로 변화하고 있음을 확인하였다.
   예를 들어, Direct-to-Consumer Purchase Intent Index에 의하면 전자결제업계, 관광 산업 또는 서비스업 분야에서 최종 소비자의 80% 이상이 향후 5년 이내에 D2C 브랜드를 통해 최소 한 번 이상 구매할 것으로 예상되고 있다.[2]

3. **업종 간의 경계가 무너지고 모호해지면서 산업 전반에 걸쳐 가치사슬도 변화하고 있다.** 오늘날 구글과 텐센트와 같은 디지털 대기업들은 다양한 분야의 업종에 걸쳐 새로운 사업들을 공격적으로 확장하고 있다. 이들은 고객 데이터 분석과 디지털 기술 능력을 바탕으로 다양한 업종 분야의 고객들에게 접근하여 디지털 비즈니스 모델로서 새로운 고객 시장을 확보함으로써 수익을 창출하고 있다. 이러한 디지털 기업들은 기존의 산업 전반에 걸쳐 형성된 제품 및 서비스 공급망 등 가치사슬을 주도적으로 변화시키고 있다. 이는 기존의 전통적인 기업들로 하여금 그들이 보유하고 있는 고객들을 유지하고 시장 점유율 높이기 위해 디지털 전환을 하

■ 디지털 전환에 관한 산업 전반의 공통된 이슈 6가지

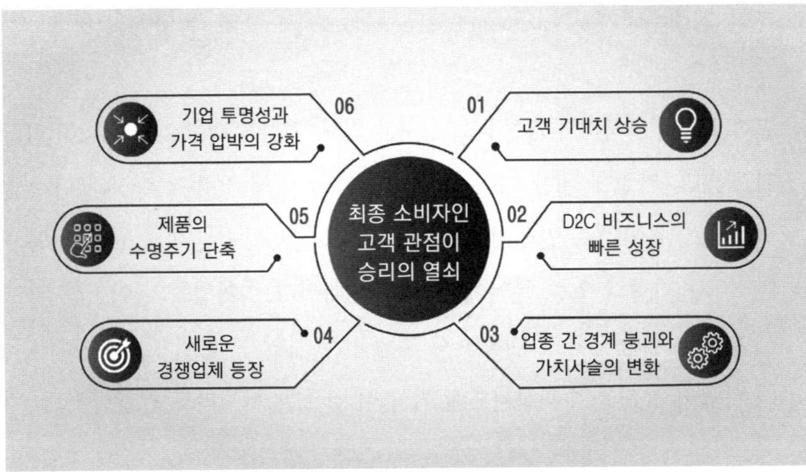

거나 또는 새로운 벤처에 투자할 것을 강요하고 있다.

4. 디지털 시대에 적응한 새로운 경쟁업체들이 등장하고 있다. 이노사이트(Innosight)의 연구에 의하면 S&P 500사의 50%가 향후 10년 안에 교체될 것이라고 한다.[3] 신세대 디지털 기업들은 지금까지 전통적인 레거시 기업들에 의해 다루어지지 않았던 고객 문제들을 아주 적극적으로 발굴하고 해결하고 있다. 신세대 디지털 기업들은 클라우드, AI 및 자동화와 같은 첨단 디지털 기술을 활용하여 전통적인 레가시 기업들과의 생존 경쟁에서 승리를 위해 확실하게 도움이 되는 획기적인 고객 경험을 제공하고 있기 때문이다.

5. 소비자들은 제품의 확산으로 선택의 폭이 넓어지며, 제품의 수명주기는 상대적으로 짧아지고 있다. 오늘날 기업들의 비즈니스는 30년 전보다 두 배나 더 빠르게 수명주기가 단축되었다. 이젠 디지털 기업들은 제품의 시장 수명에 보다 효율적이고 원활하게 최적화된 상태로서 비즈니스를 실현하기

위해 데이터 사이언스를 기반으로 한 통합 인프라를 구축하고 고객으로부터 '최대수명가치(Maximum Lifetime Value)'를 도출할 수 있게 되었다.

6. **고객과 규제 당국의 투명성 강화 요구에 의해, 기업에 대한 가격 압박이 강화되고 있다.** 기업에 대한 가격 압박은 다양한 대체 제품의 확산과 단축된 비즈니스 사이클로 인해서 더욱 심화되고 있다. 맥킨지 보고서에 의하면, 자사 기업의 업종 분야에서 디지털 네이티브 기업들의 이러한 신시장 확보를 위한 공격에 대응하지 않는 기존 기업 중 하위 1/4은 상위 1/4의 기업이 가지는 수익보다 3배 이상 더 감소할 것이라고 말한다.[4]

상기한 변화의 결과로써 모든 비즈니스는 이제 최종 소비자와 직접 소통하는 사업이 되고 있다. 그러므로 최종 소비자인 고객의 관점에서 생각하는 것이 비즈니스의 성공 열쇠라 할 수 있겠다. 이러한 변화는 가장 전통적인 산업 분야에서도 일어나고 있으며 '고객 중심'은 산업 전반에 걸쳐 디지털 시대에서 가장 중요한 함축적인 의미를 가지게 되었다.

4차 산업혁명으로 불리는 디지털 전환이 서로 다른 산업 분야 전반에 걸쳐서 어떠한 의미를 갖는지에 대해 공통적인 특성이 있었지만, 특정 산업 분야별로도 미묘한 차별적 특성은 여전히 존재하고 있다. 디지털 전환은 속도 측면에서는 산업 분야별로 다르게 나타나며 다양한 여건과 디지털 인프라 수준에 의해 서로 다른 성숙도에 있다. 그러나 확실히 이러한 디지털 전환의 성숙도는 코비드-19 대유행에 의해 모든 산업 분야에서 더욱 가속화되고 있다.

본 섹션에서 다루고자 하는 다양한 산업 분야별로 디지털 전환의 핵심적인 도전 과제와 우선순위에 관한 내용은 저자의 컨설팅 실무 경험을 바탕으로 체험한 통찰력에 기반하고 있다.

1장. 은행 금융업계: 디지털 뱅킹 2.0

- 은행들은 디지털 네이티브 기업들에 의해 공격을 받아 왔다. 하지만 그럼에도 불구하고 은행들은 여전히 기존 고객의 충성도에 의해 주도되는 높은 시장 점유율을 차지하고 있다.
- 은행들의 디지털 전환은 대부분 '프론트 엔드(Front-End)' 영역에서 디지털화를 통해 보다 나은 '고객 참여(Customer Engagement) 시스템'을 개발하는 데 집중하고 있다.
- 하지만 통제적 사고방식에 갇혀 있는 업무 기록 자료들과 비즈니스 프로세스에서 종래의 레거시 IT 시스템이 가지고 있는 핵심 문제들은 여전히 지속되고 있다.

2장. 자산 관리업계의 디지털 전환

- AI 로보 어드바이저들이 금융 시장을 공격한 이후, 자산 관리업계에서도 디지털 전환은 기업 경영에 중요한 이슈가 되고 있지만, 아직 현실에서는 거의 큰 변화가 없었다.
- 코비드-19 대유행은 비대면 재택 근무의 실효성을 테스트하기 좋은 기회였다. 초기의 많은 우려에도 불구하고 업계는 전반적으로 디지털 비대면 업무 전환을 통해 업무 효용성 테스트에 성공적으로 통과한 것으로 보인다. 그럼에도 불구하고 디지털 환경에서의 사이버 보안과 각 국가별로 제기되는 각종 글로벌 금융 규제에 관해 적극적인 대응이 필요할 것으로 보인다.
- 오늘날 자산 관리업계에서는 AI 어드바이저에 의한 개인화 서비스, 미드 & 백-오피스의 지능형 자동화, 클라우드 기반의 데이터 분석 등 디지털 기술의 잠재력을 활용하고자 하는 방향으로 디지털 전환에 대한 가속화

가 진행되고 있다.

3장. 디지털화에 의한 지불결제의 변화

- 디지털 전자결제 분야는 디지털 전환에 의한 기술 혁신과 플랫폼 구축을 최전선에서 이끌고 있다. 이미 FAANG(페이스북, 아마존, 애플, 넷플릭스, 구글 알파벳)와 중국 빅3(알리바바, 바이두, 텐센트)가 이 영역에서 시장 선점을 위해 치열하게 경쟁하고 있다.
- 디지털 네트워크의 전자결제와 관련된 영역에서는 빠른 속도로 테크놀로지와 비즈니스 변화가 일어나고 있으며 디지털 네이티브 기업들에 의한 플랫폼 확보 경쟁이 치열하다.
- 기업 간의 지급 결제로서 B2B(Business-to-Business) 분야와 기업과 소비자의 지급 결제 분야인 B2C(Business-to-Consumer)에서도 종래의 일반 소비자 간에 직접 거래하는 전자상거래 분야인 C2C(Consumer-to-Consumer)와 같은 유사한 변화가 예상된다.

4장. 통신 산업 분야: 텔레콤 플레이어의 기회와 도전

- 통신사(Telcos)들은 통신 기술이 2G에서 5G로 발전하는 동안 디지털 인프라 구축에 엄청난 투자를 했으나, 이러한 투자로부터 그들이 기대하는 수익 가치를 얻지 못했다.
- 이와 달리 온라인 동영상 서비스업체인 OTT(Over the Top)는 주로 통신사가 투자한 디지털 통신 인프라를 활용하여 글로벌 콘텐츠 시장에서 큰 성공을 거두고 있다.
- 5G의 인프라는 통신사에게 획기적인 비즈니스 기회를 제공한다. 하지만 이로부터 수익을 실현하기 위해서 통신사들은 그들의 비즈니스 모델, 상

■ 디지털 성숙도 단계 구분에 의한 세부 산업별 유형과 현황

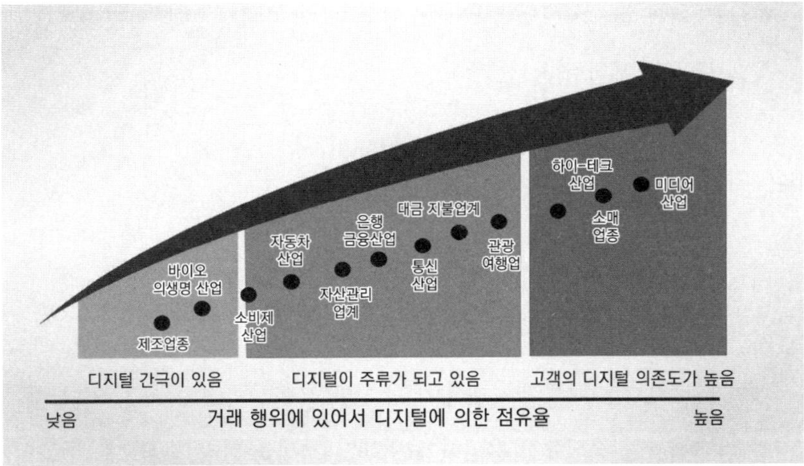

품 그리고 내부 업무 프로세스 등에서 변화와 혁신을 추진해야 한다.

5장. 제조업종: 디지털 전환을 위한 비즈니스 전략

- 제조업종의 기존 기업들은 디지털 전환을 통해 클라우드 기반의 'SaaS (Soft as a Service)' 서비스 제공을 통해 새로운 디지털 비즈니스로 도약할 수 있으며 아주 많은 수익을 창출할 수 있는 분야이다.
- 전통 제조 산업 분야의 기존 기업들은 디지털 시대의 새로운 승자로서 부상하기 위해서 디지털 전환을 통해 공격적인 비즈니스 플레이를 하되, 기존의 사업 영역에서는 먼저 확보된 시장과 고객 방어를 잘하는 것이 중요하다.
- 제조업종의 기업 비즈니스 리더들이 디지털 전환을 통해 변화와 혁신을 이루기 위해 강조하고 재평가해야 할 주제들을 6가지로 정리하면 다음과 같다. '기존 고객으로부터의 매출 수익의 보호', '기존 제품의 틈새시장에서 성장 기회의 포착', '새로운 니즈에 기반한 제품 로드맵의 재검토와 수

정 보완', '비즈니스 통합을 위한 글로벌 딜리버리 모델의 활용' 및 '시장 확보를 위한 혁신적인 파트너십의 구축'과 '시장에서 인수 합병(M&A) 대상의 물색'이 포함한다.

6장. 의생명 산업 분야의 디지털 전환

- 의생명 산업 분야는 디지털 혁신의 관점에서 변화가 늦은 분야 중 하나였지만 지금은 디지털 전환의 정점에 있다.
- 과거 전통적으로 의생명 산업 분야의 고객은 임상의(clinician)였지만 디지털 시대에서의 경쟁에서 승리하기 위해서 고객을 환자 중심으로 두고 비즈니스 모델을 근본적으로 변화시켜야 한다.
- 의생명 분야에서 성공적인 디지털 전환을 위한 4가지 핵심 사안은 클라우드화, 자동화, 개방형 혁신과 파트너링 생태계 구축이라 할 수 있다.

디지털 4차 산업혁명에 의한 지각 변동은 전 산업에 걸쳐 일어나고 있으며, 근본적인 변화 속에서 세부 산업 분야 또는 업종별로 변화의 차이를 비교하고 이해하는 것은 아주 의미있는 일이다. 각각 산업 분야에서 적용되는 디지털의 혁신 기술은 디지털 네이티브 기업은 물론 기존 기업이나 디지털 스타트업에게 새롭게 도약할 수 있는 놀라운 비즈니스 기회를 제공하고 있기 때문이다.

본 섹션에서 다루는 각 산업 분야별의 디지털 실무 사례들에 관한 고찰을 통해 독자들은 자신의 전문 도메인 분야에서 디지털 전환에 꼭 필요한 긍정적인 통찰력을 확보할 수 있을 것이다.

제1장

은행 금융업계

: 디지털 뱅킹 2.0

우리가 모르는 것은 대개 우리를 죽게 만드는 것이다.

페티르 베일리쉬, 왕좌의 게임

은행 산업 분야에서 통상적으로 지금까지는 디지털 테크놀로지 기반의 비즈니스 혁신을 추진하는 과정은 주로 자금 관리 분야에서 고객 거래 관점에 초점이 맞추어져 왔다. 우선적인 순위로는 고객이 자신의 계정에 접속하여 디지털 방식으로 지불하거나 일부 초보적인 분석 도구를 관리하고 거래하도록 하는 것이다. 하지만 좀 더 세밀히 살펴보면 고객 입장에서는 그다지 크게 변화하지 않았다는 것이 명백해진다. 고객이 선택할 수 있는 상품과 서비스의 유형은 거의 동일하며, 고객과 은행과의 유대 관계가 획기적으로 강화된 것으로도 보이지 않는다. 특히 디지털화를 통한 시중 은행의 사업 운영 대비 비용 구조 개선도 지난 몇 년 동안의 지표를 살펴볼 때 예상과 달리 크게 향상된 것으로 보이지 않는다(미국 은행의 평균 자기자본이익율(ROE: Return on Equity)은 2000년대 초에 12~15%에서 2012년에서 2018년 사이에 오히려 약 8~10% 대로 소폭 떨어졌다).[5]

대부분 고객은 여전히 은행을 현금을 보관하거나 송금 또는 조회할 수 있는 하나의 '유틸리티'로만 생각하고 있으며, 그 외 특별한 가치를 제공하는 서비스 기능으로 생각하지 않는다. 이것이 기존 은행들이 디지털 시대에서 핀 테크와 디지털 전용 은행의 공격으로부터 취약한 이유이다. 이제 은행들은 디지털 시대의 치열한 경쟁에서 생존하기 위해 고군분투하고 있으며 시장 고객 중심의 전문적인 솔루션을 지속적으로 확충하고 있다. 예를 들어, 포브스(Forbes)의 조사 결과에 의하면 브라질의 디지털 은행인 누뱅크(Nubank)는 이제 브라질의 최고 순위의 은행으로 등극하였다.[6]

2019년도에만 누뱅크의 고객층은 약 900만 명에서 2000만 명 이상으로 성장했다. 그리고 이 증가 추세는 계속 가속화되고 있다. 특히 2020년 코비드-19 대유행이 시작되면서 누뱅크는 전통적인 은행들의 고령층 고객들을 학보하기 위해 사용자 기반 서비스를 확장하고 있다.

시대와 시장이 주는 메시지는 강력하고 명확하게 나타나 있다. 은행 금융기관들은 디지털 전략의 관점에서 비즈니스 모델을 재고해야 한다. 거래와 지불을 위한 단순한 효용 기능의 제공을 넘어서 디지털 시대에서는 더욱 심화되고 있는 깊은 고객 관계를 구축하는 방법을 디지털 네이티브 기업들로부터 배워야 할 때이다. 디지털 네이티브 기업들의 운영 모델을 벤치마킹하고, 고객의 빅데이터를 분석 활용할 수 있어야 하며, 아울러 보다 의미있고 수익성 높은 디지털 비즈니스 모델과 고객 가치 창출을 위해 디지털 기술에 투자해야 할 것이다.

디지털 뱅킹 2.0 – 플레이 북

전통적으로 은행들은 지점과의 유통망을 통해 시장의 신뢰와 보안을 구축하는 데 주력해 왔으나, 일반적으로 은행업계는 여타 소비자 대상의 사업체에서 관측되는 고객 경험을 획기적으로 개선하기 위한 지속적이고 적극적인 노력이 잘 이행되지 않았다.

누뱅크가 브라질에서 보여준 것처럼 은행들은 디지털 시대에서 고객 중심의 비즈니스 모델로 선회하기 위해 무엇을 해야 할지를 근본적으로 재고해야 할 것이다.

비즈니스 모델은 기존의 지점 기반의 비즈니스 유통망을 넘어서야 하며 적어도 수익성 규모를 되돌릴 수 있도록 디지털 운영 전환을 위한 시스템에 공격적으로 투자할 필요가 있다.

디지털 전환 전략에서 실행에 이르기까지는 조직의 '인력', '프로세스' 및 '기술'의 모든 측면에 걸쳐서 엄청난 사고의 전환이 요구된다.

디지털 뱅킹 2.0 플레이 북에는 다음의 전략 목표가 포함되어야 한다.

- 상품 중심의 조직 구조에서 벗어나 보다 전반적으로 고객 중심 조직으로 변화하기 위해 현재 제공하는 상품 포트폴리오와 고객 접점 모델을 다시 검토하기!
- 아주 다양한 다채널 디지털 세계에 고객이 선택한 채널에서 해당 고객을 대상으로 하는 개인화 서비스 경험을 제공하기!
- 시장에서 빠르게 진화하는 고객 니즈에 보다 신속하게 적응할 수 있도록, 시스템 운영을 위한 더욱 간단하고 민첩한 프로세스를 다시 구상하기!

데이터와 디지털 첨단 기술은 의심할 여지 없이 디지털 전환을 실행할 때 상기 3가지 단계별 목표들은 성공적으로 비즈니스 영향력을 확보하는 데 중추적인 역할을 할 것이며, 은행의 포괄적인 디지털 기술 전략에는 다음의 3가지 사항이 반드시 포함되어야 할 것이다.

- 기업 AI: 차세대 분석 모델의 설계와 학습을 통해 활용을 위함
- 데이터 인프라: AI 모델에 필요한 동력원을 공급하기 위함
- 본점의 현대화: 자동화 및 AI 추천 기반 업무를 추진하기 위함

상품 및 서비스 오퍼링

대부분 은행에서의 비즈니스와 서비스는 상품이 가지고 있는 기능적 라인을 따라 설계되고 운영된다. 이는 '상품 중심'이라는 효능성의 가치에만 집중함으로써 더욱 중요한 '고객 중심'의 가치를 간과할 수 있다. 고객은 항상 은행과 거래 경험에서 고객 중심으로 잘 정의된 상품 및 서비스 공간 안에 들어간다고 생각하지 않는다. 예를 들자면 고객이 은행과 대출 거래를 할 때 주택 구입의 비용과 대학 등록금 대출 중 하나를 선택해야만 하거나 또는 일정 비율로 조합하여 둘 다 함께 선택해야 하는 경우를 생각해 볼 수 있다.

상기 예시한 시나리오에서, 아마도 은행 상품의 두 가지 다른 기능은 고객이 어느 하나의 옵션을 선택할 때 절충안을 고려하지 않고 개별적 제안으로 설계하고 고객 확보를 목표로 했기 때문이다.

오늘날 은행들의 가장 큰 경쟁사인 핀 테크 기업들도 적극적으로 특정의 금융 상품을 제공한다. 이는 은행에게 또 다른 위기 상황이라 할 수 있다. 은행은 아마도 주택 담보 대출과 교육비 대출 상품을 제공하는 핀 테크 기업과 시장에서 경쟁할 수밖에 없을 것이다. 금융 시장에서 충성 고객을 확보하고 있는 은행은 이러한 디지털 시대의 도전을 기회로 바꿀 수 있다.

예를 들어 은행은 고객의 전 생애 주기별 지원 맞춤형 프로그램을 취하여 주택 구입 및 교육 대출을 결합할 수 있는 번들 상품을 오퍼링할 수 있을 것이다.

상기 사례에 디지털 전환에 의한 빅데이터 기반 접근법을 활용한다면 다

음의 절차로써 추진될 수 있을 것이다.

- AI 데이터 분석 기반의 모델링을 활용하여 다양한 오퍼링을 독립형 및 번들링 상품에 관한 고객 반응을 예측하고,
- 시나리오 모델링을 사용하여 고객과 은행 모두를 기반으로 가치 제공과 비용에 관한 절충안들을 정량화하며,
- 최대 수익 가치를 창출하기 위해 고객 영역별로 세분화되고 특화된 고객 맞춤형 오퍼링을 제공한다.

이러한 빅데이터에 기반한 제안 또는 추천 서비스들은 고객 관리 매니저가 고객과의 진정성을 가지고 더욱 깊이 있고 의미 있는 관계를 맺을 수 있는 기초 자료로써 활용될 수 있다.

특히 기존 시장에서 충성 고객을 기반으로 한 교차 상품과 고객 데이터 분석 중심의 접근법은 금융 상품별로 특화된 핀 테크 기업보다 은행에서 경쟁 우위를 창출할 수 있는 잠재력을 가지고 있다.

예를 들어, 미국 클리블랜드에 본사를 둔 한 대형 은행은 3가지 새로운 은행 상품을 출시했다. 이는 계정 초과 인출 수수료 면제, 2%의 현금환급 신용카드, 그리고 직불 연계 저축에 관한 개별 상품들과 이를 하나로 통합한 번들 솔루션으로 출시하였다. 은행이 고객 관점에서 고객의 재무 건전성 목표 달성을 위해 함께 한다는 차원에서 데이터 분석에 의한 고객 중심의 맞춤형 솔루션을 제공하고 있다.

북유럽에 있는 단스케 은행은 한 걸음 더 나아가 고객들에게 주택 구입 과정을 탐색할 수 있도록 모바일 주택 앱을 함께하여 제공하고 있으며, 아울러 가전제품 구매자금 신청 고객에게는 주택 담보 대출을 연동하여 제공하는 등 보다 고객 중심의 솔루션 개발에 집중하고 있다.

이러한 상기 두 가지 예시에서 알 수 있듯이 디지털 전환을 통해 은행들

은 전반적인 고객 중심 솔루션을 설계하기 위해 과거의 전통적인 상품 설계 사고방식에서 벗어나서 고객의 전 생애 과정에 맞춤형 상품과 다양한 번들 상품을 서비스하기 위해 노력하고 있다.

개인화된 고객 경험

인구 통계학적 관점에서의 최근에 나타나고 있는 시중 은행의 가장 큰 트렌드는 다음과 같이 2가지로 요약할 수 있다.

- **신규 고객의 확보 속도가 느려지고 있음:** 미국과 같은 인구 통계학적 관점에서 성숙기에 접어든 경제에서는 예금 기반의 고객 확보가 지난 몇 년 동안에 거의 큰 변동 없이 평준화되었다. 이는 결국 은행들이 디지털 시대에서 새로운 성장을 하기 위해서 기존에 확보된 고객 기반을 의존해야 한다는 것을 의미한다.
- **연령대별로 서비스 채널 선호도가 구분됨:** 베이비 부머 세대에서는 디지털 뱅킹을 전적으로 활용하지 않고 있지만(하지만 코로나-19 대유행 이후 많은 변화가 있음) MZ 밀레니얼 세대와 그 이후 출생한 세대들은 거의 전적으로 디지털 은행을 선호하고 있다.

이러한 현실로 나타나는 인구 통계학적인 경향은 앞으로 디지털 은행의 성장 동력원이 고객당 수익을 확실히 증가시킬 것임을 의미한다. 이는 디지털 은행의 상품 판매에서 '크로스 셀러'와 '업 셀러'가 고객 확보의 핵심 요소로서 대두되고 있는 이유이다.

디지털 시대에는 인구 통계학적으로 점점 더 증가하는 디지털 고객과 기업과의 상호작용이 디지털 채널로 전환됨에 따라 기존의 전통 기업들은 앞서 성공한 디지털 네이티브 기업들로부터 비즈니스 전략을 배워야 할 것이다.

예를 들어 아마존 매출의 35%는 '크로스 셀러'에 의한 교차 판매라고 보고 있다.[7] 빅데이터와 AI를 바탕으로 초-개인화(hyper-personalization)된 고객 경험을 창출함으로써 이를 달성했다.

디지털 네이티브 기업이 성공한 플레이 북을 기반으로 은행이 개인화 서비스 구현에 어떻게 접근하고 도전해야 하는가를 살펴보는 것은 디지털 전환을 추진하는 다양한 기업들에게도 유용한 통찰력을 제공하리라 생각한다.

1. 디지털 네이티브 기업들인 FAANG은 '세그먼트 오브 원(Segment of 1)'라는 아이디어를 개척하였다. 개인화를 제한하는 '포괄적 세그먼트'라는 전통적 개념에서 벗어나서 아래에 언급한 두 가지 유형의 전략으로서 새로운 개념의 '마이크로 세그먼트'를 개발하기 위해서였다.

전통적 아이디어에서 벗어난 이 두 가지 유형의 혁신적인 접근 전략은 고객과 높은 수준의 정확도를 가지고 정보 교류할 수 있게 해 주었고, 데이터 기반의 개인화 서비스를 가능토록 함으로써, 고객 관계를 보다 강화시키며 아울러 고객들로부터 상품 구매력을 크게 확대시켰다.

- 1번째 전략으로서 고객의 특성을 높은 수준의 개인화로 정의하는 데 도움이 되는 고객의 거래 내역과 거동 속성을 식별하도록 하였다. 은행의 경우에는 고객의 자산 현황과 소득 내역, 금융에 관한 통찰력, 디지털의 능숙도 등 다양한 복합적인 차원에서 고객 데이터를 분석해야 할 것이다.
- 2번째 전략은 '세그멘트'에 관한 접근 방식으로서 동적인 접근이다. 고객의 인생 여정 동안에 금융 상품 서비스에 관한 다양한 수요 상태와 이를 충족시킬 수 있는 능력(특히 재무 상태)은 지속적으로 변화하고 있다. 그러므로 이러한 고객 데이터에 기반한 '세그먼트'는 점점 더 많은 빈도에 의해 마이크로 차원으로 세분화될 필요가 있으며, 이에 관한 역

동적인 접근이 필요하게 된다.

2. 은행이 대상으로 하는 고객군을 '마이크로 세그먼트'로서 심화 이해함으로써, 특정 고객의 '마이크로 세그먼트'에 맞춘 개인화된 오퍼링을 설계하여 이를 고객이 필요로 하는 상태로 상품 서비스를 계층화하는 것이 가능해졌다.
특히 신규 고객의 유입과 시장 성장이 제한되어 있는 은행업종의 경우에는 기존의 상품 라인을 가로지르는 새로운 번들 상품과 서비스를 설계하고 제공하는 것이 중요한 전략이 될 수 있다.
특히 디지털 전환을 통한 은행의 개인화 서비스는 다음 관점에서 다루어져야 한다.

- 가장 관련 있는 상품과 서비스는 무엇인가?
- 고객 중심의 채널 전환이 이루어지는가? 은행은 고객과의 특정한 상호작용을 하는 과정에서 고객 서비스 채널을 전환할 수 있는 가능성을 항상 고려해야 한다. 예를 들어 고객이 콜-센터로 전화를 하거나 또는 지점으로 걸어 들어오더라도 디지털 오퍼에 반응할 수 있도록 해야 한다. 디지털 시대에서 경쟁력 있는 은행이라면 이러한 역동적인 채널 전환을 통해 고객에게 보다 원활한 경험을 제공할 수 있는 능력을 가져야 할 것이다.
- 고객의 참여 빈도를 높일 방안은 무엇인가? 아마존과 같이 소매업종을 대상으로 하는 디지털 쇼핑몰과 달리 은행은 고객과의 상호작용 빈도가 비교적 낮으며 고부가가치 거래는 아주 가끔씩 발생한다. 은행은 적절한 상품과 서비스로서 적절한 시기에 고객의 관심을 진정으로 사로잡을 수 있도록 다양한 채널을 통해 고객의 참여 빈도를 높일 수 있는 디지털 마케팅 전략을 함께 강구해야 한다.

3. 끝으로, '고객 생애 가치(CLV: Customer Lifetime Value)'라는 전통적 개념은 소매업종에서 선도적으로 개척되었고 지난 20년 동안 은행들에 의해 고객 충성도 프로그램(Customer Loyalty Programmes)의 토대로서 받아들여졌다. 특히 Z 세대의 고객 충성도가 떨어지면서 은행들은 '고객 생애 가치(CLV)'를 예측하려는 시도에서 벗어나, 이제는 '최선 다음의 행동'으로서 차선책에 초점을 맞추고 있다. 이러한 차선책의 목표로는 고객 영향력이 가장 높으며 이로 인해 최대의 고객 응답률을 가질 수 있는 즉각적인 행동이 무엇인지를 예측하는 것이다.

4. 이러한 이슈는 오늘날 우리가 가지고 있는 매우 불안정하고 불확실한 경제적 여건에서 더욱 중요해지고 있다. 특히 침체된 경제하에서의 은행은 고객의 요구 상태에 더욱 민감하게 반응해야 하며, 뿐만 아니라 고객의 신용을 보호하는 데 초점을 맞춰야 한다. 예를 들어 오늘날 점차 쇠퇴하는 고객 생애 가치(CLV)에 대한 대응과 다르게 고객의 현재 시점의 재무상황에 초점을 맞춘 대출 재융자 등을 적극적으로 조정하면 고객 충성도를 높이는 데 큰 도움이 될 수 있을 것이다.

오퍼레이션의 격차

디지털 은행들은 전통적인 은행들과 오퍼레이션에 관해 다음 두 가지 관점에서 서로 다른 격차를 보여주고 있다.

- 전통적인 은행은 백-엔드 집중 프로세스(예: 대출 처리)에서 분산 프로세스(예: 지점의 계좌 개설)에 이르기까지 대부분이 종래의 IT 인프라를 기반으로 수동화 업무 처리로 진행된다. 만일 어떤 프로세스가 자동화

가 존재한다고 하더라도 이는 거의 일반적 과업 처리 수준에 지나지 않는다. 하지만 디지털 은행들은 클라우드 기반의 디지털 기술들로서 엄청나게 단순화 과정으로 처리되며, 또한 개인화 서비스에서 자동화된 업무 프로세스를 보여주고 있다.

- 시중의 대형 소매은행들이 종래의 금융 IT 인프라 등에 대한 공동의 오버헤드로서 수년 동안 누렸던 이러한 큰 이점들과 기득권들은 디지털 은행들의 공격에 의해 앞으로 오래 존속하지 않을 수 있다. 디지털 은행들은 테크놀로지(RPA뿐만 아니라 AI 인식 기술 등)에 의해 주도되는 생산성 향상과 고객 만족도 극대화가 은행의 업무 프로세스 전반에 걸쳐 가능하다는 것을 여실히 보여주고 있다.

상기 오퍼레이션의 격차로 인해 디지털 은행은 조직의 운영에 비용 구조가 전통적인 은행보다 더욱 효율적이도록 할 뿐만 아니라 매우 우수한 고객 경험을 창출하고 있다.

이러한 관점에서 디지털 시대에 은행이 혁신할 수 있는 다음의 세 가지 큰 기회가 있다고 본다.

1. **'셀프 서비스'와 '스트레이트 스루'에 의한 프로세스:** 전통적인 업무처리 프로세스는 주로 속도와 유연성에 대한 비용의 대가로서 '오퍼레이션 리스크(Operational Risk)'를 최소화하기 위해 '리스크와 통제'에 초점을 맞추는 방식으로 정의되었다. 하지만 은행에서 소매업종에 이르기까지 디지털 네이티브 기업들이 이미 입증했듯이 고객 경험을 주요 목표로 두고 프로세스를 다시 구상한 다음 예외적 처리를 위한 '리스크 가드레일(Risk Guardrail)'을 정의하고 이를 기술 지원함으로써 혁신적인 '스트레이트 스루 프로세스'를 가능하게 했다. 특히 고객들은 디지털 '셀프 서비스' 옵션을 점점 더 선호하기 때문에 이는 더욱 가속화되고 있다.

여기서 주목할 만한 한 가지 성공 사례는 수표 뱅킹에 관한 것이다. 이 프로세스는 기존의 수동적이며 지엽적인 업무에서 벗어나 거의 흠결 없는 '스트레이트 스루' 방식으로 옮겨갔다.
이러한 기회는 더 많이 존재한다. 이러한 고객 중심의 비즈니스 기회를 식별하고 포착함으로써 시장의 파급력을 확보할 수 있는 사항들을 '서비스 수준 협약'인 SLA(Service Level Agreement)로서 정의하고, 이를 구현하기 위한 솔루션 확보를 위해서는 신중하고 체계적인 접근이 필요할 것이다.

2. **지능형 업무 자동화**: RPA(Robotic Process Automation)(예: 서식을 자동 생성하는 로봇)에 의한 업무 자동화는 비유하자면 기존의 정해진 코스를 달리면서 업무 단위 효율성을 강화하는 데 주된 목적이 있었다. 다음의 한 차원 높은 자동화에 관한 흐름은 인공지능(AI) 기술이 적용된 지능형 업무 자동화와 워크 플로우(Workflow)가 가능한 엔드-투-엔드(end-to-end) 프로세스 자동화의 조합에 의해 오늘날 지능형 업무 자동화가 구현되고 있다. 오늘날의 AI 데이터 분석 기반의 엔드-투-엔드 프로세스 처리에 의한 지능형 업무 자동화는 기업의 시간과 노력을 절대적으로 줄이면서 보다 바람직한 고객 경험을 창출하며, 아울러 고객과는 보다 더 심도있고 의미있는 방식으로 소통하고 있다.

3. **오퍼레이션 프로세스의 재정의**: 오늘날 은행은 코로나 사태로 인해 빠르게 변화하는 거시적인 환경과 고객 기반에 미치는 영향에 적극적으로 대응함으로써 보다 역동적이고 유연한 방식의 오퍼레이션 프로세스를 재정의하는 것이 중요하다. 앞서가는 은행들은 코비드-19 대유행으로 촉발된 경제 혼란에 비추어 고객 소비자의 포트폴리오 관점에서 비즈니스 리스크 평가를 다시 하고 있다. 디지털 데이터 전략에 기반한 은행들은

> 이제 더 이상 채무불이행 리스크를 평가하기 위해 지불 내역에만 의존하지 않고, 고객 데이터로부터 컨택 내역 뿐만 아니라 컨택 채널 수와 컨택한 시퀀스와 같이 데이터가 발생하는 곳으로부터 행동 요인들을 수집하여 매일 기본적인 리스크를 평가함으로써 이를 점수 수치로서 반영하고 있다. 그럼에도 불구하고 더욱 유연하며 효율성 있는 오퍼레이션을 위해 리스크 수치화 모델을 보완할 수 있는 AI 모델을 구축해야 할 뿐만 아니라 현장에서 실무 에이전트의 개입이 필요할 것이다.

은행의 디지털 전환 2.0 여정은 이제 막 시작되었으며, 앞으로 향후 몇 년 동안 디지털 전환에 의한 시중 은행들의 업무 방식에 많은 변화가 있을 것이다. 알고리즘 트레이딩과 지능형 업무 자동화를 위한 디지털 혁신 기술들이 은행 자본 시장에 급격한 변화를 이끌어내는 데 큰 역할을 한 것과 같이 이러한 디지털 전환 기술들은 시중 은행의 변화를 이끄는 데 핵심적인 도구가 될 것이다.

테크놀로지 투자

전통적으로 볼 때 은행들은 기술을 투자받고 이를 소비하는 주체로 보인다. 시중의 대형 은행들 중 일부는 디지털 전환을 위한 프로젝트에 무려 수십억 달러를 소비하였다. 하지만 대부분의 결과는 기대치에 미치지 못한 것으로 보인다. 최근 은행의 투자자를 대상으로 한 설문조사에서 '은행의 디지털 전환 전략이 얼마나 효과적이라고 확신하는가?'라는 질문을 받은 투자자의 약 75%는 '회의적이다'라고 하거나 또는 '대답하기에는 아직 이르다'라고 응답했다. 또한 이들 은행들은 평균적으로 매출액의 약 5%에 가까운 수익을 디지털 혁신을 위한 프로그램에 투자했는데 이는 약 수억 달러에 달한다고 하며[8] 디지털 전환 기술은 마치 파놓은 함정과 같이 느껴진다고 한다.

그리고 예상대로 기술 투자를 통한 지출은 은행마다 다르다. 가장 큰 대형 은행들은 자산의 약 0.4%에 해당하는 금액을 기술 부문에 투자하는 반면(예로써, JP모건 체이스 은행의 경우는 무려 11.4억 달러) 이보다 자산 규모가 작은 중견 은행의 경우에는 약 0.22%에 해당하는 금액을 투자하며, 이는 대형 은행들이 투자하는 자산 기반 비율의 약 절반에 해당한다. 일반적으로 말하면, 자산 규모가 큰 대형 은행일수록 규모가 상대적으로 작은 은행에 비하여 기술 부문의 투자로 인한 혁신적인 결과를 보여주기 위해 더 많은 노력을 하고 있다고 볼 수 있다.[9]

규모가 크든 작든 은행들은 디지털 전환 여정에서 앞서기 위해서 적절한 디지털 기술을 우선순위에 의해 체계적으로 추진할 필요가 있다. 이는 앞서 서론에서 언급한 핵심 빌딩 블록을 어떻게 구현하는가에 해당되며, 또한 모든 디지털 기술 전략에는 다음에서 언급할 '인프라의 현대화', '맞춤형-AI' 그리고 '데이터 분석'이라는 세 가지 분야에 대한 의미 있는 투자가 있어야 할 것이다.

IT 인프라의 현대화

시중 은행업계는 IT 인프라에 대한 대규모 투자를 주도한 최초의 업종 중 하나이다. 어느 업종이든 종종 있는 일이지만 선도적으로 기술을 투자한 결과물은 궁극적으로 자산으로 남기도 하지만 이는 부담과 책임으로 남을 수도 있다. 은행들은 지난 수년 동안 IT 인프라 구축을 통해서 업무 생산성 향상 촉진에 앞서 왔지만, 상대적으로 노후화된 디지털 기술과 유연성이 부족한 인프라로 인해 기존의 IT 인프라는 최근 몇 년 동안 더 많은 부담과 책임이 기술 부채로서 남아 있다. 이러한 현실적 상황은 은행으로 하여금 완전한 첨단 기술 인프라로 업그레이드하도록 투자를 압박하고 있다. 인프라의 현대화는 확실히 필요하겠지만 경쟁 시장의 상황이 핀 테크 기업과 디지털 은행으로 구성되어 있는 경우에 이러한 인프라 투자만으로 시장의 경쟁 우위를 이끌기는 충분하지 않을 수 있음을 유념해야 할 것이다.

인프라의 현대화가 현재 진행 중이며, 앞으로 몇 년 동안 시중 은행들에 큰 투자 부문이 될 가능성이 높다. 인프라의 현대화를 위해 장기적인 성공을 주도할 주요 인프라 요소들은 다음과 같다.

1. **클라우드 우선주의:** 대부분의 CIO들은 IT 인프라 관리가 은행의 핵심 역량이 아니며, '클라우드 마이그레이션(Cloud Migration)'과 이를 통한 비즈니스 활성화가 은행이 기술 인프라를 현대화할 수 있는 가장 중요한 필수 요소라는 사실에 동의하고 있다.

2. **클라우드 보안성:** '클라우드 마이그레이션'을 서둘러야 하는 경우는 반드시 올바른 '클라우드 보안'과 조화로운 균형을 이루어야 한다. 은행은 악의적인 해커들이 가장 좋아하는 대상이기 때문에 특히 데이터 뱅크의 민감성을 잘 다루어야 한다. 대부분 은행들은 '온-프레미스(On-Premise)' 환경과 클라우드가 함께 하는 '하이브리드 클라우드' 인프라를 채택하고 있다.

3. **장기적 관점의 여정:** 은행들은 핵심적인 뱅킹 플랫폼과 다른 애플리케이션의 층을 시작으로 여러 개의 멀티시스템을 갖추고 있다. 이는 수년간에 걸쳐서 시스템에 구축된 데이터의 공유와 통합을 통해 패치워크(Patchwork)를 만들어냈다. 핵심적인 은행 업무를 시작으로 출발하여 모든 시스템을 첨단의 클라우드 인프라로 업그레이드하는 것은 다년간의 시간이 요구되는 장기적 관점의 여정이다. 이는 다년간에 걸쳐서 단계적

인 절차로써 마이그레이션 프로그램이 진행되어야 할 것이다. 아울러 레거시(온-프레미스)와 현대화(클라우드) 시스템에 걸쳐서 데이터 중복제거 단계 등을 거쳐야 할 것이며, 이러한 강제적인 비효율성은 통합 거버넌스와 잘 관리될 필요성이 있다.

4. 상호 운용성(Interoperability): 분산된 애플리케이션 생태계의 인프라 현대화에서 가장 중요한 요소 중의 하나는 API 기반의 데이터 공유를 위해 잘 확립된 프로토콜과 모듈식 아키텍처 요소에 기반한 상호 운용성에 관한 표준화 채택과 아키텍처의 정의라 할 수 있겠다.

엔터프라이즈 AI

기업들은 이미 수년 전부터 AI 프로젝트를 운영하고 있다. 하지만 이들 대부분은 '마케팅'과 '리스크 관리' 분야에 주로 한정되어 활용되어 왔다. 이러한 기업의 AI 프로젝트들은 일반적으로 데이터의 접근성과 컴퓨터 성능에 의해 제한되어 있으며, 오늘날의 디지털 금융 시장에서 요구되는 핀 테크(FinTec)와 빅 테크(BigTec)에 동력을 공급하는 아주 크고 정교한 AI 엔진에는 전혀 근접하지 못하고 있는 실정이다. 은행들이 고객 시장을 지속적으로 유지하면서 앞으로 핀 테크 기업 또는 디지털 네이티브 기업들과의 금융 시장 경쟁에서 승리하고자 한다면 더 이상 단편적인 AI-프로젝트 수준에 머물 여유가 없을 것이다.

오늘날의 은행들은 상품과 서비스, 고객 참여 및 프로세스 운영 전반에 걸쳐 광범위한 사용 사례를 지원하기 위해서 다음과 같은 명확한 기능을 갖춘 엔터프라이즈-AI에 투자하는 것이 필수적이다.

1. 기업의 AI-플랫폼은 딥러닝에 이르기까지 최신의 AI 기술을 지원할 수 있는 플랫폼으로 구축해야 할 것이며, 무엇보다 중요한 것은 해당 플랫폼은 학계 또는 FAANG 등 디지털 네이티브 기업의 오픈소스 최신 버전과도 통합 또는 호환할 수 있는 능력을 갖추어야 할 것이다.

2. AI는 항상 전산 리소스를 필요로 하며, 리소스에 대한 접근성 제한보다 AI에게 좌절감을 줄 수 있는 것은 없다. 그러므로 데이터 확장성과 함께 비즈니스 성과물을 창출하고 이를 전달하기 위해서는 엔터프라이즈-AI 플랫폼은 반드시 클라우드 기반 인프라로 구축되어야 한다.

3. AI는 AI만을 위한 것이 아니라는 것을 항상 명심할 필요가 있다. 목표는 비즈니스 결과물을 확보하는 것이다. 그러기 위해서는 AI가 제공하는 통찰력과 추천을 실시간으로 확보하여 비즈니스 프로세스를 구현하기 위한 방법론이 필요하다. 이를 위해서 엔터프라이즈 AI 플랫폼에는 다음 사항이 요구된다.
   - AI 모델의 운영 – 데이터 파이프라인, AI 학습 훈련, AI 모델 배치 및 모델의 지속적인 모니터링 등으로 시작해야 한다.
   - AI 모델의 출력부들을 오퍼레이션 시스템과 통합하여 전체 의사결정 프로세스에 막힘이 없이 원활하게 통합되도록 해야 한다.

4. AI는 공유 데이터 세트에서 공유 알고리즘에 이르기까지 오픈소스 산업에 근본적인 뿌리를 두고 있다는 사실을 인식할 필요가 있다. 전통적으로 부서 간의 배타적 기능과 단절된 문화를 가진 기존 기업의 '사일로' 조직 문화를 타파할 수 있는 강력한 오픈소스 DNA를 가진 엔터프라이즈 AI를 기반으로 기업 내부에 새로운 공유 문화를 구축하는 것은 매우 중요한 일이다. 아마도 이는 기업의 데이터 사이언스 커뮤니티의 발전과

함께 학습을 장려하며 타인의 이익을 보다 존중하는 기업 문화로서의 학습 생태계를 만들고 육성할 것이다.

5. 마지막으로 강력한 AI 거버넌스의 능력을 과소 평가할 수 없다. AI의 가장 큰 도전 중 하나는 AI의 윤리적 문제와 관련이 있으며, 엔터프라이즈 AI는 다음과 같은 윤리적 차원의 책임에 유념해야 한다.
   - **데이터 프라이버시 및 보안**: 데이터 접근성에서 특히 고객에 민감한 데이터에 관해서는 기업의 데이터 보안 지침과 함께 각별한 관리가 이루어져야 한다.
   - **알고리즘의 편향성**: 예시로써 은행이 특정의 인구 연령층 또는 지역적 세그먼트에 중요한 의미를 가질 때 특히 민감할 수 있으며, AI 학습의 편향성 방지를 위해 알고리즘에 대한 지속적인 모니터링이 필요하다.

데이터 인프라

산업화 시대에서의 동력원으로서 석유 자원과 같이 데이터는 오늘날 4차 산업을 선도하는 AI에게 동력을 공급하는 핵심 연료이다. 하지만 아직도 여전히 많은 기업이나 공공 조직은 전략적 자산으로서 데이터를 구축하는 데 요구되는 정책이나 예산 확보에 적극적이지 못한 것이 현실이다.

또한 AI가 기업이나 조직에 약속한 가치를 전달하지 않고 있는 단 하나의 이유가 있다면, 이는 바로 조직의 근시안적인 데이터 관점에서 비롯된 것이다. 그간 오랫동안 기업이나 조직은 데이터를 사후에 보완하는 수준에서 다루어 왔다. 하지만 최근 데이터의 중요성과 인식 제고가 사회적으로 확산되면서 데이터 레이크(Data Lake)에 대한 흥분과 투자로 이어지고 있지만, 그 결과는 아직 기대에 크게 미치지 못하고 있다.

은행에서의 상황도 크게 다르지 않다. 디지털 첨단 기술 기업으로부터 한 가지 더 교훈을 얻는다면, 데이터가 진정으로 기업의 경제적 가치를 창출하기 위해서는 비즈니스 전략과 시스템의 운영 모델에서 전면에 데이터가 부각되고 아울러 데이터 중심으로 다루어져야 한다는 것이다. 이러한 데이터 중심의 비즈니스 전략 변화는 크든 작든 기존의 시중 은행들이 이제 모두 인지하고 있으며 이를 추진함에는 무리가 없다. 하지만 데이터 중심의 디지털 전략 추진에 가장 큰 걸림돌이 되는 것은 기존의 레가시 IT 시스템이다. 현재의 데이터 인프라와 데이터 모델은 기능적 중심의 사일로 구조와 고풍스러운 시스템을 갖추고 있으며, 그리고 지난 수십 년간의 인수 합병 등을 통해 이질적인 데이터 시스템 축적을 통해 진화해 왔다. 이러한 문제를 해결하기 위해 데이터 사이언스는 '패치워크(Patchwork)' 프로세스를 통해 데이터 생태계를 구축하도록 진화하였고, 이는 AI가 레가시 시스템에서의 디지털 전환을 촉진하도록 지원하고 있다.

디지털 시대에서 은행들이 핀 테크 기업들의 공격에서 살아남고 번창하기를 기대한다면 데이터를 반드시 조직의 최우선 순위로 다루어야 한다. 은행들이 지금 당장 수용해야 할 주요 데이터 우선순위 중 일부는 다음과 같다.

1. **클라우드 데이터 플랫폼**: 지난 10년 동안에 많은 조직과 기업들은 디지털 시대의 '빅데이터'라는 비전에 휩쓸려 하둡(Hadoop) 시스템 구축에 수백만 달러를 쏟아부었다. 하지만 이에 관한 실상은 빠르게 나타나고 있다. 왜냐하면 기업 또는 조직의 온-프리미스 환경에서의 하둡 인프라는 성능과 비용 모두에서 확장될 수 없기 때문이다. 비용과 확장성 측면에서만 볼 것이 아니라 이제는 클라우드로 옮겨갈 시점이다. 왜냐하면 클라우드는 '이벤트 로그(Event Log)'와 '스트리밍 데이터(Streaming Data)'가 실시간으로 디지털 고객 참여를 주도하는 중추적인 역할을 하며 또한 다양한 혁신 능력을 제공하기 때문이다.

2. 데이터 파이프라인: 모든 데이터 인프라는 데이터만큼만 좋다. 현실적으로 대부분의 은행들은 데이터를 여러 레거시 시스템에서 중앙 집중식 소스로 옮기는 데 전혀 충분한 조치를 취하지 못하고 있다. 은행은 그들이 필요한 모든 분석적 요구에 대응할 수 있는 중앙 집중화된 데이터 저장소로서 '데이터 레이크(Data Lake)'를 구축하고 시스템 관리자로서 활용하는 데에 수백만 달러를 투자하고 있다. 은행뿐만 아니라 산업 전반적 차원에서 분명히 이러한 투자는 성공으로 가는 길이라고 말하기 어렵다. 왜냐하면 이러한 데이터 인프라 구축에 요구되는 시간과 노력 그리고 집중도 등을 고려할 때 대부분 기업이나 조직에서 현실적으로 이용 가능성이 매우 낮기 때문이다.
   궁극적으로 이러한 투자의 결과는 깨끗한 '데이터 레이크(Data Lake)'가 아니라 진흙투성이의 '데이터 늪지(Data Swamp)'에 더 가까울 수 있다. 그럼에도 불구하고 데이터 파이프 라인의 흐름을 구축하고 유지하기 위해서 보다 적극적으로 투자하는 것이 중요하다. 이에 관한 제안으로서 클라우드 기반의 중앙 집중식 데이터 리포지토리(Repository)가 유용할 수 있다.

3. 데이터 정형화: 이는 단순히 데이터의 전송을 위해 필요할 뿐만 아니라 데이터의 분석 활용도 이질적인 시스템에 걸쳐있는 데이터들의 완결성 있는 통합과 정형화는 필수적인 요구 사안이다. 일반적으로 은행의 고객 데이터는 예를 들어 계좌 거래, 대출 출처 또는 고객 관리 등과 같이 조직 내의 다양한 유기적인 업무 시스템과 인수 합병 등에 의해 존속하고 있는 독립적 시스템으로부터 확보된다. 고객 데이터의 적극적인 활용을 위해 이렇게 다양한 시스템에 걸쳐있는 데이터의 정형화와 함께 유기적인 통합이 필요하다. 데이터의 통합은 아마도 기술적인 관점보다도 조직의 효율적인 구조조정이라는 차원에서 볼 때 더 극복하기 어려운 도전일 수 있다.

4. 데이터 품질: GIGO(garbage in garbage out) 원칙은 디지털 시대보다 더 진실을 잘 나타내 보여준 적이 없다. 데이터 정형화와 마찬가지로 이는 어려운 문제지만 반드시 해결해야 할 필수적인 과제이다. 머지않은 미래에 은행이 고객에게 개인화 서비스 참여를 유도하고 내부적으로 데이터 분석론에 의해 고객 서비스 운영을 자동화해야 할 때, 고품질의 데이터는 이러한 데이터 기반의 프로세스가 기대 가치에 부응하고 은행이 시장 경쟁력을 확보하는 데 핵심이 되기 때문이다.

5. AI용 데이터: AI는 데이터를 먹고 지속적으로 성장한다. 좋은 AI는 스스로 학습하고 시간이 지남에 따라 현명해지는 것이다. 이를 위해서 AI용 데이터는 잘 문서화되어야 하며, 또한 신뢰할 수 있는 자료로써 검증된 데이터 세트를 만들어야 한다. 데이트 세트는 단순히 포괄적이지 않고 구체화된 정보로 이루어져야 하며 또한 알고리즘이 편견으로 강화되는 것에 대해 지속적으로 경계해야 할 것이다.

6. 데이터 거버넌스: 위에서 언급한 모든 사안에 대하여 강력한 데이터 거버넌스 없이는 은행 뱅킹 서비스 수준에서의 원격 오퍼레이션은 불가능하며, 데이터 거버넌스에 대한 가이드라인은 다음과 같다.

- 그룹 간에 데이터를 공유하기 위해 차단 장벽을 허물어야 한다.
- 데이터의 편향화 방지와 보호를 위한 윤리 프레임워크를 구축한다.
- 보안과 규율을 준수하며 중앙 집중의 데이터 공유 생태계를 강화한다.

■ **디지털 뱅킹 2.0 – 은행 비즈니스의 전사적 디지털화**

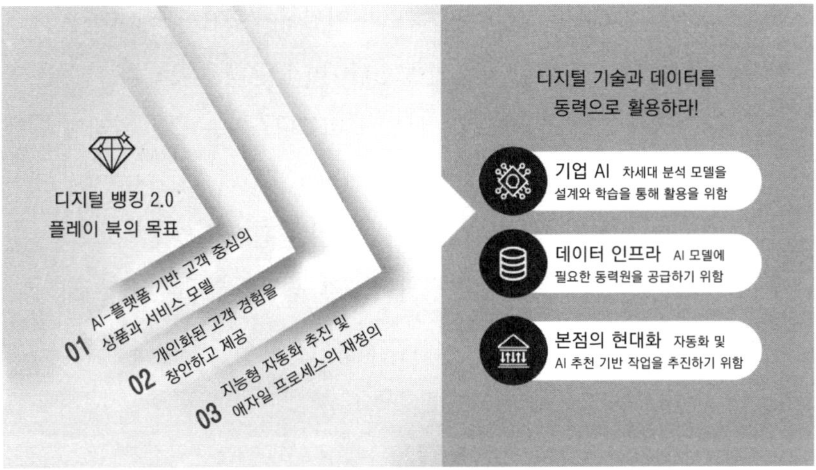

3가지 측면의 기술적 관점으로서 '인프라 현대화', '엔터프라이즈 AI', '데이터'에 대한 투자는 별도 순서에 의해 순차적으로 추진하지 않아도 되겠지만 이를 반복해서 투자할 가치가 있다는 것은 명백하다.

금융 시장의 역학 및 기타 거시적인 경제 요인들로부터 학습하며 진화하고 있음에도 불구하고, 은행의 진정한 경쟁 우위는 앞서 언급한 3가지 기술적 측면에서 이를 모두 원할하게 실행할 수 있는 능력에 달려 있다고 하겠다.

결론

기존의 시중 은행들의 디지털 전환은 이제 거의 변곡점에 와 있으며 새로운 국면을 맞이하고 있다. 특히 오늘날 코로나바이러스 대유행으로 인한 경제 불확실성에 의해 촉발된 심각한 변화를 겪고 있음에도 불구하고, 우리는 이러한 상황이 앞으로 몇 년 동안 더욱 가속화될 것으로 예상된다.

은행이 이렇게 어렵고 불확실한 환경에서 성공하려면 데이터 전략 방향에 관한 명확성, 디지털 기술을 활용하여 고객들에게 올바른 제안을 할 수 있는 능력, 그리고 무엇보다도 실행할 때 속도와 민첩성이 필요할 것이다.

하지만 한 가지는 점점 더 확실해 보인다. 미래 은행은 우리가 그동안 익숙해져 온 지점을 기반으로 하는 네트워크 비즈니스와는 훨씬 달라져 있을 것이다. 특히 오프라인에서의 내방 업무는 극히 제한적으로 이루어질 것이고 아울러 고객의 전 생애 재무적인 여정에 깊은 관계를 형성하고 모든 단계에서 다채널에 의해 지속적이고 원활한 고객 경험을 제공할 것이다.

요약

- 은행들은 디지털 네이티브 기업들의 위협을 받고 있지만 그럼에도 불구하고 은행들은 여전히 기존 고객의 충성도에 의해 높은 시장 점유율을 차지하고 있다. 은행들은 프론트 엔드(Front-end) 부문을 디지털화하며 더욱 나은 고객 참여 시스템을 개발하는 데 초점을 맞추고 있지만, 은행업계에서 일어나고 있는 디지털 전환 경쟁에서 승리하기 위한 노력을 보다 강화할 필요가 있다.
- 은행의 성공적인 디지털 전환 여정을 위해 필요한 3가지 조언은 다음과 같다.
  - 전통적인 상품 마인드셋에서 벗어나 AI 기반 플랫폼을 활용하여 고객 중심의 상품과 서비스 모델을 다시 생각한다.
  - 개인화된 고객 경험을 제공하기 위해 '세그먼트-1(Segment of one)'과 '최선 다음의 행동'으로서 차선책을 생각한다.
  - '셀프 서비스(Self service)와 스트레이트 스루(Straight Through)' 프로세스를 도입하고,'RPA와 AI 인식 기반'의 지능형 자동화를 추진하면서 전반적인 오퍼레이션 프로세스를 재정의한다.
- 첨단 기술과 데이터의 힘을 활용하기 위해 기존 IT 시스템을 업그레이드하고 아울러 데이터 사일로(Silo) 구조에서 벗어나야 하며, 엔터프라이즈 AI가 경쟁력 확보에 원천이 된다면 '하이브리드 클라우드(Hybrid Cloud)'로의 마이그레이션을 신중히 고려해야 한다.

제2장

—

자산 관리업계의 디지털 전환

매 순간 미래는 과거가 되고 있다.

토르(천둥의 여신), 마블 코믹스

자산 관리 산업 분야의 디지털 전환은 오랫동안 중요한 주제였지만, 해당 업종은 디지털 기술의 채택함이 비교적 느리게 진행되어 왔다. 자산 관리업계는 제로 커미션과 대체 수수료 모델에 의한 수익 압박에 직면해 있으며 아울러 핀 테크 기업의 시장 공격과 가치사슬에서의 중개소멸(Disintermediation), 고객 기대치 증가 등으로 인해 다양한 비즈니스 모델 변화의 형태로 나타나며 기업들은 강한 도전에 직면해 있다. 특히 오늘날 자산 관리 분야는 코비드-19 대유행으로 인해 변동성의 여파에 직면하고 있으며 그 중심에 있다.

코로나 대유행으로 인한 변동성은 뷰카 환경을 더욱 심화시켰고, 디지털화의 필요성과 중요성은 점점 더 강화되었다. 과거 10년 동안 저자는 이 산업 분야에서 일어나고 있는 디지털 전환에 주목하고 실무에 참여해 왔다. 글로벌 자산운영사인 피델리티 사의 국제 비즈니스 전략과 디지털 전환을 위한 과정에 함께 하였으며, 지난 3년 동안은 인세도 사에서 자산 관리 산업의 가치사슬을 가로지르는 몇몇 주요 플레이어들과 함께 일해 왔다. 이러한 실무 경험을 바탕으로 특히 코비드-19 대유행 이후 자산 관리 산업 분야에서 디지털 전환을 위한 10가지 우선순위를 제시하고자 한다.

1. **어드바이저의 활성화는 핵심 요소**: 금융 자문업계는 '거래 주도(Transaction-led) 모델'에서보다 '관계 기반(Relationship-based) 모델'로 빠르게 변화해 왔다. 재무 어드바이저가 전체 목표에 기반한 금융 자문을 할 때 고객에게 이를 전달하는 다양한 수단과 능력에 필요한 첨단 기술의 역할이 매우 중요해지고 있다. 디지털화는 업계가 자문 중심의 비즈니스 모델로 진화함에 있어 최전선에 와있다.
   고객의 기대치는 증가하고 있다. 즉 고객은 자신의 금융 목표와 생애 이벤트에 맞추어 다양하게 개인화된 서비스와 전문화된 조언을 기대하고 있다. 그러므로 재무 어드바이저는 고객을 360도 시각으로 고찰하여 초개인화(hyper-personalization) 서비스를 제공할 수 있는 다양한 수단과 통찰력이 요구된다. 재무 어드바이저는 금융 계정의 집계, 클라이언트 포털, 온라인 문서 저장소, CRM(Customer Relationship Management), 클라이언트 서비스 도구 등에 통합된 경험이 축적되어 있으며 능숙해야 할 것이다. 특히 코비드-19 대유행 이후 디지털 수단의 역할이 더욱 중요해졌기 때문에 자산 관리 회사들은 거래 주도 모델에 기반한 투자를 아주 보수적으로 해야 할 시점에 와 있다.

2. **옴니 채널(Omni-Channel)과 '스트레이트 스루' 프로세싱**: 자산 관리 매니저들은 고객 가치를 전달하는 데 집중하기를 원하며 이는 시간이 많이 소요되고 오류가 발생하기 쉬운 업무들을 디지털화하는 데 많은 관심을 기울이게 했다. 계좌 개설, 계좌 전환, 문서 전달, 전자 서명과 같은 업무들을 디지털화하는 것은 업무 오류와 NIGO(Not in Goood Order)를 줄이고 자산 관리자들의 자산 운영 규모를 향상시키는 데 도움이 되었다. 코

로나 대유행의 기간 동안에 디지털 기술의 채택을 통하여 '워크 플로우(Workflow) 기반의 디지털 도구'들을 활용한 '스트레이트 스루(Straight-through)'에 의한 서비스는 고객과 어드바이저 모두에게 엄청난 변화와 새로운 활력이 되고 있다.

코로나 사태로 인해 시장의 변동성과 불확실성으로 인하여 투자 정보 및 고객 서비스에 대한 필요성이 급격히 증가하였다. 자산 관리 회사들의 투자 상품을 어드바이저와 고객 모두에게 옴니 채널(Omni-Channel) 서비스 경험을 제공하고 다양한 경로를 통해 실제로 성과를 거두어 회사와 투자 이해 관계자들에 효과적인 서비스 구현하고 있다.

3. **크로스 펑셔널 협업을 통한 공포심 관리**: 자산 관리 산업 분야는 전통적으로 직접 대면을 통해 서비스를 제공받고자 하는 기대치를 가지고 있으며, 또한 매우 높은 하이터치 산업(High-touch industry) 분야라 할 수 있다. 코로나 대유행 동안에 업계의 비즈니스 변동성과 붕괴에 대한 공포심은 더욱 심화되었다. 하지만 크로스 펑셔널(Cross-Functional)로 이루어지는 디지털 협업에 이용 가능한 도구들과 첨단 기술은 업계의 변동성과 시장 붕괴에 대한 공포심을 관리하고 고객들을 안심시키는 데 많은 도움이 되었다. 이러한 디지털 협업 채널이 재무 계획과 CRM과 같은 기존 도구와의 통합을 통해 더욱 발전할 것으로 기대한다. 하지만 디지털 첨단 기술을 채택하지 못하는 자산 관리 회사들은 그들 고객을 디지털적으로 잘 아는 경쟁사들에게 잃게 될 위험에 처해 있다.

4. **인공지능(AI)과 머신러닝의 활용 강화**: 자산 관리 산업 분야의 AI와 머신러닝은 설계 수준에서 사용 단계로 이동하고 있지만 아직도 실무에서의 사용 사례는 여전히 제한적이다. 로보 어드바이저는 AI와 머신러닝의 가장 주목할 만한 활용 사례이며 자산 관리 회사들은 신세대 투자자들을 끌어

들이기 위해 어드바이저들에게 이러한 도구들을 출시하고 있다. 최근의 사용 예로써 리드 매니지먼트(Lead Management)를 위한 이벤트의 모델링(Modeling) 및 트래킹(Tracking)과 같은 분야에서 AI와 머신러닝을 사용하여 우수 고객 확보를 위한 디지털 전환을 추진하고 있다. 또한 일부 자산 관리 회사에서는 비정형 데이터 인식의 속도와 정확성을 향상시키기 위해 OCR과 문자인식 기술 등에 AI와 머신러닝을 사용하고 있다.

자산운영사, 보험사, 해지펀드, 사모펀드 등과 같이 투자자로부터 자금조달을 하는 바이사이드(BuySide) 기업들은 오랫동안 독점적인 콴트(Quant) 모델을 이용한 알고리즘 거래에 AI와 머신러닝을 사용했지만, 장기적인 재무계획에서의 사용은 여전히 제한적이다. 금융권의 데이터 생태계가 성숙해지고 비정형 데이터를 인식하고 해석하는 능력이 증가함에 따라 AI와 머신러닝의 사용이 확대될 것이다. 향후 AI와 머신러닝의 활용에 관해 진행 중이거나 '차세대 베스트' 사례로서는 챗봇, 주식시장의 분석과 순위 예측이 있으며, 또한 주식의 가격 예측 및 증권 수익률에 대한 수학적 추정치로서 알파 생성과 같은 사례로 더욱 확대될 것이다. 이러한 고객 서비스와 투자 의사결정에 AI와 머신러닝을 활용하는 것은 자산 관리 매니저들의 업무를 크게 보완하며 향상시킬 것이다.

5. **오퍼레이션 방식의 전환(Operational Transformation)**: 많은 수의 고객 지향 프로젝트들이 디지털 전환과정에서 주목받고 검토가 이루어지고 있으며 디지털화는 업무 개선에 큰 영향을 미치고 있다. 많은 자산 관리 회사들이 레거시 플랫폼에 의한 비효율성과 함께 사업 지원을 위한 맞춤형 해결책들에 관하여 고심하고 있다. 주로 기업의 기술 리더들이 직면하고 있는 딜레마는 개별 자동화(Point Automation)에 집중할 것인가 아니면 더 큰 변화를 위해 조직 전반에 걸쳐 오퍼레이션 방식의 전환을 추진할 것인가에 있다. 하지만 프로세스 운영에 관한 혁신 프로젝트가 성공하기

위해서 비효율적이고 가치가 상실된 추가 활동을 줄여주는 레거시 프로세스를 다시 설계하고 디자인해야 한다. 디지털 시대에 부합하는 디자인 설계 원칙을 새로이 적용하려는 우선적인 노력이 없다면 어떤 변화의 결과도 좋게 이끌 수 없다는 것을 유념해야 할 것이다.

6. **데이터의 중심적인 앵커 역할:** 데이터는 조직의 모든 업무 프로세스를 수행하는 데 핵심적인 앵커의 역할을 하게 된다. 특히 더 많은 하이터치 서비스가 개발되고 제공되고 있는지, 규모의 경제를 늘리기 위한 오퍼레이션 전환이 원활히 잘 이루어지는지 또한 고객 서비스 및 투자 결정에 AI와 머신러닝을 적극적으로 사용하는지 등, 조직에서 데이터 역할이 그 중심에 있다고 할 것이다. 특히 자산 관리 업무에 고객과 어드바이저 그리고 기타 이해 관계자들을 위한 통찰력을 도출하고, 개인화 서비스를 제공하기 위해 데이터를 활용하는 역량은 자산 관리 매니저가 갖추어야 할 핵심 우선순위가 될 것이다.
   자산 관리 산업 분야는 글로벌 금융 규제에 의한 지정학적 압력이 계속 증가하고 있고, 따라서 디지털 시대에 부합하는 비즈니스 모델로서 지속 진화할 것이며, 데이터의 소스와 양이 폭발적으로 증가함에 따라 데이터의 역할이 더욱 중요해질 것이다.
   데이터의 생성과 관리를 통해 데이터의 고품질과 무결성을 확보하고, 그리고 이질적인 데이터 소스들을 조화롭게 하며 궁극적으로 뛰어난 데이터 거버넌스 실무를 시행하는 것이 자산 관리 회사들의 최우선 과제가 되어야 한다. 우수한 데이터 전략은 그들의 데이터 레이크(Data Lake)가 데이터 늪지(Data Swamps)로 빠져들지 않고 의사결정자들에게 실행 가능한 통찰력을 제공할 수 있을 것이다.

7. **클라우드 기반의 서비스 채택:** 대부분의 자산 관리 회사들은 이미 클라우

드 기반의 서비스를 채택하고 있다. 기업의 클라우드로의 전환 여정은 주로 유연성, 확장성 및 복원력을 강화하고 인프라 복잡성을 줄이도록 요구되었다. 기업의 기술 스택이 현대화함에 따라 많은 새로운 도구들이 클라우드에 직접 구축되어 배치되고 있다. 코로나의 대유행은 기업의 클라우드 전략에는 큰 영향을 미치지 않았지만, 업계에서 증가하는 거래, 변동성 및 애플리케이션 사용에 효과적으로 잘 대처할 수 있었던 과정을 고려해 본다면, 클라우드는 기업의 다양한 업무 추진과정에 탄력성과 확장성을 제공하는 데 검증이 잘 이루어졌다고 하겠다.

8. **원격 작업 환경에서의 사이버 보안:** 자산 관리 산업 분야는 가장 규제가 많은 산업 분야 중 하나이며 빈번한 감사와 보고의 대상이 된다. 기업이 다루는 고객과 투자 데이터의 특성으로 인해 사이버 보안은 본질적으로 대부분의 대규모 자산 관리 회사의 내부 시스템에 구축되어 있다. 하지만 코비드-19 대유행으로 대부분 직원들의 업무 환경은 원격 작업으로 이동되었으며, 이는 기업들에게 특이한 도전적 과제를 제시하고 있다. 이제 업계는 원격 작업 환경에 기인한 추가적인 사이버 보안 프로젝트에 투자해야 하며, 데이터 보안이 손상되지 않도록 하기 위해 정기적인 내부 감사를 실시해야 할 것이다.

9. **핀 테크와 디지털 네이티브 기업(FAANG)의 공격 대비:** 핀 테크 기업은 어드바이저와 자산 관리 회사가 이용할 수 있는 첨단 기술을 선택할 때 다양성을 제공하는 중요한 역할을 하고 있다. 핀 테크 기업이 시장에 도입한 첨단 기술에 의한 도구들은 디지털 의제가 시장에서 진일보할 수 있도록 도움이 되고 있고, 또한 어드바이저들이 사용할 수 있는 도구들을 소통 강화 측면에서 더욱 정교하게 사용성을 강화시켰다. 업계는 또한 금융 산업 생태계의 가치사슬 상에서 다양한 플레이어들이 제공하는 서

비스가 중복되는 것을 종종 목격하고 있다. 이는 자산 관리 산업 분야뿐만 아니라 금융 산업의 전반적인 생태계에서 고객의 점유율을 높이고, 디지털 시대에서 산업 붕괴와 통합에 관한 미래 가능성을 보기 위한 노력이라 할 수 있겠다.

업계의 브로커 딜러들은 점점 더 등록된 투자 어드바이저 RIA(Registered Investment Advisor) 채널을 확장하는 데 초점을 맞추고 있으며, 자산 관리 운영사인 슈워브(Schwab)와 뱅가드(Vanguard)는 자동화된 기획과 자문 솔루션을 제공하기 시작했다. 다국적 금융회사인 모건 스탠리와 골드만 삭스는 각각 e-Trade 사와 United Capital을 인수하면서 소매 금융 시장의 확대를 추진하고 있다. 또한 퇴직 기록 관리 회사인 엠파워는 개인 자본 투자 유치와 함께 새로운 금융기획 서비스를 제공하기 시작했다. 이러한 금융 시장의 역동적인 변화 추세로 볼 때 디지털 네이티브 기업인 페이스북, 애플, 아마존, 구글과 같은 빅 테크 회사들도 미래에 자산 관리 산업 분야에 진출하게 될 것으로 예상된다.

기존의 자산 관리업체들은 디지털 첨단 기술의 채택과 새로운 아이디어로 프로젝트를 추진할 때 데이터를 적극적으로 활용하는 것은 이러한 치열한 시장 경쟁에 승리하기 위한 유일한 전략이 될 것이다. 결국은 시장에서의 모든 경쟁과 새로운 아이디어는 해당 산업과 그 서비스 모델의 진화로 이어지고 있다. 그러므로 현상 유지에만 도전하는 플레이어들은 업계가 앞으로 진화하며 발전해 나아가는 데 도움을 줄 뿐이며 궁극적으로 치열한 경쟁에서 도태될 수밖에 없음을 유념해야 한다.

10. 원격 업무의 뉴 노멀(New-Normal)화: 대부분의 자산 관리 회사의 기능은 원격 환경으로도 원활하게 전환할 수 있으며, 대부분의 경우 업무 생산성도 이전 수준보다 상승하였다. 글로벌 팬데믹 전염병이 가라앉은 이후에도 원격 업무는 지속될 것으로 예상한다. 오프라인의 사무실 업무는

■ **자산 관리 산업 분야의 디지털 전환 성공을 위한 핵심 요인**

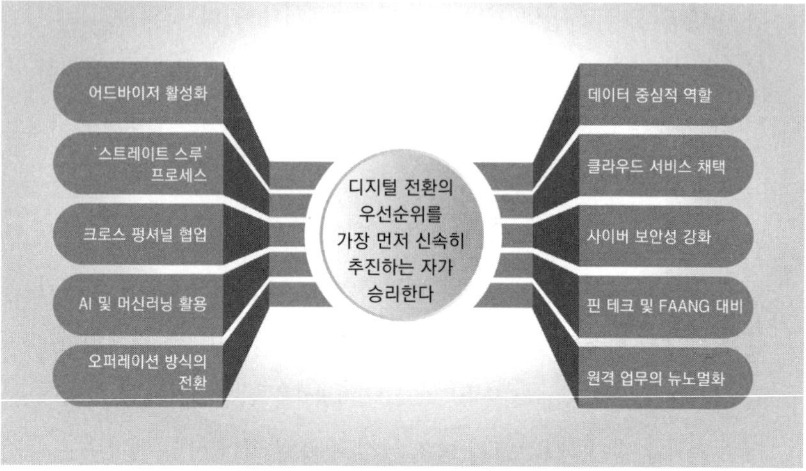

공동 아이디어 도출과 같은 일부 요구사항에 국한될 수 있을 것이다.

전반적으로, 자산 관리 산업은 코비드-19에 의한 변화와 붕괴에도 매우 잘 적응할 수 있었다. 디지털 전환은 이미 자산 관리업계에서 진행 중인 추세였고, 코로나 팬데믹에 의한 비대면 업무 환경은 확연히 디지털 전환의 지속적인 실현 노력과 구현에 힘을 실어 주었다. 조직의 디지털 전환의 성공을 위해서 디지털 기술의 채택과 실행이 성공하는 것만큼이나 조직이 디지털 패러다임에 의한 마인드-셋으로 변화하게 하는 것이 중요하다. 왜냐하면 회사가 조직 문화를 어떻게 형성하는가는 이러한 혁신 프로젝트가 성공과 실패를 결정하는 데 가늠자가 되기 때문이다.

요약

- 디지털 전환은 로보 어드바이저가 시장을 공격한 이후 줄곧 시장의 화두가 되어왔지만 현실에서는 거의 큰 변화가 없었다.
- 디지털 전환은 코비드-19 대유행으로 더욱 가속화되었으며 오피스 공간에서 벗어나 비대면 서비스로 전환되었다.
- 디지털의 핵심 주제는 어드바이저가 고객에게 서비스를 제공할 때 데이터에 기반하여 더욱 잘 어울릴 수 있는 고객 맞춤의 개인화 서비스를 구현하게 하는 것이다
- AI와 머신러닝에 의한 데이터 전략을 통해 로보 어드바이저를 넘어서는 새로운 사용 사례를 보게 될 것이다.
- 클라우드 채택이 증가하고 사이버 보안이 강화될 것이며, 향후 FAANG의 업계 진입에 대한 대책이 필요할 것이다.
  - 옴니 채널 서비스 제공과 효율적인 프로세스 처리를 통해 확장성을 제고한다.
  - 재설계 디자인을 통해 엔드-투-엔드 프로세스로서 전사적으로 전환되어야 한다.
  - 데이터 인프라에 투자를 핵심으로 데이터 레이크를 활용한 통찰력을 확보해야 한다.

제3장

디지털화에 의한 지불결제의 변화

그것이 일어나는 것을 지켜볼 수 있거나 또는 그것의 일부가 될 수도 있다.

일론 머스크, 테슬라 CEO

대금 지불 산업이 큰 변화와 혼란을 겪고 있다고 말하는 것은 확실히 오늘날 과장된 일이 아니다. 디지털 시대의 상거래 방식의 근본적인 변화들은 디지털에 의한 지불결제가 이루어지는 방식에 영향을 미치고 있다. 이러한 오늘날 지불결제업계는 은행과 기업의 경쟁이 치열해지고 있는 핀 테크 스타트업 이외에도 페이스북, 텐센트 등과 같은 디지털 대기업들의 진출을 목격하고 있다. 한편 핀 테크 기업들의 적극적인 지불결제 시장으로의 공세적 진입은 진화하는 디지털 고객들의 기대에 부흥하기 위해 더욱 가속화되고 있으며, 본질적으로 지불결제 산업의 경계를 허물고 있다.

10년 후의 지불결제 시장은 근본적으로 지금과는 많이 달라질 것이 점점 더 명확해지고 있다. 실시간 결제 인프라, 소셜 미디어 및 전자상거래 통합으로 더욱 높아진 수준 등이 새로운 형태 요인에 관한 변화로서 언급될 수 있을 것이다. 실상은 지난 10여 년간 소비자 대금의 결제 방식과 금융 산업 영역을 완전히 바꾸어놓은 지불결제 혁명이 마침내 기업의 지불결제 영역으로 들어가고 있다.

이러한 대금 지불 산업 분야를 뒤흔들 가능성이 있는 3가지 큰 트렌드가 있다. 이 부문은 연간 50조 달러로 성장하고 있다.

1. **소비자 직접 모델**: 전 업종에 있는 일반 기업이 소비자 고객과 직접 대금을 거래하기 위해 디지털로 이동함에 따라, 일반 업체들이 소비자 지불결제업체들과 동일하거나 또는 보다 더 향상된 수준의 디지털 경험을 그들 고객에게 직접 제공하는 것이 점점 더 필요해지고 있다.

2. **글로벌 대금 지불**: 현재 국경을 넘는 대금 지불결제가 전체 기업 대금 지불결제의 약 10% 이상을 차지하고 있으며, 이는 매년 성장하고 있다.[11] 이러한 글로벌 대금 지불 흐름은 거의 대부분이 디지털화되어 있으며, 뿐만 아니라 금융 당국의 규제 준수와 리스크 관리에 대한 복잡성이 추가되고 있다.

3. **데이터의 수익화**: 예를 들자면, 은행 재무 자원의 서비스는 기업 또는 개인 고객 간의 자금 흐름을 관리하고 이를 서비스하는 이점을 가지고 있다. 이러한 사인 간의 거래 자금이나 펀드 흐름이 점점 디지털화되면서 은행들이 데이터 금광을 만들 수 있게 되었다. 은행들은 이제 그들의 서비스 제공을 심화시키기 위해 데이터를 활용하려고 적극적으로 노력하고 있다. 이러한 데이터의 무형적 자산 가치는 지식재산으로서 보호될 수 있으며 이는 디지털 시대의 새로운 수익화의 기회가 될 수 있다.

은행과 기업이 디지털의 요구에 대응하기 시작했으며, 대금 지불결제 산업 분야는 현재 디지털 인프라의 현대화라는 물결을 타고 있다. 아울러 디지털 전환의 다음 물결을 위해 발판을 마련하고자 하는 기업 CIO들이 상당한 기술 투자를 진행하고 있다. 앞으로 향후 몇 년이 지나면 디지털 대금 결제업계가 근본적으로 달라질 것이다. 디지털 채널을 채택하고 자동화를 수용하고 개방형 표준을 채택하고 첨단 디지털 기술에 스마트 베팅을 함으로써 은행과 기업은 결제 시장에서 새로운 승자로 부상할 수 있을 것이다.

디지털 전환을 가능하게 하는 것

디지털 전환에 관한 새로운 프로젝트가 활기를 띠게 되면 디지털 대금 지불 생태계의 견고한 기반을 확보하는 것뿐만 아니라 재무 자원과 결제 운영으로부터 수익 잠재력을 풀 수 있는 토대를 우선 확보하는 것이 중요하다. 이를 위해서 필요한 4가지 집중해야 할 분야가 있으며, 이는 대부분 조직에서 아직은 추진되지 않은 것으로서 새로운 전략이 될 수 있다.

1. **디지털 채널의 활성화**: 소비자 대금 지불 업종의 급부상으로 인해 디지털 지불결제 서비스 오퍼링에 통합되어야 하는 디지털 지불 채널의 수가 급속도로 증가하고 있다.

2. **프로세스의 자동화**: 대금 지불결제 프로세스는 일반적으로 조직들(예: 은행-기업-소비자)에 걸쳐있으며, 이질적인 시스템에 걸친 통합은 확장 가능한 실행을 가능하게 하는 중요한 기반이 될 것이다.

3. **지불 분석**: 대금 지불의 프로세스는 항상 데이터가 풍부하며 디지털 채널이 계속 성장할 때 더욱 더 그러하다. 더 나은 결정을 내리기 위해 데이터를 효과적으로 사용하고(예: 리스크를 관리하고 사기를 방지함) 더 나아가 데이터의 수익화 기회로써 탐구하는 것이 중요하다.

4. **표준 채택**: 전 세계 각국이 기술을 바탕으로 규모를 조정하는 기업 생태계의 경우 표준화에 의해 규정을 제정하는 것이 필수적이다. 오픈 뱅킹에서 표준 규정의 채택은 디지털 지불결제가 성공하기 위해 필수적이며, 이러한 표준 규정의 채택이 증가함에 따라 현재 관련 업계는 새로운 혁신과 도약이 기대되는 변곡점에 와 있다.

디지털 채널의 활성화

유비쿼터스 수표는 몇 년 동안 기업의 중요한 지불 수단이 되어 왔다. 수표는 가장 비싼 지불결제 수단임에도 불구하고 수십 년 동안 기업의 지불 세계를 지배해 왔다. 은행에게 부담이 되는 것은 종이 수표의 처리비뿐만 아니라 보안상으로도 골칫거리이다. 종이 수표가 지불 사기의 가장 큰 수단이라는 것은 이미 잘 알려져 있다.

모든 것이 디지털 채널로 변화하고 있다. 그리고 대부분 그렇듯이, 지불결제 분야 산업 또한 소비자의 지불 비즈니스에서 시작되었다. 소비자 직접 모델(Direct-to-Consumer)이 계속 진화하면서 B2C 결제 비즈니스는 빠르게 성장하고 있다(디지털 전자상거래 시장의 연간 성장률은 약 15%임).[12] 그리고 핀테크 소비자 지불결제 플랫폼(Zelle, Paypal, 디지털 지갑 등)에서 나오는 디지털 채널에 의한 대금 지불결제 기술은 은행은 물론 일반 기업이 그들 고객에게 디지털 경험을 제공할 수 있는 다양한 선택을 제공하고 있다.

- **대금 지급**: 예를 들어 의료 서비스업체가 회원에게 제공하는 메디 케어와 메디케이드 대금의 이체 규모는 계속 증가하고 있으며, 이는 대부분 디지털 채널로 활성화되어야 할 것이다.
- **환불 관리**: 소비자 직접 거래에서 기업이 소비자로부터 초과 대금을 지

급받았거나 또는 제품을 반환할 경우에는 고객에게 환불을 통해 자금을 관리해야 한다. 이제는 일반 기업과의 전자상거래에서 디지털에 의해 즉시 지불결제를 하는 고객들은 어디에서나 환불이 필요한 경우 비슷한 경험을 기대하고 있다.

- **로얄티 또는 보상금 지급**: 기업은 고객과 깊은 관계를 맺으면서 전자상거래 분야 소매업체들의 고객 참여 전략을 지속적으로 벤치 마크하고 있다. 여기에는 현금의 환급과 디지털 채널을 통해 실행되어야 하는 보상금 지급이나 로얄티 포인트의 현금화가 포함된다.

B2B 지불결제 부문에서도 자동결제(ACH: Automated Clearing House), 전신환 송금(Wire), 가상 카드 등과 같은 기존 거래 방식에 추가로 전자 지갑(Digital Wallets) 등과 같이 B2C와 유사한 지불 방식이 확장되는 등 비슷한 대금 지불 혁명이 오늘날 우리 앞으로 다가왔다. 디지털 지불결제의 편리함은 이제 막 출발점에 불과하다고 보며 앞으로 미래의 혜택이 훨씬 더 많이 증가하게 될 것이다.

- 지불결제 프로세스의 간소화는 자산 관리와 경영 업무에도 직접적인 영향을 미친다. 무역금융과 대금 지불은 글로벌 공급 체인망을 활성화하는 열쇠가 되며 이를 위해 핀 테크 분야에서 구체적인 솔루션을 제시하고 있다.
- 공급업체와 자회사를 대상으로 한 국경을 초월한 지불결제의 경우에는 사기 거래 위험을 관리하는 것 이외에도 엄격한 각국의 규제 요건에 적극 대응할 필요가 있다. 이제 디지털 대금 결제는 글로벌 관점에서 점점 더 안전한 대안이 되고 있으며 이러한 요구에 더욱 순응하여 디지털 채널들은 글로벌 자금 흐름에서 보다 투명성을 보장하고 있다.
- 최근에는 공급자 생태계에 대한 더 깊은 이해를 얻는 것이 중요한 요소

가 되었다(다음의 데이터 분석론에 관한 내용 참조).

프로세스의 자동화

기업의 재무 및 지불결제 전문가의 70%는 그들이 해결해야 할 가장 큰 도전 과제를 수동식 시스템과 비효율적인 프로세스라고 말한다. 수동식 프로세스는 높은 비용이 투입되는 것에 추가로 오류가 발생하기 쉽고 가변적인 상황에 대응하여 확장하기가 어려우며 궁극적으로 사기 거래에 더욱 취약해지기 때문이다.

대금 지불 업무의 프로세스 단순화 및 자동화의 기회는 공급자(B2B) 및 소비자(B2C)와의 지불결제 교환을 확립하는 것에서부터 3자 간(PO, 송장 및 영수증) 매칭을 중심으로 다양한 서비스를 창출하는 것과 아울러 서로 다른 디지털 지불결제 채널을 통해 자금을 지불하는 것까지 모든 가치사슬 전반에 걸쳐 확대될 수 있다. 일부 핀 테크 기업들은 이를 아주 큰 기회의 사업 영역으로 보고 있으며, 기업 시스템과 통합하고 엔드-투-엔드(End-to-End)의 프로세스를 자동화할 수 있는 말단의 보조 플랫폼을 구축하고 있다.

은행의 재무 서비스는 수표 처리에서부터 ACH/Wire에 이르기까지 수많은 상품과 서비스를 기업 고객에게 제공한다. 예를 들어, 한 대형 은행은 미국에서 가장 큰 의료 서비스 제공업체 중 한 곳에 기업 병원(B2B)과 개별 의사(B2C)에서 제약 회사(B2B)에 이르기까지 그들의 전체 포괄적 가치사슬에 기반하여 연간 약 400만 건 이상의 지불결제 거래를 지원하고 있다.

- DIY(Do-it-Yourself) 포털을 이용해서 기업은 신속하고 안전한 방식으로 지불결제 네트워크에 디지털로 탑재할 수 있는 분명한 기회가 있을 뿐만 아니라, 온 보딩에 있어서 마찰을 최소화하는 '옴니 채널(Omni-

Channel)'과 같은 경험을 만들어낼 수 있다.

- 기업의 ERP(Enterprise Resource Planning)와 여러 레거시 시스템의 규모와 복잡성을 고려할 때 지불결제 네트워크로서 자동화하는 것은 의심할 여지 없는 통합적 과제이다. 특히 API(Application Programming Interface) 기반의 데이터 교환이 증가함에 따라 다중지불 레일(Multiple Payment Rails)을 이용한 '엔드-투-엔드 자동화(End-to-End Automation)'는 디지털 지불결제를 위해 필요한 빌딩 블록이라 할 수 있다.

데이터 분석론

디지털 채널을 통해 처리되는 지불 거래는 관련된 데이터를 풍부하게 발생시킨다. 그러므로 지불 데이터 분석에 기반하여 주도되는 전략과 실행은 수익 개선, 운영 비용 절감, 거래 사기 또는 기타 비정상적인 거래 탐지 등 다양한 방법으로 활용될 수 있다.

1. **리스크 및 사기 분석**: 지불결제가 디지털 플랫폼으로 이동함에 따라 사기 행위도 더욱 정교해지는 것은 거의 피할 수 없는 현상이다. 지불 거래의 양과 복잡성이 증가함에 따라 사기 행위를 식별, 추적하거나 또는 예방하기도 그만큼 어려워지고 있다. 사기 방지는 거래 중심의 평가 분석을 넘어서 새로운 사기 탐지와 예방을 위해 AI-플랫폼으로 이동해야 할 것이다.

   일반적으로 말하면, 두 가지 관점에서 지불 거래에 관한 사기 행위를 생각해 볼 수 있다.

   - **계정 사기**: 디지털 신원 도용이 사기의 주요 원인이다. 아이디 도용과 계정 탈취에 의한 ATO(Account Takeover) 사기로서 이는 조작된 신원

생성으로 계정에 접근하고 자금을 빼돌리는 데 사용될 수 있다. 이를 추적하고 사전에 방지하려면 기존의 지식 기반 인증 방식을 넘어서야 하며 인증 프로세스 여정에 대한 데이터 분석과 모니터링을 통해 변칙적인 패턴을 찾아야 한다.

- **유령 결제**: 기업은 직원(예: 유령 지불 개시)과 지급인(예: 이중 송장을 작성)에 사이에서 유발된 사기 거래에 의해 상당한 금액을 결제하게 된다. 이를 모니터링하고 플래그를 지정하려면 규칙 기반 시스템(예: 트랜잭션 요청의 근접성)부터 보다 더 정교한 머신러닝(예: 각 리스크 세그먼트에 민감한 가드레일의 세팅과 지불자 행동 리스크의 점수화) 적용과 같은 다양한 방법이 필요하다.

2. **데이터 수익화**: 기업 고객과 공급자 그리고 개인 고객 네트워크 다자 간의 지불결제 흐름을 관리하는 은행은 이 네트워크에 있는 모든 기업의 재무 행동을 데이터로서 이해하는 독특한 능력을 가지고 있다. 이는 은행이 고객에게 우수한 경험과 가치를 제공하기 위한 전략적 목표 개발에서 강력한 도구가 될 수 있다.

- **운전 자본의 최적화**: 은행은 고객의 자금 흐름을 예측하고 최적의 자금을 고객의 지불 계좌로 이전함으로써 운전 자본(Working Capital)을 최적화하는 데 도움을 줄 수 있다.
- **서비스 결합 상품**: 행동 패턴과 거래 패턴의 조합을 이용하여 은행은 고객을 위한 최적의 서비스를 결합한 서비스 번들을 정의하는 데 도움을 줄 수 있다. 예를 들어, 국경을 초월하는 기업의 지불결제는 헤징과 통용 화폐 연계 솔루션의 조합으로 최적화할 수 있다.

표준화 채택

오픈뱅킹

유럽 의회가 오픈 뱅킹에 관한 법률안(PSD2)을 출시한 2015년부터 규정 채택에 탄력이 붙었다. 그리고, 법률안에서 규정으로 제시하고 있는 것처럼 일단 그들이 합의한 중요한 마일스톤에 도달하면 전 세계의 금융 혁신과 효율성 강화를 위한 강력한 촉매로써 작동될 수 있다. 이러한 오픈뱅킹 규정은 금융 소비자인 고객의 관점에서 은행들이 안전한 채널을 통해 제3자 제공업체에 시스템과 데이터를 개방하도록 요구하고 있으며, 이는 핀 테크 산업의 활성화 등으로 보다 가속화될 엄청난 잠재력을 가지고 있다.

- 포인트-투-포인트(Point-to-point) 소프트웨어 통합에 의존하는 기존의 관행과는 달리 오픈뱅킹에 관한 새로운 표준을 사용하여 은행 간의 자금 흐름이 막힘없이 심리스(Seemless)하게 전송하도록 해야 할 것이다.

■ **대금 지불결제 산업 – '변동성과 붕괴의 중심'**

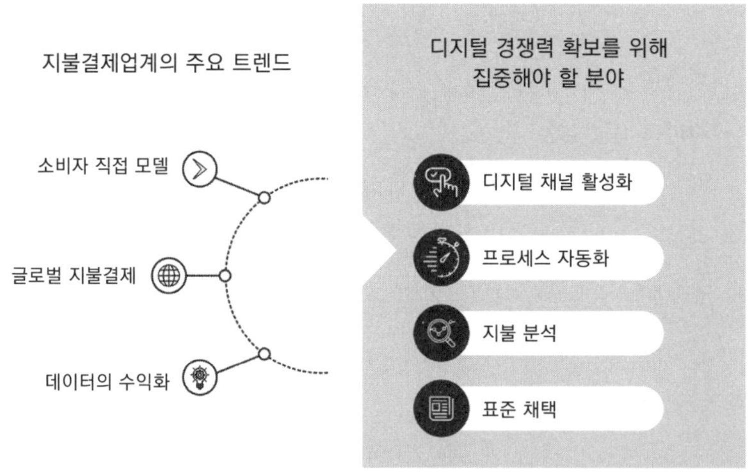

- 여러 개의 은행 계좌를 가진 기업이 자동 조정 기능을 통해 은행 계좌 데이터를 단일 계정 포털로서 효율적으로 집계하도록 하고, 통용 화폐 수단을 통해 가장 복잡한 결제 거래 중 하나인 국경을 초월한 지불결제(Cross-border Payment)의 문제 발생이 완화되도록 해야 할 것이다.

블록체인 기술

일부 금융 서비스 회사들은 사기 행위에 의한 거래의 위험을 보다 근원적으로 차단하기 위해 블록체인 기술을 선호하고 있으며 수요가 금융 시장에서 점점 증가하고 있다. 블록체인 기술의 세 가지 기본 토대는 분산 원장과 불변함 그리고 허용된 접근성이라 할 수 있다. 지불결제 서비스를 함께 뒷받침하는 상기 3가지 블록체인의 핵심 기능은 전자 송금의 전체 순서를 추적할 수 있게 한다.

비자(VISA)는 국경을 초월한 지불 거래를 더 빨리 할 수 있도록 하기 위해 개별 블록체인을 기반으로 B2B 커넥터 플랫폼을 출시했다. 마찬가지로 HSBC, BNP 파리바스, ING 등 다수의 은행들은 18조 달러의 무역금융 시장을 보다 효율적이고 안전하게 만들기 위해 블록체인 기반의 플랫폼으로서 콘투어(Contour) 컨소시엄을 만들었다. 이러한 블록체인을 활용한 무역금융은 아직 초기 단계지만 투명성과 편의성 등 특유의 장점을 고려할 때 지속적인 성장이 있을 것으로 기대되고 있다.

수십 년 동안 고풍스러운 시스템과 함께 뚜벅뚜벅 걸어온 끝에 드디어 글로벌 지불결제 산업인 2조 달러의 베헤모스는 핀 테크(페이팔 'PayPal'이 점화한 혁명)에 의해 흔들리며 깨어나고 있다.[12] 그리고 종종 일어나는 현상처럼 한 분야에서 일어난 혁신은 인접한 영역으로 빠르게 확산되어 간다.

디지털 시대가 도래하면서 소비자 지불결제 분야에서 시작된 극적인 변화는 기업의 대금 지불결제 시스템의 변화와 혁신을 위한 테크놀로지 빌딩 블록을 만들었다. 디지털 금융 분야의 새로운 표준의 채택과 성숙된 블록체인 기술의 결합은 향후 기업의 지불결제 산업 분야에서 또 다른 혁신을 예고하고 있다.

요약

- 지불결제 산업은 디지털 전환의 최전선에 와 있었고 이미 FAANG과 중국 Big 3 (Alibaba, Baidu 및 Tencent)가 이 비즈니스 영역에 진입하였다.
- 지불결제 산업 분야는 앞으로도 큰 변동이 기대되다. 기업 대금 지불 방식도 궁극적으로 소비자 지불 방식으로 통합되어 갈 것이다.
- 이 산업 분야에서 기업이 경쟁력을 확보하기 위해서는 고객을 위한 디지털 결제 채널의 활성화, 결제 프로세스의 자동화 및 지불 거래의 데이터 분석 활용 그리고 오픈 뱅킹에 관한 표준 채택이다.

제4장

통신 산업 분야
: 텔레콤 플레이어의 기회와 도전

좋은 기업은 고객의 요구를 충족시키고, 위대한 기업은 새로운 시장을 창출할 것이다.

필립 코틀러

통신 산업은 인간의 소통 공간에서 기술 진보를 이루면서 진화해 왔으며, 오늘날의 통신 산업은 유비쿼터스 이동성을 갖춘 초고속 광대역 서비스를 제공하는 통신 서비스 제공업체들이 선도하고 있다.

확실히 오늘날의 통신 산업은 변화의 시점에 와 있으며, 급변하는 디지털 시장에서 지속적인 관련성을 유지하기 위해서 연결성 서비스를 제공하는 기존 가치에 안주하지 않고 부가가치가 높은 콘텐츠, 애플리케이션 및 데이터 서비스 제공자로서 진화하려는 오랜 열망을 달성할 수 있는 기회를 갖게 되었다.

사실, 디지털 전환으로 기존 기업들의 빠른 채택은 전 세계적으로 통신 사업자들에게 아주 훌륭한 비즈니스 기회를 제공하고 있다. 즉 통신회사의 경우에는 그들이 스스로 겪고 있는 디지털 전환에 관한 것이 아니라, 다른 기업들과 디지털 비즈니스 영역에서 협업을 통해 디지털 인에이블러가 되는 것이다. GSMA는 연결 기기의 수가 2018년 70억 대에서 2025년 250억 대로 늘어날 것으로 예상했으며,[13] 통신 사업자는 가까운 시일 내에 전 세계적으로 연결된 디지털 세계의 중추를 형성할 혁신적인 디지털 연결 솔루션을 제공함으로써 이를 활용할 수 있는 독특한 위치에 와 있기 때문이다.

이 장에서는 통신 산업이 오늘날 직면하고 있는 주요 도전으로서 5G가 어떻게 '게임 체인저'가 될 수 있는지, 그리고 5G의 기회로부터 고객 가치를 실현하기 위해 통신 사업자들의 전략은 무엇인지 등에 관해 북미의 통신 산업의 사례를 예시로써 살펴보기로 한다. 물론 이로부터 얻을 수 있는 통찰력은 글로벌 관점에서 다른 국가 지역의 통신 산업과도 밀접하게 관련되어 있으며 적용 가능한 경쟁력이 될 것이다.

통신 산업 분야의 4가지 핵심 과제

1. 데이터 소비가 급속도로 증가하고 있음에도 불구하고 통신사는 온라인 동영상 서비스업체인 'OTT(Over the Top) 플레이어'에게 콘텐츠와 애플리케이션의 시장 경쟁에서 지고 있으며, 이로 인하여 통신업체들은 거의 현상을 유지하거나 매출이 감소하고 있다. 일반적으로 비즈니스 측면에서 고객 수요의 증가는 매출 증가로 이어지지만 통신 사업자의 경우에는 수익이 기껏해야 현 상태를 유지하는 상황임에도 불구하고 데이터의 사용량은 기하급수적으로 증가하였다.

   지난 10년 동안 3G와 4G에 대한 통신사의 기술과 인프라에 대한 투자는 고속의 글로벌 모바일 네트워크의 형태로서 통신 인프라의 혁신을 가져왔다. 하지만 이러한 네트워크 인프라 투자의 대부분은 소비자에게 또 다른 혁신적인 서비스를 제공하는 'OTT 플레이어'의 시장 진입을 용이하게 하였다. 통신 사업자가 제공하는 연결망 인프라를 완전히 활용하는 OTT 플레이어는 지난 10년 동안 매출을 기하급수적으로 증가시켰지만,

통신 사업자는 이러한 현상을 제대로 수익화하고 스스로 어떤 점진적인 수익으로 공유할 수 없었다.

2. 5G 인프라에 대규모 투자가 이루어지고 있다. 하지만 아직도 통신사는 사물인터넷으로의 IOT 솔루션을 통한 수익화와 새로운 수익 모델을 창출하는 능력이 불확실하다. 통신 사업자의 새로운 수익 모델의 구현에서 IOT는 아주 높은 우선순위에 있다. 왜냐하면 궁극적으로 IOT는 통신 사업자가 구동하는 연결망에 구축되며 아울러 전 세계에 수십억 개가 연결된 장치로서 확장 가능성이 엄청난 잠재력을 가지고 있기 때문이다. 더욱이 초고속 통신 인프라인 5G와 IOT가 조합된 잠재력에 대해서는 의심의 여지가 없지만, 큰 문제는 통신사가 어떻게 이것을 이용하고 그들 스스로 수익을 창출할 것인가 하는 것이다. 많은 시도와 시범 사업의 시행에도 불구하고 통신사가 어떤 역할을 할 수 있는지, 연결망 제공자의 역할 이상으로 어떤 비즈니스 모델을 가질 수 있는지는 아직도 명확하지 않은 것이 현실이다.

3. 디지털 채널을 통한 수익은 원하는 결과를 얻지 못하고 있다. 디지털 채널은 일반적으로 주요 통신사에 대한 총 판매 및 서비스의 15% 미만으로 기여하고 있다. 통신 사업자는 지난 5~7년 동안 디지털 전환에 상당한 투자를 했다. 하지만 이러한 투자는 원하는 결과를 도출하지 못했고 고객은 지속해서 전화 통화 서비스에만 크게 의존하고 있다. 이러한 배경의 주된 이유는 통신사가 디지털 채널에 새로운 혁신 상품과 서비스를 적용하지 않았기 때문이다. 통산 산업에서 정부의 통신 정책과 감추어진 약관 그리고 가격 책정 등은 계속 복잡해지고 있으며, 보조 판매 사업의 필요성도 제기되고 있다. 더욱이 통신 사업자의 디지털 여정은 몸소 체험하는 여정으로서 이를 그대로 반영하고 있으며, 어느 산업 분야 보다

도 더 길고 힘든 여정이라 할 수 있겠다.

무엇보다도 통신 사업자들이 직면하고 있는 또 다른 어려움은 그들이 고객 사용과 관련하여 엄청난 양의 데이터를 생성하고 있다는 점이다. 하지만 통신사들은 고객 소비자를 위한 개인화된 경험을 만들기 위해 데이터를 전환하기 위한 통찰력 있는 시스템을 창출하거나 또는 이를 활용하기 위한 전략적 방향이나 속도 면에서 진화하지 못하고 있다.

4. 사이버 보안, 규제 및 정부 정책의 변화에 따른다. 규제 당국의 정책 초점은 '일반 데이터 보호 규정(GDPR: General Data Protection Regulation)'와 같은 분야로 갈수록 방향을 돌리고 있는 반면에 도매가격 책정, VoIP(Voice over Internet Protocol) 상호 연결 규제 등 레거시 문제는 완화되고 있다. 하지만 다른 규제 분야들은 매우 빠르게 변화하고 있다. 예로써 스펙트럼 출시 로드맵, 데이터 보호 프레임워크와 회계 규칙 등 이들 모두는 지속해서 진화하는 상태이다.

통화와 통신의 품질을 지속적 모니터링을 통해 관리함으로써 고객이 마땅히 누려야 할 통신 서비스 경험을 얻을 수 있도록 하는 것이 중요하다. 데이터와 프라이버시와도 관련이 있지만 통신 사업자들이 고객의 통신 수명주기를 추적하고 이해하는 것은 또 다른 이유로 통신사들에게 필수적인 사안이다. 고객들은 신분 도용과 재정적 손실의 가능성에 대해 두려워하고 있다. 이에 따라 고객은 은행 계좌와 이메일 주소에 사용한 비밀번호에 관하여 개인 정보와 동일 수준의 데이터 관리와 통제를 요구하고 있다. 통신 사업자는 고객이 안전하다고 느낄 수 있는 환경을 만들기 위해 더 많은 노력을 해야 할 것이다.

통신 사업 운영자들은 고객 중심의 관점에서 개인화 경험을 제공하기 위해 AI와 머신러닝 기반의 데이터 분석에 노력하고 있으며 이는 올바른 방향이다. 고객들은 그들의 데이터가 어떻게 관리되고 또한 보호되는가에 관해 이의를 제기하며, 타협하고 싶어하지 않는다. 하지만 통신 사업자는 그들의 연결망 네트워크가 통신 산업의 규제 표준에 의해 소비자의 데이터를 충실히 보호 관리한다는 것을 고객에게 확신시켜 줄 수 있어야 할 것이다.

역풍이 불고, 통신 산업이 변곡점에 있다는 점을 감안할 때, 통신사는 테이블을 유리하게 돌리는 데 사용할 수 있는 고유한 강점을 가지고 있다. 왜냐하면 통신 플레이어는 진입 장벽의 역할을 하는 거대한 물리적 자산을 가지고 있다. 아울러 고객 사용이 '항상 언제나'라는 특성을 감안할 때, 엄청난 양의 고객 데이터를 생성하고 삶의 여러 측면에서 이미 필수재가 되어버린 서비스를 제공하고 있기 때문이다. 이러한 장점은 아마도 통신업계에서 가장 중요한 기술 변화인 5G와 시너지로 결합하여 파급력은 몇 배로 증폭될 수 있다. 통신업계는 오래 전부터 중요한 많은 기술로서 업그레이드를 거쳐 왔지만, 5G는 과거와는 달리 통신 산업 분야의 모든 이들을 흥분시키고 있다. 그리고 그것에는 충분한 이유가 있다.

왜 통신사들은 5G에 집착하는가?

- 지난 10년 동안 3G와 4G에 대한 통신사의 Capex 투자는 고속의 글로벌 모바일 네트워크의 형태로서 큰 기술적 인프라 변화를 제공했다. 이미 지난 10년 동안 통신 사업자의 연결망 인프라를 활용하면서 기하급수적으로 수익을 증가시킨 'OTT 플레이어'의 진입 허용을 통해 통신 사업자 자체도 이로부터 상당한 이익을 얻었다.
- 5G는 4G 기술과 비교하여 속도, 용량 및 대기 시간 측면에서 엄청나게 큰 도약을 했다. 5G는 분산 아키텍처 및 실시간 에지 컴퓨팅 기능과의

결합을 통해 클라우드의 성장을 촉진하고, 특히 에지 컴퓨팅 인프라는 통신사가 데이터 처리와 응용 프로그램 배포를 자신이 제어하는 장치로 전환함으로써 OTT 공급자와의 거래 방식을 변경할 수 있게 할 것이다.

- 기업의 네트워크 연결 요구가 빠르게 진화하고 있다. 기업은 이제 더 이상 정적인 서비스에 관심이 없으며 그들이 원하는 것은 차별화된 경험의 질(QoE: Quality of Experience)에 기반한 다양한 속도에 가입하거나 네트워크 자원을 역동적으로 강화하거나 축소할 수 있는 옵션으로 다양한 네트워크 용량과 슬라이스를 사용할 수 있는 능력에 관심이 있다. 5G 기술의 진정한 힘은 기업과 산업 고객에게 이러한 혁신적인 서비스를 가능하게 하고 이를 제공하는 능력에 있다.
- 하지만 이러한 시나리오에서 통신사가 승리하려면 IoT(Internet of Thing: 사물인터넷) 기기와 애플리케이션을 포함한 글로벌 경험을 고객에게 전달하기 위한 서비스 상품 개발과 프로세스 디자인 측면에서부터 혁신해야 한다. 이를 위해서는 OEM(Original Equipment Manufacturer) 제조업체와의 창의적인 협력, 첨단 애플리케이션을 구축하기 위한 첨단 기술 기반의 스타트업이 번창할 수 있는 생태계 구축, 그리고 이러한 모든 요소를 통신업계 기반의 기업 고객과 최종 소비자에게 설득력 있는 솔루션으로 꿰매기 위한 자체 상품 서비스 개발과 함께 GTM(Google Tag Manager) 인프라의 업그레이드가 필요할 것이다.

5G는 통신사에게는 대규모 투자를 의미한다. 통신사가 5G에 흥분하는 이유는 이는 잠재적으로 고객의 지갑 점유율(share of wallet)을 유리하게 가져갈 수 있기 때문이다. 5G는 확실히 비즈니스의 새로운 지평을 열고 있다. 통신사업자가 제공할 수 있는 신규 상품과 서비스의 측면에서 새로운 비즈니스 모델을 통해 수익 흐름을 이끌 수 있기 때문이다. 이와 동시에 5G의 이점은 OSS/BSS(운영 지원 시스템/비즈니스 지원 시스템) 스택을 통해 기업들이 레거

■ **통신 산업 분야 – '텔레콤 플레이어'의 기회와 도전 과제**

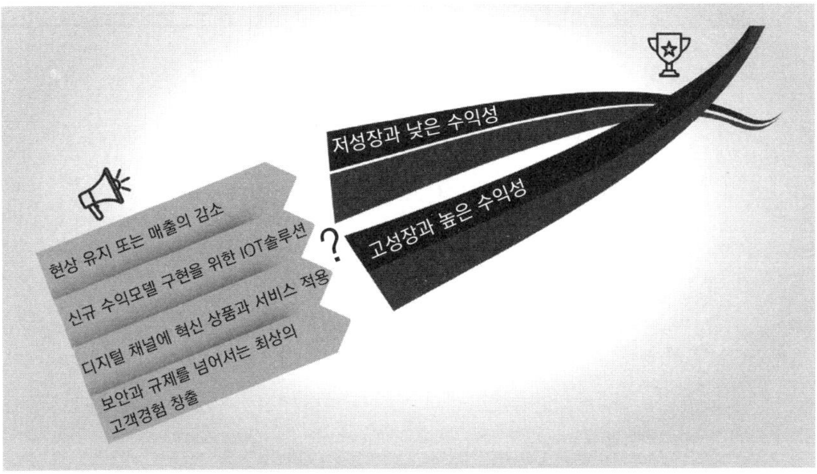

시 IT 시스템의 업그레이드를 통해 현대화할 수 있는 최적의 방법을 제공하며, 이는 투자 비용의 최적화를 실현하고 수십 년 된 IT 시스템과 프로세스에서 조직을 분리할 수 있도록 지원할 수 있다.

하지만 이러한 장점과 5G의 약속을 실행하려면 통신 사업자는 다음 사항에 집중해야 할 것이다.

- 대규모로 축적된 데이터 자산의 수익화
- 조직의 레거시 IT 시스템의 현대화 추진
- 혁신 솔루션을 위한 AI 플래폼 활용과 신규 시장 창출
- 다양한 디지털 채널로서 더욱 강력하게 밀어붙이는 것

디지털 채널은 강력한 효율성을 기반으로 아주 큰 물리적 자산에 고착화된 막대한 투자 자금을 회수할 수 있도록 돕지만 이를 위해서는 다른 접근 방식이 요구된다.

- **상품과 서비스의 단순화**: 통신 사업자는 아주 복잡한 상품 포트폴리오와 서비스, 레가시 기획들 그리고 가격 책정 방식과 업무 프로세스를 가지고 있다. 하지만 디지털은 상품이 직관적이지 않고 고객에게 높은 인지 부하를 가하는 경우에는 고객의 채널 채택이 현격히 감소하기 때문에 단순화를 강력히 요구한다. 이러한 단순화는 기술 스택과의 합리화 과정을 통해 전체적인 효율성을 높일 수 있으며, 상품과 서비스를 지원하는 데 필수적인 프로세스라 할 수 있다.
- **옴니 채널 전략**: 통신 사업자는 매장 내에서의 픽업, 드라이브 스루 방식의 픽업, 점포에서 로컬 배달 등의 메커니즘을 통해 오프라인 매장을 온라인 디지털 판매의 인에블러로서 전환할 수 있다. 판매 채널들이 서로 경쟁하지 않고 서로 보완할 수 있도록 인센티브로서 재설계해야 할 것이다. 디즈니, 타겟, 스타벅스, 월-그린스 등은 소비자를 위한 옴니 채널 경험을 제공하여 성공적으로 디지털 시대에서 변모하고 있으며, 이는 전자상거래 위협과 싸우고 있는 전통적인 기업들의 좋은 사례이다.
- **고객 서비스**: 디지털 전환이 엄청난 가치를 발휘할 수 있는 또 다른 영역이다. 아마존, 우버 등과 같은 디지털 네이티브 기업들은 디지털 셀프 서비스 메커니즘을 통해 고객 서비스의 90% 이상을 구현하고 있으며, 고객 서비스 문제를 사전에 예측하고 예방하기 위해 AI과 머신러닝 플랫폼을 사용하고 있다. 하지만 통신사들은 이와는 완전히 다른 반대 상황에 있으며 고객 서비스에서 손익보고서 상에 엄청나게 큰 비용으로 나타나고 있다.

통신 사업자는 엄청난 양의 데이터를 창출하고 있다. 네트워크 연결망에 다양한 산업 분야로부터 생성되는 빅데이터 분석을 위하여 다양한 산업 분야와 개별 협력체제를 구축하고, 해당 산업 분야에 요구되는 강력한 통찰력과 솔루션을 해당 도메인의 데이터 분석을 통해 확보할 수 있을 것이다.

- 통신 사업자는 ICT(Information and Communication Technology: 정보통신기술) 가치사슬에서 독특한 위치를 차지한 덕분에 고객의 행동이나 요구에 대하여 가장 깊고 풍부한 통찰력을 얻을 수 있다. 통신 사업자는 정보통신 산업을 넘어서 확장되는 다양한 사용 사례들에 첨단의 AI와 머신러닝 알고리즘 기술을 적용하여 목표 표적을 기반으로 하는 통찰력을 실시간으로 제공할 수 있게 되었다.
- 이러한 산업 가치사슬 상의 독특한 능력을 활용하기 위해 통신사는 빅데이터를 활용하여 디지털 생태계에서 혁신적인 상품과 서비스를 제공하기 위한 외부 파트너십 모델을 개발하고 있으며 그 예시는 다음과 같다.
  - 서비스 제공을 위한 신용점수
  - 효과적인 마케팅을 위한 방문 횟수(Footfall) 분석
  - 웨어러블 기술, 의료 및 보험 애플리케이션 활성화를 이용한 건강 분석
- 통신 사업자는 데이터의 잠재력이 완전히 발휘되도록 하기 위해서 기업가적 문화와 메커니즘을 조직 내부에 구축해야 한다. 특히 상품 디자인에 GTM(Google Tag Manager) 결정 권한을 부여할 수 있도록 크로스 펑셔널(cross-functiona) 조직으로 구축하고 기능적 사일로(Silo) 구조를 허물어야 할 것이며, 동시에 이러한 솔루션의 상업적 성공에 대한 책임을 져야 할 것이다.

기존 OSS(Operation Support System)/BSS(Business Support System) 인프라의 현대화는 통신 사업자를 위한 핵심 지원 장치이다.

OSS/BSS를 현대화하지 못하면 수익에 즉각적이고 부정적인 영향을 미칠 수 있으며, 잠재적 수익의 67%가 위험에 처할 수 있다.[14]

TM 포럼

통신사들은 새로운 수익 흐름을 창출하기 위해 필사적으로 노력하고 있으며, 5G의 출현으로 '네트워크 가상화'와 '네트워크 슬라이싱'과 같은 새로운 기능들은 통신사가 시장에 혁신적인 디지털 연결 솔루션을 개발할 수 있도록 새로운 문을 열었다. 하지만 기존의 OSS/BSS 시스템과 응용 프로그램이 이러한 새로운 수익 창출 서비스에 부합하는 업무를 처리하기 위해서는 기업 고객의 기존 IT 시스템의 인프라가 현대화되지 않는 한 통신 사업자는 원하는 수익 증가를 가져올 수 없다.

전통적으로 이러한 OSS/BSS 시스템 및 응용 프로그램은 정적이며, 수동식 워크 플로우를 사용하여 조직의 사일로 환경에서 작동하고 있다. 고객의 수십 년 된 OSS 레거시 인프라를 현대화하는 것은 통신사에게 필수적 과제이다. 이를 통해 고객을 위한 네트워크 리소스를 실시간으로 그리고 동적

■ **5G 시대에서 텔레콤 기업의 디지털 비즈니스 전략**

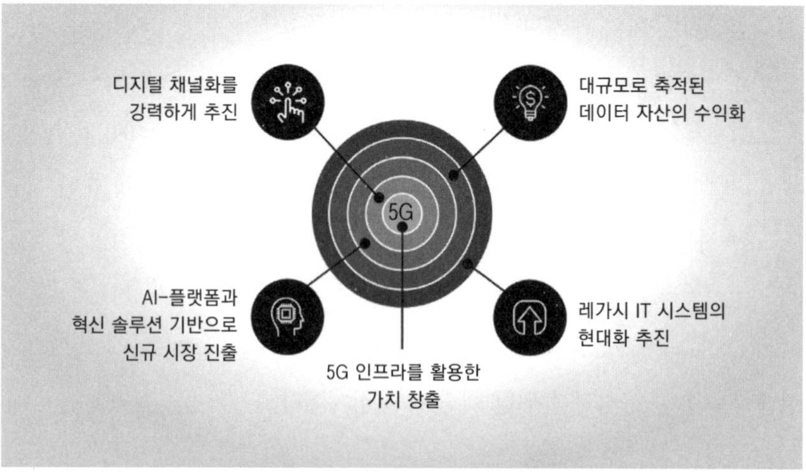

으로 할당할 수 있기 때문이다. 이러한 5G 기반의 새로운 기능을 통해 기존 또는 신규 고객을 위한 새로운 서비스 오퍼링을 출시할 수 있다. OSS의 현대화와 함께 역동적으로 제공된 '셀프 서비스'가 대규모로(수억 개의 장치를 연결하는) '서비스 수준 협약(SLA)'에 의해 고객에게 청구될 수 있도록 빌링 스택의 현대화도 필요하다.

통신 사업자가 기업 고객에게 제시하는 대부분의 새로운 서비스 오퍼링은 실시간 시나리오에서의 플래닝, 프로비저닝 및 운영에 관한 사항이다.

여기에는 다음의 요구사항을 의미한다.

1. 네트워크 플래닝 및 최적화 기능의 현대화
2. 고객에게 실시간 서비스 오퍼링을 처리하기 위한 서비스 프로비저닝 및 구동 애플리케이션의 근본적 변화
3. 물리적 도메인과 가상 도메인 모두에서 멀티네트워크 슬라이스를 거쳐서 작동하기 위한 네트워크 관리 및 빌링 시스템의 리-이미지네이션
4. 서비스 보증 및 고객 경험 관리 시스템은 '네트워크에서 사용자로' 그리고 '사용자에서 네트워크로' 쌍방향 데이터 흐름이 가능할 것

인공지능(AI)은 효율성을 높이고 고객 경험을 개선하며, 상품과 서비스 혁신의 원천이 될 수 있다.

AI는 모든 산업 분야에서 비즈니스 방식을 바꾸고 있으며 통신업계에서도 이와 다르지 않다. 통신사가 AI에 투자하고 있는 주요 분야는 다음과 같다.

- **챗봇과 가상 보조원을 통한 고객 서비스 개선:** 통신사는 설비 설치, 문제 해결 및 유지보수에 대한 고객 서비스 요청을 엄청나게 많이 받고 있다. 가상 보조원은 이러한 고객 요청에 대한 응답을 고속으로 자동화하고 확장하여 비즈니스 비용을 대폭으로 절감하고 고객 만족도를 향

상하고 있다. 보다폰의 챗봇 TOBi와 노키아의 가상 보조원 MIKA 또는 텔레포니카의 Aura라는 통신사가 챗봇과 가상보조원(VA: Virtual Assistant)를 활용하여 저비용으로 우수한 고객 경험을 제공하는 좋은 예시다.

- **유지보수 예측 및 자동구성 네트워크(SON: Self Organizing Networks)를 이용한 품질 개선**: AI와 머신러닝의 예측 모델을 이용한 정전 예방은 고객 경험을 향상시키면서 비용이 많이 드는 서비스 지원 통화와 반응성 트럭 롤(Truck rolls)을 방지함으로써 막대한 비용 절감 효과를 가져올 수 있다.
- **사기 탐지 및 예방**: 사기 행위는 비용과 나쁜 고객 경험을 크게 유발하는 요인이다. 사기를 막기 위해 통신사들은 결국은 선량한 고객들의 삶을 어렵게 만드는 제한적인 고객 정책과 점검을 통한 구속적 기능을 강화하게 된다. 하지만 AI와 머신러닝은 정교한 모델과 대규모 데이터 학습을 통해 진화함으로써 사기 행위를 예측하고 탐지하는 데 뛰어난 능력을 보여주고 있다. 통신사들은 이제 AI와 머신러닝 플랫폼을 활용하여 사기 행위에 초점을 맞추어 보다 더 미묘한 통제를 시행할 수 있게 되었다.
- **개인화 서비스 제공**: 통신사가 비즈니스를 디지털 채널로 전환함에 따라 AI 기반의 예측 모델은 더욱 고객 중심으로 개인화된 오퍼링과 구매 여정을 제공함으로써 디지털 채널에서의 고객 채택을 강화하고 수익율, 크로서셀링과 업셀링 등과 같은 핵심성과목표(KPI)를 개선하고 있다.

5G는 새로운 수익 전선을 열 수 있는 능력을 가지고 있기 때문에 통신 사업자에게 확실한 '게임 체인저'로서 부각하고 있으며, 이를 기반으로 OTT 플레이어에게는 고객 소유에 관한 균형을 요구하고 있다. 그러나 이러한 기회를 활용하기 위해서는 통신사가 고객의 레거시 인프라를 적시에 현대화하도

록 지원하고 디지털 채널을 보다 효과적으로 개발해야 하며, 또한 AI와 머신러닝과 같은 혁신적 기술을 채택하여 글로벌 차원의 고객 경험을 제공해야 할 것이다.

요약

- 통신 사업자는 2G에서 5G로 산업이 발전하면서 디지털 인프라에 많은 투자를 해 왔다. 하지만 이러한 투자로부터 그들이 원하는 기대 효과를 얻지 못하고 있다.
- 반면에 OTT 플레이어는 수년간 통신사가 투자한 인프라를 활용해 디지털 콘텐츠 산업에서 승자로 자리매김하고 있다.
- 5G는 통신사가 다음의 단계를 구축한다면 시장의 승자로 부상하는 기회를 제공한다.
  - 고객 빅데이터의 깊은 통찰력을 활용하는 도메인 분야별 솔루션의 구축
  - 운영지원시스템(OSS)과 비즈니스지원시스템(BSS) 레거시 인프라의 현대화
  - 제품 단순화, 옴니 채널 전략, 셀프 서비스를 포함하는 디지털 기반 접근법 수용
  - 이노베이션의 구현, 고객 경험의 향상과 효율성 강화를 위한 AI와 머신러닝 활용

제5장

—

제조업종

: 디지털 전환을 위한 비즈니스 전략

우리는 세상에 작은 흔적이라도 남기려고 온 것이다.

스티브 잡스

코비드-19 대유행에 의해 전 세계적으로 대규모 폐업이 발생하고 글로벌 금융 시장의 변동성이 심각한 수준에 도달하면서 전 세계적으로 거의 모든 활동 영역에서 심각한 혼란이 초래되었다. 변동성, 불확실성, 복잡성 및 모호성으로 대변되는 디지털 시대의 뷰카의 특성은 코로나 대유행으로 인해 급속도로 증폭되었다. 특히 제조업종의 기업들은 이제 새로운 시장 현실을 받아들이면서 사업 방향, 성장 계획 등 미래 전략을 재검토하고 있으며, 무엇보다도 디지털 기술의 채택과 디지털 전환을 가속화하도록 강요받고 있다.

코로나 대유행의 위기는 디지털의 새로운 트렌드와 가치를 확실히 제시하면서 '뉴 노멀'로서 자리 잡게 했다. 오늘날 뉴 노멀의 패러다임은 이제 많은 전통적인 제조업종의 기업들의 인식을 디지털 전환은 '하면 좋은 것'에서 이제는 '빨리 해야 하는 것'으로 바꿔놓았다. 이러한 변화는 소프트웨어 기술 혁신에서 다양한 수요를 도출하고, 또한 큰 잠재력을 보여주었으며, 특히 소프트웨어 제품 회사들이 이러한 변화의 트렌드와 기회를 활용하여 새롭게 도약하고 있다.

포스트-코로나를 대비하는 6가지 비즈니스 전략

전 세계적으로 전례 없이 어려움을 초래하고 있는 코로나 대유행으로부터 제조업종의 기업은 성공을 위해 어떤 전략을 전개할 수 있을까? 특히, 글로벌 시장을 선도하는 소프트웨어 제품 회사의 많은 기업 및 엔지니어링 리더들은 어떻게 오늘의 뷰카 위기를 헤쳐나가고 있는가? 디지털 시대에서 그들의 전략은 무엇인가?

기존 비즈니스의 관리와 보호에 집중하며 조직이 방어적 전략을 구사하는 것이 바람직한 것인가? 아니면 성장 및 확장을 위해 새로운 프로젝트에 투자를 강화하고 공격적인 접근법을 채택하는 것이 좋은 방안인가? 오늘의 불확실한 상황을 빠르게 극복하고 위기를 기회로 활용할 수 있는 구체적인 전략은 무엇인가? 이러한 의문에 답하기 위해서, 업계의 플레이어가 해야 할 일에 대하여 실무적 관점에서 살펴본 6가지 비즈니스 전략을 정리하면 다음과 같다.

1. **기존 고객과 비즈니스 및 수익 보존:** 제조업 비즈니스는 약 60%가 코로나 사태로 인해 올 한 해 심각한 수익 감축에 직면해 있다. 또한, 진행 중인 코로나 바이러스 전염병이 산업에 미치는 부정적인 영향은 널리 볼 수 있으며, 항공사, 호텔, 레저 및 관광, 자동차, 석유 및 가스 등 많은 산업에 상당한 영향을 미치고 있다. 특히 소프트웨어 제품 공급자로서 COVID-19가 산업 전반에 미치는 영향을 평가하는 일은 매우 중요하다. 많은 회사 임원들과 재계 리더들은 종래 방식에 의한 수익 예측은 오늘날의 특이한 상황에서 더 이상 신뢰할 수 없기 때문에 기존 수익을 보존하고 보호하기 위한 비상 상황 체제에 돌입했다.
   대부분의 업계 리더들은 새로운 기회 영역을 활용하고 전반적인 수익 감소를 멈출 수 있도록 고객의 변화하는 지출 패턴을 적극적으로 검토하기 시작했다. 새로운 비즈니스 관계를 구축하기 어려워지면서 현재 고객과의 장기적인 관계를 유지하는 전략이 중요하며, 단순히 기존 시장을 확장하고 고객을 확보하기 위한 공격적인 투자에 대해 매우 신중한 입장을 견지하고 있다. 무엇보다 고객 유지는 항상 대부분의 비즈니스 전략의 필수적인 부분이었지만 관계를 강화하고 유지해야 할 필요성은 오늘날 상황에서는 더욱 확실해졌다.

2. **틈새시장에서 성장 기회의 물색과 포착**: 제조업종 기업의 비즈니스 리더들은 이중 작업을 수행하고 있는 것이 분명하다. 첫째로 그들은 위기에서 살아남고 그들의 영역을 보호하기 위해 돌파구를 찾아야 하며, 둘째로 디지털 시대의 '뉴 노멀'이 점점 더 현실화됨에 따라 새로운 시장 경쟁에서 성공할 수 있는 기회에 투자해야 하기 때문이다.

   BCG(Boston Consulting Group) 연구 결과에 따르면 기존 기업이 보유하고 있는 핵심 제품을 넘어 새로운 분야에 성공하려면 R&D에 2배 이상의 투자가 필요하다.[15] 따라서 완전히 새로운 제품 분야에 투자하는 것은

■ **제조업종 – 디지털 전환을 위한 비즈니스 전략**

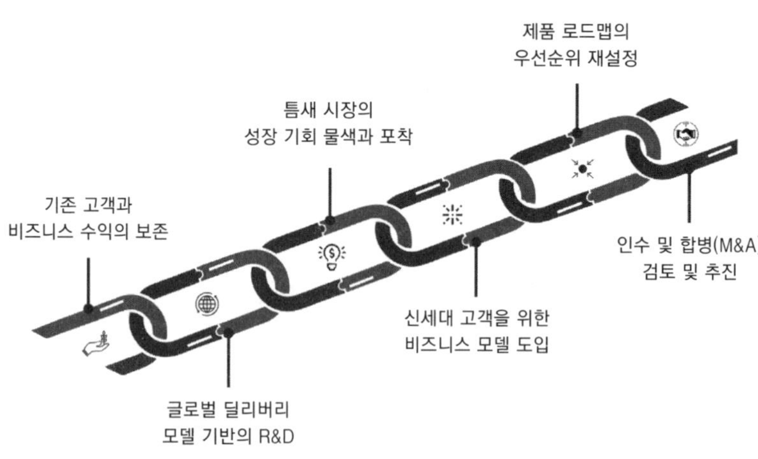

쉬운 결정이 아니라는 것은 분명하다.

앞으로 몇 년 동안 예상되는 글로벌 경제 상황에 관한 시나리오는 코로나 바이러스 전염병, 각국 정부의 경기 부양책 그리고 다양한 요인들의 지역적 영향력에 따라 국가와 산업별로 크게 다를 것이다. 그러므로 인접한 제품 시장이나 틈새 시장에서의 주요 지표를 지속해서 모니터링하면서 비즈니스 기회가 포착되면 실행은 빠르게 진행하는 것이 중요하다. 특히 시장 수요가 진화함에 따라 기존 제품과 새로운 솔루션의 오퍼링에 대한 인접성을 찾아서 고객 요구에 더욱 정밀하게 대응하는 전략이 중요하다. 어떤 경우는 기존 제품의 로드맵에 신제품이나 솔루션 오퍼링을 추가하는 것을 의미할 수도 있고 또 다른 경우는 완전히 다른 고객 시장의 세그먼트로써 추진할 수도 있을 것이다.

3. **제품 로드맵의 우선순위 재설정**: 기술 변동성과 불확실한 시장의 시나리오는 기업들로 하여금 그들의 사업 계획을 우선순위에 의해 다시 설정하도록 강요하고 있다. 소프트웨어 제품 회사의 비즈니스 및 엔지니어링 리더들은 제품 로드맵의 우선순위 변경, 예산 감축 또는 예산 재분배 등을 적극적으로 고려하고 있다.

   오늘날의 만연한 뷰카 현실을 감안할 때 '민첩한 계획', '신속한 우선순위화' 그리고 '빠른 속도로 실행'이 성공을 위한 핵심 요소들이라 할 수 있다. 특히 진화하는 시장 고객의 요구에 따라 지속 반복적으로 대응할 수 있고 유연성 있는 제품 포트폴리오를 수용해야 한다. 성장 가능성의 영역이 확인된 후에는 전략적 목표, 재정적 한계, 자원 능력 및 조직 역량의 관점에서 제품 로드맵과 우선순위를 재평가해야 한다.

4. **글로벌 딜리버리 모델 기반의 R&D 전략**: 불확실성과 변화에 효과적으로 대응하기 위해 모든 비즈니스는 민첩성에 기반한 적응력이 있어야 한다.

특히 오늘날 뷰카 시대에서 성공 가능성을 높이기 위해 기업 조직은 강력한 회복력과 신속한 대응력 확보가 요구된다. 이를 위한 현실적 방안으로서 기업은 운영비를 줄이고 현금 흐름을 개선하며 이와 동시에 투자비용을 최적화할 수 있는 다양한 노력을 하고 있다. 특히 비즈니스의 라이프 사이클이 짧아지고 기술이 급변하는 디지털 시대의 치열한 경쟁 사회에서는 R&D 투자를 통한 지속 가능한 성장 전략이 중요하다.

소프트웨어 제품 회사의 경우도 마찬가지로 R&D 투자를 통해 지속 성장과 수익 극대화를 위해 다양한 수단들을 모색하고 있다. 디지털 시대에는 급변하는 기술을 활용하여 자체적으로 R&D를 추진하고 결과를 실행하는 경우 속도의 민첩성에 관해 많은 우려가 있으며, 이러한 관점에서 '글로벌 딜리버리 모델'을 통한 새로운 R&D 전략을 통해 새로운 비즈니스 오퍼링을 확보하는 것은 의미가 있고 중요한 관점이 되고 있다.

5. **신세대 고객을 위한 비즈니스 모델의 도입**: 고객 구매 패턴의 변화는 코비드 단계 이전에도 이미 소프트웨어 제품 회사의 모니터링을 통해 파악된 업종 분야부터 성장이 가속화되었다. 디지털 비즈니스 활동의 급격한 증가는 여러 분야의 업종과 산업 전반에 걸쳐 사이버 보안과 클라우드 기반의 제품 매출에 증가 추세로 이어져 왔다. 아울러 새로운 디지털 비즈니스 모델 구현에 의한 신규 비즈니스의 급증과는 별도로 더욱 향상된 정보통신 서비스와 오퍼레이션 인프라에 대한 수요도 증가했다.

   특히, 많은 소프트웨어 제품 회사들은 특정 도메인 산업 분야를 중심으로 자사 제품의 시장 점유율을 보다 강화하고 유관 도메인 분야의 시장 진출을 확대하는 관점에서 파트너 생태계 구축을 타진하고 있으며, 특히 신세대 고객의 니즈 변화에 초점을 맞춘 엔드-투-엔드 솔루션을 만들어 고성장 시장을 신속하게 대응하기 위해 많은 소프트웨어 제품 회사가 직접 및 간접 판매 비즈니스 모델 모두에서 새로운 파트너십을 구축하고 있다.

6. **인수 및 합병 – 승자의 독식:** 특히 코로나 대유행 상황에서 인수 및 합병을 통한 비즈니스 접근은 많은 이들에게 다소 공격적이며 지나치게 낙관적인 전략처럼 들릴 수 있다. 그러나 인수 합병은 기업이 포트폴리오를 확장하고 새로운 시장 상황에 부합하는 새로운 능력을 구축하는 가장 빠른 방법이다. 따라서 많은 기업이 특정 전문 분야에서 입지를 넓히기 위해 전략적 인수와 파트너십을 심각하게 검토하고 있다. 대기업들은 자금적 여력을 바탕으로 잠재적 경쟁 대상이 되는 기업의 인수 합병(M&A)에 적극적일 수 있으며, 스타트업이나 소규모의 틈새기업의 경우에는 지분의 일부 매각과 투자유치를 통해 효과적인 생존 전략을 모색할 수도 있다.
   보유 자금이 풍부한 제조업 기업들은 현재와 미래의 사업 관점에서 그들의 시야를 넓힐 수 있는 디지털 능력을 확보함으로써 기회를 잡으려고 하고 있다. 이와 동시에 미래 성장과 현금흐름의 한계에 부딪치며 고군분투하고 있는 기업들은 원만한 출구 전략을 찾고 있다. 여러 측면에서 오늘날 소프트웨어 제품 시장을 비롯한 제조업종 분야에는 '승자의 독식' 현상이 관측되고 있다.

디지털 시대의 '뉴 노멀'이 제조업 기업에게 새로운 기회를 제공하더라도, 많은 기업들은 여전히 조심스럽게 발을 디디고 그들의 사업을 조정하기 위한 방어적인 길을 걷고 있다. 처음에는 방어적 관점에서의 비즈니스 전략이 복원력을 키우는 데 도움이 되며 강력한 신사업 기반을 조성한 다음에 시장이 안정적으로 준비되면 공격적인 전략으로 추진할 수 있다고 믿는다.

시장에서 확고한 기반이 마련된 후에 비로소 공격 전략으로 변환이 가능하겠지만 이러한 과정에 이르기까지 적극적으로 방어해야 할 것이다. 궁극적으로, 조직이 어떻게 공격과 방어적 전략의 관점에서 비즈니스 균형을 이루는가는 디지털 시대에서 장기적으로 생존하고 번성할 수 있는 능력을 결정할 것이다.

요약

- 제품 산업 분야는 디지털 시대에 많은 가치를 창출할 수 있고, 클라우드 기반의 'SaaS' 비즈니스 모델을 활용하여 도약함에 있어 유리한 위치에 서 있는 업종 중 하나이다.
- 제조업 비즈니스 분야에서 승자로 부상하려면 공격적으로 움직이고 잘 방어하는 것이 아주 중요하다.
- 제조업 분야의 기업 리더가 디지털 시대에서 성공하기 위해 강조하고 재평가해야 하는 주제를 다음 6가지로서 살펴보았다.
  - 기존 고객 관리를 통한 매출 유지
  - 틈새 시장에서의 새로운 기회 포착
  - 제품 로드맵의 우선순위를 재설정
  - 글로벌 딜리버리 모델의 활용
  - 신세대 파트너십 모델의 채택
  - 전략적 인수 합병(M&A) 추진

제6장

의생명 산업 분야의 디지털 전환

비즈니스의 지속성이란 자신을 재창조하거나, 미래를 새롭게 만드는 능력에 관한 것이다.

사티아 나델라, 마이크로 소프트 CEO

"어떤 비즈니스를 하고 있습니까?" – 시어도어 레빗 교수가 하버드 비즈니스 리뷰(2006) 논문에서 제기한 이 질문은 의생명 분야 제조업체들이 직면하고 있는 근본적인 질문이다.[16] 이 질문은 의생명 산업 분야에서 일어나고 있는 디지털 전환에 대해 본질적이며 핵심적 화두를 던지고 있다. 전통적으로 의생명 분야의 회사들의 비즈니스는 환자(의약품의 '최종 소비자')를 보유하고 있는 임상의(제약 회사의 '고객')를 대상으로 의약품의 우월성에 초점을 맞추는 비즈니스로 추진되어 왔다.

하지만 디지털 시대에는 정보 접근성이 더욱 강화되고 신속해지며 보다 전문화되고 개인화된 의료 서비스로 진화하면서 최종 소비자의 니즈를 정확히 이해하는 것이 핵심적인 사안이 되었다. 이러한 과정에서 최종 소비자 고객이 누구인지 그리고 그들이 무엇을 필요로 하는지를 다시 돌아보게 되었으며 궁극적으로 최종 소비자로서의 고객은 환자라는 새로운 정의가 필요하게 되었다.

대부분 새로운 시장 진입자들은 디지털 네이티브 기업 또는 AI-기반 스타트업으로서 생명과학 분야의 산업 생태계를 흔드는 또 다른 차원의 파괴력으로 작용하고 있다. 이러한 새로운 의료시장의 변화에 있어서 특히 국제사회의 각 국가들은 국민의 건강 복지와 헬스케어 차원에서 미래 핵심 전략의 중심이 된 제약 회사들에게 디지털 전환의 필요성을 강력히 압박하고 있다. 하지만 제약업계는 다른 분야와는 달리 디지털 전환에 상대적으로 많이 뒤처져 있는 실정이다.

2018년 딜로이트-MIT 슬론 리뷰에 의하면 약 80% 이상의 제약 회사들은 아직도 디지털 전환 추진을 위한 자체적인 결정을 하지 않은 것으로 보고하였다.[17] 하지만 제약 회사들이 미래 지향적인 디지털 전환을 추진한다면 환자 고객을 대상으로 새로운 가치 창조와 함께 기존 의료 서비스를 획기적으로 변화시킬 엄청난 기회를 포착할 수 있을 것이다.

의료 빅데이터의 분석과 클라우드 기반 기술의 활용은 고객에 대한 깊은 이해와 그동안 충족되지 않은 고객 요구와 결합되어 새로운 R&D 혁신을 가능하게 하였고, 환자 고객의 만족도를 개선하기 위해 차별화된 다채널 환자 프로그램으로 고객 맞춤형 개인화 수준으로 서비스를 제공할 수 있게 하였다.

디지털 기술과 빅데이터 네트워크를 활용하여 기존 기업 또는 새로운 플레이어들이 고객(환자)에게 혁신적 가치를 제공하고 경쟁 우위를 창출할 수 있는 새로운 비즈니스 모델을 어떻게 구현하는가에 따라 디지털 시대의 의생명 산업 분야에서 승리자들이 결정될 것이다.

R&D이노베이션의 재발견

R&D 비용의 증가와 의약품의 수명 단축으로 인해 기존의 순차적인 임상 연구는 물론 새로운 치료법의 발견도 지속적인 어려움에 직면해 있다. 후라시

보(위약) 통제에 의한 임상실험이 업계의 핵심 기준으로 남아 있는 반면에 의료 데이터의 합성대조군(Synthetic Control Arms)은 치료 개입을 위한 R&D 이노베이션을 제시하는 새로운 방법론으로 부상하였다. 미국식품의약국(FDA)이 합성대조군(SCA)에 기초한 R&D를 기반으로 '배튼'병 치료를 위한 '바이오 마린'사가 새로이 출시한 '브리누라'를 승인하였고, '로슈'사는 '알레센사'를 특정 형태의 폐암 치료제에 대한 승인을 가속화함으로써 이 분야에서 지속적인 R&D이노베이션을 위한 새로운 가능성을 제시하고 있다.

이러한 임상시험에 관한 방법은 '실사용증거(RWE: Real World Evidence)'로 적용하는 데 주목할 만한 변화를 보여주고 있다. 합성대조군(SCA: Synthetic Control Arm)에 의한 R&D는 임상시험 단계에서 환자를 대상으로 데이터를 수집하는 일반적인 방법이 아니라 실사용증거를 분석 데이터로 활용하여 비교 대상을 모델링한다. 환자의 전자 건강 기록, 의료 장비의 환자 생성 데이터, 환자 등록부 및 과거 실험 데이터를 포함한 소스의 실제 데이터를 사용하면 동등하고 유용한 비교가 가능하기 때문이다.

특히, 머신러닝과 자연어처리(NLP: Natural Language Process)를 포함한 고도의 AI-기반의 '실사용증거' 데이터 분석을 통하여 동등하고 유용한 임상시험 결과에 관한 인사이트를 확보하게 하여 R&D 비용의 절감은 물론 임상시험의 속도를 가속화할 수 있다.

고객과의 연결 – 디지털 기반의 환자 참여 모델

유관 업계에서는 소비자의 물리적 요구와 디지털 경험을 융합시키는 테크놀로지의 중요성을 보여주는 사례들로 가득 차 있다. 이러한 복합적인 경험을 만드는 중심에는 데이터를 활용하는 능력과 올바른 디지털 채널의 제공이 요구되며, 이는 각 고객 소비자로서 사용자 중심의 최적화된 경험으로서의 개인화 서비스를 제공하는 것이다.

제약업체들의 경우 차별화된 디지털 의료 서비스 모델을 위한 지원자로서, 소비자(환자)의 충족되지 않은 요구를 파악해야 할 것이며 아울러 의료센터에 있는 환자와 유사한 경험을 제공하기 위해 의료 시스템(임상인, 간호사, 급여자, 환자 보호자)의 이해 당사자들과도 효과적으로 협력할 필요성이 있다.

예를 들어 환자의 관점에서 의료 시장 접근 프로그램을 살펴보면, 환자 치료를 지원하는 파트너와의 터치 포인트가 디지털화되어 여러 채널 소스를 통해 지속해서 제공됨에 따라 특정 의약품 또는 의료기관과 관련된 환자에게는 상관성이 없고 서비스 제공에 부담스러운 경험이 발생할 수 있다.

이러한 문제는 터치 포인트(보건의료 실무 – HCP: Health Care Personnel, 엑세스, 콘텍 센터, 보험) 간의 조정 기능의 부재 또는 피드백 경로 등의 부족으로 인해 고객 환자에 대한 반복적이고 혼란스러운 상호작용으로 부각될 수 있다. 또한 이렇게 잘 이해되지 않는 고객 환자의 여정은 의료 서비스의 상호작용에 관한 단절로 이어진다. 일반적으로 1,000명 이상의 컨택 센터를 포함하여 여러 유형의 터치 포인트가 포함된 프로그램에 약 50만 명 이상의 환자를 포함할 수 있는 운영 규모로서 제약 회사들과 치료 센터들을 결합하면, 문제는 더욱 빠르게 복잡해진다.

디지털 경쟁 시대에서 제약 회사의 니즈와 기회는 이러한 문제를 해결하는 것이며, 그 해결과정에 데이터 분석론이 결합된 '통합 프레임워크(integrated framework)'를 사용함으로써 의료 서비스의 상호작용에서 나타나는 새로운 통찰력을 확보할 수 있다. 그 다음의 절차로써 고객 환자의 개인화된 맞춤형 경험을 재설계하여 최종 소비자로서의 환자 여정의 바람직한 변화에 효과적으로 대응할 수 있을 것이다.

실행의 차이

생명과학 산업 분야에서 전통 기업들의 디지털 전환은 미래를 위한 독특하고 새로운 역량과 차별화된 기회를 확보하게 한다. 그러나 디지털 전환의 성공 비결은 조직 내에서 디지털 비즈니스 실행을 위해서 취하는 접근 방식에 있으며, 신중하고 사려 깊은 접근법과 실행 방법이 요구된다.

1. **클라우드 최우선 전략의 수용**: 제약 회사들은 최근까지도 클라우드 기반 솔루션을 핵심 전략으로 채택하는 것이 아주 느리게 진행되고 있고, 종종 업계의 규제와 관련하여서도 신속한 채택은 걸림돌이 되었다. 아마존의 AWS, 마이크로소프트의 애저(Azure), 구글의 GCP 등 선도적인 클라우드 업체들은 임상 및 의료 분야의 클라우스 빌트-인 서비스로서 머신러닝 모델, 임상 워크 플로우와의 통합 그리고 앱 도메인용 데이터 모델 등을 제공하고 있다. 클라우드 최우선 접근법은 디지털 기술이 중심되는 전략으로서, 의생명과학 분야의 기업들이 최종 소비자(환자)를 대상으로 서비스를 제공하기 위해 완제품 수준의 애플리케이션을 빠르게 개발하게 하고, 이를 테스트하고 또한 이를 신속하게 출시하여 서비스를 제공할 수 있게 해 준다.

2. **AI를 통한 비즈니스 프로세스 자동화 및 의사결정**: 제약 회사의 핵심 비즈니스 프로세스의 설계와 운영은 규제 준수를 강화하고 리스크를 줄이기 위한 환경에서 이루어진다. 하지만 이러한 전통적인 프로세스 디자인과 운영의 단점은 기업들이 디지털 전환 프로젝트의 가치를 인지하고 실현하기 시작하는 속도를 급격히 지연시킨다. 이러한 환경에서는 현재 시장에 출시되어 있는 로봇 프로세스 자동화(RPA: Robotic Process Automation) 플랫폼으로서 'Ui-Path', '블루 프리즘', 'Automation Anywhere' 등을 활용한

자동화 전략을 채택하면 업무과정에서의 비효율성을 없애고 핵심 프로세스를 단순화할 수 있다.

하지만 RPA(로봇 프로세스 자동화)를 이용한 업무 자동화는 절반에 불과하다. 나머지 절반은 데이터 사이언스에 있다. 머신러닝과 NLP(자연어처리) 기법을 데이터 분석에 적용함으로써 자동화된 비즈니스 프로세스는 더욱 지능화되고, 의사결정을 현저하게 향상시킬 수가 있다.

3. Do-It-Yourself vs. **파트너 모델**: 전통적으로 제약 회사의 임원들은 회사가 필요로 하는 기술에 관해 '자체 개발'할 것인가 아니면 외부로부터 '라이선스 또는 구매'할 것인가를 선택해야 하는 상황에서 올바른 판단을 해야 했다면, 오늘날 디지털 전환 시대에는 특정 기술의 실행에 있어서 '혼자 할 것인가(DIY)' 아니면 디지털 기술 '파트너와 함께(Partner 모델) 할 것인가'를 전략적 관점에서 올바르게 선택하도록 변화하였다.

양자 선택에서 요구되는 합리적인 관점은 다음 질문에 관한 답변과 깊은 관련성이 있다.

■ **의생명 산업 – '임상의'로부터 '환자' 중심의 패러다임 변화**

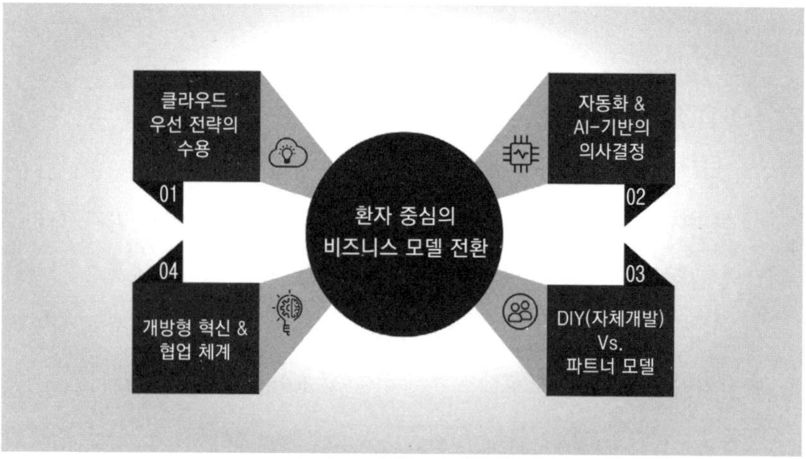

- **차별성의 근원**: 조직에서 어떤 유형의 지식재산권(IP) 확보가 바람직할 것인가? 그리고 이는 환자 고객의 성과를 개선하려는 핵심 목표와는 얼마나 밀접하게 연관되어 있는가?
- **실험의 범위**: 실패한 문제를 검토하거나, 파트너의 솔루션에 대한 장점을 수용하는 접근법은 올바른 것인가? 예를 들어 '환자 데이터 허브', '사전구성(Pre-configured)된 임상 워크플로', 또는 '환자의 임상 기록'에 적용되는 머신러닝 모델 등과 같이 신속성 확보를 위해 활용되는 이러한 접근법이 과거의 방법들보다 더욱 난해한 작업인가?

4. **개방형 혁신과 협업**: 생명과학 기업의 R&D 담당 임원들은 개방형 혁신과 협업의 일환으로써 주로 기존의 파트너 생태계에 구축된 R&D 파이프라인을 적극적으로 활용한다. 이와 유사한 협업 방법으로 디지털 분야의 전문 파트너와의 협력 시스템을 통해 효과적인 조직의 디지털 전환 실행으로도 확장할 수 있다. 이는 기존의 전통적인 R&D 파트너 협력 모델을 넘어, 저비용으로 기업의 새로운 디지털 전환 솔루션을 공동 개발하는 새로운 개방형 혁신 모델로 나아갈 수 있을 것이다.

환자 중심의 비즈니스는 이제 생명과학 산업 시장에서 자리를 잡았다. 생명과학 분야의 기업들은 현재 진출하고 있는 모든 비즈니스를 재정의하고 있으며, 기업 조직의 디지털 전환을 통해 그들이 시장에서 진정한 고객이 누구인지에 관해 새로운 의미를 부여하고, 개선된 환자 고객 중심의 서비스를 제공하면서 그 과정에서 경쟁 우위를 새롭게 선점하게 될 것이다.

특히 앞서 강조한 생명과학 산업 분야의 회사들이 데이터 분석, 클라우드 우선 실행 전략과 파트너십 모델로서 올바른 선택과 함께 조직 내부에서 효과적으로 실행한다면, 디지털 시대에서 치열한 경쟁에서 훨씬 앞서게 될 것이다.

요약

- 생명과학 산업 분야는 디지털 전환에서 전통적으로 뒤처진 분야 중 하나였지만, 지금은 전반적으로 이 업계의 디지털 전환 속도가 최고조에 이르고 있다.
- 과거 전통적으로 업계의 고객은 임상의사가 중심이 되었지만, 디지털 시대에서는 환자를 고객 중심에 두는 방식으로 비즈니스 모델의 근본적인 변화가 요구된다.
- 성공적인 디지털 전환에 의한 실행으로 가기 위한 네 가지 핵심 요소
  - 클라우드 퍼스트 전략을 수용하고 이를 실행하라.
  - 혼자 할 것인가(DIY) 아니면 파트너와 함께(Partner 모델) 할 것인가
  - 핵심 비즈니스 프로세스 자동화 및 의사결정을 위한 AI-시스템의 채택
  - 저비용으로 새로운 디지털 솔루션을 공동 개발하는 개방형 혁신의 채택

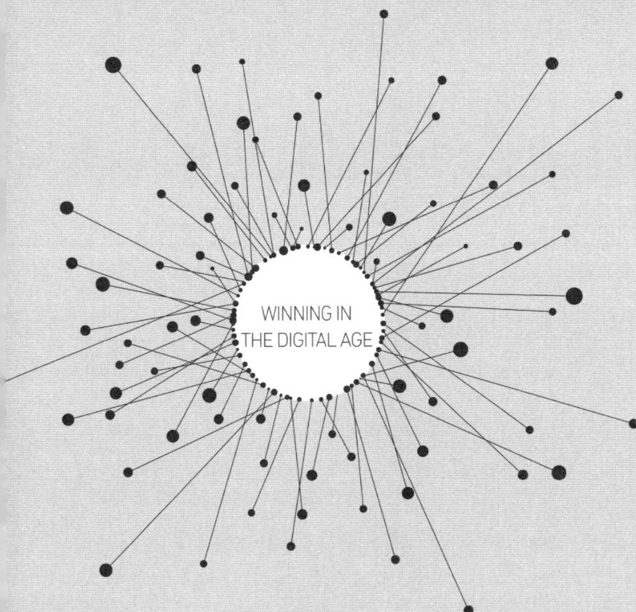

섹션 3

디지털 전환을 위한 테크놀로지 빌딩 블록

서론

—

디지털 전환을 위한 테크놀로지 빌딩 블록

앞서 언급한 바와 같이 4차 산업혁명과 함께 도래한 뷰카(VUCA) 시대에서의 디지털 전환은 조직의 다양한 기능과 문화를 통합하여 새로운 패러다임과 통찰력을 바탕으로 고객 중심의 디지털 경험을 제공하는 다차원적인 특성이 있음을 알았다. 본 섹션에서는 이러한 특성을 구현하는 조직의 디지털 전환을 기술적 관점에서 더욱 명확하게 이해하기 위하여 7개의 테크놀로지 빌딩 블록으로 구분하고, 디지털 전환의 핵심이 되는 디지털 기술 이해에 그 초점을 맞추고자 한다.

디지털 전환을 위한 기술 스택의 7개의 빌딩 블록은 '고객 경험(CX) 디자인', '분석론', '오퍼레이션의 전환', '인공지능(AI)', '데이터', '블록체인' 그리고 '클라우드'로 구분할 수 있다. 성공적인 디지털 전환 프로그램 실현을 위해서 상기 7개의 테크놀로지 빌딩 블록들은 상호 유기적이며 통합적으로 운영되어야 할 것이며 디지털 전환은 엔드-투-엔드 프로세서로 진행되어야 한다.

디지털 전환을 위한 기술 스택에 있어서 테크놀로지 빌딩 블록의 가장 중요한 특징은 각각은 독립적이지 않고 상호 연결된다는 것이다. 새로운 고객 가치 제공을 위한 조직 내의 모든 부서와 기능들이 통합 연계된 엔드-투-엔드 프로세스로 연결될 때 비로소 디지털 전환의 가치가 실현될 수 있다.

왜냐하면 테크놀로지 빌딩 블록은 시스템에 기술 스택을 구성하는 각각의 서로 다른 레이어들로 나타나며, 이들 레이어들이 상호 연결됨으로써 선순환적인 업무 프로세스가 구현되기 때문이다.

무엇보다도 우선적으로 디지털은 전략과 고객 경험을 정의하기 위해 디자인 싱킹(Design Thinking)에서 출발해야 한다. 모든 디지털 경험은 처음부터 생각해내어 '그것이 무엇인지'에서 출발하기보다는, '그것이 무엇이어야만 하는지'를 전달하기 위한 관점에서 재설계되어야 할 것이다.

또한 디지털 고객 경험의 가장 독특한 측면 중 하나는 개인화가 가능하고 특정 개인을 대상으로 서비스를 제공할 수 있다는 것이다. 더욱이 개인화 서비스는 고객 데이터 분석에 의해 활성화되며, 이러한 빅데이터 분석은 고객 통찰력, 판매 성과 및 오퍼레이션의 효율성 분석 등을 가능하게 하여 비즈니스를 촉진하고 의사결정에 도움이 되는 다양한 정보들을 실시간으로 제공하여 준다.

최상의 디지털 고객 경험을 제공을 위해서는 내부의 오퍼레이션 시스템이 충족되어야 한다. 오퍼레이션 시스템의 응답 시간은 크게 개선되어야 하며, 아울러 자동화를 통해 활성화되는 프로세스에 관해서는 재설계가 필수적으로 요구된다. 특히 인공지능(AI)은 기업이 디지털 전환의 다음 개척지에 도달할 수 있도록 동력을 지속해서 공급할 수 있다. AI가 제공하는 자기 학습 능력은 시간이 지남에 따라 고객 경험과 오퍼레이션의 효율성을 크게 강화할 수 있기 때문이다.

앞서 언급한 고객 경험(CX) 디자인, 분석론, 오퍼레이션 전환과 AI 기술 등 이 모든 것의 기반이 되는 것은 데이터이다. 즉 디지털 기술 스택은 고품질의 빅데이터를 요구하고 있으며, 아울러 데이터는 테크놀로지 빌딩 블록에서 순환 관계 또는 선순환이 발생하는 곳에 항상 함께하고 있다.

오늘날 디지털 데이터는 볼륨, 다양성, 속도 등의 모든 측면에서 엄청난 데이터 폭발로 이어지고 있다. 이러한 데이터 홍수에 의한 잠재력과 가능성을 기업 가치로서 활용하고 실현하기 위해서 기업은 무엇보다 우선적으로 확장 가능한 데이터 인프라를 업그레이드해야 할 것이다. 그리고 특히 고품질의 정형적인 데이터로를 확보하기 위해서 보다 많은 투자와 다양한 노력이 필요하게 된다.

기업의 디지털 확장성과 비용 유연성을 확보하기 위해 도움되는 인프라 기능으로 출발한 클라우드 기술은 앞서 언급한 전체 기술 스택에서 이제는 디지털 전환을 위한 핵심 조력자가 되었다. 클라우드의 영역과 역량은 엄청나게 급증하고 있으며, 많은 기업이 클라우드 네이티브 아키텍처로 이동하고 있다. 클라우드는 기술 스택을 구성하는 다양한 요소들에 대하여 업그레이드를 용이하게 하고, 특히 앞서 언급한 데이터 인프라 확장성은 물론 데이터 품질 문제의 해결을 위해 좋은 기회를 제공하고 있다.

주지하는 바와 같이, 디지털 기술 스택의 구성 요소로서 제시된 다양한 테크놀로지들은 오케스트라를 구성하는 다양한 악기들과도 같다. 디지털 전환을 위해 각각의 빌딩 블록이 부분적으로 매우 잘해야 하지만, 모두 함께 조화롭게 동기화될 때 오케스트라 연주에서 진정 아름다운 음악 연주가 일어나듯이 기업의 디지털 가능성과 잠재력이 발휘될 수 있을 것이다.

본 섹션에서는 디지털 전환을 위한 7가지 테크놀로지 빌딩 블록으로서 각각의 핵심 기술에 관해 살펴보고, 특히 테크놀로지 빌딩 블록에서 개별적인 역할과 함께 이를 활용하는 데 요구되는 도전적 과제와 미래 가능성 등에 관해 알아보도록 한다.

이러한 관점들을 피력하는 것과 관련하여 많은 부분을 다양한 산업군에 걸쳐서 고객과 함께 한 '엔드-투-엔드 프로세스에 의한 디지털 전환' 실무 경험과 컨설팅에 기반한 통찰력에 기초하고 있으며 이를 독자들과 함께 공유하고자 한다.

1장. 고객 경험(CX) 디자인

- 고객 경험(CX) 디자인을 위한 웹과 모바일의 상호작용은 필수적으로 요구되지만, 이것이 고객 경험 디자인을 위한 핵심적인 표준이라 하기에는 충분하지 않다. 디지털 여정은 소비자가 처음으로 경험하는 첫 번째 '터치-포인트'를 넘어서야 하며, 고객 경험의 전체적인 '라이프-사이클'로써 추진되어야 하기 때문이다. 디지털 네이티브 기업들은 다양한 산업 분야에서 이를 성공적으로 이루어냈다. 기존의 레거시 기업들도 성공적인 디지털 전환을 통해 이를 성취할 것으로 예상된다.
- 고객 경험은 디지털 경쟁 시장에서 승자와 패자를 구분하는 기업 브랜드의 새로운 얼굴이자 약속이라 할 수 있다. 고객 경험을 통해 고객 충성도를 높이는 것이 디지털 시대에 기업의 주주 가치를 실현하는 열쇠라고도 할 수 있겠다.
- 성공적인 디지털 전환 프로그램은 통합적이며 전체론적인 접근 방식을 취한다. 즉, 소비자를 중심에 둔 경험을 정의하고, 내부 조직의 프로세스를 새로이 재점화하여 고객 경험을 원활하게 전달하며, 고품질의 고객 경험이 막히거나 끊임없이 최종 소비자 고객에게 전달하기 위한 엔드-투-엔드 통합 프로세스로서 실현되도록 해야 할 것이다.

2장. 분석론

- 디지털 경험 제공과 개인화 서비스에 대한 약속이 효과적으로 실현되기 위해서는 분석론에 의한 결과물이 '인간+기계' 에이전트를 통해서 소비자 고객의 적극적인 참여를 유도하여야 한다.
- 지금까지 전통적인 기업에 의한 분석론은 디지털 네이티브 기업들이 이를 활용하는 방식과는 다르게 점진적인 가치를 더하는 방식으로 발전되

어 왔으며, 이는 또 다른 디지털 경쟁에서 진정으로 경쟁 우위의 원천이 되고 있다.

- 분석론에 의해 제시된 기대치와 실행의 결과 사이에는 큰 차이가 있다. 이러한 차이가 발생하는 주요 원인과 이유로서 6가지 사항에 관하여 개괄적으로 살펴보고, 분석론을 통해서 디지털 시대의 기업은 스스로 경쟁 우위의 원천을 확보하며 성장해야 할 것이다.

3장. 오퍼레이션의 전환

- 디지털에 의해 약속된 고객 경험을 제공하는 데에는 오퍼레이션 전환이 필요하며 이는 모든 조직 전반에 걸친 엔드-투-엔드 비즈니스 프로세스로서 구현되어야 한다.
- 오늘날에도 많은 전통적인 기업은 통제적인 사고방식에 갇혀서 번거로운 업무 프로세스를 거친다. 이는 종종 관료주의, 느린 진행 속도, 그리고 고객과의 마찰로 이어진다.
- 기업은 비즈니스 운영에 대한 점진적인 접근 방식을 넘어서야 하며 조직의 혁신적인 변화와 함께 엔드-투-엔드 운영 프로그램으로 나아가는 데 자신감을 가져야 한다. 이러한 오퍼레이션의 전환과 혁신에는 데이터에 기반한 오퍼레이션 측정, RPA(Robotic Process Automation)를 넘어서는 지능형 자동화 프로세스 구축, 프로세스의 자체 학습을 위한 머신러닝과 AI-플랫폼의 활용 등이 포함되어야 한다.

4장. AI

- AI는 디지털 전략을 선도하는 핵심 기술로서 특히 '디지털 네이티브' 기업들 사이에서는 더욱 그러하다. 하지만 아직 대부분의 전통적인 기업들은

AI를 '아키텍처(Architecture)'에 적용되는 프로세스 운영 수준이 아닌 통상적인 '특성(Feature)'을 활용하는 차원에서 수용하고 있으며, 아직도 적극적인 활용을 위한 규모적인 측면에서 그 수준에 도달하지 못하고 있다.

- AI는 '오퍼레이션 전환' 실행과 '고객 경험' 제공이라는 두 가지 관점에서 차세대 디지털 전환을 선도하는 핵심 기술로서 엄청난 잠재력을 보유하고 있다. 이를 위해 이 장에서는 4가지의 주요 고려 사항에 관해 살펴보기로 한다.

5장. 데이터

- 데이터는 디지털 전환의 중심으로서 고객 가치 제공을 위한 디지털 프로세스의 설계와 분석, 오퍼레이션 전환 및 AI 실행을 가능하게 한다. 데이터가 없으면 디지털 전략을 실행할 수 없다.
- 데이터의 볼륨과 다양성이 전례 없는 속도로 급증하는 것은 디지털 네이티브 기업들의 성공적인 비즈니스에 원천이 되고 있다. 하지만 이와 동시에 디지털 전환 프로젝트에 수백만 달러를 투자하고도 기대하는 비즈니스 영향력을 확보하지 못하고 있는 많은 전통적인 기업들에게는 무엇보다 데이터 전략이 중요해지고 있다.
- 전통적인 기업은 비즈니스 모델에 적합한 디지털 데이터 아키텍처를 개발해야 하며 디지털 시대의 핵심 자원인 빅데이터의 힘을 활용하기 위해서 오퍼레이션 프로세스를 전환해야 한다.

6장. 블록체인

- 비트코인을 둘러싼 엄청난 열풍이 사라지면서 많은 이들이 블록체인 기술 자체를 실패한 기술로 보고 있다. 하지만 이는 사실이 아니다. 블록체

인은 이제 막 바닥에서 벗어나고 있는 강력한 디지털 기술이다.

- 블록체인은 투명성을 제공하는 새로운 디지털 인프라 기능을 제공함으로써 시스템에 대한 신뢰를 높일 수 있다. 또한 이 기술은 많은 산업 분야에서 가치사슬을 변화시킬 엄청난 잠재력을 가지고 있으며, 활용성에 관한 좋은 예로써 금융업계에서 지불 거래 분야를 거론할 수 있다.
- 블록체인 기술은 아직은 초기 단계에 있으며, 많은 PoC(Proof of Concept: 개념 증명)들이 산업 전반에 걸쳐 테스트되고 있다. 블록체인이 핵심적인 기술로 부상하기 위해서는 해결되어야 할 일련의 도전적 과제들이 있다.

7장. 클라우드

- 클라우드는 디지털 전환 프로그램 전체를 하나로 묶으면서, 지속해서 기술 스택의 중추가 되어가고 있다. 앞서 기업들은 클라우드를 인프라 비용 절감을 실현하기 위한 손쉬운 수단으로만 여겼지만, 이제는 다양한 측면에서 클라우드의 장점과 활용성이 크게 증대하였다.

■ **성공하는 디지털 전환을 위한 '엔드–투–엔드' 관점의 테크놀로지 빌딩 블록**

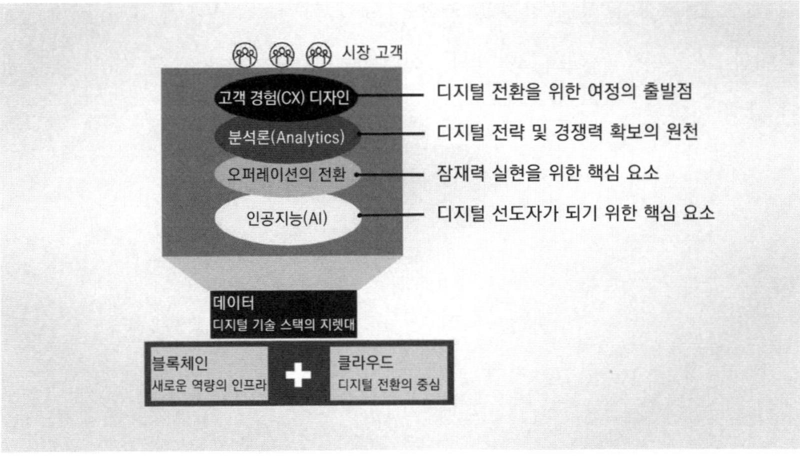

- 이제는 비즈니스 부서와 CIO팀 모두에서 비용 절감과 인프라 확장을 위한 이유보다도 더 광범위한 목적에 의해 클라우드 마이그레이션을 검토하고 있다.
- 비즈니스 부서의 리더는 고객 경험(CX)을 다시 상상하고 신세대 경쟁자를 상대하면서 시장으로의 진입시간을 줄이는 데 클라우드의 진정한 가치를 깨닫고 있다. 반면 기업 CIO는 기업 데이터를 더욱 잘 관리하고 기업 전체에 걸쳐 AI-플랫폼을 비즈니스에 확장 적용하기 위해 클라우드를 활용하고 있다.

상기에서 언급한 테크놀로지들은 성공적인 디지털 전환 프로그램 추진을 위해서 모두 등등한 관점에서 요구되는 핵심 빌딩 블록이다. 하지만 많은 실무 사례의 경우에 디지털 프로그램에 대한 기업의 기술 투자에는 편파적인 경향을 보이고 있다. 특히 특정 기술에만 크게 의존하고 원하는 비즈니스 파급력을 기다리는 경향이 있다. 이런 경우 종종 구현된 비즈니스 파급력과 디지털 전환 프로그램의 기대치 사이에는 많은 차이가 존재하게 된다.

디지털 전환의 성공 여부가 엔드-투-엔드에 있다는 사실을 인식하는 것은 매우 중요하다. 그리고 디지털 전환에 성공하는 기업은 이러한 테크놀로지 빌딩 블록에 걸쳐 균형있는 투자를 해야 하며, 디지털 투자의 잠재력을 최대한 실현하기 위해서 2단 속도 전략(Two-speed Strategy)에 의해 실행해야 할 것이다.

제1장

—

고객 경험(CX) 디자인

: 디지털 전환 여정의 출발점

고객 경험부터 시작해서 기술을 향해 일해야지, 그 반대로 가면 안 된다.

스티브 잡스

디지털 기술은 소비자의 습관을 변화시키고, 고객 기대치의 변화를 초래하여 오늘날 새로운 유형의 고객 구매자를 탄생시켰다. 고객 구매자는 고객 경험을 바탕으로 기업을 평가하고 있으며, 특히 점점 더 기업에 대한 평가는 디지털 고객 경험을 최우선의 평가 순위로 두고 있다. 그리고 이러한 고객의 디지털 경험은 더 이상 기업의 웹사이트와의 상호작용에만 국한되지 않고, 소비자 고객의 전체 여정에서 모든 측면을 커버하기 위한 다양한 채널과 터치 포인트 측면에서 확대되고 있다.

이러한 디지털 고객 경험의 벤치마크는 FAANG을 포함한 디지털 네이티브 기업들에 의해 주로 설정되고 있다. 오늘날 고객들은 디지털 환경에서 그들이 상호작용하는 모든 기업으로부터 경험한 것들과 최소한 유사하거나 더 나은 고객 경험을 기대하고 있다. 이들은 제품이나 서비스를 검색할 때 검색이 구글처럼 신속하며 직관적이기를 원한다. 그들은 넷플릭스와 같이 고객 취향에 맞춤형으로 개인화된 상품 추천을 원한다. 그들은 상품 결제시 체크아웃 경험이 아마존처럼 쉽게 이루어지기를 원하고 있다.

고객들은 스마트폰과 점점 더 많은 다른 디지털 기기를 통해 매일 디지털 네이티브 기업들과 상호작용하기 때문에 이러한 고객 기대치는 계속 강화되고 있으며, 이러한 고객 기준을 충족시키지 못하는 기업들은 빠르게 퇴출되고 있다.

고객 경험에 관한 디자인이 출발점이라는 점을 고려할 때 성공적인 디지털 전환 이니셔티브에는 다음이 포함되어야 한다.

- 직관적이고 개인화되며 고객이 중심에 있는 고객 경험을 설계한다.
- 디지털 핵심 기술로서 AI와 머신러닝을 사용하여 온 보드, 대금 청구, 공급망, 고객 서비스 등과 같은 조직의 다양한 업무 프로세스와 원활한 통합을 이루도록 하고, 글로벌 수준의 고객 경험을 제공할 수 있도록 한다.
- 파트너, 공급업체 및 기타 생태계의 기업들과 엔드-투-엔드 통합을 통해 모든 터치 포인트에서 양질의 고객 경험을 제공한다.

고객 경험 디자인은 향후 3년에서 5년 동안은 다음에 제시하는 트렌드에 의해 형성될 것으로 예측된다.

고객 경험을 단순화한 기업은 큰 차이로 승리자가 될 것이다.

- 고객의 관심 범위는 크게 줄어들 것이다. 고객은 간소화되고 투명한 고객 정책을 원하고 있으며, 특히 고객은 작은 글씨로 잘 띄지 않거나, 또는 복잡한 약관 등에 의해 감춰진 추가 요금이 없는 단순하고 투명한 고객 정책을 원하고 있다.
- simplicyindex.com의 연구에 따르면, 디지털 고객 경험에 관해서 단순화 지수(상위 10위)를 상회한 기업의 주식 포트폴리오가 2009년에서

2018년 사이에 확인된 주요 시장 지수를 679% 앞섰다.[1]

- 고객 경험을 단순화하기 위해서는 고객 요구를 보다 심도 있게 이해하고 나아가 고객 요구에 대한 경험을 개인화해야 한다. 이를 위해 제안될 수 있는 고객 경험(CX: Customer eXperience) 전략은 다음과 같다.
  - 다양한 터치 포인트와 비즈니스에서 고객의 관점에서 통합된 뷰를 창출
  - 고객으로부터 수집한 엄청난 양의 데이터를 의미 있는 통찰력으로 변환
  - 옴니 채널 경험을 찾고 있는 실시간 고객 참여 시스템과 통찰력의 통합

고객은 온라인과 오프라인의 다양한 채널에서 막힘없이 연속적으로 전개되는 심리스(Seamless) 서비스가 이루어지는 옴니 채널에 의한 고객 경험을 기대하고 있다.

- 고객이 웹, 모바일 기기, 소셜 미디어, IVR(Interactive Voice Response), 콜센터, 채팅, 기타 이용 가능한 다양한 채널을 통해 브랜드 기업과 어떠한 상호작용을 선택하든 상관없이 옴니 채널에 의한 고객 경험의 단순화는 매우 중요한 과제로서 대두된다.
- 또 한편 고객은 완벽하게 통합된 엔드-투-엔드 경험을 원한다. 고객에게 개별적으로 최적화된 접촉 지점에서 솔루션(예: 판매, 대금 청구, 서비스 등)의 연결이 끊어져 있거나 고객이 여러 단계 시스템 또는 응용 프로그램을 건너뛰어야 하는 경우는 원활하게 통합된 고객 경험이 제공되지 못하는 경우이다. 통합된 솔루션은 조직의 업무 프로세스 전체에 통합된 엔드-투-엔드 경험으로써 제공되어야 할 것이다.

음성 우선에 의한 고객 상호작용이 고객 경험의 새로운 기술로서 변화의 바람을 일으키고 있다.

- 음성 명령은 인간이 지시사항을 전달하는 아주 효과적인 방법이다. 음성 명령은 네비게이션 메뉴보다 더욱 효율적이며, 멀티 태스킹을 허용하며 자연어처리, AI 및 머신러닝의 알고리즘 발전의 도움으로 더욱 세분화된 수준의 고객 지시사항으로 작동할 수 있다. 또한 이러한 음성인식 기술의 발전은 고객이 다양한 채널을 통해 상호작용하는 경우에 단어를 올바른 철자로 쓸 수 없어서 버려지는 고객의 요청 사항들을 사전에 방지할 수 있을 것이다.
- 하지만 많은 상황에서 출력 메커니즘으로서 음성은 화상에 의한 표출 방식보다 효율성이 떨어진다. 이러한 이유로 순수한 음성 기반 시스템(예: 아마존 에코 또는 구글 홈)과 화상 기반 출력(예: 구글 어시스턴트)을 서로 융합하여 만든 '에코'와 같은 하이브리드 솔루션이 주목받고 있다. 에코 솔루션은 먼저 순수한 음성 출력을 우선적으로 사용하며, 필요할 때 GUI(Graphic User Interface) 기반의 상호작용으로 화상 표출을 사용하되 가능한 적게 사용한다.
- 많은 융합 방식이 다양하게 시도되고 있으며, 기업들은 다양한 사용 사례들과 고객 세그먼트를 대상으로 적합한 믹스 실험을 통해 사용하는 방법을 배우면서 아울러 음성과 화상 기반의 상호작용 사이에서 올바른 균형을 찾는 데 초점을 맞출 것이다.

가상현실(VR) 및 증강현실(AR)은 고객 경험(CX)을 위한 참여 채널과 기업 임직원이 수행해야 하는 업무를 변화시키고 있다.

- VR과 AR은 게임과 비디오 애플리케이션에만 국한된 사례로부터 출발

했다. 하지만 기술의 발전으로 기업들은 VR&AR을 활용한 프로세스와 고객 경험을 다시 상상하는 리이미징(Reimaging) 방안을 모색하고 있다.

- 원격 작업(Remote Operation), 디지털 트윈(Digital Twin), 종이 없는 환경, 핸즈프리 작업 환경은 VR과 AR의 하드웨어와 소프트웨어가 더 지능적이고 비용 효율적으로 진화하면서 기업의 디지털 비즈니스를 변화시키고 있는 애플리케이션 중의 일부일 뿐이다.
- 기업 교육, 고객 접속 현황, 창고 운영, 물류 정보 등의 실로 다양한 분야에서 응용 비즈니스 프로그램이 증가함에 따라 기업들은 비용 절감과 공간상의 한계 등을 극복하기 위해 증강현실 솔루션으로 눈을 돌리고 있다. 이러한 가상 및 증강 솔루션들은 코비드-19 대유행으로 인해 인간과 인간 사이에 이루어지는 대면 방식의 비즈니스 작용에 대한 규제와 통제뿐만 아니라, 비대면 업무를 통해 형성된 비즈니스 관성의 결과로써 앞으로도 훨씬 더 큰 힘을 얻을 것으로 기대된다.

고객 경험(CX)의 디자인은 B2C에서 B2B로 확장되고 있으며 아울러 기업 내부고객을 위한 유스 케이스로도 확장되고 있다.

- 지금까지의 고객 경험을 위한 디자인 접근법은 대부분이 B2C 방식으로서 소비자 고객 주도의 상호작용에 의한 비즈니스에 초점을 맞추고 있다. 하지만 점점 더 많은 기업이 이러한 디자인 싱킹에 의한 접근법을 다른 기업의 B2B 고객들과의 비즈니스에도 확대 적용하고, 더 나아가서는 기업 내부고객을 위한 프로세스와 시스템에도 적용하고 있다.
- 고객 경험은 특정 매장의 POS(Point of Sale: 판매시점)에서 단지 웹사이트 또는 앱 사용을 통한 상호작용에만 국한되지 않는다는 인식이 보편화되고 있다. 조직의 모든 기능은 고객 경험에 직접 또는 간접적으로 영향을 미치기 때문이다. 특히 직원들이 적시에 효율적인 업무를 수행

할 수 있고, 효과적인 엔터프라이즈 프로세스로서 고객 경험이 디자인 설계되면 회사 비용을 보다 절감하고 고객에게 더 나은 제품과 서비스를 제공할 수 있을 것이다.

데이터 사이언스, 디지털 테크놀로지 및 UX(User Experience, 사용자 경험) 디자인이 함께 교차하는 영역은 글로벌 수준의 고객 경험을 제공하는 데 핵심적인 부문이다.

- 가장 효과적인 고객 경험 디자인은 지성에 의한 좌뇌와 감성에 의한 우뇌 접근법이 함께 하며, 고전적인 소비자 연구와 진보 성향의 모델을 결합하여 소비자 행동에 대한 원만한 이해를 바탕으로 개발할 때 나타난다.
- 디자인을 실험하고 다시 이를 검토, 수정 및 테스트하면서 지속해서 업데이트하는 기업들은 처음에 대규모로 디자인에 투자하는 기업보다 더 좋은 성과를 내고 있다. 구글, 페이스북, 아마존 등과 같은 디지털 네이티브 기업들은 수천 건의 고객 경험 디자인 테스트를 동시에 실행하기 위해 A/B 테스트 인프라에 많은 투자를 한다.

고객 경험(CX)은 디지털 시대에 승자와 패자의 차이를 만드는 지속적이며 핵심적인 기준이 될 것이다. 기존 기업의 디지털 전환은 고객 경험의 측면에서 보면 조직이 마음대로 차별화할 수 있는 가장 강력한 도구 중 하나이다. 그러므로 고객 경험을 세계 최고 수준으로 만들어 가야 하며, 이를 위해서는 조직 내에서 고객 경험 디자인 역할을 더욱 더 강화해야 할 것이다. 이를 효과적으로 수행하는 기업은 고객 충성도는 물론 주주의 가치 증대 측면에서도 풍부한 보상을 얻을 수 있을 것이다.

■ **고객 경험(CX) 디자인 – 디지털 전환 여정의 출발점**

요약

디지털 환경에서 고객 경험에 관한 기준으로서 벤치마크는 디지털 네이티브 기업들인 FAANG에 의해 최초로 설정되었다. 고객들은 이제 다른 기업으로부터도 비슷한 경험을 기대하고 있다. 다음은 디지털 시대의 고객 경험 디자인을 위한 트렌드로서 이해할 수 있다.

- 디지털 환경에서의 고객 경험(CX) 디자인은 지속해서 간소화되고 단순화되어야 한다.
- 옴니 채널 경험을 원하는 고객을 대상으로 실시간 참여 시스템과 데이터 분석을 활용해야 한다.
- 음성 우선에 의한 상호작용이 증가하며, 음성 vs 화상 기반의 상호작용 사이에 균형을 이루어야 한다.
- VR 및 AR 기반의 프로세스와 고객 경험을 다시 상상하는 리이미징(Reimaging) 방안이 필요하다.
- 고객 경험은 B2C에서 B2B로 확장되고 있으며 아울러 조직 내부의 유스 케이스로 확장된다.
- 데이터 과학, 기술 및 UX 디자인의 교차 영역은 최고 수준의 고객 경험 디자인에서 핵심이다.

제2장

—

분석론

: 경쟁 우위의 원천

어디로 가고 싶은지 모른다면, 어느 길을 택하든 상관없다.

체셔 고양이, 이상한 나라의 앨리스

데이터 분석론은 의심할 여지 없이 디지털 시대의 주축을 이루는 기둥 중의 하나이다. 데이터가 폭발적으로 급증하는 디지털 환경에서 분석 도구와 기술을 활용하여 데이터 기반의 통찰력을 확보하며 이를 의사결정에 사용하고 그 사용 결과들을 지속해서 피드백 수정하여 활용함으로써 조직이 원하는 가치를 실현할 수 있다.

전자상거래에서 쇼핑객을 위한 추천 상품을 개인화하거나, 화학공장의 제조공정 라인을 통제하거나, 거의 모든 스포츠 영역에서 훈련과정의 프로그램 설계 등 디지털 시대의 산업 전반에 걸쳐 최적화된 결과를 도출하기 위해 분석론을 활용하는 과정은 이제 표준이 되었다.

데이터 분석론은 변화하고 있으며, 훨씬 더 강력한 도구가 되고 있다.

데이터 분석론은 지난 20년 동안 범위와 규모가 엄청나게 커졌다. 하지만, 우리는 여전히 빙산의 일각만을 보고 있다. 데이터의 지속적인 폭발적 증가와 분석 기술의 급속한 발전에 의해 분석론에서 여러 가지 형태의 혁신이 지속해서 일어나고 있으며, 이는 기존의 분석 접근법과는 완전히 다른 수준에서 영향을 미치므로 기업의 디지털 전환 여정에 훨씬 더 효과적인 촉매제가 될 것이다.

특히, 데이터 분석론에 의해 비즈니스 영향력을 크게 높일 수 있는 4가지 트렌드는 다음과 같다.

1. **규범적(Prescriptive) 분석**: 데이터 분석론은 '무슨 일이 일어났는지'를 찾고자 하는 서술적(Descriptive) 분석 관점에서 '일어날 것 같은 일'을 사전에 예견하는 예측적(Predictive) 분석 관점으로 발전했으며 그리고 오늘날의 현 시점에서는 궁극적으로 데이터 분석을 통해 '반드시 해야 할 일'을 찾는 규범적(Prescriptive)인 분석 관점으로 진화해 왔다.
   데이터 분석론의 관점은 후방에서 지원하는 영역에서 최전방의 공격적 역량으로 진화해 왔으며 이러한 과정에서 데이터 분석은 단순한 '통찰력'을 제공하는 차원을 넘어서 조직의 최적화된 '실행력'을 제공하는 수단으로써 자리매김하고 있다. 이러한 분석론의 진화과정에서 머신러닝과 AI 분석에 의한 알고리즘은 통찰력에서 실행력으로 진화하여 핵심적인 촉진제의 역할을 해 왔다.

2. **연속적(Continuous) 분석**: 디지털 데이터의 가장 큰 트렌드 중 하나는 실시간으로 연속해서 제공되는 데이터의 폭발적인 증가에 있다. 이는 분석

론이 과거의 오프라인에서 배치 모드(Batch Mode) 중심의 데이터 분석에서 온라인상에서 연속적 분석에 의해 통찰력을 확보하는 것으로 변화했다. 이러한 변화 추세는 서비스 업종은 물론 제조 산업 전반에 걸쳐 모든 업종에서 그 주류를 이루고 있다. 다양한 산업 분야로의 사물인터넷(IoT)의 기술 응용과 확산은 이러한 연속적인 데이터 분석의 트렌드를 이끄는 중요한 동력원으로 작용하고 있다. IoT(Internet of Things)는 동적인 추적과 최적화를 가능하게 하는 엄청난 양의 데이터 정보를 생성하고, 이를 실시간 분석에 지속해서 제공할 수 있기 때문이다.

3. **증강(Augmented) 분석**: 증강 분석은 AI 및 머신러닝에 의한 학습방식과 데이터 과학자 또는 분석 전문가가 전통적으로 수행할 수 있는 자동화 업무를 결합한 통합 분석론이라 할 수 있다. 특히 증강 분석의 가장 큰 장점 중 하나는 데이터의 품질 향상에 있다. 종종 데이터 분석 프로젝트에 소비되는 시간과 비용의 80% 이상이 적절한 데이터 품질을 보장하는 데 소요된다. AI와 머신러닝은 데이터 품질을 향상시키는 데 아주 중요한 역할을 하며, 이는 분석 프로젝트의 효과와 효율성을 아주 크게 향상시킬 수 있다.

4. **클라우드 기반(Cloud-based) 분석**: 클라우드는 우리 시대의 가장 큰 기술 트렌드 중의 하나이며, 클라우드는 데이터 분석론에 아주 깊은 영향을 미치고 있다. 클라우드 플랫폼은 빅데이터와 실시간 분석을 지원하고 가능하도록 컴퓨팅을 위한 확장 가능한 인프라를 제공한다. 그리고 클라우드 플랫폼은 데이터를 실시간으로 수집하고 통합하며 연속 처리하는 과정을 획기적으로 간소화하는 데 중요한 기능을 하며, 또한 데이터 분석 시 생산성을 향상시키는 활성제 역할을 하고 있다. 아울러 아마존의 AWS, 구글의 GCP 및 마이크로소프트의 Azure와 같은 클라우드 서비스

제공업체에 의해 데이터 분석 플랫폼의 기능이 비약적인 발전을 하고 있다. 분석론 전문가들이 역사적으로 수행한 많은 작업이 이미 이러한 클라우드 플랫폼에서 학습을 통해 내장되어 있으며 이는 지속해서 학습하며 업그레이드되고 있다. 이는 아주 혁신적이고 매혹적인 발전이자 데이터 분석론에 새로운 도전이며, 데이터 분석 전문가들에게 새로운 역할과 다양한 분석론적 관점에서 큰 의미를 부여하고 있다.

약속과 현실의 격차

데이터 분석론이 10년 이상 지속되고 다양한 수단과 기술에서 상당히 발전했음에도 불구하고 아직도 대부분의 조직들은 분석론을 통해서 기업 내에서 변화와 혁신을 이끌 수 있는 방법을 파악하지 못하고 있다. 데이터 분석론의 무한한 가능성을 고려할 때 오늘날의 데이터 분석 기술의 실질적 응용은

■ **데이터 분석론 – 급격하게 변화하고 있으며 매우 중요한 수단이 되고 있다.**

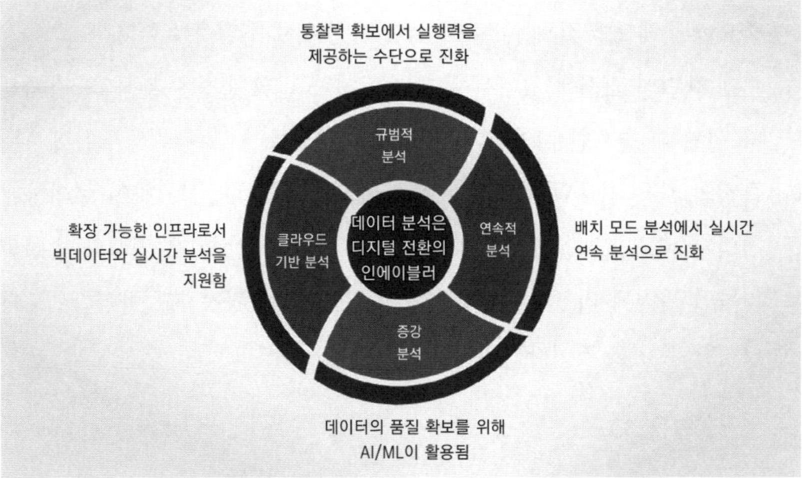

잠재적인 역량 활용의 5~10퍼센트에도 미치지 못하며, 심지어 선도적인 기업들도 여전히 데이터 분석론을 사용한 의사결정을 매우 제한적으로 추진하고 있다.[3]

데이터 분석론이 올바르게 수행되면 기업의 경쟁 우위의 원천이 될 수 있지만, 대부분 분석 프로젝트가 약속하는 가치를 도출하지 못하는 현실적인 상황으로 다음 6가지 경우를 거론할 수 있다.

1. **비즈니스 문제보다는 분석론 자체에 중점을 두는 경우**: 대부분의 데이터 분석론 프로젝트에서 비즈니스 상황에 대한 이해와 분석론을 통해 해결하고자 하는 문제 사이에는 차이점이 존재하는 경향이 있다. 분석론 프로젝트에서 데이터 분석 문제를 매우 잘 해결하는 데 지나치게 초점을 맞추는 경향이 있는데, 그 대신 비즈니스와 기능적인 분석 드라이버 간의 연관성을 이해함으로써 비즈니스 문제를 우선으로 해결하는 데 초점을 맞춰야 한다.
   데이터 분석가들은 종종 이론적이며, 지식 도전적인 문제 해결과 가장 정교한 분석 기술의 사용에 많은 관심을 두고 프로젝트를 추진한다. 하지만 데이터 분석을 활용하는 경우, 어려운 문제를 해결하는 것은 정말 중요한 문제를 해결하는 것보다 우선적 순위에서 밀려야 한다.
   문제 해결의 과정에 있어서 문제의 발견과 범위 설정은 분석 그 자체보다 훨씬 더 중요한 사안이다. 그러므로 무엇보다 모든 분석 실무에서는 특정의 사용 사례와 비즈니스 핵심성과지표(KPI)에 근거하여 예리하게 정의된 비즈니스 문제로부터 출발해야 한다. 이는 문제 정의와 솔루션 디자인 과정에 비즈니스 팀의 견해들을 사전에 경청하고 반영함으로써 달성할 수 있을 것이다.

2. **엔드–투–엔드 전환으로 추진되지 못한 변화의 경우:** 데이터 분석에는 주로 4가지의 서로 다른 계층에 의해 추진된다. 첫째는 핵심 비즈니스 문제를 파악하는 전략 레이어(Layer)이고, 둘째는 특정 문제에 맞는 데이터 모델링을 선택하는 모델 빌딩(Model Building)이며, 셋째는 실제로 데이터에 접근하고 이를 수집하는 계층이며, 네 번째의 계층은 지능형 애플리케이션으로 구성된다. 많은 데이터 분석 프로젝트가 기대에 못 미치는 것은 진정한 비즈니스 영향력을 달성하기 위한 변화로서 엔드–투–엔드 전환으로 추진되지 못했기 때문이다. 그러므로 데이터 분석은 비즈니스 문제의 정의에서부터 분석 모델링, 데이터 플랫폼 그리고 적용 기술과 오퍼레이션 실행이 엔트–투–엔드로서 긴밀하게 통합되어야 한다.

   종종 데이터 분석론에 의한 불균형적인 결과의 원인으로 주목받는 곳은 데이터 모델링에 초점을 맞추기도 하지만, 실제로는 상기 4가지 레이어들을 모두 원활하게 연결하기 위한 핵심 구성 요소들 모두에 충분한 주의를 기울이지 않았기 때문이다.

   많은 기업 분석팀에서 수백 개의 데이터 모델링을 가지고 있지만 현실적으로는 아무도 그것을 실무에 사용하지 않는다는 것을 보아왔다. 데이터 분석가들은 종종 훌륭한 모델을 만드는 것에 큰 만족을 얻지만, 그 데이터 분석 모델 그 자체로는 현실적으로 기업에 전혀 실익이 없다. 그것이 확실히 기업 현장의 비즈니스 문제를 해결하는 경우에 그 의미가 있다. 게다가 데이터 모델링이 비즈니스 문제와 잘 연결되어 있다고 해도 오퍼레이션에 적용할 수 있도록 보장되어 가동 라인에 투입될 수 있어야 하기 때문이다. 기업의 데이터 분석 솔루션 구축을 위해서는 단순한 데이터 모델링의 선택이 아니라 엔드–투–엔드에 의한 통합 접근법을 채택할 필요가 있다. 그래야만 데이터 분석 투자로부터 기대에 상응하는 상당한 비즈니스 영향력과 경쟁력을 얻을 수 있기 때문이다.

3. **소규모 시작이 아니라 빅뱅 실행으로 출발하는 경우**: 근본적으로 디지털 시대의 데이터 분석론의 문제 해결 과정은 순환 반복적인 프로세스에 의해 진행되는 과정이다. 문제 해결을 위해서는 상당한 수준의 다양한 실험들과 피드백을 통한 수정이 필요하다. 작게 시작해서 지속해서 전진하는 방식으로 학습하며 문제 해결에 접근해야 한다. 처음부터 너무 큰 문제로 출발해서 특정 작업을 반복하면서 단번에 통찰력을 확보한다는 것은 거의 불가능한 작업이다. 앞서 언급한 바와 같이 분석론에 의한 문제 해결에 있어서 '처음부터 맞는' 솔루션은 없다. 즉 조직 내 전체 영역에 걸쳐서 영향을 미치는 대형 데이터 세트로서 빅뱅 분석 실행을 통해 문제 해결을 단번에 시도하는 것은 확실히 재난에 가까운 접근법이라 할 수 있다.

4. **크로스 펑셔널 협력이 억제되는 조직에 의한 경우**: 대부분 기존의 기업 조직은 사일로 형태의 조직으로 선형적으로 구조화되어 조직 부서 간의 상호 기능적인 협력이 거의 잘 이루어지지 않는 것이 현실이다. 하지만 디지털 시대의 성공적인 데이터 분석 프로젝트를 위해서 비즈니스 영업 파트와 생산 관리 부서는 물론 회계 금융 분야 등 모든 조직 내의 핵심 인력들이 데이터 전문가, 아키텍처 설계자 그리고 IT 엔지니어 등과 함께 구성된 크로스 펑셔널(Cross-Functional) 팀이 필요하며, 이들은 기업의 비즈니스 니즈와 고객의 가치 실현이 확고히 충족되는 솔루션을 찾을 때까지 민첩한 반복 사이클을 통해 지속해서 데이터 분석을 추진해야 한다. 민첩하지 않은 사고방식과 조직 문화, 그리고 상호 기능적 협력을 억제하는 조직의 내부 구조는 종종 데이터 분석 중심의 디지털 전환이 실패로 귀결되는 숨겨진 원인이다.

   한편, 조직 내부에서 특정 데이터 분석 기능을 배치하는 것은 또 다른 도전적 과제이다. 예를 들어 비즈니스 부서 또는 사업 단위 내에서 독립형 공유 서비스 모델로서 데이터 분석 기술을 배치 활용하고자 하는 경우가 있다. 이러한 분석 모델은 그 자체로 문제를 가지고 있다.
비즈니스에 한정하여 배치된 데이터 분석은 비즈니스와의 관계에서 해결해야 할 문제에 근접하는 장점을 가질 수는 있지만, 일반적으로 이러한 위치에서 데이터의 품질과 양적인 규모의 측면에서 올바른 분석을 하기 어렵다. 독립형 분석 단위는 조직의 명성을 얻기 위해 고군분투하는 외톨이가 되는 경우가 많다. 앞서 설명한 이유로서 분석 기술과 함께 배치된 조직의 독립형 분석은 기업의 특정 데이터에 근접하는 장점이 있지만, 조직의 전체 비즈니스와의 관련성 관점에서 매우 멀어지는 경향이 있다. 분명히 데이터 분석에 아직 완벽히 정립된 구조적인 접근법이나 솔루션은 없다. 그럼에도 불구하고, 조직 내 크로서 펑셔널팀과 조직 문화의 중요성을 강조하는 것은 이것이 데이터 분석의 핵심이며 성공의 열쇠이기 때문이다.

5. 데이터 가용성과 품질이 좋지 않거나 거의 없는 경우: 데이터 자체는 분석론에서 생명줄과도 같다. 분석 데이터로서 요구되는 올바른 형태를 갖추지 못하거나 품질이 좋지 않으면 분석은 불가능하다. 앞서 언급했듯이, 데이터 분석 프로젝트를 수행하는 데 요구되는 시간의 약 80% 또는 그 이상의 시간이 올바른 데이터 품질을 확보하는 데 소요된다. 일부 기업에서는 데이터 자체가 극복할 수 없는 문제가 될 수 있다. 데이터가 거의 존재하지 않거나 품질이 매우 좋지 않아 기술 시스템을 사용하여 액세스하는 것이 매우 어려운 경우이다. 이러한 경우에 일반적으로 데이터 분석가들은 거의 실무적으로 움직이지 않는 경향이 있다. 하지만 데이터 분석 전문가는 데이터를 가지고 작업할 수 있는 기술뿐만 아니라, 기업에서 데이터가 없거나 제한되어 있을 때 효과적으로 데이터 문제를 해결할 수 있는 능력을 개발하는 것이 매우 중요한 사안이다.

6. **분석가로서 창의적 문제 해결 능력이 부족한 경우**: 과거 10년 동안 데이터 분석가 부문에서 일자리가 정말 폭발적으로 증가했다. 그러나 데이터 분석가로서 기술 숙련 프로파일과 분석 능력에는 엄청난 개인적 차이들이 존재한다. 데이터 분석 인력은 그 기술 숙련도에 있어서 상위 10% 인력과 중간층의 인력 사이의 업무 능력 차이의 간격이 매우 큰 격차를 보이는 기술 분야이다.

   데이터 분석 전문가들은 분석 도구와 분석 스킬에 매우 집중하는 경향이 있지만, 데이터 분석의 성공에 가장 큰 동력원은 창의적으로 문제를 해결할 수 있는 능력이다. 이는 최고 분석 전문가들과 평균적인 전문가들 사이에서 차별화되는 가장 큰 요소라 할 수 있다. 문제 해결에서 창의적인 접근을 통한 방법론 없이 기계적으로 적용하는 분석 도구와 기법들로는 결코 큰 성과를 얻지 못한다.

   문제의 핵심은 문제 해결에 관한 기술은 궁극적으로 프로그램하는 방식으로 구축되지 않는다는 것이다. 이러한 데이터 문제 해결에 관한 암묵적 지식과 창의적인 접근법은 최고 전문가들에 의한 코칭과 양성을 통해

■ **데이터 분석론 – 약속과 현실의 격차에 관한 6가지 이유**

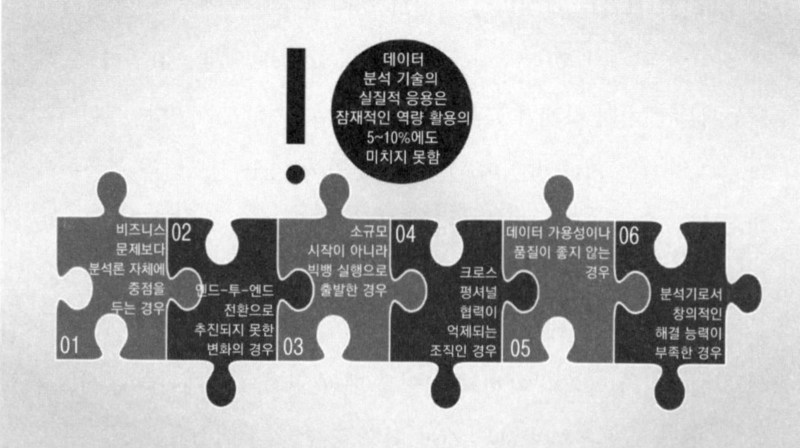

서 효과적으로 확산될 수 있으며, 지속해서 올바른 롤 모델의 구축과 함께 기업 문화 형성이 필요한 분야이다.

기존의 레거시 기업들은 데이터 분석 그룹을 구축하고, 내부의 분석 인력의 적절한 역량을 확보하기 위해 인재 영입에 애쓰고 있다. 기업들이 인재 영입을 하지 못하는 이유는 그들에게 고액의 연봉을 지급하기 싫어서가 아니라 최고의 인재들을 확보하는 기업 문화를 만들기 위해 고군분투하기 때문이다. 이처럼 데이터 고급 인재들을 기업에 영입하는 것에 관한 이슈는 분명히 레거시 기업의 데이터 분석 활동에 큰 영향력을 미치겠지만 반드시 상응하는 고품질의 분석 성과물을 제공한다고는 볼 수 없을 것이다.

데이터 분석론과 관련된 문제와 도전적 과제들을 한마디로 요약하자면, 분석 실행만으로는 결코 새로운 해결책이나 특효약이 될 수 없다는 것이다. 데이터 분석 프로젝트의 수행은 아주 지저분하고 복잡하고 반복적인 과정의 연속이기 때문이다. 디지털 비즈니스 전환을 위한 엔드-투-엔드 방식의 마인드-셋으로 접근하지 않는 한 의도된 결과를 얻지 못할 것이며 또한 데이터 분석 과정 내에 존재하는 여러 개의 핵심 포인터를 연결하는 작업 또한 이루지 못하게 될 것이다.

현재 시점에서 레거시 기업들 중에서 이러한 데이터 분석에 관한 다양한 방정식들을 조직이 통합적으로 관리함으로써 진정한 의미에서 데이터 분석론에 의한 비즈니스 영향력을 제공할 수 있는 조직은 거의 드물다고 볼 수 있다.

데이터 분석의 미래는 어떻게 될 것인가?

분명히 데이터 분석론은 디지털 전환뿐만 아니라 디지털 시대에 비즈니스가 어떻게 이루어져야 하는지에 관한 핵심적인 빌딩 블록이다. 더욱이 데이터 분석론의 응용 분야와 활용 가능성은 데이터의 폭발적인 증가와 함께 엄청난 속도로 계속 성장하고 있다. 특히, 현재 수준의 분석 실행에 있어서 AI와 클라우드 기술의 적용은 아직도 많은 도전적 과제들이 존재함을 확인했으며, 이는 아직도 조직이 분석의 잠재력을 최대한 활용하지 못하고 있다는 것을 의미한다.

그렇다면, 데이터 분석론의 미래는 어떻게 될 것인가? 데이터 분석론은 디지털 시대를 이끌어가는 중요한 핵심 분야로서 지속해서 이어질 것이며, 디지털 전환과 비즈니스 전반에서 훨씬 더 큰 역할을 맡을 것이라는 데는 의심의 여지가 없다. 그러나 분석론의 형태는 크게 진화할 것이다. 우리는 이러한 진화과정에서 분석론이 미래에 무엇을 수반할 것인가에 관해 다음의 3가지 주요한 시나리오에 주목할 필요가 있다.

첫째로, 분석론은 디지털 시대의 주류가 되어 모든 비즈니스와 산업 분야에서 만연하게 될 것이고 분석가는 잠재적으로 독립적인 능력이나 기능으로 존재하지는 않을 것이다. 분석 능력은 우리가 알고 있는 두 부분으로 나누어질 가능성이 크다. 첫 번째 가능성은 비즈니스 기능과 병합되어 데이터 분석 기술은 마케팅, 금융, 오퍼레이션, 컨설팅 또는 기타 기능 전반에 걸쳐 모든 비즈니스 전문가에게 요구되는 핵심 역량으로써 요구될 것이다. 두 번째 가능성은 데이터 분석이 디지털 기술 기능과 병합될 것이다. '데이터', 'AI' 그리고 '클라우드'로서 3개의 동심원을 그린다면 3개의 동심원이 교차하는 영역에 데이터 분석론이 자리 잡게 될 것이다.

둘째, 데이터 분석론은 컨설팅과 서비스 플랫폼의 경계가 흐려질 것이다. 분석론은 처음에는 데이터 집약적인 문제에 관하여 양적 해결 능력이 강한 고급 인재의 제공과 이와 관련된 컨설팅 서비스에 관한 것이었다. 하지만 지난 몇 년 동안 다양한 데이터 분석론 기반의 솔루션과 플랫폼이 등장했다. 특히 클라우드 기술의 급성장과 함께 이러한 분석론 플랫폼은 더욱 만연해져 왔으며, AI 기술 발전과 함께 몇 가지 관점에서 AI-기반 분석 솔루션에 급격한 성장이 진행되고 있다. 이러한 클라우드 플랫폼에서 AI-기반 분석 솔루션의 성장은 지속적으로 제품과 서비스 사이의 경계를 흐리게 할 것이다. 그 결과로 클라우드 기반의 AI 분석 솔루션 중의 많은 것들은 컨설팅 서비스와 함께 제공될 것이다.

셋째, 데이터 과학자들과 분석 전문가의 기대는 크게 달라질 것이다. 지금까지 그들에게서 기대되는 주요 관심사는 데이터 통계에 관한 모델링이었다. 데이터 분석 플랫폼의 성장으로 모델링의 다양한 측면이 자동화되고 단순화될 것이며, 이는 더 이상의 핵심 기술로써 간주되지 않을 것이다. 이러한 관점에서 우리는 두 가지 유형의 데이터 분석 전문가의 출현을 보게 될 것이다.

먼저 특정 산업 분야에서 전문 도메인 지식과 데이터 분석 기반의 문제해결 능력을 가진 인재 유형과 또 다른 유형으로서, 강력한 디지털 기술을 보유하고 빅데이터, AI 및 클라우드가 교차하는 영역에서 일하는 전문직들이 출현할 것으로 예상된다.

우리는 데이터 분석론이 아주 매혹적인 분야라는 것을 지속해서 확인할 수 있다. 분석론의 가장 좋은 날들은 우리보다 앞서 있고 분석론의 역할과 영향력의 범위가 오늘날 우리가 볼 수 있는 것 이상으로 훨씬 더 커질 것이라고 확신할 수 있다. 하지만 장기적으로는 그 구조와 형태가 매우 다르게 진화할 것이라는 점에 유의해야 한다. 이는 기업의 도메인 영역과 데이터 분석론 분야에서 경력을 쌓으려는 젊은 신세대 인재들에게 많은 의미가 있을 것이다. 데이터 분석론의 분야는 디지털 시대에서 기대할 것이 아주 큰 유망한 분야임에 틀림없다.

요약

- 수집되는 데이터의 기하급수적인 증가는 데이터 분석을 통해 기업이 다양한 가치를 실현할 수 있도록 많은 기회를 제공한다.
- 데이터의 폭발적인 증가와 함께 디지털 기술의 급성장, 특히 AI와 클라우드와 함께 데이터 분석론의 잠재력이 빠르게 증가하고 있다.
- 데이터 분석론은 디지털 전환 실무에서 그 잠재력보다 훨씬 미흡하게 나타나며, 분석론이 제대로 가치를 실현하지 못하는 원인은 다음과 같다.
  - 비즈니스 문제보다는 분석론 자체에 중점을 둔 경우
  - 엔드-투-엔드 전환으로 추진되지 못한 변화의 경우
  - 소규모 시작이 아니라 빅뱅 실행으로 출발하는 경우
  - 상호 기능적인 협력이 억제되는 팀 조직에 의한 경우
  - 데이터 가용성과 품질이 좋지 않거나 거의 없는 경우
  - 분석가로서 창의적 문제 해결 능력이 부족한 경우

제3장

—

오퍼레이션의 전환

: 디지털 전환의 잠재력 실현을 위한 열쇠

혁명은 익었을 때 떨어지는 사과가 아니라 떨어지게 하는 것이다.

체 게바라, 아르헨티나 혁명 지도자이자 작가

오퍼레이션 전환을 위한 엔드-투-엔드 프로세스

모든 산업 영역에서 고객의 디지털 기대치는 조직이 제공하는 디지털 제품 및 서비스에 대한 직접적인 기대치는 물론 디지털이 가능하게 하는 속도성, 정확성, 생산성 및 편의성 등에 대한 간접적인 고객 기대치도 높아지고 있다. 이러한 고객 기대치를 충족시키는 것은, 고객이 인지하게 하는 디지털 서비스를 제공하는 것보다 훨씬 더 많은 노력들이 필요하며, 특히 다채널 이행과 고객 지원에서부터 청구 및 수령 프로세스에 이르기까지 조직의 엔드-투-엔드 프로세스에 대한 완전한 점검 보수가 필요하다.

소매업종을 예시로 살펴보면, 아마존은 전통적 오프라인 소매상 비즈니스 방식을 온라인에서 재현하는 방식이 아니라, 디지털 우선 사고방식에 의해 전체 리테일 비즈니스 모델을 다시 상상함으로써 디지털 소매 산업을 획기적으로 발전시켰다. 아마존은 디지털 네이티브로서 온라인 비즈니스에 이미 많은 강점을 가지고 있었겠지만, 월마트와 홈 디포는 디지털 전환을 통해서 오프라인 채널과 디지털 채널을 모두 성공적으로 오퍼레이션 전환으로 통합함으로써 엄청난 경쟁 우위를 선점했다.

위에 언급한 소매업종 분야의 기업들 모두 한 가지의 두드러진 공통점이 있다면, 디지털의 고객 경험이라는 좁은 의미에서가 아니라 조직의 전체적인 엔드-투-엔드 전환으로 고객 문제에 접근하여 오퍼레이션 전환을 핵심적인 빌딩 블록으로써 사용하여 디지털 전환을 이끌었다는 점이다.

성공한 기업들은 프로세스 재설계, 점진적 자동화에 의한 비용 절감, 오퍼레이션의 아웃소싱 등과 같이 성과 개선을 위한 전통적인 프로젝트가 완전한 디지털 전환을 이루기 위해서 조직 전반에 걸쳐 민첩성, 유연성 및 효율성이 필요하다는 것을 일찍이 인지하였으며, 기업 내부 조직 전반에 걸쳐 엔드-투-엔드 프로세스에 의한 완전한 정밀 보수를 통해 오퍼레이션 전환을 이루어낼 수 있었다.

'오퍼레이션 전환'에 있어서 새로운 구동력으로 부상하는 3가지 트렌드

디지털 전환을 현실화하고 진정한 경제적 가치를 창출하기 위한 디지털 전환을 위한 여정에는 다음의 두 가지 핵심 요소가 반드시 포함되어 있어야 한다.

- 오퍼레이션 전환은 조직의 디지털 전환을 성공적으로 추진하기 위한 로드맵에서 필수적으로 포함되어야 할 핵심적인 빌딩 블록이다.
- IT 기술은 오퍼레이션을 실질적으로 구현하는 중요한 요소이다. 하지만 기술만으로는 충분하지 않다. 그럼에도 불구하고 분명한 사실은 강

력한 기술의 집중 없이는 오늘날 비즈니스에 요구되는 확장성 있는 오퍼레이션은 거의 불가능하다.

앞서 사례에서 살펴본 소매 업종 분야의 전자상거래 비즈니스 성공 사례에서의 오퍼레이션은 컴퓨팅, 데이터 및 인공지능의 3가지 요소 기술에 의해 구동되었다. 하지만 향후 오퍼레이션에 변화의 새로운 물결을 몰고 올 것으로 예상되는 세 가지 기술 트렌드를 보다 구체적으로 살펴보면 다음과 같이 예상된다.

- **데이터의 폭발적 증가**: 데이터 기반의 분석 방법을 사용하여 프로세스 설계 및 최적화를 추진하는 데 활용된다.
- **인공지능 기술의 발전**: 변화하는 비즈니스 요구에 적응하는 셀프러닝 프로세스를 설계 및 실행하는 데 활용된다.
- **자동화 기술의 성숙화**: 조직의 업무 프로세스를 자동화하는 차원을 넘어 인식 기술을 사용하게 하는 데 활용된다.

연구 결과에 의하면 미래에는 데이터와 AI를 활용하여 유연한 프로세스를 스스로 개발하고 관리하며 민첩성과 대응성을 지속해서 주입하는 '지능형 오퍼레이션(Intelligent Operation)'으로 대전환할 수 있는 기업 조직에 의해 관련 산업이 선도된다고 분명하게 제시한다.

은행업종을 한 예시로 살펴보면, 2030년경에는 현재의 은행 업무가 매우 다르게 변화할 것으로 추정된다. 거래 운영(예: 지불 처리)의 75~80%와 전략적인 비즈니스 활동(예: FP&A-재무계획 및 분석)의 약 40% 이상이 자동화될 것으로 예상된다.[4]

이는 훨씬 더 큰 구조적 변화와 더불어 진행 중에 있다. 은행 지점의 네트워크는 훨씬 더 빠른 속도로 축소되고 있으며 디지털 전용 은행들이 지불 거래 비즈니스에 뛰어들어 경쟁하고 있다. 은행 분야의 지능형 오퍼레이션에 관한 트렌드는 미래의 은행 비즈니스가 오늘날과는 크게 다를 것이라는 것을 확실히 예견하고 있으며, 이는 또한 은행들이 디지털 경쟁에서 승리하기 위해 우선적으로 요구되는 오퍼레이션 대전환에 관한 도전적 과제를 제시하고 있다.

데이터 폭발적 증가: 〈진단 및 최적화를 다시 상상함〉

TQM의 도옌인 에드워드 데밍은 "측정할 수 없는 것을 개선할 수는 없다." 고 말한 것으로 알려졌다. 디지털 시대가 도래하기 이전에는 업무과정 또는 생산 프로세스 모니터링과 함께 인간의 노동 시간과 행동 양식에 관한 연구가 필요했다.

하지만 오늘날의 대부분 조직에는 기업 전체에서 이러한 정보 흐름을 측정하는 시스템으로서 ERP(Enterprise Resource Planning), WMS(Warehouse Management System) 및 기타 거래 처리 애플리케이션 등이 있으며 이러한 정보 시스템을 통해 다양한 데이터들이 생성되고 있다. 이러한 실시간 정보 데이터를 기반으로 한 프로세스 마이닝을 통해 '디지털 트윈(Digital Twin)'을 가능하게 했으며, 이는 실제로 현실에 존재하는 프로세스를 기반으로 '분석 및 시뮬레이션'을 위한 모델링을 만들 수 있게 하였다.

'프로세스 마이닝'은 이제 비즈니스 프로세스 전환에서 핵심적인 기술 도구로서 부상했다. 특히 데이터 마이닝 알고리즘은 트랜잭션 시스템에 의해 기록되는 이벤트 로그 데이터에 적용되어 데이터 처리 속도 지연과 데이터 병목 현상 파악을 통해 프로세스의 시간 지연과 관련된 트래픽과 패턴을 명확히 식별할 수 있으며, 이렇게 하는 데에는 다음과 같은 뚜렷한 장점들이 있다.

1. 프로세스 실행과정에서 이슈 발견
   - 고객의 행동 분석을 위한 이벤트 로그 데이터의 병목 현상 식별
   - 데이터 품질 문제 및 크로스 펑셔널(Cross-Functional) 프로세스의 재작업

2. 프로세스 준수 및 보안 감사과정의 개선
   - 프로세스 마이닝은 품질 관리 메커니즘에 의해 작동
   - 프로세스 준수에 대한 실시간 증거로서 데이터 제공

3. 프로세스에 의한 영향력 평가 수행
   - 개선 조치로 인해 경제적 수익 효과를 평가하는 데 도움
   - 세션 단계의 프로세스 성능에 대한 세밀한 가시성을 제공

4. 프로세스 자동화에 관한 기회 포착
   - RPA 및 머신러닝 기반 프로세스 자동화 기회
   - 프로세스 자동화 기회를 우선시하는 데 도움

AI(인공지능) 기술의 발전: 〈예외 처리를 위한 자기 학습과정〉

구글의 인공지능 알파고는 논쟁의 여지는 있겠지만 세계에서 가장 복잡한 게임으로 알려진 바둑에서 세계 챔피언을 물리쳤다. 이는 단순히 연구 프로젝트의 성과물이 아니라 인류에게 그 이상의 새로운 디지털 시대를 열게 된 획기적인 계기가 되었다. 딥러닝 알고리즘을 사용하여 프로세스 설계 및 오퍼레이션을 위한 자율적인 학습 엔진을 구축할 수 있다는 위대한 가능성을 열었다.

비효율성의 원천으로서 '예외 처리(Exception Handling)'는 비즈니스 오퍼레이션에 현저한 영향을 미칠 수 있다. 그러므로 AI 기반의 알고리즘은 현실적 삶의 시나리오와 함께 계속 진화하면서 그 과정을 배우고 적응할 수 있도록 함으로써 엔드-투-엔드 프로세스에 의한 거래를 자동화하는 'STP(Straight-through Processing)'의 범위를 확장시키고, 앞선 단계에서 별도로 정의할 필요가 없는 다양한 시나리오들을 다룰 수 있도록 한다.

우리는 이미 프로세스 최적화 문제를 해결하기 위해서 인공신경망(ANN: Artificial Neural Network) 알고리즘이 적용되고 있는 것을 보고 있다. 인간의 뇌 구조에 영감을 받은 신경망 모델은 데이터로부터 배우게 하고 훈련토록 할 수 있는 능력을 가질 수 있게 되었다. 즉, 이제는 더 이상 전체적인 오퍼레이션 규칙을 사전에 코드화하거나 명시화시킬 필요가 없으며, AI 엔진이 실제 현실의 시나리오를 지속해서 학습하면서 새로운 규칙들을 만들고 수정하며 진화하도록 할 수 있다. 하지만 그럼에도 불구하고, 다양한 오퍼레이션 프로세스에 걸쳐서 인간의 개입이 필요하며 인간의 직관에 의한 결정이 종종 이루어지는 여러 가지 잠재적 응용 프로그램이 요구되고 있다. 이에 관한 몇 가지 예시는 다음과 같다.

- **물류 분야**: 유통 채널 전반에 걸친 위험관리 전략, 운송용량의 설계 및 관리 등
- **인적자원**: 성과관리, 개별 구성원 행동 전략, 조직설계 개발 교육 및 훈련 등
- **회계 분야**: 금융 사기 또는 의심 거래 식별, 보안 감사 절차 수행 등

자동화 기술의 성숙화: 〈업무 자동화를 넘어서 새로운 변화의 정점〉

자동화 기술은 지난 10년 동안 엄청난 발전을 하였다. 첫 번째 변화의 물결로서 특정 작업을 자동화하는 전통적인 자동화를 예를 들면 데이터를 추출하기 위한 화면 스크랩, 화면 레코더 등이 있었다. 이러한 자동화 기능은 점진적으로 업무 수준의 효율성을 높이는 데 큰 역할을 해 왔었다.

이미 우리는 두 번째 변화의 물결 속에 있으며 '소프트웨어 봇', '프로세스 설계 도구' 또는 '워크 플로우 엔진' 등이 업무 수행에 올바른 자동화 에이전트로서 역할하고 있다. 예를 들어 이러한 자동화 에이전트들은 고객 관리를 위한 자동 호출 라우팅, 규칙 기반의 송장(Purchase Order) 승인 프로세스 등과 같이 특정한 작업의 자동화에 많은 도움을 주고 있으며, 이는 사전 규칙으로 잘 정의된 워크 플로우에 의해 프로세스의 효율성을 지속해서 끌어올리고 있다.

이제 우리는 급속한 디지털 기술의 발전으로 의해 업무 자동화의 관점

■ 오퍼레이션의 전환 – 디지털 전환과 잠재력 실현을 위한 핵심 요소

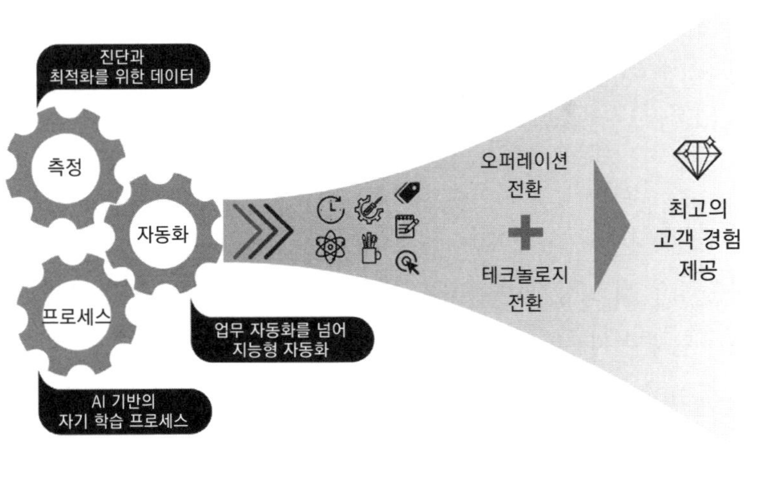

에서 또 다른 변화를 이루기 위한 단계에 깊숙이 와 있다. 지금까지의 비구조화된 데이터 소스로부터 소중한 정보를 끌어내기 위해 정교한 AI 기술에 의존하는 '자연어처리(NLP)', 음성 문서화(Voice To Text) 그리고 컴퓨터 비전(Computer Vision) 분야 등에서 상용화를 통해 '지능형 자동화(Intelligent Automation)'로서 면모를 갖추고 새로운 변화를 이루기 위한 도약의 시점에 있다.

특히 종합적인 지능형 자동화 전략은 보완 기술들을 조합하여 기능적인 프로세스 수준에서 실행되어야 할 것이며, 이를 위한 도전적 과제들을 살펴보면 다음과 같다.

1. **업무 자동화**: 비정형 데이터를 처리하기 위한 AI 애플리케이션의 엄청난 발전은 과거에 인간의 작업 활동을 통해 확보한 자료를 포함토록 함으로써, 작업 자동화의 범위를 보다 유용하게 확대할 수 있게 되었다. 다음은 업무 자동화에 관한 예시이다.
    - **고객 관리**: 통화 녹음 및 분류는 '음성문서화 로봇'이 실시간으로 수행할 수 있으며, 에이전트는 고객과의 상호작용에 더욱 중점적으로 업무 초점을 맞출 수 있다.
    - **계정 온보드**: 고객 정보에 관한 문서 검색과 추출, 서명 확인 등을 '컴퓨터 비전 봇'에 다운로드하고 오퍼레이션 대역폭을 자유롭게 확보함으로써 보다 고객 참여에 집중할 수 있다.

2. **지능형 BPM(Business Process Management)**: 비즈니스 워크 플로우를 시행하는 경우 더 이상 연속적인 프로세스 단계로 조정할 필요가 없다. 이젠 AI가 탑재된 지능형 시스템은 전문가로서 프로세스 워크 플로우를 정의하기 위한 기본 프레임 형성과 세부 방법들을 제공하며, 지능형 시스템이 현실에서의 경험을 통해 배우면서 워크 플로우 규칙을 지속해서 개선

시키면서 진화하기 때문이다.

- **감사과정**: 예를 들어 언제, 어디서 그리고 어떻게 입력 데이터가 준비되고 제출되는지 등에 관하여 AI 봇은 실시간 및 상황 정보를 기반으로 저널에 제출된 항목을 평가하고 적절한 검토를 위해 플래그를 지정할 수 있다. 감사 대상의 입력과 관련된 데이터는 회계 표준 규칙 외에 이메일 및 지원 문서 등을 포함할 수 있을 것이다. 이러한 감사과정의 업무 자동화는 사후 분석을 통해 프로세스 내 실시간 활동으로 감사 프로세스를 다시 상상할 수 있는 잠재력이 있다.
- **역동적 재고 관리**: 공급망 사슬의 각 단계에서 안전한 재고 확보를 위한 전통적인 관리 방법은 항상 매우 비효율적이었다. AI가 가능한 시스템은 공급망 전체의 신호에 실시간으로 응답하고 서비스 수준을 최적화 관리하기 위해 역동적으로 재고를 재할당함으로써 이미 큰 영향력을 발휘하고 있다.
  이러한 AI 기반의 역동적인 재고 관리 시스템은 학습하고 개선할 수 있는 능력을 가지고 있으며 또한 특정 목표(예를 들어 신제품 출시)를 중심으로 최적화하는 임무를 더욱 잘 수행할 수 있다.

3. **스마트 분석**: 비즈니스 복잡성이 계속 증가함에 따라 조직의 관리자는 주로 제한된 정보를 가지고 더 빨리 결정을 내려야 할 것으로 예상된다. 스마트 분석 기반의 의사결정을 지원하는 AI 엔진에는 설명, 진단, 예측, 통찰력 또는 추천 등의 형태로서 사용자에게 유용한 정보를 제공하며, 보다 나은 결정을 하도록 돕는데 매우 중요한 수단이라는 것이 입증되고 있다. 그리고 조직의 의사결정자들이 이러한 스마트 분석에 의해 제공된 추천 또는 권고 내용으로부터 스스로의 직관과 경험을 한층 강화하는 데 활용하는 것을 볼 수 있다.
   - **자원의 계획 및 할당**: 물리적 형태의 자산 자원으로부터 인적자원에 이

르기까지, 데이터 분석론은 우선순위 영역과 전체 영역에서 최적의 할당을 유도하는 데 도움이 될 수 있다. 이는 성능 추적 기능과 모니터링 시스템이 결합되어 잠재적인 핫스팟을 식별하고 개입이 필요한 특정 영역에 초점을 맞출 수 있다.

- **오퍼레이션 지표**: 오퍼레이션 팀은 모든 기능적 영역을 대상으로 예산 편성에서 일일 운영 모니터링에 이르기까지 주요 오퍼레이션 변수를 정의하는 데 데이터 기반의 방법론을 점점 더 의존하고 있다. 예를 들어, 은행의 고객 온보드 팀은 '수익 속도'를 추적하고 그 이후에는 고객 만족도(CSAT: Customer Satisfaction)로서 고객의 온 보딩 과정을 계획하고 실행하는 것을 핵심 지표로 삼을 수 있을 것이다.

온라인과 옴니 채널 고객 경험을 창출하는 디지털 전환의 첫 번째 트렌드 이후에 오퍼레이션 전환에서 다음 단계의 디지털 가치를 제공하는 트렌드가 만들어지고 있는 것이 분명하다.

앞서 언급한 전자상거래 소매업체들로서 아마존, 월마트, 홈 디포 같은 회사들이 보여주듯이 진정으로 성공적인 조직들은 그들의 프론트 엔드 비즈니스 경험을 그들의 백엔드 오퍼레이션과의 통합을 성공적으로 이룬 조직들이다. 확연히 테크놀로지만으로는 해답이 될 수 없다. 기업의 오퍼레이션 전환은 조직 내부 프로세스의 정비에 상당히 초점을 맞춰야 할 것이다. 종종 비효율적인 과정을 자동화하는 것은 그것을 내버려 두는 것보다 더 나쁘기 때문이다.

따라서 기업은 인재 육성을 위해 투자하는 것도 매우 중요하다. 조직의 다른 어떤 부분보다도 오퍼레이션 분야에서는 인간의 직관과 함께 기계적 시스템의 힘과 확장성이 혼합되어야 한다. 그러므로 훈련된 숙련 인력이 아닌 통합적 사고와 운영 능력을 가진 최고의 인력이 요구되며, 이 분야에서 필요한 인력을 위한 직무 설명서는 다시 새롭게 작성되어야 할 것이다.

결론적으로 기업에서의 오퍼레이션 전환은 쉽지는 않겠지만 이를 추진하지 않는다는 것은 분명 선택이 될 수 없다는 것은 이젠 명백한 현실이 되었다.

요약

- 디지털 전환은 고객 경험(CX)과 프론트 엔드(front-end) 애플리케이션에 초점을 맞추는 것으로 시작되었다. 하지만 고객 경험의 지속 가능한 변화는 오퍼레이션에 있어서 실질적인 변화 없이는 구현될 수 없기 때문에 디지털 전환의 초점은 이제는 오퍼레이션의 전환으로 옮겨가야 한다.
- 오퍼레이션의 전환은 의미 있는 중요한 분야로서 디지털 기술 활용성이 높은 기회의 영역이다. 대부분의 노력은 점진적인 변화에 초점을 맞추고 있지만 "오퍼레이션을 근본적으로 다시 상상하는 것" 노력이 필요하다.
- 오퍼레이션의 전환을 촉진할 것으로 예상되는 3가지의 기술 동향 변화는 다음과 같다.
  - 데이터 폭발적 증가: 〈진단 및 최적화를 다시 상상함〉
    : 데이터의 급증은 프로세스 마이닝과 함께 진단 및 최적화 과정에 도움을 주고 있다.
  - AI(인공지능) 기술의 발전: 〈예외적 처리를 위한 자기 학습과정〉
    : AI-기반 기술은 예외적 처리를 위한 자기 학습 프로세스와 실행을 가능하게 하고 있다.
  - 자동화 기술의 성숙화: 〈업무 자동화를 넘어서 새로운 변화의 정점〉
    : 조직의 업무 자동화를 넘어 디지털 인식 기술에 의한 지능형 자동화 기술로 성숙했다.

제4장

—

AI

: 차세대 디지털 전환의 핵심 기술

AI는 '모든 것을 어떻게 하고 있는지 다시 생각해보는 핵심적인 변화 방식'이다.

순다르 피차이, 구글 CEO

디지털 기술과 디지털 주도의 비즈니스 프로세스가 산업화 이후의 산업을 완전히 재편하고 4차 산업혁명의 기치 아래 새롭게 변화시키고 있다. 디지털 기술이 기업들에게 전례 없는 경쟁력과 새로운 가치를 어떻게 제공하고 있는지에 관한 광범위한 증거들이 제시되고 있으며 또한 디지털 경쟁에서 성공한 기업들은 혁신적인 제품, 비즈니스 모델 및 기업 운영 모델이 새로운 상상에 의해 지속해서 발전하고 있다.

디지털 전환이라는 여정에 착수한 많은 기업은 그들이 스스로 약속한 가치와 고객의 기대치를 실현하기 어렵다는 사실들을 몸소 체험하며 알게 되었다. 기업들은 비즈니스뿐만 아니라 실패한 디지털 실행과정으로부터 디지털 전환의 진정한 의미를 학습하였지만 디지털에 대한 명확한 이해가 부족했기 때문에 디지털 기술의 밝은 빛으로부터 어떤 광채도 빼앗지 못하고 실패의 결과들을 초래하였다. 하지만 오늘날 현실의 디지털 전환의 행진은 그 어느 때보다도 빠르고 강하며 엄중하게 진행 중에 있다.

이제 디지털 전환 프로젝트 착수를 통해 초기에 일부 성공을 거두었다면 문제는 어떻게 다음 단계로 넘어서서 완전한 성공을 이룰 수 있을까 하는 것이다. 그 대답의 가장 중요한 부분 중 하나는 바로 인공지능(AI)의 힘으로서 다음의 단계로 도약하는 것이며, 인공지능 기술은 디지털 전환에 있어서 핵심 인에이블러로서 선도자의 역할을 하고 있다.

디지털 전환 추진에 있어서 AI에 의한 약속과 영향력은 이미 고객에게 개인화된 제안, 이미지 처리 및 얼굴 인식 기술, 사기 행위 탐지 등 다양한 사용 사례로써 잘 확립되어 있다. 하지만 이는 AI가 보유하고 있는 잠재력에 비해 아주 미미한 활용 수준에 지나지 않는다. 즉 AI를 단순히 비즈니스 프로세스에 추가 기능으로만 활용하고 AI로 가능한 프로세스를 근본적으로 다시 상상하고 재설계하지 않는다면 이는 단순히 AI를 그냥 두들겨 보거나 표면을 긁어 본 수준에 지나지 않는다.

데이터와 인프라의 한계로 인해 AI의 잠재력을 달성하는 데 장애물이 있었던 것은 의심할 여지가 없다. 하지만 디지털 데이터 가용성이 기하급수적으로 폭발하고 확장성과 유연성이 아주 높은 클라우드 컴퓨팅 인프라가 글로벌 차원에서 급속히 증가하면서 AI는 조직의 디지털 전환 여정에서 차세대를 이끌어가는 선도자로서의 역할을 더욱 충실히 할 수 있게 되었다.

AI가 어떻게 디지털 전환을 한 단계 끌어올릴 수 있을까?

지난 몇 년 동안 AI 능력을 인간으로 비유하면 이제 성년에 이르게 되었다. AI는 실험적인 주제에 관하여 중요한 가치를 제공하는 핵심 기술로 성장해 왔다. AI가 가능한 디지털 프로세스에 대한 신뢰가 커짐에 따라 기업은 AI 애플리케이션의 경계를 더욱 확장하여 비즈니스 프로세스의 복잡한 코어 영역으로 끌어들일 필요가 있다.

1. **모든 상호작용에서의 초개인화(Hyper-personalization)**: 오늘날 디지털의 과잉 행동 환경에서는 고객이 제품이나 서비스 또는 콘텐츠를 선택할 수 없는 상황에 이르게 된다. 이는 진정한 해탈의 경지에 이른 것처럼 들리지만, 여기에는 큰 반전이 있다. 고객 입장에서는 선택하고 결정하는 데 경우의 수가 너무 많아서 종종 형편없는 선택을 하고, 결국 고객은 선택 기회가 적은 것보다 덜 만족하게 된다. 그리고 때때로 이러한 선택의 압박에 고객이 압도당하게 되면 고객은 선택해야 할 시점에서 완전히 사라지게 된다.

   인공지능을 이용한 초개인화는 다양한 상호작용 경로를 통해 실시간으로 전달되고, 고객을 위한 최적의 선택을 돕는 자동 큐레이션은 디지털에 의한 고객 참여를 한 단계 끌어올리는 열쇠이다.

   예를 들어, 통신사 고객들이 새로운 서비스에 관한 사용 계획을 수립하거나 기존 계획을 변경 또는 업그레이드하려고 하면 기기 장치, 서비스 사용 계획, 데이터 사용 요금, 사용 시간, 서비스 번들, 액세서리 서비스 등에 대해 엄청난 선택을 제공받게 된다. 이러한 선택들을 검토하고 결정을 내리는 것은 놀라운 일일 수 있다. 그러나 통신 서비스 제공업체는 AI를 활용하여 해당 고객에 특화된 고객 선호도, 사용 패턴 및 기타 주요 속성을 분석하고 상위 3개의 선택으로 단순화할 수 있다. 이러한 초개인화 서비스는 고객의 선택을 보다 쉽게 해줄 뿐만 아니라 고객에게도 보다 큰 만족을 가져다 준다.

2. **자동화는 정말로 지능화로 간다**: 디지털 전환이 처음 유행하던 시기에는 주로 '고객 참여(Customer Engagement)'에 관한 주제에 집중되었으며 '고객 서비스', '공급망(Supply Chain)' 또는 '비즈니스 오퍼레이션'과 같은 기업의 기본 비즈니스 프로세스를 디지털로 전환시키는 진정한 가치는 전혀 실현되지 못했다. 하지만 초기 디지털 전환과정에서 로봇 프로세스

자동화(RPA)와 같은 디지털 기술을 활용하여 표준화되었고, 단조로운 일반 업무에서 어느 정도 수준의 자동화를 이루는 데는 상당한 진전이 있었다. 하지만 이러한 초기의 자동화 기술은 지능형 의사결정이 요구되는 복합적인 조직의 프로세스 처리를 위한 응용에 있어서는 매우 불충분했다. 이러한 이유로서 오늘날에는 조직의 복합적인 프로세스 과정에서 의사결정을 신속하게 하고 자동화를 통해 한 단계 수준을 높이는 인공지능(AI)을 사용한 지능형 자동화 과정이라는 물결에 이르게 되었다. 그러므로 오늘날 인공지능(AI)은 단순한 프로세스 단계들의 영역을 넘어서 복잡한 의사결정을 위한 자동화 수단으로서 중요한 촉매제 역할을 충분히 수행하고 있다.

대표적인 사례로써 가장 자원 집약적인 프로세스 중의 하나인 시중 은행 또는 자산 관리 기업의 백 오피스(Back Office)의 운영이라 할 수 있다. 다양한 유형의 문서와 정보를 관리해야 하는 복잡성은 RPA 기술만으로 이를 자동화하는 것이 매우 어려운 상황이다. AI와 자연어처리(NPL) 능력은 지능형 기반의 텍스트 데이터 정보 추출과 해석을 통해 업무 자동화에서 기존의 한계를 허물고 크게 지능형 영역으로 확장하였다. AI 기반의 업무 자동화는 데이터 분석가들로 하여금 보다 빠르고 합리적인 결정을 내릴 수 있도록 함으로써 다양한 업무에 대한 평균처리시간인 AHT(Average Handling Time)를 현저히 줄이고 있다. AI가 주도하는 지능형 자동화는 조직의 완전한 의사결정 능력을 충분히 확보할 수 있도록 함으로써, 신속하고 막힘이 없는 조직의 업무 프로세스를 현실에서 구현하고 있다.

3. **새로운 AI 개척– AI를 디지털 기술만이 아니라, 디지털 기술의 혁신을 위해서 사용:** 디지털 전환은 정말로 모든 비즈니스를 디지털 기반의 비즈니스로 전환시키고 있다. 새로운 디지털 기술 중심의 제품과 서비스 그리고 비

즈니스 모델이 개발되고 성장함에 따라 디지털 인프라, 데이터, 응용 프로그램 및 보안 기술 등 모든 IT 오퍼레이션 영역에서 디지털 기술에 대한 투자도 급증하고 있다. 디지털 기술은 오늘날 기업의 투자와 오퍼레이션의 전환에 중심이 되었으며 비즈니스 가치 실현에서 핵심이 되었다. 특히 오늘날 IT 인프라의 중단 또는 다운타임, 애플리케이션의 불규칙한 작동, 데이터의 품질 저하 또는 데이터 도난 등과 관련된 기업의 기회비용들은 이제 너무 높아져서 결코 가볍게 여길 사안이 아니라는 인식을 확고히 하고 있다.

AI의 활용하여 기업이 보유하고 있는 디지털 기술 스택을 최적화하여 귀중한 자원을 효율적으로 활용하고 다운타임이나 혼란을 사전에 피하고 디지털의 가치 실현을 높일 수 있는 잠재력은 매우 중요하며 이는 현실적인 사안으로 대두되고 있다.

AI 기반 접근법은 디지털 기술 시스템의 효율적인 관리에 핵심이 되고 있다. 예를 들어, 수익 창출을 위한 애플리케이션이 차질 없이 실행되도록 디지털 인프라 스택에서 자동화 모니터링 및 유지보수를 위한 예측 시스템은 다른 어떤 조직의 프로세스 못지않게 중요한 프로세스이다.

AI 알고리즘은 서버 시스템 로그, 이벤트 로그, 데이터의 트래픽 및 기타 시스템 매개 변수를 실시간으로 모니터링하고 서버와 디바이스 장치, 네트워크 및 응용 프로그램 등과 같은 디지털 인프라를 자동으로 모니터링하며, 사전 예방적 유지보수 관리를 위한 조기 경고를 전달할 수 있으며, 경우에 따라 자동 치유 시스템까지도 제공할 수 있다.

디지털 데이터에 대한 기대치가 너무 큰 반면에 그 활용 결과는 미흡한 것이 현실이다. 데이터의 가치를 진정으로 확보하기 위해서는 높은 품질의 데이터가 필요하다. AI-기반의 접근 방법을 사용하면 숨겨진 데이터 이상으로 데이터의 품질에 관한 문제를 발견하고 이를 수정하는 데 도움이 되며 디지털 데이터에서 실현 가능한 가치를 다음 단계로 끌어올릴 수 있다.

이젠 데이터와 디지털 기술이 기업의 생명줄로 인식되면서 강력한 사이버 보안 능력의 필요성이 더욱 중요해지고 있다. 사이버 해킹의 정교화가 보다 심화됨에 따라 AI 주도의 접근 방식은 무단의 액세스 시도와 네트워크 및 시스템 취약성을 자동으로 해독하고 이를 방지하며, 악의적인 공격과 데이터 도난의 위험을 완화하기 위해 보안 문제를 경고하고 방어 체계를 작동하거나 자동으로 보완하는 것은 매우 중요하다.

4. **팀원으로서의 AI – '인간+인공지능=증강 지능'**: 조직의 디지털 전환이 진행되어 보다 성숙한 단계로 접어들게 되면 기업들은 AI를 팀의 핵심 멤버로서 고려할 필요성이 있다. '인간지능 vs 인공지능'에 관한 논쟁과는 무관하게 디지털 전환이라는 기업의 혁신적 패러다임 변화 속으로 깊이 들어가기 위해서 기업은 인간의 지능과 인공지능이 가지고 있는 상호 보완성을 활용해야 한다.

■ **인공지능(AI) – 디지털 전환 시대의 선도자가 되기 위한 핵심 기술**

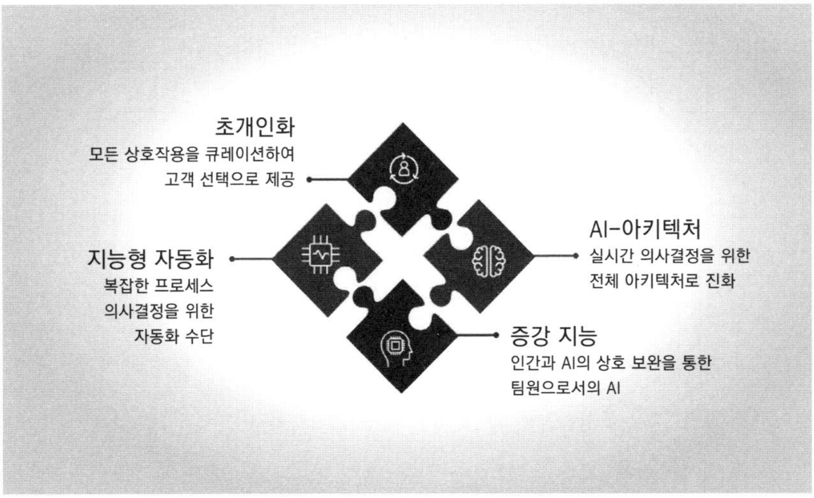

디지털 중심의 오퍼레이션 모델과 비즈니스 프로세스를 다시 고찰해보면 인공지능은 더 이상의 사후적인 고려 대상이 아니라 디지털의 핵심이 되어야 한다는 것을 공감할 수 있다. 인공지능이 가지고 있는 능력을 조직 구성원들이 다양한 성과 창출과정에서 어떻게 촉진제로 활용할 수 있을 것인지에 관해 연구하고 이를 실무에 적용한 것은 인간 지능과 AI가 함께하는 증강 지능으로 한 걸음 더 나아가는 핵심적인 사안이라 할 수 있다.

AI에 의해 가능한 디지털 전환

인공지능(AI) 기술은 다음 단계의 디지털 전환의 물결을 확실히 주도할 것이다. AI를 활용할 수 있는 능력은 디지털 시대에서 기업이 경쟁 우위를 확보하는 데 핵심 역량이 될 것이며, 아울러 디지털을 선도하는 기업들과 이를 따라오는 기업들을 구분 짓는 기준이 될 것이기 때문이다.

AI 기반의 디지털 전환에서 명심해야 할 몇 가지 사항은 다음과 같다.

1. **비즈니스 스택에서 인공지능 활용**: 기업은 고객 경험 및 디지털 기술 생태계에서는 물론 비즈니스 오퍼레이션 전반에 걸쳐 AI 기능을 활용할 수 있어야 한다. 디지털 방식에 의해 비즈니스 프로세스를 다시 상상하기 때문에 기업은 AI가 근본적으로 영향을 미칠 수 있는 비즈니스 스택 전반에 걸쳐 있는 비즈니스 기회들에 관해 체계적으로 관리하며 조정할 필요가 있다.

   문제의 핵심은 비즈니스 스택에 AI에 의해 제공되는 통찰력 있는 추천 시스템과 자동화에 의해 주도되는 실시간 자율적인 의사결정을 구현하는 지능형 AI가 가능한 디지털 프로세스 맵을 재설계하는 것이다. 이러한 비즈니스 기회들을 우선시하고 반복적으로 실행하면 기업은 보다 높은 수준에서 디지털 전환에 성공할 수 있기 때문이다.

2. **'AI'를 하나의 '특성'으로만 보지 말고, 전체의 '아키텍처'로 받아들이기:** 인공지능은 기존의 기술 스택을 증강하는 수단으로 생각하는 것이 아니라, AI가 가능한 실시간 의사결정의 기본 원리로서 디지털 기술 스택의 모든 구성 요소를 설계할 필요가 있다. 이를 위해서는 IT 기술과 데이터 전략을 재고해야 한다. 기본적인 IT 기술과 데이터 아키텍처는 AI가 가능한 프로세스의 요구사항에 맞도록 조정되어야 한다.
예를 들어 데이터의 다중 형식, 데이터 소스, 고속의 데이터와 대용량 데이터베이스 등과 같은 다양한 디지털 데이터 포인터에 접근하여 AI 알고리즘을 사용함으로써 숨겨져 있는 데이터의 패턴을 발견하고 올바른 의사결정을 할 수 있어야 한다.
기본적인 AI 기반의 데이터 분석 아키텍처는 이러한 복합적인 데이터 생태계를 처리하고 AI 알고리즘 엔진에 요구되는 데이터 연료를 공급하기 위해 실시간으로 데이터를 생산하고 처리할 수 있는 능력을 보유해야 하며, 마찬가지로 디지털 IT 기술 인프라에 있어 기본적인 컴퓨팅 용량도 AI 알고리즘이 작동하기 위한 데이터 처리 요구 사양에도 실시간으로 대응할 수 있어야 할 것이다.

3. **새로운 AI 기술에 투자하고 실험:** 인공지능(AI) 기술 자체가 매우 빠르게 진화하고 있다. 컨볼루션 신경망(CNN: Convolution Neural Network)과 강화 학습과 같은 '자기 학습 알고리즘(Self-learning Algorithms)'의 발전과 '컴퓨터 비전(Computer Vision)'과 같은 '인지 지능(Cognitive Intelligence)' 기술과 같은 새로운 AI 기반의 기술 혁신이 출현하면서 디지털 비즈니스 프로세스 전반에 걸쳐 새로운 변화가 일어나고 있으며 또한 미래 디지

털 시대의 엄청난 잠재적 가능성을 제공하고 있다. 기업들은 이러한 AI 기반의 신기술을 비즈니스 프로세스에서 지속해서 체계적으로 실험하고 테스트하면서 잠재적인 영향력을 평가해야 하고 성공적인 기술로서 확보하여 핵심적인 AI 기반 플랫폼으로 확장해야 할 것이다. 무엇보다도 실험 중심의 혁신적인 조직 문화는 기업이 디지털 전환 투자를 통해 일관된 영향력과 성과 확보를 위한 AI 기술의 적극적 활용에 큰 도움이 되기 때문이다.

4. **AI가 만연한 시대의 디지털 인재상**: 앞서 언급한 바와 같이, 기업은 조직의 인적자원과 인공지능의 상호 보완성을 활용함으로써 디지털 시대에서 경쟁 우위를 확보할 수 있다. 이러한 보완성의 발현은 AI가 가능한 디지털 세계에서 상호 밀접한 관계를 구축할 조직의 디지털 인재상 형태에 의해 실행될 수 있다.

   조직의 디지털 인재들이 인공지능이라는 기계적 시스템과 공존하고 성장할 수 있도록 준비하고 가능하게 하기 위해서는 내부 인력들의 교육 훈련과 기술 숙련이 필요하다. 특히 AI와 함께 작업하거나 사용하는 능력은 고도로 숙련된 IT 기술 그룹에만 국한되지 않고, 조직의 모든 분야에 종사하는 기술 그룹과 다양한 수준에 걸쳐 확산되어야 할 것이다.

   예를 들어 AI 주도의 지능형 시스템을 활용하여 고객 문제를 신속하게 파악하고 고객 요구에 최적화된 추천 안을 활용할 수 있는 고객 서비스 담당자는 조직의 비즈니스 성공 측면에서 훨씬 더 큰 영향을 미칠 수 있다.

   디지털 대전환의 물결이 확산되고 진행됨에 따라 조직의 비즈니스에 필요한 맞춤형 AI 시스템을 설계하는 것뿐만 아니라 이를 활용하여 기업의 내부 인력들의 비즈니스 경쟁력을 강화하고, 또한 이를 통해서 비즈니스 영향력을 극대화하는 것은 성공적인 디지털 비즈니스를 위한 가장 중요한 과업 중의 하나가 될 것이다.

디지털 기술은 우리 사회에 이제 만연해 있으며, 기업의 디지털 전환을 위한 여정은 빠르게 진행되고 있다. 디지털 대전환이라는 주제에 관해 일부 기업들이 겉 부분의 일부만을 긁어 보았고 그것으로부터 초기에 성공을 맛보았다. 하지만 인공지능(AI)의 능력은 디지털 전환의 심층적인 단계로서 쓰나미 같은 큰 디지털 물결을 유발하고 있으며, 이전에 우리가 볼 수 없었던 엄청난 비즈니스 가치를 촉발하게 될 것이다.

요약

- 인공지능은 디지털을 선도하는 핵심 IT 기술로써 부상했으며, 기업의 디지털 전환을 한 단계 높이 끌어올릴 정점에 도달하고 있다.
- 인공지능은 고객과의 상호작용에 있어서 초개인화 서비스를 가능하게 하고, 업무 자동화를 더욱 지능화하며, 다른 디지털 기술의 혁신을 돕고 궁극적으로 인간지능과 함께하는 의사결정 시스템을 통해 인공지능의 활용은 더욱 촉진될 수 있다.
- 인공지능을 최대한 활용하려면 이를 조직의 핵심 역량으로 수용하고, IT 기술 스택의 전반에 걸쳐서 내재화해야 한다.

제5장

—

데이터

: 디지털 기술 스택의 중심

모든 이들이 데이터를 가져온다고 우리는 확신한다.

에드워드 W. 데밍, 수리 물리학자이자 TQM 운동의 창시자

기업이 스스로 데이터를 처리할 수 있고 필요한 관리 시스템과 거버넌스 생태계를 갖추게 될 것이라고 믿기 시작했을 때 기업들은 전례 없는 디지털 기술 주도의 디지털 전환이라는 물결에 휩싸이게 되었다. 디지털화의 형태로 새로운 디지털 혁신 기술의 물결이 세계를 점령하여 기업들이 그동안 세심하게 만든 데이터 관리 프레임워크를 이젠 낡고 쓸모없는 유물로 만들어 버렸다. 그리고 갑자기 데이터 관리 성숙도를 달성했다고 자부하던 기업들은 디지털 데이터의 처리에 있어서 초보자 수준으로 떨어졌다.

모바일 앱, 소셜 미디어, 클라우드 또는 IT 장치 등 디지털 네트워크에서 복합적 차원에서 아주 빠른 속도로 생성되는 엄청난 양의 관리되지 않는 비정형적인 데이터들을 동력원으로 유발된 디지털 파동은 데이터로부터 고객가치를 창출하고 관리하고자 하는 모든 기업들에게 상당한 영향력을 미치고 있다. 특히 사물인터넷(IoT), 인공지능, 게놈 시퀀싱, 증강현실 등과 같은 디지털 시대의 새로운 혁신 디지털 기술의 등장은 이러한 도전을 더욱 크게 부각시키고 있다.

- 그 의미?: 오늘날 데이터 홍수에 의해 기업은 데이터 관리와 큐레이션 기능을 방해하는 새롭고 역동적이며 복합적인 디지털 의제에 직면하게 된다. 하지만 이러한 혼란은 디지털 전환에 의해 제시된 새로운 비즈니스 기회를 포착함에 있어 매우 중요한 의미를 부여하고 있다. 기업은 디지털 전환을 통해 디지털 데이터의 전례 없는 새로운 위험으로부터 조직을 보호하고 관리할 수 있으며 디지털 빅데이터 홍수에 의한 피해를 막을 수 있을 것이다.
- 기회와 위험?: 디지털 데이터는 오늘날 잠재적인 금광으로 부각되고 있다. 특히 구글, 페이스북, 아마존과 같은 디지털 네이티브 기업들은 AI와 머신러닝 기술들이 탑재된 디지털 데이터 분석을 통해 과거 디지털 비즈니스 이전에 존재하지 않았던 가치 창출과 함께 빅데이터의 파급 영향력을 여실히 보여주었다.

  몇몇 선도 기업들은 이러한 원칙과 인공지능 기술을 B2B 데이터에 적용하기 시작했는데, 이 또한 역시 빠른 속도로 확산되고 있다. 하지만 데이터가 기회라는 측면이 있지만, 그 반대적 측면에는 위험도 함께 상존한다. 즉 디지털 데이터가 잘 관리되지 않으면 기업이 생산하는 데이터와 관련된 프라이버시와 보안 문제 등에 잠재적인 위험이 있다.

  기업이 디지털 시대에서 새로이 부합하는 디지털 비즈니스 기회를 포착하기 위해 인공지능(AI), 머신러닝, 자동화 그리고 클라우드 등 디지털 기술을 적극적으로 활용하는 경우 디지털 데이터가 디지털 기술 스택의 핵심이자 디지털 전환의 중심이라는 사실을 먼저 인지해야 한다. 특히 기업은 인력, 프로세스 그리고 기술을 체계적으로 정렬하기 위해 데이터 관리 접근법을 새롭게 재구상함으로써 민첩하게 확장 가능하며, 아울러 보안에 문제없이 그리고 무엇보다도 디지털에 적용 가능한 데이터 아키텍처로서 완성해야 할 것이다.

디지털 시대의 데이터 프로파일의 역동성

디지털 시대의 트렌드는 근본적으로 비즈니스 운영 방식의 변화와 함께 소비자와 기업들이 상호작용하는 방식이 변화하고 있다고 많은 이들은 말한다.

디지털에 의한 상호작용과 오퍼레이션 방식의 변화를 통해 과거에는 전례가 없던 다양한 디지털 데이터들이 생성되고 있다.

디지털 데이터가 생성되는 다양한 예시로는 다음과 같은 것들이 있지만 여기에 국한되지는 않는다.

- 디지털 네트워크에 연결된 의료기기, 원격 헬스 및 소비자 주도의 의료서비스
- 정밀 치료를 위한 유전자 염기서열 데이터와 개인화된 환자의 의료용 데이터
- 제조 산업 분야의 기계와 기계 간의 통신 및 센서 기술을 포함한 사물인터넷
- 소매업, 소비재, 은행 보험 등 지불 거래 등에서 옴니 채널에 의한 소비자 선택
- 전 세계적으로 빠르게 증가하고 있는 기업과 소비자의 모든 디지털 결제와 거래
- 교육, 금융서비스 등 다양한 산업 분야에서 게임 형식의 고객 참여 유도를 통해 상금, 또는 포인트 수익 등의 보상과 재미 유발을 하는 게임화(Gamification) 기법의 도입
- 얼굴 인식 또는 생체 인식 데이터의 맞춤형 소비주의를 위한 개인화된 고객 경험
- 디지털 프로필과 온라인 행동 기반 데이터를 활용한 특정 소비자의 디지털 마케팅

상기 예시에서 언급된 데이터들은 그 형식과 특성 측면에서 보면 기업의 임원들이 잘 알고 있는 ERP, CRM, 영업 및 금융 등과 같은 일반적인 기업에서 생성되는 데이터들과는 크게 다르다는 사실을 인지할 수 있다.

이러한 디지털 데이터의 프로필을 자세히 살펴보면서 몇 가지 핵심 유형으로 구분 지울 수 있는 특징이 있다. 이러한 특징에 기초하여 디지털 시대에 부합되는 데이터 관리 프레임워크를 정의하고 데이터를 체계적으로 이해할 수 있는 디지털 데이터의 프로파일과 주제를 이해하는 것은 매우 중요한 사안이다.

1. **다양성 – 전례 없는 데이터의 유형**: 디지털 기술의 급속한 진화는 무선 주파수 식별(RFID) 태그, 스마트 미터, 글로벌 포지셔닝 시스템(GPS), 기계와 기계 간의(M2M: Machine to Machine) 통신 등과 같이 새롭고 파격적인 데이터 형식들이 기하급수적인 성장을 이끌고 있다. 이는 모두 웹사이트, 모바일 앱 및 기타 플랫폼과의 상호작용에 의해 생성되는 '클릭 스트림(Click Stream) 데이터' 방식으로 이루어지고 있다.

   은행업계에서는 은행에서 문서 종이가 없어짐에 따라 문서보다는 망막 스캔이나 이미지 인식 등으로 신원 확인이 이루어지고 있다. 물리적 서명은 디지털 서명으로 대체되고 있으며 수표는 디지털 서명 전자 수표로 대체된다.

   기업은 데이터 인프라 구축할 때 기존 고객 현황의 통계 또는 금융 거래 데이터를 구축하는 수준을 훨씬 넘어서 다양한 정보의 디지털 이미지, 고객 지문과 망막 등 생체정보 스캔은 물론 고객의 디지털 서명과 소셜 미디어 데이터 등과 같은 디지털 데이터 정보들을 처리하며 저장하고 관리하는 방법을 배워야 한다.

2. **데이터 용량**: Giga-byte 시대는 지나가고 이제 Peta-bytes와 Exa-bytes가 새로운 대세로 등장했다. 하나의 인간 게놈의 정보는 최대 100 기가바이트의 저장 공간을 차지하며 점점 더 많은 인간 게놈이 서열화됨에 따라 데이터의 저장과 처리를 위한 용량 요구는 기가바이트에서 페타바이트로 이동하게 된다. 2025년까지 인간의 게놈 데이터에 대해 약 40 엑사바이트의 저장 용량이 필요할 것이다.[5] 스토리지가 하나의 중요한 과제이지만, 더 큰 과제는 현재의 데이터 인프라에서 이 데이터의 신호 탐지를 위해 처리할 수 있는 능력에 있다.

   소비자 세계에 더 가까이 다가가기 위해 IDC는 2025년까지 평균적으로 하루에 5,000건 이상 디지털 상호작용이 이루어질 것으로 예측하고 있으며, 이는 현재의 평균 700~800건에 비해 크게 증가할 것으로 예상된다. 이러한 대량의 상호작용은 이미 소비자의 데이터를 처리하고 큐레이팅에 어려움을 겪고 있는 기업의 데이터 생태계를 반영한 추정치이다.[6]

3. **데이터 속도 – 생각의 속도에 부합하는 데이터의 생성**: 페이스북은 매일 4 페타바이트의 데이터를 생성하고, 약 2,940억 개의 e-메일과 650억 개의 메시지를 Whats 웹에 보내고, 구글에서는 매일 35억 회 검색한다.[7]

   이는 인터넷 환경에서 소비자, 금융 거래 또는 사물인터넷 등 다양한 경로를 통해 발생하는 이벤트와 스트리밍 데이터의 놀라운 속도이다. 기업은 고객과의 상호작용과 서비스 제공을 위해서 '실시간' 또는 '고속' 데이터의 처리와 통합이 필요하다. 기업의 데이터 아키텍처는 느린 속도의 배치 데이터(Batch Data)를 처리하는 데에 어느 정도 효율성을 달성했으며 이제는 필요한 속도에 적응해야 한다.

4. **유비쿼터스 데이터 – 모든 사물과 모든 사람은 데이터 소스**: 디지털 생태계에서는 거의 모든 사물과 모든 인간이 엄청난 양의 데이터를 생성하고

있다. 사물인터넷의 다양한 센서를 통해 엄청난 양의 데이터들이 수집되고 있으며, 인간과 장치들은 디지털 네트워크에 연결되어 행동과 상호작용을 통해 풍부한 데이터를 생성하고 있다. 모든 사람은 e-메일, 메시지, 거래, 검색, 비디오, 사진, 바이오, 헬스, 생체 인식 등의 형태로 매일 평균 2.4GB의 디지털 데이터를 생성하고 있다. 아울러 산업용 센서, 웨어러블, 컴퓨팅 등 모든 기기는 온도, 압력, 지리적 위치, 생체정보, 로그, 이벤트 등 다양한 형태의 데이터를 생산하고 있으며, 기업 데이터와 외부 디지털 데이터의 출처는 관리할 수 없을 정도로 많아졌고 폭발적으로 증가하고 있다.

디지털 데이터는 그 본질적 특성으로서 복잡성이 내재하고 있으며 현재 기업의 데이터 관리 시스템에 의해 처리할 수 있는 것보다 데이터의 처리 또는 가치 도출이 훨씬 복잡하며 이는 데이터 생태계에 극심한 압력을 가하는 요인이다.

기업 데이터 생태계의 '압박 사항'

좋은 소식은 기업들이 데이터 생태계와 디지털 기술로의 투자는 소모적인 낭비가 아니라는 것이다. ERP, CRM 및 기타 운영체제의 기업 데이터는 여전히 프로세스 전 과정에서 관리되고 큐레이팅되어야 한다.

하지만 그리 좋지 않은 소식은 이러한 기업의 데이터 관리 시스템이 디지털 데이터의 복잡성을 처리할 수 없다는 것이다. 이러한 관점에서 현재 기업의 데이터 생태계는 많은 압박을 받고 있다.

1. 고속의 복잡한 데이터를 처리하거나 통합할 수 없다.

전통적인 기업의 데이터 시스템에서 단일 데이터 아키텍처는 다른 소스의 데이터를 수집하고 저장할 수 있는 능력이 부족하다. 관계형 또는 비관계형 데이터이거나 텍스트 또는 스트리밍 데이터 등과 같이 다양한 형태의 데이터 양식을 다룰 수 있는 처리 능력을 충분히 보유하지 못했다. 많은 조직이 이러한 난제들을 극복하기 위해 빅데이터 기술로 확대하거나 또는 클라우드로 마이그레이션하기 위한 조치를 취하면서 온-프레미스 데이터 생태계를 구축하였다. 한동안은 잘 작동했지만, 그들이 감당할 수 있는 데이터 용량을 넘어 데이터 양이 증가하기 시작했을 때, 빅데이터 생태계조차도 까다로운 디지털 데이터의 요구를 충족시키기에 충분하지 않았다.

2. '신호'와 '소음'을 큐레이팅하고 차별화함에 한계 – AI와 머신러닝(ML) 기반의 통찰력이 가능하다.

디지털 데이터에서의 가장 큰 가치는 인공지능과 머신러닝을 사용하여 깊은 통찰력을 확보할 수 있다는 사실이다. 이러한 통찰력은 데이터 기반의 행동 패턴을 찾거나 또는 추천 서비스를 선택토록 하거나 상황에 따라 조기 경고 또는 차선책 등으로 다양한 정보 형태로 제공된다. 또한 고도로 개인화된 실시간 조치 및 정보에 입각한 비즈니스 의사결정에 지원받을 수도 있다.

하지만 일반적인 기업 데이터 시스템의 엄격한 정보 아키텍처는 동적인 비즈니스 분석 수요를 가능하게 하기보다는 데이터 모델과 분석 도구의 표준화에 중점을 두고 있다. 그러므로 디지털 데이터에서 AI 및 머신러닝 기반의 데이터 통찰력을 생성하는 것은 기본 인프라가 맞지 않는 상황에 있다. 왜냐하면 레가시 기업의 IT 인프라 시스템은 비즈니스 활동과 개인화된 고객 개입을 위한 귀중한 신호를 실제 차별화하고 이를 추출하기 위해 필연적으로 요구되는 사양으로서 대용량의 복잡한 데이터를 실시간 큐레이팅할 수 있는 능력이 없기 때문이다.

3. '골든 레코드'는 더 이상 필요하지 않다. – 디지털 상호작용은 전체론적으로 360도 뷰를 볼 수 있는 '골든 네트워크'가 필요하다.

기업은 많은 데이터를 가지고 있지만 이는 부서 간 소통이 어려운 사일로(Silo) 구조에 의해 연결되지 않고 각자 단절되어 분리되어 있다. 기업의 데이터는 각 사업 부서(CRM, 판매, 마케팅, 제품 개발, 고객 서비스 등)와 제품 라인 및 플랫폼 영역(웹 팀, 데이터 웨어하우스, NoSQL, 데이터 레이크)과 데이터 로케이션(클라우드, 온-프레임, 에지, IoT, 모바일)과 IT 시스템에 걸쳐 분산되어 있으며 이러한 복잡한 데이터 생태계는 단절된 데이터를 만들어내고 있으며 다양한 문제를 일으킨다.

사용자, 고객, 제품, 계정, 파트너, 위치 등을 총체적으로 또는 360도 뷰로 볼 수 있는 상황은 기업이 디지털로부터의 가치 창출과 활용 추진에서 중심에 있다. 관계형 데이터베이스 관리 솔루션인 RDBMS(Relational Database Management System) 백본에 구축된 대부분의 MDM(Master Data Management) 시스템은 '골든 레코드'를 만드는 데에 초점을 맞추고 있으며 통합된 360도 뷰를 만드는 데에는 비효율적이라는 것을 증명하고 있다.

고도화된 컴퓨팅 및 고속 네트워크에도 불구하고 이러한 시스템의 성능과 능력은 요구사항을 계속 지연시킨다. 왜냐하면 더 이상 최고의 기록을 세우기에 충분하지 않기 때문이다. 디지털 데이터는 조직 부서들과 연관된 네트워크에 긴밀히 결속되어 있기 때문에 오늘날의 MDM 시스템은 숨겨진 연관성과 통찰력을 확보하기 위해 다양한 데이터 도메인을 연결하고 상관시킬 수 있는 능력이 필요하다. 그러므로 현재 MDM 접근 방식은 단일 마스터 데이터 사용 사례를 계속 해결하고 있지만, 연결된 데이터 사용 사례를 제공하는 데는 효과가 없는 것으로 입증되었다.

4. **사이버 공격과 데이터 절도의 정교화로 인해 데이터 보안 요구가 재정립된다.**
디지털 전환은 데이터를 지식으로 바꾸는 것이며 데이터 중심적으로 연결된 세계를 불러오기 때문에 그 가치는 더욱 높아져 있다. 이러한 변화에 역행할 수 있는 데이터 침해와 사이버 공격의 위험이 날로 증가하고 있으며, 가장 유연하고 탄력적인 방어 조직도 무력화시킬 수 있을 정도로 해킹 기술은 더욱 고도화되어 가고 있다.
추가로 일반 데이터 보호 규정과 같이 개인 데이터 보호 수준에 새로운 규정은 데이터 침해 방지 비용을 증가시키겠지만 데이터 절도의 정교화로 인해 데이터 보안에 관한 규정 재정립이 요구된다.
한편 데이터 소스의 위치(클라우드, 온-프레미스, 에지)에 걸쳐 데이터가 배포됨에 따라 중요한 고객과 기업 데이터의 보안 및 프라이버시를 관리하는 것이 매우 어려워졌다. 기업의 네트워크 보안 방화벽 내에서 데이터를 관리하는 데 잘 작동했던 보안 프레임워크는 디지털 데이터로써 보안되도록 진화해야 하며, 아울러 기업 또한 분산 데이터 관리에 의해 제시된 비즈니스 기회를 보다 잘 이용해야 할 것이다.

5. **데이터 거버넌스와 데이터 품질의 향상은 디지털 데이터와 AI를 통해 실현해야 할 핵심 과제이다.**
데이터의 저품질과 기업의 데이터 거버넌스의 부족은 디지털 데이터의 홍수로부터 새로운 비즈니스 가치를 도출하는 데 가장 큰 장애물임이 입증되었다. 그러므로 AI 및 머신러닝 기반의 디지털 데이터 사용 사례를 활성화하기 위해 수백만 또는 수억 달러의 가치가 있는 고품질의 기업 데이터에 더욱 쉽고 투명한 접근성이 요구된다. 데이터 거버넌스는 데이터로부터 기대 가치를 달성한 기업과 그렇지 못한 기업을 차별화할 수 있는 최고 요소 중 하나이다.
몇몇 조직들은 데이터 거버넌스 성숙도를 달성하고자 시도하겠지만 대부분은 아직도 여전히 디지털 데이터 도메인에 대한 불완전한 이해, 비효율적이거나 누락된 기업의 데이터 아키텍처, 열악한 메타데이터 관리 그리고 강력한 데이터 품질 관리 프로세스의 부재 등에 이르는 많은 사유 때문에 어려움을 겪고 있다.

6. **필요한 경우 언제 어디서든 통찰력을 실시간으로 그리고 주문형으로 이용할 수 있어야 한다.**
   기업의 데이터 생태계는 소비자 고객이 온라인 사이트에 접근하여 쇼핑하거나 고객 경험을 하고 있는 동안에 최상의 제안을 할 수 있도록 통찰력과 추천 서비스들을 '실시간' 또는 '주문형'으로 이용하도록 제공할 수 있어야 한다. 또한 잠재적인 사기 금융 거래에 대한 실시간 경보를 전달하거나, 시스템 운영자에게 유지보수 문제와 같은 다양한 잠재적인 가능성에 대해서도 경고할 수 있어야 한다. 하지만 기업의 데이터 생태계의 통찰력 제공을 위한 메커니즘은 즉각적이거나 또는 가장 적절한 시기에 전달하도록 설계되지 않았다. 대부분이 일정한 빈도와 일정한 시간에 기업의 임원들에게 보고서의 형식으로 통찰력을 전달하도록 설계되었으며, 반드시 조치가 취해지는 '적절한 시간'과 '적절한 장소'에서 이를 자동으로 전달하도록 설계되지 않았다.

디지털 데이터 아키텍처 – '성숙도가 아닌 민첩성' – 디지털 시대의 기업 데이터 관리를 위한 새로운 만트라

대부분 기업은 데이터 관리에 성숙도를 설정하고 최종 목표 달성을 위해 계속 투자하고자 한다. 하지만 이러한 접근법의 근본적인 결함은 높은 성숙도로 설정된 목표 상태가 정적이라는 가정에 있다. 왜냐하면 디지털 시대의

■ 디지털 데이터 홍수 – 디지털 시대에서의 데이터 프로파일의 역동성

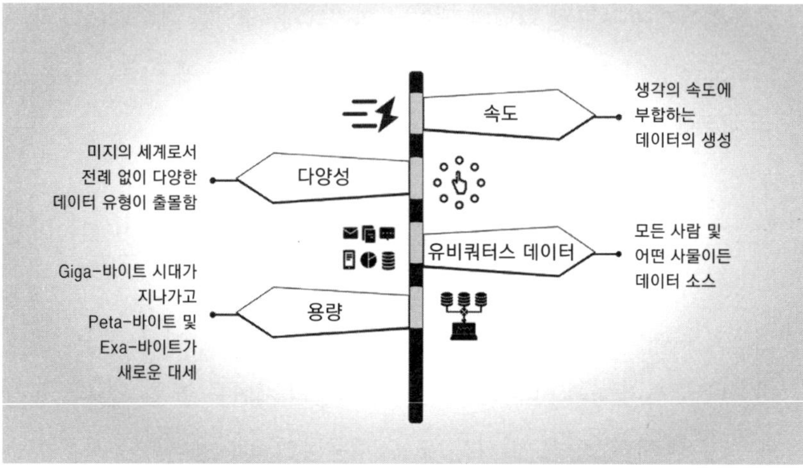

핵심 특성인 뷰카 세계의 현실로서 디지털 데이터가 생성되는 속성은 이러한 가정과는 정반대의 상황에 있다는 것이다.

불확실하고 복잡한 뷰카 시대에는 성숙도(Maturity)가 아닌 민첩성(Agility)이 디지털 전환을 통해 약속한 잠재력을 달성하기 위한 디지털 데이터 아키텍처 구축을 위해서 보다 효과적인 기본 설계 원칙이다. 하지만 디지털에 의한 변화와 붕괴가 지속해서 진행됨에 따라 우리가 이미 알고 있는 데이터들이 처리되어 활용되고 있는 동안에도 몇 가지 더 복잡한 데이터 시나리오들이 발견될 것이다. 따라서 기업의 디지털 데이터 아키텍처는 오늘날 야기되는 다양한 시나리오를 처리할 수 있는 기능을 가져야 하지만 그렇지 못하는 경우도 항상 역동적인 디지털 데이터 환경에 신속하게 대응할 수 있는 아키텍처로써 민첩성을 가져야 하기 때문이다.

그렇다면 디지털 데이터 아키텍처를 위해 기업이 고려해야 민첩한 설계의 핵심 원칙은 무엇인가?

1. **데이터 스택은 단일화될 필요가 없으며, 데이터 사용자의 개별 상황에 부합할 필요성이 있다.**

   서로 다른 데이터 스택(예: 전통 방식의 RDBMS, 오픈소스 빅데이터 또는 클라우드 네이티브)은 서로 공존하고 보완될 수 있다. 핵심은 서로 다른 데이터 스택이 가장 적합한 유스 케이스를 식별하는 것이다. ERP, CRM 또는 기타 운영체제에서 들어오는 대규모의 기업 데이터들은 대부분이 구조화되어 관계적이며 예측 가능하며 이는 검증된 데이터 웨어하우스 기술을 활용하는 온-프레미스 데이터 시스템에 의해 잘 관리된다. 그러나 역동적이고 복잡한 디지털 데이터를 관리하고 인공지능을 활용하여 통찰력을 도출하려면 보다 유연하고 탄력적이며 고속의 현대적인 데이터 스택이 필요하다.

   그러므로 디지털 데이터 아키텍처의 복잡한 질문에 대한 대답은 이러한 하이브리드 스택이라는 데이터 생태계의 목적에 부합하도록 서로 다른 데이터 기술 스택들의 상호 보완성에 있다.

2. **인터페이스가 풍부한 외부 데이터 생태계를 이용한 민첩한 데이터 수집 및 처리 능력**

   이벤트 스트리밍 데이터는 디지털 데이터 프로필을 실제로 보여주는 것이다. 빠르고 복잡하며 아주 대용량이다. 이벤트 스트리밍 데이터는 데이터 표준으로서 트랜잭션 데이터(예: ERP-generated)보다 훨씬 크고 속도가 빠르다. 아울러 데이터 형식 또한 다양하므로 디지털 데이터 아키텍처는 정형 또는 비정형 데이터 그리고 배치 또는 스트리밍 그리고 관계형 또는 비 관계형 등 다양한 소스에서 데이터를 수집할 수 있는 기능을 갖도록 설계되어야 한다.

   데이터 시스템은 배치(Batch), 미니 배치(Mini-Batch) 또는 실시간 스트리밍을 처리하는 데이터 파이프라인을 다룰 수 있는 능력이 있어야 할 뿐만 아니라, 광범위한 비즈니스 목적을 위해 관련 데이터들을 즉각적으로 활용할 수 있는 가용성이 확보되어야 한다.

데이터 수집 및 처리 능력의 민첩성은 매우 높은 가치의 요구사항이 되었으며 이는 AI와 머신러닝 기반의 응용 프로그램을 통해 더욱 효과적으로 새롭게 부상하는 데이터 소스를 탐색하고 탑재함으로써 기업의 데이터 자산을 더욱 풍부하게 만들 수 있기 때문이다.

3. 데이터 스토리지는 탄력적이여야 한다. – 데이터 용량이 급격히 증가함에 따라 비용 효율적으로 확장성이 있어야 한다.

데이터는 기업 자산 중 가장 중요한 요소 중 하나이지만 이를 저장하고 관리할 효율적인 인프라가 없다면 매우 빠르게 '기술 부채'가 될 수 있으며 데이터 저장 용량의 부족이나 저장 비용이 많이 든다. 효과적인 디지털 데이터 아키텍처는 데이터 양이 증가함에 따라 로-데이터(Raw Data), 프로세스 및 분석 데이터를 저장할 수 있는 계층화된 아키텍처를 갖추어야 하며 유연성이 요구되며 최적의 리소스 활용을 보장하기 위해 비용 효율적일 수 있어야 한다. 핵심은 데이터 자산을 핫(Hot), 웜(Warm) 또는 콜드(Cold) 범주로써 데이터를 분류하고 적절한 데이터 저장 전략을 정의하여 클라우드 및 온-프레미스 스토리지 시스템을 최대한 활용할 수 있는 효과적인 데이터 저장 프레임워크에 있다.

4. 현대적인 '마스터 데이터 관리'

마스터 데이터는 사용자, 고객, 제품, 계정, 파트너, 위치 등에 대한 정보를 포함하여 기업에 필수적인 모든 것이 기록되어 있으며, 이는 접근 권한이 요구되는 자료이자 전체 데이터 생태계에서 핵심 분야이다. 과거에는 MDM이 중앙 집중 방식의 접근법을 필요로 했으며 이는 안정적이며 그다지 역동적이지 않은 데이터 생태계에서 매우 잘 작동했다. 하지만 오늘날 디지털 시대에는 중앙집권화와 경직된 스키마로서는 기업 가치를 적극 활용하고 동적인 360도 뷰를 만드는 능력이 제한되고 시간이 많이 소요되는 문제 등으로 인해 마스터 데이터 관리(MDM) 시스템에도 큰 변화가 찾아왔다.

오늘날의 현대적인 MDM은 사일로화된 조직의 부서들을 가로질러서 작업하고, 새로운 정보원을 흡수하며 숨겨진 관계를 찾고, 빠르게 통찰력을 생성하고 실시간으로 결과를 전달할 수 있는 능력을 요구한다. 예상한 것뿐만 아니라 발생하는 어떤 질문에도 대답할 수 있을 만큼 민첩해야 한다. 오늘날 현대적인 MDM 시스템의 핵심에는 조직의 네트워크 및 마스터 데이터 연결을 이해하고 이를 식별하며 관리할 수 있는 능력이 있어야 한다.

5. AI와 머신러닝 활성화를 통한 데이터 분석

디지털 데이터의 진정한 가치는 데이터 분석을 위한 AI와 머신러닝 알고리즘에 기반하여 고객 참여를 보다 강화하고 비즈니스 리스크를 완화하며 효율적인 오퍼레이션을 가능하게 하는 비즈니스 의사결정과 실시간 제안에 대하여 중요한 통찰력을 확보하는 데 있다.

기업의 비즈니스 지능화에 대한 요구는 매우 역동적이며 대다수의 경우에 표준화된 분석 도구 세트로는 이를 해결할 수 없다. 디지털 데이터 아키텍처는 기업 내부의 여러 팀에서 진정한 민주적 사용 방식을 통해 데이터 통찰력을 도출할 수 있는 능력을 갖추어야 하며, 이를 위해서는 워크벤치 형태로써 AI와 머신러닝 기반의 분석 및 정보화 도구 세트가 탑재되어 여기에는 데이터 선별 프로세스로 큐레이팅된 데이터가 실시간으로 제공 가능해야 한다. 특히 민첩한 데이터 분석 워크벤치에는 오픈소스 세계에서 새롭고 혁신적인 AI와 머신러닝 기능을 탑재하도록 함으로써, 이를 활용하는 기업의 유연성을 강화하고 항상 최고의 가치를 제공받을 수 있도록 해야 할 것이다.

6. API 기반, 실시간(Real-Time) 및 주문형(On-Demand) 데이터 그리고 통찰력의 제공

'리얼타임'과 '온디맨드'는 디지털이라는 단어와 거의 동의어가 되고 있다. 데이터와 통찰력의 세계가 디지털과 인공지능으로 진화하면서 가장 근본적인 기대 변화는 실시간 데이터 생성과 통찰력에 대한 실시간 가용성이라 할 수 있다. 오늘날 소비자들은 즉각적인 제안을 요구하고 또한 기업은 즉각적인 통찰력을 요구하며 한편 운영자는 즉각적인 경고를 필요로 하고 있으며, 이러한 실시간 요구사항들은 지속해서 늘어나고 있다.

현대적인 디지털 데이터 아키텍처는 핵심 설계 원칙 중의 하나로써 다음 질문에 대답할 수 있어야 한다. 사용자가 원하는 시점과 사용자가 원하는 위치에서 어떻게 통찰력을 제공할 수 있을 것인가? 이에 대한 명확한 답변으로, 최종 사용자 시스템이 실시간 및 주문형으로 통찰력에 액세스할 수 있는 기능이 확보되어야 하며, 이러한 기능을 활성화하기 위해서는 REST(Representational State Transfer) API를 활용한 다중 모드에서 실시간 통찰력을 제공하는 접근 방법이 해답이라 할 수 있겠다.

7. 강력한 데이터 거버넌스와 데이터 품질 관리

더 이상 논란의 여지도 없이 기업 데이터의 급성장은 데이터 거버넌스를 매우 중요한 주제로 만들었다. 데이터 도메인 간에 데이터 품질을 개선하고 자동화된 데이터 카탈로그를 통해 기업의 데이터 투명성을 확보하기 위해서는 구체적인 수단을 갖춘 핵심 데이터 거버넌스 프로세스와 데이터 정책을 수립하는 것이 중요하다. 특히, AI와 머신러닝 접근법을 활용하면 데이터 품질 관리를 자동화하고 숨겨진 데이터 품질 문제를 발견하는 데 많은 도움이 될 수 있다.

■ **민첩한(Agile) '데이터 아키텍처' 구축을 위한 핵심 원칙**

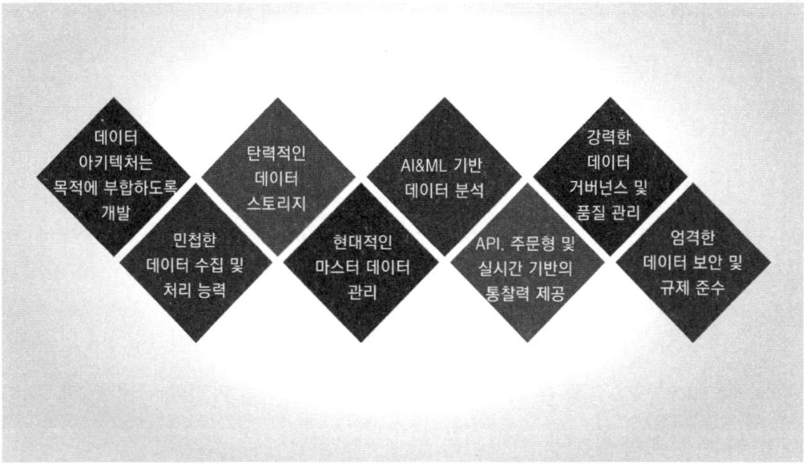

8. 잘 정의되고 엄격하게 관리되는 데이터 보안 및 규제 준수

디지털 데이터 아키텍처가 다중 위치(클라우드, 온-프레미스)와 다중 스택에 의한 접근 방식을 채택하는 경우에는 더욱 잘 정의되고 엄격하게 구현되는 데이터 보안 전략이 요구된다. 기업은 핵심 데이터의 보안과 프라이버시를 유지해주는 데이터의 보안 관리, 클라우드 상의 네트워크 보안과 온-프레미스 시스템과의 연결성 유지를 위한 보안 프로세스와 프로토콜을 시행해야 한다. 계정접근관리(IAM: Identity and Access Management)를 위한 사용자 그룹에 관한 레벨 정책은 업무 역할에 기반한 제한된 액세스로 정의되어야 할 것이며, 궁극적으로는 AI가 가능한 사전 활성 방식의 데이터 모니터링 생태계를 구현해야 할 것이다.

결론적으로 오늘날 디지털 데이터의 홍수는 여태껏 전례가 없었고 지금까지 기업이 처리해 온 다른 데이터 문제와는 매우 다르다.

이러한 데이터 홍수 현상에 의해 제시된 기회를 실현하는 동시에 그것이 내포하는 위험을 효과적으로 관리하기 위해서는 혁신적이며 민첩한 접근이 필요하다. 민첩하게 적응 가능하며 미래 지향적인 '디지털 데이터 아키텍처'는 기업이 오늘날 우리가 체험하고 있는 디지털 대전환이라는 물결에 올라탈 수 있도록 돕는 중요한 기능이다.

기업들은 디지털 데이터 아키텍처를 신속히 달성하기 위한 디지털 여정을 시작하거나 진행함에 따라 현재 데이터 생태계의 가치와 역량을 분석하고 '디지털 데이터 아키텍처'의 구성요소로서 이를 보완하기 위한 반복적 조치를 취할 필요가 있다.

결론적으로 '디지털 데이터 아키텍처'는 기업이 혁신적인 비즈니스 영향력과 지속 가능한 경쟁 우위를 확보하기 위해 디지털 여정에서 반드시 구축해야 하는 기초적인 핵심 기반이라 할 수 있겠다.

요약

- 데이터 관리 성숙도를 달성했다고 믿는 기업조차도 오늘날 발생하는 엄청난 양의 데이터에 압도당하고 있으며 데이터의 다양성, 볼륨 및 속도가 폭발하여 전례 없는 디지털 데이터 홍수가 발생하고 있다.
- 오늘날 기업 데이터 생태계는 다음과 같이 여러 가지 형태의 압박에 직면하고 있다.
  - 고속의 복잡한 디지털 데이터를 소비, 처리 및 통합하는 데 발생하는 문제
  - '신호'와 '소음'을 큐레이팅하고 차별화하는 데 있어서 한계
  - '골든 레코드'는 더 이상 의미 없으며 '골든 네트워크'로 수정
  - 사이버 공격과 데이터 절도의 정교화로 인해 데이터 보안 강화 요구
  - 강력한 데이터 거버넌스와 데이터 품질 향상을 위한 AI 기술 활용
  - 실시간 및 주문형으로 데이터 분석 기반의 통찰력의 확보와 활용
- 디지털 시대의 기업 데이터 관리는 '성숙도'가 아닌 '민첩성'이 핵심이며, 이는 오늘날의 VUCA 시대의 현실로서 '종료 상태'와 같은 것은 없다는 것을 인식하는 것이다.
  - 디지털 데이터 스택은 민첩성 있는 하이브리드 스택으로서 개별 상황에 부합해야 한다.
  - 인터페이스가 풍부한 외부 데이터 생태계 기반으로 민첩한 데이터 수집 및 처리 능력이 있어야 한다.
  - 데이터 저장소는 탄력적이며, 비용 효율적이고 용량 증가에 따른 확장성이 있어야 한다.
  - MDM는 조직의 네트워크 및 마스터 데이터 연결을 이해하고 이를 식별 관리해야 한다.
  - 오픈소스의 혁신 AI와 머신러닝 기능을 탑재한 민첩한 데이터 분석 워크벤치를 활용한다.
  - API 기반, 실시간 및 주문형(On-Damand) 데이터 그리고 통찰력을 제공해야 한다.
  - AI와 머신러닝 활용에 기반한 강력한 데이터 거버넌스와 데이터 품질 관리의 자동화가 필요하다.
  - 데이터 보안 및 규제 준수를 잘 정의하고 엄격히 구현되는 데이터 보안 전략이 필요하다.

제6장

—

블록체인
: 새로운 인프라의 가능성

진보의 길은 빠르지도 않고 쉽지도 않다는 것을 나는 배웠다.

폴란드계 프랑스의 화학자이자 물리학자인 마리 퀴리

노벨 물리학 및 화학상 수상자

블록체인은 디지털 시대의 중요한 혁신 기술 중의 하나로서 디지털 경제의 핵심 구성요소가 될 것임을 약속하고 있다. 지난 수년 동안 이 기술에 대해서 엄청난 열풍과 비이성적인 열정이 있었는데, 주로 비트코인의 광풍에 의해 기인하였다. 비트코인에 관한 광풍은 이제 가라앉고 있는데 이는 아주 바람직한 현상으로 생각된다. 블록체인의 경우 일어날 수 있는 현상으로서 이제 우리는 '부자가 되는 계획'에서 '지속 가능한 가치 창출'로 초점을 바꿀 수 있기 때문이다.

본 장에서는 블록체인을 다음의 관점에서 살펴보기로 한다.

- 블록체인을 둘러싼 과대 선전이 사라짐
- 블록체인 기술이 가진 새로운 기회
- 블록체인 실행에 있어서 도전적 과제
- 블록체인 실행을 위한 '2단 속도' 전략

블록체인과 관련한 과대 선전이 사라짐

얼마 전 한 조사에서 광고주들은 '블록체인'이 2018년에 가장 과대평가된 용어라고 생각한다는 결과가 도출되었다. 특히 암호화폐와 전혀 무관한 분야의 많은 기업들이 실제로 블록체인 기술은 거의 보여주지 않고 이를 사용하거나 실험했다고 주장하기 때문에, 이는 그다지 놀랄 일은 아니다.

이러한 조사 결과는 언론과 소셜 미디어 등을 통해 무료 광고 효과를 받기 위해서 기업들이 블록체인이라는 용어를 어떻게 남용했는지를 광고주들은 이미 잘 알고 있었다는 것을 확인하는 것이다.

또한 매니지먼트 컨설팅 회사인 맥킨지는 블록체인을 위한 100건 이상의 사용 사례 중에서도 대다수가 시작품(Pilot) 또는 개념 증명(Proof of Concept)을 넘어서지 못하고 여전히 개척 단계에 갇혀 있거나 폐쇄되고 있다고 판단한 것으로 알려졌다.[9]

또한 인공지능과 머신러닝이라는 새로운 도구가 부상하면서 블록체인은 기업 IT 분야에서 가장 혁신적인 데이터와 분석 기능을 제공하는 가트너 사의 유망기술 선정에 관한 보고서 연간 목록에서 최하위로 떨어졌다.

블록체인은 이제 더 이상 활용 가치가 없는 기술인가에 대해 의문이 생기는 것은 당연하다. 블록체인 기술에 대한 냉철하고 현실적인 점검은 확실히 진행 중이지만 이 기술이 막을 내리는 단계가 아니라는 것은 분명하다. 분명히 블록체인 기술은 아직 개척 단계에 있으며, 이 기술이 디지털 시대에 지배적인 기술로 부상하기 위해서는 최소한 몇 년이 걸릴 것이라는 사실을 인식할 필요가 있다.

블록체인 기술이 가진 새로운 기회

블록체인을 뒷받침하는 분산 원장 기술은 디지털에 의한 기록 보관과 거래를 모두 쉽게 이루어지도록 하며, 이 기술의 근본적인 가치는 거래의 신뢰성을 높이는 것에 있다.

즉, 블록체인은 거래의 투명성과 데이터의 진실성을 보장하는 기술로서 신뢰성이 강화되면 디지털 네트워크에서 통제나 제어를 위한 프로세스들이 감소하고 속도와 효율성이 크게 향상되기 때문이다.

디지털 기록 보관과 거래에 있어서 신뢰성을 향상시키고 투명성을 강화하는 일은 디지털 시대의 다양한 산업과 기능적 분야에서 관련성이 크다. 앞으로 2~3년 안에 블록체인 기술의 집중적인 적용과 활용이 기대되는 분야는 금융 서비스와 e-Governance 분야로 예견된다.

- **금융 서비스**: 블록체인 기술은 은행업종에서 널리 활용되며 특히 지불 측면에서 광범위한 애플리케이션을 가지고 있다. 그 사용 사례로는 무역금융, 파생상품, 순매도, 송금 처리 등이 있으며, 현재에도 블록체인 기반의 다양한 PoC(개념 증명)들이 시중의 많은 은행들에 의해 실험 중에 있다. 이러한 블록체인 기술에 관한 새로운 비즈니스 모델과 개념 검증들은 AI와 기계학습을 중심으로 수년 전에 이루어졌던 실험적인 활동 성격과도 비슷하다. 우리는 이러한 블록체인 사용 사례 중 일부가 앞으로 2~3년 안에 성공적으로 디지털 혁신의 주류로서 부상할 것으로 기대된다.
- **e-Governance**: 디지털화는 세계 각국의 정부와 공공기관의 중요한 목표이다. 블록체인 기술은 더욱 투명하고 신뢰성이 높으며 접근하기 쉬운 디지털 공공 기록을 만들고 이를 제공하는 과정에서 매우 중요한 역할을 한다. 예를 들어, 블록체인은 개인의 부동산 소유 현황이나 각종

신분 증명, 거래 인증서 등을 발급해야 하는 정부 차원 또는 공공 기관에서 중요한 역할을 할 수 있다.

금융 서비스와 e-Governance 외에도 의료 분야와 공급망(Supply Chain) 분야는 블록체인 기술에 의한 분산 원장 애플리케이션을 중심으로 상당한 실험이 진행되고 있는 또 다른 산업 분야이다. 특히 디지털 자산의 저작권과 소유권을 블록체인 기반의 분산 네트워크에 기록하는 방식으로써 NFT(Non Fungible Token)가 주목받고 있다. 이는 개별 콘텐츠에 고유 토큰을 연결시켜 해당 창작물에 대해 본인 소유를 입증할 수 있다. NFT는 블록체인 기술을 기반으로 하고 있어서 소유권의 판매 이력 등의 정보가 전부 블록체인에 저장되어 위조 자체가 불가능하기 때문이다.

블록체인 실행에 관한 걸림돌

오늘날 블록체인의 다양한 비즈니스 기회와 현실적 실행 사이에는 큰 차이가 있다. 최근 조사에 따르면 블록체인을 이미 연구하고 있는 61%의 기업 중 28%만이 블록체인 서비스 공급자를 선택했다고 한다. 조사에 따르면, 대다수의 의사결정자들은 여전히 이 기술을 비즈니스 관점에서 검토하고 있는 단계라고 한다. 그리고 블록체인 공급업체들을 살펴봐도 블록체인 기술 응용과 서비스에 관한 확고한 입장을 아직 정리하지 않고 있다.[10]

TD 은행의 조사 결과에 의하면 재무 금융전문가의 약 90%가 블록체인과 '분산 원장기술(DLT: Distributed Ledger Technology)'이 지불업계에 긍정적인 영향을 미칠 것으로 보고 있는 것으로 나타났다. 하지만 이 조사에서 응답자의 14%만이 그들 조직에서 블록체인을 위한 교육 프로그램이나 비즈니스 전략을 가지고 있다고 응답했다.[11]

한편 글로벌 블록체인 비즈니스 협의회의 조사에 따르면 기업 임원의 응답자 63%는 블록체인 기술에 관한 이해 수준이 낮은 것으로 나타났으며, 30% 정도는 블록체인 기술에 대한 지식을 '평균' 수준으로 이해하고 있었으며, 나머지 7%만이 블록체인에 관한 이해 수준이 좋은 것으로 나타났다.[12]

상기 설명에 근거하면 블록체인 기술은 아직도 개발과정에 있는 기술이며 현실에서 블록체인을 실행하기 위해서는 많은 도전적 과제들이 남아 있다는 것을 의미한다.

블록체인 기술의 실현을 통해 지속 가능한 가치를 도출하기 위해서는 다음 6가지 핵심 과제를 다루어야 한다.

1. **기존의 IT 기술과의 통합**: 블록체인 기술이 적용될 수 있는 산업 분야 중 많은 부분이 레가시 IT 기술 인프라를 갖춘 전통적인 산업 분야이다. 이러한 전통 산업 분야에서의 새로운 디지털 기술 투자에는 시간이 더 많이 걸리며 비용이 많이 들 수 있음을 의미한다.

2. **새로운 변화에 대한 저항**: 기업 임원들의 블록체인 기술에 대한 이해는 종종 낮게 파악된다. 따라서 조직 내에서 새로운 디지털 기술에 관한 지속적 교육과 함께 변화와 혁신에 관한 인식 제고가 필요하다.

3. **물리적 기록의 디지털화**: 많은 경우에 기본 자료의 형태는 여전히 물리적 형태의 기록이며, 블록체인 기술을 적용하려면 조직 내에 산재하고 있는 이러한 물리적 기록에 대한 전사적인 디지털화가 필요하다.

4. **블록체인 기술의 확장성**: 블록체인 인프라는 아직도 대량으로 상용화 적용할 수 있는 양적 규모에 이르지 못했다. 이를 위해서는 디지털 비즈니스 측면에서 다양한 인프라 투자가 필요하고 블록체인의 상용화 과정에

관련된 비용 투자도 필요로 한다. 실제로 블록체인 적용 기술은 다른 디지털 기술 옵션들과 비교했을 때 일부 사용 사례에서는 그다지 시장 경쟁력이 없는 것으로 보인다. 특히 블록체인은 그 사용 사례가 실제 검증되었음에도 불구하고 인프라와 비용 때문에 상용화에 이르지 못하고 있는 지불 결제업계가 그 대표적인 사례라 할 수 있다.

5. **전문인력의 부족**: 블록체인 기술에 대해 체계적으로 훈련받은 전문가가 절대적으로 부족하며 블록체인 기술의 상용화와 인프라 확산을 위해서는 전문인력 양성을 위한 교육과정의 개설, 전문가 양성 교육체계 및 다양한 파트너십 구축 등에 대한 적극적인 투자가 필요하다.

6. **블록체인의 생태계 개발**: 기업의 블록체인 기술과 응용을 지원하기 위한 공급업체와 파트너 생태계는 여전히 개발 중이므로 실현될 수 있을 뿐만 아니라 상용화 가능한 사용 사례에 대한 현실적인 점검과 파트너 선택에 대한 세심한 검토가 요구된다.

■ **블록체인 – 투명성과 신뢰성 강화를 위한 디지털 분산 원장 기술**

앞에서 설명한 블록체인에 관한 문제는 어려운 도전적 과제이지만, 그 솔루션에 대한 보상의 크기를 감안해 볼 때 이는 분명히 해결할 만한 가치가 있다.

블록체인의 미래는 여전히 애매모호하지만 이를 극복하고 합리적인 접근으로 실행할 수 있는 방법이 있다!

블록체인의 실행을 위한 '2단 속도' 전략

블록체인 기술은 아직 초기 단계에 있으며, 위에서 언급한 해결해야 할 과제들을 고려할 때 블록체인 실행을 위한 2단 속도 전략을 추천하고자 한다.

- 속도 1: 유스 케이스(Use Case) 실행
  블록체인은 때때로 문제 해결을 위한 검색용 기술처럼 보인다. 디지털 전환 여정에서 영향력을 받게 될 문제의 발생점과 핵심성과지표(KPI)가 명확한 경우에는 잘 정의된 유스 케이스에서 블록체인 프로그램을 고정시키는 것이 중요하다. 이를 통해 사용자의 참여를 보장하고, 가시적인 결과를 제공하기 위한 엔드-투-엔드 실현에 초점을 맞추도록 할 수 있기 때문이다.
- 속도 2: '빌딩 블록(Building Block)'의 점진적 개발
  유스 케이스에 있어 고정된 블록체인 프로그램에 집중하고 시작하는 것이 올바른 방법이지만 그것만으로는 충분하지 않다. 블록체인 기술 인프라는 '물리적 기록의 디지털화' 등과 같은 기타 중요한 '빌딩 블록'은 지속 가능하며 확장 가능한 영향력을 위해서 별도의 구성요소로서 개발 추진되어야 한다.

  블록체인 실행에 요구되는 '빌딩 블록에 관한 속도 2'는 '유스 케이스의

속도 1'과 병렬로 실행될 수 있어야 하며, 모든 단기적인 유스 케이스의 구현은 해당 빌딩 블록을 기반으로 다음 단계로 점진적으로 발전시키는 데 도움이 된다.

블록체인(Blockchain)은 초기 단계에 있는 기술이지만 디지털 공간에서의 기록 보관과 거래 모두에 대한 신뢰성과 투명성을 높이겠다는 약속을 고려할 때 엄청난 잠재력을 가진 신기술이다. 블록체인은 비트코인의 과대 상승으로 인해 그 시대 훨씬 이전부터 과장되었다. 과대 선전이 소멸되는 것은 블록체인에는 좋은 현상이며 그 초점을 최초 기본적인 블록체인 기술로 되돌려 놓는다. 많은 도전이 우리 앞에 남아 있지만, 집중적이고 균형 잡힌 블록체인 실행 접근법은 이 강력한 기술의 잠재력을 푸는 데 많은 도움이 될 수 있을 것이다.

요약

- 블록체인 기술 기반의 '비트코인'은 광풍적인 수준으로 과대 선전에 휩싸였으며 이제는 어느 정도 안정화되었다.
- 블록체인과 연관된 광풍의 종식은 바람직한 현상이며 이는 근본적인 기술 장점과 응용으로 옮겨갈 수 있기 때문이다.
- 블록체인을 뒷받침하는 분산 원장 기술은 투명성과 신뢰성을 강화시키며, 기존의 가치 사슬을 긍정적으로 붕괴하는 기회를 제공하고 있다.
- 블록체인 기술은 재무 금융 서비스, e-Governance, 의료 및 공급망 등과 같은 산업 분야에서 다양한 응용 프로그램을 찾을 수 있다.
- 블록체인 기술은 아직도 초기 기술 수준의 개척 단계에 있으며, 기술적 임계점에 도달하려면 많은 시간과 지속적인 투자가 필요할 것이다.

제7장

—

클라우드

: 디지털 전환의 인에이블러

클라우드는 차세대 슈퍼컴퓨터가 되었고, 이를 사용 촉진하기 위한 혁명은 스마트폰이 일으켰다.

야후의 설립자, 제리 양

과거 몇 년 동안 대부분 기업 CIO(Chief Innovation Officer)들은 클라우드를 최우선으로 해결해야 할 과제 중 하나로 삼았다. 실제로 일부 기업의 CIO는 기존의 IT와 전체 비즈니스 간의 관계를 변화시키는 방법으로써 클라우드를 활용하는 데 성공을 거두었다. 특히 클라우드는 기존의 IT 시스템을 역동적인 비즈니스 환경 변화에 유연하게 그리고 효율적으로 잘 적응할 수 있게 하였다.

클라우드를 비용 절감과 IT 자원의 활용 개선을 위한 인프라 역량에 지나지 않는 것으로 특징짓는 것은 클라우드의 능력을 근시안적인 관점에서 판단한 것이라는 사실도 명확해졌다. 이제 모든 기업과 조직은 훨씬 더 전략적으로 클라우드를 볼 수 있어야 할 것이다.

클라우드가 어떻게 엔드-투-엔드 디지털 전환을 가속화할 수 있을까?

기업은 디지털 전환 여정의 일환으로써 고객 경험, 신제품과 서비스 혁신, 생산성과 효율성, 그리고 데이터 전략 등 아주 다양한 주제들을 다시 상상하고 있다. 실제로 디지털 네이티브 기업들은 클라우드가 이러한 모든 디지털 비즈니스 실행을 위해 필수적인 사안이며, 수익의 증가뿐만 아니라 디지털 전환을 통해 경쟁 우위를 확보하는 데 강력한 촉매제가 될 수 있음을 이미 입증했다.

디지털 네이티브 기업 외의 클라우드 사용에 대한 기록은 그다지 큰 의미가 없는 것으로 보이며 레가시 기업의 클라우드 컴퓨팅 예산의 27%가 2019년 기준으로 낭비된 것으로 추정된다.[13]

디지털 네이티브 기업들이 어떻게 클라우드를 활용하여 시장 경쟁에서 우위를 차지했는가를 살펴보면 레가시 기업들은 더욱 많은 것을 배울 수 있다.

클라우드가 비즈니스 성과를 조기에 확보하고 시장 경쟁력이 향상되도록 하는 데 가장 영향을 미치는 두 영역을 살펴보면 다음과 같다.

- **다시 상상된 고객 경험**: 클라우드가 고객 참여 전략을 더 민첩하게 실행하도록 하고 고객 경험을 다시 상상하도록 하는 데 어떻게 도움이 될 수 있을까?
- **시장으로의 시간 단축**: 클라우드가 어떻게 이노베이션과 서비스 개발 속도를 더욱 가속화시켜 기업이 시장 경쟁에서 앞서나가도록 도울 수가 있을까?

기업이 상당한 투자를 하는 다음 두 가지 영역에서 더 나은 가치를 효율적으로 창출하기 위해서는 클라우드 인프라를 최우선으로 살펴보는 것 매우 중요하다.

- 데이터 자산: 데이터 자산으로부터 가치를 얻는 프로세스를 보다 간소화하도록 함
- AI와 머신러닝: AI와 머신러닝을 확장하여 오퍼레이션 프로세스와 통합 가능하도록 함

기술을 위한 기술은 기업의 골칫거리였고, 클라우드가 약속을 이행하지 못하게 되는 가장 큰 이유로 남아 있다. 기업은 그들 스스로 방향을 잡아야 하며 클라우드 기술 자체보다 클라우드 채택을 통해 조직을 통합적인 방식으로 이끄는 것이 중요하다.

기업이 클라우드와 함께하는 여정에서 명심해야 할 몇 가지 핵심 요소들을 살펴보기로 한다.

디지털 비즈니스로 전환에 있어 가속 수단으로서 클라우드

고객 경험을 다시 상상하기

오늘날의 디지털 경험은 산업 전반에 걸쳐서 제공되는 비즈니스 기회로서 소비자들은 그들이 원하는 정보에 접근할 수 있는 완전한 '디지털 셀프 서비스(Digital Self-service)' 경험을 기대하고 있으며, 디지털 인프라는 언제 어디서나 어떤 장치로부터든 접근할 수 있도록 구축되어 있다.

이러한 관점에서 디지털 시대에서 기업들이 디지털 환경에 더욱 잘 부합하는 이상적인 비즈니스로 나아가기 위해 '고객 워크 플로우(Customer Workflow)' 전체를 처음부터 다시 상상해야 한다. 특히 기업들은 e-메일, 모

바일, 웹 사이트, 소셜 네트워크, 푸시 알람 등 다양한 디지털 경험을 제공할 때 클라우드를 핵심 인에이블러로 활용할 수 있어야 할 것이다.

- **레거시 기술 장벽을 넘어 연결하기**: 기존 기업의 IT 인프라인 레거시 핵심 기술들은 디지털 사용자 경험을 원활하게 그리고 통합적으로 제공하기 위한 도전적 수준이 아니라 대부분 경우는 명백히 활용 불가능한 수준이다. 하지만 클라우드는 노후화된 IT 인프라를 완전히 업그레이드하지 않고도 고객의 디지털 경험을 축적할 수 있는 혁신적인 방법을 제공하고 있다. 특히 노후화된 IT 시스템이 설치되어 있는 기업은 IT 인프라에 별도 투자 없이도 디지털 경쟁력을 확보할 수 있다. 분명히 오늘날 레거시 IT 기술에 대한 현대화가 진행되고 있으며, 이를 따라잡기 위한 기술 경쟁이 치열하게 이루어지고 있음에도 불구하고 클라우드는 고객 경험을 새롭게 시작할 수 있는 방법을 제공하고 있다.
- **차세대 기술의 통합**: 고객에게 원활한 디지털 경험을 제공하기 위해서는 예를 들어 챗봇과 같은 디지털 상담을 위한 AI 플랫폼 기술에서부터 디지털 검증을 위한 이미지 인식 기술에 이르기까지 여러 가지 유형의 차세대 디지털 기술들이 통합되어야 한다. 하지만 이러한 디지털 핵심 기술을 내부 시스템에 구축하고 사내에 인재를 고용하여 기존 기술 인프라 내에서 고객 워크 플로우에 통합하는 것은 일반 기업에서는 종종 불가능한 일이다.

  하지만 디지털 네이티브 기업인 주요 클라우드 서비스 제공업체들은 사전에 포장된 다양한 솔루션을 제공하고 있고, AI-기반의 클라우드 플랫폼을 통해 솔루션들이 지속해서 업그레이드되며, 서비스를 제공하고 있다. 이러한 솔루션들은 자기 학습을 통해 높은 정확도를 확보하기까지 몇 년 이상의 시간이 소요되기도 한다. 예를 들어 UPS 택배사는 마이크로소프트의 클라우드 기반 아즈레 봇 서비스를 활용하여 모바일 앱에 챗봇 서비스를 제공하고 있으며, 이 서비스를 통해 고객은 텍스트 기반의 대화 또는 음성 기반의 대화에 참여하여 배송물의 출하시기, 출하량, 요금 그리고 UPS에 의한 배송 위치 등에 관한 서비스 정보를 실시간으로 파악할 수 있다.[14]

시장 진입을 위한 시간 단축

대표적으로 소매업, 은행업, 금융업을 비롯하여 산업 전반에 걸쳐 디지털 비즈니스 모델을 기반으로 시장 점유율을 상승시키고 있는 디지털 네이티브 기업들이 가지는 한 가지 공통적인 특징은 시장 진입을 위한 시간을 줄이기 위해서 린(lean) 사업화 방식을 채택하고 민첩(Agile)하며 그리고 '빠르게 실패(Fail Fast)'를 경험한다는 것이다.

이들 성공의 중심에는 일관된 디지털 비즈니스 활성화 요인 중의 하나로써 전문화된 특정 솔루션 제공업체와의 업무 제휴가 있다. 예를 들어, 전자상거래 소매업체들은 지불 결제, 온라인 상점 개설, 사기 거래의 방지 등과 같은 특화된 요구를 처리하기 위해 Shopify, Stripe, Square 등과 같은 클라우드 기반의 전문 솔루션 제공업체와 업무 제휴를 하고 있다. 즉, 디지털 분야의 제휴 서비스는 클라우드 기반의 전문 서비스로서 완전히 다른 가변적 구조에서도 효율적으로 협업할 수 있기 때문이다. 그리고 중요한 것은 이러한 제휴 기반의 클라우드 서비스 외주화를 통해 기업의 고유한 핵심 업무에만 집중할 수 있기 때문에, 새로운 제품과 서비스를 기반으로 시장 진입과 확보 시간을 더욱 단축할 수 있게 된다.

디지털 전환을 추진하는 전통적 기업들이 제품과 서비스를 디지털 채널에 포함하도록 확장하거나 또는 디지털 우선 서비스를 설계하고 출시하는 경우에 반드시 전자상거래 시장에서 이루어지는 클라우드 기반의 제휴 업무를 벤치 마크함으로써 시장 진출 시간을 줄이는 것이 바람직할 것이다.

다음은 활용 사례에 관한 몇 가지 예시이다.

- **비핵심 활동 분야의 파트너 제휴**: 앞서 살펴본 바와 같이 비핵심적인 활동 분야는 디지털 파트너에 의한 업무 제휴를 통해서 추진하고, 핵심적인 제품 개발과정에만 집중하게 되면 시장의 진입 시간과 비용 등이 절감되며 사업화 리스크도 많이 감소하게 된다.
  한편, 종래의 전통적인 비즈니스 사업화 방식에서 포커스 그룹들과 함께 제품의 기능, 시장 규모와 셀링 포인트 등에 관해 시장조사하는 일은 항상 느리고 비용이 고가이며 종종 시행착오로 끝나기도 한다. 이러한 전통적인 사업화 방법이 디지털 전환을 통해 변화하고 있으며, 제품 또는 서비스의 시장 적합성 또는 사업화 가능성을 확인하기 위한 검증과정으로서 디지털에 기반한 다양한 실험이 이루어지고 있다.
  한 예시로써, 유력 통신사에서 노인용 의료 보조 장치로써 개인이 착용 가능한 수준의 제품을 제공할 수 있는 시장 가격을 분석하기 위해서 이러한 디지털 실험을 수행한 바가 있다. 이 통신업체는 클라우드 기반의 솔루션 제공자와 업무 제휴를 통해 디지털 실험의 일환으로써 일련의 A/B 테스트 실험을 수행하였으며, 이는 통신사가 새로운 전자상거래 포털에 통합하여 일련의 실험과정을 설계하고 실행하는 데 많은 도움을 주었다. 보통 몇 달이 걸리는 실험 프로세스 과정이 국가 차원에서 서비스가 시작되기 몇 주 전까지 그 결과가 확보되었다.
- **'자체 개발(Build)' vs '사서 쓰기(Buy)' vs '회원 가입(Subscription)'**: 클라우드 마이그레이션에 착수한 조직은 클라우드 솔루션을 구매할 것인지 또는 직접 클라우드를 구축할 것인지 아니면 클라우드가 제공하는 솔루션에 가입하여 활용할 것인지 등 다양한 선택을 할 수 있다. 이러한 선택은 기업이 고객들에게 신속하고 원활한 서비스를 제공하고 고객들을 온-보드시키는 기업의 디지털 능력과도 직결되는 중요한 결정이라

할 수 있다. 상기 3가지 선택사항 중에서 회원제 운영에 의한 클라우드 서비스를 선택하는 경우는 기존 기업이 그들 고객을 대상으로 클라우드 기반의 서비스를 런칭할 때 획기적으로 비즈니스 시간을 단축할 수 있을 때이다.

예를 들어, 디지털 의료 분야에서는 몇 년 전부터 원격 헬스 서비스와 관련된 디지털 여정이 진행되고 있다. 디지털 채널을 통해 제공되는 정보에 관해 품질 관리가 이루어지려면 여러 가지 유형의 기술 통합이 필요하다. 특히 보안 기술이 적용된 고해상도 비디오 상호작용 기술과 더불어 의료 데이터를 생성하고 이를 측정하고 이를 추적하는 원격 장치 기술이 통합적 관점에서 요구된다. 이러한 디지털 원격 의료 서비스를 의사와 환자 모두가 원활한 디지털 경험을 통합해서 함께 만들어야 하는 것은 물론이며, 통합 그 자체로서 상당히 정교한 기술이 요구된다. 그러므로 대부분의 의료 솔루션 제공자들은 이러한 서비스를 원격 의료 시장에 내놓기 위해서 클라우드 기반의 전문화된 솔루션을 개발하여 이를 제공하고 있다.

- **디지털 시장의 변화에 반응하기**: 신뢰할 수 있는 디지털 솔루션에 대한 필요성과 긴급성은 고객의 디지털 참여가 급속도로 증가하는 포스트 코비드 시대의 최근 통계에 의해서도 확실히 확인되고 있다. 최근의 통계에 의하면, 디지털 상호작용에 의한 고객 평균 점유율은 20%(2017년 6월)에서 36%(2019년 12월)로 증가했지만, 이는 코비드-19 대유행으로 가속화된 36%(2019년 12월)에서 58%(2020년 7월)로 더욱 급증했다.[15] 이러한 디지털 시장에서의 고객 급증 현상은 일시적인 현상이 아니라 새로운 표준으로써 자리 잡을 가능성이 매우 높아졌다. 산업 전반의 기업들은 이미 클라우드 인프라에 와 있는 기업들을 제외하고도, 디지털 채널로의 빠른 전환에 대응하기 위한 인프라 확장에 노력하고 있다. 무엇보다도 분명한 사실은 기업들의 클라우드 서비스의 채택이 이러한 디

지털 시장 변화를 가속화하고 있다.

클라우드가 기존의 프로세스 규모 측면에서의 확장성과 유연성은 물론 민첩한 빠른 실행을 모두 가능하게 하고 있다. 더욱 중요한 것은 새로운 디지털 환경에서 비즈니스 모델을 가능하게 하는 것임이 분명하다. 대부분 기업은 디지털 전환을 추진하면서 클라우드를 통해서 제공되는 디지털 서비스의 규모, 속도 그리고 다양한 이노베이션의 잠재력에 관해 극히 일부만을 이제 막 인식하기 시작했다.

조직의 디지털 투자를 촉진하게 하는 클라우드

디지털 전환에서 조직의 중요한 두 가지 핵심 자산은 항상 데이터와 AI라고 할 수 있다. 그럼에도 불구하고, 대부분 조직은 두 가지 핵심 기능 자산이 가지고 있는 의미 있는 방법으로서 이를 잘 활용하지 못하고 있다. 그 원인으로는 앞서 살펴본 바와 같이 조직의 사일로 구조, 레거시 기술, 기술 인재의 부족 등 다양한 사유들이 있을 수 있으며 이를 해결하기 위해서 기업들이 많은 도전과 노력을 하고 있다.

클라우드 기술은 기업이 디지털 전환 프로젝트를 통해 AI와 데이터를 기업의 핵심 자산으로 확보할 수 있도록, 확장성, 탄력성, 유연성 그리고 민첩성 등 다양한 장점을 제공하여 난제를 해결하도록 함으로써 조직의 디지털 전환 투자를 촉진하도록 하는 중요한 역할을 하고 있다.

데이터

레거시 기술 인프라가 책임져야 할 영역이 있다면 이는 기업 데이터이다. 수년에 걸쳐 축적된 이질적인 애플리케이션 패치워크는 중복적인 데이터의 생성, 일관성 없는 정의 그리고 데이터 품질 관리의 부주의 등으로 인해 기업 데이터는 거의 잡동사니가 되어버렸다. 특히 디지털화에 의해 비정형 데이터의 폭발적인 증가, 분산 데이터의 생성 및 처리 등은 이러한 추세를 더욱 가속화하고 있다. 이 모든 것들은 데이터에서 실제 가치를 추출하는 데 있어서 기업에게는 상당한 도전적 과제가 되었다.

클라우드가 이러한 모든 데이터 문제를 해결하는 마법의 지팡이가 될 수는 없겠지만, 이러한 도전 과제 중 일부를 해결하기 위해 클라우드 기반 기술을 활용한다면 해결할 수 있는 잠재력은 확실히 존재한다.

- **데이터 품질**: 데이터 통합을 위해 몇몇 솔루션 공급업체(예: Talend, Informatica)는 소스 시스템의 수집 시점부터 데이터에 적용되어야 하는 규칙 기반 또는 AI와 머신러닝 기반의 데이터 프로파일링과 품질 방법론을 적용할 수 있는 기능을 클라우드 기반 솔루션으로 제공한다. 이는 특히 구조화되지 않는 경향이 있는 새로운 비정형 데이터 소스(예: 통화 녹취록) 그리고 많은 양의 불량 데이터(Noisy Data)(예: 클릭 스트림 데이터)를 분류하는 데 유용하다.
- **데이터 통합**: 레거시 시스템에서 클라우드로 이르는 인터페이스는 잘 확립된 온톨로지에 기반하여 다른 소스 데이터를 통합하기 위한 명확한 목표를 가지고 개발되어야 한다. 특히 기업에서 수십 년의 과거 자료가 축적되어 있을 때 이를 말하기는 쉽지만 실제로 실행에 옮기는 것은 상당한 노력이 필요하며 고난의 작업이 된다. 그러므로 대부분 기업이 과거 역사에 축적된 데이터 통합 문제에 휘말리지 않고 미래의 전망

을 바탕으로 데이터 통합에 관한 정의를 선택하는 경향이 있다.

- **클라우드 데이터 거버넌스**: 클라우드로의 전환은 기업으로 하여금 데이터의 수용과 규제에 관한 감독을 포함하여 클라우드 거버넌스를 재정의할 수 있는 기회를 제공하고 있다. 특히, 데이터의 수집 시점에서 거버넌스를 위하여 데이터 카탈로그(예: Alation) 및 메타 데이터 관리(예: Collibra)와 같은 기술 기반의 데이터 거버넌스 솔루션을 제공하는 많은 기업이 있다.

확장성있는 기업 AI

기업들은 조직 이외의 분야에서 아웃소싱 등을 통해 주로 일회성 AI 솔루션 개발에 초점을 맞추고 있다. 하지만 이러한 기업 AI 모델 중 많은 수가 제한된 데이터 세트에 의해 AI 학습이 이루어지기 때문에 일회성의 개념 증명(POC)을 넘어서는 규모의 확장을 위해 고군분투한다. 기업에서 이러한 AI 모델을 자체적으로 확장하는 것은 거의 불가능하다. 하지만 클라우드는 이러한 모든 것을 바꿀 수 있는 잠재력을 충분히 가지고 있다

- **AI 모델의 교육과 검증**: AI와 머신러닝을 통해 클라우드에 축적된 데이터에 기반하여 학습과 훈련을 통해 AI 기반의 오퍼레이션 모델을 운영하는 것은 훨씬 효율적인 비즈니스이다. 그러므로 클라우드 컴퓨팅과 스토리지의 가용성은 데이터 소스가 지속 확장된 AI 모델을 학습하고 활용하는 데 있어서 필수적이라 할 수 있겠다.
- **AI 모델의 특성화 스토어**: 중앙 집중식 클라우드 기반의 특성화된 스토어를 만드는 것은 기업 전반에 걸쳐 데이터 사이언스 팀이 기존에 가지고 있는 특성을 재사용할 수 있도록 도와줄 수 있다. 하지만 시간이 지나면 AI 모델에 의한 특성 또한 재사용에 활용될 수 있을 것이다.

- **AI 모델의 학습 규모**: AI 알고리즘은 데이터를 기반으로 집중적인 연산 과정을 수행한다. AI 학습 모델의 훈련과 검증을 처리하기 위한 연산 용량은 가변적인 비용 구조에서 작동하며, 특히 규모적인 측면에서 클라우드 기반의 탄력적인 특성은 학습 용량의 증가 또는 감소에 있어서도 매우 유용할 수 있다.
- **AI 모범 사례**: 대부분 클라우드 시스템의 AI 플랫폼에는 수년 동안 큐레이팅된 오픈소스 알고리즘을 탑재하고 있으며, 클라우드 기반의 AI 플랫폼에 액세스하면 이러한 모범 사례를 활용할 수 있다.
- **운영체제와의 AI 통합**: 대부분의 클라우드 서비스 기반의 AI 플랫폼은 거의 모든 기업의 트랜잭션 시스템(예: ERP)과 의사결정 지원 시스템(예: 워크 플로우 관리 시스템)과도 API 기반의 통합을 지원하고 있다. 이는 기업의 의사결정 모델의 운영과 AI기반 추천 서비스를 확보하는 시간을 줄이며 민첩성(Agile) 경영에 획기적인 도움이 된다.

클라우드는 디지털 전환의 핵심 요소이다. 클라우드가 단순한 인프라를 넘어서 보유하고 있는 잠재력을 진정으로 활용하여 조직의 혁신 구현에 핵심 조력자로서 거듭나기 위해 명심해야 할 사항은 다음과 같다.

1. **클라우드는 IT 인프라 그 이상으로 필요한 도구**: 클라우드가 IT 인프라 그 이상의 역량을 발휘하려면 비즈니스와 공동의 노력이 요구된다. IT 기술과 비즈니스와의 공동 오너십은 비즈니스 결과에 직접 영향을 미치는 오퍼레이션 프로그램을 쉽게 식별하고 이들의 우선순위를 합리적으로 결정할 수 있기 때문이다.

2. **거버넌스 프로세스의 재설계**: 클라우드 퍼스트 세상에서 기업은 클라우드 인프라의 유연성과 민첩성을 잃지 않으면서 데이터 보안, 규제 사항 및

컴플라이언스 요구사항을 처리하기 위한 거버넌스 프로세스를 다시 정의해야 한다. 이를 위해서 클라우드가 우선하는 데이터 체제 구축과 보안 시스템 정비 그리고 인프라 거버넌스 조직을 만들기 위하여 레거시 관리 프로세스를 완전히 다시 설계하여야 한다.

3. **확장된 클라우드 기술 생태계를 수용:** 클라우드 기반 인프라는 클라우드 시장을 통해 기술 스택의 모든 수준에서 최상급의 애플리케이션에 대한 액세스를 개방하고 있다. 기업은 이제 클라우드 가입 구매를 통해 애플리케이션을 액세스 활용할 것인지 아니면 직접 애플리케이션을 개발하고 구축할 것인지 '구매(Buy) vs 구축(Build)'에 관한 전략을 다시 살펴봐야 한다.

4. **단 하나의 신화 창조에 얽매이지 말 것:** 기업들이 '클라우드 마이그레이션'에 대한 노력의 일환으로써 '골든 레코드'을 쫓는 데 수백만 달러를 쏟아붓고 있지만 거의 대다수가 약속을 지키지 못하고 실패로 끝났다. 데이터 수집 시점에서 미래 지향적인 데이터 품질과 데이터 조화에 우선적으로 초점을 맞추고 시간이 경과함에 따라 데이터 품질을 향상시키는 것이 더 좋다.

5. **실제 모든 일은 사람에 관한 것:** 지난 수년에 걸쳐 기업들은 레거시 기술을 중심으로 대규모 IT 팀을 구축해 왔다. 그러므로 기업의 IT 팀과 데이터 조직 내의 전문인력과 조직 구조는 이제 클라우드 기반의 디지털 기술 환경에 적합하도록 지속적인 평가가 이루어져야 할 것이다.

6. **프로젝트에서 플랫폼 그리고 프로그램 마인드-셋까지:** 기업의 리더십 팀이 클라우드의 전략적 중요성을 인식하게 되면 조직의 모든 이해 관계자들

로 하여금 '프로젝트' 자체보다는 '프로그램 또는 플랫폼'으로 지향시키는 것이 매우 중요하다. 프로젝트는 일반적으로 포인트 문제에 대한 일회성 투자이며 단기적인 우선순위에 의해 추진된다. 하지만 클라우드 플랫폼은 다년간의 오너십을 기반으로 안정적이며 지속적인 집중과 후원이 필요하기 때문이다.

지난 25년 동안 기업의 IT 조직은 여러 기술들의 과장 광고가 반복되는 현상을 지켜보았다. 그중 많은 것들이 그때 당시에만 주목받다가 곧 시들어 버렸다. 또 다른 기술의 유행으로 클라우드에 대한 의구심이 남아 있었지만, 코비드-19의 팬데믹 상황에서 디지털 전환하는 데 초가속화를 가능하게 하는 클라우드의 중추적인 역할은 이러한 의구심을 잠재웠다.

클라우드가 비즈니스 중심에서 본연의 가치를 발현하고 있으며, 이로 인해 그 가치를 어떻게 포착할 것인가에 초점을 맞추고 있다. 이제 초점은 기업들이 디지털 우선주의라는 표상 아래 불확실성과 모호성의 위험을 무릅쓰고 뉴 노멀 시대인 코비드-19 이후의 디지털 여정으로 나아감에 있어서, 민

■ **클라우드 – 디지털 전환을 위한 핵심 인에이블러**

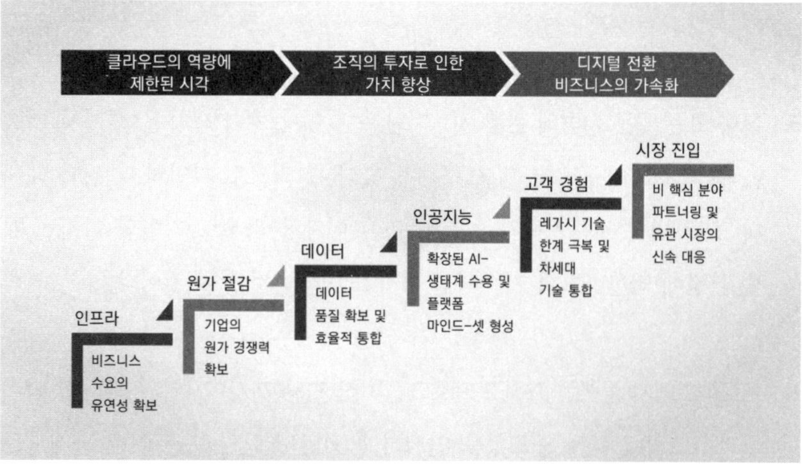

첩한 행동으로써 클라우드 이동이 너무 천천히 진행되지 않도록 해야 할 것이다.

요약

- 기업은 클라우드에 대해 더욱 전략적인 관점으로 바라봐야 한다. 디지털 네이티브 기업들의 성공적 비즈니스 사례에서 보여주듯이, 클라우드는 조직의 엔드-투-엔드 디지털 전환을 보다 가속화할 수 있지만, 기존 레가시 기업들은 클라우드 사용이 그다지 활발하지 못한 것이 현실이다.
- 클라우드는 고객 경험을 재창조하고 클라우드 기반의 서비스 기업들과 제휴를 통해 기업의 핵심 업무에만 여력을 집중하여 신규 제품과 서비스 제공을 위한 시장 진입과 사업화 시간을 단축함으로써 비즈니스 성과를 향상시킬 수 있다.
- 내부적으로 클라우드를 바라보는 것은 디지털의 핵심 영역인 데이터와 인공지능(AI)에서 인에이블러로서 역할을 함께 함으로써 더 나은 시너지 가치를 창출하는 데 중추적인 역할을 할 수 있다.
- 기술을 위한 기술은 조직의 골칫거리였고 이는 클라우드에서 구현되지 못하는 이유였다. 클라우드를 활용하여 혁신적인 능력을 실현하려면 비즈니스와 IT 기술 간의 공동의 노력이 필요하다.
- 클라우드 마이그레이션의 실현은 기업에서 다년간 안정적이고 지속적인 집중과 후원을 필요로 하기 때문에 이는 단순히 '프로젝트' 차원에서 추진될 사안이 아니라 '플랫폼 프로그램'을 구축하는 마인드-셋을 가져야 할 것이다.

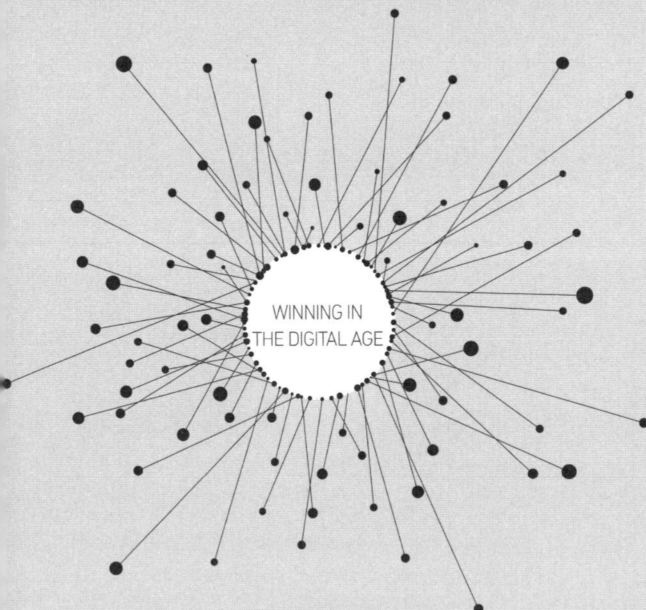

섹션 4

디지털 시대에 요구되는 글로벌 경쟁력

서론

—

디지털 시대에 요구되는 글로벌 경쟁력

섹션 1에서는 디지털 시대에서 기업이 경쟁해야 하는 새로운 비즈니스 환경으로써 뷰카 세상과 함께 도래한 디지털 전환이 왜 기업에서 중요한지를 살펴보았다. 산업 전반에 걸쳐 기업들이 디지털 전환에 착수함에 따라 이들 기업들은 섹션 2에서 상세히 설명했듯이 그들의 산업 부문에서 디지털 비즈니스와 연관된 특정한 도전들을 스스로 극복해야 하고, 이를 위해서는 섹션 3에서 설명한 바와 같이 디지털 기술 스택의 빌딩 블록인 7가지 핵심 테크놀로지를 효율적으로 활용해야 할 것이다.

디지털 시대의 모든 기업은 글로벌 기업이 되어야 한다. 본 섹션 1의 제 1장에서 디지털 시대에 새로이 요구되는 8가지 경영 규칙을 소개하면서, 뷰카 시대에서는 아무도 혼자서는 성공을 이룰 수 없다고 언급한 바 있다.

디지털 시대는 한마디로 너무 복잡한 세상이 되었다. 기업의 업무 추진은 아주 다양하고 많은 힘들이 서로 엮어져서 작용하고 있다. 기업은 이제 전통적인 사일로(Silo) 방식으로 운영하며 디지털 경쟁에서 성공을 기대하는 것은 매우 어렵다. 특히 기업은 스스로가 오픈 조직으로써 탈바꿈하고 글로벌 파트너십에 의한 네트워크 기반의 경영 전략을 실행하는 것이 중요한 경쟁력이 되었다. 이와 더불어 중요한 사안은 글로벌 관점에서 상생할 수 있는 비즈니스 전략을 가지고 시장의 수요에 효율적으로 대응하는 글로벌 공급체인을 활용해야 한다.

IT 서비스 기반의 글로벌 아웃소싱 산업은 기업이 딜리버리 분야에서 글로벌 비즈니스 이점을 활용하는 데 많은 도움을 주는 중요한 지원자이다. 인도와 동유럽 그리고 많은 다른 신흥국들에서 강한 무게중심을 가지고 있는 IT 아웃소싱 서비스에 전 세계의 많은 기업들이 참여하고 있다. 많은 신흥국에서 제공하는 IT 서비스와 관련한 비용, 인력 또는 규모의 이점으로부터 기업들이 글로벌 경쟁력과 수익을 확보하기 위해서이다.

상기의 글로벌 IT 서비스 산업의 유래를 살펴보면 해당 신흥 국가들에 그들의 전용 디지털 기술 및 운영 센터를 설립한 글로벌 기업들로부터 찾아볼 수 있다.

이 장에서 '글로벌 딜리버리 센터' 즉 GDC(Global Delivery Center)라는 용어를 사용하는데 이는 자체 IT 서비스를 제공하는 개별 회사와 글로벌 기업의 현지 내부(In-house) 센터로서의 2가지 유형의 기업을 모두를 포함하고 있다. 두 가지 유형의 실체 사이에는 명백한 차이가 있음에도 불구하고 두 가지 유형의 기업에 대해 의도적으로 같은 용어를 사용하고자 한다. 두 가지 유형의 기업들은 지분 소유와 지배구조가 완전히 다르고 또한 고객 기업의 IT 서비스를 선택할 때 '자체 개발(Build) vs 사서 쓰기(Buy)' 타협을 위한 비즈니스 거래들이 종종 다르게 이루어지고 있지만, 근본적으로 비즈니스 운영 모델과 마인드-셋이 두 가지 유형의 기업 모두에게 동일하다는 것이다. 즉, 디지털 시대에 전 산업 분야의 기존 기업들이 필요로 하는 디지털 기술 분야의 심도있는 통합적인 파트너십 제공을 위한 하나의 독자적인 글로벌 비즈니스 주체로서 부상하고 있다.

GDC는 기존의 기업들이 디지털 시대에 글로벌 성공을 하기 위해 절대적이며 중추적인 역할을 한다. 왜냐하면 테크놀로지는 디지털 시대의 핵심 기반이며, GDC는 이러한 디지털 첨단 기술을 실행하는 데 명백히 중심에 있다. 이는 GDC가 특히 뷰카 시대에서 꼭 필요한 존재로서 디지털 전환을 추진하는 기존 기업에게 비용 절감뿐만이 아니라 기업의 혁신 활동과 비즈니스 속도의 측면에서도 많은 이점을 제공하기 때문이다.

디지털 시대에서 신기술의 새로운 기대를 충족시키기 위해 GDC의 제안과 운영 모델은 앞으로 크게 바뀔 것이다. 과거 역사적으로 기존 기업들에게 GDC는 비용 절감과 실행 센터로 간주되어 왔으나, 이제는 수익 창출과 혁신 센터로서 변화가 필요하며 이를 통해서 GDC는 디지털 전환에 의해 세계화가 급속히 진행되는 오늘날의 글로벌 비즈니스에 아주 매혹적인 기회를 제공할 수 있을 것이다. 이러한 GDC의 변화를 선도적으로 이끌고 글로벌 딜리버리를 효과적으로 활용할 수 있는 기업은 디지털 시대에 진정한 경쟁력과 함께 많은 이점을 얻을 수 있을 것이다.

나는 이 산업 분야에서 실무 참여자이자 리더로서 지난 20년 동안 GDC의 형성과 진화과정에 많이 관여하였다. 2002년부터 2010년까지 인도 지역에 소재한 맥킨지(McKinsey)지식센터를 이끌었으며, 여기에서 저자는 GDC가 무엇을 할 수 있는지를 지속해서 정의함으로써 최첨단 센터를 설립할 수 있는 기회를 얻었을 뿐만 아니라, GDC를 현지에 직접 설립하려는 기업 고객들에게 GDC의 모범 사례를 보여주는 본보기가 되었다. 이후 나는 피델리티(Fildeldity) 사의 국제 비즈니스를 위한 글로벌 딜리버리 네트워크를 6년 동안 이끌었다. 이러한 실무과정에서 나는 수년 동안 인도의 나스콤(Nasscom: 인도 IT 및 'BPO: Business Process Outsourcing' 기업을 위한 비영리 산업기구)을 위한 '글로벌 인-하우스 센터 포럼'을 이끌었고, 그곳에서 GDC의 새로운 가치 제공을 위한 프레임워크와 발전 로드맵을 정의하는 것을 도왔다.

GDC가 어떻게 단순한 IT 지원센터에서 글로벌 기업의 경쟁력의 원천으로써 성장할 수 있는지에 대하여 저자의 실무 체험에 기반한 세부 내용을 중심으로 공유하고자 하며, 논의의 초점으로 기업이 디지털 전환을 위해 GDC의 글로벌 이점을 활용할 수 있는 기회로서 무엇을 어떻게 그리고 왜 활용하는가에 관한 내용을 중심으로 살펴보기로 한다.

1장. 왜 기업은 글로벌 딜리버리가 필요한가?

디지털 전환을 추진하는 기업의 성공을 위해서 글로벌 딜리버리 모델의 필요성을 이해하는 것이 중요한 관점이다. 기존 기업들은 미래의 성장을 위해 투자하면서 종래의 수익 흐름을 보호하는 이중적인 도전에 직면해 있다. 이러한 관점에서 글로벌 딜리버리 모델은 비즈니스 리스크 감소를 위해 비용 절감하고, 디지털 전환과 혁신의 속도를 높이고 글로벌 수준의 역량을 구축하고 기술 격차를 해소하는 데 필수적인 사안으로 대두되고 있다.

2장. 정점에 근접한 글로벌 딜리버리 센터

많은 '글로벌 딜리버리 센터(GDC)'들이 기술 역량 측면에서 정점에 도달해 있고, 이들은 스스로 역할을 강화할 준비가 되어 있다. 많은 GDC는 역량의 규모 측면이나 지역 내의 공동 설립 등으로 인해 협력 기업의 전략적 자산이 될 수 있는 독특한 위치에 있다. 또한 GDC의 리더십 성숙도는 이와 협력하고자 하는 기업의 가치 실현을 더욱 가속화할 수 있다.

3장. 혁신과 수익 창출 센터로서의 글로벌 딜리버리 센터

이 장에서는 최고 수준의 GDC가 기존 기업들과 어떠한 협력을 통해 그들의 혁신과 수익 센터로서 활용되며, 실질적인 부가가치 혜택을 어떻게 제공하고 있는지를 살펴본다.

한편, GDC는 디지털 전환 기업을 위한 변화와 지속적 개선의 중심이 되고 있으며, 다른 한편으로는 기존 서비스의 가치사슬을 높이고 있다. 디지털 시대에서 GDC와의 성공을 위한 레시피에는 '비용+인재+도메인 전문지식'이며, 한편 이러한 GDC와의 가치사슬로 끌어올리는 데 잘 작용한 6가지 원칙을 소개하고 특정 산업에서의 적용 사례를 그 예시로써 살펴보기로 한다.

4장. 글로벌 딜리버리 센터의 잠재력 실현

현재 상태에 존재하는 많은 기회에도 불구하고 우리는 GDC의 잠재력을 완전히 깨닫지 못하고 있다. 이 장에서는 기존 기업들이 GDC로부터 가치를 극대화하기 위해 재고해야 하는 다양한 요인에 관해 살펴보고, 아울러 GDC의 오퍼레이션 모델에 대한 구조적 변화와 마인드 셋의 전환, CXO 수준의 참여 강화 그리고 GDC에서 기업가적 리더십 도입 등을 포함하여 논의하고자 한다.

5장. 글로벌 딜리버리 센터의 미래 변화를 위한 혁신

GDC에 대한 시대적인 요구사항은 단순 실행을 위한 조직에서 리더십을 가진 조직으로 혁신하는 것이다. 하지만 이를 위해서는 GDC와 글로벌 기업이 디지털의 기회를 충분히 함께 실현할 수 있는 시간이 필요하다. 이러한 글로벌 GDC 변화의 움직임이 실현되기 위해서는, 행동을 통해 리더십으로 가는 변화의 여정에서 GDC의 횃불을 들고 다닐 새로운 세대의 지도자들을 발굴하는 것이 중요하다. 이 장에서는 GDC 리더들이 이러한 조직의 변화와 혁신을 성사시키기 위하여 요구되는 중요한 4가지 변화에 관해 논의하고, 아울러 GDC 관리자가 글로벌 마인드-셋으로 무장하고 성공적인 리더가 될 수 있는 방법에 관한 지침도 함께 언급하고자 한다.

제1장

왜 기업은 글로벌 딜리버리가 필요한가?

성장은 국가 간의 효과적인 협력을 통해서만 달성될 수 있다.

세계는 하나의 지구촌이고 문제를 해결하기 위해서는 글로벌 접근이 필요하다.

센트럴 미시간 대학 PHD, Joseph Inungu

디지털 시대에서는 비즈니스와 제품 주기가 급속히 단축되면서 기업은 장기적으로 지속 가능한 경쟁 우위를 개발하고 이를 시급하게 확보해야 할 필요성이 있다. 급변하는 글로벌 비즈니스의 환경에 의해 전 세계 기업은 새로운 시장 선점을 위한 이노베이션 확보를 위한 투자에 집중하고 있으며, 또한 비즈니스 실행에서도 디지털 시대에 적합한 새로운 작업 방식과 비즈니스 협력 방안을 물색하고 있다.

특히, 오늘날 기업이 디지털 시대의 글로벌 경쟁 시장에서 지속적인 승자가 되기 위해서 다음의 3가지 핵심 사항을 유념해야 한다.

- **기존 시장의 수익을 보호하고 미래 성장의 투자라는 이중적인 도전을 하라.** 기업의 제품 또는 서비스 주기가 짧아질수록 기업은 기존의 수익 흐름을 유지해야 하고 미래 성장을 위하여 새로운 전략적 프로젝트를 스스

로의 힘으로 끊임없이 만들고 수행해야 한다. 전 세계를 대상으로 한 25개 산업 분야의 S&P 연구 조사에 따르면, 거의 모든 산업 분야에서 성장을 제약하고 신뢰성과 품질에 관한 리스크를 내포하고 있는 역풍과 마주하며 싸우고 있다.[1] 통신, 전력, 에너지, 소재 부품, 자동차 산업 등 6개 산업 부문에서 자산 규모가 더욱 큰 1,200개 기업을 대상으로 MIT 슬론에서 연구 조사한 결과에 의해서도 똑같이 우려되는 추세를 보였다.[2] 특히 전통적인 기업은 현실에서 산업의 수축 현상에 직면하고 있으며 이로 말미암아 영업이익과 매출이 모두 장기적으로 감소하고 있었다. 이들 산업에서는 시간의 경과에 따라 새로운 수익 흐름을 확보하고 시장 점유율을 지속하기 위해서 새로운 프로젝트 또는 인접한 산업 영역으로 투자해야 하는 것으로 보인다.

좋은 예시로는 통신 산업 분야인데, 2013~2015년 동안 음성 통화 서비스로부터의 사용자당 평균 수익이 전 세계적으로 19% 이상 감소했고[3] 그 이후로도 지속적으로 감소하고 있다. 그러므로 통신사가 4G 및 5G 인프라 구축에 많은 투자를 해서 새로운 솔루션과 서비스의 수익을 올리고자 하는 것은 당연한 현실이다.

- **클라우드 우선 시대에서 앞서나가고 추격당하지 않아야 한다.**

우리는 산업 전반에 걸쳐 고성장 기업의 실적과 나머지 기업 간의 양극화 추세와 그 증가하는 격차를 확인하고 있다. 맥킨지 보고서에 따르면 경제적 수익률에서 상위 10%와 부문별 실적이 가장 나쁜 기업의 하위 10% 사이의 격차가 증가하고 있다.[4] 이 격차는 훨씬 더 커지고 있으며, 양극화 현상 또한 2008년 위기에서 목격한 것보다 더욱 증가하였다. 기업의 리더들이 이제 '이것이 무엇인가'라는 의문을 가지고 현실적 사안에 대해 집중하여 개선하지 않거나 그리고 '무엇이 될 수 있는가'라는 질문을 던지며 새로운 미래를 고민하지 않는다면, 미래의 돌파구를 만들 수 있는 가능성이 암울한 것이 현실이기 때문이다.

- 산업 전반에 걸쳐 신세대 경쟁자들을 상대로 경쟁한다.

  Innosight 연구 결과에 따르면 1965년 S&P 500에 등재된 기업군이 시장에서 활동한 평균적인 수명 기간은 33년이었다. 1990년이 되자 이는 20년으로 감소하였다. 향후 2026년에는 14년으로 줄어들 것으로 예상되며, 현재 S&P 500에 이름을 올린 기업 중 약 50%는 향후 10년 이내에 대체될 가능성이 아주 크다고 보고되었다.[5]

  기업의 디지털 성숙도가 고객의 선택에 있어 핵심적인 사안으로 부상하면서 디지털 성숙도의 관점에서 뒤처져 있는 기존 기업들은 경쟁 시장에서 퇴출될 가능성이 매우 커졌다. 이는 디지털 에이전시가 기존 기업들을 능가하는 전통적인 미디어 산업과 디지털 네이티브 기업에 의한 전자상거래 비즈니스와 같이 이미 높은 시장 점유율을 차지하는 소매 산업 부문에서 특히 이러한 현상을 관측할 수 있다.

상기한 3가지의 유념 사항과 연관하여 기업이 해결해야 할 도전적 과제는 다음과 같다.

1. 새로운 전략 프로젝트를 자체 자금으로 운영하기 위한 기존 비용의 절감
2. 디지털 전환 프로세스 가속화와 혁신의 창출 및 실행에 있어서 속도 증가
3. 연관 산업 영역에서 글로벌 수준의 기술 역량을 구축하는 데 기술 격차 해소

1. 신규 프로젝트의 운영을 위한 기존 비용의 절감

장기적인 관점에서 지속되는 수익 성장을 위해서는 근본적으로 비용 구조를 다루기 위한 신중한 접근이 필요하다. 기업이 특정 변화와 관련된 비용의 몫을 늘리게 되면 기업은 전체적인 관점에서 비용 절감에 기반하여 통상적인 비용 관점에서 비즈니스 비용을 절감할 수 있는 다양한 방

안을 찾고 있다.

특히 조직에서 기존의 고비용 팀들을 구조조정을 통해 합리적으로 개선하고, 비용적 측면에서 더욱 민첩하고 효율적인 팀으로 새롭게 구축하는 방법으로써 전략적 오프쇼어링(Offshoring) 또는 아웃소싱(Outsourcing)도 이를 위한 방법이다. 이러한 구조조정을 통해 기업들은 소요 비용을 50~60%까지 줄일 수 있다. 이러한 비용 절감 효과는 기업이 더 강해지고 글로벌 경쟁 우위를 점할 수 있도록 전략적인 핵심 역량을 구축하는 데 많은 도움이 된다.

딜로이트(Deloitte) 사의 한 연구 조사에 따르면 기업 중 84%가 아웃소싱에 의한 비용 절감 효과와 장점에 힘입어 혁신적인 솔루션을 확보하고 비즈니스 성공으로 이어졌다고 한다.[6] 즉, 이러한 기업들은 전문화된 글로벌 아웃소싱 공급업체와의 강력한 파트너 관계를 형성하고 이를 기반으로 창출되는 혁신적인 솔루션을 시장에서 사업화를 통해 성공에 이르게 되었다.

2. 디지털 전환 속도 증가와 혁신 역량 강화

디지털 시대에는 고객의 요구가 빠르게 진화하고 있고 디지털 기반의 신세대 경쟁업체들이 위협으로 떠오르면서 기존의 기업들은 이러한 시대적 변화 상황에서 신속히 앞서 나가기 위해 비즈니스 전략과 제품 개발을 동시에 함께 진행하며, 결과물에 의해 지속 반복 피드백하는 애자일 사업화 전략을 채택하고 있다. 이는 일하는 방식을 더욱 민첩하게 추진하며 고객 피드백에 의해 반복적으로 신속 진화하도록 새롭게 정의하여, 고객의 핵심 가치 전달을 가속화하고자 한다.

한 예시로는 팀의 자율성 보장과 함께 팀 상호 간의 지식의 공유와 교류를 활성화하는 스쿼드(Squad)와 트라이브(Tribes)에 의한 스포티파이(Spotify) 모델이 있다. 전 세계에서 약 2억 명에 달하는 가입자를 확보한 세계 최대 음원 스트리밍 서비스 회사인 스포티파이는 이 모델을 통해서 신제품과 새로운 기능에 대한 엔지니어링 속도를 높이며, 고객에게는 보다 향상된 결과를 제공하도록 하고 있다.

한편, 딜로이트 조사에 의하면 혁신 제품 창출에 있어서 민첩성과 속도는 기업이 가장 중요시하는 고려사항이며, 응답자의 약 40%가 혁신 창출에 관한 사항이 글로벌 딜리버리 모델의 핵심적인 계약 요소가 될 것으로 보고 있다.[7]

3. 글로벌 수준의 기술 역량을 구축하는 데 기술 격차의 해소

디지털 분야의 신기술 인력은 수요와 공급에 큰 격차가 있으므로, 디지털 기술 역량을 채택하고 실행하는 데 기업이 직면한 가장 큰 과제 중 하나는 데이터 분석론, AI 및 클라우드와 같은 전문 영역 또는 틈새 기술 영역에서 적합한 인재를 찾는 것이다.

이 모든 것은 고객의 기대치를 바꾸는 것을 배경으로 해야 하며, 이러한 고객의 요구를 충족시키기 위해 다양한 기술 인력이 함께 모여야 한다. 그리고 내부 인재 관리와 함께 클라우드 운영에 필요한 전문화된 인재를 유치하고 이를 유지하기 위한 인사 정책도 수립해야 할 것이다.

'글로벌 딜리버리 모델'은 이러한 중요한 도전적 과제를 해결할 솔루션이다.

지난 20년 동안 '글로벌 딜리버리 모델'은 비유하자면 저렴한 비용으로 확장 가능한 운영 모델을 구축하고 이를 활용하도록 하기 위해, 하기에 언급한 다양한 관점에서 편익을 제공하고 있으며, 글로벌 기업이 디지털 시대에 경쟁력을 확보하기 위한 중심 전략으로 자리잡고 있다. 그 이유는 다음과 같다.

- **가격 경쟁력**: 인도를 포함하여 다른 많은 저임금 국가들은 높은 인플레이션에도 불구하고 상당한 수준의 비용 우위를 계속 제공하고 있다. 예를 들어 미국은 인도와 비교할 때 기능인력 전반에 걸쳐 진입 또는 중간 수준에서 3~4배 높은 비용 구조를 보이고 있다.[8]
- **기술 인재의 가용성**: 인도와 동유럽 그리고 많은 다른 신흥국들은 AI와 클라우드와 같은 새로운 기술에 대해 훈련받을 수 있는 젊고 다양한 인재 풀을 가지고 있다. 이러한 새로운 디지털 기술은 오늘날 강력하게 인력 공급이 필요한 분야는 아니지만 디지털 전환이 주류를 이루고 있기 때문에 수요가 증가하고 있다. 예를 들어, 인도 대학에서는 매년 280만 명이 공학 분야를 졸업하고 매년 660만 명의 공학 분야의 대학원생이 배출되고 있으며, 이는 미국보다 훨씬 많은 숫자이다.[9]
- **성장하는 거대 신흥시장**: 인도와 같은 신흥국가의 시장은 가장 빠르게 성장하고 있으며, 이는 글로벌 시장을 추구하는 기업에게 지역 시장에서 서비스를 제공할 기회를 제공한다. 인도와 같은 지역에서 GDC를 설립한 많은 기업들은 이러한 지역 시장에서 자사 브랜드의 존재감을

■ **디지털 시대의 성공을 위해서는 기업은 반드시 글로벌 딜리버리 모델을 고려해야 한다!**

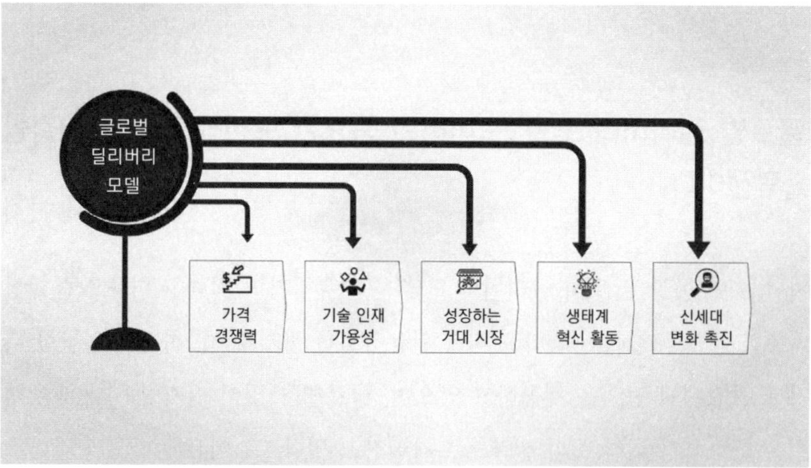

홍보하고 수익을 확보하기 위한 비즈니스를 하고 있다.

- **생태계의 혁신 활동**: 글로벌 딜리버리 모델에 의한 기술 생태계가 새롭게 조성이 되는 많은 신흥국가에는 젊은 인재들이 경쟁적으로 모이면서 지역 혁신의 중심지가 되고 있다. 나스콤(인도)과 같은 산업 협회는 다양한 혁신을 장려하고 스타트업을 위한 인큐베이션 센터를 설립하고 있다. 기업은 항상 사업을 앞당길 수 있는 아이디어를 찾고 있기 때문에 이러한 스타트업의 인큐베이터와 악셀러레이터를 두드리는 것은 엄청난 가치를 더할 수 있다.
- **신세대 인력에 의한 변화 촉진**: MZ 세대와 같이 젊은 층의 신세대 인력 구성원들이 주축이 되도록 하는 것은 현지 직원들이 더욱 젊을 때 조직 문화의 변화를 이끄는 것이 훨씬 용이하기 때문이다. 글로벌 딜리버리 모델의 한 예시로써 맥킨지의 인도 지식센터는 현지에서의 연구 기능을 운영하는 방식에서 젊은 청년 세대를 중심으로 조직의 문화 변화를 이끌어내는 데 성공했으며, 이는 궁극적으로 모기업인 맥킨지가 글로벌 기업으로 성장하는 데 중요한 혁신 요인으로 작용하여, 맥킨지가 글로벌 혁신 허브로 자리매김할 수 있었다.

'글로벌 딜리버리 모델'이 글로벌 관점에서 잠재력이 실행되려면 기존의 사고방식과 운영 모델에 큰 변화가 필요하다. 가장 중요한 변화 중 하나는 GDC를 운영할 때 단순히 기존의 '비용 차익' 거래 관점에서 '비용 차익 + 경쟁 우위의 원천'이 합쳐진 비즈니스 모델로서 목표를 재설정하는 것이다.

경쟁 우위의 원천으로서 GDC + 비용 차익 거래

본 섹션의 서론에서 글로벌 딜리버리 센터(GDC: Global Delivery Centers)의 개념을 언급한 바 있다. 특히 기업은 GDC를 경쟁 우위의 원천, 즉 기업의

'비밀 무기'로써 생각해야 한다. 비용 차익 거래의 원천으로만 간주하고 제대로 마주하고 활용한다면 GDC로부터 3~5배 이상의 높은 가치를 창출할 가능성이 있다.

GDC가 '세계적인 수준'이 될 새로운 기준은 획기적인 혁신에 있다. 이는 점진적인 개선에 관한 것이 아니라 회사의 최고 라인에 실질적인 변화를 줄 수 있는 지식재산의 학보와 새로운 제품 및 서비스를 개발하는 것이다.

어떻게 GDC가 기존의 '비용 센터'에서 '수익 센터'로 전환할 수 있을 것인가? 그리고 어떻게 파트너 기업이 직면하고 있는 가장 시급한 비즈니스 문제에 대한 해결책을 제공할 것인가?

후속 장에서 이러한 질문들을 더 탐구할 것이다.

요약하자면, '글로벌 딜리버리 모델'은 기업이 디지털 시대의 글로벌 경쟁에서 승리하기 위해 요구되는 중요한 수단이다. 이는 경쟁 우위의 원천이 될 수 있고 성공의 비밀 무기가 될 수 있다. 글로벌 딜리버리 모델은 이를 활용하는 기업이 구조적으로 비용을 절감하는 동시에 미래 성장을 위한 자체적

■ 글로벌 딜리버리 센터가 '세계적 수준(World Class)' 조직으로 성장하기 위한 단계

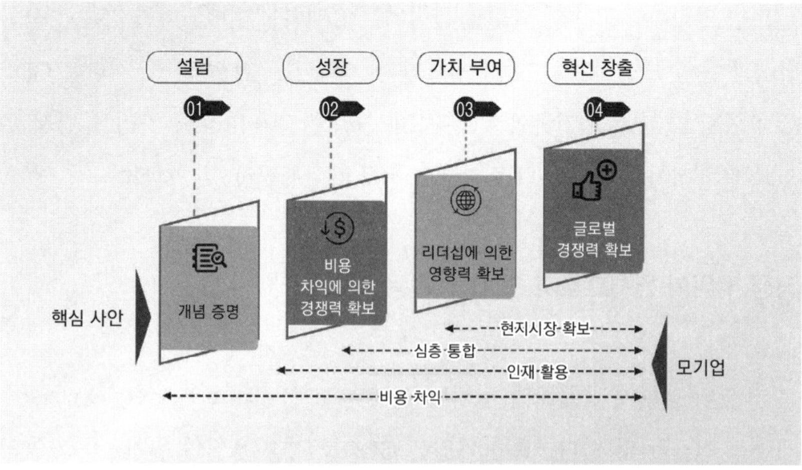

인 투자 프로젝트라 할 수 있다.

하지만 디지털 시대의 치열한 경쟁 환경에서는 비용 절감만으로는 충분하지 않다는 것을 기억해야 한다. 기업들은 이와 동시에 혁신의 속도를 증가시키고 글로벌 수준의 디지털 역량을 확보하기 위해서 기술적인 격차를 해소해야 하는 상황에 직면해 있다. 이를 위해서 기업의 리더들은 그동안 종래에 활용한 방식으로 차별화된 팀 구조, 현장 또는 해외에서의 아웃 소싱 및 오프쇼어링 등과 같은 전통적인 방식으로는 더 이상 디지털 세계에서 글로벌 경쟁력을 확보하는 데 큰 관련성이 없다는 점을 명심해야 한다.

무엇보다도 이제 기업은 실행과 전략을 긴밀하게 결합하는 원-팀 구조를 만들어야 하며 조직의 기능 팀 전반에 걸쳐서 서비스 및 제품 중심으로 통합된 마인드-셋을 형성하여야 한다.

요약

- 오늘날 기업이 디지털 시대의 경쟁에서 이기기 위한 3가지의 핵심 사항 :
  - 기존 시장의 수익을 보호하고 미래 성장을 위한 투자라는 이중적인 도전에 대처하라.
  - 전환은 클라우드 우선 관점에서 그리고 점진적 추격 움직임에 휘말리지 않도록 한다.
  - 산업 전반에 걸쳐 성장 벤치마크로 설정하고 있는 신세대 경쟁자들을 상대로 경쟁한다.
- 이러한 도전적 과제를 해결하는 방법 :
  - 새로운 전략 프로젝트를 자체 자금으로 조달하기 위한 기존 비용의 절감
  - 디지털 전환 프로세스 가속화와 혁신의 창출 및 실행에 속도 증가
  - 연관 산업 영역에서 글로벌 수준의 기술 역량 구축하는 데 기술 격차 해소
- 인도, 동유럽 등 신흥국가를 활용한 '글로벌 딜리버리 모델'은 하기의 관점에서 이러한 과제 해결하기 위한 핵심 솔루션이 된다.
  - 비용 구조의 경쟁력
  - 기술 인재의 가용성
  - 성장하는 거대 시장
  - 생태계의 혁신 활동
  - 젊은 층의 변화 촉진

제2장

정점에 근접한 글로벌 딜리버리 센터

당신은 지금 이 순간, 당신 자신이 될 자유가 있고, 그 무엇도 당신을 방해할 수 없다.

조나단 리빙스턴 시걸

인도와 몇몇 동유럽 및 라틴 아메리카 국가에서 해당 IT 서비스 산업이 그동안 오래 존재해온 것을 감안해 볼 때 많은 GDC는 글로벌 기업들을 위해 이제 전략적 영향력을 크게 향상시킬 수 있는 정점에 도달했다고 볼 수 있다. 이들 GDC 조직의 성장 성숙도와 축적된 경험은 고객 기업이 비용의 경쟁력 확보와 함께 인재 활용을 위한 오프쇼어링 제안을 통해 GDC의 잠재력을 완전히 실현할 수 있도록 튼튼한 기반을 제공하고 있다.

'글로벌 딜리버리 센터(GDC)'의 성숙도가 증가하는 것과 연관성이 있는 4가지 관점이 있으며, 이는 고객 또는 파트너 기업에게 상당히 의미 있는 추가적인 비즈니스 기회를 제공하고 있다.

1. **도메인 전문지식의 축적**: GDC는 IT 기반의 기능적이고 기술적인 전문 지식을 넘어서 모회사 또는 파트너 사의 비즈니스 운영 산업과 연관된 도메인 분야에 관하여 깊은 이해와 암묵적 지식을 구축하고 있다. 이는 GDC가

기존의 역할에서 고부가 가치 창출과 함께 심화된 '프론트 오피스' 역할을 동시에 수행할 수 있는 능력 모두가 가능하다는 것을 의미한다.

2. **GDC 조직의 성숙도 증가:** 조직의 성숙도가 증가함에 따라 일부 GDC는 모회사의 가장 큰 현지 오퍼레이션 사이트로 부상했으며, 종종 전체 인력의 상당 부분을 차지한다. 이는 글로벌 기업의 조직 전반에 걸쳐서 변화를 주도하고 새로운 이노베이션에 투자하기 위해 증가된 GDC 규모를 활용할 수 있는 좋은 기회를 제공하고 있다.

3. **GDC 조직 기능의 집약화:** GDC의 성숙도가 증가함에 따라 많은 GDC는 모기업의 기능은 물론 다른 지역에 걸쳐 있는 기능들이 GDC에 집약적으로 형성되었으며 이는 모기업의 축소판이 되었다. 종종 GDC는 전통적인 조직 구조를 넘어선 조직 기능의 집약화로 인해 비즈니스 기회를 독특한 방식으로 제공한다. 즉, 조직 기능의 집약화는 한 곳으로 가능하게 되었으며 이는 글로벌 협업을 통해 혁신과 우수한 딜리버리를 촉진하는 데 많은 도움이 되고 있다.

4. **리더십 성숙도와 네트워크 강화:** GDC는 종종 모기업의 문화를 깊이 이해한 리더십을 자랑하며, 또한 조직 내에서의 딜리버리에 대한 신뢰성과 함께 네트워크의 결속력은 지속적으로 강화되어 왔다. 이러한 성숙한 리더십과 강력한 네트워크는 GDC가 다양한 전략적 토론에 참여하여 시니어 스폰서십을 확보하는 것을 더욱 쉽게 만들었다.

글로벌 모기업과 함께 이루어진 상기 4가지 요인들은 GDC에 대한 모기업의 신뢰성 증가로 이어졌으며, GDC는 다음 단계의 수준에서 새로운 가치를 제공하는 데 필요한 환경을 강화하고 있다. 더욱이 많은 경쟁이 치열한 디

■ **많은 GDC가 '비용 차익' 모델을 넘어서 '가치 창출' 모델의 조직으로 전환해야 하는 단계에 있다!**

지털의 시대적 환경에서 글로벌 기업이 운영하고 있는 GDC의 비즈니스 모델을 재설계하기 위한 급진적인 옵션들을 검토하기 위해 다양한 시도들이 진행 중에 있다. 특히 GDC 조직의 성숙도가 더 높아짐에 따라 GDC는 이제 COO(Chief Operation Officer), CIO(Chief Innovation Officer) 또는 CFO(Chief Financial Officer)뿐만 아니라 기업의 최고 책임자인 CEO 관점에서도 전략적 옵션으로 부상하고 있는 것이다.

요약

- GDC 모델은 한동안 지속하면서 존속해왔지만 이제 많은 GDC는 다음 단계의 수준에서 가치를 제공하고 글로벌 기업의 경쟁 우위의 확보에서 원천이 될 수 있는 정점에 도달하고 있다.
- GDC가 이제 다음 단계의 수준에서 새로운 가치를 추가 제공할 수 있는 조직의 성숙도와 관련된 4가지 요인은 다음과 같다.
  - 도메인 전문지식의 축적
  - GDC 조직 규모의 증가
  - GDC 조직 기능의 집약화
  - 리더십 성숙도와 네트워크

제3장

—

혁신과 수익 창출 센터로서의 글로벌 딜리버리 센터

성공의 사다리는 기회라는 층계를 밟고 가장 잘 올라간다.

Ayn Rand

GDC 조직의 성숙도가 높아짐에 따라 소프트웨어 개발과 백 오피스 프로세스에 대한 노동 임금의 차익에 의한 경쟁력 그 이상의 가치를 추구할 수 있게 되었다. GDC의 새로운 가치 창출에 관한 '프레임워크'는 이노베이션, 전문지식, 고객 경험과 수익 성장에 관한 요소로서 4가지의 연동 레버로 구성되어 있다. 상기 4가지 요소 모두가 상호 영향을 미치기 때문에 이를 연동 레버라고 명칭한다. 조직적인 관점에서 비유하여 '이노베이션'과 '전문성'을 입력 레버라고 한다면 '고객 경험'과 '수익 창출'은 출력 레버에 해당되는 부분이라 하겠다.

- **전문성**: 많은 GDC가 전문성에 초점을 맞추어 부가가치 창출에 관한 여정을 시작했다. 우리는 비즈니스 연구, 투자 연구, 분석론, R&D 등 많은 영역에서 전문화된 GDC의 지식 사례를 찾아볼 수 있다. 이러한 전문화된 기술 역량과 인프라를 구축하는 그 자체로도 큰 부가가치라 할 수 있지만, 무엇보다도 GDC 조직의 혁신 DNA를 높이는 데 많이 기여

하고 있다. 특히, GDC는 글로벌 모기업의 혁신 창출을 위해 도움이 되고 있으며 아울러 고위 경영진들과의 GDC 교류가 활발하게 이루어지고 있다.

- **이노베이션:** 대부분의 GDC에는 과거 역사적으로 볼 때 프로세스에 대한 개선 문화가 강하게 작용했다. 특히 해외에서의 오퍼레이션 전환은 프로세스를 업그레이드할 수 있는 자연스러운 기회가 제공되었기 때문이다. GDC는 이제 프로세스의 혁신을 넘어서 제품 이노베이션에 더욱 초점을 맞추기 시작했다. 예를 들어 Cadence와 SAP와 같은 기술 제품 회사들은 제품 혁신에 대해 훌륭한 작업을 해왔고, 서비스 회사들이 이제 그들의 성공 사례로부터 배울 기회가 있다.
- **고객 경험:** 오늘날 마주하고 있는 치열한 경쟁 환경에서는 고객 경험을 향상시키는 것이 최우선 과제다. 예를 들어, 글로벌 기업이 자사 브랜드에 대한 고객 충성도를 평가함에 있어서 가장 핵심 지표로서 NPS(Net Promotor Score)를 향상시키는 것은 자산 증가와 수익성 향상보다 훨씬 더 중요한 KPI 중 하나로 작용할 수 있다. GDC가 규모에서나 고객 딜리버리 과정에 점점 더 깊이 관여하고 있다는 점을 감안할 때 GDC는 고객 경험에 관한 수준을 한 단계를 올릴 수 있는 독특한 기회를 갖게 된다.
- **수익 창출:** 기업의 수익 창출은 아주 신성하고 위대한 일이다. 대부분 GDC는 비용 절감을 위한 단순 센터로서 시작되었지만, 이제는 GDC 조직의 성숙도에 의해 직접 또는 간접적으로 모기업과 함께 최고 경영 라인에 기여할 수 있는 진정한 기회가 있다. 분석가들은 마케팅 효과와 수익률을 향상시키기 위한 다양한 방법들을 제시해 왔다. 이를 바탕으로 많은 GDC가 수익에 큰 영향을 미치는 '엔드-투-엔드 서비스'를 설계하고 이를 제공하는 것은 매우 고무적인 일이며 이는 기업의 최고 경영 라인에 직접적인 영향을 미치고 있다.

■ **혁신과 수익 창출 센터로서의 글로벌 딜리버리 센터(GDC)**

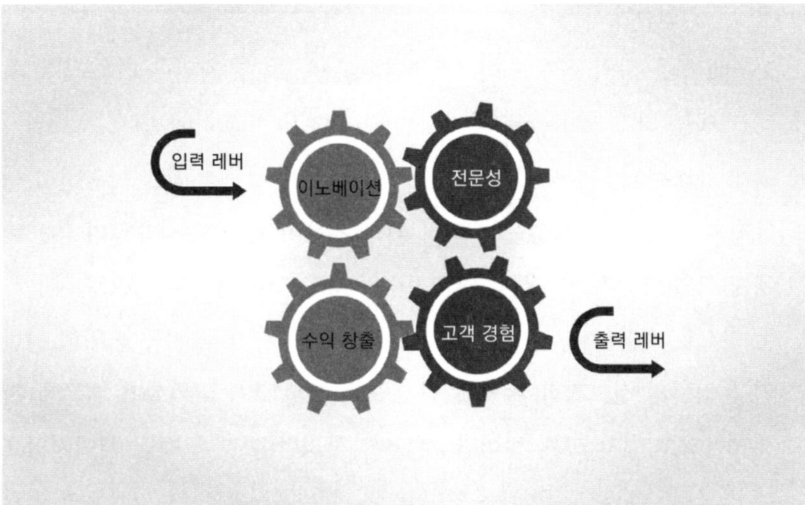

하기에 언급할 6가지 전략에 의해 GDC가 최종 고객과 수익 중심의 가치 창출을 촉진하는 것을 확인할 수 있다. 또한 추가적인 가치 창출을 주도한 GDC의 실무 사례를 공유하고자 하며, 이는 일반적으로 기대되는 것 그 이상으로 모기업 조직에 가시적인 이익을 전달하는 것을 알 수 있다.

1. 전통적인 모델을 사용하여 서비스하기 어려운 세그먼트에 대한 서비스 커버리지를 확장하는 데 보다 낮은 비용을 사용한다.

   이는 훨씬 낮은 비용 구조로는 접근하기 어려울 수 있는 비즈니스 기회를 열어준다. 많은 글로벌 은행들의 GDC는 이 원칙을 사용하여 티켓 크기 이하의 컬렉션 커버리지를 확장했는데, 그렇지 않았다면 아마 마이너스 투자수익율(ROI: Return on Investment)로 귀결되었을 것이다.

2. 우수한 인재(저비용으로 고품질 인재의 가용성을 부여함)를 소싱하여 서비스 품질을 강화한다.

5~6배 비용 차익 거래를 목표로 하는 대신에 일부 기업은 더욱 낮은 차익 거래를 하고 잉여금은 과거 전년도 회계와 비교하여 인재 프로필을 크게 올리는 데 투자하는 것이 중요하다. 이는 서비스 품질을 완전히 새롭게 다시 정의할 수 있는 기회가 되기 때문이다. 실제 사례로써 1998년에 인도의 맥킨지 지식센터가 시작되자 MBA 10명을 전격적으로 채용하는 것으로 시작했다. 이는 McKinsey가 그때까지 연구 기능을 위해 문헌 연구 경력과 정보과학 분야의 인재 프로필에 크게 의존했기 때문에 전통적인 방식에서 크게 벗어난 것이다. 하지만 이것이 게임 체인저였으며 결국 McKinsey는 인도를 기반으로 전 세계적으로 연구 기능의 범위와 역할을 크게 향상하게 되었다. 또 다른 예시로는 많은 GDC에 추진한 바 있는 양질의 세일즈 지원 기능을 설정하는 것이다. 이는 최전방 영업팀이 고객에게 집중하고 생산성을 높일 수 있도록 세일즈 영업과 판매에 도움을 주고 있다.

3. 혁신에 관해 장애물로 보이는 '허들 비율(Hurdle Rate)'은 줄이고, 불가능해 보이는 것을 실현 가능한 프로젝트로서 추진한다.

저비용과 고품질이라는 인재 활용의 조합은 혁신 창출을 위한 아주 훌륭한 조력자이다. 이를 혁신을 위한 '황금 방정식(Golden Equation)'이라고 명칭하고자 한다. 전통적으로는 업계에서는 서비스의 단위 비용을 줄이기 위해 낮은 비용이 활용되어 왔다. 즉 혁신에 대한 투자 비용 대비 효과를 극대화하기 위해 저비용과 고품질의 인재를 동시에 활용할 수 있다. GDC의 인재 활용을 통해 기업은 혁신 프로그램의 리스크를 줄일 수 있으며 동시에 혁신의 역량을 크게 높일 수 있다.

저자는 맥킨지와 피델리티에서 이 원칙을 활용했는데, 그곳에서 인도에서 온 회사들을 활용하여 새롭고 전문화된 분석 서비스를 제공했다. 뉴욕이나 런던에서 이런 새로운 능력을 만드는 것은 매우 고가의 비용이고, 따라서 이러한 생각들은 결코 빛을 보지 못했을 것이다. 하지만 우리는 최소의 투자로 글로벌 시장에서 이러한 혁신을 위한 파일럿을 런칭할 수 있었고, 더욱이 시제품 출시를 통해 개념 증명할 수 있었다. 많은 기업들이 직관적으로 이 원칙을 활용한다. GDC의 적극적인 활용을 통해 이를 보다 명시적으로 사용할 수 있는 엄청난 기회가 있다.

4. 고객의 '패턴 인식'을 위해 고객 데이터를 활용하는 경우에는 새롭게 정제된 서비스를 디자인한다.

많은 GDC는 고객 전달 프로세스를 실행하고 있으므로 고객 요청과 고객 데이터에 밀접한 업무 관련성을 가지고 있다. 이는 현지 고객에게 더욱 많이 배우고 학습할 수 있는 기회가 될 뿐만 아니라, 반복적인 고객 요구를 충족시키는 과정에서 난제가 발생하는 지점들을 자연스럽게 확인할 수가 있다. 특히 이러한 난제를 해결하기 위해 요구되는 새로운 제품과 서비스를 개발하기 위한 통찰력을 확보하는 데 엄청나게 큰 기회이다. 그러므로 GDC는 고객의 '패턴 인식'을 위해서 고객 데이터를 활용하는 경우에는 새롭게 정제된 서비스로 디자인되어야 할 것이며, 이는 수익 센터로서 도약하기 위해 중요한 원칙이 된다.

예를 들어, 인도 맥킨지 지식센터에서는 컨설팅팀으로부터 오는 연구 요청사항들을 체계적으로 분석함으로써 분석가의 생산성을 높일 뿐만 아니라 품질도 크게 향상된 일련의 연구 결과물을 제공했다. 이러한 연구 결과물은 궁극적으로 맥킨지가 고객을 위해 도입한 새로운 지식 지향 서비스를 위한 기초 자료로 활용되었다. 또 다른 예시로는 많은 GDC에서 구축한 마케팅 분석 기능에 있다. 이러한 분석 기능들은 고객 데이터에 기초하여 작동되며, 작성된 마케팅 분석 보고서는 비즈니스 부서의 장에게 정기적으로 풍부한 통찰력을 제공할 수 있을 것이다.

5. 새로운 비즈니스 모델과 이노베이션을 구현하기 위하여 글로벌 조직 기능의 집약화를 통한 활용

많은 GDC가 그들의 모기업들의 거의 축소판이라고 지적한 바 있다. GDC는 종종 여러 가지 형태의 조직 기능들을 동시에 수용하고 다양한 비즈니스 라인과 지리적 기능을 제공하고 있다. GDC에 조직의 다양한 기능의 집약화를 통한 협업은 독특한 기회이며, 이러한 방식은 세계 어느 곳에서도 기업들이 이와 유사한 방식으로 활용하기 어렵다. 혁신적인 아이디어는 종종 상자 안에서가 아니라 많은 상자들의 상호 교차하는 지점에서 나온다. 특히 빅데이터 공간에서의 분석과 기술, 그리고 자동화와 서비스 플랫폼의 창출을 향한 추진력이 높아짐에 따라 오퍼레이션과 테크놀로지 사이의 협력 기회는 더욱 강력하게 생성된다. 여기서 GDC가 제공하는 또 다른 강력한 기회는 서로 다른 지리적 특성을 가지고 있는 조직들이 공동으로 함께 할 때 글로벌 제품으로서의 경쟁력 확보와 지식의 공유가 더욱 역동적으로 이루어진다는 사실이다.

6. 새로이 부상하는 신흥시장을 목표로 제품과 서비스 혁신의 추진

많은 기업이 GDC를 현지 국가의 지역 시장에서 비즈니스를 시작하기 위한 인큐베이터로써 활용했다. 이러한 이노베이션의 사업화 기회는 현지 시장에서 전통적인 서비스를 제공하는 것 이상으로 중요하며 지속될 수 있다. 인도와 같은 신흥시장은 종종 매우 경쟁적이며 기업이 성공하기 위해 서비스 제공과 딜리버리 모델에 대해 지속적인 혁신을 요구한다. 이러한 서비스와 제품의 혁신은 더욱 발전된 글로벌 시장의 확산과 함께 강력한 매출 증대로 이어질 수 있다.

예를 들어, 맥킨지는 인도 지식센터를 활용해 인도의 새로운 고객 서비스 라인으로 지식 능력을 '제품화'하는 데 가장 중요한 실험을 수행했다. 이러한 맥킨지 서비스 제품들 중에 많은 것들이 궁극적으로 대규모 글로벌 서비스 라인으로 발전했다. 또 다른 예시로써 신흥시장을 위해 통신사가 GDC를 통해 개발한 매우 간단한 통신 상품이 새로운 고객 사이에서 매우 높은 만족도를 보인 사례가 있었다. 이는 차후에 대형 통신 회사에 의해 선진국 시장에 도입되었다.

분명히, GDC는 글로벌 기업들이 비용 차익 거래를 넘어서도록 도울 수 있다. 만일 비용의 이점과 함께 현지 인재의 활용 그리고 성장하는 GDC의 성숙도가 효과적으로 통합되어 활용된다면, GDC는 이제 '비용 센터'의 차원을 넘어서 '수익 센터'로서 새롭게 성장할 수 있다. 특히, GDC는 비즈니스 부서장들에게 많은 중요한 문제를 해결하는 전략적 레버가 되어 기존 부문에서 더욱 수익성이 있도록 서비스를 제공하고, 신제품 및 서비스 개발과 함께 새로운 시장 진입에 속도를 낼 수 있게 할 것이다.

■ **수익 중심의 가치 창출 센터로 도약하기 위한 GDC의 6대 전략**

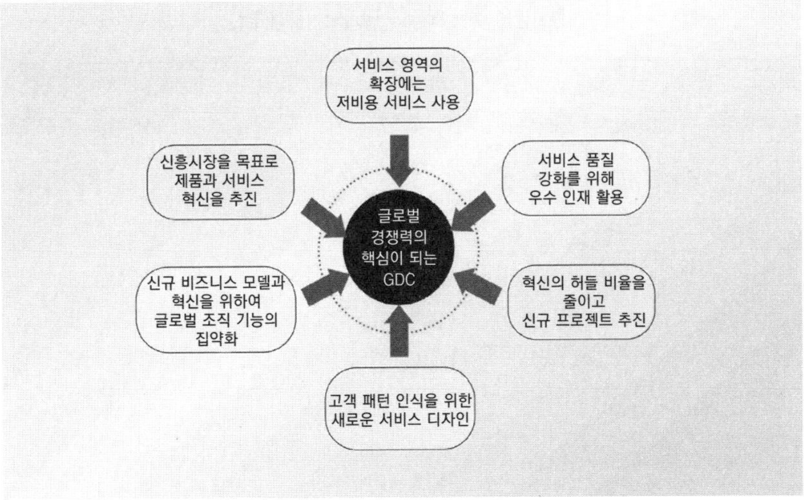

GDC가 가치를 새롭게 창출할 수 있는 기회는 크게 달라질 수 있다. 이는 개별 GDC가 운영되는 산업과 글로벌 모기업의 오프쇼어링(Offshoring)에 관한 여정의 단계, 그리고 GDC의 조직 문화와 역량 등에 달려 있다. 예를 들어, GDC를 처음 설립하는 기업은 처음부터 GDC의 DNA에 전략적 역할을 내장할 수 있는 특별한 장점을 갖게 될 것이며, 이는 GDC가 더욱 더 많이 기여할 수 있는 기회를 만들어 모기업의 경쟁 우위의 원천이 될 것이다.

요약

- GDC는 다음의 6가지 원칙을 사용하여 최종 고객과 수익 중심의 가치를 새로이 추진할 수 있다.
  - 서비스 커버리지를 확장하는 데 보다 낮은 비용을 사용할 것
  - 저비용의 고품질 인재 활용하여 서비스 품질을 극적으로 높임
  - 혁신의 '허들 비율'은 줄이고, 실현 가능한 프로젝트로 추진
  - 고객의 패턴인식과 데이터 활용은 새롭게 정제된 서비스로 설계
  - 비즈니스 모델과 혁신의 구현을 위한 조직 기능의 집약화 활용
  - 새로이 부상하는 신흥시장을 위한 제품과 서비스 혁신의 추진

제4장

—

글로벌 딜리버리 센터의 잠재력 실현

당신은 결코 기존의 현실과 싸워서 아무것도 바꾸지 못한다.

무언가를 바꾸려면 기존 모델을 쓸모없게 만드는 새로운 모델을 만들어라.

Buckminster Fuller, 건축가이자 디자이너

GDC는 새로운 혁신을 위한 여정에 착수할 수 있는 좋은 시점에 와 있지만, 생각보다 성공 사례 같이 도움이 될만한 기록 사례들이 거의 없다. 대부분 GDC는 한계를 벗어나지 못하고 반복된 업무만 지속하고 있다.

모기업의 기대는 GDC로부터 확보하는 비용 편익과 실행 역량에만 한정되어 있으며, GDC는 모기업과의 '서비스 수준 협약'인 SLA(Service Level Agreement)를 충족하거나 또는 초과하는 데만 집중하고 있다. 이는 양자 모두가 자기 만족에 있다는 것이며 궁극적으로 GDC의 성장을 제한하는 상황으로 귀결된다. 대부분 GDC는 그들이 처한 상황은 아주 독특하며 그들 스스로 이렇게 특이한 일을 훌륭하게 잘 처리하고 있다고 믿는다. 이러한 접근은 현상 유지를 지속하거나 새로운 미래를 열기 위해 도전하는 데 아무런 도움이 되지 않는다. GDC는 현실에 안주하지 않고 뷰카(VUCA) 시대에서 승리하기 위해서 무엇을 할 수 있는지 알아내기 위해 열심히 노력할 필요가 있다.

한 단계 높은 새로운 가치를 창출하고 이를 지속해서 유지하고자 한다면 GDC와 모기업 양자 모두는 다시 생각해봐야 한다. 지금까지 함께한 GDC의 오퍼레이션 모델, 사고방식과 조직 문화 그리고 리더십을 완전히 변화시켜 새로운 비즈니스로 거듭나야 할지도 모른다. 특히 GDC의 조직 거버넌스와 인사 방식에 관해서는 전통화된 관성이 자리잡고 있으며, 이는 조직 혁신을 위한 도전적 과제로써 모기업의 CEO나 이사회 수준의 적극적인 관심이 필요하다. 이렇게 하지 않으면 GDC는 새로운 도약의 기회를 완전히 얻을 수 없으며, 지속 가능한 성공으로 가는 유망한 프로젝트에도 착수할 수 없을 것이다.

GDC의 잠재력 실현을 위한 조직 변화에 대한 접근 방식

1. **협력적인 관계로 조직 운영 모델의 전환:** 일반적으로 '주문자'와 '공급자' 사이에서 이루어지는 업무 관계는 일방적인 지시로 이루어지는 경향이 있다. 주문자로서 글로벌 모기업은 지시를 내리고, 공급자로서 GDC는 순응적인 주문의 수주자로서 역할을 한다. 이 모델은 실행이 효율적으로 수행되도록 보장하며 GDC의 기능이 성숙하지 않을 때 상당히 도움이 된다. 그러나 이러한 일방적인 모델이 디지털 시대에 요구되는 리더십과 혁신에 도움이 되지 않는 것은 분명하다. 그러므로 상호 협력과 열린 사고를 촉진할 수 있는 파트너십에 의한 동등성 관계가 필요하다.

   이를 위해서 최고 경영진의 의지와 함께 많은 현실 요소들을 새롭게 설계 변경해야 하는 큰 변화가 필요하다. GDC에 요구되는 설계 변경을 위해 다음과 같은 두 가지 예시가 현실적으로 적용 가능하며 잘 작동한 실제 사례도 있다.

   - 단순히 '지리적인 이점이나 특성'보다는 GDC의 리더십과 책임에 의해

'기능과 프로세스'에 관한 서비스가 제공된다면 고객 집중력을 더욱 강력하게 확보할 수 있을 것이며 이를 위해 특별한 관련성이 있는 경우에는 엔드-투-엔드 프로세스의 소유권을 GDC가 인수하는 것도 고려해야 할 것이다.

- 오퍼레이션 중심의 서비스 수준 약정 SLA에 기초로 GDC를 평가하기보다는 고객 경험과 고객 만족도를 평가하는 지표로써 CSAT 점수와 같은 일반적인 성공 척도를 정의하면 GDC의 팀 간의 협업이 훨씬 원활하게 개선될 것이다.

2. '무엇(What)'과 '어떻게(How)' **질문을 통한 순환 업무의 방식으로 진화하는 것**: 디지털 시대에 고객의 요구는 지속해서 진화하고 있다. 이를 위해서는 '어떻게'를 반복하는 실험과정이 필요하며, 이러한 과정을 통해 '무엇'에 관한 전략을 더 잘 알려준다. 그러므로 현장의 실무팀들은 조직의 의사결정 회의에 정기적으로 참여하여 고객 전략이 정밀하게 기획 추진될 수 있도록 지원해야 한다. 이를 위해서는 GDC 운영 모델에 변화가 필요하다. 주로 '주문자'인 글로벌 모기업은 소유권의 주체로서 '무엇'에 관해 결정하게 되면 '공급자'로서의 GDC는 '어떻게'에 관한 일을 추진하게 된다. 이러한 일방적이고 순차적인 업무 모델은 반복적 피드백에 의한 순환 루프가 중요시되는 디지털 시대에서는 경쟁력이 없다.

즉, 기존의 순차적 업무 모델로서 글로벌 모기업이 '주문자'로서 제품 비즈니스 업무를 추진하고, GDC가 '공급자'로서 엔지니어 팀 업무가 분리되어 있는 경우에는 신속하고 민첩성 있는 순환 피드백 업무로 전환되어야 하며, 뿐만 아니라 제품 비즈니스와 엔지니어링 팀 간의 협력과 통합이 강화되어야 할 것이다.

3. 제품 중심의 마인드-셋을 가진 크로스 펑셔널(Cross-Functional) 팀의 운영: 기업의 디지털 문제 해결은 다학제(또는 서로 다른 부서) 간의 교류와 상호 협력이 핵심이라는 점을 감안할 때, GDC의 개발 팀워크 구조를 다시 살펴보아야 하며, 팀별 기능이 긴밀하게 연계될 수 있는 '크로스 펑셔널 팀'을 정의하고 강력한 제품 중심의 마인드-셋을 도입하는 것이 매우 중요한 과업이다.

전통적으로 기업은 팀 또는 부서별 전문성에 의해 기능적 역할로 특화되어 서로 다른 부서 간의 기능 교류가 차단된 사일로 형태의 조직으로 성장해 왔다. 이로 인해 통합적인 실행과정에서 민첩성이 부족하며 오너십의 부재로 인해 추진력이 결여되며, 성공적인 실행을 방해하는 다양한 저항들이 발생하고 하고 있다.

예를 들어, 최초 프로젝트를 채택하는 과정에서는 PMO(Project Management Office)의 리더로서 CEO 중심에서 결정되어 추진하는 아이디어는 디지털 PMO와 IT PMO에 의해서도 채택될 것이며, 이는 제품 중심의 마인드-셋을 가진 기능 통합적인 '크로스 펑셔널(Cross-Functional) 팀에 의해 프로그램 개발이 더욱 가속화될 수 있을 것이다. 이를 위한 절차로서 조직에서 민첩성을 이끌 새로운 리드가 팀의 리더 역할을 맡아 새롭게 팀을 이끌어 갈 수 있다. 새로운 팀 리드는 별도의 테스트 기능과 릴리스 기능을 가진 개발팀과 함께 작업을 하게 된다. 이러한 과정은 전혀 혼란스러운 과정이 아니다. 많은 디지털 프로젝트는 결코 천천히 이루어지않으며, 조직의 사일로 구조를 타파하고 제품 중심의 마인드 셋을 가진 크로서 펑셔널 팀에 의해 체계적으로 개발되어야 하기 때문이다.

기능 통합적인 크로스 펑셔널 팀을 조직하는 새로운 방법은 앞서 설명한 바와 같이 제품 중심의 마인드-셋으로 추진되어야 한다. 크로스 펑셔널 개발팀은 조직의 제품 중심의 다학제 간 팀으로 구성하고 여기에 IT 기술 리더(CTO: Chief Technology Officer), 커뮤니케이션 리더(CCO: Chief

Communication Officer), 마케팅 리더(CMO: Chief Marketing Officer) 및 비즈니스 리더(Chief Business Officer) 등 다양한 CXO들이 참여하는 것이 바람직하다. 이는 회사의 모든 고위 책임자인 CXO들이 제품 중심의 크로스 펑셔널 개발팀에 참여함으로써 그들이 창출하는 성과에 관해서 분기별로 추적 관리하게 하여 디지털 시대에 요구되는 조직의 지속 가능한 경쟁력을 신속하고 민첩하게 확보할 수 있을 것이다.

4. **비즈니스 중심적이며 기업가적인 GDC 리더십 개발:** GDC 리더는 기존의 오퍼레이션 중심의 안전성에만 초점을 맞추어 업무를 추진하는 자리가 아니라, 글로벌 비즈니스 요구와 GDC 잠재력 사이에서 존재하는 다양한 이벤트 또는 가능성들을 연결할 수 있도록 비즈니스에 대한 깊은 이해가 필요하다. 또한, GDC 리더들은 그들의 지위에 안주하지 않고 지속적인 혁신과 변화에 도전하기 위해 기업가적인 마인드로 무장할 필요가 있다. 특히 조직의 인력들이 안이한 생각과 환경을 탈피하도록 하고 새로운 도전적 역량을 스스로 구축하도록 조직이 지원하고 채찍질해야 한다. GDC를 넘나드는 다양한 비즈니스 영역과 글로벌 지역을 아우르는 조직 리더들을 위한 다양한 교육 프로그램은 모회사와 GDC에서 높은 잠재력을 가진 조직의 인재를 육성하는 데 큰 도움이 될 수 있다.

5. **GDC의 기대치를 높이고 KPI를 변화시키는 것:** GDC가 제공하는 서비스의 진정한 가치가 제대로 측정되고 평가받기 위해서는 서비스 수준 협정서인 SLA를 넘어서 전략적인 의도를 보여줄 필요가 있다. 또한 GDC는 지속적인 가치 상승을 위해 노력해야 하며 특히 성공적인 GDC 사례들을 벤치마킹하는 것이 바람직하다. GDC와 모기업 관계는 아직도 대체로 '안락 지대(Comfort Zone)'에 있지만, 양측은 기대치에 대한 상호 기준을 높일 수 있는 인식과 용기를 가질 필요가 있다. 이러한 혁신적인 변화가

없다면 디지털 시대에서 GDC의 미래의 잠재력과 가능성을 실현하기 어려울 것이다.

6. **모기업의 주주 및 CEO 차원에서 GDC 업무에 지속 개입토록 함:** 기존의 전통적인 접근 방식에서는 조직의 COO(Chief Operation Officer) 또는 CIO(Chief Innovation Officer) 차원에서 업무에 개입해 왔다. 실제로 디지털 시대에 GDC가 제공할 수 있는 글로벌 게임 변화에 관해 새로운 기회로서 글로벌 비즈니스 전략 차원의 일부인지 확인하기 위해서도 이는 반드시 필요한 사안이다. 종종 GDC가 '지원 센터'로 역사적 위치를 차지하고 있다는 점을 감안할 때, 이러한 전략적 논의에는 포함되지 않기 때문이다. CEO와 비즈니스 책임자가 지속적으로 GDC 업무에 참여하고 관심을 가질 때 다양한 글로벌 비즈니스 문제 사이의 연결을 쉽게 형성하고, GDC를 활용하여 새롭고 다양한 솔루션을 제공할 수 있다.

7. **모기업의 현지 지역의 비즈니스와 GDC와의 협력 강화:** 이노베이션이 필요한 고객들에게 접근성을 촉진하며 고객 관점의 신제품과 서비스 개발을 신속하게 하기 위해 GDC가 위치한 국가 지역의 비즈니스와 모기업의 해외 서비스 센터 간의 협력이 강화될 필요성이 있다. 하지만 종종 GDC의 리더들은 비즈니스 관점에서 최종 고객과의 거리가 아주 멀고 고객의 비즈니스 요구사항을 잘 이해하지 못하는 것이 현실이다.
GDC가 글로벌 모기업의 제품과 서비스 혁신에 중요한 역할을 하기 위해서는 이러한 간극을 해소할 필요성이 있다. 지역과 지역의 상호 비즈니스의 연계는 클라이언트 연결을 실현할 수 있는 가장 자연스러운 기회를 제공한다. 이를 용이하게 하기 위해서 GDC의 지역 비즈니스와 모기업의 해외 서비스 센터는 이젠 단일 리더십으로 새롭게 형성되고 있으며, 이에 관한 성공 사례가 도출되고 있다.

■ GDC의 잠재력 실현을 위한 조직의 변화에 대한 접근 방식

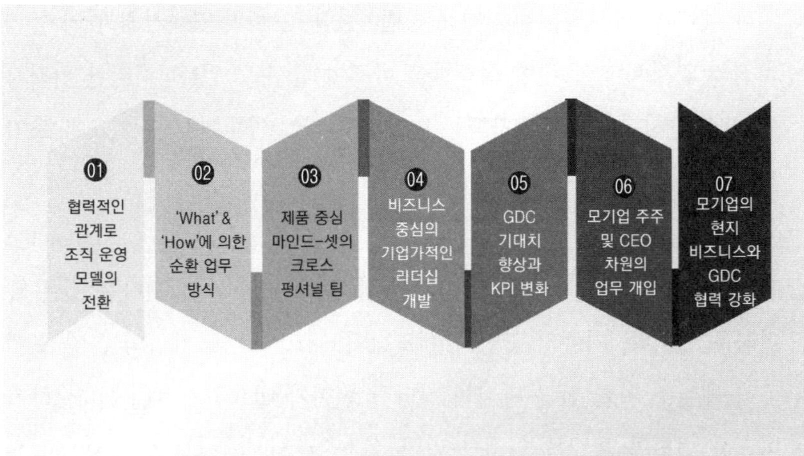

글로벌 모기업의 변화 방식에 관한 예시

1. **모기업의 거버넌스 모델 검토를 통한 GDC 리더십의 참여:** 글로벌 디지털 시대에 커지고 있는 GDC의 역할과 잠재력을 최대한 활용하기 위해 조직의 거버넌스 모델을 다시 검토한다. 예를 들어 GDC 리더가 기업의 최고 관리자 포럼에 포함되도록 하는 것이 바람직하다. GDC 리더가 글로벌 경영진의 회의 석상에 함께 하도록 하며, 기업의 중요한 프로젝트 결정에 참여하고 추진할 수 있도록 한다. 이러한 파격적인 GDC 리더십의 도입은 기존의 전통적인 조직 구조와 계층 구조를 넘어서도 할 수 있을 것이다.

2. **GDC와 모기업의 글로벌 인적자원 모델의 재검토와 변화:** GDC와 모기업의 인적자원 모델을 다시 검토하여 변화하는 글로벌 시대적 환경에 적합하게 인적자원 관리를 하도록 한다. 핵심 비즈니스 영역에서의 GDC 역할

이 확연히 증대하게 되면 모 기업의 인적자원 관리에도 영향을 미칠 것이다. 인재의 프로필, 인재 채용 방법, 경력 추적 및 인적자원 관리 등의 조직의 인재 관리에 관한 정책들을 바꿔야 할 수도 있다. 이러한 인적자원 관리에 시대적으로 요구되는 변화와 혁신이 이루어질 수 있도록 조직 전체의 이해가 필요하다.

분명히 GDC가 보유하고 있는 부가가치 잠재력을 완전히 실현하는 것은 매우 어려운 일이다. 기존의 관성화된 조직의 사고방식, 모기업의 운영 모델과 문제 해결을 위한 접근 방식에 상당한 변화가 필요하기 때문이다. 하지만 이러한 변화와 혁신을 위해 노력할 수 있는 선견지명과 함께 인내심을 가진 조직은 글로벌 비즈니스 경쟁에서 큰 이익을 얻을 수 있을 것이다.

요약

- 기존 조직의 운영 모델과 사고방식은 GDC의 부가가치 잠재력을 실현하기 위하여 변화하고 혁신해야 할 필요성이 있다.
- GDC의 운영 모델과 사고방식은 모기업의 주문에 의한 일방적인 업무에서 벗어나 진정한 협력 관계로 변화해야 한다.
- 전통적인 '무엇을 어떻게'에 의한 접근법은 변화해야 하며, 디지털 시대에 적합한 반복적이고 민첩하며 기능 통합적인 접근에 의한 크로스 펑셔널 팀 모델을 개발할 필요가 있다.
- GDC의 영향력에 대한 기대치뿐만 아니라 모기업에 대한 변화가 있어야만 한계를 극복하고 GDC 가치 상승의 기회를 실현할 수 있다.
- GDC는 지역에서 기업 중심적이고 기업가적인 리더십을 개발하고, 모기업의 CEO 또는 기업의 주주와 같은 주요 이해 관계자들과 함께 일할 수 있어야 한다.
- 글로벌 모기업은 GDC의 기회 요인들을 최대한 활용하기 위해 조직 전반에 걸쳐 인적자원 관리에 관한 거버넌스 모델을 변경해야 할 수도 있다.

제5장

글로벌 딜리버리 센터의 미래 변화를 위한 혁신

가장 작은 존재일지라도 미래의 방향을 바꿀 수 있다.

레이디 갈라드리엘, 반지의 제왕

앞 장에서 우리는 '글로벌 딜리버리 모델'이 디지털 시대에서 글로벌 모기업이 성공하기 위해 얼마나 중요한지를 살펴보았으며 GDC의 역할이 어떻게 변화하고 진화해야 하는지를 논의하였다. GDC는 새로운 가치 창출을 위한 변화의 지점에 와 있으며 GDC가 이제 변화와 혁신을 통해 새롭게 도약하는 것은 GDC 리더들의 역량에 달려 있다.

이 장에서는 글로벌 딜리버리 센터의 새로운 도약을 위해 GDC 리더들에게 요구되는 변화와 혁신에 초점을 맞추고자 한다. GDC 리더들을 위한 이러한 제안은 다음과 같이 세 부분으로 구분해 볼 수 있다.

- GDC의 진화 발전을 위한 우선순위
- GDC 리더들에게 요구되는 리더십
- 글로벌 사고방식을 위한 접근 방법

GDC는 성숙단계에 있으며 다음 단계로 나아갈 시점에 있다.

인도에서만 1,200개가 넘는 GDC가 있다. 이들 GDC 중 많은 수가 15년 이상을 존속해 왔다. GDC는 과거 10년이나 12년 전과는 지금 매우 다른 환경에 처해 있다. 오랜 시간이 흐르면서 GDC는 서비스 능력과 규모뿐만 아니라 글로벌 모기업의 조직 내에서 비즈니스 전문성, 리더십 성숙도 및 신뢰도 측면에서 엄청나게 성장했으며, GDC는 이제 글로벌 기업의 독특한 인-하우스 모델로써 많은 이점을 제공하고 있다. 많은 GDC들은 다음 수준의 단계로 이동하기 시작했다. 과거 GDC는 조직 내의 많은 실행 부서 중 하나였지만 이제 새로운 단계에서 GDC의 역할은 글로벌 기업 내에서 리더십을 가진 별도 조직으로 한 단계 성장하였다.

GDC의 성숙도가 높아지고 단순 실행 부서에서 리더십을 가진 조직으로 변화하는 데에는 6가지의 주요 측면이 있다.

1. GDC의 새로운 가치 창출은 아주 큰 기회 요인이다.

   GDC가 백 오피스 프로세스 수행을 통해 조직의 비용과 생산성에 대한 이점을 제공하고 있는 전통적인 가치 그 이상으로 새로운 가치를 창출할 수 있는 엄청난 기회가 있다. GDC에는 연구나 분석과 같은 고도의 기술 역량을 구축하고 이를 활용하는 데 상당한 모멘텀이 축적되어 있다. 특히 개발도상국의 시장을 대상으로 이제 GDC가 모기업 조직의 중심이 되어 새로운 제품 또는 서비스 혁신을 주도하는 사례가 많이 생겨나고 있다. 또한 조직의 수익 창출에 구체적으로 기여한 사례가 많이 등장하고 있다.

   예를 들어, 많은 GDC는 비용 절감과 인재 활용이라는 독특한 이점을 활용하여, 모기업 조직이 서비스하기에는 적합하지 않은 시장 또는 실행하지 않았던 세그먼트를 대상으로 서비스를 확장하고 있다. 이는 GDC뿐만 아니라 그들의 모기업의 변화와 혁신을 위한 기회 요인으로 작동하고 있다. 그러므로 GDC가 종래의 '비용 센터'의 개념에서 '수익 센터' 개념으로 진화하는 것은 그리 어렵지 않은 현실로 다가왔다.

2. 비용과 생산성은 지속해서 GDC의 중요 사안이다.

GDC의 새로운 가치 창출에 대한 기대와 관심이 증가하고 있음에도 불구하고 GDC에 의한 비용 절감과 생산성 향상은 지속해서 중요한 초점이 되고 있다. 이는 여전히 모기업의 이해 당사자들의 핵심적인 기대치이고, GDC 리더들은 지속해서 이러한 기대치에 초점을 맞춰야 한다.

- 좋은 소식은 글로벌 모기업들은 GDC 모델에 의해 40~70%로 원가 절감을 지속하고 있으며, 이러한 비용 차익 혜택은 급격하게 사라지지 않고 있다는 것이다. 이는 적어도 향후 15년 또는 20년 동안 지속될 가능성이 높고 아마도 25년까지 지속될 수도 있으리라 예상된다.
- 하지만 GDC는 쉽게 안주할 수는 없는 상황이다. GDC를 통한 비용 절감과 생산성 강화라는 다양한 이점이 감소할 수 있기 때문이다. 예를 들어 초기에 많은 GDC가 보여주었던 높은 성장과 경쟁력은 인재 피라미드의 효율적 관리와 단위 인프라 비용 절감에서 기인한 것이었다. 하지만 인력 수의 증가와 함께 인력 수준의 평탄화로 인해 GDC가 이러한 비용을 관리하는 것이 더욱 어려워지고 있다. 따라서 GDC는 비용 절감과 제품화에 대한 장점을 지속하며 이를 잠재적으로 개선하기 위해서 효율적인 GDC 운영과 인재 모델의 최적화를 강력히 추진해야 할 것이다.

3. GDC는 글로벌 딜리버리 네트워크로 이동하고 있다.

인도에 있는 많은 GDC들은 단일 현지 사이트에서 글로벌 네트워크 사이트로 이동하고 있다. 인도에 있는 GDC는 지속해서 그들 사이트가 가장 큰 사이트로 남기를 원하겠지만 글로벌 조직은 여러 가지의 옵션을 갖기를 희망하고 있다. 이제 GDC의 글로벌 위치 선정은 더 이상 비용 차익 거래의 관점에서 결정되는 사안이 아니다. 매출 집중도 리스크 완화와 새로운 인재-풀의 접근성 그리고 전략적 비즈니스 관점 등 다양한 고려사항들이 반영되어 주도되고 있다. 인도 내에서도 GDC는 종종 여러 군데의 사이트를 가지고 있으며, 2단계의 도시 지역으로 영역을 확장하고 있다. 또한 글로벌 조직 내의 GDC는 독립 사이트가 아닌 통합 글로벌 네트워크로써 관리되기 시작했다.

4. GDC의 비즈니스 소싱 모델은 더욱 복잡해지고 있다.

'구매 vs 제조'라는 이분법적 관점에서 GDC 역할에 대해 끊임없이 논쟁이 있었다. 하지만 이제 많은 GDC 조직들이 이러한 논쟁을 넘어섰고 이 모델들은 상호 공존할 수 있다는 것을 인식하고 있다. 따라서 사내 센터(In-house Center)와 벤더(Vendor)로서 공존하는 '하이브리드 소싱'이 점점 더 GDC의 표준 모델로서 자리 잡고 있다. 또한 달리 변화된 상황으로, 과거 초기에 본사에서 직접 사내 센터인 GDC를 관리했었지만 이와는 달리 사내 센터로서의 GDC일지라도 종종 본사와의 파트너 관계로 정립되고 있으며, 아울러 지역에서 주도적인 역할을 하도록 요청받고 있다.

5. GDC 조직의 거버넌스 접근법이 진화하고 있다.

역사적으로 볼 때 GDC의 오퍼레이션 모델은 '공유 서비스 모델'이거나 또는 '수직 통합 모델'로서 고객 서비스 관점에서 볼 때 확연히 다른 차원이며, 이는 서비스 운영 스펙트럼의 양 끝단에 각각 위치한다고 볼 수 있다. 하지만 오늘날 GDC는 지속적으로 진화하는 글로벌 업무에 부합하도록 GDC 운영 모델은 더욱 복잡한 '하이브리드 운영 모델'이 적용되고 있다. 이는 GDC의 거버넌스 지배구조와 관련하여 특히 글로벌 네트워크 조직으로서 매트릭스 관리는 도전적 과제로 부각되고 있다. 또한 글로벌 조직 내 GDC의 전략적 위치 선정과 배치 그리고 GDC 거버넌스는 본사 차원에서 지속적으로 진화하고 있으며, GDC가 모기업의 COO(Chief Operation Officer)나 CIO(Chief Innovation Officer)에 직접 보고하거나 종종 GDC에 직접 관심을 가지고 새로운 사업을 추진하고자 본사 비즈니스 책임자들이 나서고 있다. 그러므로 GDC 리더들의 역할과 기대는 모기업 조직의 글로벌 경쟁력이라는 맥락에서 더욱 중요시되며 강화되고 있다.

6. 노동력은 숙련도가 높아지고 다양화되고 있다.

GDC의 성숙도가 높아지는 점을 감안할 때 정년이 보장되는 숙련 인력들도 지속해서 증가하고 있다. 이러한 현상은 아주 좋은 기회 요인이자 또한 도전적인 과제로 작용한다. 많은 GDC의 직원들은 더 높은 부가가치를 창출하고 활용할 수 있는 비즈니스 전문성을 확보하였다. 이는 GDC의 기회 요인으로 작용하고 있으며 직원들에게 도전적인 진로 개척과 함께 전문성을 활용할 수 있도록 다양한 기회를 제공할 필요가 있다. 그렇지 않으면 그동안 GDC 인력들이 축적한 다양한 재능과 전문성은 사장될 수밖에 없을 것이다. 특히 업계에 진입 수준에 있는 신세대 젊은 인력들의 합류와 함께 GDC의 노동력은 역동적인 인적자원으로 글로벌 경쟁력을 가지게 되었다.

GDC 리더들이 나서야 한다.

GDC는 디지털 시대의 많은 변화에 직면하고 있으며 글로벌 조직 내에서 다음 단계의 영향력을 발휘하고 관련성이 있는 새로운 분야로 변화할 수 있는 좋은 기회들이 많이 있다. 하지만 GDC의 새로운 여정은 결코 쉬운 일이 아니다. 이러한 기회를 실현하기 위해서 GDC 리더들은 그들의 비즈니스 생태계를 한 단계 높일 필요성이 있다.

GDC 리더들은 때로는 '안락 지대(Comfort Zone)'에 갇히기도 한다. 그들이 보여주는 리더십에 관한 철학과 이노베이션에 대한 기대치는 종종 낮게 관측된다. GDC 리더들은 모기업의 실행에 관한 기대치를 아주 잘 전달할 수 있으며 이에 대한 보상도 좋으며 그 이상의 것을 밀어붙일 필요가 없다. 이는 GDC의 미래 비전을 이끄는 리더로서 지속적 발전과 혁신을 심각하게 제한할 수 있다. GDC 리더들은 이를 심각하게 의식하고 '안락 지대'의 장애물과 적극적으로 맞서야 한다. GDC 리더들은 현상 유지에 도전하고 역량을 향상시키고 있는지 지속해서 확인해야 한다.

특히 서비스 실행 차원을 넘어서 다음 단계의 새로운 리더십으로 흥미로운 GDC 여정을 이어가기 위한 다음의 성화 봉송자가 될 새로운 세대의 젊은 지도자들을 양성할 필요가 있다.

GDC가 다음의 단계로 나아갈 수 있는 좋은 기회들이 많이 있지만, 더욱 중요한 사안은 GDC 리더들이 성공을 위해 먼저 앞장서야 한다는 것이다. 특히 GDC 생태계의 지속 발전을 위해서는 산발적인 노력보다도 GDC 리더들이 중심이 된 커뮤니티가 체계적인 방법으로 우선적인 사안으로써 다루어져야 할 것이다.

GDC 리더들과 설문조사와 토론을 기반으로 GDC의 미래를 위해 다음의 4가지 중요 관점을 확인하였다.

1. **글로벌 사고방식의 필요성**: GDC 리더가 글로벌 환경에서 팀 플레이어로서 효과적일 뿐만 아니라 전 세계에 영향력을 미치며 이끌어갈 수 있을 것이라는 리더십에 대한 기대가 크다. 이는 GDC와 연관된 다음 상황들 때문에 더욱 중요시되고 있다. 첫째로, GDC 리더에 대한 기대치는 단순한 프로세스 실행에서 비전을 제시할 수 있는 리더십으로 변화하고 있

으며, 인도가 국가적 차원에서 주도적으로 이끌어가는 '글로벌 딜리버리 네트워크' 구축 노력과도 밀접한 연관성이 있다. 둘째로 글로벌 기업들은 여전히 신흥국을 경쟁력 있는 인재의 원천으로 생각하고 있기 때문이다. 그러나 셋째로 신흥국 GDC의 리더십 인재들은 상대적으로 아직은 미숙한 것으로 파악되기 때문이다.

2. **기업가적인 리더십의 중요성**: GDC의 다음의 성장 단계는 쉽지 않을 것이다. 비용 차익 거래에 의한 주도적 성장은 어느 단계에서는 한계점에 도달할 것이고 새로운 성장은 비즈니스에 새로운 가치를 더함으로써 지속적으로 주도될 것이기 때문이다. 이를 위한 GDC 리더는 더욱 세밀한 오퍼레이션 관리자로서 역할뿐만 아니라 기업가적이며 비즈니스 지향적인 리더십이 필요하다. 특히 새로운 신세대의 GDC 리더들은 창의적이고 상거래에 능숙하고, 비즈니스를 잘 이해하며 글로벌 모기업의 COO, CIO 또는 CFO뿐만 아니라 CEO와도 잘 협력할 필요가 있다. 한편 다양한 리스크를 감수하고 새로운 것을 만들고자 할 때는 피할 수 없는 어떤 반대와 좌절을 헤쳐나갈 수 있는 용기와 함께 강한 회복력이 필요할 것이다.

3. **영향력 발휘와 네트워킹의 중요성**: 특히 글로벌 네트워크 조직으로서 글로벌 기업 본사의 매트릭스 관리는 모든 GDC의 현실이 되고 있다. GDC 거버넌스 모델이 진화하는 영역으로 인해 이는 훨씬 더 복잡해지고 있다. GDC 리더는 종종 직접적인 권한이 없어도 자신의 영향력을 주장할 필요성이 있다. 글로벌 조직의 여러 이해 관계자를 서로 다른 의제로서 탐색하고 이를 정렬하기 위해서는 능숙한 외교관이 되어야 한다. 그리고 GDC의 지속 발전과 도약을 위해 이를 후원하고 옹호할 지지자들과의 연합을 모색하고 연대를 구축할 필요성이 있다.

4. **'Y' 세대 인력의 관리:** GDC 인력은 점점 다양해지고 있으며 확실히 젊어지고 있으며, Y 세대의 젊은 인력들은 위대한 가능성을 보여주고 있다. Y 세대의 특징은 창의적이며 자신감이 넘치고 '할 수 있다'는 마인드가 훨씬 더 강력하다. 하지만 전통적인 지휘 감독에 의하거나, 통제적인 업무 관리 스타일은 이들과 함께 작동하지 않을 수도 있다. 신세대 인력을 잘 이해하고 함께하여 그들이 보유하고 있는 실질적인 에너지를 완전히 활용할 필요성이 있다.

GDC 리더에게 요구되는 변화

비전의 리더십으로 혁신을 이끄는 글로벌 리더가 되려면 기업가적 사고방식과 리더로서의 남다른 역량이 필요하다. GDC 리더들이 이러한 수준에 이르기 위해서 요구되는 4가지의 중요한 변화를 살펴보기로 한다.

1. **'운영 관리자'에서 '비전 리더 및 혁신가'로의 변화:** GDC 관리자는 프로젝트 수행이든 서비스 품질 관리든 실행하는 일을 처리하는 데에는 매우 능숙하다. 하지만 GDC의 비전 리더이자 혁신가가 되기 위해서는 다양한 전략적 사고 함양과 함께 중요한 문제 해결을 위한 능력을 확보해야 한다. GDC 리더는 '긴급하고 단기적인' 것에 초점을 맞추는 마음가짐에서 '중요하지만 긴급하지 않은' 것에 대처하는 방법을 먼저 배운다는 사고방식의 변화가 필요하다.
   또한 GDC를 이끄는 리더가 되기 위해서는 더욱 복잡한 대화를 관리할 필요가 있다. 왜냐하면 실행을 관리하는 것은 비교적 구조화되고 예측 가능한 대화를 관리함을 의미하지만, GDC 비전의 리더십은 더욱 복잡한 대화를 수반할 것이다. 왜냐하면 역외 관리자의 조직 참여 방식에 익숙하지 않을 수 있는 모기업 본사의 이해 관계자들과의 갈등 가능성이 더 많이 발생할 수 있기 때문이다.

2. **'기능 전문가'에서 '비즈니스 전문가'로의 변화:** GDC는 강력하고 숙련된 IT 기술과 함께 프로세스 운영 능력을 보유하고 있다. 그러나 GDC가 새로운 가치로서 추구하고자 하는 여정의 다음 단계는 비즈니스와 시장 고객에 관한 지식이라 할 수 있다. 이제 GDC 관리자는 기능 전문가에서 비즈니스 전문가로서 거듭 성장해야 하며 이를 위해서 자아 개발과 함께 경영 지식 습득에도 많은 노력과 투자를 해야 할 것이다. 그렇지 않으면 그들은 곧 경쟁에서 뒤처질 것이다.

3. **'안정된 직장인' 신분에서 '도전적인 기업가'로의 변화:** 현재의 GDC 프로세스 운영과 딜리버리 모델은 위험을 최소화하고 예측 가능한 딜리버리를 보장하기 위해 설계되는 경우가 많다. 이를 위한 GDC는 '안정된 직장인' 신분으로 선호되고 있으며 또 이를 격려하는 경향이 있다. 하지만 혁신이 무엇보다 가장 중요한 시대에는 기업가적인 위험을 감수하는 도전적인 정신이 필요하다. 도전적인 기업가적 정신은 조직 문화에 뿌리를 두고 있기 때문에 이는 단순한 변화가 아니다. 그러므로 GDC 리더들은 자신의 변화된 행동을 통해 조직의 문화 변화를 직접 알리는 신호를 보내야 할 것이다.

4. **'지역의 챔피언'에서 '글로벌 인플루언서'로의 변화:** GDC 리더는 자국 내에서 오퍼레이션 팀을 관리하는 것으로부터 시작하였지만, 향후 조직의 글로벌 네트워크 전략에 의해 점점 더 많은 경영진들과 함께 글로벌 비지니스를 주도하며 영향력을 미칠 것으로 예상된다. 이를 위해 GDC 리더는 '글로벌 인플루언서'로서 자리하면서 높은 수준의 다문화 감수성, 정

교한 의사소통 기술, 그리고 무엇보다도 기업 조직에서 글로벌 비즈니스 우선순위에 대한 깊은 이해가 요구된다.

요약하자면, 이러한 변화의 선봉에는 GDC 관리자들이 직접 나서서 리더가 되어야 한다. 이러한 변화를 위해 리더로서 가장 중요한 자질은 '일의 추진력'과 '헝거리 정신' 그리고 '최고를 추구하는 끈질긴 근성'이다. GDC 관리자들 사이에서 열정과 에너지를 축적하고 이를 지속적으로 유지할 수 있다면, 필요한 나머지 변화들도 곧 뒤따르게 될 것이다.

글로벌 마인드 셋 – 이는 무엇이며 어떻게 하는가?

성공적인 글로벌 리더의 핵심 특징은 영향력이다. 글로벌 리더는 문화 전반에 걸쳐 영향력을 미치기 위해 지리적인 경계를 넘어서야 한다. 성공적인 글로벌 리더들의 또 다른 중요한 특징은 비전과 창의성을 기반으로 자원 할당 스킬을 보유하고 위험을 감수할 준비가 되어 있다는 것이다.

그렇다면 GDC 리더들은 어떻게 글로벌 사고방식을 함양하고 성공적인 글로벌 리더가 될 수 있을 것인가? 글로벌 기업에서 20년 근무한 실무 경험을 기반으로 6가지 교훈을 제시하고자 한다.

1. 글로벌 리더가 되기 위해서는 상대방의 관점에서 자신을 바라보고 그들의 생각에 공감할 수 있어야 하며, 먼저 결론에 도달하기보다는 그들의 관점을 이해하려고 노력해야 한다. 지적 호기심이 많고 새로운 문화와 사람들에 대해 배우고 싶은 충동이 항상 내재되어 있어야 한다.

2. 스스로 익숙한 곳에서 벗어나 밖으로 자신을 노출하고 새롭고 다양한 경

험을 지속해서 체험해야 한다. 이러한 적극적인 행동이 자신을 글로벌 리더로서 성장시키며 미래의 변화에 더욱 잘 적응하도록 만든다.

3. 글로벌 동료들과 고객들이 함께 더 많은 시간을 보내는 것이 중요하다. 글로벌 리더는 사무실 공간에서 나와 글로벌 환경에서 더 많은 시간을 보낼 필요가 있다. 글로벌 리더는 조직의 운영과 인력 관리를 넘어서서 네트워킹을 통한 관계 구축에 초점을 맞출 필요가 있다.

4. 신뢰를 축적하기 위해서 관리자는 자신의 의제를 유보해야 하고 이기심을 버려야 하며 다른 사람을 위해 옳은 일을 하고 싶은 진정한 소망으로 추진해야 한다. 또한 리더는 개방적이고 무엇보다 정직하게 의사소통을 해야 하며, 나쁜 소식을 전하는 것도 주저해서는 안 된다. 모든 위기는 신뢰를 쌓을 수 있는 좋은 기회가 될 수 있기 때문이다.

5. 조직에서의 필요한 정책은 현실적 사안이기 때문에 리더는 글로벌 본사 조직의 매트릭스 관리 차원에서 유발되는 갈등을 피하지 말아야 한다. 그리고 잠재적인 갈등은 항상 고객의 관점에서 옳고 그름에 초점을 맞추면서 해결책이 강구되어야 할 것이다.

6. 리더는 이해하려고 노력한 다음에 적응하려고 노력하는 것도 매우 중요하지만, 리더가 자연스럽게 자신의 신념에 충실한 것도 마찬가지로 중요하다. 리더는 자신의 본능을 믿고 자존심을 소중히 여기며 그것이 무엇인지 말할 수 있어야 한다.

요약하자면, GDC의 미래는 리더가 앞장서서 변화와 혁신을 이끌어 가는 방식에 크게 의존한다고 해도 과언이 아니다. GDC를 이끌 글로벌 리더는 언

■ **GDC의 가치 창출을 위해 리더에게 요구되는 4가지 핵심사항**

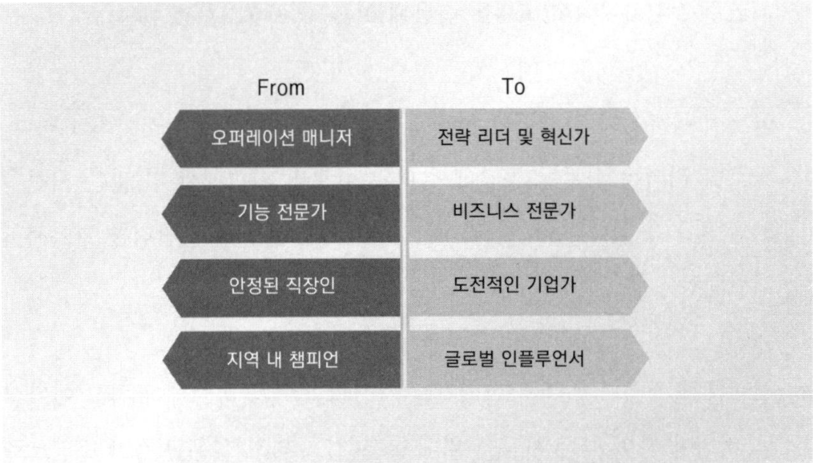

어의 유창함이나 꾸며진 외모가 중요한 것이 아니라 신뢰받는 리더로서 내면적인 기본 소양에 충실해야 하며, 다른 모든 성공자의 인생과 마찬가지로 글로벌 리더 역시 겉보기에 모순되는 기대치 사이에서 균형을 찾는 것이 중요하다. 특히 리더는 '새로운 자유를 찾는 것'과 '근본에 충실한 것' 양자 사이에서 더욱 적절한 균형을 찾는 지혜가 필요할 것이다.

요약

- GDC에서 필요한 4가지 중요한 리더십 스킬은 '글로벌 마인드-셋', '기업가적 리더십', '네트워킹과 기술적 영향력', 그리고 "Y' 세대의 관리'라 할 수 있다.
- 글로벌 마인드-셋 형성을 위해 리더는 호기심이 많고 공감할 수 있어야 하며, 위험을 감수하고 정직하여야 하며 아울러 신뢰를 기반으로 관계를 발전시켜야 한다.

WINNING IN THE DIGITAL AGE

섹션 5

디지털 시대의 경쟁에서 승리하는 조직

서론

—

디지털 시대의 경쟁에서 승리하는 조직

앞 섹션에서 우리는 디지털 전환이라는 주제에 관하여 섹션 1에서 섹션 3까지 이는 '무엇(What)인가'라는 관점과 '왜(Why) 중요한가'라는 관점으로 살펴보았다면 섹션 4에서는 '어떻게(How)'라는 관점을 중심으로 논의하였다. 특히 '글로벌 딜리버리 모델'이 디지털 시대의 실행에서 중요한 측면이라는 것을 설명하였다. 본 섹션에서는 디지털 실행의 방법을 더욱 심도있게 살펴보고, 성공적인 디지털 전환을 지원하기 위해 조직에서 필요한 사안들을 탐구하고자 한다.

조직의 전환 없이는 디지털 전환도 성공할 수 없다.

조직의 디지털 전환이 성공하려면 엔드-투-엔드 관점으로 이루어져야 한다고 앞서 강조해왔다. 디지털 전환은 단지 테크놀로지 전환에 관한 것만이 아니다. 실제로 많은 조직이 디지털 전환과정에서 실패하는 이유는 단순히 디지털 기술 전환 프로그램으로 인식하고 그 범위를 협소하게 추진하기 때문이다. 조직의 디지털 전환은 고객 경험을 바꾸는 것은 물론 오퍼레이션 모델과 기존 조직의 비즈니스 전체를 변화시켜야 한다. 의미있는 디지털 전환의 범위는 조직의 근본적인 변화를 동반하지 않는 한 성공적이고 지속적일 수 없다.

디지털이란 새로운 방식으로 일하는 것을 의미한다. 즉, 속도에 맞춰 움직이며 순차적인 실행보다는 반복적으로 실행하고, 실험과 혁신에 더욱 집중하고 훨씬 더 많은 위험을 감수해야 한다. 여기에 추가로 테크놀로지는 어떤 산업 부문에 종사하든 간에 기업 DNA의 핵심이 되어야 한다. 이러한 디지털 시대 패러다임의 변화는 조직 문화의 변화와 혁신을 근본적으로 요구하고 있다. 그러므로 조직 문화의 변화와 혁신은 아마도 디지털 전환을 위한 가장 중요한 조력자가 될 것이며, 개별적인 운영 프로그램의 성공을 넘어서 조직 DNA에 더욱 근본적인 변화와 혁신을 가져올 수 있게 해 준다.

하지만 문화는 성장하고 확산하는 데 오랜 시간이 걸리며 특히 기업의 조직 문화는 빠르게 변화하기가 쉽지 않다. 하지만 디지털 시대에서 기술과 시장의 변화 속도가 매우 빠르고 새로운 경쟁자들이 끊임없이 등장하고 비즈니스의 수명 주기는 급속히 줄어든다. 이렇게 급변하는 외부 상황에서 조직의 지속 가능한 성공을 위한 기반이 무엇인지를 논의하는 것은 의미 있으며, 디지털 시대에 승리하기 위해 기업 조직에 요구되는 7가지 역량에 관해 살펴보기로 한다.

1. **독점적 지식**: 인터넷 환경에 의해 지식 정보에 아주 쉽게 접근할 수 있는 디지털 시대에는 독점적 지식은 조직의 경쟁 우위의 원천이 된다. 실제로 디지털 시대에서 지속 가능한 성공을 이루는 모든 기업이 지식 회사가 되어야 한다고 주장하고 싶다. 하지만 디지털 시대의 도전적인 과제로서, 독점적 지식은 전형적으로 일부 구성원의 암묵적인 지식의 형태로 존재한다는 것이다. 그러므로 기업은 이러한 암묵적 지식을 체계적으로 명시화하고 기록하여 나머지 구성원들이 쉽게 접근해서 조직의 지속 가능한 혁신으로 활용할 수 있어야 하고, 기업의 영업비밀, 특허 및

저작권 등의 지식재산(IP)으로 보호하고 관리하는 지식재산 전략이 필요하다.

2. **이노베이션**: 디지털 시대에서 기업의 경쟁력 기반은 기존의 가치를 허물고 새롭게 창출되는 이노베이션(혁신)에 있다. 그러므로 모든 기업은 이노베이션을 핵심 역량으로 확보해야 한다. 디지털 시대에서 기업의 이노베이션을 크게 나누어 보면 프로세스, 제품, 고객 경험 그리고 비즈니스 모델로서 4가지 유형의 혁신으로 구분해 볼 수 있다. 일반적으로 기업은 점진적 프로세스와 관련해서 혁신적인 가치 창출에 더 집중하는 경우가 많다. 하지만 디지털 시대에서 경쟁하기 위해서 기업은 더욱 급진적 비즈니스 모델과 연관된 혁신에 투자할 수밖에 없다. 하지만 기업이 이노베이션에 투자하는 경우에 일회성이거나 또는 우발적인 방식으로 투자가 진행되어서는 안 된다. 이노베이션은 조직의 지속 가능한 성공의 기반이 되므로 조직 업무의 체계적인 프로세스와 조직 역량에 지속해서 내재화되도록 투자가 이루어져야 할 것이다.

3. **민첩성**: 아마도 디지털 시대의 가장 뚜렷한 속성은 전략과 실행에 속도 변화가 요구된다는 것이다. 오늘날 급변하는 디지털 기술 때문에 시장의 진입 시점 또는 제품의 순환주기 등 다양한 경쟁 요소들도 실행 속도의 변화로 인해 극적인 변동성을 보이고 있다. 이제 '우리가 일하는 방식'이 근본적으로 변하지 않는 한 디지털의 변화 속도에 적응할 수 없으며, 기업은 더 높은 수준의 민첩성을 확보하도록 요구받고 있다. 디지털 시대의 기업이 일하는 방식에서 변화와 혁신을 주도하는 것은 민첩성이며, 이는 조직의 근본적인 변화를 의미한다. 민첩함을 의미하는 '애자일'은 소프트웨어 개발을 위한 새로운 방법론으로 시작되었지만, 이노베이션을 위한 전략과 실험 그리고 피드백과 실행 사이클은 물론 모든 기업의 경영 활동

을 포함하는 영역까지 확장되어 디지털 시대의 변화된 기업 패러다임의 중심에 자리하고 있다.

4. **학습**: 디지털 시대는 지속적인 변화에 관한 것이다. 따라서 기업이나 개인이 변화하고 있는 현실의 관련성을 계속 유지할 수 있는 유일한 방법은 지속적인 학습을 통해 함께 현실을 주도하며 변화를 선도하는 것이다. 디지털 시대에는 학습에 관한 본질적 개념과 접근 방법도 극적으로 변화하고 있다. 이는 점점 더 개인화되고 자기 주도적인 학습으로 변화하고 있으며, 특히 디지털 기술에 기반하여 학습 방법도 다양해지고, 학습의 영역도 분화되어 전문화되고 있다. 기업은 학습 방법과 디지털 기술에서 일어나는 엄청난 발전을 활용하여 기업 구성원들의 학습역량을 기업의 핵심 역량으로 구축해야 한다.

5. **다양성**: 오늘날 우리가 살고 있는 뷰카 시대의 특징인 복잡한 세상에서는 단일한 접근법이 통하지 않는다. 복잡성을 효과적으로 다루고 대처하기 위해서는 사고방식과 경험의 다양성이 더욱 중요하게 부각 된다. 성별, 인종, 연령 등 구성 인력은 물론 기업의 지리적 위치들과 비즈니스 포트폴리오 등 모든 차원의 다양성은 있으면 좋은 선택적인 사안이 아니라 기업이 디지털 시대에 효과적으로 경쟁하기 위해 필요한 필수적인 기반으로 부각되고 있다.

6. **변화의 관리**: 디지털 시대의 변화는 아주 의미심장하게 중요하며 변화의 결과는 냉혹한 것이다. 스스로 승리자라 자칭하고 만족하면서 디지털 시대를 살아갈 수 없다. 급변하는 디지털 기술 시대에서 대부분의 기업들은 최소한 3~4년의 주기로 전략에서부터 운영에 이르기까지 아주 큰 변화를 겪게 될 것으로 예상된다. 그러므로 이러한 시나리오를 기반으로

디지털 시대에서 조직의 변화를 능동적으로 관리할 수 있어야 하며, 이는 기업의 핵심 역량이 되어야 한다.

7. 조직 지원 기능의 강화: 인적자원(HR)과 재무금융(Finance)는 일반적으로 전통적인 기업에서는 지원 기능으로 간주되었다. 하지만 디지털 시대에서는 기업의 지원 기능 부서가 매우 중요한 역할을 하고 있다. 인적자원(HR) 부서는 앞에서 언급한 바와 같이 디지털 전환에 필수가 되는 조직의 전환과정에서 핵심적인 조력 자원이다. 디지털 시대에서 경쟁하기 위해서 기업의 위험과 투자 요구가 높아짐에 따라 재무금융의 역할도 더욱 중요해지고 있다. 디지털 시대의 경영진으로서 최고인적자원관리자(CHRO)와 최고재무관리자(CFO)의 역할은 최고경영자(CEO)의 역할과는 별도로 모든 고위책임자 CXO 수준에서 비추어 회사의 가장 중요한 역할로써 새롭게 활성화되고 있다. 하지만 이러한 기업의 지원 기능들은 많은 기업에서 아직도 종종 기존의 기득권에 의해 통제된 마인드-셋으

■ 디지털 시대에서 승리하는 조직으로 전환하기

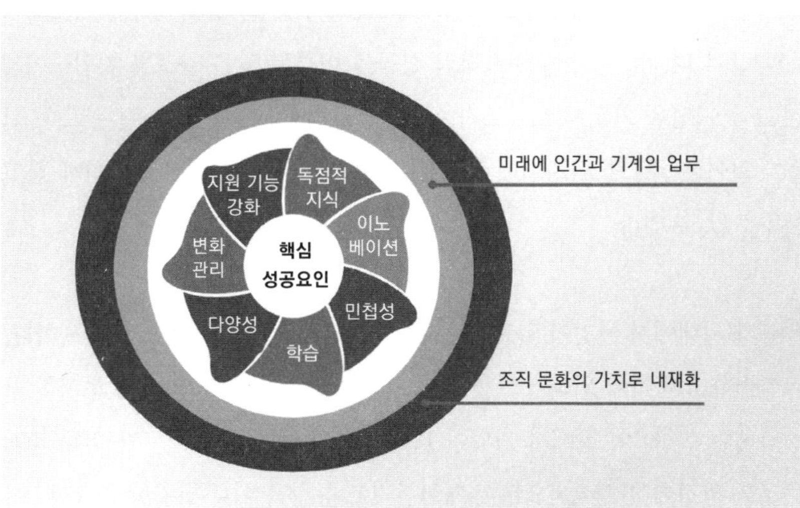

로 설정되어 있다. 그래서 디지털 시대의 새로운 기대를 충족시키기 위해 기존 기업이 구조적으로 크게 변화할 필요성이 있다.

디지털 시대가 진행되면서 인간이 하는 일이 어떻게 변화할 것인지에 대한 의문이 생긴다. 특히 기업에서의 '업무의 미래'는 수십 년 동안 논의의 주제가 되어 왔다. 이 논의는 이제 AI의 급속한 성장과 함께 더욱 현실화되고 있다. 특히 업무의 처리 관점에서 '인간 vs 기계'에 대한 토론은 대중의 상상력을 사로잡고 있다. AI는 앞으로도 우리 인간이 기업에서 수행하는 업무 본질에 매우 중요한 영향을 미칠 것이다. 이는 '인간과 기계'에 관한 문제이지 '특정 인간과 기계'에 관한 문제는 아니다. AI가 주도하는 디지털 시대가 본격적으로 진화함에 따라 기업의 리더는 AI가 특정 산업과 기능에 미치는 영향력을 이해하고 이에 따라 일자리를 재설계하도록 적극적인 조치를 준비하거나 실행하는 것이 매우 중요하다.

1장. 디지털 시대의 성공을 위한 조직 문화의 구축

예를 들어, 디지털 네이티브 기업 FANNG을 비롯하여 맥킨지나 피델리티 등과 같이 디지털 시대에 지속적인 성공을 이루는 많은 글로벌 기업들에게는 그들 기업을 가로지르는 조직 문화가 그 성공의 기반이 되어 왔으며 그들이 걸어온 글로벌 발자취에 조직 문화 속에 공통성과 일관성이 함께 하고 있음을 알 수 있다.

- 뷰카 시대에서 기업이 일관된 업무 문화를 갖는 것이 무엇보다 중요하다. 그러나 성공하기 위해서는 한 걸음 더 나아가 기업가적인 조직 문화를 구축해야 한다. 이 장에서 기업이 디지털 시대의 성공에 이르기 위해 조직 문화 관점에서 의식적으로 내재화시키고 통합을 이루어야 할 중요한 9가

지 속성을 공유하고자 한다.

- 하지만 이러한 속성들을 단순히 외부적으로 표현하는 것만으로는 충분하지 않다. 기업의 조직 문화로서 새롭게 탄생하기 위해서는 이러한 속성들은 기업의 일하는 방식에 완전히 내재화되고 통합될 필요성이 있다. 그러므로 이러한 통합 절차는 시간이 많이 소요되고 느리며 복잡한 과정이 될 수도 있다. 하지만 그럼에도 불구하고 이러한 새로운 속성들을 명확한 기업 미션과 가치관으로 제시하고 이를 통해 내부 구성원들의 방향성을 정렬하며, 리더십에 의한 롤 모델링을 장려하고 아울러 성과와 보상과정을 통해 기업 문화로서 제도화하는 등 다양한 전략적 방법을 채택함으로써 이러한 목표들을 보다 신속하게 달성할 수 있을 것이다.

2장. 지식경영: 디지털 시대의 차별화 열쇠

이 장에서는 소수 전문가 집단이 보유하고 있는 노하우 기반의 기업 운영 방식에서 벗어나서 보다 체계적인 지식경영으로 전환할 필요성과 접근 방법에 관해 다루고자 하며 여기에는 다음과 같은 주요 내용이 포함된다.

- 기업은 효과적인 방법으로 내부 지식경영 역량을 구축하고 축적된 지식의 순환주기를 활성화해야 한다. 특히 이를 위해 첫째로, 기업의 비즈니스 우선순위에 따라 요구되는 다양한 지식 유형에 따라 구체적인 세부 정보와 지식 내용을 파악해야 한다. 둘째, 지식 전문가와 지식이 필요한 사람을 명확하게 구분하고 정립할 필요가 있다. 셋째로 필요한 지식을 적시에 수요자에게 제공하도록 프로세스를 구축하고 기술 확보에 투자해야 한다.
- 기업에서 지식을 상호 공유하고 지식을 기반으로 협력하는 조직 문화의 구축이 필요하다. 실제로 기업의 지식경영에 관한 프로젝트는 매우 복잡하고 시간이 많이 소요되는 여정이다. 게다가 지식경영에 관한 성과는 구

체적인 투자수익율 ROI와 같은 지표로서 쉽게 그 성과물을 정량화 평가하거나 구체화할 수도 없다. 그러므로 지식경영에 관한 기업의 성공 여부는 리더십에 대한 후원, 지식의 공유와 협업을 장려하는 조직 문화의 구축 그리고 지식 프로세스와 기술에 대한 올바른 투자에 의해 뒷받침되는 잘 정의된 기업의 지식 아키텍처를 만드는 데 달려 있다고 할 수 있다.

3장. 이노베이션: 행동에 대한 요구

이 장에서는 구체적인 예시로써 인도의 글로벌 딜리버리 센터인 IT-BPM (Business Process Management) 산업에 관련한 이노베이션에 초점을 맞추고 있다. 여기서 세부적으로 다루게 될 GDC에 요구되는 글로벌 이노베이션에 관한 통찰과 유추를 통해 우리는 기존의 다양한 산업 분야에서 디지털 관점에서의 기업 이노베이션으로 적용할 수 있을 것이다.

- 글로벌 기업의 딜리버리 모델의 중심이 된 IT-BPM 산업에서의 가치 제안은 고품질과 저비용의 기술 인재, 속도에서 확장할 수 있는 능력, 고객 반응성 및 강력한 프로세스 지향성에 기반을 두고 있었다. 하지만 디지털 전환의 영향과 고객의 변화하는 기대치로 인해 인도의 IT-BPM 기업에 대한 요구사항도 크게 변화하고 있다.
- 인도의 IT-BPM 산업은 기존에 접근하던 이노베이션 유형이 아닌 새로운 유형의 이노베이션으로 진화가 필요하다. 점진적인 오퍼레이션의 프로세스 개선을 통한 혁신으로는 한계 상황에 이르렀으며 이제는 또 다른 이노베이션 유형으로 제품과 비즈니스 모델에 관한 혁신에 과감한 도전과 큰 투자를 할 필요성이 있다.
- 다른 유형의 이노베이션에 새로운 도전을 하기 위해서는 그동안의 IT 산업에서의 오랜 성공 공식을 넘어서야 하며, 혁신에 필요한 예산 확보를

위한 내부 조직을 구성해야 할 것이다. 특히 고객이 요구하는 시장 수요를 잘 이해하고, 신생 스타트업들과의 협력을 모색하고 시장의 틈새 기술을 확보한 기업들의 인수를 모색해야 한다.

4장. 디지털 시대의 민첩성을 위한 통찰력

이 장에서는 민첩성에 관한 핵심 통찰력을 제공하고자 한다. 민첩성은 단지 프로젝트 계획이나 소프트웨어 개발에 관한 것이 아니라, 모든 비즈니스 기능에 적용되는 것이다. 특히 조직의 모든 전략과 실행에 적용되며 민첩성을 확보하기 위해서는 프로세스를 보다 단순화하고 팀의 결과를 이끌 수 있는 권한이 부여되어야 한다. 향후 6개월에서 12개월 이상은 진행 상황을 예측할 수 없는 세상이다. 그러므로 가능한 '빠른 실패'로부터 피드백 학습하는 접근법이 잘 작동해야 하며, 순차적인 방식으로는 이제 작동하지 않는 것에 익숙해져야 한다.

5장. 디지털 시대의 L&D

디지털 시대의 변화하는 요구에 대응하기 위해서 기업 조직은 구성원들을 위한 지속적인 학습 역량 강화에 초점을 맞춰야 한다. '학습을 통한 개발(L&D)'이라는 기능을 기업이 잘 활용한다면 조직의 지식 역량을 보다 효율적으로 구축하고 디지털 시대의 기업의 경쟁 우위를 확보할 수 있다. L&D의 우선순위로서 강력한 기술과 전문성 그리고 리더십과 변화 관리 능력 등을 기업의 지식 역량으로 축적함으로써 조직이 단기 및 장기 목표를 달성하는 데 도움이 되도록 해야 한다. 기업에서 학습을 통한 개발과정이 더욱 효과적이려면 특히 학습 내용에서 각각 개별 구성원의 수준에 부합되는 개인화가 이루어져야 하며 또한 학습 콘텐츠와 학습 방법은 전문화, 세분화 그리고 온라인 가상화 등을 통해 자기주도 학습 문화를 이끌어야 할 것이다.

6장. 조직과 여성 리더십

대부분 디지털 기반의 오늘날 기업들은 25~45% 정도의 다양한 비율로써 여성 인력들을 고용하고 있다. 그러나 중장년층 경영 수준에 도달하면 이 비율은 급격히 떨어진다. 노동 인력의 다양성은 조직의 특성을 단순히 잘 표현하는 것만이 아니라 이는 조직 혁신에 원동력이 되고 공감에 있어서 올바른 균형을 제공하며, 또한 고객의 구매 행동 등에 관해 더욱 더 잘 이해하도록 돕는 필수적인 사안이다. 특히 오늘날 기업에서 여성의 책무와 권한이 강화됨에 따라 기업들은 여성 직원들이 출산과 이에 따른 직장 복귀를 원활하게 지원하도록 하며, 근무 환경 디자인의 변화뿐만 아니라 여성 복지에 관한 정책 프로세스를 만들어야 할 것이다.

7장. 조직의 변화 관리

디지털 시대에서는 급변하는 외부 환경에 조직이 부합하도록 조직의 변화를 통해 적응할 수밖에 다른 방도가 없다. 무엇보다도 조직의 변화가 성공적이고 지속 가능한 디지털 전환에 필요한 열쇠이다.

- 조직 변화의 필연성에 의해 많은 조직이 외부의 환경 변화에 능동적으로 대처하기 위하여 효과적인 조직의 변화 관리를 위한 다양한 프로그램을 운영하고 있다. 이 장에서는 조직의 성공적인 변화 관리 프로그램의 중요한 요소로서 7가지 모범 사례를 제시하였다.
- 무엇보다도 기업은 조직의 변화과정을 아주 세심하게 모니터링하고 가능한 모든 수단을 활용하여 조직 구성원들의 감성과 생각들을 우선으로 포

착하고 사로잡아야 한다.

- 기업의 디지털 전환 여정은 우선 확실하게 변화된 목표를 설정하는 것부터 시작해서, 조직 구성원들이 변화과정에 관한 의미를 이해하도록 하고, 작은 성공이라도 가능한 빠르게 성과물을 연속적으로 확보하고, 이를 조직 구성원들이 모두 함께 공유함으로써 디지털 전환이라는 큰 승리를 위한 지속 가능한 모멘텀을 구축하는 것이 바람직하다. 조직 내부에서의 의사소통은 강력한 촉진제로서 조직의 변화과정을 활성화하고 이를 관리하는 데에 큰 영향을 미칠 수 있는 중요한 요소이다.

8장. 뷰카 시대의 HR 변화

인적자원(HR) 경영은 변덕스럽고, 불확실하며, 복잡하고, 애매모호한 뷰카 시대를 헤쳐나가는 기업을 돕는 데 중추적인 역할을 하도록 시대적 기회를 맞이하고 있다. 왜냐하면 뷰카 시대에서 조직이 직면하고 있는 도전적인 과제를 용이하게 해결하기 위해서 인적자원(HR)으로부터 제공되는 다양한 솔루션들이 요구되기 때문이다.

- 인적자원(HR) 경영에 의해 주도적으로 조직 변화를 선도해야 하는 분야로서 조직 문화를 이끌기 위한 HR의 역할론, 조직의 재설계 방안, 학습 및 개발(L&D)에 관한 전략 설정, 뷰카 시대의 인재의 확보 방안 그리고 내부 인력의 업무 배치 등에 대한 새로운 접근 방식이 있다.
- 인적자원(HR) 경영에 관한 조직의 관리 기능으로서 요구되는 인재상과 함께 기업 인재가 갖추어야 할 DNA를 지속해서 업그레이드하고, 조직에 필요한 디지털 기술과 경쟁력 확보를 위해 인적자원(HR)의 활용 방안을 창안하며, 아울러 인적자원(HR)에 부여된 직급과 직위에 관련된 실행 기능을 강화하는 등 다양한 노력이 있어야 할 것이다.

9장. 인공지능에 의한 미래 업무의 변화

본 장에서는 AI가 향후 우리의 미래 업무에 미치는 영향에 관해 이해하고자 한다. AI에 의해 주도되는 미래의 업무는 '인간 대 기계'의 대립 관계가 아니라 '인간과 기계'로서 협력 관계에 관한 것이다. 만일 기업이 비즈니스 프로세스를 새로이 개편해야 한다면 빅데이터를 학습한 AI 기술을 활용하여 해당 업무 프로세스를 근본적으로 개편하여 새로운 긍정적인 비즈니스 효과를 창출한다면 AI로부터 인력 투입에 상응하는 다양한 혜택을 얻을 수 있을 것이다. AI는 일자리의 본질에 영향을 미칠 뿐만 아니라, 기업들이 문제를 보다 역동적으로 추적하고 보다 표적 지향적이고 개인화된 개입을 할 수 있도록 도와줌으로써 조직 구성원의 업무 참여도를 확실히 높일 수 있을 것이다.

제1장

—

디지털 시대의 성공을 위한 조직 문화의 구축

조직 문화는 아침 식사로 전략을 먹어 치운다.

피터 드러커

앞서 조직 문화가 디지털 시대에 성공하기 위한 핵심 토대가 되는 방법을 언급하였다. 섹션 1에서 디지털 시대에 기업이 성공을 이루기 위해 언급한 핵심 빌딩 블록 중의 하나는 기업가적 문화를 구축하는 것이었다. 이 장에서는 디지털 시대의 성공을 위해 필요한 조직 문화의 측면과 이를 어떻게 조직에 내재화할 수 있는지에 관하여 탐구하고자 한다.

맥킨지나 피델리티와 같이 성공한 글로벌 기업에서 저자의 실무 경험은 글로벌 기업의 조직 문화의 중요성을 체험한 아주 좋은 기회였다. 이는 조직 문화가 그들의 지속적인 성공의 기반이 되며 그것이 어떻게 글로벌 기업들에 일관성과 공통의 목적을 가져다 줄 수 있는지를 알게 되었다. 아울러 과거 5년 동안은 디지털 시대의 최첨단 기술과 변화하는 기업의 현실을 체험할 기회를 가졌다. 진정한 디지털 네이티브 기업인 플립카트에서의 디지털 조직의 운영 경험과 그리고 지난 3년 동안 디지털 전환 여정에서 글로벌 기업들과의 컨설팅 업무를 추진한 '인세도' CEO로서 실무 경험을 기반으로 디지털 시대의 경쟁에서 승리하는 조직 문화에 대해 논의하고자 한다.

마셜 골드 스미스의 유명한 좌우명 '여기까지 온 것 때문에 거기에는 갈 수 없다!'라는 명언은 디지털 시대의 전환을 추진하고 있는 기업들에게 아주 현실적으로 와닿는다. 디지털 전환이 성공적으로 이루어지기 위해서 조직에 요구되는 몇 가지 뚜렷한 특성이 있으며, 기업은 이러한 특성을 의식적으로 조직 문화에 구축하고 이를 내재화해야 한다. 디지털 시대에 성공하기 위해 기업이 조직 문화로서 내재화해야 할 9가지 특성에 관해 제시하면 다음과 같다.

1. 데이터 분석론과 직관력에 기반한 의사결정

디지털 시대는 아주 풍부한 데이터에 의해 특징지어지는 사회이다. 조직의 경영진은 폭발적인 볼륨과 다양한 유형의 데이터를 사용하는 것에 익숙해져야 하고 이를 활용하여 의사결정을 할 필요성이 있다. 왜냐하면 데이터 중심의 의사결정은 명백한 실수를 줄이고, 객관적인 관점에서 논리적이며 합리적인 의사결정을 할 수 있으므로 특별히 기업에 내재화된 조직 문화가 되어야 할 것이다.

하지만 이와 동시에 디지털 시대에는 모든 사람이나 조직이 데이터를 의사결정 도구로써 이용할 수 있는데 그렇다면 차별성은 무엇이며 어떻게 경쟁 우위를 확보할 수 있는가? 차별화되고 보다 우월한 결정을 위하여 필요한 또 다른 요소는 의사결정할 때 경영진의 직관력이다. 2가지 유형의 의사결정 요소들이 서로 상충하여 모순적인 상황에 이를 수 있지만, 이는 디지털 시대의 기업 경영진이 종종 마주하며 해결해야 할 많은 역설적인 상황 중의 하나이다.

2. 뷰카를 극복하는 민첩한 행동 속도

섹션 1에서 우리는 뷰카 시대의 다양한 특성에 관하여 살펴보았다. 이러한 시대적인 특성을 극복하기 위한 조직의 행동 속도는 뷰카 시대에서 조직이 경쟁에서 성공하기 위해 요구되는 중요 사항 중 하나이다. 특히 디지털 시대에서 대부분 시장은 매우 빠르게 변화하고 있으며, 비즈니스와 제품의 주기가 짧아지고 있기 때문이다. 특히 규모가 큰 기업일수록 외부 환경의 변화하는 속도에 맞추어 조직을 운영할 때 문제가 발생하는 경우가 많다. 물론 이는 조직의 규모가 커짐에 따라 필연적으로 따라오는 복잡성과 추가적인 과정들에 기인하기 때문이다. 하지만 때로는 기업의 규모가 클수록 위험에 관한 회피 문화가 발전하여 조직의 의사결정과 행동 속도를 늦출 수 있다.

조직이 행동 속도를 민첩하게 가속화하는 것은 업무 프로세스와 의사결정 구조를 단순화하는 것이며 조직 문화 변화로서 이를 조직에 내재화하는 것은 매우 중요한 부분이다.

여기서 강조되는 뉘앙스는 뷰카 시대에서 조직의 행동 속도는 민첩해야 하지만 모호함 속에서도 잘 작동해야 한다는 것이다. 하지만 현실에서 그려지는 미래의 형상은 종종 흐릿흐릿하며 잘 보이지 않기 때문에 항해가 훨씬 어려워진다. 그러므로 뷰카 시대에서 조직의 의사결정은 확실히 경영진의 직관력과 데이터 분석론에 기반하여 습득된 기술이며, 경영진이 이러한 의사결정 기술을 충분히 연마할 수 있도록 기업은 내부에 안전한 시스템을 만들어야 할 것이다.

3. 대담성 기반의 지능적 리스크 관리

디지털 시대에는 변동성에 의해 새로운 기회가 빠른 속도로 만들어지고 또한 사라지고 있다. 시장의 진입 장벽이 낮고 새로운 기회를 포착하기 위한 기업의 포지셔닝이 그다지 확실하지 않은 경우는 무엇보다도 대담함이 성공의 중요한 요인이다. 일부 기업의 리더들은 선천적인 기질이나 특성에 의해 더욱 대담할 수도 있지만, 대부분 기업 리더들이 보유하고 있는 대담함에 관한 본질적 특성은 실무 경험으로부터 습득한 기술이다.

앞서 논의한 행동 속도에 요구되는 '민첩성(Agility)' 특성과도 마찬가지로 '대담성(Audacity)'도 그냥 자유롭게 조직에서 활용할 수 있는 '프리패스(Free Pass)'가 아니다. 특히 대담성은 무엇보다도 위험 감수가 필수적인 사안으로 대두될 수 있다. 하지만 이는 마치 도박 게임으로써 카지노에서와 같은 위험 감수가 아니라, 체계적인 접근법에 의해 기회 요인과 함께 다양한 리스크 요인들의 분석을 통해 '지능적인 위험관리(Intelligent risk-taking)가 이루어져야 한다. 이것은 리더와 기업이 디지털 시대에 숙달해야 하는 이중성이나 역설의 관리에 있어서 또 다른 예시이다.

4. 이노베이션과 창의성이 내재화된 조직

디지털 시대에는 기존의 시스템을 깨고 밖으로 나가서 새로운 경쟁자들과 경쟁해야 하는 것이 자연스럽고 필수적인 사항으로 부각된다. 디지털 시대의 경쟁이 이루어지는 한쪽 끝에는 치열한 초경쟁 상황이 형성되고, 동시에 다른 쪽 끝에는 풍부한 새로운 시장 기회로서 특징지어진다. 특히 디지털 시대의 경쟁 우위를 지속적으로 가능하게 하는 이노베이션과 창의성은 리더 또는 구성원 중 일부가 가지는 천재성의 한 획에 관한 것이 아니라 조직 문화에 내재화되어 부각되어야 한다. 기업의 이노베이션은 비즈니스의 모든 부분과 밀접하게 관련되도록 하고 다양한 수준별로 이루어져야 한다. 디지털 시대에 요구되는 이노베이션과 창의성에 관한 조직 문화가 체계적으로 구축되어야 하며, 새로운 기능 확보에 대한 구체적인 투자뿐만 아니라 업무 프로세스의 혁신과 개방적인 디자인, 더 많은 협업 공간의 배치와 실내외 인테리어 등과 같이 창의적인 근무 환경에 관한 인프라의 재설계도 필요할 것이다.

5. 기업 DNA로서 테크놀로지 내재화

테크놀로지는 디지털 시대의 핵심 경쟁력이며, 디지털 기술 DNA를 구축하는 것은 기업이 확보해야 할 가장 중요한 역량 중의 하나이다. 하지만 이는 전통적인 기존 기업이 구축하기 가장 어려운 디지털 역량이기도 하다. 많은 기존 기업들은 IT 인프라의 프로비저닝 또는 유지 보수에 중점을 둔 단순한 지원 기능에서 벗어나지 못했다. 여기에 디지털 시대에 요구되는 최첨단 기술 역량을 구축하는 과정은 아주 긴 여정이 될 수 있다. 그러므로 빠른 시간 내로 조직의 첨단 기술 DNA를 내재화할 수 있는 가장 효과적인 전략은 적합한 기술 리더를 기업의 CIO 또는 CTO로서 유치하는 것이다.

기존 기업에 존재하고 있지 않았던 CIO 또는 CTO 기능이 지난 3~4년 이내에 확립되면서 상당한 디지털 첨단 기술 역량을 확보하고 글로벌 경쟁력을 갖추게 되는 기업들이 많이 생겨나고 있다. 무엇보다도 올바른 인재를 데려와 조직의 리더십을 보완하는 것은 기업이 디지털 기술 DNA를 구축하는 데 지름길이다.

디지털 기술 분야는 상위 4분위 수와 중위 수의 인재 간에 기술 역량 차이가 매우 큰 분야이다. 이는 자연스럽게 디지털 인재 확보를 위한 전쟁으로 이어지고 있다. 디지털 시대의 기업은 이제 고객 중심적인 관점뿐만 아니라 직원 중심적인 관점을 가져야 할 필요가 있다. 이는 단순히 외부로 표방되는 기업의 철학뿐만 아니라 실무과정에서 실질적인 절차로써 변화할 것을 요구한다. 하지만 이러한 변화는 긴급 처방에 의해 이루어지는 사안이 아니므로 일정한 기간 동안 조직이 인내하면서 실질적인 변화를 이룰 수 있어야 할 것이다.

6. 지속적인 학습과 겸손의 자세

디지털 시대는 시장 상황, 제품과 서비스, 유통 채널, 경쟁자 그리고 기술은 물론 실제로 비즈니스의 모든 측면에서 매우 빠른 변화 속도가 특징이다. 그러므로 이렇게 변화하는 다양한 환경에 적응하고 앞서 나가기 위해서 지속적으로 학습하는 것이 기업과 개인 구성원에게 절대적으로 중요하다.

학습에 있어서 가장 큰 걸림돌이 되며 문제가 될 수 있는 것은 이미 스스로가 모두 알고 있거나 내가 가장 잘 알고 있다는 자만심에 관한 것이다. 특히 작은 성공이라도 거둔 기업과 리더는 이러한 자만심이 더 강하다. 하지만 자만심은 기업 또는 개인에게 독소로 작용하며 궁극적으로 파멸에 입맞춤하는 것이다. 자만심에 대한 해독제는 겸손을 심어주는 것이다. 겸손함이야말로 특히 기업 리더가 장기적 관점에서 성공에 이르는데 중요하게 요구되는 핵심 자질이다. 그렇다면 문제는 겸손을 어떻게 심어줄 것인가에 있다. 안주하고 있는 조직의 틀을 벗어나서 다른 분야의 마스터 전문가들과 함께 일하면서 다양한 경험을 쌓고 '현실 체험'을 하는 것은 스스로 겸손함을 심어주는 좋은 방법이 될 것이다.

7. '자율적 통제'에 기반한 팀 조직

디지털 시대는 너무 복잡하고 역동적이기 때문에 아무리 현명해도 모든 것을 한꺼번에 관리할 수 있는 슈퍼 리더는 없다. 너무 많은 일이 동시에 일어나고 있을 뿐만 아니라 한 사람이 모든 업무를 실행하는 것은 말할 것도 없고 이를 추적하고 관리 유지하는 것도 불가능하다. 즉 이는 기업에서 개인 또는 영웅 중심의 조직 문화가 작동하지 않을 뿐만 아니라 과거 전통적인 지휘 통제에 의한 조직 문화도 작동하지 않을 수 있음을 의미한다. 디지털 시대에는 다른 변화에 빠르게 반응하며 적응할 수 있도록 비교적 자율적인 방식에 의해 운영되는 팀 조직이 필요하다. 하지만 이러한 자율 경영이 이루어지는 팀 체제에는 조직의 공통적 방향성에 의해 내부 조준선 정렬에 의한 특성이 내재화되어 있어야 하며, 이를 '자율적 통제(Aligned Autonomy)'라고 하고 팀 조직 체계에 요구되는 특성이라 할 수 있겠다.

디지털 시대를 이끄는 기업의 팀 조직 문화에서 '통제된 자율성'을 가능하게 하는 데는 여러 가지 측면이 있지만 가장 중요한 것은 관리보다 더 고무적인 역할을 하는 조직 문화와 리더십이다. 이는 별도로 정의하고 엄격하게 관리하는 것이 아니라 조직의 공통 목표에 부합하도록 방향성을 제시한 후에, 지속적으로 실험하고 실수를 할 수 있는 안전한 공간을 기업의 조직 문화 안에서 제공하는 것이다.

8. 구성원의 인적 네트워크 문화 형성

디지털 시대는 인공지능(AI)이 선두로 이끌며 밀려오는 신기술 쓰나미에 의해 그 누구도 거부할 수 없는 새로운 세계가 열리고 있다. 오늘날 우리의 현실 업무가 효율성과 유용성에 의해 AI 기반의 프로세스로 대체되고 이로 인해 지능을 보유하게 된 기계의 지배를 받고, 업무는 원격 작업이 일상화되고 있으며, 더욱 코비드-19 대유행 때문에 비대면 업무가 더욱 가속화함으로써 점점 조직의 구성원으로서 인간의 소외감은 더욱 심화되고 있다.

■ **디지털 시대에 성공하기 위한 조직 문화의 구축**

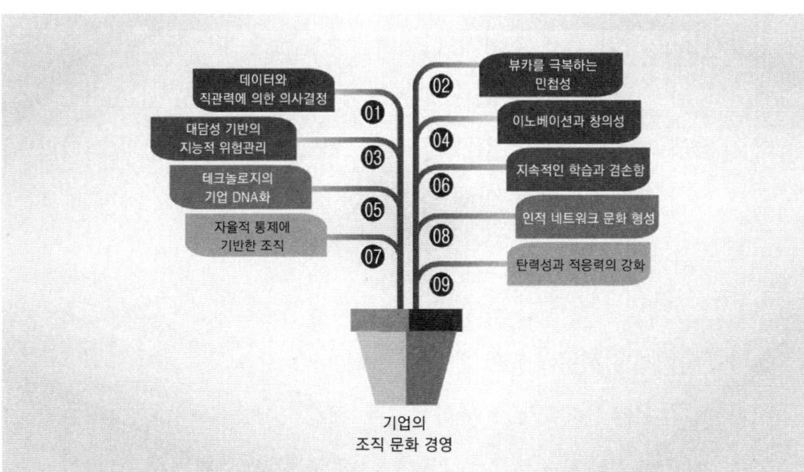

특히 이러한 디지털 시대의 변화된 업무 환경에서는 조직 구성원들의 지성과 감성 활동을 촉진할 수 있는 상호 교류 활성화와 조직의 인적 네트워크의 중요성을 다시 한번 고려해야 한다.

AI가 주도한 디지털 시대의 변화된 업무 환경의 변화에도 불구하고 조직 내부의 깊은 인맥과 교류 협력을 위한 네트워크 형성은 구성원의 충성심과 동기부여를 지속해서 가능하게 할 뿐만 아니라, 공동체로서 목적의식을 강화함으로써 조직의 강력한 경쟁력이 되기 때문이다.

예를 들어, 맥킨지 지식센터의 놀라운 성공의 주요 이유 중 하나는 의도적으로 개발된 구성원 상호 간의 깊은 네트워크와 팀 정신에 기인하고 있으며, 또한 피델리티는 일 년 중에 기업의 중요한 행사로써 '가족의 날'을 기념하고 있으며, 모든 구성원의 자녀를 포함한 가족들이 함께 모일 수 있는 축제의 날로써 네트워크를 강화하고 있다.

특히, 지역사회의 봉사 활동에 기업이 적극적으로 참여하는 것은 조직 구성원으로서의 자긍심 강화와 함께 훌륭한 상호 네트워크 연결은 물론 조직의 충성심을 형성하는 또 다른 강력한 방법이다. 위의 몇 가지는 아주 극히 제한된 사례에 지나지 않으며 조직에서는 다양한 방법으로 조직 구성원의 인적 네트워크 강화와 상호 교류를 증대시킬 수 있을 것이다.

인공지능을 가진 기계가 지배하는 세계에서는 조직 구성원의 상호 연결이 강조되며 과거 산업화 시대보다 훨씬 더 중요해지며, 이는 기업의 또 다른 경쟁력이 된다는 것을 확신한다. 그러므로 이는 기업과 리더가 디지털 시대에서 승리하기 위해 숙달하고 해법을 제시해야 하는 또 다른 역설적 과제이다.

9. 조직의 탄력성과 적응력 강화

디지털 시대에는 변동성과 불확실성이 핵심적인 특성이다. 그러므로 기업과 개인 차원에서 디지털 여정에서 많은 역풍과 좌절에 직면할 것이

거의 확실하다. 그러므로 무엇보다도 회복을 위한 탄력성과 함께 필요한 변화와 조정을 통한 적응력을 스스로 개발하는 것이 매우 중요한 과제이다.

이를 위하여 우선해서 요구되는 핵심적인 사항은 우선 조직의 리더가 평정심을 가지고 우여곡절을 맞설 수 있는 장기적인 관점을 가지는 것이다. 또 다른 중요한 준비 사항으로써 조직 및 개인 수준에서 탄력성을 가지고 적응할 수 있도록 지원할 수 있는 네트워크를 확보하는 것이다.

앞서 디지털 시대에 기업들이 생존과 경쟁력 강화를 위해 구축해야 한다고 믿는 조직 문화로써 9가지 관점을 공유했다. 이제 분명한 질문은 기업이 어떻게 디지털 시대에 경쟁력 있는 조직 문화를 새로이 만들거나, 또는 기존의 문화를 변화시킬 것인가 하는 것이다.

올바른 조직 문화를 만드는 것은 길고도 복잡한 여정이다. 이는 기업에서 결코 신속한 솔루션이 될 수 없으며 몇 년 동안 일관된 노력이 필요할 수 있다.

하지만 상기에서 언급한 디지털 시대에 경쟁력 있는 조직 문화를 기업이 의식적으로 효과적으로 구축하고 아울러 신속히 조직 문화로써 내재화할 수 있는 몇 가지 방법론에 관해 공유하고자 한다.

1. 가치 정의부터 시작하라.

기업 문화의 기반이 되며 이를 지속할 수 있는 동력은 분명히 조직의 가치 창출이라 하겠다. 조직 문화는 일정 기간에 걸쳐 발전하며 수많은 결정과 행동의 결과물로서 누적된 기반에 기초하고 있다. 그러므로 조직에서 결정을 내리는 데 기준이 되고 관점이 되는 것은 조직의 가치관이다. 특히 조직의 가치를 정의하는 것은 그리 단순하지 않으며 쉽지 않은 일이다. 조직 내부에 관한 심도있는 성찰과 반성은 물론 미래의 새로운 비전을 포함한 많은 요인이 함께 고려되어야 한다.

예를 들어 저자의 경험에 의하면, 기업의 전략을 개발하는 데 3개월도 걸리지 않았지만, 기업의 가치를 정의하는 데에 그보다 훨씬 긴 시간인 12개월이 넘게 걸렸다. 왜냐하면 기업의 가치인 후자는 기업의 전략보다도 더욱 중요시되며, 이러한 기업의 가치에 관한 정의는 바꾸기 어려운 것이기 때문이다.

2. 조직 리더의 롤–모델링 형성

종종 기업들이 그들의 조직 문화로서 새로운 가치와 미션 또는 비전에 관한 발표를 현장 세미나에서나 온라인 가상 공간에서 소개하며 적극적으로 홍보하는 모습을 본다. 기업 리더로서 외부와의 적극적인 소통은 기업에 관한 외부 인지도를 높이고 아울러 조직의 가치에 기반한 조직 문화를 내재화를 하는 데도 매우 중요하다. 하지만 이는 일부의 성공으로만 이어질 수 있다. 완전한 성공을 이끌기 위해서 더욱 중요한 것은 조직 리더의 실천적 행동이다. "말보다 행동이 더욱 크게 말하는 것"이 여기서는 꼭 필요하다. 따라서 리더의 선도적인 역할 수행에 통한 롤–모델링 형성은 조직 문화에 있어서 중요한 원동력이 된다.

3. 업무 절차에 내재화된 조직 문화

디지털 시대에서 기업의 조직 문화는 구성원들이 일하는 새로운 방식에 관한 것이다. 그러므로 조직 문화는 일시적이거나 산발적인 노력에 관한 것이 아니라 제도화되어 모든 업무과정에 새롭게 그리고 체계적으로 내재화되어야 한다. 고객 서비스 정책이든 인력 채용이나 인사 관리 방침 또는 구성원의 성과 관리 등과 같은 내부 프로세스든 업무에 관한 모든 것이 조직의 가치와 문화의 관점에서 재검토되어 새롭게 반영되어야 할 것이다.

4. '진실의 순간'에 조직 문화가 실험된다.

위기 상황을 조직이 어떻게 대응하는가에 따라 최상의 성과 또는 최악의 결과로서 구분짓고 어느 하나를 기업에 가져다준다. 변동성과 불확실성에 의한 위기 상황을 마주하게 되는 '진실의 순간'에 기업과 조직의 리더가 어떻게 대응하고 행동하는지를 알 수 있으며 그동안 축적된 기업의 조직 문화를 여실히 보여주게 된다. 이러한 '진실의 순간'에서 기업과 리더의 행동은 고객과 구성원 모두에게 깊은 각인을 남기게 되며, 이는 조직 문화가 결정적인 역할을 하게 된다. 또한 기업이 이러한 위기 상황에 처하게 되어 테스트를 받을 때 구성원의 공통적인 특성과 기업 캐릭터들은 새롭게 정의되고 이는 조직 문화로써 지속해서 내재화된다. 예를 들어, 오늘날 코로나-19의 대 유행병에 의한 위기 상황은 확실히 기업들과 리더들에게는 중요한 진실의 순간으로 마주하고 있으며, 아울러 고객 시장에서 그들은 다양한 실험에 처해 있으며 또한 그들의 조직 문화도 여실히 보여주고 있다.

■ **디지털 시대에서 기업 조직 문화의 효율적인 내재화를 위한 접근 방법**

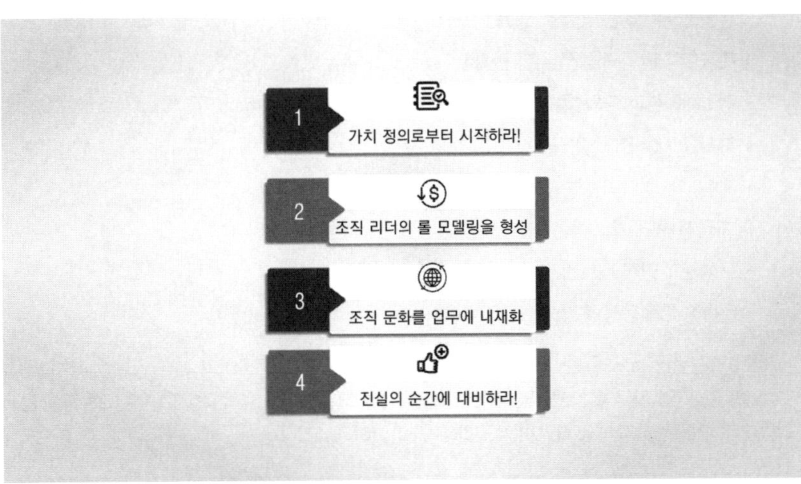

디지털 시대에는 기술이 가장 큰 핵심 사안으로 부각된다. 기술은 확실히 디지털 시대의 매우 중요한 주제로서 기업의 경쟁력을 이끌고 있지만, 기업의 조직 문화는 아마도 승리자를 확실히 다른 경쟁자들과 구분 지을 수 있는 중요한 차별화 요인이 된다.

특히 디지털 시대에는 기업가적 문화를 기반으로 역설적 상황이나 '이중성'을 관리하는 것이 조직 문화의 가장 독특한 측면이 되며, 디지털 시대에 부합하는 조직 문화가 우선해서 요구되는 이유는 불확실성과 변동성에 기반한 다양한 역설들이 존재하고, 서로 상충하는 목표와 기대치들이 상존하기 때문이다.

요약

디지털 시대에 성공하기 위해서 기업은 이 시대의 독특한 특성과 기대에 부합하는 조직 문화를 구축하고 이를 내재화시켜야 한다.

- 기업이 성공하기 위해 조직 문화로서 구축해야 하는 9가지의 주요 관점
  - 분석론과 직관력 기반의 의사결정
  - 뷰카를 극복하는 민첩한 행동 속도
  - 대담성 기반의 지능적 위험 관리
  - 이노베이션과 창의성이 내재화된 조직
  - 디지털 기술 DNA의 구축
  - 지속적인 학습과 겸손의 자세
  - '자율적 통제'에 기반한 팀 조직
  - 구성원의 인적 네트워크 문화 형성
  - 탄력성과 적응성의 강화

위의 9가지 측면을 조직 문화에 반영하기 위해서 기업은 더욱 명확하고 실행 가능한 가치를 정의하고, 기업 리더의 실천적인 리더십에 의한 롤-모델링 형성을 장려하고 업무 프로세스의 내재화를 통해 조직 문화로써 제도화해야 할 것이다.

제2장

—

지식경영

: 디지털 시대의 차별화 열쇠

지식을 공유한다는 것은 사람들이 행동으로 새로운 능력을 개발하는 데 진정으로 서로 관심을 가질 때 이루어진다. 이는 새로운 학습과정을 만드는 것이다.

피터 센게, 작가 –제5경영–

디지털 기술은 전통적인 산업 환경을 심각한 수준의 파괴력으로 서서히 붕괴시키고 있으며 과거 수년 전부터 디지털 기술에 기반한 새로운 비즈니스 모델로서 다양한 사업화 기회들을 제공하고 있다. 그러므로 디지털 시대의 성공을 위해 전통적인 기업은 그들이 보유하고 있는 핵심 비즈니스를 디지털로 전환하기 시작하면서 몇 가지 의문들을 제기할 수 있어야 한다. 먼저, 디지털 시대 시장에서 경쟁 우위를 확보할 수 있는 근본적인 원천은 무엇이며 어디서 올 수 있는가? 또한 디지털 시대의 고객을 위한 제품 및 서비스 제공에서 차별화된 서비스와 가격 경쟁력을 확보할 수 있는 핵심 기술과 방법은 무엇인가?

예를 들어, 전통적인 농기구 제조업체인 '존 디어'는 농업 장비와 기계를 제조 공급하는 회사에서 그들 고객인 농부들이 스마트 농장 운영을 통해 수익성을 향상할 수 있도록 새로운 비즈니스 모델로서 고객에게 제조 공급하는 농기구 장비와 제품을 첨단 기기화했다. 그 결과 고객들이 사물인터넷

(IoT)을 통해 데이터를 확보하고 분석 활용하도록 하여 스마트 농기계 제조 회사로서 성공적인 디지털 전환을 이루었다.

전통적인 순수 제조업체에서 데이터 기반의 기술 회사로 전환하려면 근본적인 변화가 필요하며, 디지털 전환을 위한 기업의 근본적인 변화에는 사고방식의 전환이 요구된다. 기업 내부의 소수 전문가 집단에 의한 노하우 또는 기술 제공에 기반하는 것으로부터 기업 조직 차원에서 프로세스와 시스템을 어떻게 구현할지 다시 상상하는 시스템적 접근 방식으로 변화해야 할 것이며, 이는 조직의 모든 기능이 조직 내부에 독점적 자산으로 내재화된 지식을 활용할 수 있도록 변화해야 한다.

다양한 정보의 폭발적인 증가로 인해 폭넓은 가용성이 이젠 표준으로 인식되고 있는 디지털 경제 체제에서 기업이 성공하기 위해서 시장 고객에게 독특한 방식으로 제품과 서비스를 제공하기 위한 고품질의 독점적 지식을 개발하고 이를 축적하는 조직의 능력이 차별화와 경쟁 우위에서의 핵심 원천이 된다.

디지털 경제 체제에서 기업의 독점적인 지식은 무엇이 될 수 있을까? 경쟁사가 갖지 못하는 디지털 자산에는 고객정보, 노하우, 데이터, 알고리즘, 소프트웨어, 콘텐츠, 디자인, 제조 방법, 신기술, 프로세스, 브랜드 등과 함께 다양한 비즈니스 경험을 통해 기업 내부에 축적된 전문적인 지식 정보가 있을 것이다. 특히 이러한 기업의 디지털 자산은 조직 내 구성원의 창의적 활동과 팀의 집단 경험을 통해 확보되는 조직 내의 지식 정보를 통해 축적될 수 있다. 기업의 경쟁력 있는 독점적 지식은 다양한 문제를 해결하고 조직의 다른 기능들이 이러한 문제 해결에 관한 패턴을 인식함으로써 고객에게 탁월한 가치를 제공할 수 있다.

특히 기업의 디지털 자산에 관한 독점적 지식은 고객에게 제공하는 가치를 위해 기업과 함께 전문지식을 개발하는 조직 구성원들의 수행 작업에 기반하여 창출되는 다양한 경험과 결과물로써 확보된다. 여기에서 유의해야 할 부분은 개별 전문가 수준의 암묵적 지식을 기업 차원에서 광범위하게 그리고 주문형으로 사용할 수 있도록 명문화된 독점적 자산으로 변환시키는데 있다.

그러므로 기업이 디지털 전환을 위한 접근 방식에서 일반적으로 주의해야 할 사안으로는 높은 가치의 암묵적 지식의 근원을 식별하고자 하는 배려깊은 접근법 대신에 모든 형태의 암묵적 지식을 명시적으로 성문화하고자 하는 접근법이 우선되어야 할 것이다.

독점적 지식과 전문 지식은 디지털 시대의 성공을 위한 비즈니스 전략의 핵심이 된다. 더욱이 디지털 조직으로 전환한다는 것은 사소한 연습이 아니다. 모든 구성원을 포함한 핵심 비즈니스 프로세스의 근본적인 전환이 요구되며, 제품이나 서비스의 판매 그리고 딜리버리 능력 및 비즈니스 개발을 통한 마케팅을 전사적으로 가능하게 하는 새로운 가치사슬 구축이 필요하다.

특히 전통적인 기업에서 지식경영이라는 그럴싸한 명목으로 새로운 혁신 프로젝트의 기회를 찾고자 하는 것은 결코 드문 일이 아니다. 기업의 지식경영은 훗날 비용 합리화를 위한 구조조정의 대상이 되거나 단절된 지식 사일로에 의해 때로는 활용할 수 없는 자산이 되어 장기적으로 기업의 악성 문제로써 존속할 수도 있다. 그러므로 만일 지식경영을 디지털 시대에 부합하는 방식으로 새로이 구축하고자 한다면 이러한 오류에 빠지지 않도록 유념하여야 할 것이다.

조직이 보유하고 있는 잠재력을 최대한 발휘하고 독점적 지식을 효과적으로 활용하는 접근 방법은 조직의 가치사슬에 연계된 다양한 외부 기업에 제공하고 자산적 가치로 활용할 수 있도록 조직의 전략적 목표를 달성하고 효과적인 지식의 순환 사이클을 실행하는 것이다.

디지털 시대에 부합하는 지식경영이 제대로 이루어지면 기존 또는 새로운 데이터로부터 더욱 정확하고 효율적인 의사결정을 이루어낼 수 있으며, 신제품 또는 새로운 비즈니스 모델을 제안하고 이를 개념화하고 실행하는 능력의 향상은 물론 경쟁업체들과의 시장 경쟁에서 차별화된 전략과 더 나은 통찰력을 확보할 수 있을 것이다.

특히 올바른 지식경영은 조직의 비즈니스 전략에서 중요한 부분이 되며, 기업이 지식재산을 적극적으로 확보하고 활용함으로써 우수한 기업 성과와 시장 영향력을 이끌어 낼 수 있다. 기업의 지식 창출과 보호 그리고 활용 강화를 통한 성공적인 지식경영의 실현을 위해서는 다음에서 제시하는 실무적 관점에서 2단 속도에 의한 접근법이 유용하다.

1단계에 있어서는 공급과 수요의 원칙에 따라 지식 정보 시장을 확인하고 선순환에 기반한 효능이 있는 지식 관리체계를 구축하는 것이 필요하며, 다음의 2단계로서 지식경영에 기반한 지속 가능한 조직의 변화를 촉진하기 위한 실무적인 절차가 수반되어야 할 것이다.

지식시장의 접근법

기업이 디지털 시대의 시장 수요가 많은 분야에서 지식 자산을 기반으로 고객에게 차별화된 가치를 제공하기 위해서 어떻게 제도적인 지식 관리 역량을 축적하고 개발해야 할 것인가? 이에 대한 명확한 해답은 새로운 지식시장을 만들어 가는 것이다. 지식시장 접근법은 조직이 지식의 추구자(수요자)와 지식 기여자(공급자)가 지식시장에서 함께 모여 자기 창조적이고, 자기 영속적이며, 효능이 있는 지식 사이클을 구축하고 유지하는 제도적 능력을 개발할 수 있게 해 준다.

한 사례를 살펴보면, 의료용 전문 화학 물질 분야에서 시장을 선도하는 생산업체는 다음과 같은 양면적인 인력 문제에 직면하고 있었다.

- **은퇴한 R&D 인력과 전문성 상실**: 기업은 수십 년 동안의 R&D 전문인력

의 노하우를 어떻게 확보할 것인가?

- **새로운 기술자의 생산성 격차**: 기업에 내재화된 전문 지식을 이들에게 제공할 수 있는 가장 좋은 길은 무엇인가?

상기 사례에 대한 해결 방안으로 개별 전문인력이 보유한 암묵적 지식과 노하우를 문서화하고 제도적으로 명시화하는 지식시장 접근법을 구현하는 동시에 새로운 기술인력들은 조직이 확보한 독점적 지식을 소비자로 연결하여 생산적으로 활용하도록 함으로써 조직은 경쟁 우위를 확보하고 개선할 수 있었다.

지식시장을 구성하는 데 필수적인 지식 요소는 다음과 같다.

1. **지식 객체(데이터 및 지식)**: 디지털 시대의 기업의 독점적인 지식 자산으로 강조하면서 지식경영 기반의 인프라를 구축하는 동안 유념하며 집중해야 하는 지식의 유형
   - **명시적 지식 정보**: 아티팩트(Artifact), 알고리즘, 데이터, 도메인 모델, 소프트웨어 및 코드 그리고 라이브러리의 형태로 성문화된 지식
   - **암묵적 지식**: 개인이나 조직의 경험과 학습에 뿌리를 둔 전문적인 지식, 기술 노하우 그리고 패턴의 인식 등을 포함함
   - **정형 데이터**: 일반적으로 데이터베이스에서 구축되는 데이터로 구성되어 있으며, 이러한 구조화된 데이터는 열과 행에 의한 관련성이 있으며 보통 기업 전체 데이터의 약 20%를 차지함
   - **비정형 데이터**: 텍스트, 다이어그램, 오디오, 비디오, 스트리밍 데이터 등의 형태로 구조화되지 않은 다양한 디지털 지식 자산을 의미함

2. **공급(지식 기여자) vs 수요(지식 추구자)**: 디지털 시대의 지식시장에서의 지식 공급은 도메인 지식의 전문가와 조직의 광범위한 활용에서 가장 가

치 있는 다른 지식 객체들이 함께 조합을 이룬 것을 의미하며, 지식 추구자들은 지식 흐름의 가치사슬 상에서 다양한 수요에 해당하는 지식을 추구하는 기업들이 존재한다는 것을 의미한다.

3. **지식시장**: 지식시장의 브로커들은 해당 분야의 지식 전문가로서 지식의 수요와 공급 사이에서 상호작용과 연결을 촉진하며 시장 형성을 가능하게 한다. 지식 전문가는 지식시장에서 중개인의 역할을 하며, 이들 지식 전문가는 다양한 지식 정보 시스템이나 지식 저장소 또는 지식 인프라 네트워크에 접근하여 지식 공급과 수요에 있어서 최적의 활용을 촉진하도록 지원한다.

지식경영 프로젝트가 실패하는 이유

기업이 지식경제를 이해하고 디지털 시대에 승리하기 위한 전략과 프로그램을 개발함에 따라 지식경영에 관한 프로젝트를 중요하게 다루는 것은 이제 그다지 드문 일은 아니다. 하지만 다음과 같은 이유로서 많은 기업들이 지식경영에 관한 프로젝트를 수행하는 데 여전히 실패하고 있으며 이에 관한 분석과 대비가 필요하다.

1. **조직 문화의 중요성**: 피터 드러커의 "조직 문화는 아침식사로 전략을 먹어 치운다."라는 명언은 지식경영에 잘 적용될 수 있다. 이는 지식경영에 관한 아무리 훌륭한 전략도 조직 문화를 거슬러 작동할 수 없다는 의미이다. 조직 구성원의 대다수가 '항상 이런 방식으로 일을 해 왔다.'고 생각하는 관성적인 사고방식이 만연한 조직 문화는 많은 경우에 스스로 변화를 거부한다. 특히 '지식은 내 것이다. 그런데 내가 왜 조직에 나

의 지식을 공유해야 하는가'라는 관점에서 '조직의 발전을 위해 공개적으로 자신의 지식을 조직과 공유하고 함께 활용해야 한다.'는 사고방식으로 전환하는 데 조직 문화가 핵심 동력원이 된다. 그러므로 지식경영을 디지털 전략 실행에 촉매제로써 활용하여 이를 조직경영의 관점에서 추진하게 되면 조직 문화의 변화는 최고위층에서 모범적으로 시작이 될 수 있을 것이며, 이는 조직 전반에 걸쳐 체계적인 변화로써 완성될 수 있다.

2. **구체성 없는 추상적 지식**: 조직의 지식 자산을 일반적인 목적과 추상적인 구성으로 보는 것은 항상 가능한 상황으로 이어지지만 아무도 이러한 추상적인 지식을 사용하고자 하지 않는다. 기업에 유용하고 실행 가능한 지식 자산은 특정 산업 분야에서 구체화된 지식이거나 특화된 영역의 전문 지식으로써 조직의 업무 성과의 창출이나 업무 개선에 구체적으로 도움이 되어야 하기 때문이다.

3. **지식 사이클 설계의 중요성**: 잘못 설계되고 실행되는 지식 사이클에서 지식 자산을 사용할 수는 있지만 거의 사용되지 않는 지식시장이 만들어진다. 이는 지식의 수요와 공급 사이에서 단절 현상이 발생하거나, 또는 지식 수요를 실행하는 프로세스에서 단절을 의미한다. 조직의 지속적인 지식 채택, 개선을 위한 지속적인 피드백 그리고 조직 가치와 차별화를 제공하는 지식 자산에 초점을 맞추는 방법론은 효과적인 거버넌스와 함께 조직의 감사 체계 구축이 필요하다.

4. **투자수익률(ROI)에 관한 이해**: 지식경영에 관해 단기 투자로부터 수익을 창출하고자 하거나, 또는 수익이 실현되지 않는 경우 실망을 느끼게 될 것임을 예상하는 것은 그다지 어렵지 않다. 기업의 지식경영 프로젝트에 관한 투자 수익률(ROI)은 종종 측정하기도 어렵고 실제로 오랜 시간이

■ **지식시장에 관한 비전**

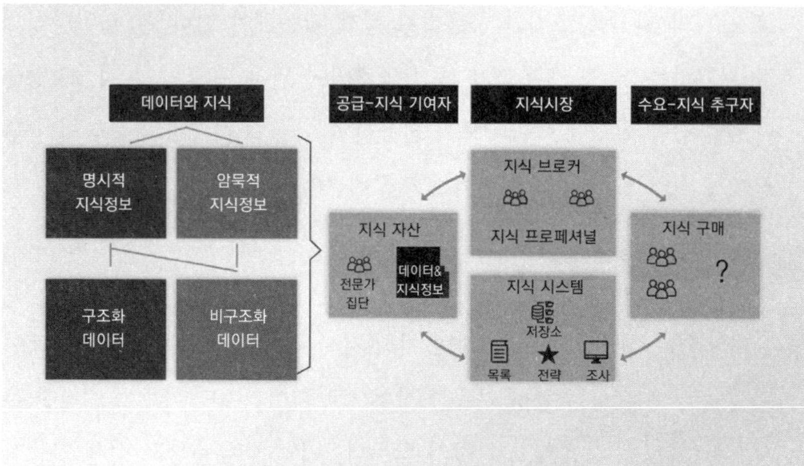

요구되는 장기적인 사안이므로 경영진의 환멸을 불러일으킬 수도 있다. 그러므로 기업에서 지속 가능한 높은 ROI(Return On Investment) 확보를 위해 이러한 지식경영 프로젝트 실행에는 2단 속도에 의한 접근 방식이 필요하다. 즉 속도 1에서는 단기적 관점에서 유형적인 결과를 도출할 수 있는 성과를 목표로써 추진하고, 속도 2에서는 지속해서 조직의 지식 인프라 기반을 확장하는 전략으로 추진하는 것이 바람직하다.

지식경영이 성공하기 위한 6가지 주요 수단

먼저 조직에서 가장 중요한 것이 무엇인지 파악하고 이를 조직의 독점적 지식으로 확보하는 것과 아울러 지식시장에 접근법에 초점을 맞추는 것은 필수적이지만 이 세 가지 요소 자체로는 조직의 변화를 촉진할 수 없다.

디지털 시대에 부합하는 지속 가능한 변화의 모멘텀을 이끌어내고 조직의 구성원이 '우리는 이렇게 일을 해야 한다.'라는 요건에 맞는 태도가 일상적인 업무로써 정착되어 조직 문화로 전환하는 데 중요한 지식경영의 수단 6가지를 제시하고자 한다.

6가지 유형의 수단은 크게 '전략 수단'과 '운영 수단'으로 분류할 수 있는데 전략적 수단에는 '리더십', '조직 문화' 그리고 '조직설계'가 해당되며, 나머지 3가지는 운영 수단으로 '지식 아키텍처', '지식 프로세스' 그리고 '디지털 기술'로 구분할 수 있다.

1. 전략적 관점의 레버(Lever)

- **리더십**: 조직이 추구하는 가치와 전략 수립에는 지식경영의 중요성을 명시적으로 포함시키는 리더십의 공표가 필요하다. 예를 들어 글로벌 최고 수준의 컨설팅사는 리더십의 선언을 통해 지식 문화의 중요성을 다음과 같이 표방하고 있다. 지식은 우리 회사의 생명력(Lifeblood)으로서 지난 몇 년 동안 지식에 대한 투자를 두 배로 늘렸다. 만약 지식 투자의 결과로서 고객의 업무를 10~15% 줄여서 효율적으로 하고 있다면, 우리는 기꺼이 그 대가를 새로운 지식에 대한 투자 비용으로 지불할 수 있을 것이다.
- **조직 문화**: 장기적인 관점에서 자기 개발과 승진이 이루어지도록 조직 인센티브 체계 구축과 함께 지식 공유를 촉진하는 조직 문화가 필요하다. 조직의 리더는 구성원들의 생각을 움직일 수 있는 조직의 리더십으로 주도하고 구성원들의 적극적인 참여를 유도하는 롤-모델을 만들어야 한다. 리더에 의한 롤-모델링은 구성원의 마인드를 이끄는 리더십으로 주도하되 매번 새롭게 지식 사이클을 설계하고 이를 실행하기보다는 가능한 사내에 축적된 전문 지식을 활용할 수 있도록 한다. 이는 조직 내부에 있는 질 높은 전문가를 움직여 신지식 프로젝트를 주도하도록 함으로써 구성원들의 조직 참여를 장려하고 일관된 소통과 생산성 향상을 통해 학보된 재정적 수익은 조직에 가시화하도록 한다. 성공

적인 지식 프로젝트는 비즈니스 성공 사례와 동일한 열정으로 프로파일링되어야 하며, 이를 위한 인센티브는 조직의 지식 개발과 공유 문화를 장려하는 데 맞춰져야 할 것이다.

- **조직 설계**: 조직 설계를 통해 지식경영에 의한 결과물을 통합 관리하는 방안과 구성원의 개별적 역할과 의무사항 그리고 성과 평가를 위한 기준 등을 설정한다. 최상급의 조직 설계는 경험 많은 실무자들이 내재화되어 규모의 경제를 실현하기 위한 중앙집중식 기능의 연구 자원과 지식 개발의 지원 그리고 지식 시스템의 구축과 지식 관리 기능을 위한 지원자를 체계적으로 통합해야 할 것이다. 이러한 지식경영에 관한 조직 설계를 통해 기업 내부의 기능적 영역으로 실무들을 분산시키고 기업 혁신이 선순환되도록 조직 내의 지식 확산과 모범 사례의 공유로 새로운 지식 학습을 위한 어젠드 개발이 이루어지도록 한다.

2. 운영적 측면의 레버(Lever)

- **지식 아키텍처**: 지식 영역의 특이성은 효과적인 지식 아키텍처의 중요한 원리이다. 이러한 특이성의 결과는 분류학에 의한 설계 원리와 분류구조가 특정 산업 분야로서 구체적으로 정한 경우에 발생한다. 지식 로드맵은 도메인별 영역과 그 범위에 있는 지식 자산을 매핑하여 함께 가져올 수 있다. 잘 설계된 지식 아키텍처는 전통적인 '키워드 탐색'을 넘어 다양한 지식 소스를 함께 가져올 수 있는 '인지 탐색' 방식으로 이어질 수 있는 다양한 탐색 기능에 의해 새로운 지식 발견을 가능하게 한다. 아울러 탐색 의도를 해석하고 관련성을 위한 결과 분석은 개인화 과정으로 이루어져야 한다. 지식 정책과 품질 관리 지표를 통해 지식시장에서 확보된 지식 자산이 고품질임을 보장할 수 있어야 하며, 공표 이전에 편집을 통해 실체적인 검토과정을 다시 거치도록 한다.
- **지식 프로세스**: 조직 내에서 지식 콘텐츠를 생성하고 큐레이션을 위한

■ 지식경영이 성공하기 위한 6가지의 주요 수단

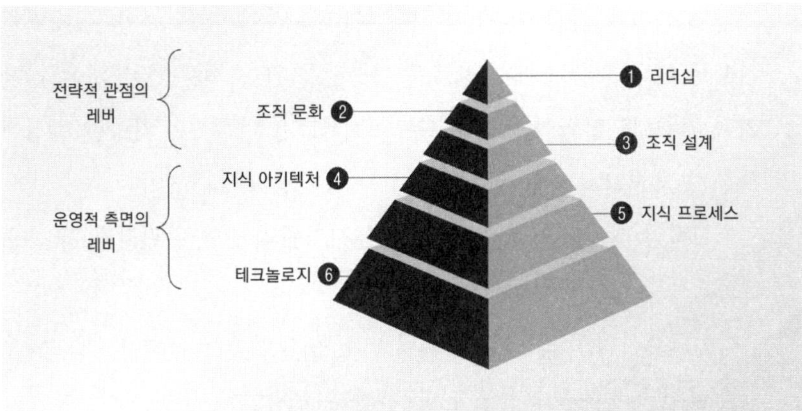

프로세스를 규범적 방법론으로 채택하는 지식 프로세스의 내재화는 매우 중요하다. 특히 조직의 수행 부서에서 암묵적 지식을 성문화하고 지식을 캡처하며, 이를 조직 내부에 지식 자산으로 표준화하고 가용성 확산을 위한 과정이 지식 프로세스로써 확보되어야 할 것이다. 조직 전체에 걸쳐 AI 알고리즘의 지식 기반을 큐레이팅하기 위한 올바른 프로세스 및 방법론을 구축하는 것은 특수 프로젝트로서 포함될 수 있을 것이다. 지식 기반의 연관성과 콘텐츠의 고품질을 보장하기 위한 지식 분류 관리 시스템과 감사 메커니즘을 다루는 중요한 지원 프로세스도 지식 자산이 노후화되고 사용자에게 가치가 감소하는 리스크를 회피하기 위한 수단으로써 중요하다. 특정 산업 분야로의 기능적 영역에 의한 맞춤형 분류법은 특정 단계의 주제와 다음 단계의 세부 주제로서 지식 자산을 세분화함으로써 지식 격차에 관한 체계적인 식별성 확보와 조직 내부의 지식 수요에 관한 특성 파악을 지속해서 보장할 수 있다.

- **테크놀로지**: 머신러닝과 AI를 포함한 디지털 기술은 기업의 지식경영 플랫폼에서 사용할 수 있는 독특한 새로운 기능을 기업에 제공한다. 특히 자연어처리 방식으로서 NLP(Natural Language Processing)를 이용한

'의미 탐색' 기능은 사용자의 의도를 해석하고 지식 자산 상호 간의 관계를 도출하여 가장 연관성이 높은 결과들은 제공할 수 있다. 디지털 기술은 이 지식 공간에서 새로운 가능성을 많이 제시하겠지만 이러한 이니셔티브도 일반적으로 새로운 프로젝트가 마주하는 다양한 함정에 빠질 수 있으므로 이를 회피하는 것은 매우 중요한 관점이다.

- 이질적인 데이터 세트나 고유 분류 시스템과 같이 단편화된 기술 프로젝트는 지식 통합에 난제로 남는다.
- 마이크로사이트 또는 검색 도구와 같은 다양한 접근성 포인트는 종종 혼란스러운 최종 사용자 경험으로 남는다.

조직의 지식경영에 상기한 주요 수단들을 수용하고 높은 ROI를 제공할 수 있는 프로젝트에 초점을 맞추면 디지털 기술은 조직의 지식경영에 관한 비전과 목표 달성을 효과적으로 가능하게 한다.

디지털에 의한 변동성은 산업 전반에 걸쳐 나타나고 있으며 기업이 글로벌 시장에서 전략 자산으로 독점적 지식을 사용하여 차별화 전략을 개발해야 하는 기업에게 독특한 기회를 제공하고 있다. 그러므로 디지털 시대에 성공하기 위해서는 모든 기업은 이제 지식 기반의 기업으로 거듭나야 한다. 이는 결코 쉬운 일은 아니지만, 전통 비즈니스를 기반으로 자사만이 확보할 수 있는 독특한 지식경영의 조직 문화를 구축하고 내재화할 수 있는 기업들은 장기적인 경쟁 우위를 유지할 수 있다.

요약하자면, 디지털 시대의 지식 기업은 '지식시장 접근법'에 기반을 두고 조직 변화를 위한 적절한 '전략 수단'과 '운영 수단'들이 결합한 '지식경영 접근법'의 효과적인 실행을 통해 향후 보다 우수한 경영 성과 창출과 함께 기업의 가치를 시장 고객에게 지속해서 제공할 수 있을 것이다.

요약

- 기업의 독점적 지식은 디지털 시대의 주요한 차별화 요인이라 할 수 있으며, 모든 기업이 이제 디지털 시대에는 지식 기업이 되어야 한다고 해도 과언이 아닐 것이다.
- 지식경영은 조직이 보유한 전문가 수준의 암묵적 지식을 폭넓게 그리고 주문형으로 명시적 지식을 사용할 수 있도록 성문화된 지식 자산으로 변환하는 것을 포함한다.
- 지식경영 프로젝트는 제대로 이해하기 어려우며 빠르게 결과가 도출되지 않는다. ROI는 불분명하고 오래 걸릴 수 있으며 조직 문화를 바꾸는 것은 어려운 과정이고 자급자족할 수 있는 조직의 지식 사이클을 설계하는 일은 쉽지 않다.
- 지식경영은 지속적이고 장기적인 노력이 필요하며 리더십의 헌신과 함께 지식 공유 문화가 확산하도록 하고 지원 조직의 구성과 지식 프로세스 구축이 필요하며, 아울러 올바른 지식 확보와 기술 인프라 구축을 위한 투자가 필요하다.

제3장

—

이노베이션(혁신)

: 행동에 대한 요구

돌덩어리마다 그 안에 동상이 있고 그것을 발견하는 것은 조각가의 과제이다.

미켈란젤로

이 장은 인도 IT-BPM 산업에서 요구되는 혁신적 과제에 관한 우선순위로서 논의에 초점을 맞추었지만 다른 글로벌 지역이나 산업 분야에서도 유추 적용을 통해 혁신(이노베이션)에 관한 통찰력을 확보할 수 있을 것이다.

인도 IT-BPM 산업의 필수 요소인 혁신 성장

인도 IT-BPM(Business Process Management) 산업은 중요한 전환 시점에 와 있다. 이 산업은 인도의 찬란한 이야기로서 왕관의 보석과도 같이 소중한 분야이며, 인도가 진정으로 세계적으로 선도하고 있는 몇 안 되는 산업 분야 중의 하나이다. 하지만 최근 몇 년 동안에 당해 산업 분야의 성장 궤적에서는 몇 가지 이상적인 징후가 포착되고 있다. 1990년대와 2000년대에 지속해서 평균 20% 이상 고속으로 성장하던 당해 산업이 현재는 한 자릿수에 머물며 성장하고 있다. 또한 디지털 시대에서 산업 환경이 매우 도전적으로 변화하고 있다. 고객의 요구는 점점 복잡해지고 있으며 아울러 상호 경쟁은 심화되고 있고 특히 가장 중요한 것은 클라우드, AI, 빅데이터, 자동화와 같은 디지털 기술의 거대 트렌드가 기존 시장에서 게임의 규칙을 바꾸고 있다는 것이다. 분명한 것은 급변하는 글로벌 환경을 고려할 때 인도의 IT-BPM 산업은 다음 단계로의 성장을 추진하기 위해서뿐만 아니라 지속해서 경쟁력을 유지하기 위해서라도 과감하게 혁신해야 할 필요성이 있다.

여러 가지 방면에서 인도 IT-BPM 산업은 글로벌 디지털 혁신을 촉진하고 아울러 인도에서 더욱 발전하여 기존 인프라를 기반으로 광범위하게 확산하며 성장할 수 있는 좋은 사례가 될 수 있다. 오늘날 인도의 IT-BPM 산업의 규모는 글로벌 관점에서 다른 지역으로도 확산할 수 있는 충분한 역량을 보유하고 있다. 이들은 이미 도메인 지식은 물론 비즈니스 지식을 구축하고 있으며, 대부분의 모기업 글로벌 기업들은 자원이 풍부하고 충분한 현금 유동성을 확보하고 있다. 더욱이 중요한 것은 이들은 디지털 시대에 특별한 경쟁력이 있는 훌륭한 인재들을 확보하고 있다는 것이다. 특히 젊은 청년 인재는 보다 큰 잠재력을 보유하고 있다. 인도의 청년 인력들은 그들 삶에 영향력 있는 무언가를 할 준비가 되어 있고 매우 역동적이며 창의적인 사고 방식을 가지고 있다.

하지만 인도의 IT-BPM 산업은 이노베이션의 관점에서 보면 양적 측면이든 질적 측면이든 양자 모두의 관점에서 뒤처져 있다. 지난 20년 동안 파괴적인 혁신을 해온 인도 IT-BPM 산업이 오늘날 디지털 시대를 이끌 만큼 자체적인 혁신 엔진을 강화하지 못한 것은 아이러니한 상황이다. 인도의 IT-BPM 전반에 걸쳐서 프로세스와 서비스를 제공하는 데 기존 방식과는 다른 최소한의 차별화의 조짐은 있다. 하지만 기업 차원이나 업계 전체 차원에서 볼 때 지식재산(IP)의 창출과 브랜드 구축은 여전히 충분하지 않으며 대차대조표상에 많은 현금을 보유하고 많은 기업이 조용히 앉아 있는 시나리오에서도 이런 현상이 나타난다. 물론 점진적인 혁신과 인도의 유명한 고유 방식의 혁신을 보여주는 '주가드(Jugaad)'에 관한 많은 사례가 있다. 하지만 광범위하고 체계적인 혁신이 일어나고 있다는 것을 시사하는 것은 거의 찾아볼 수 없다. 인도의 IT-BPM 산업이 도전적 과제로서 해결해야 할 것은 바로 여기에 있다. 즉, '주가드'에서 체계적인 혁신으로 업그레이드를 하는 것이다.

인도 IT-BPM 산업이 혁신의 잠재력을 깨닫지 못한 이유

인도 IT-BPM 산업에 요구되는 이노베이션 유형은 크게 프로세스, 제품, 고객 경험 및 비즈니스 모델로서 4가지 분야로 구분해 볼 수 있다. 첫 번째 유형인 프로세스 혁신에서는 어느 정도의 좋은 성과를 거두었지만, 나머지 3가지 분야에서는 그다지 혁신의 성과가 나타나지 않고 있다. 당해 산업 분야에서 혁신에 대한 시장 의무가 매우 강하고 동시에 필요한 충분한 자원들이 있음에도 불구하고, 혁신의 잠재력을 깨닫지 못하는 이유에 대하여 의문 제기는 당연시된다.

당해 업계가 글로벌 혁신으로 가는 길에 걸림돌이 되는 5가지 주요 이슈를 살펴보기로 한다.

1. 성공 공식을 바꾸기는 어렵다. 인도 IT-BPM 산업이 지난 수십 년 동안 꾸준한 수익 증가, 시장 점유율 확대 그리고 높은 수익성을 보여주는 눈부신 성공 사례였다는 것은 부인할 수 없다. 고품질의 저비용 기술 인재의 가용성, 속도에서 확장할 수 있는 능력, 고객 반응성 및 강력한 프로세스 지향성을 기반으로 한 비즈니스 모델이 구축되었다. 이를 기반으로 TCS, Info-Sys, Wipro, HCL 등과 같은 글로벌 메가 기업을 탄생시켰으며 성공적인 중견기업도 다수 탄생시켰다.

   하지만 디지털 시대는 고객의 기대치를 바꾸고 있다. 디자인 싱킹, 변화 관리, 민첩한 대응 그리고 수많은 신기술과 혁신 역량에 대한 필요성은 더욱 증대하고 있다. 이렇게 변화하는 고객 기대치는 보다 강렬한 참여 모델, 더 광범위하게 숙련된 기술, 더 깊이 있는 제품과 서비스 그리고 지속 가능한 운영 모델을 요구한다. 이렇게 변화된 고객 기대치는 그동안 인도의 IT-BPM 산업이 지금까지 잘 수행해 온 규모에 기반한 효율적인 서비스 공장 모델과는 상반된다. 오랫동안 잘 작동해 온 성공 공식을 바꾸는 것은 쉬운 일은 아니다. 인도 IT-BPM 산업은 비교적 꾸준한 성장과 함께 좋은 재무적 성과를 이루어 왔기 때문에 큰 위험을 감수하고 혁신을 우선 추진할 수밖에 없는 '불타는 플랫폼(Burning Platform)'의 상황은 아직 아니라는 생각이 만연하다.

2. 서비스 비즈니스 모델로부터 제품의 이노베이션을 창출하고 이끌어 가기는 정말 어려운 일이다. 디지털 시대에 시장 진입에 관한 기대치와 기술 주기가 점점 짧아지면서 기업들은 'Build vs Buy'에 관한 기준을 바꾸고 제품을 빌드(제조)하는 것 보다도 구매 쪽으로 더 많이 이동하고 있다. 이러한 추세는 인도 IT-BPM 기업들이 제품 이노베이션과 지식재산(IP) 확보에 더욱 박차를 가해야 한다는 것을 의미한다.

3. 고객의 문제점에 대하여 깊이 있는 이해가 부족하기 때문이다. 인도 IT-BPM 기업은 일반적으로 고도의 IT 기술과 프로세스 운영 역량을 보유하고 있지만, 고객의 도메인 분야와 최종 고객에 관한 심도 있는 이해가 부족하다. 제품과 고객 경험 또는 비즈니스 모델 혁신의 출발점은 고객의 고통이 발생하는 지점을 깊이 이해하는 것이다. 인도의 글로벌 딜리버리 센터(GDC)에서 이루어지는 이노베이션에 대한 많은 열정과 선의의 노력이 보이지만 최종 고객의 고통 지점에 대한 심도 있는 이해 부족은 이러한 혁신에 관한 노력을 종종 그 흔적마저 상실하게 만들고 있다. 최종 고

객에 관한 심도있는 이해를 확인하기는 쉽지 않다. 이는 일반적인 지식이나 이론적 지식에 관한 것이 아니라 실무 경험과 다양한 데이터 분석론을 바탕으로 최종 고객에 대한 심도 있는 직관력을 도출하는 과정이기 때문이다.

4. 단기 지향적인 비즈니스 관점이 문제가 된다. 아마도 이는 서비스 지향적인 비즈니스 모델의 특성에 의한 자연스러운 결과물일 수도 있고, 아마도 더 넓은 관점에서 문화적인 문제일 수도 있다. 인도 IT-BPM 회사에서 흔히 볼 수 있는 단기적인 지향성은 실질적인 제품이나 비즈니스 모델의 혁신을 추진하는 데 있어 도움이 되지 않는다. 혁신이 성공하기 위해서는 장기적인 투자가 필요하며 투자 회수 기간도 오랜 시간이 요구된다. 종종 다양한 혁신 프로젝트들이 많이 런칭하는 것을 보지만 대부분이 정상 경로를 유지하지 못하고 이탈하는 경우에 경영진의 인내심은 쉽게 바닥나고, 또 다른 프로젝트를 단기적 관점에서 물색하는 것이 현실이다.

5. 고도의 기술과 문제 해결 능력이 부족하다. 인도의 IT 산업의 경쟁력은 풍부한 기술 인재에 대한 접근성에 있다. 하지만 역설적으로 인도 IT 산업 분야에는 고도화된 기술 인재가 부족하다. 디지털 시대의 특징 중 하나는 AI, 클라우드, 자동화 기술과 같은 신흥 디지털 기술의 부상이다. 이러한 첨단 디지털 기술은 여전히 진화하고 있으며, 인도 IT 산업이 완전히 활용하지 못하고 있는 개발과 혁신을 위해 엄청난 기회를 제공하고 있다. 인도 IT 산업의 인재 재능 분야의 또 다른 단점은 문제 해결 능력에 있다. 인도 IT 산업이 그동안 집중해 온 서비스 공장 방식의 비즈니스 모델은 디지털 시대에 상당한 혁신을 이끄는 데 필요한 문제 해결을 위한 기술 개발을 허용하지 않기 때문이다.

인도 IT-BPM 산업이 이노베이션 잠재력을 발휘하기 위해서 해야 할 일

이노베이션 그 자체를 육성하고 강화하고자 하는 것은 그다지 빠른 해결책이 아니다. 여러 영역에서 혁신의 잠재력을 강화하는 보완적인 활동과 조치가 지속해서 필요하다. 인도 IT / BPM 산업이 혁신의 잠재력을 발휘하는 데 다음 10가지 활동 영역이 중요하다고 판단된다.

1. **혁신을 위한 지속적인 활동**: 궁극적으로 시장의 판도를 바꾸는 아이디어를 찾지만 작은 아이디어를 결코 간과해서는 안 된다. 작은 아이디어일지라도 향후 상당한 파급 효과를 가지고 오는 영향력으로 성장을 거듭할 수 있기 때문이다. 조직의 직원들이 문제의 발견과 아이디어 제안에 관하여 자신의 생각을 적극적으로 공유할 수 있도록 하는 아이디어 플랫폼은 매우 강력할 수 있다. 또한 규칙적인 해커톤 방식도 매우 효과적일 수 있다. 하지만 아이디어를 만들어내는 것만으로는 충분하지 않다. 이러한 아이디어를 추적하고 구체화하여 이를 실현하기 위한 프로세스를 조직 내부에 정립해야 할 것이다.

2. **혁신을 위한 투자 예산 편성**: 혁신을 위한 특정 예산을 편성하는 것이 매우 중요하다. 이노베이션은 현실적인 투자 없이 순수하게 좋은 의도에서 그냥 아이디어만으로 창출되는 것이 아니다. 그동안 서비스 제공의 대가로써 받은 현금을 이제는 혁신 프로젝트 개발에 전념해서 사용할 필요가 있다.

3. **혁신을 위한 우수센터 설립 운영**: 핵심 서비스 라인과 별도로 전문 기능을 가진 우수센터(CoE: Center of Excellence)를 구축하는 것은 이노베이션

창출에 많은 도움이 된다. 다양한 인재의 재능 프로파일을 실험할 수 있는 유연성을 제공할 수 있으며, 서비스의 핵심 기능인 운영 모델 수행에 제한되지 않을 수 있기 때문이다. 우수센터(CoE)에서는 혁신 창출을 위해 억제된 실험을 다양하게 할 수 있도록 지원함으로써 멕킨지 지식센터(McKC: McKinsey Knowledge Center)와 같은 혁신 창출을 위한 허브로써 육성해야 할 것이다.

4. **혁신을 위한 조직의 문화 형성**: 조직 구성원들이 창의성과 자신감을 가지도록 해야 하며, 위험을 감수하는 것이 장려되고 새로운 아이디어가 뒷받침되는 혁신 문화를 만들어야 한다. 여기에다 추가로 이노베이션 창출을 중심으로 조직에 긍정적인 소란을 일으키는 것도 중요하다. 조직에서 혁신의 모멘텀을 구축하기 위해서는 고위 경영진에 의한 혁신에 대한 명확한 리더십의 표방과 함께 지속적인 구성원의 참여가 필요하기 때문이다.

5. **스타트업과 협력 강화**: 현재 인도에서 스타트업의 생태계는 매우 활기가 넘친다. 이들은 또한 공공기관인 나스콤(NASSCOM)과 많은 인큐베이터로부터 지원받고 있다. 이노베이션은 대기업이 아니라 스타트업에서 일어날 가능성이 높다. 그러므로 대기업은 스타트업 생태계에 계속 참여하면서 스터트업과의 파트너십 협력 기회를 지속해서 모색하는 것은 매우 바람직하다.

6. **고객의 핵심 문제 파악과 이해**: 인도 IT-BPM 기업이 혁신 추진을 위한 과제 중의 하나는 고객이 다양한 해외 국가에 있으므로 고객의 문제가 발생하는 지점을 깊이 있게 이해하고 솔루션을 창안하는 것이 지리적 여건 때문에 매우 어려운 과제라는 점이다. 하지만 인도 국내시장에서의 새로

■ 이노베이션의 잠재력을 실현하기 위한 10가지 활동 영역

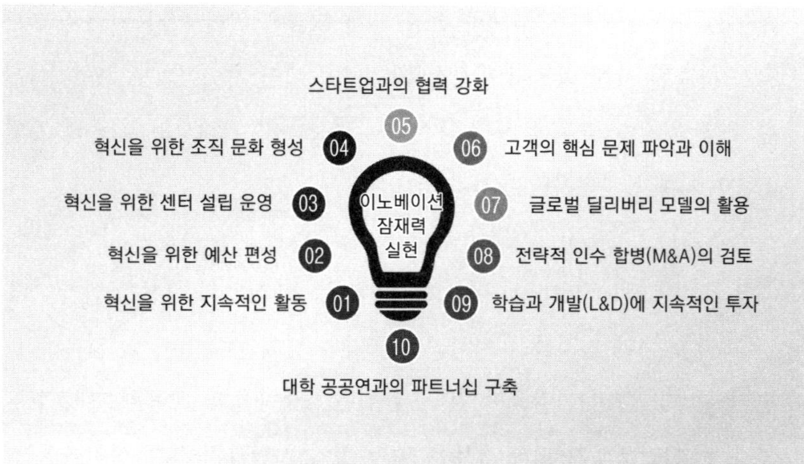

운 고객 발굴과 교섭을 통해 이러한 실험을 위한 근접성과 시장 콘텐츠를 용이하게 확보할 수 있을 것이다.

7. **글로벌 딜리버리 모델의 활용**: 대부분 인도 IT 기업은 현재 글로벌 딜리버리 모델을 보유하고 있다. '온쇼어(Onshore) & 오프쇼어(Offshore)' 협력은 상생하는 윈-윈 모델이 될 수 있다. 온쇼어(역내) 방식의 협력은 고객의 고통 포인터에 대한 더 깊은 이해를 가져올 수 있고, 오프쇼어(역외) 방식의 고객 협력은 서비스 제공을 통한 규모의 이점을 제공할 수 있다.

8. **전략적 인수 합병(M&A)의 검토**: 인도 IT-BPM 회사도 통상적인 기업 전략과 같이 유관 시장에서 비즈니스 범위를 확대하기 위한 방법으로 기업 M&A(Merge & Acquisition) 전략에 접근할 수 있다. 인근 시장의 고객 또는 지식재산(IP)을 확보하는 관점에서 유망 스타트업 또는 매각 기업을 대상으로 전략적 인수 및 합병을 검토해 볼 필요가 있으며, 이를 통해 시장 점유율을 보다 강화할 수 있을 것이다.

9. **학습 및 개발(L&D)에 지속적인 투자**: 인도 IT 기업의 핵심적인 격차는 딥테크(Deep Tech) 인재 부족과 함께 문제 해결을 위한 기반 기술 능력으로서 디지털 시대 혁신에 필요한 기초적인 핵심 기술이기도 하다. 이러한 핵심 원천 기술을 올바른 품질로써 확보하기 위해서는 '학습과 개발(L&D)'에 대한 지속적인 투자가 필요하다.

10. **대학 공공연과의 파트너십 구축**: 기술 인재는 IT 산업의 혁신을 위한 기초가 되며 유능한 인재를 유치하려면 국가의 경계를 넘어서 더 넓은 글로벌 공급망을 살펴볼 필요가 있다. 기업은 교육과정과 교육이 현장의 실무 요구를 반영하기 위해 선별된 대학 및 공공연과의 제휴 협력을 고려할 필요가 있다. 인턴십과 산업 프로젝트에 투자하는 것뿐만 아니라 맞춤형 교육과정에도 적극적으로 참여해야 한다.

디지털 시대의 인도 IT-BPM 산업에서 대기업, 스타트업 또는 제품 회사 등 그 누구를 위한 것이든 상관없이 이 산업 분야의 혁신은 이제 필수적인 과제로 다가와 있다. 리더와 기업에게 향하는 혁신에 관한 실질적인 행동 요구는 이제 그들 조직에서 혁신 여정을 촉발하기 위하여 필요하다. 이와 마찬가지로, 혁신적 문화를 점화시키는 생태계를 만들고 돕는 것은 혁신을 지원하는 인도 나스콤과 같은 공공 지원기관에도 도전적 과제이자 사회적 책임으로써 부각되고 있다.

결론

이 장은 인도 IT-BPM 산업 혁신을 위한 필수사항과 도전적 과제에 관한 내용이다. 그러나 혁신은 디지털 시대의 모든 산업에 있어 중요한 동력원이다. 실제로 신기술, 고객 경험, 비즈니스 모델에 관한 혁신은 디지털 시대의 전반적인 분야에 기반이 되고 있으며 이 장에서 살펴본 다양한 혁신에 관한 이슈는 다른 국가 지역과 산업 분야에서도 널리 적용할 수 있을 것이다.

요약

- 이노베이션은 디지털 시대의 모든 산업 분야에서 핵심적인 동력원이자 필수적인 요소이다.
- 인도 IT 산업은 다음 단계의 성장을 촉진하고 경쟁력을 유지하기 위해 혁신이 요구되며 특히 제품과 비즈니스 모델 혁신에 박차를 가해야 한다.
- 혁신은 우연에 의해 이루어지는 것이 아니다. 혁신은 구조화되고 지속적인 노력과 투자가 필요하다.
- 이노베이션의 잠재력을 발휘하기 위한 행동 영역 중 일부는 작은 아이디어를 포착하고 구현하는 방법, 혁신을 위한 예산 투입, 스타트업과 협력 및 학계와의 파트너십 등이 있다.

제4장

디지털 시대의 민첩성을 위한 통찰력

속도는 비즈니스의 새로운 화폐이다.

마크 베니오프, 세일즈 포스 CEO

속도의 필요성에 의해 모든 일은 민첩성으로 이동하고, 이는 디지털 시대의 근본적인 변화를 가져왔다. 이 장에서 디지털 시대의 핵심 가치인 민첩성을 확보하기 위한 통찰력에 대해 실무 관점을 공유하고자 한다.

1. 전례 없는 변화의 속도

비즈니스 세계는 전례 없는 속도로 변화하고 있으며, 디지털 시대에서는 경기 순환 단축, 극심해지는 경쟁체제와 전통적 시장의 변화 등이 새로운 디지털 기술 혁신과 결합하면서 과거에는 상상할 수 없을 정도의 불확실성과 변화 속도가 빨라지고 있다. 이러한 세상에서는 전통적으로 구조화되고 안정적인 환경을 위해 개발된 기존의 비즈니스 경영에 관한 규칙이 거의 확실히 작동하지 않을 것임을 암시하고 있다. 이는 특히 기존의 40세 이상의 기업 경영인들에게는 큰 도전이다. 지금까지 성공에 이르기 위해 그들이 배워온 것들을 모두 버리고 디지털 시대에 부합되는 새로운 학습을 해야 하기 때문이다. 본 섹션의 1장에서 이에 관한 관련 세부 내용을 상세히 설명한 바 있다.

2. 빠른 실패를 통한 학습

디지털 시대에는 전형적으로 비즈니스의 수명이 급격하게 단축되어 있다는 것이다. 이는 오랫동안 그려온 비즈니스 계획과 실행 주기를 완전히 무너뜨리게 한다. 따라서 종합적인 문서화보다 실행 소프트웨어를 제공하기 위한 짧은 딜리버리 스프린트에 초점을 맞추고 있다. 무언가를 지속해서 시도하여 실패로부터 빠른 피드백을 얻어야 하고 그리고 돈을 더 쓰기 전에 그것을 적응시키거나 종료해야 한다. 아울러 이는 80:20 법칙에 관한 사고방식의 미덕을 보다 강화시켜 준다. 우리 모두가 알고는 있지만 항상 실천하지는 않는 것이다.

3. 불확실성의 대처와 관리의 중요성

디지털 시대의 전례 없는 변화의 속도를 고려할 때 미래를 예측하려는 것은 거의 의미가 없다. '오늘을 위해서는 집을 짓어야 하고, 내일을 위해서는 설계를 해야 한다.' 이 말은 아주 장기적인 문제를 해결하는 것보다 현재의 요구사항을 효율적이며 빠르게 처리할 수 있어야 하며(오늘의 건축), 아직은 명확하지 않지만 향후 고객의 요구사항에 대해서 대응할 수 있는 설계로서 개방하고 확장할 수 있어야(내일의 설계) 한다는 의미이다. '불확실성의 원뿔(Cone of Uncertainty)'이라는 개념도 불확실성을 대처함에 유용하다. 이 개념은 제품의 개발 단계가 순차적으로 진행되어 성숙하게 됨에 따라서 제품의 요구사항에 관한 불확실성도 비례하여 감소한다는 것을 말한다. 추정치의 변동성을 줄이는 유일한 방법론으로써 프로젝트 자체의 변동성을 줄이는 것이다. 이는 변동성을 줄이는 데 도움이 될 수 있는 현명한 결정과 행동에 초점을 맞출 필요가 있음을 시사한다.

4. 고객과의 협력이 핵심 열쇠

디지털 시대의 핵심 특성인 '불확실성'과 '속도의 필요성'을 결합하여 본다면, 기업이 디지털 시대에서 성공하기 위해서는 고객과 가까워져 있는 것이 가장 중요하다. 고객의 요구사항과 고통이 발생하는 포인터를 확인하고 실시간으로 변경 사항을 파악하기 위해서도 매우 긴밀하게 고객과 연결되어야 한다. 이는 계약으로 일정 기간을 주기적으로 실행하는 것에서 실시간의 고객과의 협업으로 전환해야 하고, 피드백을 받게 되면 빈번한 딜리버리가 이루어져야 할 것이며, 사고방식과 운영 모델에 상당한 변화가 필요하다. 무엇보다 중요한 것은 고객과 강한 신뢰를 쌓는 것이다.

5. 간단한 솔루션 확보의 중요성

디지털 시대의 복잡성이란 민첩성의 반대 개념이다. 기업이 변화하는 속도에 대한 기대를 충족시키는 핵심 열쇠는 간단한 솔루션을 확보하는 것이다. 이는 모든 것을 새롭게 다시 시작하려고 하는 대신에 표준화된 플랫폼을 사용하고, 가능한 경우에 구성요소를 다시 사용한다는 것을 의미한다. 고객이 필요로 하는 모든 것을 맞춤화를 통해 해결하려는 시도를 회피하고 그 대신에 가장 중요한 고객의 요구를 해결하는 데 우선적인 초점을 맞춰야 한다는 것을 의미한다.

6. 실행이 우선하는 조직으로 변화

선형적이며 순차적인 관점에서 비즈니스 계획을 수립하고 이를 검증하며 추진하는 종래의 업무는 디지털 시대에서 민첩성에 기반한 애자일 경영에는 적합하지 않다. 아울러 거의 확실하게 조직 내부에 구조화된 방식으로 업무를 추진할 수 있는 기회도 사라질 것이다. 무엇보다 민첩하고 변화에 대응할 준비가 되어 있어야 한다. 생각하고 계획하는 것에서

■ **민첩성(애자일)을 위한 통찰력**

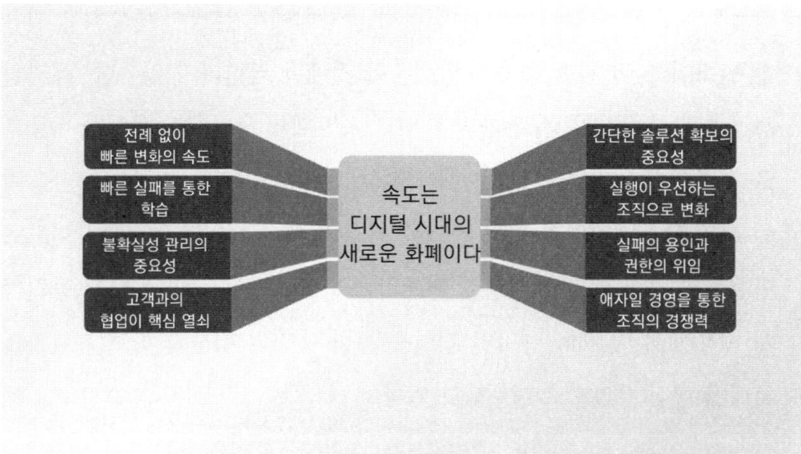

직접 행동하고 실행하는 것으로 경영 활동에 집중적인 변화가 필요하다. 비즈니스의 관리자는 행동과 아주 밀접하게 연결되어 있을 뿐이며 그 변화를 충분히 빨리 파악하여 '분석-계획-승인-행동'이라는 복잡한 절차에 들어가지 않고도 결정적인 행동으로 대응할 수 있어야 한다.

7. 실패의 용인과 권한의 위임

민첩성에 의한 접근 방법의 핵심적인 개념은 비즈니스 프로세스와 도구에 대하여 개인과의 상호작용에 그 초점을 맞춘 것이다. 그러므로 기업의 애자일 경영은 조직 구성원들에 대한 접근 방식에 상당한 변화가 요구된다. 팀을 관리하기보다는 팀 구성원들에게 힘을 실어줄 필요가 있다. 여기서 조직에 만연한 계층적 사고방식에 의한 업무 프로세스를 깨뜨려야 한다. 또한 매우 중요한 것은 실패에 대해서 높은 관용이 필요하다는 것이다.

8. 애자일 경영을 통한 조직 경쟁력 확보

민첩성은 소프트웨어 개발에 대한 접근 방식에서 분명히 중요하고 필요한 변화이다. 하지만 애자일 방식은 그것에만 국한하지 않는다. 애자일 경영의 기본 원칙은 전략 개발과 비즈니스 계획 작업에도 동일한 비중으로 관련성이 있다. 디지털 시대에 빠른 속도로 변화하는 근본적인 동력원은 비즈니스 영역과 기능 전반에 걸쳐 적용되는 일반적인 현상이므로 민첩성에 관한 애자일 경영은 비즈니스와 프로젝트 상황에 모두 동일하게 적용할 수 있으며 애자일 경영을 통한 조직의 경쟁력 확보는 디지털 시대에 핵심 사안으로 대두되고 있다.

끝으로, 디지털 시대에 글로벌 비즈니스 환경은 전 산업 분야에 걸쳐 빠르게 변화하고 있으며 더욱이 복잡성과 불확실성이 증가하고 있다. 그러므로 특히 기업의 리더들은 직관력 강화와 마인드 통제를 위한 멘털 모델 접근법도 한번 검토해 볼 필요성도 있다.

이 장을 "최고의 실무는 이제 없고, 좋은 실무만이 있을 뿐이다."라는 애자일 경영에 관한 명언으로 마무리하고자 한다. 그리고 자만심의 시간은 끝났고, 이제 학습을 새롭게 해야 할 시간이 왔다!

요약

1. 디지털 시대의 비즈니스 세계는 전례 없는 속도로 변화하고 있으며, 이로 인해 전통적인 경영 규칙이 변화하고 있다.
2. 속도가 왕이다. – '조기에 잃는 것'과 '빠른 실패'는 성공 가능성이 높은 영역으로 빠르게 이동하는 데 도움이 된다.
3. 불확실성을 다루는 것 – 변동성을 줄이는 데 도움이 될 현명한 결정과 행동에 초점을 맞출 필요성이 있다.
4. 고객 협업이 핵심 열쇠 – 성공을 위해 실시간 협업과 딜리버리에 대한 고객 피드백을 자주 개발해야 한다.
5. 단순성을 항상 유지하라. – 속도에 대한 기대를 충족시키는 열쇠는 간단한 해결책과 프로세스를 갖는 것이다.
6. 순차적인 사고방식은 사라진다. – 생각하고 계획하는 것에서 실행하는 것으로 빠르게 변화하고 있으므로 단호하게 행동하라.
7. 관리보다는 셀프 조직화하라. – 구성원에 의한 자기 주도적인 업무 추진이 이루어질 수 있도록 팀에 권한을 부여하라.
8. 민첩성은 소프트웨어 개발에만 국한된 것이 아니다. – 민첩성은 비즈니스와 프로젝트 수행에 걸쳐 광범위하게 적용될 수 있다.

제5장

—

디지털 시대의 L&D

우리는 사람들에게 아무것도 가르칠 수는 없고, 단지 그들 스스로 그것을 발견하도록 도울 수는 있다.

갈릴레오

디지털 기술과 비즈니스 변화 속도는 전례가 없이 지속해서 급증하고 있다. 제품과 기술 주기가 더욱 짧아지고 고객의 기대가 빠르게 변화하고 있다. 또한, 코비드-19 대유행은 디지털화를 가속화시키고 있다. 그 결과 기업들은 또 다른 전략적 목표로써 조직의 내부 고객들 즉, 디지털에 정통하고 고품질의 솔루션을 요구하며, 기다릴 준비가 되어 있지 않은 직원들의 요구에 대응하기 위해 기업 전체의 업무 프로세스를 재조명하기 시작했다. 또한, 대부분 기업의 활동이 가상의 디지털 공간에서 진행됨으로 인해 직원들의 분리된 업무 공간, 지리적 위치 그리고 시간대 등이 업무 프로세스에서 신속히 제거되고 있다.

디지털 시대에서 기업의 업무 추진과 관련하여 변화하고 있는 새로운 힘들은 산업 전반에 걸쳐 있는 전 세계의 기업들이 이젠 구성원들의 새로운 학습을 전략적 우선순위로 만들었다. 이제 앞서가는 기업은 디지털 시대에 경쟁력을 유지하고 변화하는 고객의 기대에 부응하기 위해 직원들을 위한 지속적인 학습과 조직의 학습 문화를 구축하는 데 초점을 맞추고 있다.

디지털 시대의 새로운 변화의 힘으로써 부상하고 있는 '학습 및 개발(L&D)' 기능은 완전히 새로운 상상을 통해 L&D의 모든 측면과 잠재적인 L&D(Learning and Development) 산업을 만들어가고 있다.

이 장에서는 학습 및 개발의 다음 측면을 다룰 것이다.

- L&D 영역에서 확인되는 5가지의 주요 변화
- 기업이 집중해야 할 L&D에 관한 행동 영역
- L&D의 약속을 실현을 위해 해결해야 할 과제

L&D 영역에서 다음과 같은 5가지 주요 변화가 목격되고 있다.

1. 일률적인 학습에서 높은 수준의 개인화 학습으로 전환

디지털 기술은 이제 새로운 패러다임을 이끄는 기술이고 여기에는 기존에 존재하지 않았던 다양한 요구들이 있다. 새로운 디지털 기술로써 특히 AI, 데이터 분석론, 클라우드 등에 대한 수요가 급증하고 있지만, 기존의 레거시 기술에 대한 수요도 여전히 많다. L&D의 영역에서 클라우드 기반의 AI 기술과 데이터 분석론은 고도의 개인화된 학습 서비스를 이끌어가고 있다. 종래의 일률적인 학습 방식에서 높은 수준의 개인화를 통한 맞춤형 학습 개발이 이루어지기 위해서는 보다 세분화된 접근법이 요구된다.

2. 푸시 기반 교육 세션에서 셀 모듈 방식의 자기주도 학습

표준화된 클라스 기반의 학습 모델에서 셀 모듈 단위의 자기주도 학습 세션으로 전환되고 있다. 전통적인 학습 모델은 표준화되어 있으며, 클라스 기반의 학습 모델로써 근무 장소와는 다른 공간에서 별도 학습 시간이 요구된다. 하지만 디지털 시대의 학습 환경의 변화에 따라 교육생들의 새로운 학습에 관한 핵심 요구는 다음과 같다.

- 학습자가 자신의 속도로 소비할 수 있는 셀모듈 단위의 학습
- 일상의 업무 일정에 학습과정을 포함하도록 하여 신속히 학습

3. 디지털 혁신 기술을 기반으로 다차원적인 학습 접근 방식

상기한 2가지 요구 결과로써 학습은 다차원적으로 이루어지며, 디지털 기술 기반의 혁신적인 학습 접근법을 수반하여 밀레니움 세대를 중심으로 온라인 중심의 학습 개발이 적극적으로 이루어지고 있다. 예시로써 하기와 같은 학습 유형이 있겠지만 실제의 적용 사례는 여기에 국한되지는 않으며 다양한 방식으로 응용될 수 있을 것이다.

- 중요한 프로젝트에 관하여 멘토의 도움을 받아 진행하는 현장 중심의 직무 학습
- 비디오 등을 액세스할 수 있는 디지털 채널과 함께 현장 학습하는 브랜디드 러닝
- 공통의 관심 주제를 중심으로 함께 모여 노트와 프로젝트를 공유하는 그룹 러닝

4. 문제 해결 능력 등과 같은 소프트 스킬의 역량 강화

또 다른 흥미로운 변화는 종래의 산업 도메인 분야의 전문성 강화 학습 위주에서 벗어나 디지털 시대에 요구되는 문제 해결과 의사소통 능력 그리고 리더십 교육과 같은 소프트 스킬에 대한 역량 강화에 초점을 맞추고 있다. 특히 IT 기반의 기업들은 이러한 핵심 역량의 등급화 필요성을 이미 인식하고 해당 분야에서 전문성 있는 직무 인력을 양성하기 위한

■ 디지털 시대의 '학습 및 개발(L&D)' 영역에서 확인되는 5가지의 주요 변화

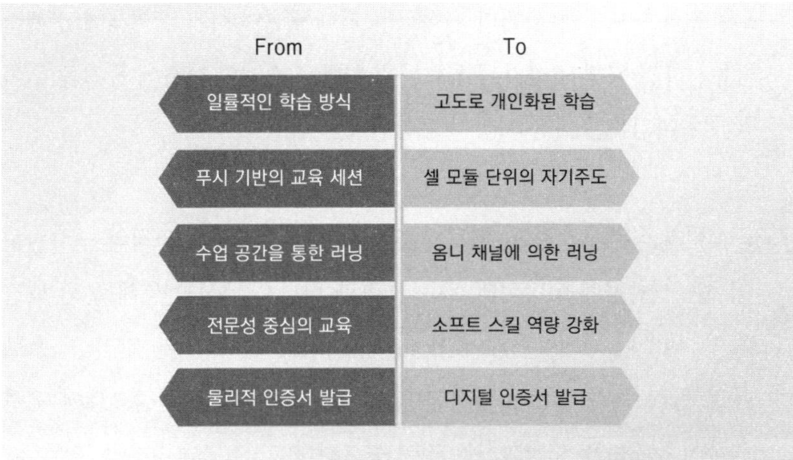

다양한 프로그램을 시작하고 있다.

5. 디지털 기반의 학습기록과 디지털 학습 인증 방식으로 이동

마지막 단계에서 변화는 학습 인증에 관한 것으로써, 기존의 물리적인 인증서 발급에서 벗어나 학습용 e-여권 발급을 통한 전자 인증 방식으로 이동하고 있다. 이러한 디지털에 의한 새로운 학습 인증 방식은 검증 가능한 소셜 미디어 등에서 학습자가 디지털 학습 인증서를 공유하고 전문성 획득을 통한 본인의 명성을 대중으로부터 인증받도록 함으로써 학습 동기를 부여하고 있다.

L&D의 활동 영역은 무엇이어야 하는가?

대부분 기업은 구성원들과 조직의 L&D 역량 강화를 위하여 다음 4가지의 활동 영역을 정의하고 있다.

1. 뷰카 시대를 대처할 수 있는 조직의 역량 강화

모든 조직은 디지털 시대의 변화하는 기대를 충족시키고 미래에 경쟁력을 유지하기 위해 조직의 구성원들을 위한 지속적인 학습에 중점을 두어야 하며 여기에는 다음 사항이 포함된다.

- 구성원의 직무능력 강화: 빠르게 진화하는 환경에서는 조직의 구성원들이 셀 모듈 콘텐츠 방식의 교육 훈련과 비디오 세션을 통해 문제 해결 능력, 비즈니스 커뮤니케이션, 이해당사자의 관리, 시간 관리 및 프로젝트 관리 등과 같은 핵심적인 역량을 구축하도록 도와줌으로써 구성원들이 직무능력을 강화하는 것이 중요하다.
- 구성원의 비즈니스 통찰력 강화: 고품질의 고객 중심의 솔루션을 제공하기 위해 깊은 기능적 도메인 지식이나 비즈니스 전문 지식을 갖는 것은 매우 중요하다. 조직의 구성원들이 비즈니스 통찰력을 쌓고 학습 우선순위를 도메인 지식의 역량 강화에 맞추는 것이 중요하다. 이는 고객의 맥락과 고통 지점을 더 잘 이해하는 데 도움을 줄 수 있다.
- 팀 리더 개발과 리더십의 육성: 더 이상 지휘와 통제 대상이 아니라 학습을 통해 팀원들에게 영향력과 영감을 주고 활성화할 수 있는 리더를 개발하는 것이다. 조직의 체계적인 학습을 통해 개발된 새로운 유형의 리더는 팀 내부의 혁신과 변화를 주도하고 탄력적이고 지리적으로 분산되어 일하는 팀원에게 높은 품질의 결과를 이끌어낼 수 있다.
- 변화 관리를 위한 학습개발(L&D): 이러한 격동의 시기에 조직은 변화에 대해 지속적으로 관리해야 한다. 기업의 리더십 교육에서 변화 관리를 위한 학습 강화는 변화 관리와 관련하여 전문성을 구축하는 데 도움이 될 뿐만 아니라, 이들이 계속 연결되어 지속해서 변화를 탐색할 수 있도록 돕는 것이 중요하다.

- **조직 구성원의 멀티 스킬 역량 강화**: 조직의 새로운 프로젝트를 원할히 수행하기 위해서는 기존 조직이 보유하고 있는 레가시 기술을 업그레이드할 수 있도록 수행하는 직원의 스킬에 대한 체계적인 교육 훈련 투자가 필요하다. 특히 조직의 신규 프로젝트 수행 또는 신사업 기획에서 조직 구성원의 멀티 스킬 역량 강화는 조직이 경쟁력 있는 지식자원 확보를 위해 필수적으로 요구되는 사항이다. 직원의 멀티 스킬 역량 강화를 위한 L&D 프로그램은 직원의 관련 업무 참여도를 높이고, 프로젝트 수행에 동기를 부여하며 조직 차원의 미래 기술 확보를 통해 기업의 경쟁력을 효과적이고 체계적으로 강화할 수 있다.

2. 학습 목적에 맞는 기술 인프라 구축 및 셀 모듈의 러닝 콘텐츠

디지털 시대는 최소 단위인 셀 모듈로써 배포 선별된 콘텐츠를 학습하는 것이 가장 효과적인 방법이다. 기업의 L&D를 위한 학습 콘텐츠는 지속해서 가상화되고 디지털 장치 전체에 걸쳐 액세스할 수 있어야 한다. 그리고 L&D 목적에 맞는 기술 인프라의 구축은 학습 진행 내용을 기록하고 개인화된 학습 여정을 모니터링하는 데 매우 중요하다. 특히 자기 주도적 학습과 사회적 학습 사이에 원활히 조화될 수 있는 프로세스를 만들어내야 할 것이다. 두 가지 뚜렷한 학습 스타일을 구분 짓는 경계가 흐려짐에 따라 전반적으로 사용자 경험은 더욱 향상된다.

3. 기업의 e-러닝 학습 문화 구축

기업의 학습 문화 구축을 위해 e-러닝 학습을 위한 교육 프로그램과 온라인 플랫폼에 대하여 광범위한 접근을 보장하고 제도적으로 구성원의 지속적인 학습 역량 강화에 초점을 맞추어야 한다. 또한 전문 e-러닝 교육기관, 컨설팅 기관 또는 학계 등 전문 교육기관들과의 파트너십을 체결하여 자기주도적 학습 프로그램을 설계, 전문적인 학습 콘텐츠의 확보

등 기업의 e-러닝 인프라 구축과 함께 학습 문화를 구축해야 할 것이다. 또한 기업 내 지식경영을 위한 조직인 우수센터(CoE)가 중심이 되어 첨단 기술의 교육 세미나 등을 포함한 기업의 e-러닝 학습을 주관하며, 조직의 학습 문화 구축을 선도하는 것도 바람직한 전략이 될 것이다.

4. 학습의 성과에 관한 추적 관리

조직 구성원의 학습 성과를 추적 관리하는 분야는 L&D의 미래 영역으로 진화하고 있다. 기업은 구성원의 학습 활동을 추적하는 것을 기업의 인력 투자에 미치는 영향으로 이해하고 수익 지표로써 정의하려고 노력하고 있다.

- L&D는 현재 많은 기업의 중요한 화두이며 L&D를 통해 기업에서는 경쟁 차별화할 수 있는 수행 역량을 개발하는 데 집중하고 있다. 그러므로 L&D의 성과에 관해 비즈니스 지표로 측정할 수 있을 것으로 기대되는 것은 당연하다.
- 예를 들어, 기술 서비스 기업에서는 전문 인재 채용의 주기를 감축시키는 것은 기업의 수익성과도 밀접하게 연관되어 있다.

L&D를 제대로 이해하지 못하였거나 L&D에 투자되는 예산을 확보하지 못하여 기업이 L&D 경쟁에서 뒤처지게 된다면 이는 비즈니스 준비에 심각한 영향을 미친다. 가까운 미래의 노동력과 일자리는 오늘과는 매우 다를 것이다. 분명한 사실은 디지털 시대에 요구되는 실무 경쟁력을 가진 재능은 기존 인력의 인재 풀에서 '선택'하는 것이 아니며, 기존 인력의 인재 풀로부터 새로이 '개발'되어야 하기 때문이다. 특히 변동성과 변화의 속도가 매우 빠르게 진화하고 있는 디지털 시대의 경쟁력 강화를 위해 기업은 R&D를 넘어 L&D의 중요성을 또 다른 관점에서 주목해야 할 것이다.

L&D의 약속을 실현하기 위해 해결해야 할 과제들

이 장에서 L&D의 기대가 어떻게 변화하고 있는지, 그리고 L&D 접근법에서 기업들이 어떠한 변화가 필요로 하는지 등에 관해 논의하였다. 기업에서 L&D를 통한 혁신의 공간은 지속해서 확산하고 진화하고 있다. 하지만 아무도 모든 답을 가지고 있지 않다는 것을 인식하는 것이 중요하다. 기업의 리더는 L&D에 관해 열린 생각을 가져야 하며, 특히 조직을 위해 L&D 주제에 접근하게 된다면 무엇보다 학습자로서 L&D를 바라볼 수 있는 사고방식을 가져야 할 것이다.

L&D와 관련하여 기업이 해결해야 할 4가지 과제를 하기에 제시하고자 한다. 이에 대한 기업의 지속적이고 심도있는 성찰은 L&D의 완전한 약속을 실현하는 데 많은 도움이 될 것이다.

- 다른 지역에 있거나 교육 수준이나 출신 배경이 다르거나 다른 시간대에서 일하는 등 다양한 환경에 있는 구성원들을 어떻게 기업의 L&D로써 내부 정렬시키면서 일관된 조직의 학습 문화를 구축할 수 있을 것인가?
- 조직 구성원이 어떻게 L&D에 적극적으로 참여하도록 유도할 수 있을 것이며 또한 동료들과 협업에 필요한 공감력과 맥락적 지능을 어떻게 체계적으로 개발할 수 있을 것인가?
- L&D를 통해 구성원들이 어떻게 기술적 과제에 적극적으로 도전하도록 할 수 있으며, 어떻게 수준 높은 전문 콘텐츠를 개인화된 학습 자료로써 제공할 것이며, 풍부한 디지털 경험을 제공할 수 있을 것인가?
- 문제 해결 능력 강화, 리더십 교육 그리고 또 다른 소프트 스킬 등과 같이 전통적으로 도제교육을 통해 효율적으로 학습할 수 있는 분야를 어떻게 L&D를 통한 디지털 학습으로 제공할 수 있을 것인가? 더 나아가

디지털 매체를 통해 분산되어 있고 가상 공간에 있는 학습 인력을 대상으로 어떻게 직무 역량을 효율적으로 구축할 것인가?

요약

오늘날 모든 조직은 변화하는 시대적 기대에 부응하고 디지털 시대에서 경쟁력을 유지하기 위해 지속해서 학습에 집중하고 조직의 학습 문화를 구축해야 한다.

- 디지털 시대의 L&D는 다음과 같은 주요 변화가 목격되고 있다.
  - 일률적인 학습에서 높은 수준의 개인화 학습으로 전환
  - 푸시 기반 교육 세션에서 셀 모듈 방식의 자기주도 학습
  - 디지털 혁신 기술을 기반으로 다차원적인 학습 접근 방식
  - 문제 해결 능력 등과 같은 소프트 스킬 핵심 역량에 집중
  - 디지털 기반의 학습기록과 디지털 학습 인증 방식으로 이동
- 디지털 시대의 L&D 활동이 요구되는 분야는 다음과 같다.
  - 뷰카 시대를 대처할 수 있는 조직의 역량 강화
  - L&D 기술 인프라 구축 및 셀 모듈의 러닝 콘텐츠
  - 학습을 위한 온라인 플랫폼과 e-러닝 문화 구축
  - 조직 구성원의 학습 성과에 관한 추적 및 관리
- 디지털 시대의 L&D는 빠른 속도로 진화하고 있으며 지속해서 조직의 L&D 관점에서 다루어져야 할 여러 가지의 도전적 과제들이 있다. 여기에는 디지털 기술 인프라를 계속 투자하고 강화하는 방법, 디지털 시대에 조직의 성공을 위하여 요구되는 핵심 역량으로써 문제 해결 능력, 리더십 및 협업 역량과 같은 소프트 스킬을 강화하는 방법과 함께 일관된 조직의 학습 문화를 구축하는 방법 등이 포함될 수 있다.

제6장

—

조직과 여성의 리더십

다양성은 발명을 위한 엔진이며 세상을 풍요롭게 하는 창의성을 만들어낸다.

쥐스탱 트뤼도, 캐나다 정치인

인도의 IT-BPM 산업을 예시로 본다면 여성의 노동력은 조직에서 약 25%에서 45%까지 다양하다. 하지만 기업의 중간 관리자 수준에 도달하면 이 비율은 극적으로 낮아져 여성의 비중은 5~10%까지 낮아진다. 이 장에서는 디지털 시대의 여성 인재의 중요성과 그리고 관련된 도전적 과제에 관해 다음의 3가지 주제를 중심으로 살펴보기로 한다.

1. 기업의 인재 구성에서 다양성이 중요한 이유
2. 중년 이후의 관리자로서 여성이 부족한 이유
3. 격차를 해소를 위하여 기업이 해야 하는 일

기업의 인재 구성에 있어서 다양성이 왜 중요한가?

조직의 인재 구성에 있어서 '다양성'이 있으면 단순히 '좋다'는 것이 아니라, 디지털 시대에 기업에서 요구되는 경쟁력 확보 관점에서 경영진에게 매우 중요하게 다루어져야 할 주제가 되었다는 것은 이제 논쟁의 여지가 없다.

- 이는 단순히 구성원의 성별에 관한 다양성 의제가 아니라 비즈니스에 관한 의제이다.
- 남성과 여성은 비즈니스 관점에서 서로 다른 관점과 통찰력을 가지고 있다. 이는 서로 다른 솔루션으로 서로 다른 문제의 해결에 이를 수 있으며, 이러한 다양성은 궁극적으로 조직 경쟁력을 강화하며 비즈니스 성과를 더욱 좋게 만든다. 통계적으로 소비자 구매의 약 80%는 여성에 의해 이루어지는 거래이다. 특히 기업에서 성별이 서로 다르게 구성된 팀은 상대적으로 그렇지 않은 팀보다 도메인 산업의 지식이나 시장 정보를 더 잘 수집하고 분석하며, 이를 통해 다양한 고객 기반의 서비스를 더 잘 제공하는 것으로 알려져 있다.
- 성별의 다양성은 인구의 구성비를 반영함으로써 아주 자연스러운 현상이다. 기업에서 남성 전용의 조직이나 여성 전용의 조직을 상상한다면 이는 모두 비효율적이며 일하기에는 적합하지 않을 것이다.
- 조직의 정상에 오른 여성은 통상적으로 흔하게 볼 수 없는 경우로써 이들은 매우 특별하며 기업의 감성지수를 높이며, 창의성과 함께 혁신을 가져다 줄 수 있다.
- 조직의 고위직에서 다양성이 높은 조직은 우수한 비즈니스 결과를 창출한다는 많은 연구 결과가 다양성의 중요성을 뒷받침하고 있다.
- 디지털 시대에는 복잡성과 변동성이 훨씬 더 심화되고, 협업이 핵심적인 성공 요인으로 작용하기 때문에 조직의 다양성이 더욱 중요해진다.

기업에서 왜 중년 여성의 경영 인력들이 충분하지 않은가?

기업 경영진 역할에서 중년 여성의 비율이 확연히 감소해 있는 것은 실로 놀라운 일이다. 많은 기업의 리더들이 특별히 고위급 분야의 여성 인력을 찾고자 하여도 여성 인력의 후보들을 쉽게 찾을 수 없는 것이 현실이다. 이러한 여성 인력의 불균형적인 수급 상황 뒤에는 4가지 이유가 있는 것으로 사료된다.

1. 출산 이후 대다수 여성이 사회의 조직 생활과 경력 확보에서 연속성을 잃게 된다. 여성 인력에서 상당수를 잃는 부분은 기업의 실무 담당에서 중간 관리자로 가는 길에 '보이지 않는 절벽'이라는 시기가 있다. 이러한 시기의 여성들은 종종 첫 번째 또는 두 번째 아이를 갖는 여성들이 해당된다. 출산 이후 처음 2년은 여성들에게 매우 도전적이며, 대부분은 직장과 가정에서의 발생하는 여러 책임에 균형을 맞추기가 어렵고 그들의 경력은 지속성을 상실하게 된다.

2. 다수에 의해 만들어진 '의도하지 않은 편견'이 있을 수 있다. 일반적으로 조직에 대다수를 구성하고 있는 남성은 종종 가정에서나 직장에서 성 고정관념이나 '의도적이지 않은 편견'을 가지고 있다. 여성들은 어떤 직업을 선호하고 어떤 직업을 선호하지 않는지에 대한 유형이 사회적 관념으로 종종 남아 있다.

3. 여성은 잠재 의식적인 편향성을 지니고 있다. 여성들은 종종 잠재 의식적인 편견을 가지고 있으며 이러한 잠재 의식적인 편견에 의해 그들 스스로가 한계와 장벽을 만들 수 있다. 이는 종종 다수 남성 중심의 조직 생활에서 다음 단계로의 성장에 필요한 자기 확신과 진취성을 발휘하는

데 걸림돌로서 작용할 수 있다.

4. 사회적인 불평등이 있다. 상기에서 살펴본 많은 문제의 근본 원인은 사회 구조적인 성별에 관한 차별적 인식에 기인하고 있다. 특히 예를 들어 인도와 같은 국가에서 전통적인 관습과 사회적 구조로서 성별에 대한 깊은 차별성이 내재화되어 있다. 대도시에서 상대적으로 특권층이나 일부 중산층을 넘어서면 여성을 위한 교육과 성장 기회가 제한되는 경우가 많다. 많은 수의 여성들이 일하는 중소 도시에서도 여성과 남성에 대한 차별적인 기대치는 크게 변하지 않고 있다. 사회의 변화는 하룻밤 사이에 일어나지 않는다. 우리가 양성평등에 대해 뭔가를 하지 않는 한 성별의 다양성에 대한 변화는 크지 않을 것이다.

기업들은 이러한 성별의 격차를 해소하기 위해 무엇을 해야 하는가?

기업의 고위 경영진 수준에서 조직의 다양성을 강화시키는 것은 다차원적이고 뿌리 깊은 문제로서 여러 수준에서 혁신적인 조치를 취해야 한다. 조직에서 이러한 성별 격차를 해소하기 위하여 긍정적인 행동이 일어나야 하는 6가지 영역이 있다.

1. 출산 이후 여성의 지원 정책
   - 출산 이후 조직 내부의 업무를 다양하게 선택할 수 있는 권한을 부여하고, 출산 여성에게 편견을 가지지 않도록 한다.
   - 공간과 시간에 제약받지 않는 유연 근무 제도를 도입하여 지속해서 업무에 종사할 수 있도록 기회를 제공한다.

- 사내에 별도 공간 또는 회사 인근에 육아를 위한 보육시설을 제공하여 출산한 여성들의 업무를 지원한다.

2. 중간 관리자 수준의 여성 인재 육성

- 조직의 여성 매니저로서 성공의 잠재력이 있는 이들을 발굴하고 이들이 조직에서 기회를 이룰 수 있도록 후원하고 지원한다.
- 멘토십 제공에서도 여성이 여성을 멘토링하도록 강제할 필요는 없다. 남녀 간의 멘토십은 때때로 훨씬 더 잘 작동할 수 있다.
- 여성 중간 관리자의 성공 사례를 공유하고 여성의 네트워킹을 위한 것이 아니라 고위 경영진에 연계될 수 있는 네트워크를 구축한다.

3. 젊은 여성을 채용하여 육성

- 일찌이 기업 문화를 형성하기 위해 대학을 갓 졸업한 젊은 여성들을 육성한다.
- 조직의 실무 담당 레벨에 있는 여성에게 멘토십을 제공하여 인재로 육

■ **여성의 리더십**

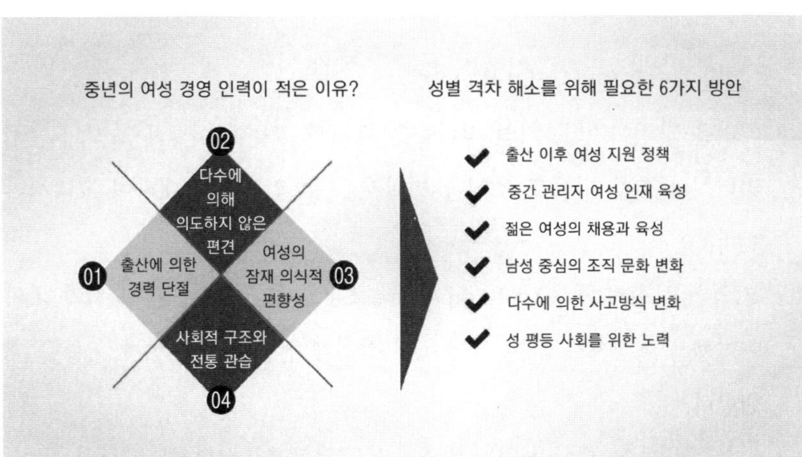

성한다.

- 조직의 젊은 여성들에게 그들이 배우고 따라야 할 롤-모델의 인식을 제고한다.

4. 남성 위주의 업무 관행과 근무환경을 변화시켜라.

- 혼합 성별로 구성된 패널 또는 위원회를 구성하고 남성 편향을 해소하라.
- 업무에서 성 인지 감수성을 높이도록 하고 이를 조직 문화로 형성하라.

5. 다수에 의한 사고방식으로 변화하라.

- 조직에서 토론을 통한 의사결정에는 단순히 다양성을 추구하는 것이 아니라 다양성을 배제하지 않는 전체가 포함된 가치라는 사실을 이해해야 한다. 그렇게 해야만 토론은 형식적인 절차에서 벗어나 실체적인 내용으로 옮겨간다.
- 조직의 구성원들이 '의도하지 않은 편견'에 대한 감수성을 높이도록 해야 한다. 대다수 구성원의 사고방식이 바뀌지 않는다면 다양성을 포함하는 기업의 가치는 형성되지 않을 것이다.

6. 성 평등 사회로 변화시키기 위한 단계

- 어려운 과정이지만, 기업 리더들은 나서서 그들이 어떻게 조직의 여성 리더십 문화를 만들고 조직을 변화시킬 수 있는가에 대하여 고려해야 한다.
- '기업의 사회적 책무 CSR(Corporate Social Responsibility)'로서 지역 내의 여학생을 대상으로 하는 인재 육성 정책에 집중하고 장학 예산 등을 지원한다.
- 여성 직원들이 중심이 되는 비즈니스 프로젝트를 시행한다. 예를 들어,

> 영국의 이동 통신사업자 '보다폰'은 인도 지사에서 여성 스텝들이 운영하는 '엔젤 스토어'를 운영하고 있다.

결론적으로, 오늘날 기업의 경영진 임원에 여성 인력들이 포함되는 것에는 여전히 문제가 있으며 이러한 사안을 심각하게 다룰 필요성이 있다. 다행히도, 대부분 기업은 다양성에 관한 문제를 잘 알고 있으며 이러한 상황을 해결하기 위해 많은 긍정적인 사내 조치가 이루어지고 있다. 앞으로 몇 년 안에 많은 기업에서 다수의 여성 경영인을 포함되는 것은 물론 기업의 남성 편향의 조직 문화에도 다양한 개선이 일어날 것으로 예상된다. 이러한 현상은 기업 비즈니스에 매우 긍정적일 뿐만 아니라, 특히 디지털 시대에 잠재적인 경쟁 우위를 확보하는 일이며, 사회의 긍정적인 변화를 위해서도 좋은 기여가 될 것이다.

요약

- 인도 IT-BPM 산업의 경우에는 기업의 중간 관리자 수준에 도달하면 여성 직원의 비율은 5~10%까지 낮아진다.
- 기업에서 다양성의 가치는 매우 중요하다. 이는 문제 해결에 대한 다각적인 접근 방식을 제공하고, 더욱이 고객과의 공감대 형성은 물론 기업의 창의성 제고와 혁신 창출의 기반이 된다.
- 출산 이후의 경력 단절과 업무 연속성의 상실, 남성 또는 여성 모두에 의해 나타나는 의도하지 않은 편견과 잠재의식에 의한 성차별, 그리고 여성의 사회적 도전과 기대치 등과 같은 다양한 사유로 기업에서 경영진 또는 임원에 이르는 여성은 많지 않다.
- 성별에 의한 차별적 격차를 해소하기 위해 기업이 취해야 할 노력으로는 출산 이후 여성의 경력 단절을 막고 연속성을 지원하기 위한 사내 정책 변화가 필요하며, 특히 여성 경영인 양성을 위한 조직 문화의 변화와 함께 기업의 사회적 책무로써 여성 인재 양성을 위한 다양한 활동이 필요하다.

제7장

—

조직의 변화 관리

성공하는 사람들은 좀처럼 물러서서 일이 그들에게 발생하도록 내버려 두지 않고 스스로 나가서 그 일을 처리한다.

레오나르도 다빈치

디지털 시대에서 어떤 조직이든 변화는 불가피한 것이 현실이다. 그리고 비즈니스 환경의 변화 속도는 그 어느 때보다도 가속화되고 있다. 더욱이 세계 경제의 전망은 계속 불확실하다. 비즈니스 사이클은 더욱 짧아지고 있고 기존의 시장이 급속도로 변화하고 있으며 새로운 시장은 중요 해지고 있다. 디지털 시대의 고객 요구와 기대치가 변화하고 핵심 기술이 빠른 속도로 진화하고 있으며 이러한 기술과 시장 변화의 중심에는 혁신 창출을 위한 기회들이 내재하고 있다. 생존하고 성공하고자 하는 조직은 디지털 시대적 환경에서 일어나는 많은 변화에 적극적으로 적응할 수밖에 없다. 디지털이 제공하는 새로운 기회를 포착하고 적극적으로 도전에 나서는 조직은 글로벌 경쟁 시대에 승자가 될 수도 있다. 마찬가지로 변화에 적응하지 못하는 조직은 궁극적으로 파멸에 이를 수 있다. 디지털 시대에는 지속적인 변화가 필수적임에도 불구하고 아직도 많은 기업은 의미 있는 변화를 이끌어내지 못하고 있으며, 심지어 변화의 중요성을 잘 인지하는 기업도 변화 관리 프로그램을 준비하거나 실행하지 못해서 원하는 결과를 도출하지 못하고 있다.

분명하게 조직의 변화 관리는 많은 부분이 역설적인 내용에 관한 것이다. 변화는 불가피하지만, 현실적으로 변화를 위한 시작과 행동은 매우 어렵기 때문이다. 변화를 위한 올바른 길로 들어선다면 분명히 이는 성공적인 여정이 된다. 하지만 변화를 잘못 이해하여 잘못된 길로 들어선다면 수십 년 동안 구축한 비즈니스를 파멸로 이르게 할 수도 있다. 즉 변화를 위한 시작과 행동이 조직뿐만 아니라 구성원에게도 성공이 되어 에너지의 원천이 되게 할 수 있고 또는 실패로 남아 그들의 의욕을 완전히 파괴할 수도 있다. 또한 조직이 변화 관리의 대상으로써 인적자원(Human Resource)에 대해 이를 적용한다면 이는 한 개인을 성공자로 만들거나 또는 실패자로 만들 수도 있다.

성공하는 조직의 변화 관리를 위한 실무 관점

변화 관리는 매혹적이지만 아주 복잡한 주제이다. 실무 경험을 기반으로 디지털 시대의 성공하는 조직에서 요구되는 의미 있는 7가지 변화 관리에 관한 관점을 공유하고자 한다.

1. 올바른 변화 유형에 초점을 맞추어라.

   조직에서 변화는 불가피하므로 리더들은 조직에서 가장 긍정적인 영향력을 도출할 수 있는 변화의 유형을 의도적으로 선택할 필요가 있다. 변화는 본질적으로 관성을 거부하며 새로운 길을 개척해야 하는 어려운 일이기 때문에 노력을 집중하고 에너지를 분산하지 않는 것이 중요하다. 변화를 위한 변화는 도움이 되지 않는다.

   예를 들어, 조직의 성과 변화를 주도하는 방법으로 통상적으로 조직의 체계를 구조조정하는 경우가 많으며 실제로 많은 기업은 이러한 방식에

과도한 의존성을 가지고 있다. 하지만 이러한 조직의 구조조정에 의한 급진적인 변화는 그들의 기대에 거의 미치지 못하고 많은 경우에 구성원에게 고통을 부담하는 경우가 많다. 어떤 조직이든 변화를 인내하고 흡수할 수 있는 한정된 능력만을 가지고 있다는 것을 인식하는 것이 중요하다.

그러므로 기업의 리더 또는 매니저는 조직의 변화 관리를 위한 우선순위를 정하고 순차적으로 변화하고자 하는 순서에 집중하는 것이 중요하다. 어떠한 변화에 집중해야 하는지에 대한 명확성과 함께 변화를 실행할 수 있는 능력도 변화를 관리하는 리더 또는 매니저에게 동일한 수준으로 요구되는 역량이다.

한편, 외부 전문 컨설턴트가 기업의 변화를 위해 조언하는 관점은 확연히 다를 수 있다. 컨설턴트 관점에서는 조직의 변화를 위해 가능한 좋은 아이디어를 많이 제시하고 이를 추진하고자 하겠지만 아무리 좋은 아이디어라도 많은 수의 아이디어는 혼란스럽고 역효과를 불러올 수 있다는 것이다. 분명한 것은 조직의 성공적인 변화 실행을 위해서는 많은 아이디어가 아닌 몇 가지 아이디어에 집중해야 할 것이다.

2. 변화의 당위성을 끈질기게 설득하고 추진하라.

변화 관리에서 가장 큰 도전은 구성원들이 '익숙한 곳(Comfort Zone)'에서 벗어나 변화의 필요성을 진정으로 받아들이게 하는 것이다. 관성은 인간에게 내재된 본성이다. 우리 인간은 예측 가능성과 확실성을 선호한다. 또한 인간은 자신이 하는 일이 옳은 일이라고 스스로 설득하며 확신시키고자 한다. 특히 조직의 구성원들이 종래의 일상에 적극적으로 몰입하는 동안 일상에 의문을 제기하고 변화하는 데에 필요한 객관적인 당위성을 확보하기는 매우 어렵다. 그러므로 변화의 필요성을 명확하게 인식하도록 하고 끈질기게 설득하는 것이 중요하다.

기업 차원의 논리를 넘어서서 구성원 개인의 관점에서 변화를 바라보는 것이 매우 중요하다. 왜 변화해야 하는지와 무엇을 달리 할 수 있는지 그리고 어떠한 변화를 통해 어떠한 영향이 있을 것인지 등에 대하여 인식하고 공감대를 형성해야 할 것이다. 이러한 변화를 위한 공감대 추진과정에는 구성원들의 지성과 감성 두 가지 측면 모두에 호소해야 하며, 변화의 필요성을 확보하는 데에 끈질기게 노력할 필요가 있다.
한꺼번에 중대한 변화를 모두 수용하는 경우는 거의 없다. 그러므로 지속해서 추진해야 하며 만약 끈질기게 지속해서 추진하여 구성원들이 마침내 변화의 필요성에 대해 확신하게 될 때 이는 아마도 조직의 변화를 위한 여정에서 가장 중요한 이정표가 될 것이다.

3. 변화를 선도할 수 있는 내부 대리인을 확보하라.

즉 조직의 변화를 위한 프로그램의 중심에는 헌신적이며 열정적으로 조직 변화를 가져올 수 있는 리더의 대리인들로 구성된 핵심 팀을 두는 것이 중요하다. 어떤 조직의 리더도 아무리 변화에 열정적이라 해도 큰 변화를 혼자서 이끌어갈 수는 없다. 리더의 대리인으로서 조직의 변화를 스스로 수용할 뿐만 아니라 변화의 여정에서 우여곡절을 함께하며 조직 전체에 변화를 전파할 힘을 가진 구성원들이 필요하다. 특히 스스로에 대한 자존감이 높고 미래 전망에 넓은 안목을 가진 구성원들이 있는데, 이들은 조직의 변화에 더욱 개방적인 유형의 사람들이다. 이들은 마치 비즈니스 마케팅에서 고객의 유형 중에 조기 수용층 고객으로서 혁신 제품에 민감하게 수용 의사를 보이는 '얼리 어답터'와도 유사한 특징이 있다.
여기서 중요한 관점은 조직의 변화와 혁신에 관심이 있는 '얼리 어답터'로서 기업 인재는 실제로 조직의 관리 계층 또는 경영진에 있는 인력보다 더 많이 그리고 쉽게 확인할 수 있다. 왜냐하면 관리 계층 또는 경영진에 있는 조직 인력의 경우, 조직은 기업의 현상 유지를 통해서 많은 기득권을 이미 확보하고 있겠지만, 실제로 이러한 조직의 변화를 통해 새로운 비전과 기회를 찾고자 하는 내부 인재들은 이 같은 조직의 기득권 계층과 무관하게 상존할 수 있기 때문이다.

4. 조기에 일부라도 성공에 초점을 맞추어라.

조직 변화에 관한 프로젝트 추진은 전략뿐만 아니라 전술에 관한 것이다. 그러므로 변화에 대한 성공은 일부분이라도 조기에 그리고 실체적으로 확보해야 할 필요성이 있다. 변화의 결과는 추상적이고 개념적인 성과물이 아니라 현실적으로 구성원이 실감할 수 있도록 구체화함으로써 조직의 변화 프로젝트에 대한 신뢰성을 확보해야 할 것이다. 만일 변화의 추진과정에서 신뢰성이 떨어져 현상이 왜곡되거나 교란된다면 구성원으로부터 변화에 관한 동의를 지속해서 확보하기는 쉽지 않다.

한편, 구성원들은 변화와 혁신이라는 단어 그 자체에도 상당한 주의력과 관심을 가지게 되며 특히 구체적이며 가시화된 행동이나 결과에는 훨씬 더 민감하게 잘 반응한다. 그러므로 조기에 일부라도 확보한 변화에 관한 성공 사례는 지속해서 이를 추진하는 동력원으로 활용하는 데 많은 도움이 될 것이다. 이러한 성공 사례는 조직이 성취하고자 하는 것에 대하여 내부의 팀 상호 간의 이해도를 높이고 구성원들이 변화와 혁신을 수용하도록 독려하는 데 좋은 수단으로 활용할 수 있을 것이다.

5. 변화와 혁신에는 오랜 시간이 소요된다.

앞서 가능한 조기에 일부라도 성공하는 것이 중요하다고 언급하였지만, 현실적으로 조직에 관성이 많다는 것을 인식하는 것이 매우 중요하다. 특히 조직 구성원들의 사고방식과 행동의 변화는 오랜 시간이 소요된다. 그러므로 변화를 추진하는 과정에는 인내심을 갖고 끈기 있게 행동해야 한다. 종종, 새로운 매니저 또는 인내심이 부족한 리더는 모든 것을 한꺼번에 바꾸기 위해 광란의 도가니로 그들 앞에서 행해진 모든 것을 서둘러 선언하며 변화를 이끌고자 한다. 이러한 조급함과 경솔함은 궁극적으로 변화를 이끌지 못하고 실패하는 지름길이 된다는 사실을 명심해야 한다.

시간을 두고 변화가 요구되는 상황을 명확하게 이해하여야 한다. 특히 조직의 지나온 역사와 문화를 충분히 이해하고 구성원들과의 신뢰를 충분히 쌓아야 한다. 이솝 우화에 등장하는 '토끼와 거북이' 경주에 관한 이야기는 변화 관리에서 장기적인 레이스의 중요성을 우리에게 시사하고 있다. 실질적인 변화 결과를 완전하게 달성하기 위해 단기적인 1년 또는 2년 관점이 아니라 중장기적인 3년에서 5년 관점을 취할 필요성이 있다.

조직 변화를 위한 긴 여정에서 본다면 2년이라는 시간은 그다지 큰 성과를 가져오기 힘든 시간일 수도 있다. 하지만 만약 끈질기게 3년에서 5년을 지속해서 추진한다면 결과는 아주 탁월할 수 있다. 그러므로 변화를 위한 조직의 리더는 스스로 속도를 내며 현실적인 기대치를 세워야 한다. 변화를 위한 장기전에서 몇 번의 전투에서 패배하든 또는 일부 전투에서 안 싸우든 괜찮다. 포기하지 않고 끈질기게 행동하면 궁극적으로 원하는 결과물이 언젠가는 도출될 것이기 때문이다.

6. 이해 관계자와 연합 전선을 구축하라.

조직을 정치적 이해 관점에서도 이해할 수 있어야 하며 조직을 권력 센터로써 인식하고 변화하는 목표를 달성하기 위해서 기업의 주주이자 이해관계자들과 함께 일하는 법을 배워야 한다. 기업 교육의 핵심적인 측면 중의 하나는 기업을 정치적 조직의 실체로써 인식하는 것이다. 이기심은 인간 본성의 본질적인 측면이기 때문에 정치는 모든 조직에 존재하며 반드시 그것에 대비해야 하기 때문이다. 더욱이 조직의 정치가 항상 부정적이며 나쁜 것만은 아니다. 우리는 이를 긍정적 관점에서 선의를 위해 활용할 수 있다. 어떤 조직이든 조직을 움직이는 힘으로써 권력 중심이 존재하게 될 것이고 구성원들은 그들로부터 확인되는 신호에 매우 민감하게 된다.

기업의 주주이자 이해관계자도 조직 변화에 대하여 동기부여되어 있고, 그들과의 사전 교감을 통해 기업 변화의 방향성에 관한 정렬이 이루어져 가시적인 지지를 확보할 수 있다면, 조직 변화에 대한 프로그램은 더욱 활성화될 수 있을 것이다. 만일 그렇지 않으면 조직 변화에 대한 프로그램은 매우 빠르게 탈선할 수도 있다.

7. 의사소통은 절대적으로 중요하다.

변화를 위한 구성원들과의 의사소통에는 4가지의 중요한 측면이 있다. 첫째로 의사소통은 가능한 단순하게 유지해야 하며, 둘째로 조직의 모든 계층에 적용해야 하고, 셋째로 의사소통에 관한 빈도와 일관성을 항상 유지하도록 하며, 그리고 마지막으로 개방성과 정직함이 필요하다. 특히 변화가 왜 필요한 것인지에 관하여, 그리고 변화를 통한 비전은 무엇인지에 대하여 조직과 개인에 대한 변화의 이점을 간단하게 표방할 필요가 있다. 다양한 계층에 있는 조직 구성원들은 메시지로서 의사소통할 수 있어야 하며 이러한 메시지는 무엇을 의미하는지 이해할 수 있어야 한다. 종종 메시지는 상위 계층의 임직원에만 제한되어 있으며 하부 라인으로 도달하지 않을 수 있다. 만일 그렇다면 대다수 구성원과는 관련성이 없는 방식으로 표방되기 때문이다.

더욱이 변화를 추진하는 경우 가능하면 자주 의사소통을 하고 메시지에 일관성을 가질 필요가 있다. 변화를 겪을 때 구성원들은 막연한 불안함을 느끼며 변화에 대한 구체적인 내용을 알고자 한다. 반복적인 정보 제공과 의사소통도 그들에게 도움이 된다. 마지막으로, 조직의 구성원들을 성숙한 성인으로 예의를 갖추어 대하고, 비록 그들에 전하는 정보가

■ 성공하는 조직의 변화 관리를 위한 실무 관점

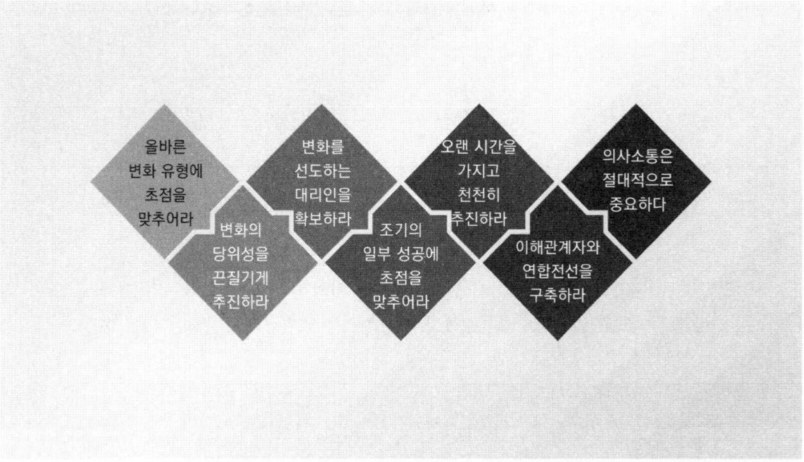

나쁜 소식이라도 개방적이며 정직해야 할 필요성이 있다. 이러한 진솔한 소통 방식은 알리기 어려운 어떤 메시지를 숨기거나 부드럽게 전달하려고 하는 것보다 훨씬 더 효과가 있다.

상기 실무 관점들은 디지털 시대에 경쟁력을 가지는 조직으로 변화시키는 데 리더로서 긍정적인 리더십 역할을 도울 수 있을 것이다. 하지만 조직의 변화에 관한 도전은 리더로서 CEO나 인사 관계자 또는 고위 경영진 등에 관한 것이 아니라 모든 영역에 있는 구성원들이 핵심적인 역할을 할 수 있고 또한 조직은 이를 절대적으로 필요로 하고 있다는 사실을 반드시 기억해야 한다.

조직 전체에 걸쳐 변화가 일어나야 한다. 이는 조직의 모든 영역에서 구성원들이 나서서 변화를 일으킬 수 있는 기회를 제공한다. 조직의 리더로서 발전하기를 희망한다면 적극적으로 행동하고 주변에서 변화에 관한 기회를 포착하고 이에 도전하라. 도전해야 할 규모가 크더라도 의기소침할 이유는 없다. 단순히 긍정적으로 행동하고 주어진 도전적인 과업에 충실하게 집중하라. 그렇게 한다면 조직의 구성원으로서의 개별적인 행동이 얼마나 많은 힘을 가질 수 있는지 스스로 확인하면서 놀랄 수 있을 것이다.

요약

조직의 변화는 불가피하며 디지털 시대를 맞이하여 기업 환경의 변화 속도가 그 어느 때보다도 빠르게 진행되고 있다. 이러한 조직의 변화 관리를 위한 7가지 관점은 다음과 같다.

1. 올바른 변화 유형에 초점을 맞추어라.
   - 조직의 변화를 수용할 수 있는 능력은 일정 부분 한정되어 있으므로, 변화를 위한 프로젝트는 우선순위를 정하고 순서를 정하는 것이 중요하다.
2. 변화의 당위성을 끈질기게 설득하고 추진하라.
   - 개인의 관점에서의 변화와 그것이 어떤 영향을 미칠지 확인하고 변화가 정점에 이를 때까지 지속해서 그 실무 사례를 확보해야 한다.
3. 변화를 선도할 수 있는 내부 대리인을 확보하라.
   - 조직 변화에 대한 신망이 두터운 리더를 선택하고 조직 변화를 가져올 수 있는 리더의 대리인들로 구성된 핵심 팀을 두는 것이 중요하다.
4. 조기에 일부라도 성공에 초점을 맞추어라.
   - 조기 성공에 초점을 맞추는 것은 변화의 당위성에 대한 신뢰를 쌓는다. 조직의 구성원들은 말보다 행동에 훨씬 더 잘 반응하기 때문이다.
5. 변화와 혁신에는 오랜 시간이 소요된다.
   - 상당한 수준으로 조직의 변화를 성취하고자 하는 경우 변화의 긴 여정에서 더욱 인내심을 갖고 끈질기게 이를 추진할 수 있어야 할 것이다.
6. 이해관계자와 연합전선을 구축하라.
   - 기업의 주주로서 이해관계자와 공감대를 형성하고 변화의 방향성 정렬과 가시적인 지지를 확보한다면 변화를 크게 활성화할 수 있을 것이다.
7. 의사소통은 절대적으로 중요하다.
   - 성공을 위한 의사소통에 있어서 4가지 측면으로서 단순성, 커버리지의 포괄성, 빈도와 일관성 그리고 개방성과 정직성을 이해할 필요가 있다.

제8장

—

뷰카 시대의 HR 변화

모든 회사는 다음 단계로 성장하기 위해 극적으로 변화해야 하는 때가 적어도 한번은 온다. 하지만 그 순간을 놓치면 그때부터 회사는 기울기 시작한다.

앤디 그로브, 전 인텔 회장

이 책을 통해 일관되게 강조했듯이 디지털 시대의 특성으로써 큰 변동성에 의해 기업들은 많은 변화를 겪고 있으며 특히 미래는 불확실하고 더욱 복잡해져 가고 있다. 오늘날 모호하고 불확실하며 복잡한 뷰카 시대를 현명하게 헤쳐나가는 데 있어서 기업의 중추적인 역할을 할 수 있는 분야로서 인적자원(Human Resource) 경영에 관한 중요성이 어느 때보다 강조되고 있으며, 기업의 HR(인적자원) 경영은 역사적인 기회를 맞이하고 있다. 왜냐하면 뷰카로 대변되는 디지털 시대에는 기업들이 많은 도전적 과제들에 직면하고 있으며 이를 해결하기 위해서 무엇보다도 기업 HR 부문에서의 적극적인 해결책이 요구된다. 하지만 기업 HR은 아직도 이러한 시대적 요구에도 불구하고 적극적인 대응을 하지 못하고 있는 것이 현실이며 기업 HR의 역량 강화는 기업에서 시급한 과제로 제시되고 있다. 기업의 HR 리더가 당면한 핵심적인 사안을 보지 못하고 분주하게만 움직인다면 기업에서 덜 중요한 지원 역할로 스스로 기능을 강등시키는 결과를 낳을 것이다.

기업 HR이 이끌 역사적 기회

기업의 HR(인적자원) 경영은 본 저서 섹션 1의 1장에서 소개한 8가지 '새로운 경영 규칙'의 핵심적인 역할을 한다. 또한 HR은 이 섹션에서 언급하고 있는 조직 혁신의 구성요소 중 대부분 분야에서 디지털 시대에 리더십을 가지고 핵심적인 동력원으로 이끌어갈 중요한 분야이다.

기업 HR이 그 역할을 해야 하는 주요 영역은 다음과 같다.

1. **조직 문화를 이끌 리더**: 기업가적이고 민첩한 조직 문화를 구축하는 것은 디지털 시대에 성공하기 위한 핵심 요건이다. HR은 기업의 조직 문화를 이끌어가는 리더의 역할을 충실히 수행해야 하며, CEO와 긴밀히 협력하여 근본적인 조직 문화의 가치를 정의하고, 기업의 모든 업무 프로세스 과정에 이를 포함되도록 해야 할 것이며 특히 위기 상황에서는 지속해서 지켜갈 수 있도록 해야 한다.

2. **기업 조직의 재설계**: 디지털 시대에 경쟁력 있는 조직으로 재설계하는 데 영향력을 미치는 다양한 힘들이 존재한다. 예를 들어, 변화 속도를 높이기 위해 조직을 더욱 단순화해야 할 필요성, 글로벌 딜리버리 모델을 개발하고 관리해야 하는 필요성, 그리고 다양한 파트너 또는 기업 주주로서의 이해관계자를 포함한 확장된 기업의 필요성, 또는 가상공간에서 업무 비중이 증가함에 따라 이를 관리해야 한다는 압박 등이 있을 수 있다. 그러므로 HR은 디지털 시대에 경쟁력 있는 조직의 재설계를 위해서 종종 상충하는 요구사항과 적절한 균형을 맞추면서 과학적인 방법을 도입해야 할 것이다.

3. **학습의 재부팅**: 디지털 시대의 '학습과 개발(L&D)'에 관한 범위와 중요성

은 앞서 별도의 장으로 다룬 바 있으며, 이는 디지털 시대에서 다차원적인 특징을 가지고 있는 것으로 살펴보았다. 즉 오늘날 학습과 개발(L&D)에 관련된 접근법은 완전히 새로운 변화를 겪고 있으며, 조직 구성원의 러닝 프로젝트를 위한 투자수익율(ROI) 설정은 쉽지 않은 일이다. 하지만 디지털 시대의 HR 리더는 조직의 학습 기능 구축을 통해 구성원의 핵심적인 역량을 업그레이드하는 동시에 이러한 구성원들의 학습이 조직 및 비즈니스 목표에 잘 부합하여 정착할 수 있도록 해야 한다.

4. **인재의 재능 획득**: 디지털 시대의 핵심적인 요구사항 중 하나는 모든 조직이 기술 DNA를 구축하는 것이며, 이는 HR에 부여된 가장 중요한 업무이다. 디지털 시대에서는 기술 변화가 빠른 속도로 진화하고 있으며, 대부분의 기업 HR에서 고품질의 기술 인재의 확보가 최우선 과제라는 것을 의미한다. 하지만 다양성의 요구가 증가함에 따라 기업의 인재 획득에 또 다른 관점이 추가되었다. 인재의 특별한 재능 조달에 관한 것으로 과거 역사적으로 볼 때 실행 지향적인 기능이 중심으로 작동하였으나 이제는 전략적이고 미션이 중심이 되는 기능으로 변화되었다.

5. **종업원 고용 계약**: 전통적으로 기업은 '고객 중심'에 대해 강조해왔다. 하지만 디지털 시대의 기업은 이중 미션으로 '고객 중심'과 더불어 '고용 중심'이 되어야 한다. MZ 시대의 새로운 인력, 신기술 인재, 지식 노동자 등 디지털 시대에 요구되는 인력 유형들과 급변하고 있는 인재의 고용시장에 의해 종업원과 사용자 모두의 기대치는 이전과는 매우 달라져 있다. 더욱이 많은 디지털 네이티브 기업들은 그들의 인재 고용과 인적자원 관리에서 내부 관리를 더욱 철저히 하고 있으며 인재의 유동성을 매우 높게 제한하고 있다. 디지털 전환을 추진하는 기업 HR은 인적자원 관리에 매우 창의적으로 활동해야 하며, 디지털 시대에 요구되는 인재들을

그들 생애주기에 걸쳐 전략적 고용 계약을 통해 인재들을 조직에 참여시키는 데 그 목적이 있어야 한다는 것을 의미한다.

6. 리더십의 개발: 우리가 살고 있는 뷰카 시대는 기업 리더들에게 엄청난 압박을 부가하고 있다. 기업의 생존과 발전을 위해서는 기업 리더들은 디지털 시대의 환경에 부합하도록 스스로 변화해야 하며 이와 동시에 기업을 탐색하고 조직의 변화를 이끌어야 한다. 기업 리더들은 그들이 속한 영역에서 새로이 시작된 디지털 경쟁에서 성공하기 위해서 한 단계 더 올라서야 한다. 그리고 리더들은 불확실한 환경에서 필연적으로 직면할 충격을 흡수하기 위해서 보다 유연성을 가지고 탄력적이어야 한다. 그러므로 HR은 기업의 리더들과 긴밀하게 상담하고 리더십 개발을 지원하며, 또한 연결고리가 되어 팀이 함께 모일 수 있도록 도와야 한다.

문제점 – HR이 보조를 맞추지 못함

현재 상태로는 HR은 활동하는 데 여러 가지의 장애를 가지고 있는 것으로 파악되며 외부 환경의 변화에 보조를 맞추기 위해 노력은 하고 있지만 많은 기업들이 실무 전선에서 한발짝 뒤로 물러나 있다. '마인드셋–프로세스–역량'이라는 사이클이 잘 작동하지 않고 인식의 문제로 이어지고 그래서 기업이 최고의 인재를 끌어들이는 것이 훨씬 더 어려워졌다.

1. 전통적 사고방식이 존속하고 있다.
   HR이 전통적으로 지향하는 것은 명령과 통제 모델이다. HR은 조직에서 통제력을 행사하려고 노력하고 조직 프로세스의 준수에 업무의 초점을 맞춘다. 이러한 전통적 사고방식은 더욱 큰 자율성과 유연성을 찾고 있는 오늘날 지식 노동자에게 적합하지 않을 수도 있다.

2. 과중한 프로세스와 시스템이 존속하고 있다.

HR 시스템 및 업무 프로세스는 다음 몇 가지 독특한 문제에 직면하고 있다.

- 오늘날 빠르게 변화하는 비즈니스 환경에서는 신뢰할 수 없으며 더 이상 원활하게 작동하기 어려운 전통적인 HR 모델과 프레임워크가 존속하고 있다. 예를 들어 조직의 연간 목표와 KPI(Key Performance Indicator: 핵심성과지표) 설정은 업무 추진에 관한 우선순위가 몇 달마다 바뀌는 현실적 상황에서는 더 이상 이치에 맞지 않기 때문이다. 빠르게 움직이고 변화하는 현실의 조직의 업무에 맞지 않게 기존 프로세스 또는 시스템에 의해 제한되어 있으므로 '성과관리시스템(PMS: Performance Management System)'과 HR 시스템을 재조정할 필요가 있다.
- 다양한 사내 규제에 의한 제한은 수동적인 개입이 필요하며, 시대에 뒤처져 있는 전통적인 노사규약도 변화하는 디지털 비즈니스 환경에 적합하도록 개정할 필요성이 있다. 그리고 대부분 조직은 계약직 근로자의 고충과 애로사항을 해결하기 위한 내부 프로세스를 검토하지도 않고 있으며 이는 전체적인 기업 조직 문화와 HR 시스템의 관점에서 면밀하게 재검토할 필요성이 있다.

3. 데이터 분석에 기반한 전략이 부족하다.

임직원은 기업의 자원에서 가장 가치 있고 중요한 자산이다. 하지만 대부분의 기업 HR 기능은 인재 분석에 충분한 시간과 자원을 투자하지 않고 있으며, 노력한다고 하더라도 다음에 제시하는 사유로 요구되는 기준에 미치지 못하고 있다.

- 사고방식의 전환이 필요하다. 즉 보고서에 인용하는 다양한 정량 또는

정성 분석에 관한 지표는 기존의 인적자원 관리에 관한 기능이 효율적으로 작동하고 있음을 증명하는 것에서부터 디지털 시대에서 비즈니스와 관리 기능이 더 잘 수행되거나 더 나은 결정을 내릴 수 있도록 관련 정보를 집중하고 이를 분석하는 것으로 전환해야 할 필요성이 있다.

- 임직원의 다양한 터치 포인트에서 유입되는 데이터를 통합하기 위해 더 나은 기술과 새로운 분석 모델이 필요하다. 특히 감성 분석과 가상 챗봇에서 HR 중심의 많은 스타트업들이 생겨나고 있다. 하지만 이러한 기술이 원활하게 실용화되기 위해서는 아직도 넘어야 할 산들이 많이 상존하고 있다.
- HR은 보고서에 요구되는 데이터를 넘어서 미래 예측과 전망을 위한 분석법에 데이터가 활용되는 새로운 기술들이 개발되어야 한다. 예를 들어, 임직원의 문제를 식별하기 위해 데이터를 사용할 수 있어야 하며 아울러 내부 자원의 소모적 업무를 분석하거나 또는 데이터의 패턴 인식을 통해 다양한 목적으로 활용할 수 있어야 할 것이다.

4. HR은 자체적인 재능과 역량이 부족하다.

전통적으로 HR은 자체적인 인재풀과 역량 부족으로 인해 종종 비즈니스 리더와 그들이 필요한 임직원들을 원할하게 연결해 주지 못하고 있다. 이러한 관계는 종종 HR이 리더로부터 인력 주문을 받는 수준으로 퇴행하고 있다. 현재 HR 기능에는 3가지의 주요 문제가 있다.

- **전형적인 추종자로서의 팔로어 역할:** 전통적으로 기업의 지원 기능으로 간주되는 HR은 많은 기업들이 한정된 예산으로 고품질 인재를 채용하도록 타협하기 위해 선택한 것이다. 결과적으로, 전형적인 HR 팀은 아마도 훌륭한 수행자이지만 반대의 관점을 보여주지 못하고 추종적인 경향이 있는 전형적인 팔로어 역할을 하고 있다. 하지만 오늘날 디지털 시대에는 새로운 변화를 위한 혁신 리더의 에이전트 역할로서 HR팀이

강조되고 있다.

- **HR 리더 영입에 대한 기업의 제한된 투자**: 일부 기업들은 적절한 HR 리더를 고용하는 데 필요한 예산을 절감하기 위해 반쪽짜리 투자를 하고 있다. 결국 이는 낮은 수준의 조직 인재 확보로 귀결되는 '비용 트레이드 오프(Cost Trade-Off)'가 이루어진다. 궁극적으로 HR 리더들은 영향력을 위임받지 못하고 시간이 지남에 따라 동일한 문제가 또 발생하면서 중단되기 때문에 조직은 다시 제한적이며 반복적인 결과를 가져올 수밖에 없다.
- **비즈니스 및 고객에 대한 심도있는 이해 부족**: HR은 종종 전술적인 행동강령에 스스로 갇혀 있어서 기업의 비즈니스와 고객을 심도 있게 이해하지 못하고 있다. 따라서 전통적인 HR은 비즈니스 리더와 전략적 차원에서 교류하며 소통하는 능력이 아주 제한적이다.

5. 낮은 속도와 평가에 대한 편견이 있다.

HR팀은 종종 기업의 비즈니스 기대치와 변화하는 속도에 보조를 맞추지 못한다. 이를 해결하기 위해서 HR팀은 실제로 투입된 노력이나 자원의 측면에서 도출되는 영향력을 평가해야 할 것이며, 단순히 비즈니스 성과의 창출 관점에서 평가하는 기존의 사고방식에서 벗어나야 할 것이다.

6. HR의 기능을 종종 당연하게 생각한다.

이는 인식에 관한 문제다. 종종 기업의 HR 기능은 아주 당연하게 여겨진다. 그 기능에 의해 기업에 좋은 일을 많이 하면서도 기업에 기여한 점을 충분히 인정받지 못하고 있다. 회의 테이블에 HR의 자리가 마련되어 있다 하더라도 기업에서 HR은 지원 기능으로 취급된다. 이로 인하여 팀 간의 동기부여가 부족해지고 최고 수준의 인재를 확보하기 어려운 것이 현실이다.

HR은 다음 5가지 분야에서 새롭게 도약할 필요성이 있다.

디지털 시대의 HR은 그들 앞에 주어진 기회를 포착하고, 이를 성공적으로 실현하기 위해서 사고방식과 역량 함양을 위한 방식과 관련하여 상당한 변화가 필요하다. 기존의 시스템에서 정비가 필요한 측면 중 일부는 다음과 같다.

1. HR 팀 프로필의 중요성과 업그레이드의 필요성
   - HR 리더는 기업의 리더들을 위한 코치 역할을 해야 한다. 특히 기업의 최고경영진으로 있는 다양한 CXO(Chief X Officer)들을 위한 애로 상담과 함께 이들이 조직 변화를 시도하는 경우 가이드 역할을 할 수 있어야 하며 이를 위한 HR 리더 프로필은 사전에 기획되어야 한다.
   - 상기한 일이 원활하게 일어나기 위해서 기업의 HR 리더는 실무 전문가에서 HR 분야에 기능적인 스킬을 갖춘 인재로의 진화가 필요하며, 특히 자신의 도메인 분야의 비즈니스에 관한 심도있는 이해와 함께 민첩성을 갖춘 리더가 되어야 한다.
   - 현재 기업 HR 리더들의 스킬의 격차는 상당한 수준이다. 디지털 시대의 HR에 요구되는 새로운 인재상은 신세대로서 비즈니스 지향적인 '최고인적자원관리자(CHRO)'를 필요로 한다.
   - CHRO(Chief Human Resource Officer) 역할로써는 경영진 라인에 있는 리더들을 상호 이동하는 인사 발령도 장려할 필요성이 있다. 예를 들어 CHRO 역할을 기업의 최고 재무책임자 CFO(Chief Financial Officer)와 동등한 역할을 강조하기 위해 이루어질 수 있으며, 또한 최고경영자인 CEO(Chief Executive Officer) 또는 다른 CXO 역할 수행을 위한 사전 발판으로 활용할 수 있을 것이다.
   - HR 리더는 비즈니스 프로젝트의 확장, 비즈니스 성과물의 공동 소유

그리고 인적자원과 비즈니스의 상호 교류 등의 실무를 통해 기업 비즈니스에 대한 이해력을 더욱 강화해야 할 것이다.

2. 데이터 분석과 첨단 기술을 활용한 개인화 HR 서비스
고객 세분화로 변화하는 비즈니스 모델에 의해 개인화 서비스로 궁극적으로 이어지는 과정은 기업 내부의 고객인 종업원을 대상으로 하는 관점에서도 비슷한 기회가 존재하고 있다. 내부 고객으로서 종업원을 대상으로 디지털 참여를 위한 새로운 주문은 '종업원을 위한 가치 제안(EVP: Employee Value Proposition)'에서 '조직 개인을 위한 가치 제안(IVP: Individual Value Proposition)'의 관점으로 변화하고 있다. 특히, 데이터 분석 기술은 예를 들어, 유연한 성과보상, 학습 및 개발(L&D) 등과 같은 종업원의 니즈에 관하여 개인화 수준에서의 맞춤형 서비스를 제공할 수 있다. 또한 데이터 분석론은 예를 들어 펄스 추적, 예측 모델과 조기 경고 시스템을 통해 인적자원의 재능 보유와 관리에 중요한 역할을 할 수 있으며 데이터와 기술의 초점은 백엔드(Back End) 시스템에서 종업원의 옴니 채널(Omni Channel) 경험을 장려하고 참여하게 하는 방향으로 옮겨가야 할 것이다.

3. 비즈니스 수요와 연계된 L&D(학습과 개발)의 적용
핵심적인 도전 과제로서 비즈니스 변화가 매우 빠른 경우에는 L&D를 어떻게 기업의 비즈니스와 밀접한 관련성을 가지도록 할 것인지에 초점을 맞추어야 할 것이다. 그리고 조직 내부에 L&D 니즈가 지속해서 활성화될 수 있는 방안을 강구하여 이를 장려하고, 아울러 변화하는 비즈니스 요구에 민첩하게 기업이 적응하기 위해 임직원의 재교육과 재숙련 L&D를 강화하는 것도 중요한 관점이 된다. 특히 리더를 위한 소프트 스킬 개발이 요구되며 외부의 전문 학습기관과의 네트워크를 통해 콘텐츠 큐레

이션이 원활하게 제공되도록 하며, MOOC(Massive Open Online Course) 강좌의 사내 도입, 내부의 지식 위키 활성화 그리고 리더의 블로그 등을 활용하여 빠르게 변화하는 L&D 환경에도 적극적으로 대응함으로써 L&D를 통해 지속 가능한 조직의 경쟁력을 확보해야 할 것이다.

4. 첨단 기술 인력과 고급 지식 인력의 전략적 관리

HR 프로세스는 통상적으로 기업이 성장하는 과정에서 필연적으로 요구되는 스케일 관리의 관점에서 설계되었다. 하지만 오늘날 급속한 첨단 디지털 기술의 발전으로 인해 HR은 고도 기술을 가진 인재를 관리하는 법을 배워야 한다. 공격적인 고용시장에서 고품질 인재를 영입하기 위한 치열한 경쟁이 벌어지고 있으며 인재 채용과 함께 고용 유지하는 것도 도전적 과제로 부각되었다. 디지털 시대의 첨단 기술 인재와 고급 지식 인력에 대한 기대치는 일반적인 인재와 확연하게 다르므로 HR은 기업의 전략적 비즈니스 방식으로 인재 영입에 대한 접근 방식을 맞춤화할 필요성이 있다.

현재의 HR 시나리오에는 영향력과 잠재력 그리고 개인의 동기부여를 기반으로 차별화된 경력 개발과 보상에 대한 높은 프리미엄이 있다. 디지털 시대에 인재 확보를 위한 HR은 모든 사람을 받아들이는(One-size-fit-all) 범용 접근법을 목표 접근법(Target-approach)로 변화하여 채택할 필요가 있다. 아울러 HR의 변화된 프로세스에는 새로운 조직 문화를 포용하고 전도할 수 있는 열정적이고 고무적인 리더십이 내재화되어야 할 것이며, 또한 공정성과 투명성을 지닌 포괄적인 HR 프로세스를 기업 조직 문화에 구축함으로써 기업의 가치로 표방되어야 할 것이다.

5. 목표 지향적인 독특한 조직 문화의 구축

- 독특하고 특별한 조직 문화는 뷰카 시대에서 기업의 지속 가능한 생존

■ 디지털 시대의 성공을 위한 기업 HR의 핵심적인 역할

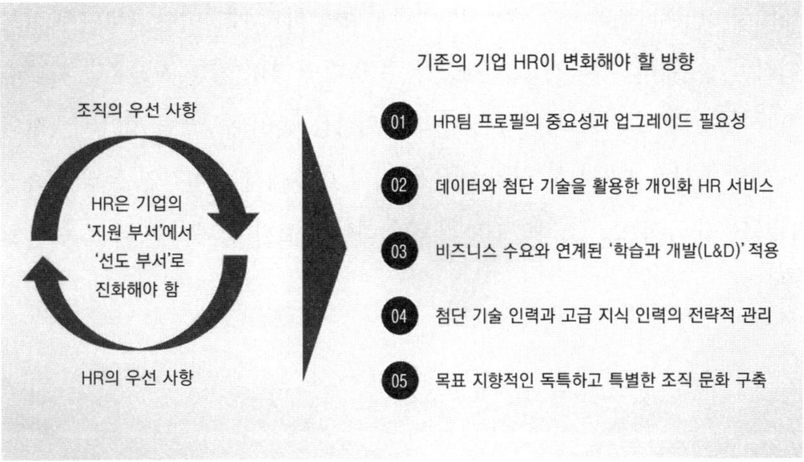

과 성장을 위한 열쇠이다. HR은 조직 문화를 이끄는 리더의 역할을 해야 하며 기업의 문화를 정의하고 지속해서 유지하도록 도와야 한다. 조직 문화 프로젝트는 단순히 이를 유행어를 표방하는 '케치 플레이즈'를 넘어서 조직 구성원이 실행으로 옮길 수 있는 행동 강령으로 강조하는 것이 중요하다. HR이 결정된 조직 문화를 유지하게 되면서 종종 비즈니스 기능과 충돌할 수 있으며 이는 CEO와의 내부 정렬을 통한 조정을 필요로 한다.

HR은 인력 채용에서 성과 관리 그리고 임직원의 업무 참여에 이르기까지 중요한 '조직 문화의 보급사' 역할을 수행하게 된다. 기업의 핵심적인 가치를 HR 프로세스에 내재화하여 포함시키는 것은 매우 중요하다. 왜냐하면 기업의 임직원은 이러한 일련의 HR 프로세스를 통해서 조직 문화를 체험하고 공감하며 이를 현실화할 수 있기 때문이다.

HR이 나서서 조직이 뷰카 시대에서 적극적으로 변화하고 성공할 수 있도록 돕는데 중요한 리더십 역할을 할 수 있는 기회가 도래해 있다. 뷰카 시대에

서는 레가시 기업이나 신생 조직이나 모두가 직면하고 있는 문제의 본질에 대해서 상당한 양의 솔루션이 HR에서 나와야 하기 때문이다. HR이 나서서 이러한 솔루션을 적극적으로 제공할 수 있다면, HR 기능 자체뿐만 아니라 조직에 큰 힘이 되어 기업의 영향력과 위상을 높일 수 있을 것이며, HR의 도전적 과제로써 제시한 상기 내용은 기업 내부에서 건설적인 논쟁을 촉발시키고, 궁극적으로 조직의 HR 기능과 역량을 보다 강화하는 데 도움이 될 것이다.

요약

HR은 디지털 시대에 조직이 순항할 수 있도록 도와주는 강력한 역할을 할 수 있는 기회를 맞이하고 있다.

- HR은 조직 문화 변화를 주도해야 하고, 조직의 재설계를 주도하며 그리고 기업 학습과 개발을 재부팅하고, 새로운 인재 모델을 구축하며, 특히 조직의 리더십을 위한 상담자이자 연결자가 되어야 한다.
- 하지만 현실적인 기업 HR은 레거시 사고방식과 복잡한 프로세스와 시스템 그리고 기술과 데이터 분석의 제한된 레버리지 및 HR 분야의 인재 부족 때문에 보조를 맞추지 못하고 있다.
- HR은 변화의 주체로서 역할을 하기 위해 나서야 한다. 이를 위해서는 HR 분야의 인재와 역량을 업그레이드하고, 데이터와 기술을 HR 프로세스에 더욱 잘 활용해야 하며 조직에서 HR의 위상 설정을 강화할 필요가 있다.

제9장

인공지능에 의한 미래 업무의 변화

사람들은 이것을 인공지능이라고 부르지만, 현실에서 이는 우리 인간의 지능을 향상시키고 있으므로 인공지능이라기 보다는 증강지능이라 생각한다.

지니 로메티, IBM CEO

인공지능 기술과 관련하여 머신러닝, 딥러닝 그리고 자동화 프로세스는 이제 미래의 분야가 아니다. 인공지능 기술은 이미 기업에서 추진력을 확보하였다. 오늘날 AI 기술의 상용화에 큰 변화를 확인할 수 있다. 불과 1~2년 전만 해도 고객들은 여전히 AI에 관하여 PoC(Proof of Concept: 개념증명)에 대해 토론하고 AI를 지원하기 위한 데이터 인프라를 정리하고 있었다. 하지만 오늘날 많은 기업들은 AI의 상용화 실현을 위해 상당한 자금을 투자하고 있다. 고객의 개인화 서비스, 업무 프로세스의 자동화 및 의사결정을 위한 데이터 분석과 연관된 분야는 AI 상용화가 가장 높게 기대되는 분야이다.

AI 기술의 사업화 적용은 전 산업과 글로벌 영역 전반에 걸쳐서 많은 기업에서 진행되고 있으며, 향후 5~10년 동안에 큰 변동이 있을 것이 분명하다. 하지만 인공지능의 효과를 더 잘 이해하고 비즈니스의 성공 사례를 신속히 창출할 수 있다면 우리는 이러한 AI 기술들을 이용하여 근본적으로 우리가 수행하는 업무의 본질을 재편하고 큰 부를 창출할 수 있으며, 인간의 노동력에 혜택을 가지고 올 수 있을 것이다.

AI가 인간 노동력에 미치는 영향력에 관하여, 다음의 3차원 관점으로 살펴보기로 한다.

1. AI가 직무 특성에 미치는 영향
2. 재교육 및 숙련 강화의 필요성
3. 업무의 참여 촉진자로서 AI

1. AI가 직무 특성에 미치는 영향

오늘날 존재하는 일자리는 확실히 AI의 영향을 받을 것이다. 하지만 이는 확실히 언론에서 흔히 묘사되는 것처럼 '인간 vs 기계'라는 대립적인 상황이 아니라 기계를 가진 인간 중 하나로서 이해할 수 있을 것이다. 인공지능 기술의 근본적인 본질을 빨리 깨닫고 이해할수록 우리는 인공지능에 관한 기술을 더 많이 활용하고 이로부터 보다 많은 혜택을 얻을 수 있기 때문이다.

AI 기술이 인간의 직업 본질에 미치는 영향력에 관해 몇 가지 단순한 관점은 다음과 같다.

- 인간 사회에 기술이 등장한 이후 기술 때문에 일자리가 없어질 것이라는 우려가 있었고 실제로 일자리가 사라졌다. 하지만 기술의 효율성 때문에 우리는 다른 분야에서 새로운 일자리가 창출되는 것을 확인했다. 이러한 현상은 AI 기술에도 해당된다. 즉 일부 일자리는 확실히 없어질 것이지만, 새로운 일자리도 만들어질 것이다.
- AI에 관한 현실적인 논의는 모든 차원에서 인간보다 앞서고 진화된 AI 로봇 유형으로서 '일반적인 AI'가 아니라 AI 알고리즘이 구체적으로 적

용되어 상용화된 도메인 분야로 옮겨갈 필요가 있다. 오늘날 AI의 적용은 특정 상황에 문제가 있고 데이터를 이용할 수 있는 특정된 좁은 영역에서 발생하고 있다. 이와 가장 관련성이 높은 분야로는 이미지와 음성의 인식 그리고 자연어처리와 규범적 분석 등이 있다.

- 현실적으로 AI에 의한 '일자리 교체'보다는 AI에 의한 '업무 개편'에 대한 논의가 필요한 시점이다. 모든 일자리는 AI에 의해 변화에 직면하게 될 것이다. 예를 들어 금융분석가나 회계 고문처럼 고임금의 일자리도 상당한 변화를 겪게 될 가능성이 높다. 하지만 완전히 일자리가 붕괴되거나, AI에 의해 대체될 가능성은 매우 낮다. 일부 일자리는 다른 일자리보다 단순 반복 작업이나 자동화된 업무가 많더라도 이러한 경우도 완전히 일자리가 사라지는 것이 아니라, 특정 업무가 AI에 의해 대체되는 시나리오로 진화될 가능성이 아주 높다.
- 따라서 문제의 본질은 인간과 기계의 상대적인 장단점이 무엇인지 파악하고 상호 보완을 통해서 새로운 가치를 창출하기 위하여 현재 일자리를 어떻게 재설계하는가에 있다. 우리 인간은 문제 제기를 통해 올바른 질문을 잘 할 수 있는 반면에 AI는 기계학습을 통해 종종 인간이 평생 볼 수 있는 것보다 더 많은 양의 정보를 학습하고 올바른 답을 도출하는 데 더 능숙하다. 이들과 함께 한다면 비즈니스에 엄청난 영향력을 발휘할 수 있다. 인공지능은 인간이 행하는 반복 수동적인 일을 효율적이며 자동으로 수행함으로써 인간을 단순 노동의 스트레스로부터 해방시키고, 더욱 창의적인 일에 몰두할 수 있도록 한다. 하지만, 무엇보다 중요한 것은 인간이 먼저 올바른 질문을 해야만 하며, 인공지능으로부터 오는 위험성은 항상 대비해야 한다는 것이다.
- 인공지능의 미래가 정확하게 그리고 명확하지는 않지만, AI는 분명히 인간의 직장과 사회에 큰 영향을 미칠 것이다. 그 영향력이 긍정적이든 부정적이든 우리는 좀 더 지켜보아야 할 것이다. 맥킨지는 현재 직업의

5%만이 완전한 자동화를 이룰 수 있다고 추정하고 있으며, 이를 통해 약 15%의 근로자들이 잠재적으로 실업자가 될 것이며, 2030년까지 3%의 근로자들이 직업 범주를 변경해야 할 것이라고 암시한다.[9] 그러나 맥킨지는 또한 대부분 근로자는 AI에 의해 증강된 현재의 역할을 계속할 수 있을 것이라 예측한다. 게다가 맥킨지는 그 시기까지 소득과 소비의 증가 그리고 기술 발전 하에서 더 숙련된 노동자들을 필요로 하기 때문에 8억 9천만 개의 새로운 일자리가 창출될 것으로 예상하고 있다. 그러므로 성공적인 미래의 노동력을 위해 근로자를 배치하는 과정에는 지속적인 교육과 훈련이 필요하며, 특히 학습과 개발(L&D)을 통해 그들의 기술과 경험이 변화하는 노동 시장의 요구에 부합하도록 하고 AI 기술의 발전에 최적으로 통합되도록 노력해야 할 것이다.

2. 재교육 및 숙련도 강화의 필요성

위의 논쟁은 AI의 출현이 인간 노동력이 파멸하는 날인 것을 의미하지 않는다. 이는 일자리가 더욱 가치 있는 자아실현의 장이 될 수 있는 좋은 기회라는 사실은 분명하다. 그러나 AI를 기회로서 실현하려면 재교육(Retraining)과 숙련도 향상(Up-Skilling)에 대한 대규모 투자가 필요할 것이다.

재교육과 숙련도 향상을 위한 2가지 관점이 있다.

- 인공지능 분야에서의 기술 인력의 양성
- 직무 재설계 시 관련 있는 기술의 향상

AI 기술이 일정 규모를 갖춘 기업에서 직원들을 인공지능에 관해 교육시키는 첫 번째 단계에서 주로 많은 논쟁이 발생한다. AI 애플리케이션을 직접 개발하거나 사용하는 것이 업무인 기술부서이거나 IT 회사의 직원의 경우, AI의 교육은 매우 관련성이 있다. 하지만 대부분의 인력에게 인공지능에 관한 기본 훈련은 '일반 지식'과도 같은 수준에서 이루어진다. 알아두면 좋은 지식이지만, AI 교육이 그들의 직무에 대한 접근 방식을 근본적으로 바꾸지는 않을 것이다.

대다수 인력이 훨씬 더 관심이 있는 것은 AI로 인해 그들의 직업이나 직무가 어떻게 바뀔지 그리고 AI 중심의 미래를 위해서 자신은 어떤 기술을 업그레이드해야 하는가에 관심을 둘 것이다. 예를 들어, 기업의 '고객 서비스 담당자'의 경우에는 '스마트 봇'이 점점 더 잘 할 수 있는 서비스 프로세스에 관한 것이 아니라 고객 서비스 담당자로서 고객의 감정과 니즈를 파악하고 이에 따라 결정을 내리는 능력에 관해 관심과 초점을 맞추게 될 것이다. 또한 '금융 분석가'의 경우에는 데이터 분석에 관한 것이 아니라 분석된 결과로써 패턴을 식별하고 스스로 직관을 개발하는 능력이 중요시될 것이며, 또한 '재무 어드바이저'에게는 금융 상품에 관한 재무적인 지식은 AI로 인해 부담을 덜게 될 것이지만 고객의 니즈를 도출하며 이를 이해하고 고객과의 관계를 구축하는 능력에 더욱 관심을 두게 될 것이기 때문이다.

데이터와 AI 기술이 폭발적으로 발전함에 따라 AI 기술의 지원을 받는 데이터에 기반한 분석 작업과 이를 통한 의사결정 능력은 매우 중요하다. 하지만 미래에 가장 중요시되는 스킬은 다른 곳에 있으며 미래의 성공을 위한 가장 근본적이고 내구성이 있는 스킬은 다음과 같다.

- 문제 해결: 올바른 질문을 할 수 있고 문제를 발견하고 문제의 기본 틀을 짜는 능력
- 패턴 인식: 복잡한 패턴으로부터 유사성을 식별하거나 유추할 수 있는 직관적 능력(장기적으로 빅데이터와 AI가 인간의 직관을 덜 관련되게 할 수 있는지는 논쟁이 있다.)

- 감성 지수: 인간의 감정을 이해하고 공감대를 형성하며 관계를 구축할 수 있는 능력(역설적으로 기술 집약적인 시대에서는 감성적인 관계 구축이 훨씬 중요해질 수 있다.)

AI가 모든 직업에 어느 정도로 일정 부분에 영향을 미칠 것이므로 간과해서는 안 된다. 모두에게 AI는 분명히 기회가 될 수 있으며 그러기 위해서는 미래에 자신의 직업이 AI에 의해 어떻게 변모할 것인지 다시 한번 생각하고, 미래에 변화된 업무에 효과적일 수 있는 기술과 지식을 준비하고 업그레이드해야 할 것이다.

재교육과 숙련도 향상에 대한 일차적인 책무는 조직에 있지만 가장 근본적으로 조직의 구성원인 개인 자신에게 책임이 있으며 임박한 변화는 너무 중요해서 스스로 미래를 책임져야 한다. 더욱이 e-러닝의 폭발적 증가와 효율성은 이제 지식의 민주화를 선도하고 있으며, 학습에 대한 개별적인 접근성을 매우 용이하게 만들었다.

결국 AI가 일정 기간 가져올 사회적 변화로 인해 대학에서도 새로운 일자리 시대를 열기 위하여 체계적인 교육이 필요할 것이다. 특히 대학에서의 교육 커리큘럼은 사회적 변화와 요구에 부합되도록 실질적으로 제고되고 업그레이드되어야 할 것이다.

3. 업무의 참여 촉진자로서 AI

AI의 빠르게 떠오르는 응용 프로그램 중의 하나는 직원의 조직 참여를 독려하며 이를 지원하는 것이다. 이는 기업의 구성원들이 조직 생활에서 행복지수를 높이고 건강하게 그리고 생산적인 노동력을 발휘할 수 있도록 한다. 예를 들어, HR 지원 프로그램, 학습 및 개발(L&D), 성과 관리, 일자리 설계와 갈등 관리에 도움이 되는 감정분석 프로그램 등과 같은 많은 AI 기반의 응용 도구들이 개발되고 있다.

- **감정 분석**: 많은 AI 도구는 조직 생활에서 직원의 참여도를 평가하고 종업원의 갈등 상황이나 위험 요소들을 역동적으로 예측하는 데 도움을 주고 있다. 예를 들어 Covid-19 대유행으로 촉발된 장기적인 가정에서의 비대면 자택 근무로 인해 임직원의 정신 건강 문제가 제기되고 있고, 이는 점점 더 심각한 사회적 문제가 되고 있다. 중요한 것은 AI가 임직원의 정신 건강을 확인하고 우울증 유발 요인 등을 사전에 식별하는 데 도움을 주고 있으며, 조직 내의 갈등 관리에 필요한 감정 분석의 영역에서도 활용되고 있다.
- **HR 지원**: '가상 보조원' 또는 내부 HR 지원 프로세스의 효율성과 대응성을 향상시키는 AI 봇으로 대화형 스마트 봇이 있다. 실제로 많은 기업의 HR에서 업무 만족도를 높이기 위해 AI를 활용하고 있으며, 많은 부분 AI를 고객 참여도 향상을 위한 업무 프로세스의 일부분으로 활용하고 있으며 AI를 활용하여 내부 프로세스의 품질을 개선하고자 노력하고 있다.
- **학습과 개발**: 임직원의 지식과 기술 격차를 파악하고, 개인별 맞춤형 학습과 목표 학습에 개입하여 체계적이고 지능화된 학습과 개발(L&D)이 이루어지도록 한다.
- **성과 관리**: AI 도구는 임직원의 성과 관리 프로세스를 실시간으로 확인하며, 피드백을 제공하는 지능형 시스템으로 이끌 수 있다.
- **직무 설계**: AI 도구는 임직원의 성과와 능력을 평가하고 적절한 직무 또는 직무 내의 세부 업무에 맞춰 직원의 효율성을 극대화하여 만족도를 높일 수 있다.

AI는 조직 구성원을 대상으로 실시간의 역동적인 평가는 물론 더욱 개인화되고 표적화하는 방식으로 신속한 개입을 가능하게 한다. 그러므로 AI는 구성원의 조직 참여를 크게 증대시킬 수 있는 잠재력을 가지고 있다. 하지만 인공지능이 함께하는 대부분 작업과 마찬가지로 유의하여야 할 측면이 있다.

특히, AI를 기반으로 하는 구성원의 참여 프로세스는 '빅 브라더(Big Brother)가 항상 감시하고 있다.'라는 통제적인 환경을 조성할 수 있으며, 이는 구성원 개인의 프라이버시 보호 관점에서 잠재적인 위험 요소를 포함할 수 있다. 즉, 개인 정보의 보호 지침과 데이터 액세스는 특히 유의해야 할 중요한 고려 사항으로서, 기업이 함께 사용할 수 있는 방대한 분량의 정보로써 조직 구성원의 소중한 개인 정보 데이터가 오용되지 않도록 각별한 관리를 통해 보호되어야 할 것이다.

결론적으로, AI도 인간처럼 본연의 자리를 가지고 있다. 그러므로 궁극적으로 인간과 AI 사이의 제로섬 대결로는 향하지 않는다. 하지만 AI는 확실히 인간의 일자리에 매우 중요한 영향을 미칠 것이고, 더 근본적으로는 인간이 수행하는 업무 본질에 큰 영향을 미칠 것이다. 그러므로 이러한 긍정

■ **인간의 노동 환경에 미치는 AI의 핵심적인 영향력**

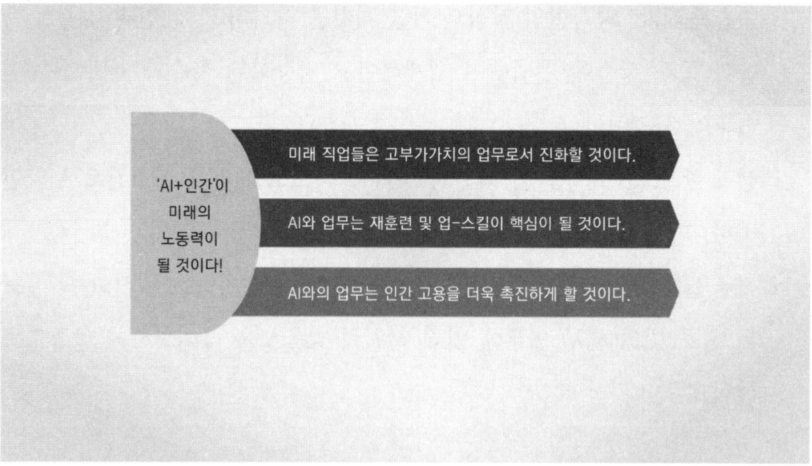

적인 영향을 위해서 AI는 인간의 일자리와 노동력 그리고 생산성과 참여도 관점에서 긍정적인 동력원으로 발전해야 할 것이다. 이를 위해서 새로운 일자리 설계, 기존 기술의 업그레이드, 새로운 시장 수요 발굴과 신기술 대응 방안 등에 상당한 노력과 사회적 합의가 필요하며 이러한 선택은 우리에게 달려있다.

요약

- AI는 오늘날의 직업 본질에 상당한 영향을 미칠 것이며, 이는 '인간 vs 기계'가 아니라 '인간 & 기계'로 진화할 것이다
- AI는 새로운 일자리 기회를 창출하겠지만 이를 위해서는 기존 일자리와 업무 프로세스를 AI 관점에서 재설계해야 할 것이다.
- AI 중심의 디지털 시대에서 경쟁력을 유지하기 위해 교육 훈련을 통해 AI 기술과 기존의 기술을 지속해서 업그레이드해야 한다.
- AI는 직원의 감정을 보다 역동적으로 이해하고, 개인화된 목표로서 개입함으로써 직원의 조직 참여를 더욱 촉진할 것이다.

WINNING IN THE DIGITAL AGE

섹션 6

디지털 시대에 필요한 리더십

서론

—

디지털 시대에 필요한 리더십

섹션 1에서 디지털 전환은 점진적인 기술의 변화를 넘어서 조직의 모든 기능이 어우러지는 엔드–투–엔드로 전환되어야 한다는 사실을 논의했었다. 섹션 5에서는 이러한 주제를 바탕으로 조직의 근본적인 변화없이는 디지털 전환이 일어날 수 없다는 사실을 강조하였으며, 조직의 변화에 관한 다양한 요소들을 탐구하였다. 본 섹션에서는 디지털 전환에 요구되는 조직 리더 역할에 초점을 맞추어 논의하고자 한다.

디지털 시대의 큰 변동성과 불확실하고 복잡 모호한 비즈니스 환경은 리더들이 조직의 경영 역량을 검증받는 훌륭한 시험대가 되었다. 기업의 리더들은 조직의 이노베이션 구현과 지속 성장의 아젠더 실현을 위하여 기꺼이 구성원들의 전면으로 나와 모두의 열정을 모으는 치어리더 역할을 성실히 수행하며 조직의 성공을 이끌고, 조직 구성원의 롤모델로서 자리해야 할 것이다. 명백하게 디지털로 대변되는 뷰카 시대에서의 조직의 리더십은 나약하고 겁이 많으며 무기력한 모습이 되어서는 안될 것이다.

관리자에서 리더로

'관리자에서 리더'라는 슬로건은 진부한 표현처럼 보이지만 디지털 시대에는 매우 현실적인 조언이다. 디지털 시대의 전례 없는 불확실성과 역동적인 변화의 환경 속에서는 시스템, 전략, 계획, 정책 등과 같은 전통적인 기업 경영 이론과 도구들은 거의 실효성이 상실될 뿐만 아니라 오히려 장애물로써 작동될 수 있다. 그 대신에 리더는 비전, 영감, 직관, 협력 등과 같은 새로운 리더십이 중심이 되어 끊임없는 변동성과 불확실성에 적응할 수 있는 능력이 필요하다. 이는 경영진에 대한 기대가 효율적인 관리자에서 기업가적인 리더로 옮겨갈 것을 요구하고 있다.

리더십의 기본은 변하지 않는다.

뷰카 시대에서도 리더십의 기본은 변하지 않는다. 리더십의 가장 중요한 3가지 측면은 '얻는 것보다 주는 것'에 초점을 맞추고 다른 사람들에게 '영감을 주는 능력' 그리고 '올바른 일을 하는 용기'이다. 하지만 이러한 조직의 리더십은 행동으로 보여주기보다는 말이 앞서는 경우가 많다. 특히 디지털 시대의 리더는 앞장서서 조직 구성원의 열정을 모으는 치어리더와 같이 말보다는 행동으로써 이끌어야 할 것이다. 뿐만 아니라 기업의 기존의 리더로서의 핵심 과제는 신세대 리더를 어떻게 발굴하여 동기부여시키며 또한 어떻게 육성할 것인가도 있다.

이중성을 관리하는 것이 더욱 중요해졌다.

디지털 시대는 리더가 대응해야 할 다양한 형태의 모순들이 발생하고 있으며, 기업의 리더는 이를 해결해야 할 상황에 직면하게 된다. 통상적으로 전략 vs 실행, 성장 vs 수익성, 단기 vs 장기, 고객 vs 직원, 데이터 vs 직관, 인간 vs 기계 등과 같이 상충하는 가치에서 발생하는 모순 상황에 의해 기업의 리더는 최적의 해결책을 찾아야 한다. 하지만 종종 이러한 모순된 상황에서 보완적 가치에 대한 타협안을 찾는 것만으로는 충분하지 않다. 리더들은 모순 상황을 해결하고 상생할 수 있는 해결책으로써 Win-Win 솔루션을 찾아야 한다. 디지털 시대에서 이중성을 관리해야 하는 필요성이 높아짐에 따라 디지털 시대의 리더들에게 아주 중요한 기대치로서 부각되고 있다.

균형과 지속가능성 또한 중요하다.

빠르게 증가하며 변화하는 속도는 디지털 시대의 결정적인 특징으로써 이는 기업이 극복해야 할 큰 도전 중의 하나이다. 변화의 속도로 야기되는 발전과 성장에 대한 강박관념은 개인과 조직은 물론 사회 전반에 걸쳐 모든 수준에서 상당한 영향을 미치고 있다. 개인들은 스트레스로 인한 불안과 우울증의 위험에 더 크게 노출되고, 사회 차원에서 성장에 대한 집착은 환경에 돌이킬 수 없는 피해를 입히며, 심각한 사회 경제적 문제를 일으키고 있다.

특히, 기업의 리더는 그들 자신의 안에서 스스로 균형과 조화를 찾을 수 있어야 한다. 이를 위해서 마음 수련과 명상은 리더들이 그들 자신을 집중시키고 내면의 평정심을 찾는 데 도움이 될 수 있다. 더욱 불확실해지며 변덕스러운 시대적 변화는 지속 가능하지 않은 미래 사회에 대한 경각심과 우려로 이어지고 있다. 그러므로 디지털 시대의 리더는 자신의 기업뿐만 아니라 사회 전반의 생태계에 관한 책임이 있다. 그리고 기업의 사회적 책임으로써 리더는 조직의 윤리적 기반을 어떻게 구축하고, 지역사회의 일원으로서 사회 발전에 어떻게 기여할 수 있는지도 고려해야 할 것이다.

본 섹션에는 다음 5가지의 관점에서 디지털 시대의 리더십에 관해 논의하고자 한다.

제1장. 디지털 시대의 리더십

이 장에서는 디지털 시대의 실무에서 요구되는 리더십의 원칙을 다음의 관점에서 공유하고자 한다. 리더십의 기본은 조직의 구성원들이 자신의 잠재력을 충분히 실현하고 변화하도록 만들며, 미래에 대한 설득력 있는 관점을 확보하고, 용기를 얻고 신뢰를 쌓으며 서로를 연결하고, 청렴해야 하고, 지성과 감성의 균형을 이루고, 겸손해야 하며, 자신에게 보다 진실하게 대하는 것이다. 리더십은 모든 구성원들에게 올바른 방향으로 인도하는 나침반 역할과 함께 길을 밝혀주고 불확실한 시간을 항해할 수 있게 해주는 전조등과 같은 역할을 해야 한다.

제2장. 영감을 주는 리더십('5C'의 원리)

이 장에서는 리더가 팀 구성원에게 영감을 일으키는 것이 왜 중요한지 그리고 이를 위한 가장 좋은 방법은 무엇인지를 다루고자 한다. 앞 장에서 우리는 뷰카 시대에서 승리할 수 있는 조직은 리더뿐만 아니라 팀 구성원의 준비된 역량에 달려 있다는 사실을 다루었다. 리더가 롤-모델링 역할을 하거나 설득력 있는 비전을 제시하거나, 또는 효과적인 스토리텔링을 활용하거나 구성원들에게 영감을 불러오게 하는 것 같은 리더의 역할은 매우 중요하다. 리더는 조직의 구성원들이 더 높은 목표를 달성할 수 있도록 노력해야 한다. 특히 조직 구성원들이 자신의 의무적인 역할 수행과 능력의 한계를 넘어서 조직에 훌륭한 결과를 도출하도록 지원해야 한다. 그렇게 하려면 리더는 구성원과 함께 항상 연결되어 있어 그들에게 창의적인 영감을 불러일으킬 수 있어야 할 것이다.

제3장. 성공하는 리더를 만드는 방법

기업의 성공을 위해 조직이 변화하고 기업의 성장 목표를 달성할 책임을 리더가 혼자서 감수하는 것은 매우 바람직하지 않다. 프로젝트 기반의 업무 추진에 관한 권한을 팀 구성원에게 부여하고 고객 중심적이며 새로운 성과를 창출하고 전달할 수 있는 적절한 수준의 전문성을 갖춘 젊은 리더들로 구성된 팀이 필요하다. 젊은 리더들로 구성된 팀을 만들 수 있으려면 먼저 우리는 모든 조직의 구성원들이 그들 안에 리더십의 잠재력을 가지고 있다고 믿어야 한다. 그리고 최고 리더의 롤모델링을 통해 젊은 리더들이 스스로 경험을 풀어낼 수 있는 올바른 계기와 경험을 부여하는 것이 필요하다. 특히 조직의 구성원들에게 리더는 자신을 따라오라고 하기 전에 리더는 그가 보여주길 원하는 가치를 실천하고 앞서 살아야 할 것이다.

제4장. 이중성 관리: 리더가 디지털 시대에 성공하기 위한 핵심 스킬

뷰카 시대가 기업의 리더에게 제시하는 도전적 과제들 대부분은 앞 장에서 다루었다. 그중 특히 디지털 시대에 핵심적으로 나타나는 주제로서 이중성 관리는 조직에서 리더가 모순을 관리하거나 상반된 목표를 동시에 달성해야 하는 경우 매우 중요한 관점이 된다. 변화의 속도와 복잡성 그리고 높은 변동성 수준 때문에 디지털 시대의 리더와 조직은 더욱 민첩해야 하고, 시나리오를 일관되게 평가할 수 있어야 하며, 모순 상황을 해결하기 위해서 거래를 통한 타협을 넘어서 이중성을 관리하는 방법을 숙지해야 한다. 특히 조직에서 이중성 관리를 신속하게 숙달하는 이들은 남다른 수준의 전문적인 역량을 확보하게 될 것이며, 아울러 조직에서 더욱 큰 영향력을 발휘하는 리더로 성장할 것이다.

제5장. 심리적인 균형: 오늘날 디지털 시대에 필요한 것

이 장에서는 디지털 전환에 관한 저서에서는 찾을 수 없을지도 모르는 주제로서 인간의 정신 세계에서 필요한 균형과 조화에 대해 다루고자 한다. 디지털 시대의 전례 없는 변화의 속도는 조직의 리더와 팀으로부터 다양한 측면에서 기대와 함께 성과와 실적에 대한 압박을 가하고 있다. 복잡하고 불확실한 뷰카 시대에 기업의 생존과 성공을 위해 이들은 디지털 전환에 관한 함축적 의미를 고수하고 그들의 역량을 발휘하기 위해서 고군분투하고 있으며 이는 그들이 감수해야 할 스트레스 몫으로 이어지고 있다.

여기에 더해지는 것은 디지털 네트워크 장치의 초연결성 그리고 다양한 소셜 미디어로 구성되어 상호 연결된 세계에서 우리의 의도와는 무관하게 제공되는 끊임없는 자극과 소음 그리고 산만함이다. 이 모든 것들은 우리가 평온한 호흡을 하고 스스로 성찰할 시간적 여유와 기회를 주지는 않는다. 그 결과로써 정신적인 스트레스 수준이 지속해서 증가하고 있으며, 기업의 리더는 물론 조직 구성원들은 정신적 건강 문제를 호소하고 있으며 이는 업무의 질은 물론 삶의 질을 심각하게 떨어뜨린다. 그러므로 조직의 리더는 심리적 균형과 조화가 필요하며, 이를 위해서 스스로 내면의 자아를 발견하고 되돌아보고 성찰을 할 수 있는 여유와 안식을 가지고 가장 중요한 것에 집중하기 위한 마음 수련이 필수적인 사안으로 대두되고 있다.

제1장

—

디지털 시대의 리더십

만약 당신의 행동이 다른 이들에게 더 많은 꿈을 갖게 하고, 더 많이 배우게 하고, 더 많이 실천하도록 하며, 더 많은 것을 하게 한다면, 당신은 리더다.

존 퀸시 애덤스, 미국 대통령

디지털 시대에 성공하는 리더의 특성은 무엇인가? 무엇보다 불확실하고 급변하는 시대에 일정하게 유지될 수 있는 리더십의 기본에서 그 무게중심을 찾는 것이 중요하며 이러한 리더십에 관하여 다음의 관점을 공유하고자 한다.

- 리더십은 잠재력 실현에 관한 것이다.

  모든 사람은 독특하고 풍부한 잠재력을 가지고 있다. 리더는 사람들이 도전하고 성장하도록 함으로써 그들의 잠재력이 실현되도록 돕는다.
- 리더십은 차별화된 변화에 관한 것이다.

  일과 삶의 모든 측면에 긍정적이고 지속적인 영향력을 미치기 위해 노력하는 것이다. 이러한 영향력은 차별화된 변화로써 나타나며 이를 위해 어떤 상황에서도 무엇을 얻는 것이 아니라, 무엇을 줄 수 있는 것인지에 관해 초점을 맞추어야 한다.

- **리더십은 비전 제시에 관한 것이다.**

  리더는 조직에 도움이 될 획기적인 비전을 가지고 있어야 하며, 팀 구성원에게 공통의 목표와 방향 설정을 제시해야 한다.

- **리더십은 믿음과 용기에 관한 것이다.**

  리더는 기꺼이 위험을 감수해야 하고, 새로운 길로 나가는 것을 두려워해서는 안 된다. 리더십이란 자신의 소신을 분명히 밝히고, 스스로 신념을 지킬 수 있는 큰 믿음을 갖는 것을 의미한다.

- **리더십은 신뢰 구축에 관한 것이다.**

  신뢰는 리더에게 가장 강력한 힘을 제공하는 무기이다. 신뢰를 구축하는 것이란 자신에 관한 의제는 중단하고 구성원이 희망하는 주제로서 소통하며 그리고 약속한 공약을 이행하는 것을 의미한다.

- **리더십은 연결과 소통에 관한 것이다.**

  리더는 구성원들의 생각과 감성 모두에 공감하는 것이며, 모든 수준에서 온화함과 개방성을 기반으로 연결하고 소통하는 것이다. 구성원들은 리더와 언제든 직접 만나고 대화할 필요성이 있다.

- **리더십은 정직과 당당함에 관한 것이다.**

  리더는 올바른 일을 하려고 노력하는 것이다. 그러므로 리더십이란 깨끗한 양심으로 일을 추진하며 정직함을 기반으로 명확하고 당당하게 행동하는 것을 의미한다.

- **리더십은 지성과 감성의 균형에 관한 것이다.**

  리더는 분석력에 기반을 둔 지성과 직관력에 기반을 둔 감성 사이에서 의식적으로 적절한 균형을 찾아야 한다. 냉철한 지성과 따뜻한 감성의 리더십으로 창출한 훌륭한 비즈니스 성과물을 전달하고 구성원들과 함께 공감하고 배려하는 리더가 되어야 한다.

■ **리더십이란?**

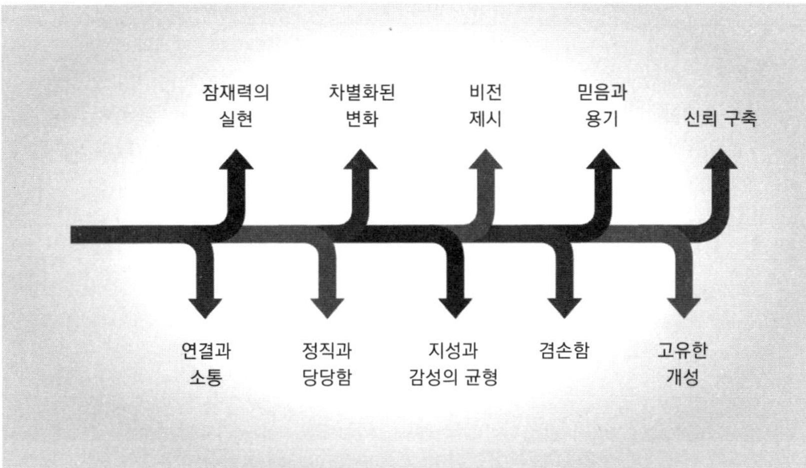

- 리더십은 겸손에 관한 것이다.

  성공 경험이나 리더로서 우월적 지위를 머리 속에 두지 않으며, 더욱 겸손하고 낮은 자세를 유지하는 것을 의미하며, 이러한 태도는 구성원들의 사랑과 존경을 받게 될 것이다. 그러므로 이는 리더를 더욱 잘 듣게 만들며 실수를 하지 않도록 할 것이다.
- 마지막으로 리더십은 자기 자신에 관한 것이다.

  우리 모두는 각자의 독특한 강점을 가지고 있다. 그러므로 리더십이란 스스로가 진정한 존재로서 거듭나는 것을 의미하며, 자기의 내면을 파고들어 자기 자신만의 특유의 리더십과 스타일을 성찰하고 정의하는 것을 의미한다.

리더십의 기본은 변하지 않을 것이며 어떤 리더라도 기본에 충실하는 것이 매우 중요하다. 상기한 리더십에 관한 기본 원칙들이 뷰카 시대로 대변되는 디지털 시대에서 성공을 이루고자 하는 모든 리더에게 영감을 줄 수 있는 가이드라인이 될 수 있기를 희망한다.

요약

- 리더십은 다음과 같은 다양한 요인들에 의해 만들어진다. 리더십은 '잠재력의 실현', '차별화된 변화', '비전의 제시', '믿음과 용기', '신뢰의 구축', '연결과 소통', '정직과 당당함', '지성과 감성의 균형', '겸손함 '그리고 '자신만의 스타일'과 같은 다양한 요인들에 의해 만들어지는 것이다.

제2장

영감을 주는 리더십('5C'의 원칙)

위대한 리더는 반드시 위대한 일을 하는 사람은 아니다.

그는 사람들에게 위대한 일을 하게 하는 사람이다.

로널드 레이건, 미국 대통령

조직의 구성원들에게 영감을 제공하는 능력은 리더로서 아주 중요한 자질이다. 더욱 복잡해지고 모호한 디지털 시대에서 조직이 탁월한 성과를 거두기 위해서 기업과 구성원들을 효율적으로 관리하는 것 그 이상의 능력이 요구된다. 조직의 리더는 구성원들과 함께 하는 내부의 업무 프로세스를 통해 깊은 수준으로 관계를 구축해야 하며 그들과 상호 연결되어 소통해야 한다. 영감이란 개인이 평범한 한계를 넘어서 훌륭한 결과를 얻을 수 있도록 돕는 묘약과도 같은 것이다. 그리고, 특히 영감이란 결코 조직에서 도출된 결과물이나 성과물에 관한 것이 아니라 구성원들이 그들의 잠재력을 충분히 깨닫고 일어날 수 있도록 힘을 발생시키는 기전력과도 같은 것이다.

이러한 관점은 매우 중요하다. 다른 사람들이 그들 스스로 잠재력을 충분히 깨닫도록 도울 수 있는 것은 인간이 할 수 있는 가장 가치 있는 공헌 중의 하나라고 할 수 있기 때문이다. 특히 기업의 리더가 구성원들에게 영감을 주고 스스로 능력을 발휘하도록 하는 능력이야말로 조직의 '좋은 리더'에서 '위대한 리더'로 가는 여정에서 필수적인 요건이라 하겠다.

그렇다면 위대한 리더들이 어떻게 다른 이들에게 영감을 줄 수 있는지에 대해 살펴보기 위하여 그들이 활용하는 5C 원칙을 설명하고 이를 공유하고자 한다. 5C는 알파벳 C로 시작하는 5개의 키워드로써 다음과 같다.

1. Cause: 원인

진정한 차별화를 만들 수 있는 원인이나 비전을 확인하고 이를 지속해서 옹호하는 것이 중요한 관점이다. 통상적인 업무를 넘어서거나 감성적인 조화를 건드리는 원인이 무엇인가를 파악하고 현재 파악된 원인이 내일의 좋은 의미로 이어질 수 있는 것인가를 확인해야 할 것이다. 위대한 리더들은 원인 파악을 위해서 '왜'라는 질문에 초점을 맞춘다. 질문에 의해서 문제 정의가 확실해지면 이를 해결할 수 있는 수단도 따라온다. 강력한 본질적인 질문을 통한 원인 파악과 문제의 정의는 이질적인 개인들을 한 팀으로 모아서 그들의 일반적인 한계를 넘어서도록 자극하는 데 도움이 될 수 있다.

2. Care: 배려

리더십은 리더(Leader)에 관한 것이 아니라 리딩(Leading)에 관한 것이다. 즉 리더 자신이 원하는 꿈의 실현이 아니라 다른 이들의 조용한 꿈을 깨우고 되살리는 것이다. 조직의 구성원들을 위하여 진정으로 관심을 가지고 그들의 공감대를 개발하고, 목표와 열망을 이해하며, 그들의 발전과 성장에 기여하도록 노력해야 한다.

특히 리더는 사리사욕을 경계하고 어떤 상황에서 무엇을 얻고 있는지가 아니라 무엇을 주고 있는지를 스스로 되물어 볼 수 있어야 한다. 리더는 구성원에 대한 배려를 실천하고 그 대가로써 훨씬 더 많은 것을 얻을 수 있을 것이다. 조직의 리더가 이기심과 사리사욕을 넘어 구성원들에게 관심과 배려를 행동으로 실행할 때 리더는 구성원들로부터 신뢰를 쌓을 것이며 그들은 기꺼이 리더와 함께 더 많은 길을 갈 것이기 때문이다.

3. Courage: 용기

스스로 영감을 받은 경우에만 다른 이들에게 영감을 공유해 줄 수 있다. 이야기를 나누고 당면한 대의에 열정을 가져라. 위험을 감수하고 무슨 의미인지에 관해 명확하게 말해라. 가치가 있는 어떤 문제의 원인을 찾더라도 이를 해결하기 위한 과정에서 여러 가지의 유형의 장애물을 직면하게 될 것이다. 다양한 반대와 도전은 리더의 진정성을 보여줄 수 있는 시험대이다. 리더의 신념과 추종자를 옹호할 수 있도록 스스로에게 힘과 용기가 필요하다. 어려움에 직면하면 인내해야 하고 절대로 포기하지 말아야 한다. 포기하지 않는 도전 정신은 리더의 신뢰 구축에 매우 중요하다. 사람들은 당신의 접근 방식을 주목할 것이고, 포기하지 않고 용기 있는 리더의 실행은 성공 사례가 되어 리더의 주변에 확산하게 될 것이다.

4. Communication: 소통

사람들과 직접 연결하고 메시지를 교류하고 전달하며 소통하는 일이 매우 중요하다. 업무와 관련된 공식적인 채널이나 메시지를 전달하기 위해서 특별한 고정 채널에만 의존하지 말고, 사적으로 연결될 수 있는 다양한 채널이 의사소통에 보다 효율적이다. 구성원들은 리더로부터 보고 듣고 느낄 수 있는 진정한 의사소통이 필요하며 이러한 구성원과의 소통은 지성과 감성 두 가지 모두에 호소할 수 있어야 한다.
이를 위해서 리더로부터 외부에 표출되는 권위가 아니라 소통하고자 하는 리더의 진실한 의도가 더욱 중요하다. 개방적인 온화함을 가지고 자주 소통하며 소통 시에 상대방으로 의견을 경청하는 것은 리더에게 더욱 중요하다. 리더는 소통을 통해서 많은 것을 배울 수 있을 것이며, 다른 이들은 리더의 소중함을 느낄 것이다. 성실함과 인내심을 가지고 많이 듣고 대화를 지속해라.

5. Character: 인격

리더로서 위대한 업적이라도 단 한 순간의 경솔한 태도로써 망칠 수가 있다. 무결성이란 일단 깨지면 결코 수리할 수 없는 유리 거울 같은 것이다. 항상 지속해서 옳은 일을 하려고 노력해라. 그러나 인간으로서 우리는 오류가 있으며 우리 안에는 선과 악이 모두 있다는 사실을 인식해야 한다. 많은 위대한 리더들이 성공하게 되면 오만해지고 잘 듣지 않게 되며 또한 사람들과 소통을 끊기 때문에 궁극적으로 무너지게 된다.

리더는 항상 겸손하고 낮은 자세로 인격을 유지해야 한다. 겸손은 사람들로부터 사랑과 존경을 받게 할 것이다. 이러한 겸손이라는 인격은 리더들이 더 잘 듣고 큰 실수를 저지르지 않도록 해줄 것이다.

상기 '5C'의 관점은 리더십 기술을 연마하고 주위 사람들에게 영감을 주는 데 도움이 될 수 있을 것이다. 리더십 강화를 위한 효율적인 수단으로써 5C를 공유했지만 궁극적으로 리더십에 관한 훈련은 리더로서 자신만의 개인

■ **구성원에게 조직의 리더로서 영감을 주는 5C 원칙**

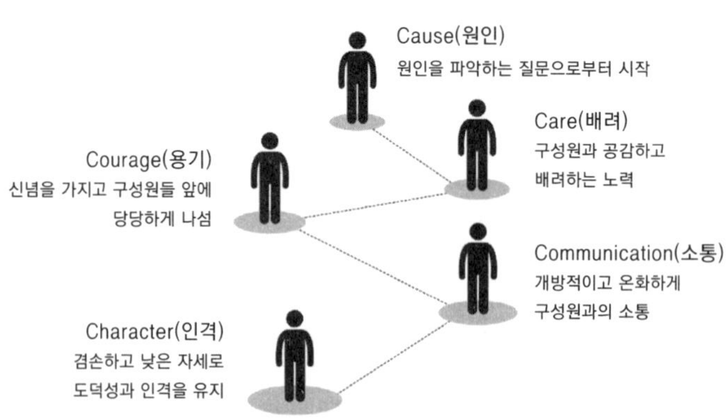

스타일을 찾는 과정이 매우 중요하다는 사실을 강조하고자 한다.

리더십은 스타일의 관점에서 옳고 그름을 판단할 수 없다. 리더는 자신에게 보다 솔직하고 진실해야 한다. 우리 모두는 다양한 개인 삶의 경험을 바탕으로 한 독특한 강점과 세계관을 가지고 있다. 그러므로 다른 사람들에게 영감을 주는 각자의 공식과 스타일은 개인별로 매우 다를 수 있다. 그러므로 리더십은 다른 사람으로부터 배우고, 이를 자기 자신으로 파고들어 자기만의 공식에 맞는 스타일을 찾아야 한다. 자신만의 독특한 스타일로서 리더가 되는 것은 성공을 위한 가장 좋은 지름길이다.

마지막으로, 위대한 리더십은 단기간에 이루어지는 것이 아니라 아주 긴 여정이라는 것을 기억해야 한다. 누구든지 리더로서 태어나지는 않았겠지만, 우리 모두 각자는 스스로 행동을 통해서 자신 안에 있는 리더를 확인할 수 있다. 그러므로 리더로서의 업보에 집중하고 노력한다면, 스스로 영감을 주는 업보로서 계속 성장하고 있는 내면의 자신을 만나게 될 것이다.

요약

- 영감은 사람들이 자신의 잠재력을 최대한 발휘하고 이를 실현하도록 하는 기전력과도 같다. 다른 이들이 스스로 잠재력을 충분히 깨닫도록 영감을 주는 것은 인간이 할 수 있는 가장 가치있는 기여 중의 하나이다.
- 위대한 리더가 타인에게 영감을 주기 위해서 활용하는 5C로서 원인(Cause), 배려(Care), 용기(Courage), 소통(Communication), 인격(Character)이 있다.
- 리더십은 자신의 개인적인 스타일을 찾는 것이다. 영감을 주는 방식은 개인적 특성에 따라 아주 다를 수 있다. 그러므로 다른 이들로부터 배우면서 자기 자신의 내면을 파고들어 자기만의 방식에 맞는 스타일을 찾는 것이 중요하다.
- 우리는 리더로서 태어나지 않았지만, 스스로 행동을 통해 자신 안에서 성장하고 있는 내면의 리더를 만날 수 있다.

제3장

성공하는 리더를 만드는 방법

리더의 역할은 위대한 아이디어를 생각해내는 것이 아니라, 위대한 아이디어가 일어날 수 있는 환경을 만드는 것이다.

사이먼 시넥, 작가

이 장에서는 디지털 시대의 '리더를 만드는 방법'이라는 주제에 관해 실무적 관점에서 논의를 이어가고자 한다. 리더십은 팀 리더십을 비롯하여 기업, 국가 또는 글로벌 등 다양한 수준에서의 리더십을 살펴볼 수 있다. 하지만 어떤 수준에서든 성공하는 리더는 다음과 같은 특성이 강조가 된다.

- **쉬운 일보다는 옳은 일을 하는 것**: 이는 리더가 두려움이 없고 모호한 상황에서도 명확하고 용기 있는 결정을 한다는 것을 의미한다.
- **사적인 목표를 넘어 보다 큰 목표에 초점을 맞추는 것**: 이는 리더가 사심 없이 일하고 구성원의 공동 목적과 더 큰 목표에 초점을 맞추어 함께 성장하는 것을 의미한다.
- **구성원이 스스로 한계를 넘을 수 있도록 독려하는 것**: 이는 리더로서 장기적인 비전 제시와 팀 신뢰를 통하여 팀 구성원들에게 리더의 비전을 뛰어넘을 수 있는 자유를 제공함을 의미한다.

우리 모두는 리더로서 잠재력을 가지고 있다.

선천적으로 타고난 위대한 영웅의 리더십이란 만들어진 신화와도 같은 것이다. 왜냐하면 사람은 모두 자신 안에 리더의 본질적 특성을 잠재력으로 가지고 있기 때문이다. 리더십에 대한 영감을 스스로 포착하고, 자신 안에 잠재되어 있는 리더를 풀어주면 엄청난 에너지와 열정을 가진 새로운 자신을 발견하게 된다. 우리는 자신에게 내재화된 리더의 잠재력을 풀기 위해서 적절한 동기부여와 여건 조성이 필요하며, 이는 리더십에 대한 중요한 깨달음이자 리더십의 교육과 훈련의 출발점이 되어야 할 것이다. 궁극적으로 오늘날의 리더란 자신이 가진 리더십에 관한 잠재력과 심오함을 믿고, 자신은 물론 구성원이 리더십의 잠재력을 발휘해 줄 수 있도록 지속해서 영감을 제공하는 자를 말한다.

성공하는 리더십을 위해 또 다른 중요한 사실은 리더로서 성장할 수 있는 기회를 포착하고 반드시 실행에 옮기는 것이다. 특히 현실에서 편안하게 안주할 수 있는 영역에서 벗어나야 한다. 내심의 두려움과 외부의 방해를 극복하며 스스로 앞서 나아가도록 하고, 아울러 자신이 할 수 있다고 생각하는 것보다 훨씬 더 많은 것을 성취하도록 노력해야 할 것이다.

끝으로, 리더로 성공하기 위해서는 자신으로부터 시작해서 주변에 영감을 불러올 수 있는 롤-모델이 되어야 한다. 다른 사람들에게 영감을 주기 위해서는 먼저 자신에게 영감을 주어야 한다. 특별한 개인의 가치관과 행동은 주변 사람들에게 영향을 미치는 가장 강력한 방법이다. 리더십은 외부 표출을 위한 분장이나 가식으로 만들 수 있는 것이 아니며 리더십은 자신이 누구인지를 분명히 말해주는 자신감이다. 만약 리더로서 영향력 있는 위치에 있다면 사람들은 항상 리더를 주목하고 관찰하게 된다. 무엇보다 현실에 직면하는 스트레스 순간에도 진실한 가치관으로 일관성을 성실하게 유지하는 것이 중요하다. 성공하는 리더는 '진실의 순간'에 스스로 어떻게 행동하는가에 의해 위대한 리더로서 거듭나게 되는 것이다.

또한 리더로서 더 많은 리더를 배출하는 것은 성공하는 리더의 책임이다. 하지만 조직에서 이러한 후배 리더를 양성하는 여정은 순탄하지 않다. 기존의 리더를 끌어내리는 문제들이 발생하고 리더는 길을 잃을 수 있기 때문이다. 종종 우리의 통상적인 경향은 조직이나 사회에 내재화된 시스템을 비판하고 문제에만 초점을 맞추는 것이다. 오늘날 젊은 청년들은 그들의 열정을 표출하고 실행하기 위한 엄청난 양의 에너지를 축적하고 있다. 그러므로 디지털 시대의 바람직한 리더십은 조직의 고위 경영진에서 탑-다운(Top-down) 방식에 의해 지침이나 행동을 기다리게 하지 않고, 바텀-업(bottom-up) 방식에 의해 조직 구성원들로부터 이러한 열정과 에너지를 모으고 조직의 내부로 확산할 수 있는 채널들을 구축할 필요가 있다. 디지털 시대의 기업 변화는 조직의 실무 현장에서부터 출발하고 지속되도록 노력해야 한다. 일정 기간에 걸쳐 지속되는 작은 행동들은 눈덩이처럼 불어나 조직에서 가시화된 성과와 추진력을 확보할 수 있기 때문이다. 이를 통해 조직은 더욱

■ **성공하는 리더를 만드는 5가지 핵심 사항**

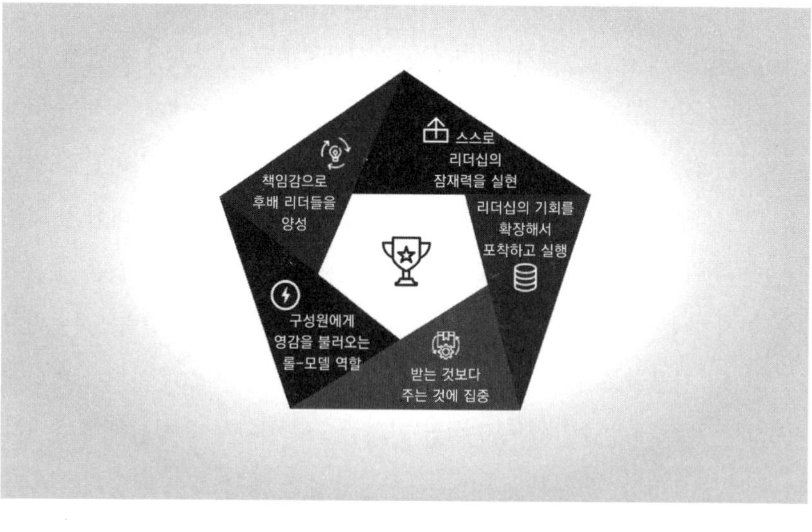

민첩하게 변화의 원동력을 확보하게 되고, 디지털 시대에 앞서가는 경쟁력을 확보할 수 있을 것이다.

끝으로, 젊음에서 찾아볼 수 있는 역동적인 에너지와 잠재력은 엄청난 가치를 가지고 있다. 기업의 리더들이 신세대들에게 영감을 불러일으키고, 잠재된 재능을 자극하기 위한 책무를 다 할 수 있다면, 우리 젊은 세대의 리더들이 모든 분야에서 앞으로 나아가는 것을 더 많이 볼 수 있을 것이라고 확신한다.

요약

- 성공하는 리더로서 필요한 3가지의 중요한 특성은 다음과 같다. 첫째, 쉬운 일보다는 옳은 일을 해야 하고, 둘째, 개인적인 목표보다는 더욱 큰 목표에 초점을 맞추어야 하며, 셋째, 팀 구성원들이 리더의 비전과 역량을 넘어서도록 영감을 부여하고 독려하는 것이다.
- 성공하는 리더로서 성장하기 위한 신념과 행동
  - 자신에게 내재화된 리더의 잠재력을 발휘하기 위해서 스스로 동기부여와 함께 환경을 조성해야 한다.
  - 리더로서 성장 기회를 포착하고 실행에 옮기는 과정에서 스스로 안주할 수 있는 영역을 벗어나야 한다.
  - 단기 관점의 이기적 목표에서 장기적이고 사심 없는 목표로 초점이 바뀌면 경이로운 성장을 이룰 수 있다.
  - 성공하는 리더는 '진실의 순간'에 스스로 어떻게 행동하는가에 의해 위대한 리더로서 거듭날 수 있다.
  - 리더로서 성공하기 위해서 자신으로부터 시작해서 주변에 영감을 불러올 수 있는 롤-모델이 되어야 한다.
- 디지털 시대에 기업의 젊은이들은 새로운 가능성과 잠재력이 엄청나게 크다. 조직의 최고 경영진으로부터 하향식 행동이나 지침을 기다리는 대신 상향식 접근 방식으로 조직의 젊은 구성원들로부터 이러한 열정과 에너지를 모으고 조직의 내부로 확산할 수 있는 채널을 구축함으로써 변화에 민첩하게 대응할 필요가 있다.

제4장

—

이중성 관리

: 리더가 디지털 시대에 성공하기 위한 핵심 스킬

우리가 두 눈과 두 발을 가지고 있는 것처럼, 이중성은 우리 삶의 일부분이다.

음악가, 카를로스 산타나

뷰카 시대가 리더들에게 던지는 많은 도전적 과제 중에서 조직을 성공으로 이끌기 위해 반드시 극복해야 할 독특한 과제가 있다. 이는 실무에서 가장 중요한 주제로서 리더들이 모순 상황이나 현실에 표출된 상반된 목표를 동시에 다루어야 하는 이중성 관리에 관한 것이다.

음 vs 양, 낮 vs 밤, 열 vs 냉, 남성 vs 여성 등과 같이 우리의 삶에서 경험하고 있는 많은 상충하는 가치들은 인간의 자연 상태에서 아주 상호 보완적이며 서로 공존하고 있다. 이러한 관점을 적용한다면 비즈니스에서도 이와 크게 다르지 않을 수 있다. 디지털 시대의 리더들은 서로 상충하는 목표나 가치에 의해 모순적인 상황에 처하게 된다. 즉 여기서 '이중성'이라고 명명하는 현실에서 상반되는 가치에 직면하게 된다. 어떠한 가치에 상충되고 반대되는 가치는 상호 보완적이지만 분명히 이들은 다루기가 쉽지 않다.

조직의 리더로서 성장하면서 특정한 관점으로 가치관과 선호도가 정립되고 또한 특정한 업무 수행 방식에 스스로 갇히게 되면서, 리더는 상호 보완적인 가치의 한 측면에만 초점을 맞추는 경향이 있다.

특히 이중성에 의한 상보적인 가치를 다루는 가장 쉬운 방법은 상반되는 가치들 사이에서 적당한 절충점을 찾는 것이다. 이는 일부 만족할 만한 결과를 도출할 수도 있겠지만 이러한 접근법은 근본적으로 문제점을 내포하고 있다. 특히 문제의 본질에서 벗어나는 다른 솔루션으로 도출되거나 또 다른 문제를 야기할 수도 있다. 상호 보완적인 가치나 상충하는 목표는 디지털 시대의 본질적인 특징이기 때문에 리더들은 이러한 절충적인 거래 행위를 넘어서야 하며 이중성을 관리하는 전략을 마스터하고 궁극적으로 상반되는 두 가치 모두에 만족하는 윈-윈(Win-Win) 솔루션을 찾거나 만들어야 한다.

리더가 Win-Win 솔루션을 창출하기 어려운 상충하는 가치 또는 목표에 관한 몇 가지 예시는 다음과 같다.

- 단기 vs 장기(Short-term versus Long-term): 오늘날 디지털 시대의 빠르게 변화하는 속도에 의해 감축되고 있는 비즈니스 사이클과 제품수명주기는 조직의 민첩함과 더불어 조직 자원의 단기적인 집중과 투자가 요구된다. 하지만 이와 함께 시장에서는 장기적인 관점에서 비즈니스 모델과 이노베이션 창출을 위한 기업의 투자가 지속되지 않는다면 기업의 미래가 없을 수 있다. 게다가 단기적 관점과 장기적인 관점은 평행하게 별도로 다루어질 수 있는 트랙이 아니지만, 두가지 관점은 긴밀하게 연관성을 가지도록 연결될 필요성이 있다. 많은 리더가 단기적 또는 장기적인 사고의 틀에 갇히게 되고 두 가지의 상반된 관점을 유연하게 연결하는 것이 매우 어렵다는 사실에 직면하게 된다.
- 실행 vs 전략(Execution versus Strategy): 우리는 앞서 이 책에서 전통적인 관점에서, 전략에서 실행으로 진행되는 사이클이 뷰카 시대에서 역전되었고 애자일(Agile) 경영의 관점에서 오늘날 민첩한 실행에 훨씬 더 초점을 맞추고 있다는 것을 살펴보았다. 하지만 디지털 시대에 성공하기 위해서 실패를 가능한 조기에 경험하고 피보팅(Pivoting)을 통해 다

양한 실행의 결과로써 나타나는 경험들을 연결하고 다시 전략에 대한 명확성을 지속해서 개발하는 것이 중요하다. 그러므로 디지털 시대의 '실행과 전략'은 더 이상 순차적으로 진행되지 않으며 이들은 반복적이어야 하므로 두 가지의 가치 사이에서 원활하게 되풀이하며 움직이는 것이 더욱 중요해진다.

- **성장 vs 수익(Growth versus Profitability)**: 성장과 수익은 디지털 시대에 조화와 균형을 맞추기가 훨씬 더 어려워지고 있는 전통적인 난제다. 수익성과 성장성은 기업 가치의 창출에서 두 가지의 큰 기둥이라 할 수 있다. 하지만 두 가지를 동시에 원활하게 관리하는 것은 결코 쉬운 일이 아니다. 기업의 성장성 강화를 위해서 일반적으로 지속적인 투자가 필요한데 이때 통상적으로 수익성에 타격을 줄 수 있다. 가격 압박과 비용 상승으로 인해 많은 분야에서 수익성이 위협받을 때 성장은 훨씬 더 어려운 상황에 직면하게 된다. 그러므로 기업 리더들이 성장과 수익성을 동시에 견인할 수 있는 Win-Win 솔루션을 개발하고 실행하는 것은 큰 도전이다.
- **고객 vs 직원(Customers versus Employees)**: 기업의 고객은 모든 비즈니스의 기반이 되는 핵심적인 요소이다. 초경쟁 글로벌 네트워크 시장 환경에서 고객은 더욱 풍부한 선택을 할 수 있으며, 디지털 시대에는 고객 중심성이 더욱 중요해졌다. 그러므로 초경쟁 시대에서 고객 만족을 강력하게 실현해야만 하는 기업의 직원들은 더 많은 압박을 받으며 노력에 경주해야 한다. 이러한 환경은 리더가 고객 가치에 상응하도록 세심하게 직원 관리를 하지 않으면 직원의 임무가 위태로워질 수 있다. 디지털 시대의 리더는 고객과 직원 모두를 염두에 두는 이중적인 사명을 갖는 것이 중요하다. 리더는 고객 중심적이면서도 직원 중심적이어야 한다. 그리고 만약 리더가 비즈니스의 핵심이 되는 2가지 축으로써 고객과 직원 모두에 균형과 조화를 잘 맞춘다면, 기업의 비즈니스는 선

순환이 이루어지며 더욱 경쟁력을 가질 수 있을 것이다.

- **판매** vs **배송**(Sales versus Delivery): 기업의 비즈니스에서 판매와 배송은 서로가 상반된 사고방식이 필요하다. 판매는 고객과의 약속을 파는 행위라고 한다면 반면에 배송은 약속을 실현하는 과정이다. 판매는 종종 공격적이고 배송은 보수적인 경향이 있다. 만약 비즈니스에서 리더가 과도하게 판매에만 무게 중심을 둔다면 배송에 문제가 발생할 수 있다. 이와 동시에 만약에 리더가 약속을 파는 데 너무 보수적이라면 기업은 아무것도 팔 수 없을지도 모른다. 즉 판매는 영업 부서의 목표가 되겠지만 배송은 생산 또는 서비스 제공 부서에서의 목표가 된다. 종종 기업에서는 이러한 상반된 가치를 실현하는 부서 간의 갈등과 반목이 있을 수 있다. 기업의 리더는 이러한 판매와 배송에 대한 이중성을 원활하게 관리함으로써 기업의 경쟁력을 보다 강화할 수 있다.
- **품질** vs **속도**(Quality versus Speed): 높은 속도로 운전하는 동안 사고의 확률은 증가한다. 이와 마찬가지로 비즈니스에서 속도를 높이는 것은 품질을 저하시키는 결과를 초래할 수 있다. 이에 관한 좋은 예시는 인재의 채용이다. 채용의 규모를 동시에 빠른 속도로 늘리는 것은 궁극적으로 채용하고자 하는 인력의 질적 수준과 경험 등의 관점을 저하시킬 수 있다. 속도는 디지털 시대에서 정의하는 핵심 기능 중의 하나이다. 하지만 기업에서 경쟁력 강화를 위해 속도가 필요하며 이를 작동해야 하는 프로세스에서 높은 품질을 보장하기 위한 특단의 대책을 찾는 것이 리더에게는 필수적인 과제로 부각되고 있다.
- **데이터** vs **직관**(Data versus Intuition): 이 책의 많은 부분에서 디지털 시대에 기업의 핵심적인 자산이자 특성으로써 데이터의 볼륨, 다양성, 속도의 관점에서 어떻게 폭발적으로 증가하고 있는지, 그리고 AI-기반의 데이터 사이언스에 의한 기업의 의사결정에 관해서도 살펴보았다. 하지만 그럼에도 불구하고 뷰카 시대에서 리더의 직관에 의한 역할은 비

즈니스 관점에서 사라지지 않고 더욱 중요해지고 있다. 직관은 창의성과 함께 경쟁 우위를 가질 수 있는 원천적 특성이기 때문이다. 리더로서 이에 관한 근본적인 접근법은 합리적인 논리와 통찰적인 직관에 관한 능력을 동시에 어떻게 개발하고 활용할 것인가에 있다.

- 인간 vs 기계(Man versus Machine): 4차 산업혁명이라고 불리는 디지털 시대에서 인공지능이 선두로 이끌며 끈질기게 발전하는 지능화의 행진이 오늘날 많은 일자리의 변화와 함께 기업의 업무 프로세스의 재설계로 이어지고 있다. 통상적으로 '인간 OR(또는) 기계'로 양분하여 이분법적인 관점에서 기업의 일자리와 변화되는 업무를 본다면 리더는 상충하는 가치로 인해 상당한 고난에 빠질 수 있다. 그러므로 내일의 일자리와 프로세스를 설계하는 리더는 이러한 이분법적인 관점에서 벗어나 어떻게 '기계 AND(그리고) 인간'의 보완적 능력을 이해하고 통합할 수 있는가를 고민해야 한다. 즉 기업의 리더는 '인간 vs 기계'에 관한 문제 해결을 위해 'OR(또는)'의 문제가 아니라 'AND(그리고)'로서 새로운 기회로 판단하고 접근해야 할 것이다.
- 제품 vs 서비스(Products versus Services): 기업의 보유 기술이 시장에 사업화되는 관점으로 '제품'과 '서비스' 사이에는 분명 차별성이 있다. 이들은 일반적으로 서로 다른 비즈니스 모델의 결과로써 다른 사고방식과 접근법을 필요로 하며, 일반적으로 다른 유형의 기업들에 의해 차별화되어 제공된다. 하지만 디지털 시대에서는 제품과 서비스의 경계가 무너지며 모호해져 있다. 많은 서비스 중심 기업들이 제품 개발과 지식재산 확보 능력을 중요시하고 새로운 혁신을 개발하고 있는 반면에 제품 제조업체들도 디지털 시대의 고객 맞춤형 서비스 제공의 중요성을 확인하고 디지털 기반의 서비스 모델을 개발하고 있다. 그러므로 리더는 제품과 서비스의 차별적 관점에서 상충할 수 있는 비즈니스 전략을 이해할 뿐 아니라 심화된 시장 경쟁체제에 대응해야 할 것이다.

- **투입 vs 산출**(Input versus Output): 기업을 운영하는 리더들은 인력, 자금 또는 정보 등의 자원을 투입하여 기업 활동의 결과로써 재무 실적 또는 주식 시장의 성과 등과 같은 산출되는 실적으로 평가받게 되며 이러한 투입 자원과 산출 결과에 많은 관심을 가지는 경향이 있다. 하지만 기업이 보유하고 있는 다양한 자원을 올바른 수준으로 투입하지 않으면 고품질의 산출을 유지하기 어려울 것이다. 특히 기업의 리더는 최소의 자금 투입을 통해 최대의 이윤을 산출하는데 그 조화와 균형을 찾는 것은 매우 중요한 능력이며, 산출하고자 하는 분명한 목적에 따라투입하려는 노력이 확고히 설정되지 않으면 길을 잃을 수도 있다.
- **'뭔가를 아는 것' vs '누군가를 아는 것'**: 대부분의 비즈니스 리더는 누군가를 안다는 것에 중심을 두는 '관계 지향적' 스타일의 철학을 가지고 있거나, 또는 뭔가를 안다는 사실에 중심을 두는 '콘텐츠 지향적' 스타일이 지배적인 경우로 양분할 수 있다. 디지털 시대에 요구되는 리더는 둘 중 하나를 선택하는 것이 아니라, 두 가지 유형의 리더십 스타일에 내재하고 있는 장점 모두를 조화롭게 갖추는 것이 중요하다.
- **자율 vs 통제**(Autonomy versus Governance): 디지털 시대에서 빠르게 변화는 속도는 조직에서 전통적인 상부 하달 방식의 지시와 보고에 의한 통제 구조가 원활하게 작동할 수 없다는 것을 의미한다. 민첩한 의사결정과 실행의 속도를 보장하기 위해서 조직의 다양한 수준에서 자율성이 요구된다. 하지만 이와 동시에 조직에 대한 거버넌스와 리스크 관리의 필요성도 사라지지 않는다. 그러므로 디지털 시대에서 조직에 요구되는 자율성과 통제성에 대해서 어떻게 동시에 균형을 맞추어 민첩한 조직으로 거듭날 수 있는가는 중요한 도전으로 다가왔다.
- **학습 vs 실행**(Learning versus Doing): 디지털 시대의 역동성과 빠른 변화 속도는 '지속적인 학습'을 조직의 생존은 물론 성장 발전을 위한 필수적 요소로 만들었다. 하지만 '지속적인 학습'은 '실행의 결핍'으로 이어질

수 있으며 '실행의 집중'은 '지속적인 학습'을 방해할 수 있다. 그러므로 학습과 실행은 서로에게서 소중한 시간을 빼앗을 수 있지만 두 가지 가치 사이에서 적절한 조화와 균형을 찾는 것은 디지털 시대의 경쟁력 확보를 위해 중요한 관점이다.

- **혁신 vs 배송(Innovation versus Delivery)**: 디지털 시대에서도 혁신은 리더가 기업의 성공을 위해 지속해서 추구해야 하는 핵심적인 사안이다. 혁신은 창의성이 내재화된 새로운 가치로서 시장에서의 검증과 함께 시장 확보가 요구되므로 지속적인 실험과 리스크를 감수해야 하는 것을 의미한다. 하지만 이와는 달리 배송은 확보된 시장에서 일반적으로 예측 가능성과 일관성이 요구되며 품질과 고객 관리에 초점을 맞추어야 한다. 그러므로 '혁신과 배송'은 두 가지 서로 다른 관점과 접근 방식을 요구한다. 하지만 디지털 시대에서 이 두 가지를 동시에 관리하는 것이 그 어느 때보다 중요시되고 있다.
- **지성 vs 감성(Intellect versus Emotion)**: 인간의 두뇌 활동을 통한 사고력을 2가지로 구분하자면 '수리력과 분석력'에 기반하여 '지성적 사고'가 좌뇌 영역에서 이루어지며, 또 다른 관점의 사고력으로써 '통찰력과 직관력'에 기반하여 '감성적 사고'가 우뇌 영역에서 이루어질 수 있다. 이는 서로 상충하는 사고방식의 가치이지만 상보적인 관점을 가지고 있다. 인간의 지성은 과학기술 분야의 혁신에 기초가 되지만, 감성은 문화예술 분야의 혁신에 기초가 되는 중요한 관점이다. 대부분 리더는 2가지 유형 중에서 어느 특정의 지배적인 스타일을 중요시하고 있다. 하지만 디지털 시대의 리더십은 상반된 요구사항을 모두 다룰 수 있도록 모든 임원이 IQ와 EQ를 동등하게 개발하고 사용할 필요가 있음을 의미한다. 지성과 감성의 균형은 리더에게 그 어느 때보다 중요하다.
- **영성 vs 물질(Spirituality versus Materialism)**: 매우 복잡하고 광란적이고 변덕스러운 뷰카 시대의 실체적인 혼란 속에서도 리더가 마음의 평화

를 찾을 수 있다는 것은 매우 중요한 경쟁력이 된다. 외부에서 물질적 변화와 함께 많은 일들이 일어날 때 내면의 영성 세계로 깊이 들어가 흔들리지 않도록 자신의 소신을 확고히 할 수 있는 것은 몹시 중요하다. 명상이나 마음 수련은 개인적인 영역에서 벗어나 사회적 모임이나 직장에서 점점 더 많이 확산 수용되고 있으며, 이는 아주 바람직한 현상이다. 인간의 영성 세계와 물질주의가 서로 대립하는 것처럼 보일지 모르지만, 강한 심리적인 안정을 추구하고 자신만의 마음 수련법을 갖고 오늘날 뷰카로 대변되는 물질주의와 적절한 조화를 이루는 것은 기업과 리더의 성공에 중요한 관점이 될 것이다.

■ **이중성 관리 – 디지털 시대 리더의 필수 성공 요건**

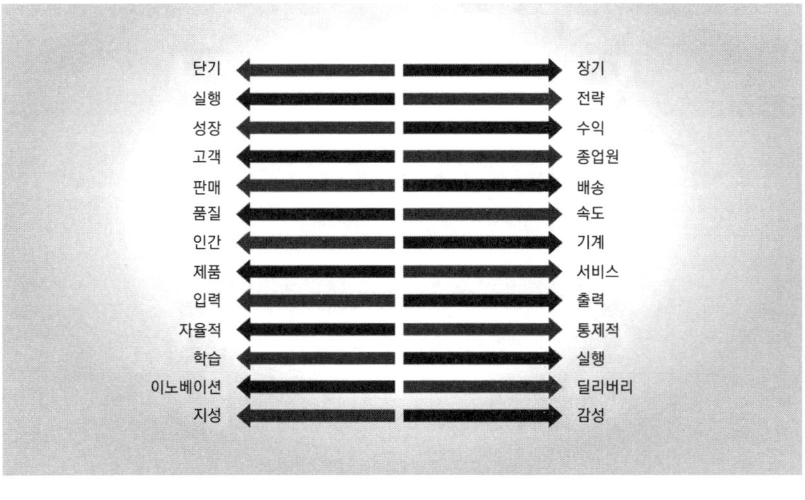

상기에서 논의한 상보적인 가치의 집합은 상당히 긴 목록으로 정리할 수 있다. 하지만 이러한 리스트는 디지털 시대에 리더들이 직면하고 있거나, 또는 경험하게 될 상반된 많은 가치 중에 일부를 보여주는 예시에 불과하다. 모순적 상황에 의한 이중성은 언제나 주어질 수 있다. 이제 문제는 리더들이 상충하는 목표를 다루는 능력을 어떻게 강화시킬 수 있는가에 있다. 이를 위해 5가지 안을 제안하고자 한다.

1. 상충하는 문제를 상호 보완적인 가치로서 파악하는 것이 중요하며, 2가지 상충되는 가치가 가지고 있는 본질적인 가치 모두를 근본적으로 이해하고 숙달해야 한다. 리더는 적절한 타협을 통한 거래에만 안주해서는 안되며 항상 Win-Win 솔루션이 가능하다는 것을 명심해야 할 것이다.

2. 실제로 이중성 관리를 위한 리더의 다양한 실무 경험은 무엇보다도 중요하게 요구되며, 이는 문제 해결에 많은 도움이 된다. 소중하지 않은 경험은 없다. 특히 실패를 통해 얻은 경험은 리더가 이중성을 관리하는 데 아

■ **조직의 이중성 관리를 위해 리더에게 도움이 되는 5가지 방법**

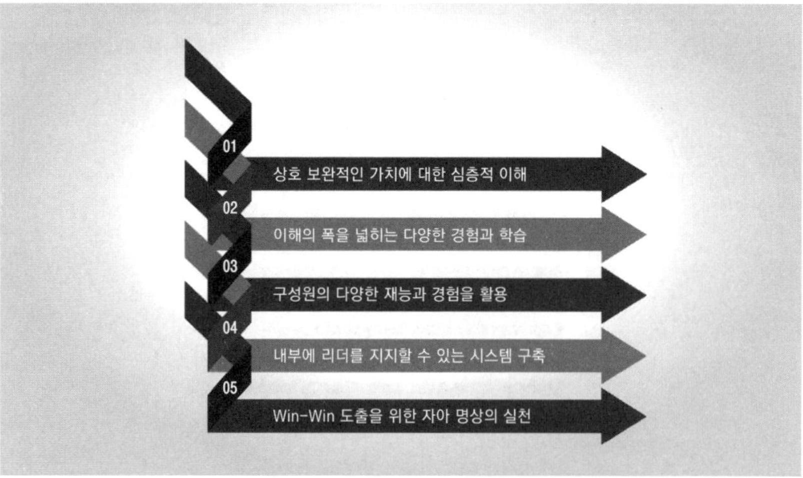

주 좋은 자산이 된다. 가능한 현실에서 다양한 경험을 많이 쌓고, 또한 세계관을 넓히고 현실에서 상반되는 측면에 관한 통찰력과 실무 경험을 얻고 이를 축적하는 것이 중요하다.

3. 팀에 다양한 인재를 함께 모으는 것은 리더의 부족한 실무 경험을 보완할 수 있다. 리더가 보완적인 가치의 범위를 모두 숙달하는 것이 바람직하지만 그렇게 하는 것은 현실적으로 쉽지 않기 때문이다. 다양한 배경과 경험을 가진 조직의 인재를 하나의 팀으로 구성하고 원팀 정신을 강화함으로써 상호 보완적인 가치를 함께 모으는 데 도움이 될 수 있다.

4. 리더의 생각과 행동을 적극적으로 옹호하고 외부로 확산 전달할 수 있도록 지원하는 내부의 지지 세력의 확보와 함께 의결 시스템을 구축하는 것이 중요하다. 이는 마치 우리의 사생활에서 가족이나 배우자의 지지를 받으며 우리의 삶을 보완하는 것과도 같은 이치이다. 삶의 동반자로서 가족이나 배우자는 지지 세력일 뿐만이 아니라 종종 자신의 거울을 들고 있어 더 큰 삶의 그림을 볼 수 있도록 도와준다. 이와 마찬가지로 리더의 철학과 행동을 옹호하고 외부로 확산하는 데 도울 수 있는 지지 세력을 내부 조직에서 확보하는 것이 중요하다. 이러한 지지 세력은 조직 내의 멘토, 동료 또는 팀원 등이 될 수 있으며 이들은 측근에서 리더가 상충하는 문제 상황에서 편견을 넘어 더 큰 그림을 볼 수 있도록 도와주고, 리더의 이중성 관리에 많은 도움을 줄 수 있다.

5. 명상을 지속해서 실천하라. 명상은 스스로 자아를 성찰하는 훌륭한 방법이다. 상충하는 가치에 대한 우리의 도전은 자신을 극단의 상황에 갇히도록 하는 경향이 있다. 명상은 자신을 편견으로부터 자유롭게 하고 마음의 평정을 이루어 지혜를 찾을 수 있도록 돕는 좋은 수단이다. 뷰카 시

대의 조직의 리더에게는 더욱 강력한 정신적인 안정성과 평정심이 요구된다. 명상의 관행은 어떠한 불안정 상황에서도 평정심을 유지하도록 하여 리더가 필요한 Win-Win 솔루션을 얻을 수 있도록 효과적으로 도와줄 수 있기 때문이다.

변동성과 복잡성 그리고 모호성은 디지털 시대의 본질적인 특징이며, 이로 인해 경쟁하는 기업들 앞에 펼쳐진 많은 상반된 목표들은 기업의 리더들을 더욱 혼란스럽게 한다. 따라서 조직의 리더로서 이중성을 능숙하게 관리할 수 있는 다양한 경험과 스킬을 습득하는 것은 디지털 시대의 성공하는 리더에게 요구되는 핵심적인 역량이며, 디지털 시대의 성공하는 리더십은 더욱 어려운 도전적 과제로 부상하고 있다.

한편, 리더가 아닌 조직의 구성원이라 할 지라도 실무에서 서로 다른 상충하는 이중성의 측면을 통찰하고 이를 해결할 수 있는 스킬을 숙달할 수 있다면 이들은 특정 분야의 전문가로서나 창의적 인간으로 서로 다른 수준의 성숙도를 가지고 성장할 수 있을 것이다.

요약

- 모순이나 겉보기에 상충하는 목표의 형태로써 나타나는 이중성을 관리하는 것은 디지털 시대에서 리더가 해결해야 할 가장 중요한 도전이다. 기업의 리더들은 상충하는 문제 해결을 위해 적절한 타협을 통한 거래를 넘어서 모순 해결에 대한 Win-Win 솔루션을 개발하는 방법을 배워야 할 것이다.
- 상충하는 모순의 예시로는 '단기 vs 장기', '실행 vs 전략', '성장 vs 수익', '고객 vs 직원', '판매 vs 배송', '품질 vs 속도', '데이터 vs 직관', '제품 vs 서비스', '투입 vs 산출' 등이 있다.
- 리더는 '무엇을 아는 것' vs '누군가를 아는 것', '자율성 vs 통제성', '학습 vs 실행', '혁신 vs 배송', '지성 vs 감성', '영성 vs 물질' 등 다양한 리더십의 관점 사이에서 균형을 이루어야 한다.
- 리더의 이중성 관리에 도움이 되는 5가지 접근법은 다음과 같다.
  - 상호 보완적 가치에 대한 인식과 이해를 구축한다.
  - 세계관과 이해 폭을 넓히는 다양한 경험을 쌓는다.
  - 구성원의 다양한 재능과 경험을 활용하여 관리한다.
  - 리더의 이중성 관리를 도와주는 내부 인력이 필요하다.
  - 리더는 내면의 안정을 위해 지속적인 명상이 필요하다.

제5장

—

심리적인 균형

: 오늘날 디지털 시대에 필요한 것

오늘날 우리는 많은 스트레스를 느끼며 압도당하고 살고 있는데, 그 이유는 우리가 너무 많은 것을 떠맡고 있기 때문이 아니라, 우리를 스스로 단련시키는 데에 너무나 적은 돈을 쓰고 있기 때문이다.

마커스 버킹엄, 작가

오늘날 우리는 많은 매력과 유혹으로 넘치는 디지털 정보에 기반한 초소비주의 시대를 살아가고 있다. 치열한 경쟁을 통한 성공의 대가로서 부와 권력, 지위 등과 같은 외적인 목표를 끊임없이 상향 조정하고 이를 쫓고 있다. 하지만 물질 만능주의에 근거한 이러한 외적인 목표들은 함정과도 같다. 우리는 끊임없이 분출되는 욕망과 기대의 러닝머신 위를 달리고 있다. 달리기를 더욱 빠르게 하여 더욱 많은 성공을 하면 할수록 우리의 욕망은 계속 높아지고 러닝머신을 더욱 빨리 달려야 한다. 욕망과 기대의 러닝머신에 있는 한 인간은 진정한 평화와 행복을 찾을 수 없다. 성공하면 할수록 새로운 욕망과 기대를 따라잡기 위해 점점 더 빨리 달려야 하며 이는 점점 더 많은 삶의 스트레스와 정신적 폐해로 이어진다. 궁극적으로 우리의 정신적인 삶은 피곤해지고 자아를 상실하게 되며 마치 인간은 욕망과 기대를 충족하기 위해 설계된 로봇처럼 무의미하고 반복적인 삶을 경험하게 된다.

현실의 삶에서 우리는 끊임없는 자극과 산만함에 직면해 있으며, 이러한 정신적인 스트레스와 피로의 상황은 다양한 디지털 미디어에 의해 네트워크화되고 상호 연결된 지능 정보화 세계로 인해 더욱 악화되고 있다. 우리는 자신의 의지와는 무관하게 항상 온라인 상태로 설정되고 일정한 응답 모드로 전환되어 있다. 우리가 얻는 정보에 집중하게 하고 또 응답하게 하는 요구는 우리 삶의 스트레스를 더욱 심화시키고 있다. 다양한 소셜 네트워크와 정보화 기기에 상호 연결된 우리는 응답하기 위해 항상 행동 모드에 있어야 하며, 이는 우리 스스로 자아를 되돌아보고 성찰할 수 있는 심리적 여유와 시간을 허락하지 않는다.

사회적인 스트레스 수준도 지속해서 증가하고 있으며, 이로 말미암아 그 어느 때보다도 빠르게 심각한 건강 문제를 일으키고 있다. 배려를 통한 관용과 공감은 하락하고 있으며, 경쟁에 의한 갈등과 다툼의 관계로 이어진다. 도덕적 구조와 청렴함이 약화되고, 부패와 범죄가 지속해서 증가하고 있다.

만약 현재 상황이 지속해서 하향으로 악화한다면 이는 개인과 사회 모두에게 재앙이 될 것이다. 이러한 악순환의 흐름을 뒤집고 선순환으로 나아가려면 앞에서 언급한 바와 같이 무엇보다도 영성과 물질주의 사이에서 균형을 찾아야 한다.

영성은 내면의 자아를 스스로 찾아 이를 연결하는 과정이다. 오늘날 빠르게 변화하는 디지털 시대에서 진정한 마음의 평화와 행복을 얻기 위해서 스스로 영성을 발견하고 내면의 자아를 연결하는 것이 필수적인 과업이다. 우리 모두의 내면 깊은 곳에는 거대한 힘이 자리 잡고 있으며 이는 우리 모두에게 내재하고 있는 보편적인 힘이다.

우리는 종종 문제에 대한 해결책을 자신을 돌이켜 보지 못하고 외부에서만 찾고자 하지만 실제로 모든 문제의 해결책은 우리 자신의 내부 안에 있다. 문제 해결을 위해서 우리는 명상을 통해 단순히 우리 안에 내재해 있는 심오한 에너지와 연결되기만 하면 된다. 우리가 그렇게 할 때, 우리 내면의 에너지는 모호한 안개를 제거하고 우리에게 생각과 행동에 관한 명확성을 부여한다. 옳고 그름을 명확하게 제시해 주고, 중요한 것과 그렇지 않은 것을 확연하게 구별하는 것이 가능해진다. 그리고 두려움과 걱정은 사라지게 되며 우리가 불가능이라 생각했던 위대한 결과를 이룰 수 있는 긍정적인 에너지를 찾게 된다.

마음 수련을 통해 심리적인 균형을 찾는 것은 오늘날 물질 만능주의가 팽배한 치열한 경쟁의 사회에서 합리적인 결정을 하고 상충하는 문제에 성공적으로 대처하는 데 많은 도움을 제공한다. 하지만 명확한 사리분별력을 확보하기 위해 마음의 평정심과 내면의 심리적 균형을 이루기는 쉽지 않은 일이다. 물질세계에서 일상화된 스트레스는 우리를 내면의 자아로부터 멀어지게 한다. 그러므로 스스로 자아를 발견하고 자기실현의 길로 인도할 수 있는 마음 수련에 대한 지식을 쌓고 훈련을 통해 스스로 단련하는 것이 바람직할 것이다. 요가, 프라나야마, 레이키, 명상, 독경, 기도 등과 같은 체계적인 마음 훈련법들이 개발되어 있으며, 이러한 다양한 마음 수련법들의 최

■ **디지털 시대에 요구되는 심리적인 균형**

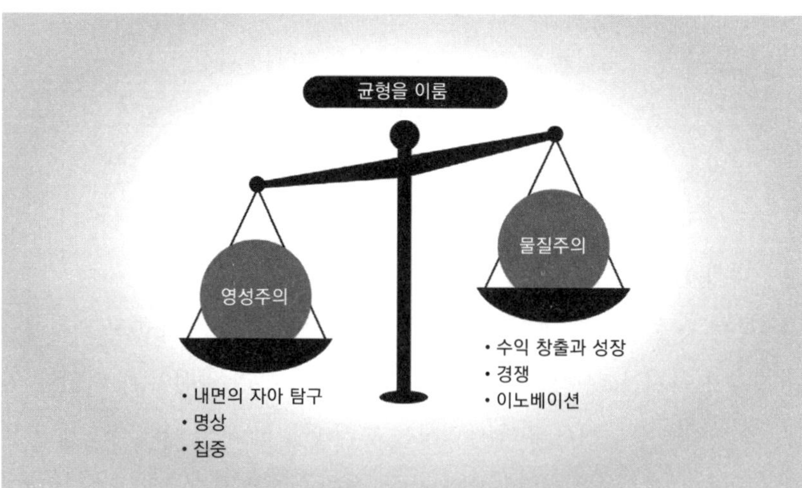

종 목표는 동일하다. 이는 내면의 세계에서의 자아를 성찰하고 자신 내부에 존재하는 심오한 힘과 에너지에 연결하는 과정이라 할 수 있다.

특히, 뷰카 시대를 효율적으로 대처하기 위해서 조직의 리더들은 정신의 세계에서 심리적인 조화와 균형을 찾고 자신에게 집중하는 마음 훈련이 필요하다. 기업 리더들에게 요구되는 것은 심리적인 압박과 외부 스트레스 관리를 위한 내면의 평정심과 자신감이다. 오늘날 기업 리더들 사이에서 명상의 중요성에 관한 인식이 높아지고 있으며, 명상과 마음 훈련과 같은 주제가 기업의 리더에게 학습을 위한 새로운 주제로서 주목을 받고 더욱 확대되는 것은 아주 바람직한 현상이라 할 수 있다.

요약

- 오늘날 우리는 디지털 홍수와 초소비주의 시대에 살고 있으며 욕망과 기대의 끊임없는 러닝머신을 달리고 있으면서 더 빨리 달리고자 하는 것은 더 많은 스트레스로 이어지고 있다.
- 우리 내면 깊숙이 자리하고 있는 위대한 힘이 있다. 모든 해결책은 우리 내면 안에 있으며 마음 수련을 통해 심리적 균형을 찾는 것이 합리적 결정을 하고 상충되는 문제를 해결하는 데 많은 도움을 준다.
- 명상과 같은 마음 훈련은 디지털 시대의 불확실성과 과도한 경쟁으로 인한 스트레스를 줄이고 업무 능력과 창의성을 높이며 심리적인 안정을 통한 평정심을 확보하는 데 도움이 될 수 있다.

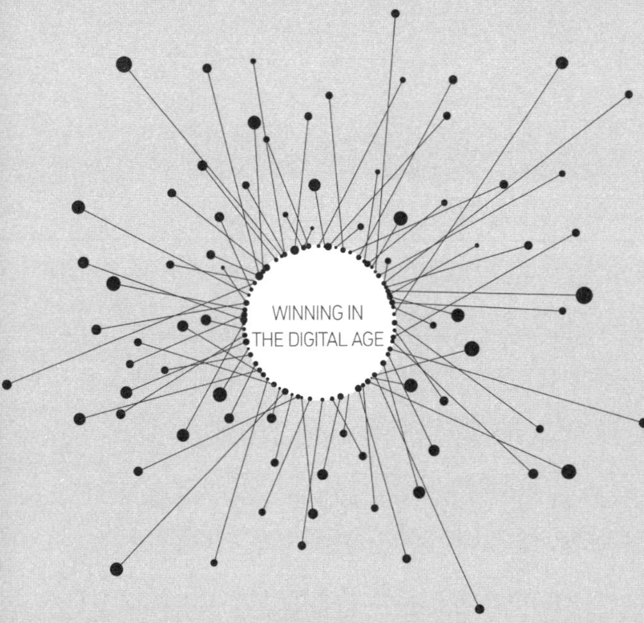

섹션 7

디지털 시대를 이끌 청년 세대에 조언

서론

—

디지털 시대를 이끌 청년 세대에 조언

우리는 지금까지 기업의 관점에서 디지털 전환에 관한 핵심 이슈들을 중심으로 디지털이 다양한 산업에 미치는 영향을 살펴보았고, 디지털 기술 혁신의 유형과 글로벌 딜리버리 모델에 관해 논의하였다. 아울러 디지털 시대에 승리하는 조직으로 변화하기 위한 핵심 요소들을 살펴보고, 또한 기업의 리더들이 이러한 조직 변화를 어떻게 주도하며 추진해야 하는지에 대해 살펴보았다. 끝으로 마지막 섹션에서는 디지털 시대의 주역이자 미래를 이끌어갈 청년 세대에게 조언하며 끝을 맺고자 한다.

디지털 전환에 의한 기업의 변화는 기업의 구성원 개인도 새로운 변화에 직면하게 만든다. 기업이 디지털 시대에서 승리하기 위해 변화의 원리를 이해하고 새로운 원동력을 확보해야 한다면, 개인도 마찬가지로 시대적 변화를 이해하고 새로운 경쟁력을 스스로 확보해야 할 것이다. 왜냐하면 디지털 시대의 새로운 경쟁에서 승리하는 것이 기업의 생존 전략이라면 구성원인 개인에게도 마찬가지로 중요한 성공 전략이 되기 때문이다.

오늘날 디지털 시대에서 우리가 경험하고 있는 전례 없는 변동성과 역동성은 청년 세대들에게 놀라운 기회를 제공하고 있다. AI를 중심으로 디지털 기술의 급속한 발전과 글로벌 초네트워크 사회로의 진입은 새로운 비즈니스 패러다임과 함께 디지털 관점에서 새로운 출발점을 제시하고 있다. 디지털 전환 시대에서 경쟁하는 기업은 이제 새로운 비즈니스 게임 규칙으로 경쟁하기 때문에 과거 산업화 시대의 성공 경험이나 비즈니스 노하우들은 거의 도움이 되지 못할 수 있다.

하지만 기업의 도메인 분야에 전문 지식을 보유하고 있는 청년 세대의 전문가는 디지털 시대의 기업에게 큰 자산이다. 젊은 MZ 세대의 청년들은 디지털 환경에서 자라온 원주민으로서 자신의 전문 도메인과 디지털이 융합되는 새로운 비즈니스를 어떻게 구축하고 응용할 수 있는지 직관적으로 이해할 수 있다.

그렇다면 디지털 시대의 성공을 위해 청년 세대는 무엇을 어떻게 준비해야 할 것인가? 앞서 언급한 디지털 시대의 기업 리더들에게 요구되는 성공 역량과 사고방식은 청년 세대에게도 중요한 요구사항이 된다. 특히 중요하게 요구되는 역량으로써 '지속적 학습', '창의성과 혁신', '기술 DNA 구축', '민첩성 함양', '이중성 관리', '심리적 균형'이라 할 수 있다.

상기의 핵심 역량들과 함께 디지털 시대의 청년 세대에게 성공을 위한 조언으로 6가지 실천적 방안을 제시하고자 한다.

1. 고유한 삶의 목적을 찾아서 실천하라.

제한된 특정 도메인 분야에서만 경력을 쌓아온 시기에는 선택의 폭이 제한적이었다. 하지만 디지털 시대의 청년 세대에게 엄청나게 새로운 기회가 찾아왔다. 디지털 시대의 청년들은 그들의 경력을 축적하기 위해 특정 도메인 분야에 한정되고 부합된 선택을 해야만 하는 압력으로부터 해방될 것이다. 자신의 삶에 대하여 독특한 목적을 탐구하고 목적에 맞는 삶을 살도록 그들 스스로를 자유롭게 해야 한다. 삶의 고유한 목적을 발견하는 것은 디지털 시대의 성공을 위해 무엇보다 필요하고 강력한 에너지원이다. 이는 자신이 스스로 잠재력을 충분히 달성하고 지속적인 행복을 성취하도록 돕는다.

2. 도전 정신으로 무장한 기업가가 되어라.

디지털 변동성에 기반한 기존의 산업 환경과 시장의 역동적인 변화는 새로운 사업 기회를 창출하고 있다. 기업 지원을 위한 다양한 디지털 생태계는 예비 기업가들이 쉽게 창업할 수 있게 해준다. 사업의 위험성은 비교적 낮아지고 수익률은 아주 높아졌다. 디지털 시대에 기업가로 성장하는 것은 매우 매력적인 제안이다. 아이디어에 대한 열정과 위험을 감수하는 능력만 있으면 된다.

3. 이단아(Maverick)가 되는 것을 두려워하지 마라.

디지털 시대는 빠르게 진화하고 있으며 역동적이며 다차원적으로 변화하고 있다. 디지털 시대에서 성공하려면 기존의 통상적이며 관성적인 사고방식을 넘어서야 한다. 기존의 규범에 도전하는 것을 두려워하지 말고 새롭게 일하는 방법을 창의적으로 개발하고 수용해야 한다. 기존의 관행을 넘어서 비전통적이고 독자적인 것은 바람직한 일이다. '스티브 잡스'와 '일론 머스크' 같은 이단아는 디지털 시대의 롤-모델이라 할 수 있다.

4. 인내하며 포기하지 마라.

디지털 시대에는 변화의 빠른 속도와 실행의 속도에 관한 것이지만 그 과정을 지속해서 유지하는 것도 매우 중요하다. 변화를 통해 지속해서 적응하고, 인내를 통해 꾸준히 진전하는 것이 성공의 핵심이다. 주변에서 발생하는 다양한 변화와 영향력은 많은 환경에서 지속적인 진전을 유지하게 하는 것을 어렵게 만든다. 그러므로 인내하며 포기하지 않고, 지속성을 유지하는 것은 디지털 시대에서 성공하기 위한 중요한 자질이다.

5. 강력한 문제 해결력과 의사결정력을 확보하라.

우리가 살아가는 뷰카 시대는 높은 변동성과 복잡성을 특징으로 한다.

■ **디지털 시대의 청년 세대에게 성공을 위한 조언**

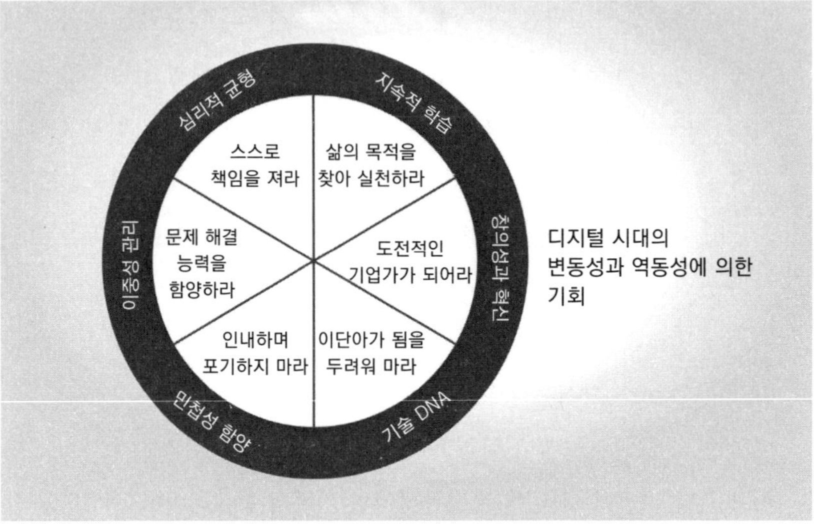

따라서 문제 해결력과 효과적인 의사결정 능력은 그 어느 때보다도 우리의 삶에서 중요해졌다. 이는 디지털 시대에서 성공을 원하는 모든 청년 세대는 자신의 도메인 분야 또는 전공 선택과는 상관없이 디지털 시대에서 쌓아야 할 기초적인 역량이다.

6. 스스로 책임을 지고 주변의 변화를 이끌어라.

성공을 위해 가는 모든 길에는 지역사회에서 발생하든 국가 또는 글로벌 차원이든 많은 도전과 문제들에 직면하게 된다. 이러한 문제들은 단순한 오류에서부터 사회 경제적 불평등과 갈등, 그리고 여러 단계에 걸쳐있는 규제와 구조적인 문제 등에 이르기까지 매우 다양하다. 청년 세대는 이러한 도전에 적극적으로 대처하고 변화를 이끄는 책임을 기꺼이 감수할 필요가 있다. 스스로 개인적인 책임을 지고 주위의 변화를 이끌게 되면 영향력의 영역은 더욱 커지게 되고 리더로서 성장하는 자신을 보게 될 것이다. 오늘날 디지털 시대의 진정한 리더십은 특정 개인에게 주어진 권한과 지위가 아니라, 스스로가 적극적으로 떠맡는 책임에 관한 것이다.

청년 세대에게 디지털 시대의 성공과 자기개발의 관점에서 도움이 될 수 있는 다양한 주제들에 대하여 논의하고자 한다.

1장. 성공을 위한 7가지의 원칙

뷰카 시대를 살아가는 우리는 너무 빠른 속도의 삶을 살고 있어 좀처럼 멈추고 스스로 돌아볼 기회가 거의 없다. 우리의 일상과 삶은 기계적으로 반복하며 지속해서 달리고 있고, 때로는 어디로 가는지 그 방향을 모르고 살아가고 있다. 이러한 삶의 목표를 상실한 무의미한 일상은 인간의 육체와 정신적인 피로와 스트레스를 더욱 심화시키고 있으며, 결국에는 정신적인 세계에서 삶의 의미를 잃고 고난과 역경이 닫치면 극복하지 못하고 파괴로 쉽게 이어질 수 있다. 그러므로 자신이 진정으로 중요한 것이 무엇인지 그리고 이를 성취하기 위해 스스로 내면에서 자신을 성찰하는 것이 무엇보다 중요하며 이를 위하여 스스로가 자신을 통제할 수 있어야 할 것이다.
이 장에서 나는 단순한 사고방식의 틀을 제안하고자 하며 이는 디지털 시대를 살아가는 젊은이들이 자신의 인생에서 성공이 무엇을 의미하는지 정의하는 데 도움이 될 것이다. 성공을 위한 7가지 원칙을 제시하고자 하며 자신의 삶에서 성공의 의미를 최소한 2년 주기로 지속해서 면밀하게 검토하고 스스로 돌아볼 수 있어야 할 것이다.

2장. '스위트 스팟' 찾기: 당신 삶의 강력한 목적!

이 장에서는 한 걸음 더 나아가서 성공을 정의하기 위하여 앞 장에서 제안한 7가지 사고방식의 프레임에서 우리 인간의 삶에 스스로 독특한 목적을 어떻게 확인할 수 있는가에 관해 논의하고자 한다. 강력하고 지속적인 삶의 목적을 갖는 것은 스스로가 잠재력을 충분히 달성하고 자신의 삶에서 지속적인 행복을 찾는 열쇠이기 때문이다. 자신 안에 있는 리더를 자극하고 독려함으로써 스스로가 다른 수준에 이르도록 끌어올릴 수 있다.

우리의 삶의 목적으로써 '스위트 스팟(Sweet Spot)'에는 '열정(Passion)'과 '재능(Talent)' 그리고 '봉사(Service)'라는 세 가지의 가치가 모두 포함되어 있어야 한다. 특히 실현하고자 하는 '봉사'라는 가치에는 반드시 지역사회의 도덕적 또는 윤리적 관점에서 충분히 공익의 가치가 있어야 할 것이며 이러한 우리의 삶의 목표로써 개인의 열정과 재능 그리고 봉사 정신이 함께 하는 '스위트 스팟'은 손쉽게 찾는 여정이 아니라 앞으로 우리가 살아가며 지속해서 찾아가야 할 인생의 장기적인 여정에 있다.

3장. 청년 기업가를 위한 10계명: 현재가 최적의 시간이다!

디지털 시대의 독특하고 흥미로운 부분은 다양한 디지털 융복합 기술 혁신의 출현과 함께 새로운 시장이 만들어지며, 역동적인 기업가적 생태계 구축과 함께 비즈니스 기회가 아주 다양한 분야에서 많이 생겨나고 있다. 디지털 시대의 기술과 자본 그리고 인력의 인프라는 스타트업 설립을 통한 기업가로의 출발을 과거보다 훨씬 쉽고 신속하게 만들고 있다. 오늘날 젊은이들은 디지털 시대를 선점할 수 있는 창업의 기회 포착에 많은 관심을 가지고 준비해야 할 것이다. 이 장에서 디지털 시대에서 기업가가 되기를 열망하는 청년을 위한 10가지의 조언을 공유하고자 하며, 이는 기업가로서의 성공 가능성을 크게 향상시킬 수 있다고 믿는다.

4장. 스티브 잡스의 삶의 교훈: 놀라운 인생 이야기

앞에서 우리는 리더십의 중요성과 함께 디지털 시대의 성공 의미와 이를 성취하기 위한 다양한 방법론 등에 대하여 살펴보았다. 디지털 시대를 살아가는 젊은이의 롤모델이자 우리 시대에 가장 통찰력과 선견지명을 지닌 리더이며 기업가인 '스티브 잡스'의 삶과 철학에 관한 이야기가 빠질 수 없을 것이다. 이 장에서는 그가 살아온 놀라운 실천적 삶에 관하여 우리가 공감하고 배우며 영감을 얻을 수 있는 다양한 교훈을 살펴보고자 한다.

많은 교훈들 중에서 특히 무엇보다도 우리에게 강렬한 교훈을 주는 것은 그의 인생에 내재화된 지속적인 열정이라 할 수 있을 것이다. 기업가적인 도전 정신으로 무장된 그의 열정은 모든 것을 가능하게 한다는 교훈을 몸소 실천한 기업가라 할 수 있겠다. 또한 그는 공학과 예술이 교차하는 지점에서 혁신 기술을 찾고자 했으며, 그는 종단간 완전히 연결되는 완결성의 엔드-투-엔드 오너십과 함께 단순함을 무척 중요시하였다. 특히 스티브 잡스는 놀라온 혁신 제품을 만들기 위해 기존의 규칙을 파괴하는 독불장군 같은 이단아 기질의 소유자라 할 수 있다. 기존의 전통적 방식을 거부하고 새로운 방식을 고집하는 독불장군 정신은 성공하는 리더로서 우리가 살아가는 디지털 시대에 매우 높은 관련성으로 이어지고 있다.

5장. 장수와 위대함에 있어서 다섯 가지 교훈: 자이언트 '세쿼이아스'로부터

앞 장에서 스티브 잡스의 독불장군이라는 이단아 정신과 그것이 어떻게 그를 위대하게 만들었는지에 대해 언급하였다. 하지만 실제로 우리를 위대함에 이르도록 하는 길은 많이 있으며, 특히 오랜 시간 동안 변함없이 일정한 코스를 유지하는 것도 그 길에 이르는 중요한 방법 중 하나이다. 지구상에서 가장 오래되고 가장 큰 생물체 중의 하나인 거대한 '세쿼이아' 나무로부터 우리는 위대함에 이르는 영감과 교훈을 얻을 수 있다.

지구상에서 거대한 세쿼이아는 역경에서 살아남은 식물 유기체로서 자연에 적응하며 성장하기 위해 스스로 혁신하고 제시된 모든 상황을 최대한 활용하고 지역사회의 집단적 힘을 이용하여 살아남는 전형적인 예시이다. 위대한 '세쿼이아'는 자연의 생존 경쟁을 통해 성장하고 살아있는 성공한 모델로서 고무적인 비유 중 하나라는 것을 확인하고, 이를 통해 디지털 경쟁 시대에 성공을 추구하는 우리에게 주는 교훈 5가지를 요약하였다.

6장. 문제 해결과 의사결정을 위한 10가지 프레임

많은 청년 인재들은 대학을 졸업한 후 전문 직종에 발을 들여놓거나 기업의 체계적인 조직 생활에 접어들기 시작하면서 학교에서 배운 다양한 전문적인 전공 지식이 기업의 조직 생활에서 적용될 수 있다는 것을 인지하지만 실무 활용의 관점에서는 한계가 있으며 어느 정도까지만 적용될 수 있다. 그러므로 조직 생활에서 다양한 의사결정을 해야 할 상황에 봉착 시에는 스스로 갈림길에 갇힌 상황에 직면하게 된다. 그러므로 문제 해결과 비즈니스 역량 강화를 위한 다양한 실무 전략을 함양하기 위해 새로운 지식 습득이 필요하다.

이 장에서 나는 실무 경험을 바탕으로 개인과 조직의 다양한 문제 해결을 위한 강력한 프레임을 제시하고자 한다. 특히 이 장에서 제시한 10가지 솔루션은 디지털 시대에 중요한 역량으로써 효과적인 의사결정을 위해 당면 문제를 일반화하고 구조화하는 데 독자들에게 많은 도움이 될 것이다.

7장. 스스로 책임을 감수하고 세상을 변화시켜라!

디지털 시대에서 성공하고자 하는 청년들은 자아의 실현에 대한 범위를 확장하여 더욱 광범위한 책임을 감수할 준비가 되어 있어야 한다. 조직 생활이나 개인의 삶 과정에서 제품이나 서비스 또는 프로세스 등에 새로운 혁신을 위해 열심히 노력하는 과정에서 현실로 나타나는 결과와 기대치와의 차이와 공백들은 많은 상황에서 경험하게 될 것이며, 이는 큰 좌절감을 안겨다 줄 수 있다.

하지만 우리는 다른 이들이 무엇을 잘못하고 있는지 등에 많은 관심을 가지고 살펴보지만, 자신이 무엇을 다르게 할 수 있는지 등 스스로 내면을 자성하며 들여다보는 일은 거의 없다. 급변하는 디지털 시대를 살아가면서 스스로가 아무것도 바꾸지 않는다면, 현실에서는 지속적인 좌절만 있을 뿐이다. 우리 인간은 스스로 주변의 세상을 변화시킬 엄청난 잠재력을 가지고 있으므로 작은 걸음부터 시작하는 것이 중요하다. 만약 스스로 외부에 영향을 줄 수 있다는 자신감에서부터 출발한다면 그 변화의 영역은 확장될 것이다. 그리고 이와 함께 야기될 수 있는 주변의 문제에 대해 스스로가 책임을 지게 되면 바로 내면의 리더가 성장하게 되는 원동력이 된다. 그러므로 스스로가 더욱 큰 책임을 질 수 있다는 자신감은 리더로서 그리고 전문가로서 성장하는 가장 확실한 방법이다.

제1장

성공을 위한 7가지 원칙

성공이란 자신의 삶의 목적을 찾고, 잠재력을 최대한 발휘하기 위해 성장하며, 다른 사람들에게 이익이 되는 씨앗을 뿌리는 것이다.

존 맥스웰, 작가, 리더십의 21가지 불변의 법칙

성공적인 경력을 쌓는 것에 대해 논하고자 한다. 우리가 사회에 첫걸음을 내딛으며 마음 속에 있는 포부는 직장 생활을 통한 성공일 것이다. 어떤 종류의 직업을 목표로 해야 하고, 자기개발을 위한 프로그램은 무엇에 집중해야 하며, 어떻게 하면 꿈의 직장을 얻을 수 있는지 등이다.

모든 성공에 적용되는 마법 공식이란 없다. 하지만 성공이 무엇인지 그리고 사회 생활의 성공에 대한 관점과 그리고 그것을 성취하기 위한 7가지 원칙에 대해 공유하고자 한다.

성공이란 무엇인가?

진정한 성공은 지속적인 성취와 행복을 위하여 인생 여정에서 많은 목표를 달성해야 하며, 다음의 3가지 관점이 내재해야 할 것이다.

- **차별성을 만드는 것:** 인간의 삶은 소중한 선물이고 여기에는 큰 책임이 따른다. 가치 있는 삶이란 우리가 세상에 와서 처음 발견한 것보다 더 나은 세상을 남겨주고 떠나는 것이다. 우리의 성공은 삶의 여정에서 세상에 긍정적인 영향을 주고 주변에 지속적인 변화를 일으키기 위해 노력하는 것이다. 우리는 다양한 분야와 수준에서 가치 있는 새로운 변화를 만들어낼 수 있다. 자신 스스로 변화와 함께 가족과 직장 그리고 지역사회는 물론 다양한 산업 분야와 국가 차원을 넘어 전 세계에도 영향을 남길 수 있다. 우리가 삶의 여정에서 가치 있는 차별성을 만드는 데 있어 그 차이가 큰지 작은지는 그다지 중요하지 않다. 중요한 것은 이러한 차별성을 만들기 위한 삶의 실천에 있다. 하지만 궁극적으로 우리가 인생에서 남긴 차별성에 관한 유산과 흔적은 우리의 성공에 중요한 척도가 될 것이다.
- **잠재력을 실현하는 것:** 우리 인간은 자신만의 풍부하고 독특한 잠재력을 가지고 있다. 인생에는 절대적인 진실이란 거의 없지만, 우리가 발견하고 활용하는 잠재력은 극히 일부에 불과하며 스스로 훨씬 더 많은 것을 할 수 있다는 것은 확실한 진실이다. 우리는 개인적으로나 사회생활을 하면서 잠재력을 시험받는 상황들을 많이 만난다. 성공은 이러한 기회를 포착하여 스스로 잠재력을 발견하고 이를 구체적으로 실현하는 것이다. 즉 성공은 다른 사람들과의 경쟁에서 이기는 것이 아니다. 성공은 스스로 자신의 개인적인 개발 여정에서 진행되고 있으며, 자신과의 싸움에서 승리하는 것이기 때문이다.
- **행복해지는 것:** 행복은 성공을 가늠하는 핵심 요소이다. 행복은 우리 인간의 기본 본성이며 우리는 끊임없이 행복을 추구하고 있다. 성공은 과거나 미래에서 행복을 찾는 것이 아니라 현재의 순간에 행복을 확인하는 것이다. 행복이란 현재의 현실 상황을 충분히 그대로 받아들이며 이를 만끽하며 그 속에서 스스로 기쁨과 만족을 발견하는 것이다. 하지만

행복과 즐거움의 차이점을 인식하는 것은 중요하다. 행복은 지속해서 안정적이지만 즐거움은 순간적일 수 있다. 즐거움은 얼마 지나지 않아 사라질 수도 있고, 때로는 이를 계기로 장기적인 관점에서 부정적인 결과를 초래할 수도 있다.

성공을 위한 7가지 원칙

그렇다면 우리는 어떻게 하면 진정한 성공에 이를 수 있는 것인가? 상기에 언급한 삶의 목표로서 성공에 이르기 위한 특별한 방법이나 솔루션이 있다고는 확신할 수는 없다. 하지만 하기에 언급한 7가지 성공을 위한 원칙은 청년 인재들에게 성공의 길을 안내하는 동반자로서 충분히 그 역할을 할 수 있을 것이다.

1. 위험을 감수하라.

직업의 특성상 지속적인 고용 안전성에 의해 '안락 지대'에 해당하는 경우가 많다. 대부분의 청년 인재는 일자리 채용 경쟁에서 약간의 성공을 거두고 해당 직업의 안전성에 만족하고 그것에 보호받기를 원한다. 하지만 자신의 경력 개발과 진정한 성공에 있어서 '안락 지대'에 있을 때가 기회의 버스를 놓칠 수 있는 시기라는 사실을 명심해야 한다. 우리는 삶의 여정에서 진정한 성공을 위해서 위험을 감수할 수밖에 없다. 위험을 감수하며 적극적으로 시도하고 도전하는 일은 우리의 생각보다 더욱 보람이 있고 덜 위험하고 해롭다는 사실을 인지해야 한다. 만일 실패를 해도 재앙은 아닐 것이며, 그것으로부터 많은 것을 배울 것이다. 특히 디지털 시대에서의 실패는 필수적인 과정으로써 조기에 실패를 통해 학습하고 피드백을 통해 수정하며 성공을 위해 지속해서 도전하는 순환과정은 개인이나 기업의 성공 관점에서 중요한 전략이 된다.

2. 탁월함을 추구하라.

탁월함에 이르는 지름길은 없다. 성공하는 많은 이들을 자세히 살펴보면 그들은 모두 독특한 경쟁력을 가지고 있으며, 그것을 만들기 위해 실로 부단한 노력이 있었다는 사실을 알게 될 것이다. 그러므로 성공을 위한 긴 여정에서 필연적으로 찾아오는 나태함과 산만함, 포기의 유혹 그리고 많은 정신적, 경제적 고통을 슬기롭게 극복하고 스스로 갈고 닦고 연마하며 스스로 인내함으로써 성공을 위한 탁월함에 이를 수 있다.

실로 비즈니스 세계는 불확실성으로 가득 차 있다. 탁월함을 추구하는 과정에서 필연적으로 직면하는 실패와 좌절의 시점에서 포기하지 않는 탄성력과 회복력을 확보하고 탁월성을 지속해서 추구하는 것이 무엇보다 중요할 것이다. 성공을 위해 인내하며 탁월함에 이르게 된다면, 독특한 능력이 쌓이게 되어 추진하는 일들은 쉽게 풀리고 더욱 즐거워질 것이며, 보상은 기하급수적으로 늘어날 것이다. 궁극적으로 '인내는 쓰지만 그 열매는 달다.'라는 명언을 스스로 사례로써 입증하게 될 것이다.

3. 신뢰 관계를 구축하라.

'성공하기 위해서는 무언가를 알고 있거나 누군가를 알아야 한다.'라는 말이 있다. 하지만 인간은 선택과 의사결정을 할 때 '지식과 논리'보다는 '신뢰와 감정'에 더 많은 반응과 무게중심이 실린다는 사실에 주목해야 한다. 조직의 팀 구성원으로서 어려운 과업에 직면하거나, 갈등을 해결해야 하는 상황이거나, 다른 직업을 찾아야 하는 경우에는 당면한 다양한 문제를 해결하는 데 신뢰 관계가 성공을 위한 열쇠이다. 특히 신뢰 관계는 파급력을 증폭하는 수단으로써 스스로 얻을 수 없는 결과를 상상하지 못한 놀라운 결과로써 달성하도록 도와줄 수 있다. 하지만 인간의 신뢰 관계는 단순히 목적을 위한 수단으로써 중요한 것이 아니라 목적 그 자체로도 큰 의미가 있다.

인간은 사회적 동물로서 항상 신뢰를 갈망하고 함께 하기를 원한다. 깊은 신뢰 관계는 우리의 삶에 기쁨과 행복을 가져다주며 세상을 더욱 의미 있게 만든다. 그러므로 신뢰를 바탕으로 인간관계를 구축하고 이를 관리하며 키워나가야 한다. 신뢰는 인생에서 가장 중요한 자산이 될 것이고, 우리가 할 수 있는 최고의 투자가 될 것이다.

4. 책임을 감수하라.

우리는 일하는 조직이나 사회생활 전반에서 무력감을 만들어내고 만성적 문제 발생의 원인이 되는 '시스템'을 종종 직면하게 된다. 리더로서 발전하기를 열망한다면 적극적으로 불공정한 '시스템'에 대응하여 행동하고 이로 인해 발생하는 주변 문제들에 주인의식을 가져라. 문제를 지속해서 억압하는 상태로 두지 말고 이를 해결하기 위해 긍정적으로 생각하고 책임감을 가지고 접근하라. 스스로 책임을 감수하고 적극적으로 해결하고자 한다면 자신의 행동이 가질 수 있는 놀라운 힘을 보게 될 것이다. 행동을 취하면서 영향력의 영역이 넓어지고 내면의 리더는 성장하게 된다. 개인의 행동으로 시작한 변화가 어느 정도 정점에 도달하게 되면 '시스템'도 서서히 변화하기 시작한다. 인간의 개별적인 행동에는 분명 한계가 있고 우리는 몇 가지의 상황을 인정하며 수긍해야 할 수도 있다. 하지만 모든 '시스템' 변화의 출발은 개인의 변화로부터 시작되며 개인의 행동과 영향력이 발휘하는 힘은 우리가 깨닫는 것보다 훨씬 더 강력하고 크다. 그러므로 우리 스스로 주변의 상황에 대하여 책임을 감수하고 나서야 한다.

5. **주는 것에 집중하라.**

우리는 사회 경력 개발과정에서 종종 자기 자신의 가치 개발과 이를 얻기 위한 이기적인 노력에만 집착하는 경우가 많다. 성공을 이루는 리더의 관점에서 보면 아주 편협한 시각이고 근시안적이며 주위의 실망으로 이어질 수도 있다. 사리사욕을 버리고 봉사 정신을 발휘하여 주변 사람들의 문제 해결과 새로운 가치를 부여하고 자신 주위에 무엇을 줄 수 있는가에 집중하라. '나'가 아니라 '우리'라는 공동체 의식에 더욱 집중하라. 특히, 얻고 있는 것에 대한 집착을 버리고 주는 것에 집중하는 것은 스스로 놀라운 일을 할 수 있다. 이는 스스로 리더로서 그리고 참된 인간으로서 성장시킬 것이고 결국 더 많은 성공이 자신에게 찾아올 것이다.

6. **겸손한 가치관에 충실하라.**

성공의 부정적인 결과 중 하나는 오만이다. 때로는 성공한 사람들은 과도한 자신감으로 가득 차서 오만해질 수 있으며, 주위에서 듣는 것을 멈추고 결국 스스로 현실과 괴리하게 된다. 이는 파멸로 가는 시작이 된다. 그러므로 성공의 찬사나 다양한 보상을 통해 확보한 성공의 가치를 다른 이들과 비교하고 스스로 특별하다는 생각은 버려야 한다. 항상 겸손해야 하며 스스로 낮추고 자연스럽게 그리고 자발적으로 행동하라. 이러한 처신은 사람들과 더욱 많이 연결되도록 할 것이며, 이들의 사랑과 존경을 얻는 데 도움이 되며 아울러 큰 실수가 없도록 예방할 것이다. 겸손함을 바탕으로 항상 높은 윤리적 기준을 유지하고 옳은 일을 하기 위해 지속해서 노력해야 할 것이다. 무결성은 일단 깨지면 결코 수리될 수 없으며, 성공한 모든 일은 한순간의 경솔함에 의해서도 쉽게 무너질 수 있다는 사실을 명심해야 한다.

7. 삶의 균형을 유지하라.

우리는 성공을 위해 인생의 초기 단계에서 경력 개발을 위해 과도하게 집착하는 경향이 있다. 하지만 인생에서 균형을 찾고 유지하는 것은 진정한 성공을 위해 매우 중요하다. 인생은 단거리 경주가 아니라 마라톤에 가깝다. 삶의 긴 여정에 부합하도록 장기적으로 자신을 유지하는 법을 배워야 한다. 삶의 균형을 유지하기 위해서 현재의 당면한 업무 이외에 다양한 취미 활동이나 새로운 전문 분야에도 관심과 열정을 키워나가야 한다. 이는 우리의 삶을 더욱 풍요롭게 하고 보다 큰 성공을 위해 깊은 통찰력과 함께 재충전할 수 있는 에너지를 지속해서 제공하기 때문이다.

결론적으로, 오늘날의 청년 인재들은 성공의 관점에서 볼 때 특권을 부여받은 매우 특별한 위치에 있다. 왜냐하면 우리가 살아가는 디지털 시대의 특징은 청년 인재들에게 아주 멋진 성장의 기회를 새롭게 그리고 아주 많이 제공

■ **성공을 위한 7가지 원칙**

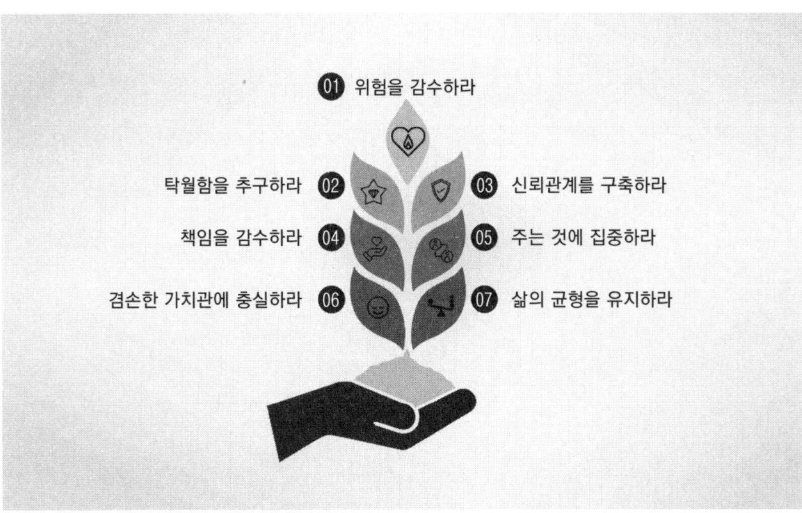

하고 있기 때문이다. 디지털 시대의 새로운 인프라를 바탕으로 비즈니스 모델과 패러다임의 변화로 인해 청년 인재들은 훌륭하게 성공을 달성하고 많은 부를 창출할 수 있는 좋은 기회를 맞이하고 있다. 이러한 기회를 포착하여 위대한 리더로 거듭나기 위해서 스스로 잠재력을 충분히 깨닫고 변화를 선도하기 위해 위험과 책임을 감수해야 할 것이며 기업가적인 도전 정신을 발휘하여 차별성의 가치로서 주위에 긍정적인 영향력을 발휘하는 것이다.

요약

- 진정한 성공을 거둔다는 것은 자신의 잠재력을 충분히 깨닫고 차별화된 변화를 만들어 행복에 이르는 것을 의미한다.
- 진정한 성공을 달성하기 위한 7가지 원칙으로써 위험을 감수하고, 탁월성을 추구하며, 신뢰 관계를 구축하고, 책임을 감수하며, 얻는 것보다 주는 것에 집중하고, 겸손한 가치관을 유지하며, 삶의 균형을 지속해서 유지하는 것이 중요하다.

제2장

'스위트 스팟'을 찾는 것

: 당신 삶의 강력할 목적!

목적은 당신이 여행하는 이유이고, 열정은 그 길을 밝혀주는 횃불이다.

Will Craig, 메이저리그 야구 선수

모든 인간은 풍부한 잠재력을 보유하고 있다. 특히 우리는 잠재력으로 차별화된 몇 가지 독특한 개별적인 재능을 가지고 있는데 만약 이러한 재능들이 발견되고 성장한다면 우리 주변의 세상을 더 높은 수준으로 끌어올릴 수 있을 것이다. 하지만 우리 스스로 자신만의 잠재력을 충분히 확인하고 이를 만족할 만한 수준으로 달성하는 사람은 거의 없다. 사실 대부분은 아마도 보유하고 있는 잠재력의 극히 일부에서 활동하고 있을 것이다. 인간이 보유하고 있는 잠재력의 실현은 아마도 개인으로나 사회 집단적으로나 또는 전 세계 인류적 관점에서 우리가 가지고 있는 가장 큰 도전이자 기회 중의 하나일 것이다.

우리는 왜 스스로 잠재력을 최대한 발휘하지 못하는가?

인간에게 내재된 잠재력은 본질적으로 쉽게 의도된 것이 아니기 때문이다.

우리의 인생은 발견을 위한 항해이다. 인간은 순차적인 발견과 혁신을 통해 발전해 왔다. 자연의 순리와 법칙은 우리가 특정 수준에서 다음 단계의 수준으로 단계적으로 성숙해가며 발전하기를 원하고 있다. 각자의 단계별 수준에서 다음 단계에서 요구되는 새롭고 강력한 잠재력을 발견하게 된다. 우리는 스스로 부여한 진정한 소명 의식으로 다음 단계의 수준으로 이동할 수 있다. 하지만 한 단계 높은 다른 수준으로 발전하는 것은 쉬운 일이 아니다. 우리의 모든 상황에는 강력한 중력과 관성이 작용하여 모든 것을 조건화시키고 자유롭게 이동하는 것을 허락하지 않기 때문이다. 물리학의 법칙이 여기에 적용된다. 중력과 관성은 우리의 시스템에 뿌리를 두고 있다. 비유하자면 기존의 지구 중력 아래에 있는 로켓을 우주 궤도로 발사하려면 '터보 부스터'에 의한 추가 에너지가 필요하다. 일단 로켓이 다음 단계인 궤도로 진입하게 되면 여기서는 추가적인 에너지가 거의 없이도 그곳에 충분히 머물 수 있다. 마찬가지의 이유로 우리가 현재의 상태 수준에서 벗어나 다음 단계로 나아가기 위해서 추진력으로써 작동할 수 있는 부스터 에너지가 필요하게 된다.

우리의 잠재력을 발휘하기 위한 여정을 어떻게 진행할 것인가?

우리의 잠재력을 푸는 열쇠는 스스로 삶을 헌신할 수 있는 긍정적이고 지속적인 삶의 목적을 찾는 것이다. 확고한 삶의 목적은 스스로 집중력과 헌신을 만들어내고 특별한 노력을 지속시킬 수 있는 긍정적인 에너지원이 된다. 자신의 삶에 대하여 확고하고 강력한 목표의 설정은 어떤 것도 존재하지 않는 곳에서 새로운 힘을 만들 뿐만 아니라, 마치 신비롭고 강력한 방법으로 에너지를 끌어들이는 거대한 자석과도 같다. 스스로 찾은 삶의 목적은 우리를 한 단계 높은 수준으로 끌어올리고, 우리가 새로운 잠재력을 실현하는 데 필요한 '터보 부스터'와도 같은 역할을 한다.

역사는 우리에게 풍부한 예시를 보여준다. M.K. 간디는 순수하고 단순한 사람이었지만 삶에 강력한 목표를 가지고 있었다. 그의 남다른 삶의 목적은 그를 마하트마 수준으로 끌어올렸고 결국 강력한 제국의 기초를 흔들게 되었다. 잔 다르크는 젊고 연약한 농민 소녀였다. 그녀의 확고한 신념은 패배한 사람들을 일으켜 강력한 적을 물리치는 역할을 하였다. 그녀는 오늘날까지 프랑스를 수호한 성인 중 한 명으로 존경받고 있다. 우리의 내면 중 가장 온화한 곳에서 믿을 수 없는 힘이 있다는 것을 분명히 보여준다. 강력한 삶의 목적은 우리 자아를 성장시키는 것뿐만 아니라 우리 주변의 세계도 열어줄 수 있다.

그렇다면, 우리는 어떻게 삶의 목적을 찾을 수 있을까?

어떤 사람들은 운이 좋게도 삶의 목적을 찾는 것을 도와주는 훌륭한 멘토를 만날 수 있고, 어떤 사람들은 그들의 삶의 목적을 분명히 하는 극적인 사건들을 경험할 수도 있다. 하지만 대부분 경우에는 위의 2가지 상황 중 어느 쪽에도 해당하지 않는다. 그러므로 우리는 삶의 목적을 스스로 정의하는 데 의식적인 노력이 필요하다.

일상의 노력과 삶의 압박 속에서 본질적인 삶의 목적을 스스로 찾고자 하는 이런 질문은 종종 희석된다. 우리는 주위에서 형성된 힘에 영향을 받고 떠돌며 움직이는 삶을 산다. 스스로 운명을 통제하고 있는 것 같지 않다. 인생의 목적은 정말 어려운 퍼즐처럼 보인다. 이 퍼즐을 풀기 시작할 수 있는 곳에서도 출발점을 찾는 것은 때때로 어렵다. 하지만 이 삶의 퍼즐을 풀기 위해 우리는 부단히 노력할 필요가 있다. 인생에서 강력하고 지속적인 삶의 목적을 더욱 확고히 갖는 것은 우리의 잠재력을 충분히 달성할 뿐만 아니라 삶에서 지속적인 행복을 찾는 열쇠이기 때문이다. 특히 확고한 삶의 목적은 스스로 잠재력을 풀어내고 자아를 성숙시키며 내면의 세계를 높은 수준으로 끌어올릴 수 있는 에너지를 가져오게 한다. 또한 삶의 명료성과 함께 삶의 질을 확보하고 조화를 이루도록 하며 지속적인 행복과 내면의 평화를 가져오게 한다.

우리의 삶의 목적으로써 '스위트 스팟(Sweet Spot)'은 열정(Passion)'과 '재능(Talent)' 그리고 '봉사(Service)' 3가지 가치가 모두 함께하고 있는 지점이다. 우리가 찾고자 하는 본질적인 삶의 목적은 이러한 3가지 가치의 힘이 모두 함께하고 있는 '스위트 스팟'을 찾아가는 여정이다. 열정이 삶의 목적을 찾는 '스위트 스팟'의 출발점이 될 가능성은 매우 높지만, 실로 이것만으로는 충분하지 않다. 스스로 보유한 '열정'에 자신의 '재능'이 반드시 결속되어야 할 필요성이 있기 때문이다. 그리고 중요한 것은 열정의 대상이 되는 분야는 미래의 수요가 있거나 문제 해결과 연관된 분야로써 채널을 구체화해야 할 것이다. 마법은 상기에 언급한 3가지 힘의 교차점에서 '스위트 스팟'을 발견할 때 일어난다. 우리는 이곳에서 자신의 삶에서 가장 강력하고 지속적이며 확고한 목적을 깨닫게 된다. 하지만 '스위트 스팟'을 찾는 데 예측 가능한 공식은 없다. 이를 찾는 유일한 방법은 흥미진진한 모험이며 인내심이 필요한 여행으로써 삶의 항해를 통해 스스로 찾아가는 여정이다. 특히 '스위트 스팟'에 함께 하면서 마지막으로 실현하고자 하는 '봉사'라는 가치의 힘에는 반드시 지역사회의 도덕적 또는 윤리적 관점에서 충분히 봉사 정신의 가치가 함께 해야 할 것이다. 궁극적으로 우리의 삶의 목표로써 개인의 '열정과 재능' 그리고 '봉사 정신'이 함께 하는 '스위트 스팟'은 손쉽게 찾는 여정이 아니라, 앞으로 우리가 살아가며 지속해서 찾아가야 할 인생의 장기적인 여정에 있다.

'스위트 스팟'이라는 강력한 삶의 목적을 찾는 전략적인 방법은 다음과 같다.

열정과 함께 출발해라!

열정은 신이 인간에게 준 선물로서 에너지의 원천이다. 열정은 우리의 삶을 밝혀주고 인도하며 우리에게 기쁨과 활력을 가져다준다. 인간이 탁월함에 이르도록 하는 핵심 기반이기도 하다. 인간은 호기심과 창의성을 기반으로 행복이 있는 곳에 스스로 열정을 가지며 최선의 노력을 다한다. 열정은 우리 삶의 목적에 도달하는 길이 어렵고 험난하더라도 이를 극복하고 길을 안내해 주는 나침판과 같다. 성공하는 인생 여정을 위해 열정을 가지고 출발해야 하고, 늘 열정과 함께 해야 할 것이다.

하지만 우리는 성장하고 나이가 들수록 미래의 불확실성과 두려움이 내면의 열정을 가로막는다는 사실을 경험하게 된다. 우리의 어린 시절 그리고 청소년기에는 미래에 대한 두려움이 거의 없었다. 우리가 자라나면서 그리고 세월이 흐르면서 청년기에 접어들게 되면 우리 내면에서 미래에 대한 불안과 두려움이 계속 쌓여가며 미래의 불확실성과 두려움을 극복하는 것은 점점 더 어려워진다. 두려움과 불확실성에 의해 진정한 내면의 자아와 연결되지 못하기 때문이다. 불안과 두려움은 우리의 열정이 생겨나는 원천을 막고 삶의 기쁨과 행복을 제한하게 된다.

두려움을 과감히 버릴 수 있는 첫 번째 행동은 위험으로부터 책임을 스스로 감수하는 자세이다. 즉 우리가 두려움을 버리고 더 많은 위험을 감수해야만 열정이 찾아오게 된다. 스스로 불안과 두려움을 버리고 위험과 책임을 감수하고자 하면, 상상하는 것보다 훨씬 더 많은 열정과 기회가 찾아오게 된다. 그러므로 최초의 용기를 만들어 기억해 내고 스스로 열정을 추구해야 한다. 어린 시절의 단순함과 두려움이 없는 자아를 돌이켜보고 내면의 자아와 연결하여 자유로운 인생에 도전해야 할 것이다.

스스로 열정에 따르는 것을 막는 또 다른 큰 요인은 자신에 대한 외부의 기대치이다. 우리는 성장하면서 가까이 가족과 친인척, 친구 그리고 조직 생활과 관련된 다양한 주변인들의 기대치를 내면에 축적하기 시작한다. 이러한 타인의 기대치로 인해 우리는 자신도 모르게 이들이 원하는 기대치에 부합하는 세상을 바라보도록 강요받고 있다. 우리는 사회적 관계망 속에서 자신이 무엇을 할 수 있을 것인지, 그리고 무엇을 해야 할 것인지를 스스로 의식하며 살아간다. 그러므로 인생의 성공을 자신의 관점이 아닌 타인의 관점에서 아주 좁고 엄격한 정의를 가지고 바라보게 되며, 종종 다른 사람을 위해 또는 다른 사람들이 기대하는 삶을 살게 된다. 하지만 이러한 삶은 성공하는 관점에서는 매우 제한적이다. 우리는 스스로 열정을 가지고 도전하는 자신의 삶을 살아야 한다. 삶의 여정에서 타인에 대한 책임을 스스로 인식하고 이를 완수하기 위해 노력하는 것도 매우 중요하다. 하지만 이러한 과정에서 자신을 잊지 않아야 한다. 자신의 삶을 사는 것과 다른 사람들을 위해 사는 것 사이에서 현명한 균형을 찾을 필요가 있다.

그러므로 두려움과 불확실성에서 벗어나 위험과 책임을 감수하고 스스로 용기를 찾아 자신의 열정에서부터 시작하라. 이것이야말로 인생의 아름다운 여정을 시작하는 행복과 활력의 출발점이 될 것이다!

핵심 수요를 발굴하고 찾아라!

열정은 삶의 목적을 찾는 여정에서 매우 중요한 요소지만 이것만으로는 충분하지 않다. 왜냐하면 열정은 변화를 위한 원동력을 촉발하는 데 반드시 중요하지만 지속되지 못할 수도 있기 때문이다. 우리의 열정은 자신의 내면에서 요구하는 핵심 수요를 지속해서 충족시킬 수 있어야 열정의 불꽃은 밝고 지속 가능한 영감의 횃불로써 연속될 수 있기 때문이다.

우리는 상호의존적인 세계에 살고 있으며 자신의 삶을 고립한 채로 홀로 살아서는 안 된다. 우리 삶의 근본적인 목적 중 하나는 자신의 주변 세계에 긍정적인 영향을 주며 변화를 만드는 것이다. 이러한 공익적인 관점은 개인 삶의 목적에도 투영될 필요가 있으며, 이는 단지 우리의 삶의 목적이 고귀해야 하기 때문만은 아니다.

좀 더 실용적인 관점에서 본다면, 개인이 사적으로 추구하는 삶의 가치가 지속해서 인정받고 성장하기 위해서는 다른 이들을 위한 가치를 함께 제공해야 할 필요가 있기 때문이다. 우리는 사회적 문제를 해결하거나 다른 사람의 욕구를 충족시키며 자신의 자아실현을 추구할 수 있을 뿐만 아니라 새로운 사회적 가치를 제공할 수 있다.

그러므로 자신의 열정이 어떻게 공익적 관점에서 우리 사회와 주변인들의 관심사에 적절하게 연계되어 있는지를 확인할 수 있어야 한다. 자신의 열정에 기반한 관심과 재능이 어떻게 사회에 새로운 가치를 제공하거나 다른 사람들을 위한 문제를 해결할 수 있을 것인지를 고민해야 하기 때문이다. 자신 내부의 열정을 지속해서 공급하기 위해서는 외부 사회에서 요구하는 공익적 가치라는 수요에 원활하게 연결되어야 한다. 즉 자신의 내부와 외부 사회와의 원활한 연결과 함께 열정에 기반한 '수요와 공급'이 효과적으로 연결되어야 할 것이다.

타인의 문제를 해결하고 가치를 지속해서 창출하는 일은 궁극적으로 쉽지 않은 일이다. 왜냐하면 우리 인간은 근본적으로 자기 지향적인 자아 중심의 사고에 기반하고 있기 때문이다. 그러므로 가치를 지속해서 창출하기 위해서는 무엇보다 먼저 자신의 내면에서의 수요와 열망 그리고 강점과 열정 등을 깊게 이해하고 자신의 주변의 연관된 세상과 소통하며 이해할 수 있는 외부 지향적인 공감대 형성이 필요하다. 우물 안에서 나와서 다른 사람들과 지속해서 소통하고 관계를 맺어야 한다. 우리는 소통을 통해서 타인의 문제와 욕구를 이해할 수 있으며 이를 바탕으로 그들의 문제를 해결하고 가치를 창출할 수 있는 다양한 아이디어를 도출할 수 있을 것이다.

또한 스스로 다른 경험을 체험하는 데도 적극적으로 마음을 열어야 한다. 새로운 가치를 창출할 수 있는 장소는 물론 시점과 방법을 찾는다는 것은 매우 쉽지 않다. 경험이 부족한 편협한 시각을 통해 세상을 보면 중요한 기회를 발견하지 못한다. 그러므로 다양한 가치 창출을 위한 실험의 대상으로 자기 자신을 허용하는 것과 함께 다양한 조직에서의 실무 경험과 체험은 매우 도움이 될 것이다. 이렇게 함으로써 자신은 물론 주변 세계에 대해 더 많이 알게 될 것이며, 스스로 경험과 체험에 기반한 가치 창출 프로세스는 자신만의 새로운 가치를 추가할 수 있는 장소와 시점은 물론 구체적인 방법을 파악하는 데 많은 도움이 될 수 있을 것이다.

독특한 재능 개발을 위해 노력하라!

열정에 기반하여 봉사하고자 하는 가치를 창출하기 위해서 자신만의 독특한 재능이나 기술 역량이 요구되며 이를 위해서는 실무적으로 지속해서 학습하며 노력해야 한다. 자신만의 특별한 재능과 역량은 삶의 목적을 깊이 있게 각인시키며 자신의 삶을 중요하고 지속적인 영향을 미치는 주변의 세계로 데려가는 데 필수적으로 요구되는 사항이다. 또한 이는 새로운 가치를 추가할 기회를 알아내는 출발점이 될 수 있을 뿐만 아니라 많은 기회를 더 쉽게 찾을 수 있도록 안내할 것이다.

하지만, 스스로 독특한 재능과 역량을 함양한다는 것은 쉽지 않은 일이다. 이는 아주 힘든 여정이며 인내와 함께 지속적인 훈련이 필요하다. 타고난 재능을 가지고 축복을 받는다고 해도 독특한 역량을 키우기 위해서는 열심히 그리고 오랫동안 연습해야 한다. 여기에 지름길이란 없다. 시간이 소요되는 일이며 지속해서 노력해야만 얻을 수 있는 성과물이다. 이러한 과정에 악마가 우리를 시험할 것이다. 지속되는 고통에 회의를 느끼며 스스로 합리화하고 포기하고 싶을 것이다. 그러나 인내하고 고통을 감수하며 포기하지 말아야 한다. 포기하지 않는 습관을 기르고 또한 쉬운 길을 택하지 않는다면 내면에 숨겨진 강력한 에너지를 발견하게 될 것이며, 우리가 예상보다 훨씬 더 오래 인내할 수 있다는 것에 스스로 놀라게 될 것이다. 그러나 더 강력하고 높은 수준에 도달하더라도 보상받은 월계관에 안주하며 쉴 수는 없다. 이를 새로운 출발점으로 우리는 지속해서 연습하고 인내하며 학습해야 한다. 어떤 시점에서든 목표는 다음 단계로 나아가는 것이다. 우리의 부단한 끈기와 인내의 보상으로써 열매는 달콤할 것이다. 부단한 인내와 노력으로 독특한 재능과 역량이 특정 수준으로 확보된다면 미래의 활동은 힘들이지 않고 실제로 즐거워진다는 것을 스스로 알게 될 것이다.

목표를 달성하고자 하는 열정과 독특한 재능 사이에는 시너지 효과를 창출하는 특별한 관련성이 있다. 우리의 열정은 독특한 재능을 발굴하고 함양하는 길로 쉽게 이어질 수 있다. 열정과 재능은 우리가 추구하는 가치에 이르도록 하는 가장 높은 기회를 제공할 수 있다. 하지만 이 흐름이 반드시 순차적이거나 선형적인 것은 아니다. '열정'과 '재능' 그리고 '가치'라는 3가지는 서로 다른 방식으로 연결될 수 있다. 중요한 것은 우리는 이들 3가지 핵심 요소를 더욱 효과적으로 잘 연결할 수 있다는 것이다. 시너지 효과를 통

■ **'스위트 스팟'을 찾는 것**

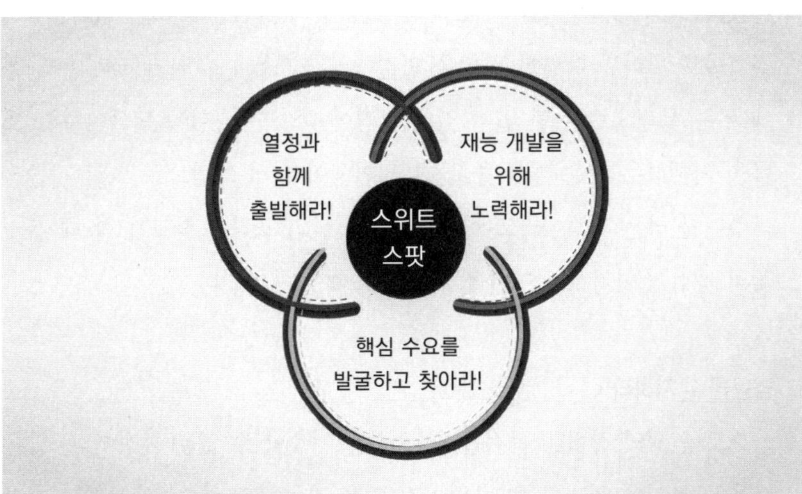

해 서로에게 에너지를 줄 수 있는 선순환으로 이어질 수 있으며, 또한 이러한 선순환 과정을 통해 각각의 요소들은 더욱 강해질 수 있다. 여기에는 '스위트 스팟'이 나타나게 되며 강력한 힘이 발생하며 마법을 창조할 수 있기 때문이다!

성공을 위한 '스위트 스팟'을 발견함에 있어서 요구되는 3가지 조언은 다음과 같다.

1. 질문으로 부터 출발하라!

질문의 출발점으로써 자신의 존재에 관한 근본적이고 고유한 목적에 의문을 제기하는 것이다. 자신과 주변에 관해 근본적인 질문을 하라. 스스로 인생에서 얻을 수 있는 정답은 당신이 묻고 있는 질문에 대한 회답이기 때문이다. 이 도전적인 질문을 지속해서 할 때 스스로 혼란의 안개가 걷히고 찾고자 하는 인생의 목적에 대한 해답이 나타나기 시작할 것이다.

2. 삶의 흐름을 이해하라!

우리 인생에서 경험한 모든 일에는 특별한 목적이 있다. 우리가 찾는 모든 정답은 우리 안에 있다. 우리의 삶에서 의미 없는 일이란 없다 "삶의 결과물로 나타난 다양한 경험을 연결하라(Connecting the dots)". 우리 삶에 무슨 목적으로 어떤 일이 있었든 간에 다양한 경험을 되돌아보는 흐름을 이해하는 것은 매우 중요하다. 인생이 삶의 그림으로 조각 퍼즐을 맞추기를 하는 과정이라고 한다면, 남은 삶의 조각을 찾고자 할 때 우리 삶의 목적이 여기서 튀어나올 가능성이 매우 높아진다.

3. 믿음을 유지하라!

스스로 인생의 강력한 목적을 찾는 것은 예측할 수 없는 여정이다. 답은 다음 모퉁이에 있거나 멀리 떨어져 있을 가능성도 있다. 삶의 목적이라는 답이 오는 데에는 시간이 좀 걸릴지 모르지만 신은 반드시 특별한 삶에 대한 특별한 목적을 준다는 믿음을 유지하라. 스스로 믿음을 가지고 끈질기게 인내한다면 답이 뒤따르기 시작할 것이다.

삶의 강력한 목적을 찾는 것은 인간의 가장 심오하게 탐구해야 할 과제 중 하나이다. 이는 스스로 혼자 시도하고 탐구해야 할 과제이다. '열정과 재능' 그리고 공익적 '가치'가 함께 하는 '스위트 스팟'을 우리 스스로 찾을 수 있다면 자신은 물론 주변의 세상을 더욱 높은 수준으로 끌어올릴 것이다. 마하트마 간디는 인생에서 삶의 목적의 중요성을 일찍이 인식하고 이를 함축적인 표현으로 "목적을 찾아라, 수단은 뒤따를 것이다."라고 말했다. 하지만 스스로 삶의 강력한 목적을 찾아가는 과정은 남다른 노력과 인내가 요구되는 긴 여정이라 할 수 있겠다. 흥미진진한 모험으로 이를 받아들이고 시작하라!

요약

- 잠재력을 최대로 발휘하기 위해 노력하는 것은 삶에서 영감을 스스로 얻고 발전하도록 하는 것이다.
- 강력한 삶의 목적은 스스로 잠재력을 충분히 달성하고 지속적인 행복을 성취하는 데 많은 도움이 될 수 있다.
- '스위트 스팟'이란 우리 삶의 여정에서 탐구해야 할 심오한 과업 중 하나이다. 스위트 스팟에 내재화된 '열정과 재능' 그리고 공익적인 '가치'는 시너지 효과를 통해 서로에게 에너지를 줄 수 있는 선순환으로 이어질 수 있으며, 성공을 위한 강력한 에너지의 원천으로써 작동된다.

제3장

—

청년 기업가를 위한 10계명

: 현재가 최적의 시간이다!

정말 빠르게 변화하는 세상에서 위험을 감수하지 않는 것은 실패하는 것이다.

마크 저커버그, 페이스북 CEO

오늘날 디지털 시대에서 전문가가 왜 기업가 정신으로 무장하고 스타트업을 시작하기 적절한 시기라고 생각하는지에 관해서 언급하고자 한다.

특히 왜 청년 전문가들이 창업을 통해 기업가가 되어야 하는가?

1. **디지털의 변동성은 전 산업에 걸쳐 새로운 비즈니스 기회를 제공하고 있다.** 우리가 목격하고 있는 디지털 혁신을 기반으로 이루어지는 기존의 비즈니스 붕괴와 재편은 사회 전반에 걸쳐 이루어지는 변화로서 아마도 인류 역사상 전례가 없는 일일 것이다. 모바일, 전자상거래, 클라우드와 빅데이터는 전 산업 분야에 걸쳐 세계적으로 소비자의 행동과 비즈니스 모델을 아주 극적으로 변화시켰지만 이러한 추세는 겨우 15년 남짓 되었다. 우리는 이제 인공지능과 머신러닝 그리고 사물인터넷이 지배하는 디지털 혁신 기술의 다음 단계로 접어들었다. 디지털 혁신 기술에 기반한 새

로운 패러다임은 기존 비즈니스 환경과 시장 인프라를 완전히 리셋해서 동등하게 만들었다. 기존의 대기업들이 거대 자본과 비즈니스 인프라를 기반으로 새로운 비즈니스를 추진하는 것은 이제 더 이상 경쟁력이나 이점이 없다. 오히려 민첩성의 관점에서는 종종 불리한 위치에 있다. 디지털 패러다임에 기반한 아이디어와 새로운 열정으로 무장한 전문가 기업인들은 비즈니스 실험에서 가장 적합한 위치에 있다. 이렇게 변화된 디지털 시대는 개인의 성장을 촉진시키며 도약할 수 있도록 큰 기회를 부여하고 있다.

2. 디지털 시대에는 개인의 역량을 기반으로 스스로 성장하고 발전할 수 있다.

만약 야망을 품고 세상을 변화시키고 싶다면 기업가 정신은 자신이 걸어가야 할 길이 될 것이다. 자신의 아이디어를 스타트업을 통해 실현하고자 한다면 직장 생활에서는 찾아보기 어려운 독립심을 성취할 수 있을 것이다. 스타트업을 통한 기업가적인 정신은 독립적인 한 사람으로 성장하게 하고, 직장이나 조직 생활에서 표준화된 업무로 불가능할 것들을 성취하도록 하는 새로운 삶의 목적과 에너지 의식을 만들어낸다. 저자는 개인적으로 많은 청년 기업가들을 만날 기회가 있는데, 짧은 기간 동안 그들이 얼마나 성장하고 성숙했는지 항상 놀란다. 특히 이들 청년 기업가들은 개인의 내적 성장 외에도 창업을 통해 삶을 변화시킬 수 있는 부를 창출할 수 있는 기회가 있다. 오늘날 전문가들은 일자리를 통해 좋은 보수를 받겠지만 성공적인 모험을 통해 창출할 수 있는 부와 명예에 비하면 아주 미약한 수준일 것이다.

3. 스타트업을 위한 지원제도와 청년 창업 지원 생태계가 잘 구축되어 있다.

오늘날 기업가 정신을 독려하고 스타트업이 장려되는 또 다른 이유에는 창업을 위한 리스크 자본의 활성화와 기업가적인 생태계의 가용성이 있다. 무엇보다 긍정적인 관점에서의 발전은 엔젤 투자와 벤처 캐피털 산업과 기업가적 생태계의 구축이다. 스타트업을 위한 창업 자금은 이제 기업가적 여정의 각각의 단계에서 체계적으로 지원되고 있다. 심지어 아주 초기 아이디어 단계에서도 인터넷 펀딩을 통해 다양한 자금 조달이 가능하다. 청년 전문가들이 부모님으로부터 힘들게 모은 돈을 모험에 걸지 않아도 그들의 아이디어를 쉽게 추구할 수 있다. 특히 정부 및 공공분야에서 창업을 위한 다양한 연구개발 사업화 지원사업을 하여 청년 기업가들이 스타트업을 설립하여 그들의 전문화된 아이디어를 빠르게 확장할 수 있게 돕는다. 가장 중요한 것은, 경험이 많은 기업가와 다양한 전문가들이 스스로 벤처에 투자하고 있으며 이들로부터 스타트업이 멘토링과 지원을 받을 수 있는 더욱 적극적인 기업가적 생태계가 구축된 점이다.

4. 창업 실패에 따른 기회비용도 높지 않고 오히려 경력 개발에 도움이 된다.

창업 실패에 대한 기회비용도 높지 않고 오히려 경력 개발에 도움이 되고 있다. 과거의 청년 전문가의 부모님 세대는 많은 어려움을 겪었고 창업에 특히 매우 위험천만한 태도를 가지고 있다. 이러한 창업에 대한 보수적 사고방식은 전통적으로 오늘날 우리 사회에 스며들어 위험을 감수하는 억제책 역할을 해 오고 있다. 하지만 오늘날의 상황은 매우 다르다. 앞에서 이미 리스크 자본의 가용성에 대해 언급했듯이, 실패 비용이 아주 낮아졌다. 더욱 중요한 것은, 디지털 시대에는 풍부한 비즈니스 기회와 함께 기업의 사고방식이 바뀌었다는 것이다. 창업에 실패한 사람에 대해 눈살을 찌푸리지 않는다. 오히려 창업의 실패가 긍정적인 경험으로 점점 인식되고 있다.

청년 기업가로서 성공하기 위한 10계명

예외적으로 크게 성공한 기업가들은 종종 독불장군 같은 특이한 기질을 바탕으로 그들만의 철학과 삶의 방식을 가지고 있다. 이는 다른 이들이 배우고 따라하기 어려운 미지의 요인들이다. 하지만 그럼에도 불구하고 이들의 성공 신화는 청년 기업가들의 성공 가능성을 높이는 데 필요한 공통적인 특성들이 존재하고 있으며, 이로부터 디지털 시대의 기업가로서 성공을 꿈꾸는 청년들에게 요구되는 10계명을 공유하고자 한다.

1. 열정과 늘 함께하라!

열정은 기업가로서 인생 여정을 시작하는 출발점이다. 정말 스스로 움직이게 하는 핵심 아이디어와 삶의 목적이 열정과 함께 해야 한다. 기업가 정신은 힘든 여정이고 실제로 포기하고 싶은 순간이 많을 것이다. 하지만 자신의 아이디어와 삶의 목적에 대한 열정은 이를 극복하고 지속해서 도전하게 하는 에너지 원동력이 될 것이다.

기업가 정신은 실제로 미지의 세계로 가는 긴 여정이다. 아무것도 존재하지 않는 무의 세계에서 새로운 것을 창조해야 하는 기업가 정신은 모든 단계에서 전략과 계획을 명확히 하기 어렵다. 이러한 어려운 시점에 직면할 때 열정은 불확실성의 순간에 빛나는 등불과 같이 우리가 나가야 할 방향을 제시하며 인도할 것이다.

2. 고객에게 집중하라!

고객은 어떤 비즈니스이든 기업의 생명줄과도 같다. 특히 새롭게 고객과 시장을 창출해야 하는 스타트업의 경우 훨씬 더 중요하다. 아무리 훌륭한 서비스 모델이나 제품을 가지고 있더라도 고객이 확보되지 않는다면 비즈니스는 결코 성공하지 못할 것이다. 그러므로 고객 관점에서 해결하고자 하는 진정한 문제가 무엇인지를 면밀하게 재검토해야 할 것이며, 아울러 다양한 비즈니스 아이디어를 비교해 보며 자사가 제시하는 서비스 또는 제품에 대한 대가를 고객이 기꺼이 치를 수 있을 것인지도 살펴 보아야 한다.

B2B 비즈니스의 경우 처음 몇 명의 고객이 비즈니스 모델에 기반하여 확보될 수 있을 것이다. 하지만 B2C 비즈니스의 경우의 핵심적인 고려사항은 고객의 세분화와 함께 목표 고객 확보에 관한 전략 수립이 무엇보다 중요하다. 특히 비즈니스의 초기 단계에서는 모든 이들에게 대응하여 그들이 원하는 모든 것을 만족시킬 수 없기 때문이다.

3. 대담성을 강화하라!

스스로 위험을 감수하려는 의지는 정말로 대담해야 한다. 특히 새로운 산업이나 변화하는 시대에서 새로운 것을 창출하는 것은 점진적인 프로세스로 이루어질 수는 없다. 대담성을 강화하는 것이란 크게 생각하고, 위험을 감수하고 책임을 지며 그리고 세상을 바꿀 수 있다고 스스로 믿는 것이다. 위대한 스티브 잡스는 "세상을 바꿀 수 있다고 믿을 만큼 미친 사람들은 실제로 그렇게 하는 사람들이다."라고 말했다. 이러한 대담성은 여러 세대에 걸쳐 성공한 기업가들에게 중요한 성공 요인이다. 제프 베조스, 일론 머스크, 잭 마 같은 이 세대의 슈퍼스타들에게도 물론이고 놀라운 성공을 거둔 기업들이 공통적을 가지고 있는 핵심 요인이기도 하다. 예를 들어 대담성은 '플립카트'나 '올라'와 같은 기업들이 큰 꿈을 꾸게 하고, '아마존'과 '우버' 같은 디지털 네이티브 기업들은 이를 바탕으로 성장했다.

4. 이노베이션을 구현하라!

이노베이션은 창업의 기초이며, 창업자가 사회에 가져다주는 핵심적인 가치이다. 이노베이션을 추진하기 위해서는 고객을 깊게 이해하는 것이 필수적이다. 고객의 고통 지점에 대한 면밀한 관찰과 이해를 통해 이를 해결할 수 있는 창의적인 솔루션이 필요하다. 이는 스스로 행동하지 않고는 알 수 없는 일이다. 그러므로 세상으로 나가서 다양한 삶의 현장들을 경험해야 한다. 가장 강력한 이노베이션은 종종 다른 분야에 걸쳐져 있는 '다양한 경험을 연결(Connecting the Dots)'함으로써 창출된다. 이는 위대한 스티브 잡스의 독특한 힘이었다. 그는 많은 삶의 경험과 열정에 걸쳐진 경험들을 연결하여 이노베이션을 구현하고 새로운 시장을 창출할 수 있었다. 아이팟은 음악, 기술 그리고 디자인에 대한 그의 열정이 모두 합쳐진 유명한 예시이다. 이노베이션의 또 다른 핵심 요건은 깊은 전문성에 있다. 앞서 논의했듯이 오늘날 테크놀로지의 변동과 붕괴는 우리가 살고있는 디지털 시대의 가장 결정적인 특징이며, 전문가들은 새로운 기회의 중심에 있다. 그러므로 전문지식을 배우고 함양해야 할 것이다.

5. 효율적인 팀을 구성하라!

우리가 아무리 재능이 있어도 성공한 비즈니스를 스스로 구축하는 데 필요한 모든 인프라를 갖추는 것이 거의 불가능하며 우리는 오늘날 더욱 복잡한 융복합 환경에 처해 있다. 따라서 기업가가 효과적인 팀워크를 만드는 것은 비즈니스 성공을 위해 매우 중요하다. 팀을 꾸리는 동안 우리는 종종 유사한 인력들을 찾게 된다. 하지만 비슷한 가치를 가진 사람들과 함께 일하는 것도 중요하지만 전문 기술 관점에서 보완적인 전문성을 가진 사람들을 모아야 한다. 대부분의 성공적인 파트너십은 이러한 보완적인 기술 경영에 남다른 전문성을 가진 리더들의 것이었다. 예를 들면, 마이크로소프트의 빌 게이츠와 폴 앨런, 애플의 스티브 잡스와 스티브 워즈니악 그리고 구글의 래리 페이지와 세르게이 브린, 그리고 인도의 최대 글로벌 IT 기업으로 인포시스 설립자와 팀 등이 있다.

6. 안정된 자금을 확보하라!

벤처의 성공을 위해서는 적절한 자금 조달이 무엇보다 중요하다. 열정에 기반한 아이디어와 팀워크의 에너지는 스타트업 성공을 위한 아주 중요한 요소이지만, 자금의 부족은 벤처기업을 즉시 그리고 돌이킬 수 없을 정도로 실패하게 만드는 요인이기 때문이다. 많은 스타트업은 오너십 확보와 주주의 가치를 극대화하기 위해 투자자금 유치를 의도적으로 지연하거나 시장의 진입 시간을 최적화하고자 노력한다. 하지만 창업주의 주식 지분 희석에 관한 우려로 외부 투자자금 조달을 지연시키지 않고, 먼저 벤처의 안정된 미래를 최우선으로 확보하는 것이 가장 중요하다. 스타트업 생존이 최우선 과제이며 그 이후 벤처가 성장하고 번창한다면 스스로 충분히 창업주의 개인 가치를 미래에 확보할 수 있을 것이다. 만약 벤처가 자금 부족으로 도산하게 된다면 그 벤처에 대한 주주로서의 창업주 소유권은 아무런 의미가 없을 것이다. 또 다른 관점에서 투자 자금 조달의 중요성은 벤처 투자자와의 업무 추진과정에서 합리적이고, 객관적 관점에서 자사의 비즈니스 계획과 추진 전략에 관한 면밀한 점검이 이루어질 수 있으며, 이는 벤처의 성공 가능성을 높이는 데 많은 도움이 된다. 아주 간혹 투자 자금 조달이 비효율적인 자금 집행으로 이어질 수 있는 문제가 있지만, 그럼에도 불구하고 시장 경쟁과 비즈니스 규모를 확대하는 데에 필요하고 적절한 외부 자금이 조달되어야 한다. 이를 통해 독자적인 오너십에 의한 경영 리스크도 줄일 수 있기 때문이다.

7. 인내와 회복력을 갖추어라!

벤처 기업가로서 시작한 인생 여정은 실로 우여곡절이 많은 롤러코스터가 될 수 있다. 성공에 이른 스타트업들의 여정을 살펴보면 대부분 기업은 많은 역경과 고난의 시기를 거치게 되며, 어느 시점에서는 거의 도산에 이르는 위험을 경험하지 않은 스타트업은 거의 없다. 그러므로 스타트업 성공을 위한 요소로서 장기적인 관점에서 고난과 역경으로부터 인내하며 다시 일어날 수 있는 회복력이 필수적으로 요구된다. 앞서 언급했듯이 삶의 목적으로써 창업 아이디어에 관한 자신만의 깊은 열정은 장기적 관점에서 인내와 회복력으로 이를 헤쳐나갈 수 있도록 도와줄 것이다. 특히 인내와 회복력에 기반한 자신만의 열정은 나날이 펼쳐지는 하루 여정을 소중히 여기고 스스로 즐길 수 있도록 도와주며 결과에 과도하게 집착하지 않도록 해줄 것이다.

인내와 회복력을 강화하기 위해 스스로 정신적인 지주를 확보하는 것은 매우 도움이 되는 일이다. 정신적인 지주는 사랑하는 가족이 될 수도 있고, 취미 활동과 운동을 통한 지인의 네트워크가 될 수 있으며, 명상이나 종교활동도 인생의 큰 그림과 스스로 내면의 힘을 얻을 수 있는 정신적인 지주가 될 수 있을 것이다.

8. 적극적으로 소통하라!

창업주로서 자신의 이야기를 열정적으로 분명하게 그리고 반복적으로 말할 수 있는 것은 매우 중요한 능력이다. 또한 창업주는 투자자에게 자신의 비즈니스 아이디어를 설득하여 자금을 유치하고 팀에 합류할 외부 인재를 끌어들이며, 그리고 무엇보다 가장 중요한 고객을 확보하기 위해서 소통과 네트워킹이 필수적으로 요구된다. 시장에 새로운 가치를 제공하기 위해서 필수적으로 확보해야 하는 투자자, 인재 그리고 고객이라는 3가지의 핵심 과제 중에 어느 것도 쉽게 성공하지 못할 것이기 때문에 인내심을 가지고 지속해서 반복해야 할 것이다.

아무도 진실성을 가지고 창업주를 대신하여 비즈니스 과정에서 핵심적으로 요구되는 이야기를 대변할 수 없다. 더욱이 다른 이들에게 이러한 핵심 과업들은 위임할 수도 없는 일이다. 그러므로 창업주는 스스로 네트워크를 구축하고 소통의 달인이 되어야 한다. 오늘날 상호 연결된 세계에서 고객과 공급자 그리고 투자자는 물론이고 어드바이저와 멘토 등과 긴밀히 협력하는 네트워크를 구축해야 할 것이다. 이를 위해서 창업주는 한발 먼저 앞서 준비하고 소통하고 연결하는 법을 배워야 한다. 때때로 벤처기업 경영을 하는 엔지니어 출신들은 내향적인 성격의 소유자들이 많다. 하지만 스스로 네트워크 구축에 대한 의지와 외부 소통 기술을 모두 쌓아야 한다. 왜냐하면 스타트업의 미래가 여기에 달려있다고 해도 과언은 아니기 때문이다.

9. 겸손함을 유지하라!

세상은 너무 빨리 변화하고 있으며 결코 월계관에 기대서 자만심이 정착하도록 내버려 두지 않는다. 오만함은 실패에 이르게 하는 확실한 길이다. 성공하는 기업가의 확실한 특성은 항상 배우는 자세를 유지하며 학습자의 삶을 살아가며 이를 강조한다는 것이다. 우리는 만나고 대화하는 사람에게 배우며, 서적을 통해 배우며 영화를 보고 배우고 또한 삶의 경험으로부터 많은 것을 배울 수 있다. 하지만 우리 스스로 겸손하지 않으면 이러한 기회들로부터 아무것도 배우지 못한다. 우리가 배움을 멈추는 순간이 쇠퇴하기 시작하는 순간이다. 지속해서 배우지 않는 사람은 결코 성공에 이르지 못한다. 겸손함은 스스로 낮추어 많은 것을 배우고 얻을 수 있는 지혜의 출발점이다.

10. 이중성을 관리하라!

오늘날 복잡하고 빠르게 진화하는 비즈니스 환경에서 다양한 분야에서 그리고 예측하지 못하는 시점에서 도출되는 반대 의견과 모순 상황들을 원활하게 관리할 수 있는 능력을 확보해야 한다. 이를 위해 실행과정에서 매우 예리한 초점을 스스로 견지할 필요가 있으며, 동시에 전략적인 사고로 무장되어 있어야 한다. 단기적으로 살아남아야 하는 동시에 장기적으로도 지속해서 성장해야 하며, 뛰어난 고객 경험과 시장 성장을 보장해야 하는 동시에 사업의 수익성을 보장할 수 있어야 한다. 실제로 이러한 모순 상황은 관리하기 어려울 수도 있다. 하지만 이러한 현실을 회피한다는 것도 거의 불가능하다. 사전에 이러한 모순 상황을 인식하고 충돌하는 가치와 반대하는 의견으로부터 합리적인 균형을 맞출 수 있는 전략적 능력이 중요시된다. 이러한 이중성을 관리하는 능력은 21세기에 가장 중요한 리더의 역량 중 하나가 될 것이다.

스티브 잡스는 이렇게 말했다. "세상을 변화시킬 수 있다고 믿을 만큼 미친 사람들은 실제로 그렇게 하는 사람들이다!"

상기에 언급한 통찰력이 성공을 꿈꾸는 청년 전문가들에게 훨씬 더 큰 열정과 명료함으로 다가와 기업가 여정으로 이어질 수 있기를 소망한다. 가치

■ **청년 기업가를 위한 10계명**

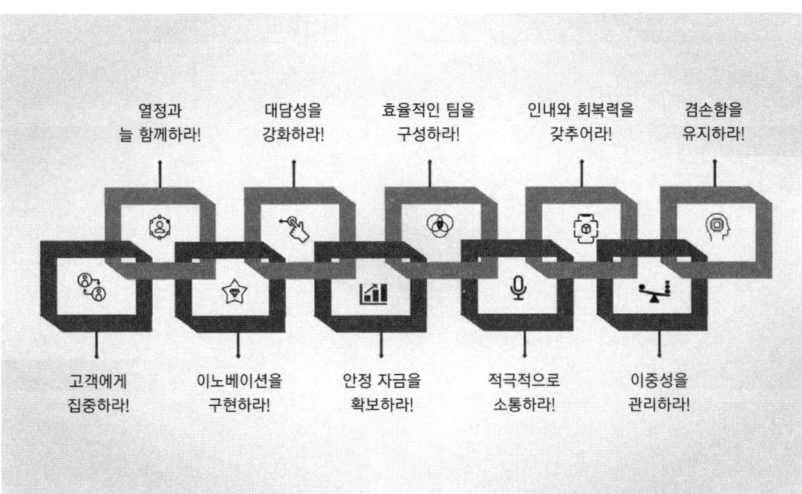

있는 여정을 시작할 시간은 지금이니 스스로 열정과 에너지를 가지고 나아가 천 송이의 꽃을 피워라. 이는 자신과 나라를 위해 개인이 취할 수 있는 최고의 여정이 될 것이다.

요약

- 청년 전문직 종사자들이 디지털 전환 시대의 변동성으로 인해 새로운 비즈니스 기회가 많아지면서 창업의 길을 선택하고 있다.
- 경험 많은 기업가와 사회기관들이 직접 이러한 벤처기업에 투자하는 등 활발한 기업가적 생태계가 구축되고 있으며, 많은 산업 포럼은 창업에 대한 멘토링뿐만 아니라 다양한 인프라를 제공하고 있다.
- 청년 기업가들이 알아야 할 성공을 위한 10가지의 핵심 키워드
  - 열정
  - 대담성
  - 인내와 회복력
  - 안정 자금
  - 겸손함
  - 고객
  - 이노베이션
  - 팀워크
  - 소통과 네트워크
  - 이중성

제4장

—

'스티브 잡스' 삶의 교훈

: 놀라운 인생 이야기

위험을 감수하고 규칙을 깨는 독불장군은 항상 중요했지만, 오늘날 그것들은 그 어느 때보다도 중요하다.

게리 하멜, 경영 컨설턴트

스티브 잡스는 우리 시대의 가장 매혹적인 아이콘 중 하나이다. 그는 개인용 컴퓨터, 휴대전화, 음악, 영화, 소매업 등 여러 산업 분야에 걸쳐서 엄청난 영향력을 발휘했다. 이노베이션과 열정에 대한 그의 개인적 기록은 믿을 수 없을 정도이다. 이런 점에서 그는 아마도 최근 역사상 가장 영향력이 높은 기업의 리더일 수 있다.

나는 최근 '월터 아이작슨'이 저술한 '스티브 잡스' 생애와 활동에 관한 전기를 읽었다.[5] 복잡하고 매혹적이고도 독특한 그의 개성에 관한 상세한 인생 이야기로서 이 책은 많은 이들을 아주 놀라게 했다. 이 책을 통해 나는 다소 당황했고 그의 독특한 성격에 다소 실망도 했지만 스티브 잡스는 이전에 우리가 이해했던 것보다 훨씬 더 복합적인 인물이라는 것을 알게 되면서 스티브 잡스와 애플 사의 놀라운 업적에 관해 더 나은 이해와 더 깊은 존경심을 갖게 되었다. '스티브 잡스'의 비범한 인생 이야기에서 추출한 11가지 교훈을 핵심 키워드로써 제시하고 이를 독자와 함께 공유하고자 한다.

1. **열정(Passion)**: 잡스로 정의되는 결정적인 특성은 그의 순수한 강렬함에 있다. 잡스의 강렬함에 의한 열정을 우리는 다음 3가지의 분야에서 확인할 수 있다. 잡스는 먼저 스스로 열정을 통해 위대한 혁신 제품을 만들었고, 애플 사를 불굴의 글로벌 혁신 기업으로 성장시켰으며 그리고 마지막으로 '그가 세상에 남기고자 하는 흔적'으로써 3가지의 주요 업적을 남겼다. 무엇보다도 그의 열정 중 가장 눈에 띄는 것은 혁신 제품에 관한 것이다. 그는 수익 창출을 위한 기업의 이윤보다도 혁신 제품의 기능을 우선시하고 제품에서 완벽주의를 추구했다. 하지만 궁극적으로는 애플이 업계를 대표하는 혁신적인 제품을 잇달아 만들어내면서 기업의 재정적인 성공을 이끈 만큼, 혁신 제품에 대한 이러한 잡스의 열정은 분명히 기업의 이윤 창출과 함께 풍부한 배당금으로 돌아왔다.
   잡스는 삶이 우리에게 그냥 일어나는 것이 아니라 우리 스스로 미래를 만들어간다고 믿었다. 그의 삶에 관한 철학은 1997년 애플의 유명한 광고인 '다르게 생각하라'에 잘 포착되어 있다. "세상을 바꿀 수 있다고 생각할 만큼 미친 사람들은 그렇게 하는 사람들이다." 진정한 변화를 만드는 이 대단한 열정은 그를 놀라운 업적으로 이끈 힘이었다.

2. **공학과 예술의 융합(Intersection of engineering and arts)**: 스티브 잡스의 재능 중 가장 독특한 측면은 겉보기에는 대조적인 공학과 예술의 세계를 함께 경험하며 이를 동화시키는 탁월한 능력이었다. 그는 음악에서부터 서예와 힌두 철학 그리고 선불교에 이르기까지 다양한 관심사를 가지고 있었다. 그는 인문학의 세계에서 확보한 직관과 공감을 공학적 기술이 적용되는 안정된 세계로 가지고 왔다. 이는 아마도 애플 사가 다른 테크놀로지 기반의 회사들과는 많이 차별화된 특징이었을 것이다.
   잡스는 스스로 "나는 기술적인 것을 생산하는 데 직관과 창의력이 요구된다는 것을 알고 있으며, 아울러 예술적인 것을 생산하는 데는 실제로 통제가 필요하다는 것을 이해하는 몇 안 되는 사람 중 한 명이다."라고 말했다. 이러한 다학제 간의 융합과 교차 개념은 신세대 전문가와 변혁이 필요한 산업 전반에서 모두에게 많은 교훈을 준다. 중요한 혁신은 도메인의 내부에서가 아니라 다양한 이종 분야들이 상호 융합하며 교차하는 지점에서 발생한다는 것이다. 특히 이는 디지털 시대를 선도하는 이노베이션 창출을 위해서 필요한 미래의 공식이 될 것이다.

3. 엔드-투-엔드 오너십(End-to-end ownership): 잡스의 완벽성에 대한 열정은 애플이 만든 모든 제품을 엔드-투-엔드 프로세스로 통제할 수 있다는 그의 철학으로 이어졌다. 그는 혁신 제품을 개발할 때 디자인, 하드웨어, 소프트웨어, 콘텐츠 전반에 걸쳐 수직적 통합을 고집했다. 이러한 접근법은 스티브 잡스가 스스로 통제에 집착했기 때문일 수 있다. 하지만 이러한 엔드-투-엔드에 의한 종단 간 접근법에는 긍정적인 근거가 존재한다. 스티브는 고객이 훌륭한 제품에 만족하도록 보장해야 하는 책임을 스스로 져야 한다고 믿었고 이를 위해 그는 엔드-투-엔드 오너십이 필요했다. 하드웨어와 소프트웨어 그리고 콘텐츠를 하나의 통합 시스템으로써 융합하는 애플의 능력은 단순함을 강요하고 '열린 아키텍처' 접근법이 초래할 수 있는 단편화를 회피할 수 있게 했다. 이러한 '폐쇄 루프' 접근법은 애플 성공의 핵심 비밀이었다. 이는 훌륭한 혁신 제품의 개발로 이어졌고 초기에 작은 시장 점유율에도 불구하고 애플은 높은 이윤을 달성하는 데 도움을 주었으며, 아이팟, 아이폰 그리고 아이패드와 같은 새로운 혁신 제품의 기초가 되었다. 잡스의 성공 사례는 장기적 지향성을 가진 몇몇 기업가들이 가치사슬의 모든 측면을 엔드-투-엔드 오너십으로 통제하고자 하는 이유를 더욱 잘 설명해주고 있다.

4. **단순성(Simplicity):** 선불교에 많은 영향을 받은 스티브 잡스는 단순성과 미니멀리즘에 대한 강한 믿음을 가지고 있었다. 그의 유명한 격언은 '단순함은 궁극적인 정교함'이었다. 이 철학은 그의 제품과 사생활에 모두 반영되어 있다. 애플 제품의 직관적인 단순함에서 비롯된 유용성은 성공의 열쇠 중 하나였다. 복잡성을 줄이고 인터페이스는 최대한 간단하게 하는 데 초점을 맞추었다. 애플의 혁신 제품에서 내재화된 이러한 단순성은 회피하는 것이 아니라 기존의 복잡성을 숙달해야만 확보되는 새로운 가치였다.
   고객 사용자들에게 가장 직관적으로 단순한 디자인을 얻기 위해서는 많은 사색과 세부 기능의 고찰이 필요했다. 애플의 디자인 책임자인 '조니 아이브'의 "필수적이지 않은 부분을 제거할 수 있으려면 제품의 본질을 깊이 이해해야 한다."는 말은 이러한 철학을 잘 포착하고 있다.
   단순함은 잡스의 개인적인 삶에도 반영된다. 그를 상징하고 식별하는 표장으로써 검은 터틀넥 셔츠와 작업복 바지 그리고 검소한 저택이다. 또한 그는 물질적인 소유물이 삶을 풍요롭게 하기보다는 오히려 어수선하게 만드는 경우가 많다고 믿었다. 잡스의 실천적인 삶과 그의 혁신 제품의 사례들은 그의 단순함의 가치와 단순함을 성취하는 데 필요한 깊이를 모두 잘 보여주고 있다.

5. **현실 왜곡(Reality distortion):** 아이작슨의 책에서 발견한 가장 놀라운 발견 중의 하나는 잡스의 현실 왜곡에 관한 것이었다. 잡스는 겉보기에는 불가능해 보이는 결과를 종종 스스로 상상하곤 했다. 잡스는 다른 사람들이 자신을 신뢰하게 만들고 그가 원하는 방식으로 현실을 보게 하는 놀라운 능력을 보유하고 있었다. 이로 인해 이전에 그들에게 불가능해 보이는 결과를 잡스는 그들이 스스로 달성하도록 도왔다. 잡스의 친구 중 한 명이 "만약 그가 무슨 일이 일어나야 한다고 결정한다면, 잡스는 그냥

그렇게 만들 것이다. 그를 신뢰한다면, 할 수 있는 일이 있을 겁니다."라고 말한다. 하지만 현실적으로 잡스는 어느 정도 망상적이고 심지어 교묘한 행동으로 비춰져 보인다. 하지만 이는 우리가 원하는 결과로써 어떤 것을 성취하려는 강한 의지와 확신 그리고 다른 사람들이 그 비전에 집중하고 정렬하는 것으로부터 스스로 자신감과 카리스마를 매우 명확하게 확보함으로써 특별한 결과를 얻을 수 있다는 것을 증명하고 있다.

6. **완벽주의(Perfectionism)**: 잡스는 완벽주의자였다. 그는 위대한 선견지명이 있는 리더가 아니라 아주 세세한 부분까지 챙기는 믿을 수 없는 안목을 가지고 있었다. 아이작슨의 책에는 잡스가 제품팀 전체가 간과해서 놓친 실수를 일일이 찾아내는 사례가 아주 많이 있다. 잡스는 또한 사람들은 책을 표지만 보고 판단한다는 철학을 심어주었다.
즉 그는 제품의 포장과 고객이 제품에 대하여 갖는 최초의 인상과 느낌에 엄청난 시간을 할애하였다. 하지만 잡스의 완벽주의는 그의 제품들의 외모와 느낌에 관한 것만은 아니었다. 그는 자신의 모든 제품의 내부를 완벽하게 만드는 것에 대해서도 똑같이 집착했다. 그는 양부로부터 일찌감치 좋은 목수는 좋은 나무를 사용하고 찬장 안쪽에도 마무리한다는 것을 배웠다. 이것을 그는 평생의 교훈으로 이어갔다. 그가 애플 컴퓨터 회로의 줄이 완벽하게 줄지어 서 있다고 주장한 방법에 대한 매혹적인 이야기가 있다. 잡스의 완벽주의는 '신은 디테일에 존재한다.'라는 좋은 교훈의 예시라 할 수 있다. 특히 고위 간부들이 종종 거창한 전략에만 집착하는 경우는 더욱 그렇다.

7. **집중력(Focus)**: 잡스는 스스로 날카로운 집중을 통해 강렬함과 완벽주의를 성취할 수 있었다. 1997년 애플 사로 돌아온 그는 제품의 수를 줄이고 잘 정의된 4개 부문의 단일 제품에 집중함으로써 회사를 파산으로부

터 구했다. 또 한 사례로써 비즈니스 미팅에서 회의를 주관하는 잡스는 일들을 어떻게 처리할 것인지 논의하는 과정에서 단지 3가지 우선순위의 아이디어들만 채택하고 나머지 모두를 과감히 삭제하였다. 뿐만 아니라 그는 그가 함께 일할 사람들을 선택하는 문제까지 확대하여 A-players와만 일하고 싶다고 결정하고 B-players에게 회사 잡초를 제거하는 일을 배당했다. 아주 냉정해 보이지만 그는 시간을 낭비하고 B-players와 함께 조직의 질을 희석시키고 싶지 않았기 때문이다.

그의 강박적인 집중력은 때때로 부정적인 영향을 끼쳤는데 특히 그의 사생활에서 두드러졌다. 그는 집중하고 싶지 않거나 집중할 의미가 별로 없다고 생각하는 것은 무엇이든 과감히 걸러내곤 했다. 그의 첫 딸이 아주 어렸을 때 그의 무관심은 이러한 그의 성향을 잘 보여주는 것이다. 아마도 이러한 성향 때문에 그가 암 치료에 집중해야 할 시기를 놓치게 된 결과를 낳았을 것이다. 하지만, 잡스는 다양한 관계망 속에서 스스로 집중력을 잘 분배하고 강도를 조절하였으며, 그렇지 않았다면 불가능했을지도 모르는 아주 특별한 결과들을 성취하는 데 그의 집중력은 아주 큰 역할을 하였다.

8. **복원력(Resilience)**: 잡스의 인생 이야기는 고난과 역경에서 놀라운 복원력을 가지고 회복하는 실화 중 하나이다. 잡스는 서른 살에 열정을 가지고 설립한 회사 애플에서 쫓겨나게 된다. 대부분 사람에게 이는 치명상으로써 녹아웃되는 충격이었을 것이다. 하지만 잡스는 놀라운 복원력으로 몸을 일으키며 다시 일어나서 앞으로 나아갈 수 있었다. 그는 특히 NeXT 컴퓨터에서 더 많은 실패에 직면했지만 이러한 모든 고난을 인내했다. 그리고 놀라운 행운의 반전으로 그는 애플로 돌아와 전례 없는 영광으로 회사를 이끌었다.

이러한 회복력은 암과의 싸움에서도 뚜렷하다. 그는 암과의 세 번째 싸움에서 졌지만, 처음 두 번의 싸움에서는 돌아와 애플 사의 주요 혁신 제품마다 리더로서 돌파구를 이끌었다. 잡스의 인생 이야기는 '절대 포기하지 않음'에 관한 훌륭한 예시로써 인내하면 현재에 어떤 도전이든 더욱 나은 미래를 이룰 수 있다는 교훈을 우리에게 제시하고 있다.

9. 경험의 연결(Connecting the dots): 잡스의 영향력은 경력이 쌓여가는 동안 기하급수적으로 커졌다. 이는 자신의 삶에 축적된 '다양한 경험들을 연결'하고 실수와 실패로부터 배울 수 있는 그의 탁월한 능력 때문일 것이다. 잡스는 젊었을 때 반항아였다. 대학을 중퇴하고 서예를 배웠으며 그리고 인도로 자아 탐구를 위한 여행도 했다. 사실 이러한 다양한 경력이 비즈니스 세계에서 성공을 위한 가이드라인이 될 수는 없다. 하지만 잡스는 본인만의 이러한 경험들을 독특한 성공 공식으로 연결시킬 수 있었다. 잡스는 애플에서 쫓겨나고, 넥스트에서 성공적인 비즈니스로 이끌기 위해 힘든 투쟁을 하였으며, 또한 픽사에서는 하드웨어에 초점을 맞추는 잘못된 판단으로 인해 자신의 몫 이상의 다양한 실패를 안고 있었다. 잡스는 이러한 실패로부터 스스로 인내하고 이를 통해 배우고 성장할 수 있었다.

애플에서 2번 등장을 비교해 보면 이 점을 분명히 알 수 있다. 애플에서의 1막 시작은 비교적 성공적이었지만 실제로 이는 지저분한 결과로 귀결되었다. 회사를 설립하는 데 기여한 그의 공로는 개인용 컴퓨터를 만든 기술 천재인 스티브 워즈니악의 성과보다 부차적으로 평가받았다. 이에 추가로 그의 성격의 부정적인 측면이 나타나기 시작했고 이는 그의 공로를 아주 무색하게 만들었으며, 1985년에 애플에서 결국 불미스럽게 퇴출되었다. 하지만 애플에서의 그의 2막 인생은 믿을 수 없을 정도로 대성공을 거두면서 혁신적인 사고에 기반한 리더십으로 조직의 창의성을 지속해서 이끌었다. 그가 주도적으로 만든 일련의 혁신 제품인 iMac, iPod, iTunes, iPhone 그리고 iPad는 전례가 없는 대성공작으로써 애플을 세계에서 가장 가치있는 회사로 성장시켰다.

잡스의 이야기는 학습 곡선의 강력한 힘을 보여준다. 잡스는 기술 분야의 천재로 출발하지 않았을지는 모르지만, 그는 인생에서 점들로 나타난 많은 경험들을 연결함으로써 창조적인 거인으로 진화할 수 있었다. 그는 많은 것을 공식적으로 발명하지는 않았지만 미래를 발명하는 방법으로서 아이디어에 기반한 예술과 기술을 통합하는 데 달인이었다. 잡스의 인생 이야기는 다양한 경험을 갖는 것이 얼마나 소중한 가치인지를 일깨우고, 우리에게 훌륭한 교훈을 던져 주고 있다. 또한 우리 스스로 내면을 들여다보고 경험과 직관을 깊이 있게 성찰한다면, 가장 어려운 질문에 대한 답을 찾을 수 있다는 것을 보여준다.

10. 불완전성(Nobody is perfect): 완벽한 사람은 없다. 잡스도 많은 모순과 불완전함을 가진 복잡한 사람이었다. 그의 대인관계 스타일이 특히 실망스럽다는 것은 그의 전기를 다룬 아이작슨의 책으로부터 알 수 있었다. 그는 동료 직원들에게 가차 없이 냉정하게 압박하고 공개적으로 굴욕감도 서슴없이 주었다. 그는 교묘한 수단에도 능숙했으며 타인의 거절을 순수하게 받아들이지 않는 것으로 보여졌다. 종종 다른 이들로부터 도출되는 아이디어에도 많은 관심을 가진 것으로 보였다. 더욱 그의 거래 중 일부에서 청렴함과 일관성이 결여된 것으로 나타났고, 그의 친한 친구 중 몇 명과는 의절하고 가차 없이 돌아섰다는 일화도 있다. 하지만 대인관계에서의 일부 실패에도 불구하고 대부분의 동료는 그와 함께 일하는 것을 무척 좋아했다. 물론 그는 이들과 함께 경이로운 결과물을 창출하였다.

여기서 우리는 몇 가지의 중요한 교훈을 얻을 수 있다. 우선 어떤 이도 완벽하지 않다는 것이며, 잡스처럼 위대한 호평을 받은 천재도 물론 불완전한 사람이라는 교훈이다. 그리고 또한 우리는 개별 인간으로서 불완전성에 너무 집중할 필요가 없으며, 거장의 인생 흐름 전체로써 큰 그림을 보아야 한다는 것이다. 끝으로 무엇이 효과가 있었고 무엇이 효과가 없었는지에 대해서 섣부른 판단을 해서는 안 된다는 교훈이다.

잡스는 리더의 모델로서 복제할 수 있는 전형적인 스타일이 아니라 실로 엄청난 결과를 가져온 독특한 스타일의 리더라는 사실이다.

11. 다른 경로의 가능성(Different paths are possible): '스티브 잡스'의 삶과 일은 다른 천재적이고 경이로운 비즈니스 리더인 '빌 게이츠'의 삶과는 아주 대조적이다. 흥미로운 사실은 빌 게이츠 역시 잡스와 같은 해인 1955년에 태어났다. 하지만 두 개인을 비교해 보면 그들의 삶과 직업 철학은 서로 다르다는 것을 쉽게 알 수 있다. 잡스는 영원한 반란군이었다. 개성이 강하며 독특하며 항상 카리스마가 넘쳤다. 하지만 게이츠의 접근 방식을 보면 모든 면에서 준비된 스타일이며, 균형감이 있으며 정통적인 성향을 가지고 있다. 또한 두 사람은 기술과 제품 개발에 대해서 서로 다

■ **'스티브 잡스' 삶의 교훈 – 놀라운 인생 이야기**

른 철학을 채택하고 있다.

잡스는 엔드-투-엔드 통합으로 '폐쇄된 시스템'에 대해 강한 믿음을 가지고 있었고, 게이츠는 혁신 창출에 도달하는 데 '개방된 아키텍처'에 의한 접근법을 강력히 지지하는 신봉자 중 한 명이었다. 그들은 서로 다른 성향과 접근 방식에도 불구하고 둘 모두 크게 성공한 회사를 이끌었고, 우리 시대에 리더로서 가장 존경받는 롤 모델이다. 그러므로 성공에 이르는 길에서 상충하는 이들의 인생 이야기는 결론적으로 성공에 이르는 길은 아주 많이 열려 있으며 한 가지 길만이 있는 것은 아니라는 사실을 잘 보여주고 있다. 다른 길은 모두 가능하며 직장과 인생에서 똑같이 성공할 수 있다. 그러므로 우리는 자신의 강점과 처해진 상황에 따라 자신의 맞는 길을 선택해야 한다.

잡스는 매혹적인 삶을 살았고 우리는 그것으로부터 배울 것이 너무 많다. 그의 인생 업적은 너무나 거대해서 마치 그의 인생은 외계 행성에서 지구로 이송된 '슈퍼맨'의 삶처럼 보인다. 리더로서의 잡스가 전부 그대로 복제될 수 있을지 아니면 그것이 바람직한지는 잘 모르겠지만 우리가 그의 독특한 삶을 통해 배우고 영감을 얻을 수 있는 많은 교훈이 있다는 것은 확실하다. 만약 우리가 상기에서 일부 언급한 잡스의 교훈 중 몇 가지라도 지속해서 흡수하고 실천할 수 있다면, 우리 스스로 잠재력을 완전히 실현하는 길을 나아가는 데 아주 큰 도움이 될 것이다.

잡스가 가장 좋아하는 발언 중 하나로 이 장을 마무리하고자 한다. 그는 스탠퍼드 졸업식 연설에서 이렇게 말했다. "Stay hungry, Stay foolish." 현실에서 항상 자만하지 말고 늘 배움의 자세로 열심히 살아야 한다는 그의 인생 철학을 잘 대변하고 있다.

요약

- 스티브 잡스는 우리 시대의 가장 매력적인 아이콘 중 하나이다. 그는 개인용 컴퓨터, 휴대전화, 음악, 영화, 소매업 등 여러 산업 부문에 걸쳐서 엄청난 영향력을 끼쳤다.
- 스티브 잡스의 삶과 리더로서의 교훈을 11가지로 요약했으며, 여기에는 열정, 공학과 예술의 융합, 엔드-투-엔드 오너십, 단순성, 현실 왜곡, 완벽주의, 집중력, 복원력, 경험의 연결, 불완전성, 다른 경로의 가능성이 있다.
- "Stay hungry, Stay foolish"는 그의 인생철학을 대변하고 있다.

제5장

장수의 위대함에 관한 다섯 가지 교훈

: 자이언트 '세쿼이아스'로부터

장애물이 당신을 막도록 하지 마라.

벽에 부딪히면 돌아서거나 절대 포기하지 마라.

어떻게 오르는지 알아내고 이를 돌파하든지, 아니면 주변에서 이를 넘어설 기회를 찾아라.

미국 프로 농구 선수, 마이클 조던

캘리포니아의 세쿼이아 국립공원에 있는 거대한 세쿼이아 숲 한가운데 서게 되면 놀라운 경험을 하게 될 것이다. 거대한 세쿼이아 거목은 아주 특별하다. 그들은 온화한 거인과도 같다. 그들은 단지 세계에서 가장 큰 나무일 뿐만 아니라 지구상에서 살아있는 가장 큰 생명체 중 하나이다. 이들은 평균 높이가 61~91m이고 지름이 7~8m이며, 가장 오래된 것은 3,000년까지 자란다. 세계에서 가장 부피가 큰 나무이면서 셔먼 장군이라 이름이 붙은 이 세쿼이어 나무의 키는 높이 84m로 27층 건물의 높이와 비슷하다. 둘레는 31m나 돼 전 세계에서 가장 부피가 거대한 나무로 등재돼 있다. 미국 캘리포니아 세쿼이아 국립공원에 있는 이 나무의 나이는 2,300~2,700살 정도로 추정되고 있다.

거대한 세쿼이아 사이에서 보내는 시간은 깊은 감동과 함께 경외심 그 자체를 경험하게 해줄 것이다. 그들과 함께 하는 시간은 정말 특별한 경험인 것은 물론이고, 이 거인들의 엄청난 크기에 경외심을 느끼고 겸손해지는 것은 당연하다. 하지만 그 이상이다. 이는 명상적인 체험으로써 '불멸자들'은 당신의 심령에 닿는 평온한 존재감을 가지고 있다. 우리는 그들 안에 모든 창조와 영원의 비밀이 있다고 느낀다.

이 위대한 불멸자들이 우리에게 주는 교훈을 5가지로 요약하여 독자들과 생각을 공유하고자 한다.

교훈 1: 작은 씨앗 하나가 가장 큰 나무로 성장할 수 있다.

거대하고 위대한 세쿼이아 나무도 아주 작은 원뿔 씨앗으로부터 비롯되었다. 세쿼이아의 원뿔 씨앗은 귀리 조각보다 작은 솔방울 크기이다. 생명의 무한한 잠재력을 상기시켜주는 강력함을 확인할 수 있다. 가장 작은 곳에서 위대함의 잠재력이 내재화되어 있다는 것을 알 수 있다. 이로부터 우리는 희망, 존경 그리고 겸손에 대한 위대한 교훈을 얻을 수 있다. 미래의 희망과 놀라운 잠재력이 모든 생명체 존재 안에 있다는 것을 명심해야 하며, 이들 앞에서 겸손해야 한다. 그러므로 어떤 사람이나 처한 상황을 가볍게 치부해서는 절대 안된다. 왜냐하면 그 생명체의 내면 안에는 엄청난 깊이와 잠재력이 함께 있을 수 있기 때문이다.

교훈 2: 포지셔닝은 위대함에 이르는 중요한 요소이다.

거대한 세쿼이아는 상당히 좁은 지역에서 자란다. 캘리포니아 시에라 네바다 산맥의 144평방 킬로미터의 지역에서 발견된 숲은 65개뿐이다. 이 나무들이 성장하는 지역의 환경은 건조한 여름과 눈 덮인 겨울을 특징으로 하는 습한 기후와 함께 이 지역이 가지고 있는 화강암 기반의 잔류성 충적 토양이라는 지질 환경이 필요하다.

숲속에서 함께 하는 모든 세쿼이아는 결국 거인이 된다. 숲에서의 위치, 햇빛, 주변 및 기타 요인에 대한 접근은 그들이 달성할 궁극적인 크기에서 중요한 역할을 한다. 이는 강력한 삶의 교훈이다. 많은 사람들이 동일한 본질적인 잠재력을 가지고 있지만 적절한 시기에 적절한 위치로의 포지셔닝은 궁극적인 성공에 모든 차이를 만들 수 있다

교훈 3: 세월이 흐를수록 점점 성장하며 커진다.

자이언트 세쿼이아의 강력함은 나이와 크기로서 모두가 연결되어 있다. 그들은 나이가 들수록 크기와 힘이 계속 커지므로 풍파에 의해 넘어지기가 훨씬 더 어렵다. 이들은 오랜 세월을 거치면서 다양한 질병과 자연적인 사망을 이미 정복하였으며, 우연한 사고사에 의해서만 죽은 것 같다. 따라서 나이가 든 세쿼이아는 훨씬 더 웅장하고 강력한 힘을 가지고 있다. 위대한 세쿼이아는 많은 측면에서 우리 인간들에게 신비로운 영감을 주고 있다. 가장 큰 교훈은 결코 우리는 성장을 멈추지 말아야 하며, 우리의 최고의 날들이 현재보다 앞선 미래에 있다는 것이다. 무엇보다도 장수의 가치로서 우리가 지속적인 코스를 유지할 수 있다면 더욱 큰 영향력을 미칠 수 있다는 것이다.

교훈 4: 공동체의 네트워크 힘은 위대하다.

거대한 세쿼이아는 놀랍게도 상대적으로 작은 뿌리를 가지고 있는데, 깊이는 2m에서 6m밖에 되지 않는다. 하지만 이 얕은 뿌리로 수천 년 동안 이 거인들의 거대한 높이와 부피를 지지하고 있다. 여기에 정답은 세쿼이아가 서로 가까이서 자라기 때문에 각각의 뿌리들이 서로 얽혀져 있다는 사실이

다. 세쿼이아에게 그들이 가지고 있는 믿을 수 없는 힘과 안정성을 주는 것은 그들 뿌리가 상호 간에 얽혀져 있는 네트워크에 의한 결속 효과로써 마치 거대한 매트를 형성하고 있기 때문이다. 이는 지역사회의 위대한 네트워크 힘을 강력하게 상기시켜주고 있으며 많은 이들의 지지 없이는 어떤 리더도 우뚝 설 수 없다는 교훈을 우리에게 상기시켜준다.

교훈 5: 재난을 극복함으로써 더욱 성장할 수 있다.

아마도 거대한 세쿼이아 장수의 가장 큰 비밀은 그들이 어떻게 산불 화재에서 살아남는가 하는 것이다. 자이언트 세쿼이아의 서식지인 시에라 네바다 지역은 매우 건조하고 번개에 노출되어 자연 산불 화재의 발생이 높다. 이러한 환경은 많은 산불 화재를 초래하는 치명적인 조합으로 세쿼이아의 생존에 큰 도전을 초래한다. 우리는 국립공원에서 큰 화재의 흉터가 있는 많은 세쿼이아를 만나볼 수 있다.

하지만 세쿼이아는 산불을 극복하기 위해 자신의 껍질에 위대한 메커니즘을 가지고 있다. 이들의 껍질은 약 1m 두께로 매우 두껍고 타닌 성분을 가지고 있어 스스로 화재로부터 보호한다. 거대한 세쿼이아는 산불 화재에서 살아남을 뿐만 아니라 스스로의 복원력을 통해 재생하고 더욱 성장하게 된다. 산불은 덤불을 치우고 솔방울의 원뿔을 열어서 씨앗이 발아할 수 있게 한다. 게다가, 산불은 생태계에서 경쟁하는 소나무나 밤나무 등과 같은 얇은 껍질의 경쟁 식물 종들을 제거함으로써 고생대 거인의 성장을 더욱 촉진한다. 실제로 산불 화재 이후에는 전형적으로 거대한 세쿼이아의 성장이 뒤따르게 된다.

세쿼이아 나무들이 삶의 경험에서 축적한 화재에 관한 숙달은 우리에게 매우 강력한 교훈을 주고 있다. 실제로 우리의 인생은 각자의 방식대로 많은 도전에 직면하게 된다. 우리가 도전을 다루는 방식은 우리 삶에서 스스

■ '자이언트 세쿼이아스'가 주는 5가지 교훈

로 어떻게 성장할 수 있을 것인지를 결정한다. 자이언트 세쿼이아가 자신만의 독특한 산불 화재의 대처 메커니즘으로써 두꺼운 껍질과 방화 성분으로써 타닌을 개발하였듯이, 우리의 각자 삶에서 직면할 수 있는 위기를 극복할 수 있는 수단을 스스로 개발할 필요가 있다. 특히 세쿼이아는 위기와 도전을 통해 살아남을 뿐만 아니라 위기의 극복은 더욱 큰 성장을 이루는 기회로 이어졌다는 것이다. 그것은 정말 아름답고 강력한 삶의 교훈이다.

오늘날 코비드-19 대유행이라는 어려운 시기에서 이러한 장수 세쿼이아의 교훈을 통해서 기업은 양질의 회복력으로 위기를 극복하고 뛰어난 기업 실적을 올리는 기회로써 이어지게 할 수 있을 것이다.

세쿼이아의 위대한 생명력을 통해 희망, 용기, 탁월함, 회복력 그리고 장수의 삶의 메시지는 우리에게 엄청난 영감과 교훈을 주고 있다. 하지만 이 웅장하고 불멸의 거인들은 글로써 표현하고 말로써만 정의할 수가 없다. 세쿼이아를 직접 만나보고 이 비길 데 없는 거인들로부터 느껴지는 신비와 경이로움에 관해 스스로 오감으로 체험해 볼 수 있기를 강력히 권장한다.

요약

- 거대한 세쿼이아는 세계에서 가장 큰 나무일 뿐만 아니라 지구상에서 가장 크고 오래된 살아있는 유기체로서 이 위대함은 우리의 핵심에 고요히 와닿는 불멸의 존재이다.
- 5가지 교훈:
  - 작은 씨앗이 가장 큰 나무로 성장할 수 있다.
  - 포지셔닝은 위대함에 이르는 중요한 요소이다.
  - 세월이 흐를수록 점점 성장하고 커진다.
  - 공동체의 네트워크 결속 힘은 위대하다.
  - 재난 극복을 통해 더욱 성장할 수 있다.

제6장

—

문제 해결과 의사결정을 위한 10가지 프레임

대학 교육의 가치는 많은 사실들을 배우는 것이 아니라, 비판적으로 생각하게 하는 사고의 훈련에 있다.

알버트 아인슈타인, 물리학자

우리가 살아가고 있는 뷰카 시대의 불확실성과 함께 역동적인 특성을 고려할 때 문제 해결과 효과적인 의사결정 능력은 그 어느 때보다 중요시되고 있다. 이 새로운 세계의 변동성과 복잡성을 이해해야 하고 불확실성의 환경에서도 빠른 속도로 시스템은 작동해야 한다. 조직은 이러한 시나리오에서 더욱 효과적인 성과를 도출하기 위해 매우 높은 수준의 의사결정 역량을 갖추어야 한다. 다음에서 제시하는 10가지 프레임워크를 뷰카 시대에서 문제 해결을 위한 접근 방법으로 할용함으로써 의사결정권자는 보다 나은 결정을 내리는 데 매우 도움이 된다는 것을 확인했다. 특히 이는 의사결정과 행동의 질을 향상시키기 위한 기업의 비즈니스 상황에서는 물론 우리의 개인 삶의 여정에서 직면하는 다양한 문제 해결에도 유용하게 적용할 수 있을 것이다.

1. 스위트 스팟(Sweet Spot): 모두가 궁금하게 생각하는 것 중의 하나는 '우리는 어떻게 하면 스스로 잠재력을 더욱 잘 실현할 수 있는가?'이다. 이를 위한 가장 효과적인 방법으로써 자신의 '열정과 재능' 그리고 공익적 차원에서 '가치'가 함께 하는 '스위트 스팟(Sweet Spot)'을 인생의 목표로써 찾는 것이 중요한 관점임을 앞서 살펴보았다. 그리고 이러한 '스위트 스팟'을 통한 자아 발견은 스스로 엄청난 에너지를 방출하고, 자신의 활동을 더욱 쉽게 만들 수 있다. 행복을 얻고, 삶의 질을 높이기 위해서 본인의 잠재력을 최대한 발휘하는 방법을 이미 설명했다.

   이러한 관점은 기업 조직이 보유하고 있는 잠재력의 발휘에도 상당히 영향력을 미친다. 기업의 미션에 부합되는 '스위트 스팟'은 다양한 의사결정의 기준이 될 수 있으며, 기업의 비즈니스 리더가 그림의 예시와 같이 "시장성 vs 경쟁력" 관점에서 다양한 옵션에 걸쳐 지속해서 우선순위를 정해야 하는 경우 많은 도움이 될 수 있다. 예를 들어 어디에 투자해야 하는가? 그리고 어디에 더 많이 집중해야 하는가? 이러한 비즈니스 상

■ **시장성과 경쟁력 관점의 우선순위 결정**

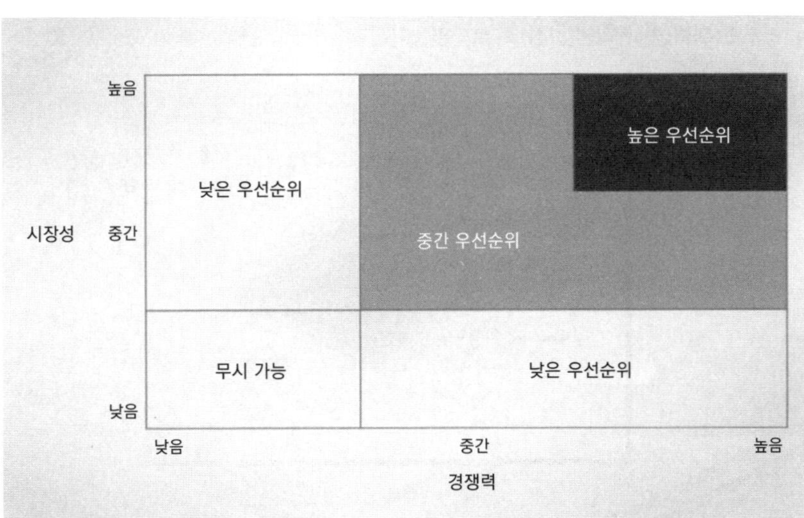

황에서 리더는 가장 간단하지만 가장 강력한 프레임워크 중 하나인 '스위트 스팟'의 개념을 의사결정에 필요한 실무에 적용하는 것이다.

2. '리스크 리턴'(Risk-return tradeoff): 의사결정을 내릴 때 이해해야 할 가장 중요한 것 중 하나는 '리스크-리턴 프로파일'이다. 즉 '공짜 점심은 없다.'라는 격언이 있다. 더 높은 수익을 원한다면 일반적으로 더 높은 수준의 위험을 감수해야 한다. 이는 금융에서 가장 근본적인 개념 중 하나이지만 개인의 생활에서도 밀접한 관련이 있다. 우리는 자신에게 내재하고 있는 위험 성향을 스스로 이해하는 것이 매우 중요하다. 동일한 리스크-리턴 곡선에서 실행해야 할 지점은 개인마다 서로 다를 수 있다. 하나의 좋은 예로써 종종 하는 질문이다. MBA 직후 창업을 해야 좋은 것인가 아니면 기업가가 되기 전에 몇 년 동안 직장에서 실무에 종사해야 바람직한 것인가? 분명히 이에 대한 올바른 대답은 아무도 할 수 없을 것이다. 그 해답은 스스로 자신이 가진 리스크-리턴 프로파일을 이해하는 것이기 때문이다.

■ **리스크(위험성) – 리턴(보상) 프로파일**

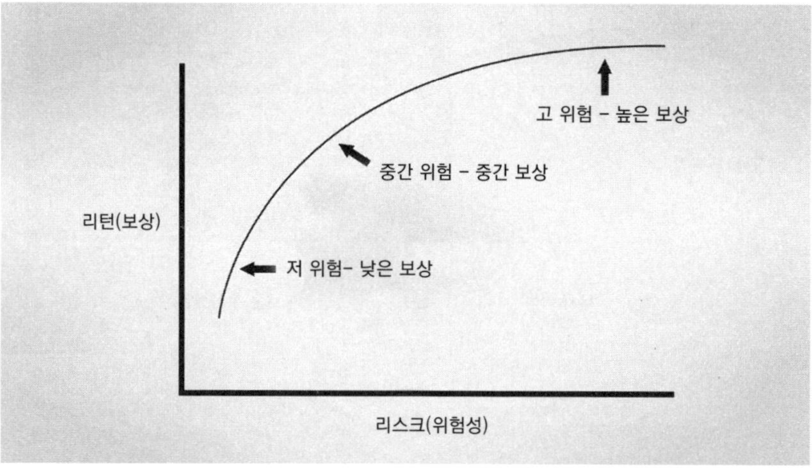

리스크-리턴 곡선에서 최적의 지점에서 작동하기 위해서는 리스크를 더 잘 정의하고 이해하는 것이 중요하다. 만약 리스크를 확실히 파악하거나 정의하지 못하고 아주 유동적인 상태인 비정질 수준으로 유지된다면 이는 어떠한 의사결정도 할 수 없는 마비 상태에 빠질 수도 있게 된다. 즉, 리스크를 명확하게 파악하고 정의할 때 실체와 가상을 확실히 구별할 수 있기 때문이다. 그렇게 하면 더욱 큰 투자를 할 수 있을 것이며 리스크-리턴 곡선에서 볼 때 더욱 높은 수준에서 의사결정을 할 수 있을 것이다. 그러므로 오늘날 우리가 살아가는 뷰카 시대에서는 특히 리스크를 분명하고 확실하게 정의하는 것이 더욱 중요한 관점으로 부각되고 있다.

3. 80:20 원칙(Pareto principle): 파레토 법칙이란 조직에서 몇 가지 중요한 과업들이 조직의 대부분 성과를 이끌고 도출한다는 것으로써 이는 널리 알려진 개념이다. 하지만 일상생활에서 실제로 이를 적용 가능한 것은 그다지 많지 않을 수도 있다. 그 이유로써 80:20이라는 파레토 법칙은 통찰력으로는 활용할 수는 있겠지만, 이를 불확실한 미래의 결과를 사전에 판

■ **80:20의 파레토 법칙**

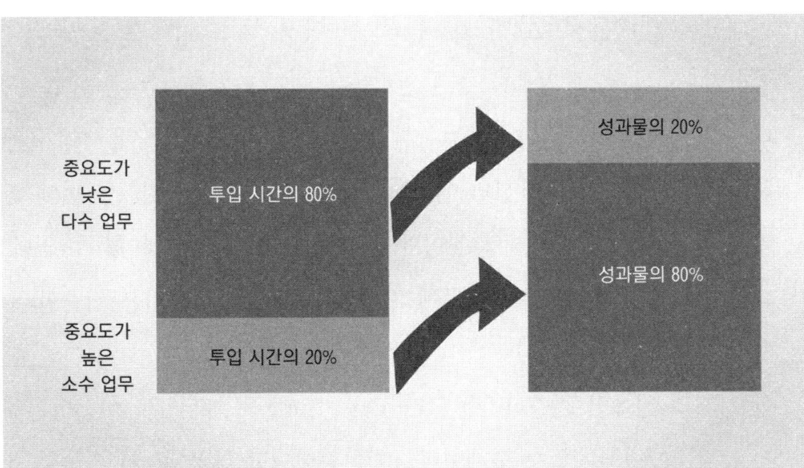

단하기 위한 실무 예지력으로 활용하기는 상당히 어렵기 때문이다. 하지만 무엇보다도 80:20이라는 파레토 법칙에 의한 직관을 기반으로 미래의 통찰력을 학보할 수 있는 능력을 향상시키는 것은 매우 중요하다. 특히 이러한 예지력을 강화하기 위해서 스스로 심사숙고할 시간을 확보하는 것이 중요하다. 그러나 이는 말하기는 쉬워도 실제로 행동으로 실천에 옮기기는 쉽지 않은 일이다.

대부분 우리 일상의 일들은 연속적인 흐름에 너무 휘말려 있어 선택과 접근 방식에서 기존의 관성과 흐름을 깨고 나와 충분히 숙고할 시간적 여유가 없기 때문이다. 그러므로 스스로 성찰을 위한 자신만의 시간을 할애하고 확보하는 것이 필수적이다. 지속해서 일기를 쓰는 것이 매우 도움이 될 수 있다. 이러한 자아 성찰에 관한 관행과 습관은 올바른 80:20 파레토 법칙에 따라 의사결정을 내리는 데 필요한 직관력을 더욱 강화시킬 수 있다.

4. 한 가지 일(The One Thing): '두 마리 토끼를 잡으려고 하면 어느 한 마리도 잡지 못할 것이다.'라는 러시아 속담이 있다. 한 가지 일에 집중하라는 조언은 일이 많이 분산되어 최소 20%에 못 미친다면 80%의 성과를 기대할 수 없다는 80:20 파레토 원칙의 연장선에서도 이해할 수 있다.

일반적으로 사회에 진출한 청년 인력들은 초기 단계에서는 종종 멀티-태스킹에 집착하게 된다. 그러나 한 번에 여러 가지의 일을 동시에 추진하는 멀티-태스킹은 자신의 에너지를 많이 소모하게 한다. 한 번에 한 가지 일에만 집중하면 해당 분야에서 성공할 확률을 극대화할 수 있다. 왜냐하면 가장 필요로 하는 곳에 자신의 의지력과 에너지를 집중할 수 있기 때문이다.

한 가지의 일에만 집중하라는 'The One Thing'의 개념[8]은 어떤 상황에서도 잘 적용될 수 있는 명제이다. 그렇다면 어떤 상황에서든 가능한 질

문으로써 '내가 잘 할 수 있는 한 가지 일은 무엇인가?'에 답할 수 있어야 할 것이다. 잘 할 수 있는 한 가지의 일이란 다른 일들을 더욱 쉽게 할 수 있도록 하거나, 또는 불필요하게 만들 수 있는 일이 된다. 이에 관한 개념은 '엘리 골드랫'이 그의 저서인 'The Goal'[9]에서 훌륭하게 설명하고 있는데 여기서 어떤 체인도 체인의 가장 약한 고리보다 더 강할 수 없다는 것을 잘 설명하고 있다.

즉 우리가 어떠한 상황에 처하더라도 목표 달성을 제한하는 요인들이 존재한다는 것이다. '엘리 골드랫'은 어떤 상황이 시스템이라면 시스템의 출력은 구속이나 병목 현상에 의해 항상 제한된다고 지적한다. 병목 현상을 파악하고 적극적으로 행동하지 않는 한 의미 있는 진전을 이루지 못하기 때문이다. 그러므로 우리가 원하는 목표를 신속히 달성하기 위해서는 해결해야 할 중요한 문제들을 우선해서 파악하고, 그 문제의 범위를 좁혀가는 것이 현명한 방법이라 할 수 있다.

5. 긴급성–중요성 매트릭스(Urgent-Important Matrix): '스테판 코비'[10]의 "성공하는 사람들의 일곱 가지의 습관"이라는 저서가 있다. 이 책을 통해 코

■ **긴급성과 중요성의 매트릭스**

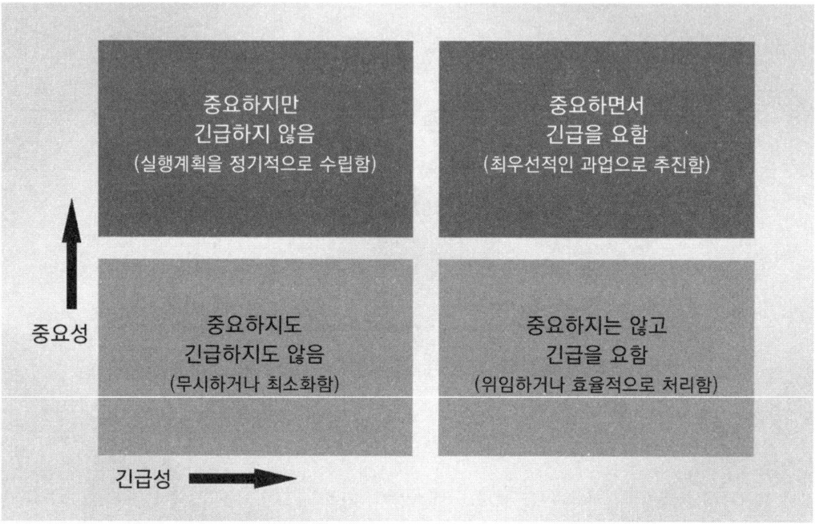

비는 시간 관리를 위한 소중한 도구로서 '긴급성 vs 중요성'에 관한 매트릭스를 소개하고 있다. 우리 인간의 타고난 본능은 긴급한 일을 먼저 하는 것이다. 하지만 우리는 긴급한 일보다 먼저 중요한 일로 초점을 옮겨야 한다. 긴급성과 중요성으로 이루어진 매트릭스의 특정 사분면에만 집중하게 되면 해당 사분면의 특성이 우리를 지배할 때까지 점점 더 커지게 된다. 중요하지만 긴급하지 않은 매트릭스의 사분면은 효과적인 개인 관리의 영역으로써 장기적인 관점에서 성공의 열쇠이다. 하지만 중요하지만 긴급하지 않은 일을 하는 데에는 특별한 규율이 필요하게 된다. 여기서 80:20 파레토 원칙이 중요한 이유이다. 우리가 상기한 사분면에서 몇 가지 잘 선택된 우선순위를 가지고 있다면 우리는 지속해서 집중할 수 있으며 보다 큰 진전을 이루어낼 수 있을 것이다.

특히, 긴급성-중요성의 매트릭스는 비즈니스 수행에서 매우 중요한 의미가 있다. 대부분 기업은 단기적인 업무 수행에 매우 집중하고 있으며 이에 따라 지속적인 분란에 휘말릴 수 있다. 기업 리더의 가장 중요한 임무는 수행해야 할 많은 과업 중에서 '중요성은 매우 높지만 그다지 긴급성이 요구되지 않는 일'들을 확인하고 이를 우선순위를 정하여 팀들이 해당 과업에 순차적으로 집중하도록 하는 것이다.

6. **신뢰 방정식(Trust Equation)**: 신뢰는 모든 인간관계의 기초로서 개인의 삶은 물론 사회와 직장 생활 모두에서 성공의 열쇠이다. 또한 신뢰는 인간관계의 상호작용에서 함께, 쉽게 그리고 효과적으로 일하도록 하는 초강력 윤활제와도 같다. 신뢰를 쌓는 데 시간이 걸릴 수 있다. 하지만 일단 관계를 신뢰하게 되면 그것은 완전히 다른 수준의 효과로 옮겨간다.

   신뢰 방정식은 신뢰를 쌓는 방법을 이해하는 훌륭한 수단이다. 신뢰란 믿음(전문성, 지식)과 예측 가능성(행동의 일관성), 그리고 친밀감(개인적 연결)에 의해 주도된다. 하지만 가장 중요한 동력원은 분모에서 자리 잡은 자기 지향성(이기적인 성향)과 관계있다. 즉, 앞서 언급한 3가지 분자 항에 자리 잡은 요인들에서 비롯된 모든 위대한 신뢰에 관한 업적은 분모에 자리한 자기 중심성에 대한 인식으로 재해석될 수 있다는 것에 주목해야 한다.

■ **신뢰 방정식의 구성요소**

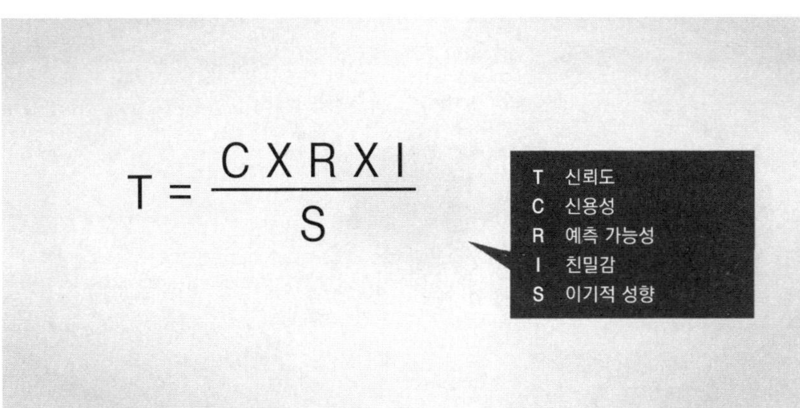

아울러 신뢰 방정식은 '지성과 감성'에 관한 인간의 사고방식에 관한 균형을 잘 반영하고 있다. '신뢰성과 믿음'은 인간의 좌뇌 영역에서 지성에 기반한 행동 양식을 반영하고, '친밀감과 자기 지향성'은 인간의 우뇌 영역으로서 감성에 기반한 행동 양식을 주로 반영하는 요소라 할 수 있겠다.

7. **선순환과 악순환(Virtuous-Vicious Cycle)**: 어떤 상황도 보이는 것만큼 좋거나 나쁘지도 않다. 대부분 상황에서 우리는 선순환(긍정적 피드백 루프)이나 악순환(부정적 피드백 루프) 과정에 빠져 있다는 사실을 알 수 있게 된다. 이러한 선순환 또는 악순환의 사이클이 연속되는 기저에는 인간의 감성이 우리의 의사결정에 아주 큰 관성적인 역할을 하고 있음을 알 수 있다. 선순환과 악순환이 지속해서 발생하고 있는 상황은 시장 경제나 산업 동향, 기업의 비즈니스만이 아니라 특히 조직의 팀 체제나 개인 상황에서도 마찬가지인 현상으로 확인할 수 있다.
문제의 핵심은 악순환에서 벗어나 어떻게 선순환으로 나아갈 것인가 하는 것이다. 지속해서 순환하는 사이클 안에 있는 경우에 스스로의 통찰

■ **선순환 사이클과 악순환 사이클(예시)**

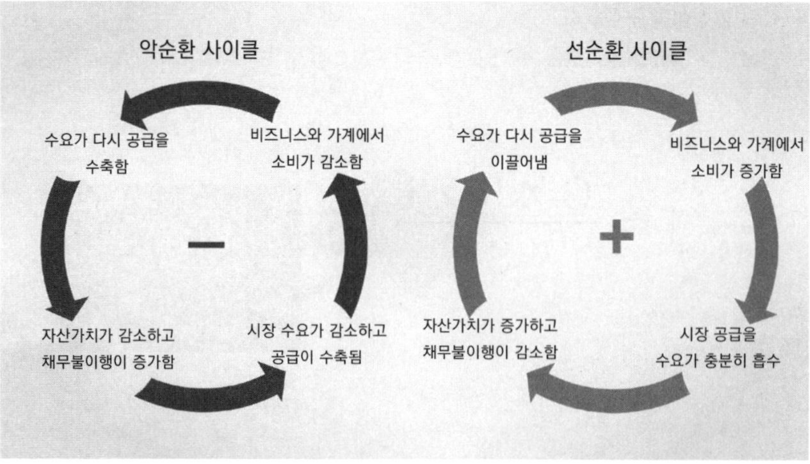

■ 악순환에서 선순환으로 전환 (예시)

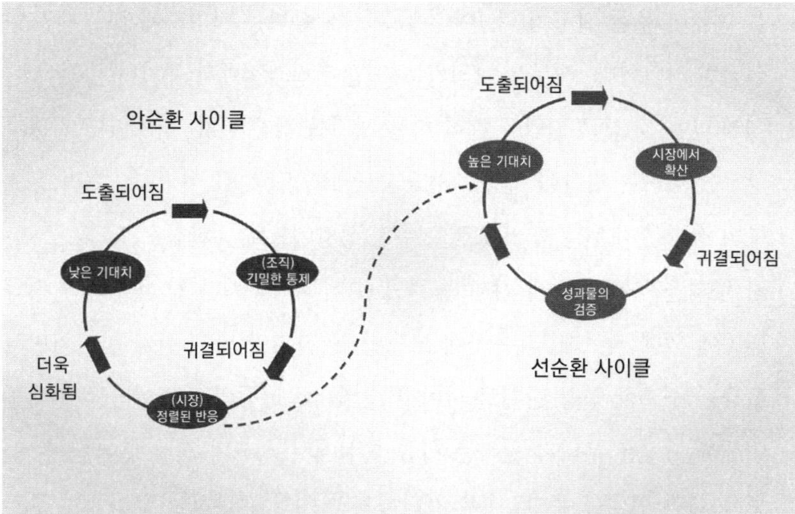

력으로 벗어나기 위한 관점을 갖기가 매우 어렵다. 하지만 당사자가 아닌 주변에 있는 이들이 상황을 객관적으로 더 정확하고 빠르게 볼 수 있다. 다른 이들에게 조언과 도움을 구하는 것은 부정적인 악순환 사이클에서 벗어나게 해주는 변화를 효과적으로 만들 수 있다.

특히 악순환을 선순환의 사이클로 바꾸는 것은 비즈니스 리더가 갖추어야 하는 핵심 역량이며, 오늘날 디지털 시대에서는 더욱 그러하다. 디지털 시대에 비즈니스와 기술의 수명 주기가 더욱 짧아지고 있으며, 긍정적인 순환 사이클에서 부정적인 사이클로 쉽게 전환될 수 있다. 그러므로 기업의 리더는 사이클의 변화 주기를 빠르게 파악하고, 만일 악순환이 시작된다면 이를 선순환 사이클로 되돌릴 수 있는 능력을 키워야 한다.

8. **고통의 장벽(Pain barrier)**: 대부분 업무에서 진전을 이루기 위해서는 고통의 장벽을 한 단계 뛰어넘어야 한다. 어떠한 수행과정에서 포기하고 싶을 때 아주 큰 고통을 겪는다. 하지만 고통의 장벽을 뚫고 싸우면 통증

이 줄어들고 더 원활하게 진행할 수 있다. 모든 운동 선수는 고통의 장벽을 예리하게 잘 알고 있다. 이러한 고통의 장벽은 기업가에게도 매우 현실적인 사안이다. 대부분 기업가는 사업 추진과정에서 포기하는 것이 이치에 맞는 것 같은 판단을 해야 하는 시기를 겪게 된다. 하지만 포기하지 않고 인내하는 자만이 종종 그들의 사업을 성공시킬 수 있다. 그리고 고통의 장벽은 대부분 팀 프로젝트 추진 상황에도 존재한다.

팀 구성을 통해 그림과 같이 높은 곳에서 시작하지만 팀 내부의 열정과 변동에 의해 빠르게 낮은 곳에 도달한다. 하지만 낮은 단계를 거치면서 우리는 꾸준한 성장 단계로 나아갈 수 있다. 고통의 장벽이라는 존재를 이해하는 것은 우리가 원하는 학습 곡선에서 최고의 정점에 이를 수 있도록 힘과 인내를 준다. 매우 간단하지만 이와 관련하여 우리에게 주는 중요한 메시지로써 '고통이 없다면 얻는 것도 없다.'와 '단기적 고통은 장기적 이득을 가져온다.'라는 격언을 명심해야 할 것이다.

■ **팀 구성에 의한 발전 단계**

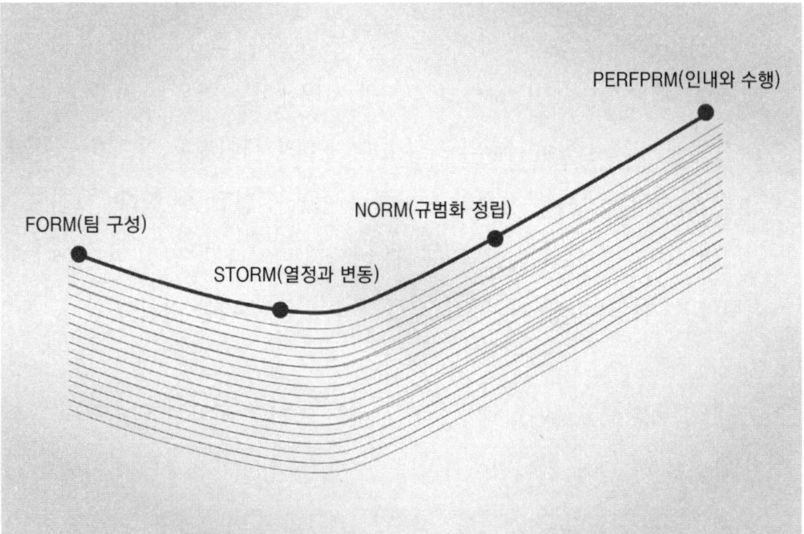

9. S 곡선(Sigmoid Curve): S 곡선이라고 하는 '시그모이드 곡선'은 성장 단계를 지난 이후에 성숙 단계의 만곡점에 도달하고 궁극적으로는 감소하는 경향을 보이는 학습 곡선의 연장선이라 할 수 있다. S 곡선은 많은 경우에 비즈니스 상태나 우리 인생의 삶에 대한 상황을 잘 묘사하고 있으며 이 곡선은 기업 또는 개인에게 심오한 암시를 주고 있다. 기업이든 개인이든 지속적인 성장을 위해서는 현재의 S 곡선이 성숙 단계를 벗어나 감소 단계에 진입하였다면 다른 S 곡선으로 이동해야 한다는 사실을 결과론적으로 인지할 수 있다. 현재의 S 곡선에서 다른 S 곡선으로 이동하는 유일한 선택은 스스로 변화를 만들어 바꿔 타야 하는 길이다. 왜냐하면 S 곡선의 정상을 절대 예측할 수 없고, 쇠퇴기에 있을 때는 이미 에너지를 잃기 때문이다. 첫 번째 S 곡선이 예상보다 길어질 수도 있다. 이 경우 정상에 더 가까워질 때까지 계속 순항할 수도 있다. 하지만 너무 일찍 두 번째 S 곡선을 준비하는 것은 너무 늦을 때까지 기다리는 것보다 훨씬 유리할 수 있다.

■ **시그모이드 커브(S-곡선)**

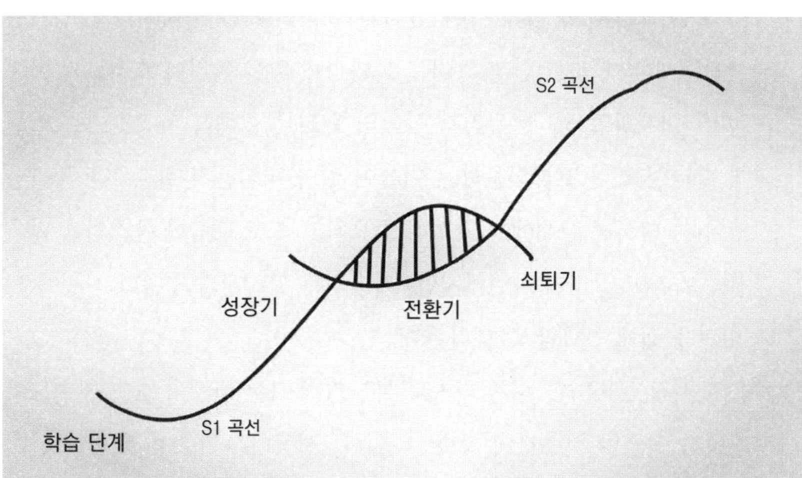

하지만 성장기에 접어들고 일이 잘 풀리고 있을 때 새로운 변화를 모색하는 것은 쉽지 않다. 그럼에도 불구하고 스스로 안주하게 될 수 있는 안전지대에서 탈피하고 벗어나야 한다. 또한 S 곡선을 전환할 때는 다음 S 곡선의 학습 단계를 통해 싸워야 하는 경우이므로 보상이 낮은 시기를 거치게 된다.

성공하는 개인과 조직은 자기 성찰에 충실하며 S 곡선에서 자신의 위치를 지속해서 모니터링하고 있다. 두 번째 S 곡선을 늘 주목하고 성장시키면서 첫 번째 S 곡선에 지속해서 타고 있는 것이 최선의 선택이라고 할 수 있겠다. 첫 번째 S 곡선에만 매달리고 그것을 연장하려고 하는 것은 무의미한 에너지 낭비일 뿐이며, 모든 것이 잘 진행되고 스스로 정점이라고 생각될 때 다음의 행동을 계획해야 한다. 또한 우리는 현실에서 작동하고 있는 S 곡선의 본질을 잘 파악하고 이를 식별할 수 있을 것이며, 처음의 S 곡선에서 다음의 S 곡선으로 전환한 이후 이를 함께 엮어 꿰매는 것이 지속적인 성장의 열쇠가 될 것이다.

10. 복리 효과(Compounding): 삶과 비즈니스 모두에 관련 있는 가장 강력한 법칙 또는 프레임 중의 하나는 복리의 효과이다. 미약하더라도 일관된 개선에는 관성에 의한 탄성 그리고 복합성에 의한 복리의 효과로써 아주 큰 힘이 내재하고 있다. 우리가 복리의 원리를 이해하더라도 이를 일관되게 삶과 비즈니스에 적용하는 이들이 얼마나 적은지 실제로는 놀라울 정도이다. 디지털 시대에는 확실히 중요하고 크고 대담한 움직임에 많은 관심을 가지고 끌리기 마련이지만, 지속되는 일관성과 꾸준한 진전에 의한 미덕을 쉽게 간과할 수 있다.

처음의 시작은 미약할 수 있더라도 복리의 효과는 탄성이 붙고 가속도가 생기면서 엄청난 힘으로 성장할 수 있다. 성공하는 비즈니스 리더와 기업들은 일정 기간 동안 지속적인 개선과 일관된 코스를 유지함으로써 보

■ **복리의 효과**

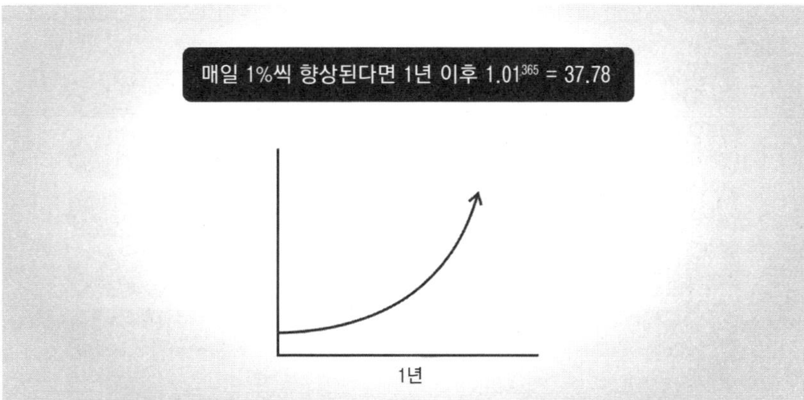

다 강력한 경쟁력을 확보할 수 있다는 사실을 누구보다 잘 알고 있다.

성공의 또 다른 매우 중요한 요소를 마무리로써 언급하고자 한다. 이는 행운(LUCK)이다. 인생을 살아가면서 성공이란 결국 예측 가능한 공식에 의해서 도출되는 것은 아니라는 진리를 우리는 깨닫게 된다. 때때로 최선의 노력이 헛되이 되고, 때로는 전혀 예상하지 못했던 성공을 거두기도 한다. 이것이 삶의 본질이다. 왜냐하면 우리의 인생은 결국 불확실성과 함께 미래를 예측할 수 없는 도전의 연속과정이기 때문이다. 항상 예측할 수 없는 우여곡절이 지속해서 발생하며 불확실한 것이 현실의 삶이다. 그러므로 우리는 인생의 삶에 보다 여유있게 넓고 편안한 관점을 갖는 것이 중요하다. 즉, 우리가 성공으로 인해 스스로 오만해지지 않아야 하고, 실패로 인해 너무 우울해할 필요가 없다는 것을 의미한다. '의무는 해야 하지만 결과는 걱정하지 말라'는 인도의 격언이 있다. 우리가 이러한 진실을 깨닫는다면, 우리 개인의 삶과 주변의 세계 모두가 매우 많이 향상될 것이다.

■ **문제 해결과 의사결정을 위한 10가지 프레임**

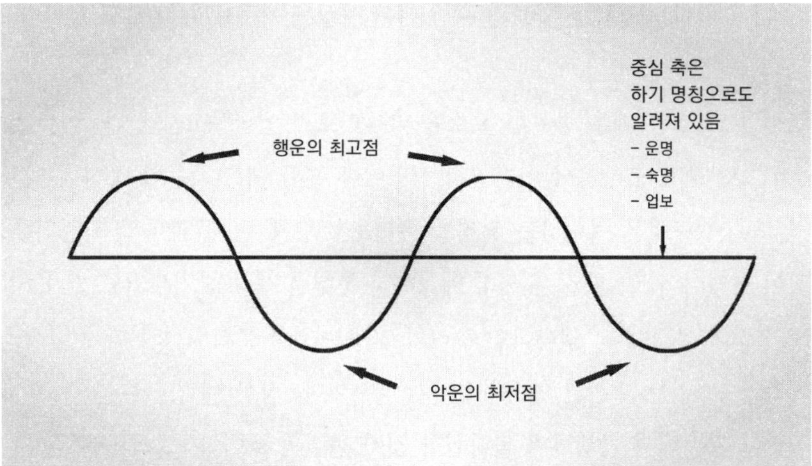

요약

- 프레임워크는 문제 상황을 더 잘 구조화하고 의사결정의 질을 향상하는 데 매우 도움이 될 수 있다.
- 삶과 비즈니스에 적용할 수 있는 10가지 플레임: '자신의 스위트-스팟을 찾는 것', '위험 감수하기', '80:20 법칙', '한 번에 한 가지에 집중하는 것', '중요하지만 긴급하지 않은 것에 집중하기', '신뢰의 중요성', '악순환에서 벗어나는 것', '고통의 장벽을 넘어서는 것' '하나의 S 곡선에서 다른 S 곡선으로 전환하는 것' 그리고 '복리의 힘을 이해하는 것'으로 요약할 수 있다.
- 마지막으로 삶에 대하여 편안하고 여유로운 철학적 관점은 삶을 예측할 수 없기에 이를 대처하는 데 많은 도움이 될 수 있다.

제7장

—

스스로 책임을 감수하고 세상을 변화시켜라!

세상에서 보고 싶은 변화가 되어라.

마하트마 간디

우리는 종종 '시스템'에 대해 비통해하고 현실의 상황과 주위 사람들에게 결함을 들추어내고 사회적 편견, 불공정과 부패, 환경 오염, 노사 문제 등 우리가 매일 직면하는 다양한 사회적 문제들과 연관하여 '시스템'을 탓한다. 그리고 우리는 그들이 추진하는 사회적 정책과 그들의 정치 또는 기업 조직이 우리의 가치를 인정하지 않는 것에 대하여 끊임없이 실망하고 비난한다. 심지어 우리는 사생활에 관해서도 다른 사람들이 무엇을 잘못하고 있는지, 그들이 무엇을 다르게 해야 하는지에 등에 관해 문제 제기하며 끊임없이 비판한다. 하지만 우리 자신은 스스로 어떻게 다르게 할 수 있는지에 대해 자아 내부를 들여다보는 일은 거의 없다. 이는 부정적인 악순환의 연속이다. 그렇다면 우리는 아무것도 바꾸지 못하고 좌절과 실망 속에서 계속 살아가게 될 것이다.

왜 이런 일이 일어나는 것일까? 왜 우리는 다른 사람들의 문제만으로 인식하고, 왜 우리 스스로가 사회적 문제에 대해서 책임을 지지 않는 것인가?

사회적 시스템에 관한 개선 요구와 그 필요성에 동의하면서도 자신은 변명하거나 합리화하는 것은 인간의 본성이다. 문제의 원인으로 실로 우리의 이기적 자아가 주범이라 할 수 있다. 실제로 우리 자아는 합리화를 위한 자기 분리와 함께 방어막도 동시에 만들어낸다. 우리 자아 스스로 사회적 시스템과 동떨어지게 하고 그 일부가 되는 것을 반대한다. 이는 다른 사람들과 연결되는 것을 반대하여 우리를 다른 사람들과 분리하게 만들기 때문이다. 왜냐하면 우리 스스로 문제의 일부가 될 수 있다는 것을 받아들이기를 거부하는 방어 체계가 작동하기 때문이다. 이는 '난 괜찮아, 하지만 넌 괜찮지 않아.'라는 자세로 이어지게 된다. 이 모든 상황은 '내가 문제를 일으키지 않았거나 내가 그 문제에 속하지 않았다면, 그것을 고치는 것은 결코 나의 책임이 아니다.'라는 완벽한 합리화를 만들어낸다.

심지어 우리가 문제를 인식할 때 어떤 개인적으로 '시스템'을 변화시키는 능력에 대해 스스로 회의감을 가지거나 무력감이 존재할 수 있다. '시스템'은 거의 흔들리지 않는 거인처럼 나타나는데 개인이 이를 변화시키고 움직이기란 불가능하다고 생각하기 때문이다. 그러므로 우리 스스로 노력을 하는 것은 결국은 무의미하다는 사실로써 합리화하게 된다.

또 다른 문제는 미지의 도전에 대한 두려움과 함께 현상 유지라는 관성에서 벗어나기가 사실상 매우 어렵기 때문이다. 우리는 확실히 현실의 상황이나 현상을 유지하고 있는 시스템에 대해 불평은 하지만 종종 그것을 변화시키기 위한 행동을 위해 스스로 깨워 움직이기 어렵다는 사실을 인식하게 된다. 현실에서 지속되어온 관성은 마치 정박하고 있는 안전한 항구에서 벗어나 배를 타고 새롭게 여행하는 것을 어렵게 만드는 것과 비슷하다. 왜냐하면 현실에서 벗어나 공해상으로 항해하기 위해서는 추가적인 노력과 위험을 감수해야 하며, 항해 중의 불확실한 폭풍에 대한 두려움은 새로운 여정에 대한 설레임과 흥분을 압도할 수 있기 때문이다.

왜 개인적인 책임을 지는 것이 중요한가?

'시스템'에 대해 우리는 계속 불평하며 비통에 빠져있을 수도 있다. 아니면 어떤 것이 옳고 어떤 것이 틀렸다는 것을 주장함으로써 '시스템'에 얼마나 영향을 미치는지 지속해서 논쟁할 수도 있다. 하지만 이러한 일들은 소모적이며 부질없고 헛된 일이다. 궁극적으로 스스로 좌절하고 자기 연민하는 것은 아무 의미가 없으며 이를 통해 '시스템'에는 어떤 변화도 일어나지 않는다. 시스템은 스스로 변화할 수 없다. 또한 이를 신의 개입에 맡길 수도 없다. 그렇다면 우리는 어떠한 선택을 할 수 있을 것인가? 만일 우리가 '시스템'에 의해 고통을 겪고 있다면 우리는 '시스템'에 대하여 무엇인가 해야만 한다. 우리가 자신의 통제력을 행사할 수 있는 확실한 부분이 있다면 그것은 자신의 행동에 대한 것이다. 그러므로 스스로 개인적 책임을 지는 것에서부터 시작하는 것이 가장 효과적이고 탁월한 방법이다. 스스로가 책임으로 인식하고 이를 개선하고자 하는 노력은 결단코 헛되지 않으며 또한 낭비되지 않는다. 모든 '시스템'은 개인과 연결되어 있다. 개인이 충분히 변화를 시작하면 '시스템'도 변화하기 시작한다.

우리는 종종 개인의 힘으로써 '시스템'에 대한 영향력은 매우 제한적이라고 느낀다. 하지만 영향력에 대한 흥미로운 점은 만약 스스로 영향력 영역에 있는 것에 대해 어떤 행동이라도 한다면, 그 영역은 지속해서 확장된다는 것이다. 스스로가 인정하는 확장력은 자신감을 키우고 '시스템'에 더 큰 영향을 미치게 한다. 만약 이와 반대로 스스로 영향력 영역에 없는 것에 계속 집중한다면 영향력의 경계는 계속 좁아질 것이며 스스로 통제하는 것은 더욱 제한되며 궁극적으로는 절망과 좌절로 이어질 뿐이다.

끝으로, 리더로 발전하고 인정받기를 열망한다면 더 넓은 주인의식을 가져야 한다. 리더십이란 자기 자신의 영역을 뛰어넘어 더 넓은 영향력을 행사하는 것이다. 주변에서 발생하는 공동의 문제나 '시스템'에 대해 개인적인 책임을 지고자 하면 내면의 리더가 성장하게 된다. 우리는 이 같은 수많은 리더의 예시를 쉽게 찾아 볼 수 있다. 마하트마 간디, 넬슨 만델라, 조지 워싱턴과 같은 많은 리더들이 개별적 상처로 의해 리더십의 여정을 시작했을지는 모르겠지만, 이들은 공동의 문제 해결이나 '시스템'의 변화를 위해 스스로가 책임을 감수하고 실행함으로써 광범위한 영향력을 가져왔기에 리더로서 큰 성공을 거두었다고 할 수 있다.

어떻게 변화를 만들 수 있을 것인가?

변화의 출발점은 자기 인식이며, 변화에 대하여 스스로가 명확하게 개인적 책임을 지는 것 외에는 다른 선택의 여지가 없다는 사실을 깨달아야 한다. 우리 스스로 통제할 수 있는 유일한 것은 자신의 행동이다. '시스템'과의 상황에서 좌절하고 피해를 호소하거나 불평과 불만으로 가득한 삶을 살거나 다른 방편으로 자신을 합리화하며 삶을 영위할 수도 있다. 반면에 이와 달리 우리 스스로 자아를 인식하고 일어나서 변화에 대해 스스로 개인적인 책임을 감수하면서 뭔가를 실행에 옮길 수도 있다.

만약 어떤 상황에 만족하지 못하고 있다면 스스로 이렇게 물어보라. 스스로 이 문제를 통제할 수 없다고 한다면, 어떻게 긍정적인 영향을 지속해서 이끌어낼 수 있을 것인가?

가능한 작은 일부터 변화를 시작하는 것이 바람직하며, 그리고 무엇보다 스스로 통제할 수 있는 가장 중요한 문제에 집중하는 것이 핵심이다. 예를 들어, 환경 오염을 발생시키는 일회용품의 사용을 자제하고, 쓰레기를 분리해서 배출하고 무단투기하지 않으며, 음주 운전을 하지 않고 교통 법규를 준수할 수 있을 것이다. 직장에서 도움이 필요한 동료에게 적극적으로 도움의 손길을 내밀고, 회사에 잘못된 정책을 지적하기 위해 건의하며 해결책도 적극적으로 제안할 수 있을 것이다. 만약 관련 산업 분야 또는 지역사회의 시스템에 문제가 있다면, 해당 문제에 대해 관련자들과 적극적으로 토론하고 공동의 조치를 취하기 위해서 사람들을 모을 수 있는 포럼도 만들 수 있을 것이다. 개인적인 삶에서는 좀 더 상대방의 관점에서 공감하고 상대방의 시각에서 문제를 바라보는 것도 변화의 출발점이 될 수 있다. 미약하지만 개인들이 변화를 통해 자신감이 커지게 되면 더 넓은 변화를 만드는 방법은 더욱 명확해지며, 결국 영향력의 영역은 사회 전반으로 확산되고, 변화의 파급 효과는 더욱 커지게 될 것이다.

물론 주어진 시점에서 인간의 행동으로 영향을 미칠 수 있는 것에는 한계가 있다. 따라서 어떤 시점에서 변화시킬 수 있는지 혹은 변화시킬 수 없는지를 명확히 구별하고 이를 이해하는 것이 중요하다. 그러나 인간의 행동과 영향력에 대한 한계는 우리가 인식하고 있는 것보다 훨씬 더 크고 광범위하다. 앞서 언급했듯이 우리가 스스로 행동에 초점을 지속해서 맞추면서 영향력 영역을 확장한다면 이러한 확장성에 의해 우리의 통제를 벗어나는 영역까지도 지속해서 확장되기 때문이다. 리더의 성장과 발전은 개별적 차원의 영역 수준에서 출발하여 조직 차원의 영역 수준으로 확장되며 지속해서 지역사회의 영역 수준으로 성장 발전할 수 있으며, 더 나아가 국가적 차원과 글로벌 영역 수준으로 그 영역은 지속해서 확장될 수 있다.

우리 주변의 세상은 아주 복잡하고 많은 문제를 가지고 있다. 우리가 다른 사람들이나 시스템을 비난하는 것에서 벗어나 우리를 괴롭히는 문제들을 진정으로 해결하기 위해서 개인적인 책임을 먼저 감수하는 것이 중요하다. 우리가 다른 사람들을 비난할 때, 우리는 변화할 수 있는 우리 자신의 힘을

■ 리더의 발전과정

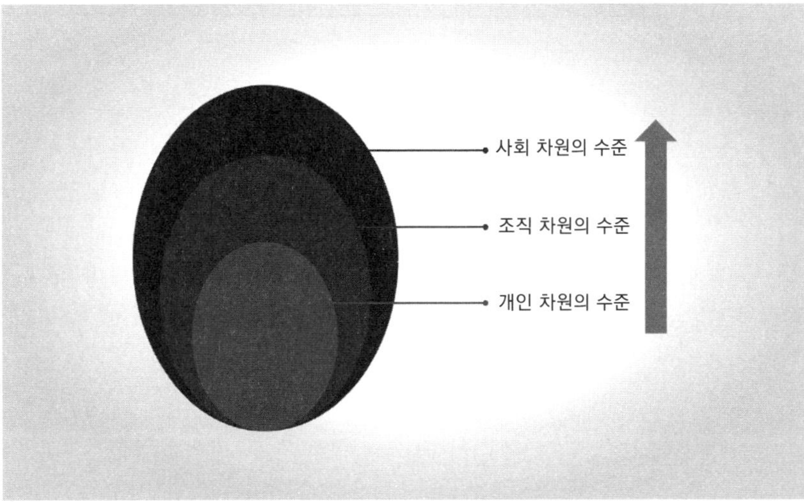

포기하게 되기 때문이다. 스스로 개인적인 책임을 감수하겠다는 자세로써 행동을 취할 때 우리는 스스로 상상하는 것 이상의 큰 긍정적인 변화를 만들 수 있다.

요약

- 자신의 단점을 합리화하고자 하는 것은 인간의 기본 본성이므로, 누구든지 '시스템'을 변화시키고자 하는 자신의 능력에 대해 스스로 무력감을 가질 수 있다.
- 주변 문제에 대해 개인적인 책임을 스스로 감수하고, 영향력 있는 영역에 있는 것에 대해 스스로 행동할 때 그 영역은 지속해서 확장이 이루어지게 되며 리더는 성장하고 더욱 발전하게 된다.
- 우리가 스스로 개인적인 책임을 감수하고 행동할 때, 우리는 상상보다 큰 긍정적인 변화를 이끌 수 있다.

결어

—

이 순간에 충실하라(Carpe Diem)

천 리 길의 여정도 한 걸음으로부터 시작된다.

노자, 중국 철학자

삶과 비즈니스에서 우리는 현상 유지의 관성에 사로잡혀 점진적인 단계에 국한되어 있는 자아를 발견하게 된다. 우리가 단순히 그저 움직이기만 한다면 최고의 자아로서 잠재력을 발견할 수 없다.

디지털 시대에서는 현상 유지란 이젠 불가능하다. 디지털의 변동성과 영향력은 그 규모와 범위 때문에 회피할 수도 없으며 디지털 전환은 불가피하며 오늘날 만연한 현실이 되었다. 또한 Covid-19 대유행으로 인해 개인은 물론 기업과 국가적 차원에서도 디지털 전환을 가속화하고 있다. 누구든지 그리고 어디에 있든지 우리는 디지털 시대에 적응하고 생존하기 위해 변화해야만 한다. 산업화과정에서 관성이 된 과거의 규칙이나 방법론 그리고 전통적인 사고방식은 더 이상으로 통용되지 않을 것이다. 근본적인 새로운 변화를 일으키기 위해 마음을 심기일전하고 스스로 깨우는 것 외에는 선택의 여지가 없다. 변화와 혁신이 불가피할 때는 우리 스스로 목표를 더 높이 세우는 것이 바람직하다. 우리는 경쟁에서 이기기 위해서 경주하는 것이며, 단순히 현실을 연명하기 위해서가 아니다. 어떤 변화든 고통이 필연적으로 수반될 것이다. 고통을 겪어야 할 때 그것을 끈기 있게 인내하고 극복하는 것을 목표로 삼아라.

이 책은 7개의 섹션을 통해서 디지털 시대의 변동성을 다차원적인 특성과 함께 전반적인 디지털 전환에서 비즈니스, 기술과 조직 그리고 리더 및 청년 인재 등 다양한 관점에서 도전과 기회에 대해 논의했다.

디지털 시대가 제시하는 기회 요인들은 우리가 해결해야 할 도전적인 과제보다 훨씬 더 많이 있으며 성공에 대한 보상도 더욱 크다. 디지털은 우리 모두에게 새로운 기회를 아주 균등하게 제공하고 있다. 디지털 시대에서 기존 기업이 구축한 인프라 또는 비즈니스 이력 등은 크게 중요하지 않으며, 새로운 아이디어와 창의성 그리고 이를 실행에 옮길 수 있는 역량과 끈기 있는 인내가 요구되고 있다. 특히 디지털 시대에서 기업가가 새로운 비즈니스를 구축하거나, 관리자가 리더로 나서서 조직 변화의 대리인이 되거나, 전문가가 비즈니스와 개인의 삶에서 잠재력을 완전히 실현하기에 아주 적절한 시기이다.

그러므로 기다리지 마라. 일어나서 오늘을 잡아라. 변화의 불확실성에 압박당하지 마라. 적극적으로 행동하며 디지털 시대에서 제공하는 주변의 기회를 최대한 활용하라.

결론적으로, 이 책에서 이미 언급한 바 있는 보완적인 목표로써 이중성 관리의 중요성을 상기하고자 한다. 디지털 시대는 성장과 수익, 전략과 실행, 고객과 직원 등과 같이 상충하는 다양한 모순으로 가득 차 있다. 디지털 시대에서 상충하는 모순으로부터 야기되는 문제의 복잡성은 의사결정이나 실행의 과정에서 모호성과 함께 혼동을 야기하는 가장 큰 이유 중 하나이며, 결어에서 이 점을 강조하고 있는 이유이다.

따라서 디지털 전환을 위한 실행 계획을 추진할 때 단기적 목표와 장기적 목표 모두에 대해 동시에 고려하고 실행할 필요성이 있다. 이를 위해 '2단 속도'에 의한 실행 방식은 디지털 시대에 만연한 모순되는 목표를 관리하는 방법이다.

2단 속도 전략은 다음과 같다.

- **속도 1**: 여기서는 단기적인 행동을 수반하며 문제를 신속하게 해결하고 작은 성공이라도 빠르게 확보하는 것이 중요하다. 어떤 변화이든지 현실적인 구현은 실제로 어렵다. 변화하기 위해서는 지속되는 관성과 확신의 부족함을 깨뜨릴 필요가 있기 때문이다. 그러므로 속도 1에서는 신속한 성공이 절대적이며 필수적인 사안이다. 여기서 확보한 빠른 성공의 자신감은 실체적 변화를 통해 선순환을 촉발할 수 있는 긍정적인 추진력이 되기 때문이다.
- **속도 2**: 속도 1에서의 행동은 변화의 출발점이지만 그것만으로는 충분하지 않다. 디지털 시대의 기회는 매우 중요하며 단지 점진적인 단계를 밟음으로써 그것들을 깨닫지 못할 것이다. 속도 1에서 행동과 함께 속도 2에서의 행동도 함께 진행되어야 한다. 속도 2에서 행동은 속도 1에서 더욱 크고, 전략적이며 그리고 장기적 관점에서 추진되어야 한다. 그리고 모든 행동은 서로 연결되어 긴밀성은 더욱 강화되어야 한다.

본 저서를 통해 논의한 7가지의 빌딩 블록이 상기 2단 속도 전략과 결합하여 독자들에게 제공하는 명료성과 통찰력은 뷰카 시대에서 디지털 전환을 통한 놀라운 잠재력을 성공적으로 실현하는 데 큰 혜안을 제공할 것이며, 새로이 펼쳐지는 치열한 디지털 시대의 경쟁에서 승리하는 데 확실하게 도움이 될 것이다.

오늘을 놓치지 말고, 지금 첫걸음을 내딛어라!

참고문헌

섹션 1

1장

1. Nitin Seth. (Jun 2017). *Winning in the VUCA World - key priorities and transformation priorities for enterprises*. http://nseth71.blogspot.com/2017/06/winning-in-vuca-worldkey-principles.html
2. Accenture Interactive. (2018). *Pulse Check 2018 Moving from Communication to Conversation*. https://www.accenture.com/_acnmedia/PDF-77/Accenture-Pulse-Survey.pdf
3. Boston Consulting Group. (2019). *Global Wealth 2019. Reigniting Radical Growth*. https://image-src.bcg.com/Images/BCG-Reigniting-Radical-Growth-June-2019_tcm9-222638.pdf

2장

4. Nitin Seth. (April 2020). *What is digital transformation in business: everything you need to know*. Information-age. https://www.information-age.com/what-is-digitaltransformation-in-business-

123477523/?fbclid=IwAR 28RMsrNqkNhAcCsOuDpIneirtHHMBzzpb VYUrkfJ5a3XbmQDhYlwIgR8

3장

5. Nitin Seth. (Oct 2018). *Six Reasons Why Digital Demands A New Business Paradigm*. Forbes. https://www.forbes.com/sites/forbestechcouncil/2018/10/19/six-reason-why-digital-demands-a-new-businessparadigm/#71a2643d3aeb
6. Emily A. Vogels. (Sept 2019). *Millennials stand out for their technology use, but older generations also embrace digital life*. Pew Research Center. https://www.pewresearch.org/facttank/2019/09/09/us-generations-technology-use/
7. DATAREPORTAL. (July 2020). *Digital 2020: July Global Statshot*. https://datareportal.com/reports/digital-2020-julyglobal-statshot

4장

8. Nitin Seth. (Dec 2018). *Five Rules For Successful Digital Transformation*. Forbes. https://www.forbes.com/sites/forbestechcouncil/2018/12/26/5-rules-for-successful-digitaltransformation/#37026e3a1dcd
9. Gartner. (March 2019). *Why Data and Analytics Are Key to Digital Transformation*. https://www.gartner.com/smarterwithgartner/why-data-and-analytics-are-key-to-digitaltransformation/

5장

10. Nitin Seth. (Jan 2020). *Maximizing Returns From Digital Investments: Part One - Why The Problems Persist*. Forbes. https://www.forbes.

com/sites/forbestechcouncil/2020/01/14/maximizing-returns-from-digital-investments-part-one-why-the-problemspersist/#5f82d59ecc95

11. Harvard Business Review. (2019). *Digital Transformation is not about Technology*. https://hbr.org/2019/03/digital-transformationis-not-about-technology
12. The Financial Brand. (March 2019). *Omnichannel Banking: Essential Capability? Or Unrealistic Fantasy?* https://thefinancialbrand.com/81484/omnichannel-bankingmobile-branch/
13. Redpoint Global. (March 2019). *Addressing the Gaps in Customer Experience. A Benchmark Study Exploring The Ever Evolving Customer Experience And How Marketers And Consumers Are Adapting*. https://www.redpointglobal.com/wp-content/uploads/2019/03/RedPoint-Gaps-in-CX-White-Paper_3.20.19.pdf?_ga=2.60626541.1914644966.1579181242-50309445.1579181242
14. Boston Consulting Group. (Aug 2017). *Profiting from Personalization*. https://www.bcg.com/en-ma/publications/2017/retail-marketing-sales-profiting-personalization
15. McKinsey Digital. (Oct 2016). *Straight talk about big data*. https://www.mckinsey.com/business-functions/mckinsey-digital/our-insights/straight-talk-about-big-data
16. Forbes. (Jul 2018). *How To Improve Customer Experiences With Real-Time Analytics*. https://www.forbes.com/sites/louiscolumbus/2018/07/08/how-to-improve-customer-experienceswith-real-time-analytics/#6dd2e9ad6e82

6장

17. Nitin Seth. (Jan 2020). *Maximizing Returns From Digital Investments, Part Two: Play Offense, Not Defense*. Forbes. https://www.forbes.com/sites/forbestechcouncil/2020/01/31/maximizingreturns-from-digital-investments-part-two-play-offense-notdefense/#76e2d9c67ba7
18. Gartner. (Jul 2019). *Gartner Says the Future of the Database Market Is the Cloud. On-Premises DBMS Revenue Continues to Decrease as DBMS Market Shifts to the Cloud*. https://www.gartner.com/en/newsroom/press-releases/2019-07-01-gartnersays-the-future-of-the-database-market-is-the

7장

19. Nitin Seth (Sept 2019). *Digital Strategy for building scalable models in VUCA World*. http://nseth71.blogspot.com/2019/09/digital-strategy-for-building-scalable.html
20. The Digital CIO. (April 2019). *Digital transformation initiatives underway, but companies need help*. https://www.cio.com/article/3390137/digital-transformation-initiatives-underwaybut-companies-need-help.html

섹션 2

개요

1. Mckinsey & Company. (Jan 2020). *On the cusp of change: North American wealth management in 2030*. https://www.mckinsey.

com/industries/financial-services/our-insights/on-the-cusp-of-changenorth-american-wealth-management-in-2030

2. Diffusion. *2020 Direct- to-Consumer Purchase Intent*. https://www.diffusionpr.com/us/news/130/diffusions-2020-direct-toconsumer-purchase-intent-inde
3. Innosight. *2018 Corporate Longevity Forecast: Creative Destruction is Accelerating*. https://www.innosight.com/wp-content/uploads/2017/11/Innosight-Corporate-Longevity-2018.pdf
4. Mckinsey & Company. MIT Sloan Management review.(May 2017). *The Best Response to Digital Disruption*. https://www.mckinsey.com/mgi/overview/in-the-news/the-rightresponse-to-digital-disruption

1장

5. Federal Reserve Bank of St. Louis (Aug 2020). *Return on Average Equity for all U.S. Banks (USROE)*. https://fred.stlouisfed. org/series/USROE
6. Forbes. (Jun 2020). *The World's Best Banks 2020*. https://www.forbes.com/worlds-best-banks/#30c0fcd71295
7. CBS News. (Jun 2016). *12 ways Amazon gets you to spend more*. https://www.cbsnews.com/media/12-ways-amazon-gets-you-tospend-more/
8. Oliver Wyman. *The State of the Financial Services Industry 2020*. https://www.oliverwyman.com/content/dam/oliver-wyman/v2/publications/2020/January/Oliver-Wyman-State-of-the-Financial-Services-Industry-2020.pdf

9. Forbes. (April 2019). *How much do Banks spend on Technology*. https://www.forbes.com/sites/ronshevlin/2019/04/01/how-muchdo-banks-spend-on-technology-hint-chase-spends-more-than-allcredit-unions-combined/#387b2bf4683a

2장

10. Nitin Seth. (Oct 2020). *Digital Transformation: A Key Enabler For Wealth Management Firms In Post-Pandemic Times*. Forbes. https://www.forbes.com/sites/forbestechcouncil/2020/10/26/digital-transformation-a-key-enabler-for-wealth-managementfirms-in-post-pandemic-times/?sh=91cf913856e3

3장

11. McKinsey and Company. (Sept 2019). *Global Payments Report 2019. Amid sustained growth, accelerating challenges demand bold actions*. https://www.mckinsey.com/~/media/mckinsey/industries/financial%20services/our%20insights/tracking%20the%20sources%20of%20robust%20payments%20growth%20mckinsey%20 global%20payments%20map/global-payments-report-2019-amidsustained-growth-vf.ashx
12. Mckinsey & Company. (Oct 2020). *The 2020 McKinsey Global Payments Report*. https://www.mckinsey.com/~/media/McKinsey/Industries/Financial%20Services/Our%20Insights/Accelerating%20winds%20of%20change%20in%20global%20payments/2020-McKinsey-Global-Payments-Report.pdf

4장

13. GSMA. (Dec 2019). *IoT Connections Forecast: The Rise of Enterprise.* https://www.gsma.com/iot/resources/iot-connectionsforecast-the-rise-of-enterprise

14. tmforum. (July 2018). *Monetizing 5G depends heavily on OSS/BSS transformation.* https://inform.tmforum.org/researchreports-cat/2018/07/monetizing-5g-depends-heavily-ossbsstransformation/

5장

15. BCG. (Nov 2019). *How software companies can get more bang for their R&D Buck.* https://www.bcg.com/publications/2019/software-companies-using-research-and-development-more

6장

16. Harvard Business Review. (2006). *What Business Are You In?: Classic Advice From Theodore Levitt.* https://hbr.org/2006/10/what-business-are-you-in-classic-advicefrom-theodore-levitt

17. Deloitte. (Jan 2019). *Deloitte/MIT Study finds only 20% of Biopharma companies are digitally mature.* https://www2.deloitte.com/be/en/pages/life-sciences-and-healthcare/articles/biopharmapress-release.html#

섹션 3

1장

1. Siegel+Gale. (2019). *The world's simplest brands 2018-2019*. https://simplicityindex.com/

2장

2. Nitin Seth. (Jul 2018). *Analytics Are A Source Of Competitive Advantage, If Used Properly*. Forbes. https://www.forbes.com/sites/forbestechcouncil/2018/07/18/analytics-are-a-source-ofcompetitive-advantage-if-used-properly/#21f30ad31894
3. Nitin Seth.(April 2018). *Analytics Is Still At 10% Of Its Maturity*, https://analyticsindiamag.com/analytics-is-still-at-10-of-itsmaturity-says-nitin-seth-ceo-incedo/

3장

4. Mckinsey & Company. (Jun 2019). *Banking Operations for a customer centric world*. https://www.mckinsey.com/industries/financial-services/our-insights/banking-matters/bankingoperations-for-a-customer-centric-world

5장

5. The Medical Futurist (TMF). (Oct 2018). *The Genomic Data Challenges of the Future*. https://medicalfuturist.com/the-genomicdata-challenges-of-the-future/
6. IDC. (Nov 2018). *The Digitization of the World from Edge to Core*.

https://www.seagate.com/files/www-content/our-story/trends/files/idc-seagate-dataage-whitepaper.pdf

7. Forbes. *How Much Data is Created on the Internet Each Day?. How Much Data Do We Create Every Day? The Mind-Blowing Stats Everyone Should Read*. https://www.forbes. com/sites/bernardmarr/2018/05/21/how-much-data-do-wecreate-every-day-the-mind-blowing-stats-everyone-shouldread/#7813003360ba.

6장

8. Nitin Seth. (Mar 2019). *Blockchain - going beyond the hype to sustainable value creation*. http://nseth71.blogspot.com/2019/03/blockchain-going-beyond-hype-to.html
9. Mckinsey & Company. (2018). *Despite Billions of Dollars, Corporate Blockchains Have Achieved Little. FIAKS*. https://fiaks.com/mckinsey-despite-billions-of-dollars-corporateblockchains-have-achieved-little/
10. Globant. (2019). *The 2019 Blockchain Technology Business Guide*. https://blog.modex.tech/more-and-more-organizations-intendto-invest-in-blockchain-5aac7795c835. https://mkt.globant.com/Blockchain2019
11. TD Bank. (2019). *America's Most Convenient Bank, at the 2018 Association for Financial Professionals Annual Conference. Ledger Insights*. https://www.ledgerinsights.com/google-public-blockchain-ssearchable-bigquery/
12. Global Blockchain Business Council (GBBC). (Jan 2019). *A Survey of Institutional Investors. International Finance*. https://

internationalfinance.com/poor-understanding-ofblockchain-among-senior-executives-gbbc-research/

7장

13. RightScale. (2019). *State of the Cloud Report from Flexera™*. https://resources.flexera.com/web/media/documents/rightscale-2019-state-of-the-cloud-report-from-flexera.pdf
14. Microsoft. (Sept 2017). *UPS paves the way for better service with faster development and artificial intelligence*. https://customers.microsoft.com/en-us/story/ups
15. Mckinsey & Company. (Oct 2020). *How COVID-19 has pushed companies over the technology tipping point—and transformed business forever*. http://www.mckinsey.com/business-functions/strategy-and-corporate-finance/our-insights/how-covid-19-has-pushed-companies-over-the-technology-tipping-point-andtransformed-business-forever?cid=eml-web

섹션 4

1장

1. S&P. (Dec 2019). *S&P Global Ratings. Industry Top Trends 2020*. https://www.spglobal.com/_assets/documents/ratings/research/industry-top-trends-2020.pdf
2. MIT Sloan. (Mar 2017). *MIT Sloan Management Review. The Big Squeeze-How compression threatens Old Industries*. https://www.

spglobal.com/_assets/documents/ratings/research/industry-top-trends-2020.pdf

3. S&P. (Dec 2019). *S&P Global Ratings. Industry Top Trends 2020.* https://www.spglobal.com/_assets/documents/ratings/research/industry-top-trends-2020.pdf
4. Mckinsey & Company. (Jul 2020). *Polarization between best and worst performers greater than in 2008. The Economic Times.* https://economictimes.indiatimes.com/markets/expert-view/polarisation-between-best-and-worst-performers-greater-than-in-2008-mckinsey-co/articleshow/76942515.cms?from=mdr
5. Innosight. *2018 Corpory Forecast: Creativate Longevite Destruction is Accelerating.* https://www.innosight.com/insight/creative-destruction/ ; Inc. (Mar 2016). Why half of the S&P companies will be replaced in the next decade. https://www.inc.com/ilan-mochari/innosight-sp-500-new-companies.html
6. Deloitte. The Deloitte Global Outsourcing survey 2018. *Traditional outsourcing is dead Long live disruptive outsourcing.* https://www2.deloitte.com/content/dam/Deloitte/us/Documents/process-and-operations/us-cons-global-outsourcing-survey.pdf
7. Deloitte. The Deloitte Global Outsourcing survey 2018. *Traditional outsourcing is dead Long live disruptive outsourcing.* https://www2.deloitte.com/content/dam/Deloitte/us/Documents/process-and-operations/us-cons-global-outsourcingsurvey.pdf
8. Everest Group. (Oct 2017). *Labour arbitrage.* https://www.everestgrp.com/tag/labor-arbitrage/
9. Forbes. (Feb 2017). *The Countries With The Most STEM Graduates.*

https://www.forbes.com/sites/niallmccarthy/2017/02/02/the-countries-with-the-most-stemgraduates-infographic/#1f4f38e2268a

2장

10. Nitin Seth. *GICs can help transform the core business - Part 1: GICs reaching a Tipping Point*. http://bpoinsights.blogspot.com/2011/11/transforming-your-core-business.html

3장

11. Nitin Seth. *Transforming your core business*. http://bpoinsights.blogspot.in/2011/11/transforming-your-corebusiness_20.html

4장

12. Nitin Seth. *GICs can help transform the core business - Part 4: Realizing Full Potential of GICs requires many changes in Organization Approaches*. http://nseth71.blogspot.com/2011/11/gics-can-help-transform-core-business_20.html

5장

13. Nitin Seth. *Evolution of Global In-house Centers (GICs) and the new ask of GIC leaders*. http://nseth71.blogspot.com/2013/05/somereflections-on-global-in-house.html

6장

14. Nitin Seth. *How to build a world-class Knowledge Centre?* http://nseth71.blogspot.com/2012/03/how-to-build-world-classknowledge.

html?q=knowledge

섹션 5

3장

1. Nitin Seth. *Innovation - a call for action for the Indian IT/BPM industry*. http://nseth71.blogspot.com/2013/05/innovation-callfor-action-for-indian.html?q=innovation

4장

2. Nitin Seth. *Key insights from my first Agile Training*. http://nseth71.blogspot.com/2015/11/key-insights-from-my-firstagile.html?q=innovation

5장

3. Nitin Seth. *Learning to Reinvent for Tomorrow*. http://nseth71.blogspot.com/2020/02/learning-to-reinvent-fortomorrow.html?q=innovation

6장

4. Nitin Seth. *Women in Leadership*. http://nseth71.blogspot.com/2014/06/women-in-leadership.html?q=innovation

7장

5. Nitin Seth. Change *Management - Organization Dream or HR Nightmare?* http://nseth71.blogspot.com/2012/09/change-managementorganization-dream-or.html
6. Nitin Seth. Lessons in *Organisation Transformation*. http://nseth71.blogspot.com/2012/07/lessons-in-organizationtransformation.html?q=transforming

8장

7. Nitin Seth. *How HR needs to transform itself to lead in the VUCA world*. http://nseth71.blogspot.com/2017/05/how-hr-needs-totransform-itself-to.html?q=innovation

9장

8. Nitin Seth. *Unlocking the Potential of Your Workforce through AI*. http://nseth71.blogspot.com/2019/03/unlocking-potential-of-yourworkforce.html?q=innovation
9. Mckinsey & Company. (Nov 2017). *Jobs lost, jobs gained: What the future of work will mean for jobs, skills, and wages*. https://www.mckinsey.com/featured-insights/future-of-work/jobs-lost-jobsgained-what-the-future-of-work-will-mean-for-jobs-skills-andwages

섹션 6

1장

1. Nitin Seth. *My Leadership Beliefs*. http://nseth71.blogspot.com/2011/02/my-leadership-beliefs.html?q=knowledge

2장

2. Nitin Seth. *How Great Leaders Inspire Others - The "5 Cs" Formula!!*. http://nseth71.blogspot.com/2011/11/how-greatleaders-inspire-others-5-cs.html?q=knowledge

3장

3. Nitin Seth. *How to Create Great Leaders*. http://nseth71.blogspot.com/2018/10/how-to-create-leaders.html?q=innovation

5장

4. Nitin Seth. *Spiritual Balance - a necessity in today's material world*. http://nseth71.blogspot.com/2013/08/spiritual-balance-necessityin-todays.html

6장

5. Nitin Seth. *Sustainable Development - Rethinking Consumption*. http://nseth71.blogspot.com/2015/01/sustainable-develop-mentrethinking.html

섹션 7

1장

1. Nitin Seth. *Seven Success Mantras. Seven Passions for Young Indians, Building blocks for a successful career.*
http://nseth71.blogspot.com/2012/05/seven-success-mantras convocation.html
http://nseth71.blogspot.com/2015/02/7-passions-for-youngindians.html
http://nseth71.blogspot.com/2013/07/building-blocks-forsuccessful-career.html

2장

2. Nitin Seth. *Finding your "Sweet Spot" - the powerful purpose of your life!!. Achieving your full potential.*
http://nseth71.blogspot.com/2012/02/finding-your-sweet-spotpowerful.
html. http://nseth71.blogspot.com/2011/02/achievingyour-full-potential.html

3장

3. Nitin Seth. *Your time is now!! - 8 mantras for young entrepreneurs. Launching a successful entrepreneurial journey.*
http://nseth71.blogspot.com/2017/05/your-time-is-now-8-mantras-for-young.html. http://nseth71.blogspot.com/2017/09/launching-successful-entrepreneurial.html

4장

4. Nitin Seth. *Lessons from Steve Jobs incredible life story*. http://nseth71.blogspot.com/2013/06/lessons-from-steve-jobs-lifestory.html
5. Isaacson Walter. *Steve Jobs*. *Simon & Schuster* (*U.S.*), *2011*.

5장

6. Nitin Seth. *5 life lessons from The Giant Sequoias*. http://nseth71.blogspot.com/2017/08/5-life-lessons-from-giantsequoias.html

6장

7. Nitin Seth. *9 things I wish I knew in Business School*. http://nseth71.blogspot.com/2014/08/9-things-i-wish-i-knew-inbusiness.html
8. Keller Gary, Papasan Jay. The One Thing. Bard Press, 2013
9. Goldratt. M. Eliyahu. The Goal.North River Press,1984
10. Covey Stephen. The Seven Habits of Highly Effective People. Free Press, 1989

7장

11. Nitin Seth. *Take personal responsibility and change the world!!* http://nseth71.blogspot.com/2012/01/i-am-ok-you-are-not-ok.html

INDEX

D

E

F

G

옮긴이 소개

이 책의 옮긴이 손봉균 교수는 성균관대학교를 졸업하고 연세대학원에서 이학석사를 취득하였으며 미국 유타대학교(UNIVERSITY OF UTAH) 물리학 박사과정을 이수하고 국립 부경대학교에서 공학박사를 취득하였다. 법학 부문에서는 영국 리버풀대학교(UNIVERSITY OF LIVERPOOL)의 TECHNOLOGY LAW & INTELLECTUAL PROPERTY LAW 전공 분야에서 POST-GRADUATE DIPLOMA를 취득하였다.

과학재단 부설 기초과학지원연구소(現,KBSI) 연구원, 유타대학교 LAB. 연구원 등을 거쳐 울산 테크노파크에서 책임연구원(기획운영실장)으로 근무하였으며 이후 한국지식재산전략원(現, KISTA) 전문위원으로 특허청의 전문가 파견사업을 지원받아 인제대학교 특허관리어드바이저, 재료연구소 및 부경대학교 특허경영전문가 파견교수로서 근무하였다. 現在, 경성대학교 지식재산 전담교수로 근무하고 있다.

아울러 이 책과 함께 보면 좋을 옮긴이의 (역)저서로서 『R&D이노베이션과 지식재산전략』(한티미디어), 『글로벌 지식재산전략 (원저: DRIVING INNOVATION)』, (한티미디어)와 『성공을 꿈꾸는 스타트업 사업화 전략 (원저: RESEARCH TO REVENUE)』, (카오스 북)이 있다.